汽车技术
创新与研究
系列丛书

# 汽车车身结构
# 分析与优化

高云凯　著

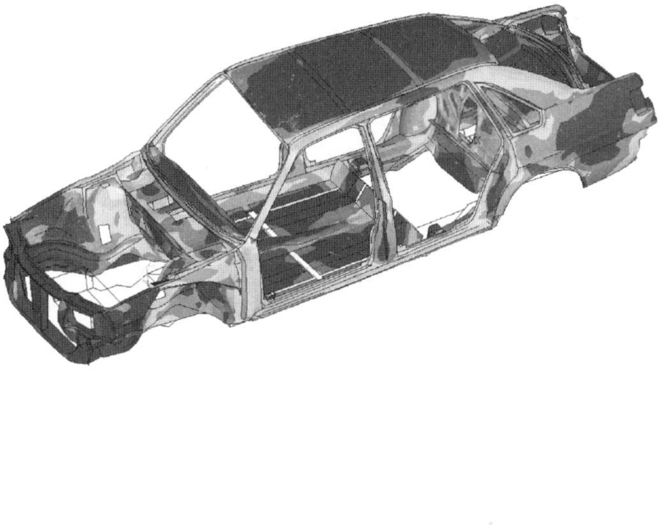

机械工业出版社
CHINA MACHINE PRESS

本书系统地论述了汽车车身结构分析的概念、理论、方法和技术，包括试验方法和技术。在汽车车身模拟分析部分，介绍了车身结构分析中常用的梁和板单元模拟分析的理论，以及车身结构耐久性分析和疲劳强度强化试验、车身结构拓扑优化分析方面的研究进展，并安排了分析实例。在汽车车身试验分析部分，总结了常用的汽车车身结构分析内容，包括试验方法和技术，以及分析实例。本书还介绍了纤维增强复合材料（FRP）板的离散材料拓扑优化方法 DMTO，包括碳纤维增强复合材料（CFRP）板发动机舱盖的结构与工艺一体化优化设计、试制及试验。

本书可作为汽车相关专业本科生和研究生学习车身结构强度、刚度、模态和动力响应、疲劳仿真和试验分析相关课程的教材，也可供相关技术人员参考。

**图书在版编目（CIP）数据**

汽车车身结构分析与优化/高云凯著. —北京：机械工业出版社，2021.2
（汽车技术创新与研究系列丛书）
ISBN 978-7-111-67374-3

Ⅰ.①汽… Ⅱ.①高… Ⅲ.①汽车－车体结构－教材 Ⅳ.①U463.82

中国版本图书馆 CIP 数据核字（2021）第 017628 号

机械工业出版社（北京市百万庄大街 22 号 邮政编码 100037）
策划编辑：何士娟 责任编辑：何士娟 赵 帅
责任校对：刘雅娜 责任印制：单爱军
北京盛通商印快线网络科技有限公司印刷
2021 年 6 月第 1 版第 1 次印刷
184mm×260mm · 22.5 印张 · 7 插页 · 558 千字
0 001—1 500 册
标准书号：ISBN 978-7-111-67374-3
定价：139.00 元

| 电话服务 | 网络服务 |
| --- | --- |
| 客服电话：010－88361066 | 机 工 官 网：www.cmpbook.com |
| 010－88379833 | 机 工 官 博：weibo.com/cmp1952 |
| 010－68326294 | 金 书 网：www.golden－book.com |
| **封底无防伪标均为盗版** | 机工教育服务网：www.cmpedu.com |

# 前言

汽车已经出现100余年，人类在汽车技术的发展过程中不断地改善其性能、结构、造型，以满足使用的需求。相对发动机和底盘总成而言，车身总成发展较晚，但车身工程在现代汽车工业中已占据越来越重要的地位。车身工程是汽车换型的关键，车身的生产能力决定着整车的生产能力，其质量占整车质量的20%～50%，成本占整车成本的30%～60%。

近年来，由于节能和环保要求越来越高，以及汽车车身新材料和工艺的应用，汽车车身轻量化发展趋势越来越明显，相关研究得到了各汽车厂商和相关学者的重视。整车质量减小可以提高汽车的经济性，降低传统汽车污染物排放量。根据试验测定，轿车质量每减小100kg，其百公里油耗量随之降低0.6L左右。同时，汽车轻量化可直接提高汽车的比功率，从而使汽车的动力性提高。除材料选择之外，车身轻量化的主要途径是进行结构优化设计。车身轻量化的主要限制条件是：

1）要保证车体结构的必要强度指标，以保证汽车的可靠性。

2）要保证车体结构有充分的刚度，以保证其上安装的各大总成工作正常及车身密封性能等。

3）要保证车体结构有合理的振动特性，以控制振动和噪声。

汽车新材料、新结构的应用和研究，以及任何一个汽车新产品的开发，都需要对汽车车身结构进行分析，包括概念设计和产品详细设计阶段的结构分析，以及产品质量攻关中的结构分析等，涉及试验分析和模拟计算分析方法。汽车车身结构和所受载荷情况复杂，不同的分析目的选择的分析方法和模型也不同。就汽车车身模拟分析方法而言，概念设计中的预测分析多使用梁单元模型，而产品详细设计中的结构分析使用板单元或板梁组合单元模型。

本书注重基本概念、基本理论、实用方法和工程技术的介绍，并配有思考题。本书是在前人相关研究理论和方法的基础上，结合作者从事的相关理论、方法和应用研究，以及承担的国家重点攻关项目、国家自然科学基金项目等的研究工作撰写的。由于作者水平有限，书中难免存在不足之处，恳请读者指正。

高云凯

# 目录

# 第1章 绪 论

## 1.1 分析汽车车身结构的意义

20世纪50年代，我国汽车工业实现了从无到有。现在，不论是车辆品种还是规模，都已大大满足了国内市场的需要，已成为我国国民经济的支柱产业之一。车身是汽车的主要总成，车身工程是汽车工程的重要组成部分。然而，我国汽车产品的开发水平与国际汽车同行还有一定差距。

在现代轿车的设计开发过程中，普通轿车车身大多数采用全承载式结构。这样的结构可以在很大程度上满足结构设计轻量化的要求。承载式车身几乎承载了轿车使用过程中的各种载荷，主要包括车身的扭转和弯曲载荷。在这些载荷的作用下，轿车车身的刚度特性对车辆有重要的影响。车身刚度不合理，将直接影响轿车车身的结构可靠性、安全性、NVH（噪声、振动与声振粗糙度）性能等关键性指标。因为轻量化车身是提高整车动力性、降低油耗、节约材料、降低成本的关键，所以汽车工程的重要目标之一是开发轻量高刚度车身。20世纪，我国汽车车身结构分析偏重强度指标，主要以结构强度试验结果作为关键指标进行产品定型；而国外汽车企业较早地将汽车车身刚度、低阶模态参数也作为产品定型的关键指标之一。汽车车身刚度主要是指整体弯曲刚度和整体扭转刚度。当按满足刚度准则的要求来确定结构时，一般可同时充分满足强度准则。而车身结构低阶弹性模态则是控制汽车常规振动的关键指标。

汽车车身结构复杂。以普通轿车白车身为例，它是由钢板冲压件焊接而成的空间板梁组合壳体。在白车身上，加强板和加强筋被普遍应用，而且种类繁多。汽车车身工作载荷复杂，包括驱动、制动、转弯等各种惯性力，包括各种路面反力，也包括作用于不同位置的发动机等总成载荷。汽车车身边界复杂，不同的悬架种类在不同的工况下，对车身产生不同的约束和支承。因此，一般无法获得汽车车身结构的强度、刚度和模态的解析解。

现代汽车车身结构分析方法包括数值模拟与试验分析方法。现代数值模拟分析方法主要是有限元分析方法。这种方法是依据实物等技术资料建立车身结构有限元分析模型，应用有限元软件计算和分析车身结构的静态和动态特性指标，甚至进行优化设计分析和试验仿真研究。现代数值模拟分析方法可以在车身结构开发初期就预测和优化车身结构的静态和动态特性指标，而在产品生产或试制之前就尽可能避免相关设计缺陷，提高产品开发质量，缩短产品开发周期。有限元分析方法的精度取决于模型、工况和分析方法，取决于对有限元基本知识的理解、软件应用和工程经验。现代汽车结构试验分析方法主要是电测法，即应用传感器、测量和分析仪器，对车身实物零部件或比例模型进行支承、加载和测试。试验分析方法虽然信息没有数值模拟分析方法充分，但它更直观可信，是数值模拟分析模型验证的唯一方法。汽车车身试验分析的成功与否，取决于对车身结构试验技术、试验理论的掌握。

## 1.2 有限元法基本概念

有限元法是随着计算机的发展而发展起来的用于各种结构分析的数值计算方法。它运用离散概念，将弹性连续体一类的场划分为有限个单元的集合；通过单元分析和组合，考虑边界条件和载荷，得到一组方程组；求解方程组，进而获得其他指标。

有限元法的基本思想在20世纪40年代就提出来了。由于当时计算机的速度和存储量都不足以使有限单元法实用化，这一离散化的概念没有引起重视。后来，美国的 R. W. Clough 教授运用三角形单元对飞机结构进行了计算，并在1960年首次提出了“有限元法”的概念。此后，有限元法经历了力法和位移法的争论，从直接法到虚位移法的完善，从静力分析到动力分析、从固体到场、从弹性体到塑性体的发展，有限元法越来越成熟，应用也越来越广泛。现在，有限元法从飞机、汽车、轮船、建筑等的固体力学工程领域，到流体和电磁场，几乎在所有工程上都得到了发展和应用。从独立的求解器，到专门的前后处理软件，以有限元法为基础发展了许多被广泛应用的工程分析工具。下面以弹性连续体线性静力分析为例介绍有限元法的基本概念。

1）将连续体划分成有限个单元的组合。如货车车架，将每根横梁端部分开，可将包括纵梁在内的车架划分为有限的几段梁。每段梁被称为一个单元，赋给一个确定的单元号码。每段梁的端点被称为结点，一般也称为节点，也赋给一个确定的节点号码。在分开点，不同段梁的端点采用一致的节点号码。单元之间以节点相连，单元之间的载荷传递等联系也只通过节点实现。描述车架划分的有限的几段梁的集合体称为网格，连续体的离散化称为网格化。在网格基础上，考虑单元几何和材料特征、边界约束和载荷条件，就得到了替代其连续体的分析模型。模型的规模可以单元数目、节点数目和所有节点的自由度之和描述。有限元模型的自由度是指充分描述实际场运动所需的独立坐标个数，能够在力学和工程上连续和合理地反映场（包括结构）的位移、应变、力，以及主要的固有特性等指标。模型的规模决定着分析精度和效率，对具体分析问题，模型的规模是需经过验证的重要工程参数。模型节点的选择与连续体结构特点、载荷和支承位置等有关。

2）进行单元分析。因为单元应力、应变和应变能等指标可以表达为其广义位移的函数，现代有限元法的基本计算参数是节点位移，这种有限元法称为位移法。为获得单元应力、应变和应变能等参数，需要假设单元内任意一点的位移与节点位移的关系。这一关系是单元内任意一点坐标的函数，称为形函数或位移函数，它决定了单元的阶次和单元误差。在汽车车身等工程分析中，不论是梁单元模型还是板单元模型，一般都选择简单的线性形函数，即采用低阶单元。在材料力学和弹性力学的基础上，考虑单元位移与应变、应变与应力、应力与外力的关系，分别得到单元几何方程、物理方程和平衡方程。对单元应用虚位移原理，就可获得单元节点位移与单元外力的关系，即单元刚度矩阵。当然，单元刚度矩阵的维数与单元节点自由度数相等。

3）进行模型总体分析。以梁单元为例，考虑节点位移一致协调、节点力平衡关系，可获得整个模型位移向量与模型外力向量的关系，即模型刚度矩阵和刚度方程。模型刚度方程的个数与模型节点自由度数相等。考虑连续体的载荷和支承约束，并完善模型外力向量，用模型刚度方程就可以求解模型位移向量了，进而可求解单元应力等。

另外，值得一提的是，现在，以有限元法为主的计算机辅助工程（CAE）与计算机辅助设计（CAD）的融合越来越密切，软件相互渗透和联系。而且，为提高计算速度，超级计算机、并行计算方式被越来越普遍地采用。

## 1.3 汽车车身结构试验分析总论

**1. 汽车车身结构试验内容**

汽车车身结构研究和工程中包含大量的试验工作，通过试验来检验设计思想是否正确，包括对新设计结构和新应用材料的检验。由于汽车车身结构复杂，涉及的技术领域广泛，所以许多问题的理论分析的可靠性还不高，需要通过试验来检验分析模型是否合理。车身结构试验分析是开发一流车身产品的重要基石，车身工程师需要掌握车身试验技术方面的方法与技术。本书主要介绍车身结构的基本试验内容，不包括车身空气动力学试验及碰撞试验方面的内容。

汽车车身结构试验可以从不同角度予以分类，按试验对象分为实物试验和模型试验，按试验目的分为研究性试验、试制检验性试验和抽样试验，按试验方式分为整车试验和零部件试验，按结构失效类型和理论分为静态强度和刚度试验、动态强度试验、模态试验。在汽车车身工程中，主要按结构失效类型和理论划分汽车车身结构试验的种类。

汽车车身结构静态强度和刚度试验研究车身结构在静载荷作用下的强度和刚度特性，包括应力分布和主要刚度参数。汽车车身结构静态强度和刚度试验规范比较成熟，其试验工况主要模拟汽车实际使用中车身承受的弯曲和扭转情况。汽车车身结构静态强度和刚度试验是汽车车身结构动态强度试验和疲劳试验的基础。

汽车车身结构动态强度试验的目的在于测定车身结构在实际行驶过程中所承受的最大动应力或应变。汽车车身结构动态强度试验一般由道路试验来完成，试验路面包括鹅卵石路面、山区路面等典型路面。汽车工程中也常常采用路障试验方法代替汽车车身结构动态强度试验。路障试验方法也称典型凸块试验方法，可以简单、快速、有效地测定车身结构最大动应力和应变。

汽车车身结构模态试验用于测量车身结构的主要固有频率、固有振型和阻尼等车身结构固有特性，一般在试验台上进行。在车身工程中主要测定低阶弹性模态，以避免产品在常规工作范围内产生共振和大噪声。其试验方法涉及车身支承方法、激振方法、信号识别方法、信号采集和处理方法。

**2. 汽车车身结构试验技术**

总结试验规律、完善试验方法，是车身试验研究的主要目标之一，是指导车身试验的重要理论基础。如何合理选择试验仪器和设备，如何处理试验数据，是车身结构试验的关键技术。具体问题包括选择什么传感器进行信号变换、采用什么仪器和软件进行信号记录和数据处理等。要完成车身结构试验工作，必须深入了解要分析的信号的物理特征和基本变化规律，才能选择测试方法和结果分析方法；也必须了解传感器的变换原理和测试仪器的基本特征，才能正确使用试验仪器。

1）汽车车身结构静态强度和刚度试验使用的传感器和仪器有电阻应变片、静态电阻应变仪、力传感器、位移传感器、千分表、高度尺等。

2）汽车车身结构动态强度试验使用的传感器和仪器有电阻应变片、动态电阻应变仪、示波器、实时信号采集和处理仪等。

3）汽车车身结构模态试验使用的传感器和仪器有加速度传感器、信号发生器、功率放大器、激振器、阻抗头、实时信号采集和处理仪等。

值得一提的是，现代开发的计算机软件在电测量信号处理方面发挥了很大的作用，扩大了数据处理和分析的参数的选择范围，使动应力和加速信号的处理质量和效率显著提高。

## 1.4 汽车车身结构疲劳耐久性分析

当材料或结构受到交变载荷的作用时，虽然应力值没有超过抗拉强度甚至低于材料的屈服极限，但仍然有可能发生破坏。这种在交变载荷作用下发生的破坏称为疲劳破坏。疲劳破坏是汽车结构或机械部件失效的主要原因之一，引起疲劳失效的交变载荷的峰值通常远小于基于静态断裂设计设立的许用载荷，因此开展结构疲劳研究有着重要的实际意义。结构疲劳研究以零部件、接头乃至整个结构为研究对象，研究它们的疲劳性能、抗疲劳设计方法、寿命估计，以及提高结构疲劳强度的方法。

结构的疲劳性能使用疲劳强度来衡量，即结构在交变载荷作用下的强度。疲劳强度的大小以疲劳极限来表示，疲劳极限是指在一定循环特征下，结构不发生疲劳破坏的最大应力 $\sigma_{max}$，一般表示为 $\sigma_r$。疲劳寿命是疲劳失效时所经受的应力或应变的循环次数，一般用 $N$ 表示。材料的力学性能和所施加的应力水平决定了结构的疲劳寿命。通常使用材料的 $S-N$ 曲线来表示外加应力水平和标准试样疲劳寿命之间的关系。在进行考虑疲劳的机械设计时，要按照一定的累积损伤理论进行疲劳强度校核和疲劳寿命估计。疲劳累积损伤计算是结构疲劳可靠性的重要保障。常用的 Miner 线性累积损伤理论认为，结构在多级等幅交变载荷作用下发生疲劳破坏时，总损伤量是各级交变载荷作用下的损伤分量之和，且某级交变载荷作用下的损伤分量占总损伤量的比例与该交变载荷下的实际循环次数与结构在该载荷下达到破坏所需的循环次数之比相等。

结构所承受的交变载荷称为疲劳载荷，由疲劳载荷引起的应力称为交变应力或疲劳应力，交变载荷随时间变化的过程称为载荷谱，具有周期性交变特征的载荷称为循环载荷。在进行考虑疲劳的机械设计时，首先要确定所研究结构的载荷谱和应力谱，结构所承受的疲劳载荷是随时间连续变化的随机过程，进行疲劳设计的必要前提是编制能够模拟真实工况的载荷-时间历程，即载荷谱，并以此载荷谱作为疲劳设计和疲劳试验的基础。

当前，随着有限元技术和疲劳理论的快速发展，在设计阶段即可进行较为精确的疲劳预测，从而对结构的薄弱环节进行修改以避免不合理的寿命分布。这种仿真技术能够减少样机的数量，提高结构的可靠性，缩短产品的研发周期，进而降低开发成本，大大提高产品的市场竞争力。

## 1.5 汽车车身结构优化方法概述

汽车轻量化是减少石油消耗和尾气排放的一项重要措施。白车身的质量占汽车整备质量的比例较大，因此车身结构的轻量化是整车轻量化的关键。近年来，随着各大汽车生产厂商对汽车轻量化的重视程度越来越高，结构优化无论是在前期概念设计还是后期的零部件设计阶段，都是不可缺少的一环。

车身结构轻量化的一个必要前提是在维持性能不变或上升的情况下减小重量，因此如何合理地选择车身设计参数（如结构拓扑、形貌和构件尺寸），使得车身结构性能较好、质量较小是一个结构最优化问题。结构最优化的含义是在一定条件下，通过改变结构参数实现结构性能最优。随着技术的进步和工程问题的复杂化，研究最优化问题的必要性变得更加急迫，所有的最优化问题都可以归结为从多个可能的设计方案中寻找出最符合应用条件的方案。寻找出最优方案的方法称为最优化方法。

从实际问题中抽象出优化数学模型是重要的环节。典型的优化数学模型包括设计变量、目标函数、等式约束、不等式约束和边界约束。归纳可得数学模型三个要素：设计变量、目标函数和约束函数。

优化过程伴随着反复的有限元分析，以评估优化设计提出的新的设计方案是否符合设计要求。如果不符合设计要求或者仍有继续优化的可能，则继续进行优化分析。

优化设计中的响应指的是结构的某项指标与设计变量的关系表达式，结构优化中的响应主要有质量、体积、质量分数、材料分数、节点位移、频率、特征值、应力、应变等，根据设计的目的，可将响应定义为目标函数或约束函数。

1992年，谢亿民等人提出了渐进结构优化（Evolutionary Structural Optimization，ESO）方法，其基本思想是通过逐步迭代，将无效或者低效的单元从结构中剔除，保留高效的单元，最终收敛后得到满足一定工程要求的结构。为移除结构有限元模型中的低效单元，必须将单元的某一种属性或指标作为操作的依据，采用所要优化性能的灵敏度数值作为单元删除与否的判定依据，这样更有理论依据及数学意义。因此，其在原有ESO方法的基础上提出了双向渐进结构优化（BESO），使得单元不仅能被删除，还可以添加到结构内。到目前为止，BESO方法已经被用于解决静态、动态、非线性和吸能结构的拓扑优化中。渐进结构优化方法作为拓扑优化方法中的一种，具有简单实用、优化结果边缘清晰、拓展性强等优点，已逐渐被研究人员及工程师所应用。本书将概述渐进结构优化的基本理论、灵敏度分析、多载荷工况及约束的结构拓扑优化方法，并以某汽车后排座椅靠背骨架为优化对象，对其柔度进行优化。

纤维增强复合材料（FRP）具有比模量高、比强度高、耐腐蚀、抗疲劳性好、减振性好、密度小等诸多优点。此外，纤维增强复合材料成型性好，可设计性强，可以通过改变纤维/基体种类、纤维体积分数、铺层角度、铺层厚度、铺层顺序和结构拓扑等参数，达到结构件在实际使用过程中的工程性能要求，如刚度、强度、模态等性能指标。宝马公司发布了全碳纤维车身的纯电动汽车宝马I3，整个车身部分由碳纤维增强复合材料（CFRP）制造，整个CFRP复合材料车身分为34块，整车质量为251.2kg，轻量化效果显著。

## 思 考 题

1. 为什么要进行汽车车身结构分析？其主要分析内容有哪些？
2. 什么是有限元法？举例解释单元和节点概念。
3. 如何理解汽车车身结构分析有限元模型规模？
4. 汽车车身结构试验分析主要内容有哪些？
5. 为什么要进行车身结构耐久性分析？
6. 为什么要进行车身结构载荷谱分析？
7. 举例说明结构优化数学模型的三要素。
8. 渐进结构优化方法 ESO 的基本思想是什么？
9. FRP 复合材料的性能优势有哪些？

# 第2章 汽车车身梁结构模拟计算

## 2.1 梁结构有限元法基本原理

### 2.1.1 基本观点和规定

**1. 单元、节点及编号**

一般将组成梁结构的每一根梁作为一个单元，梁与梁相连接的交点称为节点。此外，在梁的自由端、集中载荷作用点、支承点及沿杆长截面突变处等均应设置节点。为提高计算精确性，也常常在梁中间增加节点，随之也增加了单元。

经过上述离散后的梁结构，就变成由有限个节点和有限个单元所形成的组合结构。单元和节点数确定以后，必须分别对其编号，既不能遗漏，也不能重复，其相邻节点的号码应尽量接近，以压缩刚度矩阵的带宽，减少在计算机中的总存储量。图2-1所示为一个平面梁结构，它由15个单元组合而成，共有12个节点，单元和节点号如图2-1所示。2个节点之间的单元应该是均质等截面的直杆，因为一般有限元计算公式都是以此为基础来推导的。

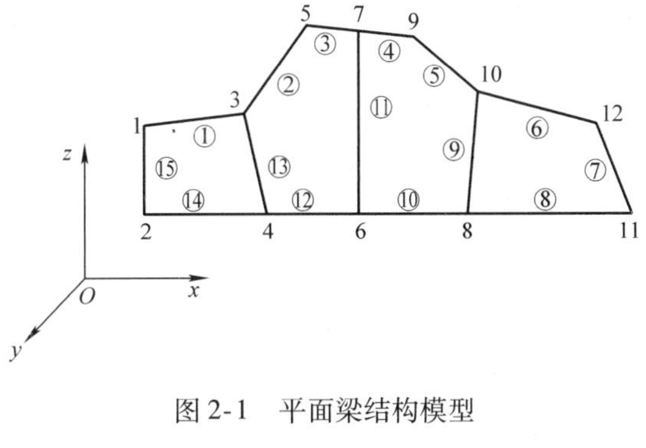


图2-1　平面梁结构模型

**2. 坐标系统**

用有限元法分析结构时，往往要采用两种坐标系统：一种是对整体结构建立的坐标系，即结构坐标系或总体坐标系，用 $Oxyz$ 表示；另一种是在进行单元分析时，对每个单元建立的坐标系，即单元坐标系或局部坐标系，用 $O\,\overline{xyz}$表示，如图2-2所示。

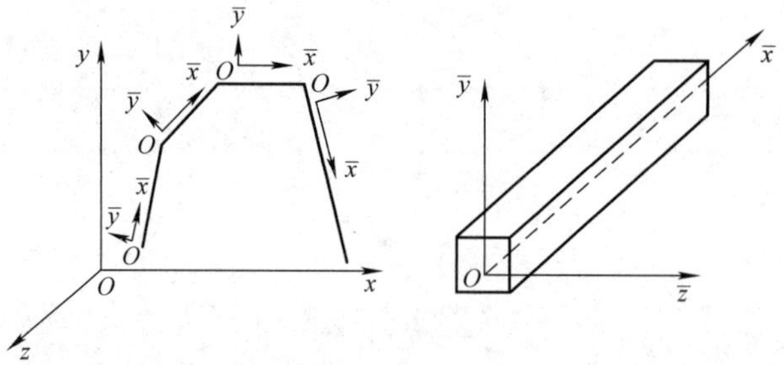


图 2-2　坐标系统

单元坐标系中的 $\bar{x}$ 轴规定要和杆单元弯心线重合，坐标原点取在杆单元的始端。$\bar{y}$、$\bar{z}$ 轴取为杆截面的两个主惯性轴。这两种坐标系一律采用右手法则。

**3. 符号规则**

在有限元分析中，为清晰起见，对所有力学向量（线位移、线力、角位移、力矩等）规定了统一的符号规则。

对线位移和线力一律以沿坐标轴的正向为正，反之为负；对角位移和力矩，先按右手法则定出其矢量方向，矢量方向与坐标轴正向一致为正，反之为负；对于任意方向的力学向量，应先将其分解为坐标轴方向的分量，再根据上述规定判断正负号。

**4. 载荷处理**

在有限元分析中，认为单元与单元之间仅通过节点相互联系，求解结构变形的基本方程是节点力的平衡方程。因此，在结构离散化的过程中，如果外载荷不是直接作用在节点上，那么就要按静力等效原则将非节点载荷向节点移置，这样才能使得由于移置而引起的应力误差是局部的，不影响整体的应力。移置到节点后的载荷称为等效节点载荷。将等效节点载荷与直接作用在节点上的载荷叠加，称为综合节点载荷，用此综合节点载荷进行有限元分析。

对中间载荷的处理有很多方法，对于杆、梁单元来说，可用比较直观易懂的方法。即求等效节点载荷时，可将单元两端固定，先求出固定端反力（弯矩 $M$、剪力 $Q$、扭矩 $M_k$ 等），然后改变它们的符号（正变负、负变正），即可作为等效节点载荷，用以代替杆、梁单元中间所承受的载荷。

例如，图 2-3a 所示为一个支承于节点 $A$ 和 $B$ 并承受各种载荷的梁 $ABC$。梁上实际节点载荷为 $M_1$、$p_2$（图 2-3b）。$q$、$p_1$ 为中间载荷（图 2-3c）。为了用等效节点载荷代替中间载荷，可将原梁变成两个固端梁（图 2-3d）。这两个固端梁在中间载荷的作用下，将产生一组固端力。这组固端力可利用材料力学公式求出，其值如图 2-3d 所示。将两固端梁合并，得到对于结构的约束反力。若将这些约束反力的方向反转，它们就构成一组同中间载荷成等效的力和力偶。这组等效节点载荷再与实际节点载荷（图 2-3b）相加，就产生图 2-3f 所示的综合节点载荷。

综合节点载荷作用下的结构的位移与实际载荷所产生的位移是否相同？由图 2-3 明显可知：综合节点载荷（图 2-3f）与结构约束反力（图 2-3e）叠加，便是梁上的实际荷载（图 2-3a）。所以可以断定，图 2-3e 与图 2-3f 所示的两个梁的节点位移叠加，必然产生实际梁的节点位移。但因为约束梁的全部节点位移均为零，故可得到梁在实际载荷作用下的节点位移与在综合节点载荷作用下的节点位移是相同的这一结论。

综合节点载荷作用下的支座反力与实际载荷产生的反力是相同的，这个结论也可用图 2-3e、f 所示梁的各力叠加来证实。图 2-3 所示梁的全部约束反力，是作用于图 2-3 所示梁上的等效节点载荷的等值反向的力。因而，综合节点载荷梁的反力与实际载荷梁的反力是相同的。这个结论及上述结论对各类梁结构都是适用的。

适用于各种类型单元及各种载荷（包括初始应力、体积力等）的更为一般的等效节点力计算公式，可用虚功原理导出，见后续内容。

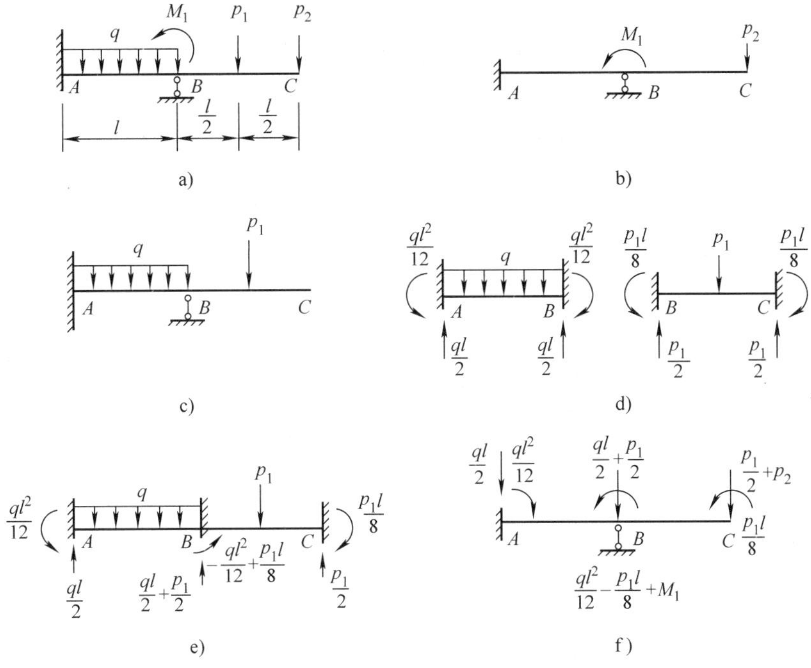


图 2-3　综合节点载荷

**5. 等截面梁刚度系数**

用位移法对梁结构进行有限元分析时，需要建立由刚度系数组成的刚度矩阵。为使后面论述方便，先来讨论刚度系数问题。由力学知识可知，当杆端产生位移（变形）时，在梁的约束端将会有约束力产生，变形和约束力之间存在着确定的关系。杆端某一方向产生单位位移时，在梁两端各坐标方向所产生的约束力称为相应方向的刚度系数。用 $\bar{k}_{pi,mj}$ 表示，下标 $p$、$m$ 代表单元坐标系的某一坐标轴方向（如代表 $\bar{x}$、$\bar{y}$ 或 $\bar{z}$ 方向等），$i$、$j$ 代表单元两端节点号。$\bar{k}_{pi,mj}$ 表示在 $j$ 节点 $m$ 方向产生单位位移时，在单元的 $i$ 节点 $p$ 方向产生的约束力。例如，$\bar{k}_{x1,y2}$ 表示在 2 节点 $\bar{y}$ 方向产生单位位移时，在 1 节点 $\bar{x}$ 方向产生的约束力。

在图 2-4 中，用图解方式给出了等截面直杆两端可能发生的 12 种单位位移及在各单位位移下杆端所产生的各约束力（即刚度系数），图中，$G$ 为剪切模量，$E$ 为弹性模量，$J_x$、$J_y$、$J_z$ 分别为绕 $x$ 轴、$y$ 轴、$z$ 轴的转动惯量。各约束力都是以向量表示的，一个单箭头代表力向量，一个双箭头代表一个力矩向量，因此向量都以正方向画出，如果是负值，则在约束力表达式前加一个负号。图 2-4 中各约束力表达式的推导见材料力学相关资料，此处从略。其中，图 2-4a ~ c 所示为 $i$ 端分别沿 $\bar{x}$、$\bar{y}$、$\bar{z}$ 轴方向发生的单位线位移，图 2-4d ~ f 所示为 $i$ 端分别绕 $\bar{x}$、$\bar{y}$、$\bar{z}$ 轴方向发生的单位角位移，图 2-4g 和图 2-4i 所示为 $j$ 端分别沿 $\bar{x}$、

$\bar{y}$、$\bar{z}$ 轴方向发生的单位线位移，图 2-4j ~ l 所示为 $j$ 端分别绕 $\bar{x}$、$\bar{y}$、$\bar{z}$ 轴发生的单位角位移。

下面举例说明如何利用图 2-4 确定各种情况下的刚度系数。

1）当梁 $i$ 端发生沿 $\bar{x}$ 轴方向的单位位移时，梁两端将产生沿 $\bar{x}$ 轴方向的约束力（图 2-4a）。此约束力即为在此情况下相应方向的刚度系数，即

$$i \text{ 端沿 } \bar{x} \text{ 轴方向的刚度系数：} \bar{k}_{xi,xi} = EA/l$$

$$j \text{ 端沿 } \bar{x} \text{ 轴方向的刚度系数：} \bar{k}_{xj,xi} = -EA/l$$

2）当梁 $j$ 端发生沿 $\bar{z}$ 轴方向单位角位移时，梁两端将产生沿 $\bar{y}$ 轴方向的约束力及绕 $\bar{z}$ 轴的约束力矩（图 2-4b）。此约束力和约束力矩即在此情况下相应的刚度系数为

$$i \text{ 端沿 } \bar{y} \text{ 轴方向的刚度系数：} \bar{k}_{yi,\theta_z j} = 6EJ_z/l^2$$

$$i \text{ 端沿 } \bar{z} \text{ 轴方向的刚度系数：} \bar{k}_{\theta_z i,\theta_z j} = 2EJ_z/l$$

$$j \text{ 端沿 } \bar{y} \text{ 轴方向的刚度系数：} \bar{k}_{yj,\theta_z j} = -6EJ_z/l^2$$

$$j \text{ 端沿 } \bar{z} \text{ 轴方向的刚度系数：} \bar{k}_{\theta_z j,\theta_z j} = 4EJ_z/l$$

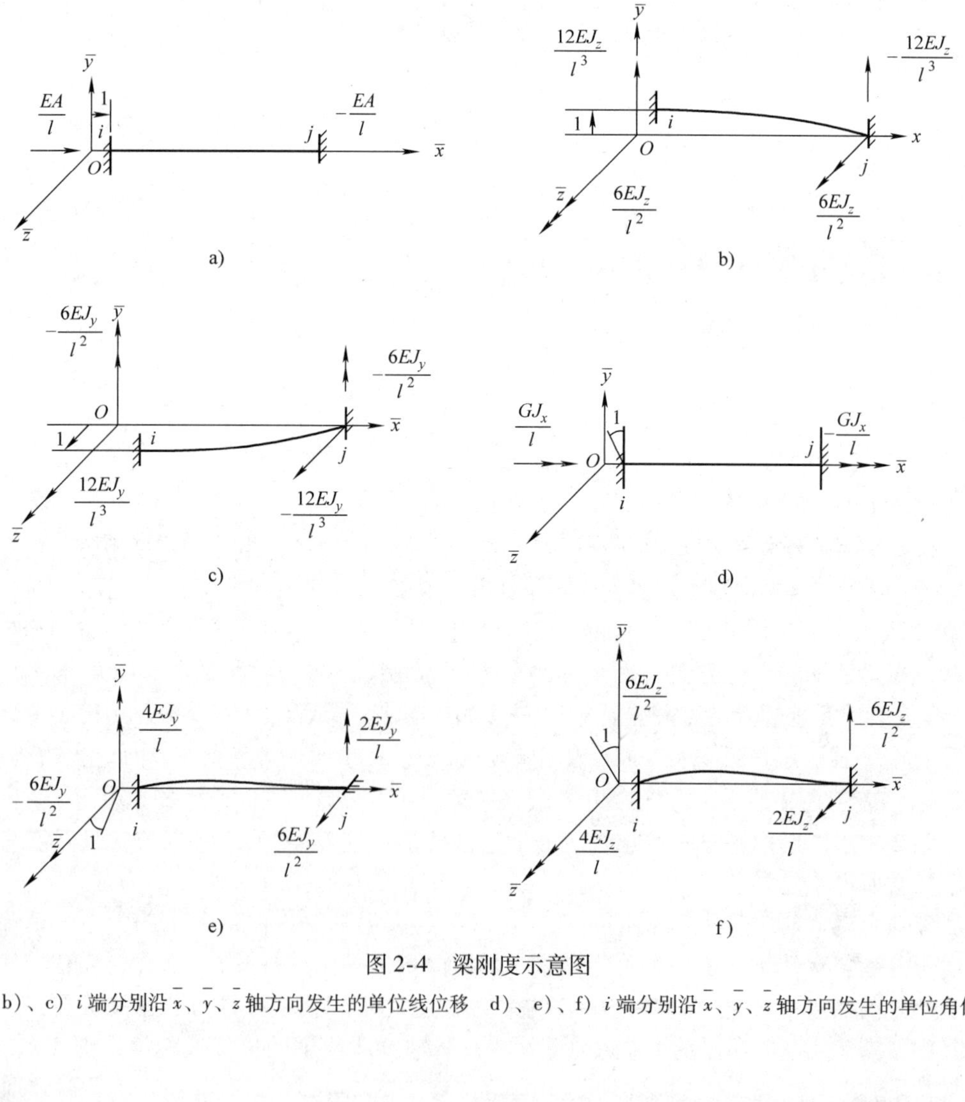


图 2-4　梁刚度示意图

a)、b)、c) $i$ 端分别沿 $\bar{x}$、$\bar{y}$、$\bar{z}$ 轴方向发生的单位线位移　d)、e)、f) $i$ 端分别沿 $\bar{x}$、$\bar{y}$、$\bar{z}$ 轴方向发生的单位角位移

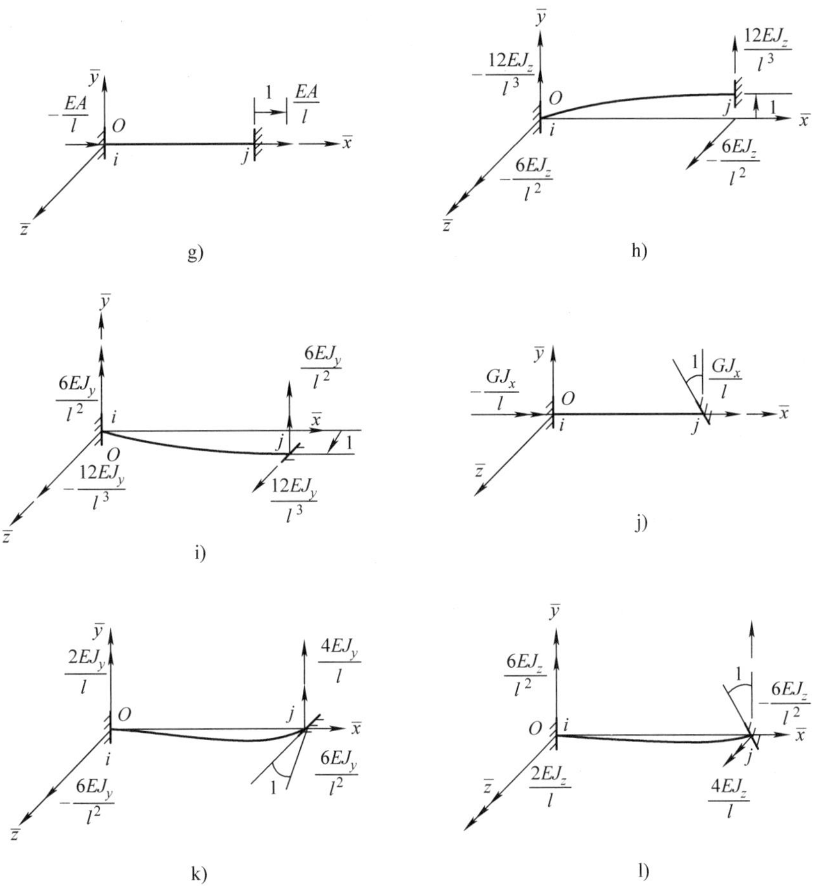


图 2-4 梁刚度示意图（续）

g)、h)、i) $j$ 端分别沿 $\bar{x}$、$\bar{y}$、$\bar{z}$ 轴方向发生的单位线位移 j)、k)、l) $j$ 端分别沿 $\bar{x}$、$\bar{y}$、$\bar{z}$ 轴方向发生的单位角位移

其他各刚度系数依此类推。

根据图 2-4 中的各量，即可方便地写出各类梁结构的单元刚度矩阵。

**6. 节点自由度、梁结构的分类**

由图 2-4 可知，梁一端在直角坐标系中可能产生 6 个位移，即通常所谓的具有 6 个运动自由度，用记号 $u$、$v$、$w$ 分别表示沿 $x$、$y$、$z$ 三轴的线位移，用 $\theta_x$、$\theta_y$、$\theta_z$ 分别表示绕 $x$、$y$、$z$ 三轴的转角。与这 6 个位移相对应可出现 6 个广义力，即三个力 $U$、$V$、$W$ 和三个力矩 $M_x$、$M_y$、$M_z$。

在一个具体结构中，由于结构特点和受力情况，有些位移不会发生，所以在计算时就不必考虑。

根据变形时（因受外载、温度变化、支座沉陷或其他原因）结构中出现的节点位移的种类（也是广义力的种类），可以将梁结构分为以下几种主要类型。

（1）空间刚架结构 这种结构的特点是其梁布置于空间并承受任意方向的外载荷（如客车车身骨架结构），梁连接处是刚性连接，即要保持转角连续和线位移连续。因此，在计算中需考虑梁抵抗弯曲、剪切、扭转、拉压等多种变形及对应的广义力。对梁的 $i$ 节点来说要计及如下的广义位移 $\boldsymbol{\delta}_i$ 和广义力 $\boldsymbol{f}_i$：

$$\boldsymbol{\delta}_i = \begin{pmatrix} u_i \\ v_i \\ w_i \\ \theta_{xi} \\ \theta_{yi} \\ \theta_{zi} \end{pmatrix} \qquad \boldsymbol{f}_i = \begin{pmatrix} U_i \\ V_i \\ W_i \\ M_{xi} \\ M_{yi} \\ M_{zi} \end{pmatrix}$$

即空间刚架结构的节点自由度数目为6。

（2）平面刚架结构　这种结构的特点是梁、外力及由此产生的变形和约束力均在同一平面内（图2-1）。梁连接处（节点处）是刚性连接，即要保持转角连续和位移连续。在这类结构中应考虑梁承受轴向力、剪力和弯矩的能力。因此，计算中要计及如下三种位移和力：

$$\boldsymbol{\delta}_i = \begin{pmatrix} u_i \\ v_i \\ \theta_{zi} \end{pmatrix} \qquad \boldsymbol{f}_i = \begin{pmatrix} U_i \\ V_i \\ M_{zi} \end{pmatrix}$$

即平面刚架结构的节点自由度数目为3。

（3）平面板架结构　这类结构的特点是所有梁位于同一平面内，受到垂直于结构平面的外力（图2-5）。在这种外力的作用下，结构变形后离开原来的结构平面。汽车车架结构就具有这种特点。在这种结构中，梁间的连接是刚性的，即要保持位移（沿 $z$ 轴的挠度）和转角（绕 $x$ 轴和绕 $y$ 轴的转角）的连续。结构在变形时，梁发生弯曲、剪切和扭转变形，所以要考虑梁承受弯曲、剪力和扭转的能力。在计算中要计及如下三种位移和对应的力：

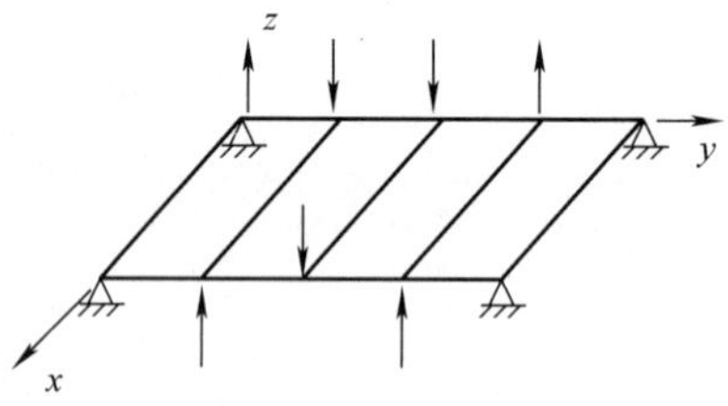

图2-5　平面板架结构受力图

$$\boldsymbol{\delta}_i = \begin{pmatrix} w_i \\ \theta_{xi} \\ \theta_{yi} \end{pmatrix} \qquad \boldsymbol{f}_i = \begin{pmatrix} W_i \\ M_{xi} \\ M_{yi} \end{pmatrix}$$

（4）桁架结构　在工程结构中，常会遇到一些由比较细长的梁基本上按三角形互相连接所组成的结构，如由细长梁焊接而成的桥梁、起重机象鼻梁架、输电塔等。

一般说来，在外力作用下，结构内部将产生弯矩、剪力、轴向力等多种广义力，但经试验观察和计算分析发现轴向力是对这类结构强度起决定作用的主要内力。为了简化计算，可以不考虑剪力和弯矩，于是考虑节点的转角也就没有意义。因此，计算时可将梁的节点处当作铰链连接，可以自由转动，节点处仅保持线位移连续。实际上有些结构的连接处确实是用铰链或销子连接的（如四连杆机构、曲柄连杆机构等），这种只考虑梁承受轴向变形的结构称为桁架结构。

当梁布置于空间时，称为空间桁架结构，需计及如下三个线位移，节点自由度数目为3：

$$\boldsymbol{\delta}_i = \begin{pmatrix} u_i \\ v_i \\ w_i \end{pmatrix} \qquad \boldsymbol{f}_i = \begin{pmatrix} U_i \\ V_i \\ W_i \end{pmatrix}$$

当梁都布置在同一平面内时，称为平面桁架结构，需计及如下2个线位移，节点自由度数目为2：

$$\boldsymbol{\delta}_i = \begin{pmatrix} u_i \\ v_i \end{pmatrix} \qquad \boldsymbol{f}_i = \begin{pmatrix} U_i \\ V_i \end{pmatrix}$$

### 2.1.2　刚度方程的建立方法

用位移法对梁结构进行分析时，应先建立各单元节点位移与各单元节点内力（即图2-4所示的约束力）之间的关系，得到单元刚度方程。然后，考虑节点外力（由外载荷引起的综合节点载荷）与各相应节点内力的平衡条件及各节点位移协调条件，建立起各节点位移与各节点外力之间的关系，得到结构刚度方程（也称原始基本方程）。再考虑结构边界的约束条件，对结构刚度方程进行必要的约束处理。最后，得到结构各节点的未知位移与已知外力之间的关系式，称此关系式为基本方程。解此方程即可求出各节点的位移，从而求出各单元的变形、内力和应力。

下面以一简单的平面桁架结构为例说明刚度方程的建立过程。

图2-6a所示为由两根梁组合而成的平面桁架结构。现若以一根梁作为一个单元，则此结构被离散为2个单元，有3个节点。对单元和节点分别编号（如图中所示），设$Oxy$为结构坐标系。在节点2作用有$x$、$y$方向的外力$p_{x2}$、$p_{y2}$（第一个下标表示坐标方向，第二个下标表示节点号，下同），在节点1和节点3的$x$、$y$方向的位移被约束着，因此，在外力作用下，整个结构不会发生刚体位移。在各约束点将有反力$p_{x1}$、$p_{y1}$、$p_{x3}$、$p_{y3}$产生。节点2不受约束，在外力作用下将产生位移$u_2$、$v_2$（图2-6b），因而各梁将有变形，从而有轴向力产生。节点2所产生的位移$u_2$、$v_2$就是位移法所要求解的基本未知量。

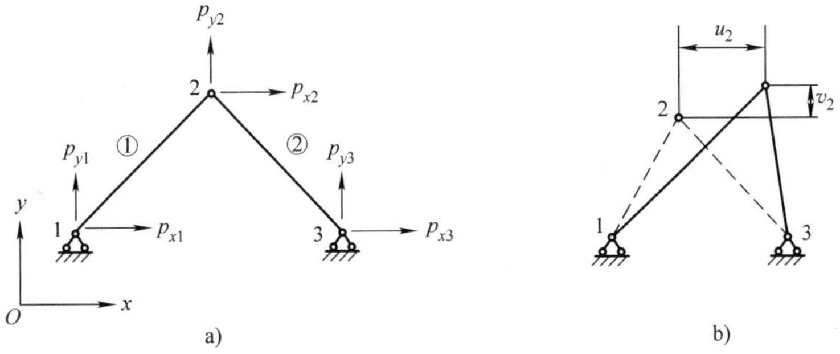


图2-6　平面桁架结构

a）由两根梁组合而成的平面桁架结构　b）梁在外力作用下产生变形

**1. 建立相对于单元坐标系的单元刚度方程**

当结构受外力变形时，各单元两端均有位移和约束力（以后称为内力）产生，现以图2-6所示结构的单元①为例来建立其单元刚度方程。对单元①按规则画出单元坐标系$O\overline{xy}$及由于结构受外力作用，使梁两端产生的线位移和线力（图2-7）。

将梁两端的线位移和线力写成矩阵形式：

位移　$\bar{\boldsymbol{\delta}}^e=(\bar{\boldsymbol{\delta}}_1\quad\bar{\boldsymbol{\delta}}_2)^{\mathrm{T}}=(\bar{u}_1^1\quad\bar{v}_1^1\quad\bar{u}_2^1\quad\bar{v}_2^1)^{\mathrm{T}}$

内力　$\bar{\boldsymbol{f}}^e=(\bar{\boldsymbol{f}}_1\quad\bar{\boldsymbol{f}}_2)^{\mathrm{T}}=(\bar{U}_1^1\quad\bar{V}_1^1\quad\bar{U}_2^1\quad\bar{V}_2^1)^{\mathrm{T}}$

各量的上标表示单元号，上面“横杠”表示用单元坐标系 $O\,\overline{xy}$ 度量的量。

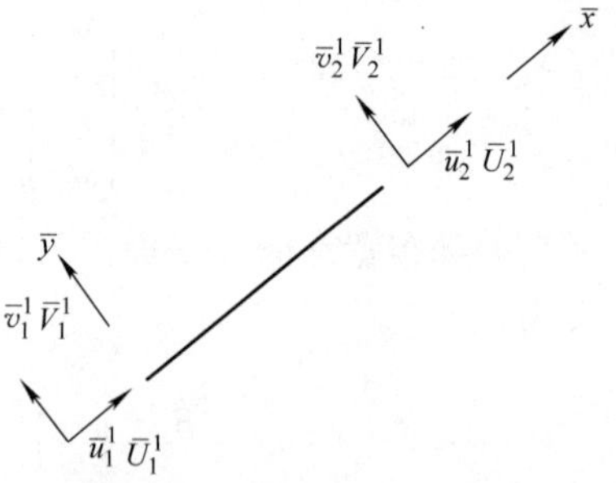

图 2-7　梁端位移向量
（力向量与其一一对应，未画出）

单元任一端任一方向的单位位移都能使单元两端产生相应的约束力（内力），如图 2-4 所示。对于平面桁架单元来说，当单元两端产生位移 $\bar{\boldsymbol{\delta}}^e$ 时，位移和内力之间的关系可综合写成如下的形式：

$$\begin{cases}\bar{U}_1^1=\bar{k}_{x1,x1}^1\bar{u}_1^1+\bar{k}_{x1,y1}^1\bar{v}_1^1+\bar{k}_{x1,x2}^1\bar{u}_2^1+\bar{k}_{x1,y2}^1\bar{v}_2^1\\ \bar{V}_1^1=\bar{k}_{y1,x1}^1\bar{u}_1^1+\bar{k}_{y1,y1}^1\bar{v}_1^1+\bar{k}_{y1,x2}^1\bar{u}_2^1+\bar{k}_{y1,y2}^1\bar{v}_2^1\\ \bar{U}_2^1=\bar{k}_{x2,x1}^1\bar{u}_1^1+\bar{k}_{x2,y1}^1\bar{v}_1^1+\bar{k}_{x2,x2}^1\bar{u}_2^1+\bar{k}_{x2,y2}^1\bar{v}_2^1\\ \bar{V}_2^1=\bar{k}_{y2,x1}^1\bar{u}_1^1+\bar{k}_{y2,y1}^1\bar{v}_1^1+\bar{k}_{y2,x2}^1\bar{u}_2^1+\bar{k}_{y2,y2}^1\bar{v}_2^1\end{cases}\tag{2-1}$$

式中，等号右边各刚度系数 $\bar{k}_{pi,mj}^1$ 的具体意义为：$\bar{k}_{x1,x1}^1$ 表示单元①在 1 节点 $\bar{x}$ 方向产生单位位移时，在 1 节点的 $\bar{x}$ 方向产生的力；$\bar{k}_{y2,y1}^1$ 表示单元①在 1 节点 $\bar{y}$ 方向产生单位位移时，在 2 节点 $\bar{y}$ 方向产生的力。其余刚度系数的意义以此类推。

式（2-1）中各刚度系数与杆端位移的乘积，即表示在此位移值下的总力。例如，$\bar{k}_{x1,x1}^1\bar{u}_1^1$ 表示在 1 节点 $\bar{x}$ 方向产生 $\bar{u}_1^1$ 位移时，1 节点的 $\bar{x}$ 方向产生的总力；$\bar{k}_{y2,y1}^1\bar{v}_1^1$ 表示在 1 节点 $\bar{y}$ 方向产生 $\bar{v}_1^1$ 位移时 2 节点 $\bar{y}$ 方向产生的总力。其余以此类推。

由此，式（2-1）的第 1 行表示 1 节点在 $\bar{x}$ 和 $\bar{y}$ 方向产生位移 $\bar{u}_1^1$ 和 $\bar{v}_1^1$ 及 2 节点在 $\bar{x}$ 和 $\bar{y}$ 方向产生位移 $\bar{u}_2^1$ 和 $\bar{v}_2^1$ 时，在单元 1 节点的 $\bar{x}$ 方向所产生的力的总和。第 2 行表示单元两端发出上述四个位移时，在 1 节点 $\bar{y}$ 方向所产生的力的总和。同理，第 3、第 4 行分别表示由于上述位移，在 2 节点的 $\bar{x}$ 方向和 $\bar{y}$ 方向产生的力的总和。将式（2-1）写成矩阵形式：

$$\begin{pmatrix}\bar{U}_1^1\\ \bar{V}_1^1\\ \bar{U}_2^1\\ \bar{V}_2^1\end{pmatrix}=\begin{pmatrix}\bar{k}_{x1,x1}^1 & \bar{k}_{x1,y1}^1 & \bar{k}_{x1,x2}^1 & \bar{k}_{x1,y2}^1\\ \bar{k}_{y1,x1}^1 & \bar{k}_{y1,y1}^1 & \bar{k}_{y1,x2}^1 & \bar{k}_{y1,y2}^1\\ \bar{k}_{x2,x1}^1 & \bar{k}_{x2,y1}^1 & \bar{k}_{x2,x2}^1 & \bar{k}_{x2,y2}^1\\ \bar{k}_{y2,x1}^1 & \bar{k}_{y2,y1}^1 & \bar{k}_{y2,x2}^1 & \bar{k}_{y2,y2}^1\end{pmatrix}\begin{pmatrix}\bar{u}_1^1\\ \bar{v}_1^1\\ \bar{u}_2^1\\ \bar{v}_2^1\end{pmatrix}\tag{2-2}$$

将式（2-2）中的单元号和节点号进行相应的变动，即得单元②的单元刚度方程：

$$\begin{pmatrix}\bar{U}_2^2\\ \bar{V}_2^2\\ \bar{U}_3^2\\ \bar{V}_3^2\end{pmatrix}=\begin{pmatrix}\bar{k}_{x2,x2}^2 & \bar{k}_{x2,y2}^2 & \bar{k}_{x2,x3}^2 & \bar{k}_{x2,y3}^2\\ \bar{k}_{y2,x2}^2 & \bar{k}_{y2,y2}^2 & \bar{k}_{y2,x3}^2 & \bar{k}_{y2,y3}^2\\ \bar{k}_{x3,,x2}^2 & \bar{k}_{x3,y2}^2 & \bar{k}_{x3,x3}^2 & \bar{k}_{x3,y3}^2\\ \bar{k}_{y3,x2}^2 & \bar{k}_{y3,y2}^2 & \bar{k}_{y3,x3}^2 & \bar{k}_{y3,y3}^2\end{pmatrix}\begin{pmatrix}\bar{u}_2^2\\ \bar{v}_2^2\\ \bar{u}_3^2\\ \bar{v}_3^2\end{pmatrix}\tag{2-3}$$

式（2-2）和式（2-3）即为相对于单元坐标系的单元刚度方程，可缩写成下面统一的形式：

$$\bar{\boldsymbol{f}}^e=\bar{\boldsymbol{k}}^e\bar{\boldsymbol{\delta}}^e\tag{2-4}$$

式中，$\bar{\boldsymbol{k}}^e$ 为相对于单元坐标系的单元刚度矩阵，刚度矩阵中的刚度系数 $\bar{k}_{pi,mj}^1$ 可利用图 2-4

得到。

对于平面桁架结构来说，其单元只能承受轴向位移和轴向力，因此，由图 2-4a 和图 2-4g，即可得式（2-2）和式（2-3）中有关刚度系数的数学表达式：

对单元①

$$\begin{aligned}\bar{k}^1_{x1,x1} &= \bar{k}^1_{x2,x2} = EA/l \\ \bar{k}^1_{x1,x2} &= \bar{k}^1_{x2,x1} = -EA/l\end{aligned} \tag{2-5}$$

对单元②

$$\begin{aligned}\bar{k}^2_{x2,x2} &= \bar{k}^2_{x3,x3} = EA/l \\ \bar{k}^2_{x2,x3} &= \bar{k}^2_{x3,x2} = -EA/l\end{aligned} \tag{2-6}$$

式（2-2）和式（2-3）中的其他刚度系数均为零。

将式（2-5）和式（2-6）代入式（2-2）和式（2-3）可知，不同单元的刚度矩阵是相同的。因此，若将梁两端节点号改用 $i$、$j$ 表示，则式（2-2）和式（2-3）两式可写成统一的形式：

$$\begin{pmatrix}\bar{U}_i \\ \bar{V}_i \\ \bar{U}_j \\ \bar{V}_j\end{pmatrix} = \begin{pmatrix}\frac{EA}{l} & 0 & -\frac{EA}{l} & 0 \\ 0 & 0 & 0 & 0 \\ -\frac{EA}{l} & 0 & \frac{EA}{l} & 0 \\ 0 & 0 & 0 & 0\end{pmatrix}\begin{pmatrix}\bar{u}_i \\ \bar{v}_i \\ \bar{u}_j \\ \bar{v}_j\end{pmatrix} \tag{2-7}$$

式（2-7）即为桁架结构相对于单元坐标系的单元刚度方程。

**2. 坐标变换，建立相对于结构坐标系的单元刚度方程**

在实际结构中，各单元往往朝向各不相同的方向，因而各单元的单元坐标系的方向也不相同，不同单元在同一节点处的位移和节点力的方向也就不一致，如图 2-8a 所示（图中只标出节点位移，节点力与其一一对应，未画出）。这样，要建立各节点力的平衡方程式相当麻烦。因此，有必要先将沿单元坐标系方向的节点位移和节点力均变换成沿结构坐标系方向，如图 2-8b 所示。这样的变换称为坐标变换。

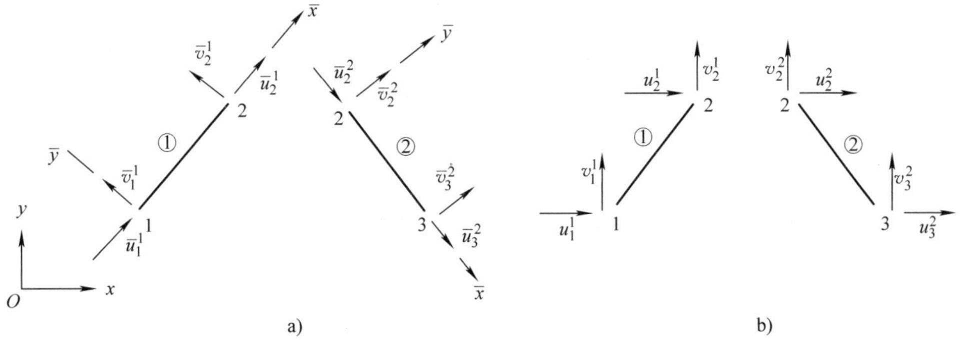

图 2-8　节点位移向量的转换（力向量与其一一对应，未画出）

现以单元①两端节点的位移（和力）的变换为例加以说明。将沿单元坐标系 $O\bar{x}$ 和 $O\bar{y}$

方向的位移分别分解到结构坐标系 $Ox$ 和 $Oy$ 方向，如图 2-9所示（图中只画出一个节点的变换关系，另一节点相同），得到下面的关系式：

$$\begin{cases} \bar{u}_1^1 = u_1^1\cos\alpha + v_1^1\sin\alpha \\ \bar{v}_1^1 = -u_1^1\sin\alpha + v_1^1\cos\alpha \\ \bar{u}_2^1 = u_2^1\cos\alpha + v_2^1\sin\alpha \\ \bar{v}_2^1 = -u_2^1\sin\alpha + v_2^1\cos\alpha \end{cases} \tag{2-8}$$

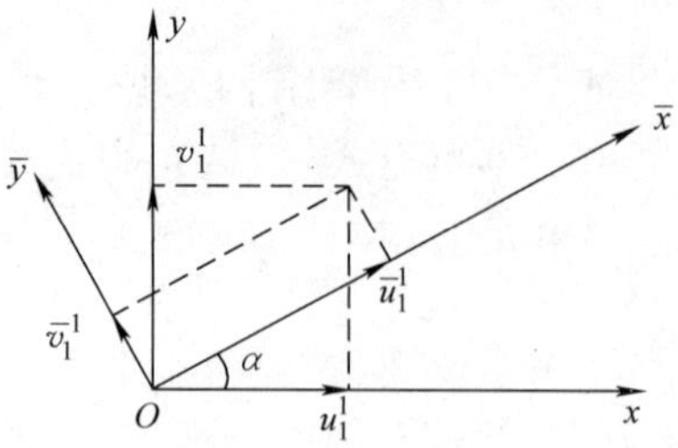


图 2-9　坐标变换

将式（2-8）写成矩阵形式：

$$\begin{pmatrix} \bar{u}_1^1 \\ \bar{v}_1^1 \\ \bar{u}_2^1 \\ \bar{v}_2^1 \end{pmatrix} = \begin{pmatrix} \cos\alpha & \sin\alpha & 0 & 0 \\ -\sin\alpha & \cos\alpha & 0 & 0 \\ 0 & 0 & \cos\alpha & \sin\alpha \\ 0 & 0 & -\sin\alpha & \cos\alpha \end{pmatrix} \begin{pmatrix} u_1^1 \\ v_1^1 \\ u_2^1 \\ v_2^1 \end{pmatrix} \tag{2-9}$$

由于节点力和节点位移一一对应，故可写出与式（2-9）相同的节点力的变换关系：

$$\begin{pmatrix} \bar{U}_1^1 \\ \bar{V}_1^1 \\ \bar{U}_2^1 \\ \bar{V}_2^1 \end{pmatrix} = \begin{pmatrix} \cos\alpha & \sin\alpha & 0 & 0 \\ -\sin\alpha & \cos\alpha & 0 & 0 \\ 0 & 0 & \cos\alpha & \sin\alpha \\ 0 & 0 & -\sin\alpha & \cos\alpha \end{pmatrix} \begin{pmatrix} U_1^1 \\ V_1^1 \\ U_2^1 \\ V_2^1 \end{pmatrix} \tag{2-10}$$

令

$$\boldsymbol{T} = \begin{pmatrix} \cos\alpha & \sin\alpha & 0 & 0 \\ -\sin\alpha & \cos\alpha & 0 & 0 \\ 0 & 0 & \cos\alpha & \sin\alpha \\ 0 & 0 & -\sin\alpha & \cos\alpha \end{pmatrix} \tag{2-11}$$

$\boldsymbol{T}$ 称为平面桁架单元的坐标变换矩阵。式（2-9）和式（2-10）即为单元①的位移向量和力向量的坐标变换方程。其他单元的坐标变换方程只需换上相应单元的上标和下标即可。坐标变换矩阵 $\boldsymbol{T}$ 相同，因此，可将平面桁架单元的坐标变换方程缩写成统一的形式：

$$\bar{\boldsymbol{\delta}}^e = \boldsymbol{T}\boldsymbol{\delta}^e \tag{2-12}$$

$$\bar{\boldsymbol{f}}^e = \boldsymbol{T}\boldsymbol{f}^e \tag{2-13}$$

将式（2-12）、式（2-13）代入式（2-4）得

$$\boldsymbol{T}\boldsymbol{f}^e = \bar{\boldsymbol{k}}^e\boldsymbol{T}\boldsymbol{\delta}^e \tag{2-14}$$

等号两边左乘 $\boldsymbol{T}^{-1}$：

$$\boldsymbol{T}^{-1}\boldsymbol{T}\boldsymbol{f}^e = \boldsymbol{T}^{-1}\bar{\boldsymbol{k}}^e\boldsymbol{T}\boldsymbol{\delta}^e$$

因 $\boldsymbol{T}$ 是正交矩阵，故 $\boldsymbol{T}^{-1} = \boldsymbol{T}^{\mathrm{T}}$，则

$$\boldsymbol{f}^e = \boldsymbol{T}^{\mathrm{T}}\bar{\boldsymbol{k}}^e\boldsymbol{T}\boldsymbol{\delta}^e \tag{2-15}$$

令
$$\boldsymbol{k}^e = \boldsymbol{T}^{\mathrm{T}}\bar{\boldsymbol{k}}^e\boldsymbol{T} \tag{2-16}$$

则
$$\boldsymbol{f}^e = \boldsymbol{k}^e\boldsymbol{\delta}^e \tag{2-17}$$

式（2-17）即为相对于结构坐标系 $Oxyz$ 的单元刚度方程，式中 $\boldsymbol{k}^e$ 称为相对于结构坐标系的单元刚度矩阵。将式（2-17）写成展开形式为

$$\begin{pmatrix} U_i^k \\ V_i^k \\ U_j^k \\ V_j^k \end{pmatrix} = \begin{pmatrix} k_{xi,xi}^k & k_{xi,yi}^k & k_{xi,xj}^k & k_{xi,yj}^k \\ k_{yi,xi}^k & k_{yi,yi}^k & k_{yi,xj}^k & k_{yi,yj}^k \\ k_{xj,xi}^k & k_{xj,yi}^k & k_{xj,xj}^k & k_{xj,yj}^k \\ k_{yj,xi}^k & k_{yj,yi}^k & k_{yj,xj}^k & k_{yj,yj}^k \end{pmatrix} \begin{pmatrix} u_i^k \\ v_i^k \\ u_j^k \\ v_j^k \end{pmatrix} \tag{2-18}$$

式（2-18）中各量的上标 $k$ 表示单元号，对图 2-6 所示桁架结构中的单元①：$k=1$，对单元②：$k=2$。各量的下标 $i$、$j$ 表示单元两端节点号，对单元①的两端：$i=1$，$j=2$；对单元②的两端：$i=2$，$j=3$。

考虑到的相交于同一节点的各单元，在该节点的位移应该相同，并都等于结构在该节点的位移，此即所谓的位移协调条件，也就是在单元①、②的交点 2 处，单元①的 $x$、$y$ 方向的位移与单元②的 $x$、$y$ 方向的位移相同，都等于平面桁架结构 2 节点的 $x$、$y$ 方向的位移。因此，式（2-18）中的位移列阵不需标明单元号，可直接用结构节点的位移，即

$$\begin{pmatrix} u_i^k \\ v_i^k \\ u_j^k \\ v_j^k \end{pmatrix} = \begin{pmatrix} u_i \\ v_i \\ u_j \\ v_j \end{pmatrix} \text{或 } \boldsymbol{\delta}^e = \boldsymbol{\delta} \tag{2-19}$$

为了进一步了解坐标变换后单元刚度方程的变化，将式（2-18）写成显式，并考虑位移协调条件式（2-19）：

$$\begin{pmatrix} U_i^k \\ V_i^k \\ U_j^k \\ V_j^k \end{pmatrix} = \frac{EA}{l} \begin{pmatrix} \cos^2\alpha & \sin\alpha\cos\alpha & -\cos^2\alpha & -\sin\alpha\cos\alpha \\ \sin\alpha\cos\alpha & \sin^2\alpha & -\sin\alpha\cos\alpha & -\sin^2\alpha \\ -\cos^2\alpha & -\sin\alpha\cos\alpha & \cos^2\alpha & \sin\alpha\cos\alpha \\ -\sin\alpha\cos\alpha & -\sin^2\alpha & \sin\alpha\cos\alpha & \sin^2\alpha \end{pmatrix} \begin{pmatrix} u_i \\ v_i \\ u_j \\ v_j \end{pmatrix} \tag{2-20}$$

式（2-20）是由式（2-15）右端各矩阵相乘得到的。

式（2-18）、式（2-20）中的节点位移和节点内力，都已变换成与结构坐标系方向一致，如图 2-8b 所示。这样，就可利用式（2-18）和式（2-19）建立结构刚度方程。

**3. 建立结构刚度方程**（或称原始基本方程）

为建立结构刚度方程，必须写出相对于结构坐标系方向的各节点外力（包括节点外载荷、节点支反力）与各节点内力的平衡方程。

对于节点 1，由于其 $x$、$y$ 方向的位移受到约束。因此，单元在该节点 $x$ 方向的合力应该等于支座反力 $p_{x1}$，在 $y$ 方向的合力应该等于支座反力 $p_{y1}$。本例相交于节点 1 的仅一个单元，故节点 1 的 $x$ 方向和 $y$ 方向力的平衡条件为

$$p_{x1} = U_1^1$$

$$p_{y1} = V_1^1$$

$U_1^1$ 为节点 1 的 $x$ 方向的内力，$V_1^1$ 为节点 1 的 $y$ 方向的内力，可由式（2-18）、

式（2-19）写出（其他内力也如此），由此可得

$$p_{x1}=k^1_{x1,x1}u_1+k^1_{x1,y1}v_1+k^1_{x1,x2}u_2+k_{x1,y2}v_2 \tag{2-21}$$

$$p_{y1}=k^1_{y1,x1}u_1+k^1_{y1,y1}v_1+k^1_{y1,x2}u_2+k_{y1,y2}v_2 \tag{2-22}$$

对于节点 2 来说，$x$ 方向作用外力 $p_{x2}$，$y$ 方向作用外力 $p_{y2}$，故各单元在节点 2 $x$ 方向的合力应该等于 $p_{x2}$，在 $y$ 方向的合力应该等于 $p_{y2}$。相交于节点 2 的有两个单元，故节点 2 在 $x$ 方向和 $y$ 方向的平衡条件为

$$p_{x2}=U^1_2+U^2_2$$

$$p_{y2}=V^1_2+V^2_2$$

即

$$\begin{aligned}p_{x2}&=k^1_{x2,x1}u_1+k^1_{x2,y1}v_1+k^1_{x2,x2}u_2+k^1_{x2,y2}v_2+k^2_{x2,x2}u_2+k^2_{x2,y2}v_2+k^2_{x2,x3}u_3+k^2_{x2,y3}v_3\\&=k^1_{x2,x1}u_1+k^1_{x2,y1}v_1+(k^1_{x2,x2}+k^2_{x2,x2})u_2+(k^1_{x2,y2}+k^2_{x2,y2})v_2+k^2_{x2,x3}u_3+k^2_{x2,y3}v_3\end{aligned} \tag{2-23}$$

$$\begin{aligned}p_{y2}&=k^1_{y2,x1}u_1+k^1_{y2,y1}v_1+k^1_{y2,x2}u_2+k^1_{y2,y2}v_2+k^2_{y2,x2}u_2+k^2_{y2,y2}v_2+k^2_{y2,x3}u_3+k^2_{y2,y3}v_3\\&=k^1_{y2,x1}u_1+k^1_{y2,y1}v_1+(k^1_{y2,x2}+k^2_{y2,x2})u_2+(k^1_{y2,y2}+k^2_{y2,y2})v_2+k^2_{y2,x3}u_3+k^2_{y2,y3}v_3\end{aligned} \tag{2-24}$$

对于节点 3，$x$、$y$ 方向的位移受到约束，因此，单元在 $x$ 方向的合力应该等于反力 $p_{x3}$，在 $y$ 方向的合力应该等于反力 $p_{y3}$。相交于节点 3 的仅一个单元，故节点 3 的 $x$ 方向和 $y$ 方向的平衡条件为

$$p_{x3}=U^2_3$$

$$p_{y3}=V^2_3$$

即

$$p_{x3}=k^2_{x3,x2}u_2+k^2_{x3,y2}v_2+k^2_{x3,x3}u_3+k^2_{x3,y3}v_3 \tag{2-25}$$

$$p_{y3}=k^2_{y3,x2}u_2+k^2_{y3,y2}v_2+k^2_{y3,x3}u_3+k^2_{y3,y3}v_3 \tag{2-26}$$

由上面的分析可知，平面桁架结构每个节点具有两个方向的位移（自由度），可写出两个平衡方程，本例有三个节点，共写出六个平衡方程，即式（2-21）~式（2-26）。可见平衡方程数等于节点自由度数。因此，一个很简单的结构也往往会有几十个方程，稍微复杂的结构则有几百个甚至几千个方程，用手计算是很难的，但用电子计算机就可以在短时间内解出，这进一步说明，有限元法得到广泛应用，是以使用电子计算机为前提的。

将六个平衡方程写成矩阵形式：

$$\begin{pmatrix}p_{x1}\\p_{y1}\\p_{x2}\\p_{y2}\\p_{x3}\\p_{y3}\end{pmatrix}=\begin{pmatrix}k^1_{x1,x1}&k^1_{x1,y1}&k^1_{x1,x2}&k^1_{x1,y2}&&\\k^1_{y1,x1}&k^1_{y1,y1}&k^1_{y1,x2}&k^1_{y1,y2}&&\\k^1_{x2,x1}&k^1_{x2,y1}&k^1_{x2,x2}+k^2_{x2,x2}&k^1_{x2,y2}+k^2_{x2,y2}&k^2_{x2,x3}&k^2_{x2,y3}\\k^1_{y2,x1}&k^1_{y2,y1}&k^1_{y2,x2}+k^2_{y2,x2}&k^1_{y2,y2}+k^2_{y2,y2}&k^2_{y2,x3}&k^2_{y2,y3}\\&&k^2_{x3,x2}&k^2_{x3,y2}&k^2_{x3,x3}&k^2_{x3,y3}\\&&k^2_{y3,x2}&k^2_{y3,y2}&k^2_{y3,x3}&k^2_{y3,y3}\end{pmatrix}\begin{pmatrix}u_1\\v_1\\u_2\\v_2\\u_3\\v_3\end{pmatrix} \tag{2-27}$$

式（2-27）的缩写形式为

$$\boldsymbol{p}=\boldsymbol{k\delta} \tag{2-28}$$

式中，$\boldsymbol{p}$ 为节点外力向量；$\boldsymbol{k}$ 为结构刚度矩阵；$\boldsymbol{\delta}$ 为节点位移向量。

式（2-27）、式（2-28）称为结构刚度方程（或称结构的原始基本方程）。由式（2-27）可明显看出，结构某一节点某一方向的刚度是相交于该节点的各单元相应方向的刚度系数的总和。例如，节点 2 的 $x$ 方向的刚度是相交于节点 2 的单元①和单元②在节点 2 的 $x$ 方向的刚度系数的总和，即

$$k_{x2、x2}=k_{x2、x2}^{1}+k_{x2、x2}^{2}$$

其他也是如此，因此可得出结论：结构节点的刚度是由相交于此节点的所有单元提供的。根据这个规律，结构刚度矩阵 $\boldsymbol{k}$ 的组合可利用相对于结构坐标系的单元刚度方程式（2-18）直接写出。即首先决定方程中节点力向量和节点位移向量的排列顺序，一般总是按节点号由小到大排列，在同一节点号中，则按 $x$、$y$、$z$ 顺序排列。等号左边的节点力向量和等号右边的节点位移向量一一对应。如式（2-18）中，节点力向量的第 5 项表示作用在节点 3 的 $x$ 方向的力，则与之对应的节点位移向量的第 5 项就表示节点 3 的 $x$ 方向的分位移。然后，根据式（2-18）中的刚度系数的下标号码，一一对号写入结构刚度矩阵中相应的位置。下标号码相同的写入同一位置，将其叠加，最后即得与式（2-27）相同的方程。

**4. 刚度矩阵的物理意义**

为叙述方便，将结构刚度方程用下面的形式表示：

$$\begin{pmatrix} f_1 \\ f_2 \\ \vdots \\ f_i \\ \vdots \\ f_n \end{pmatrix}=\begin{pmatrix} k_{11} & k_{12} & \cdots & k_{1j} & \cdots & k_{1n} \\ k_{21} & k_{22} & \cdots & k_{2j} & \cdots & k_{2n} \\ \vdots & \vdots & & \vdots & & \vdots \\ k_{i1} & k_{i2} & \cdots & k_{ij} & \cdots & k_{in} \\ \vdots & \vdots & & \vdots & & \vdots \\ k_{n1} & k_{n2} & \cdots & k_{nj} & \cdots & k_{nn} \end{pmatrix}\begin{pmatrix} u_1 \\ u_2 \\ \vdots \\ u_j \\ \vdots \\ u_n \end{pmatrix} \tag{2-29}$$

令位移列向量中 $u_j=1$，其他各位移为零，则表示结构中除 $u_j=1$ 外，其他节点位移均被约束，此时，由式（2-29）可知，各节点上所产生的节点力如下：

$$f_1=k_{1j},\ f_2=k_{2j},\ \cdots,\ f_i=k_{ij},\ \cdots,\ f_n=k_{nj}$$

由此可知，矩阵 $\boldsymbol{k}$ 的 $j$ 列元素 $k_{1j}$，$k_{2j}$，…，$k_{ij}$，…，$k_{nj}$既代表力，也表示对应于 $u_j$ 的各节点的刚度。刚度系数的值越大，说明这个结构（或单元）越难以发生变形，因而显得结构越加刚硬，也说明单元或结构抵抗变形的能力越强，因而得名为“刚度矩阵”。

**5. 刚度矩阵的性质**

（1）刚度矩阵是对称矩阵　刚度矩阵中的系数所体现的刚度特性反映了各节点位移和节点力相互之间的影响，故刚度系数中的 $k_{11}$，$k_{22}$，…，$k_{nn}$等系数反映节点位移与本身对应的节点力之间的影响，它们在刚度矩阵中总位于主对角线上（称为主系数），它们的值总是正的。其他系数如 $k_{12}$，$k_{21}$，…，$k_{ji}$等，反映不对应的节点力同节点位移之间的影响，它们总占据主对角线两旁的位置（称为副系数），它们的值可以是正的、负的或者为零。由功的互等定理得知，在主对角线两边对称位置的各对系数互等，即 $k_{12}=k_{21}$，$k_{34}=k_{43}$，$k_{ij}=k_{ji}$，…。对式（2-27）来说，则 $k_{y1,x1}^{1}=k_{x1,y1}^{1}$，$k_{y2,x2}^{1}+k_{y2,x2}^{2}=k_{x2,y2}^{1}+k_{x2,y2}^{2}\cdots$，此即矩阵的对称性。这一性质适用于数值计算，因为，使用电子计算机计算时，必须在计算机内存储矩

阵 $\boldsymbol{k}$。利用这一性质，即可先令计算机存储矩阵 $\boldsymbol{k}$ 中包括对角线在内的右上部分刚度系数，与右上部分对称的左下部分就不必存储，这样，所要存储的单元就可减少。已发表的程序中都利用了这一性质。

（2）结构刚度矩阵 $\boldsymbol{k}$ 呈带状分布　所谓带状，就是非零的刚度系数全部分布在主对角线附近。在结构刚度矩阵 $\boldsymbol{k}$ 的每一行中，自第一个非零元素至最后一个非零元素（中间可能夹杂着零元素）的所有元素的总数目称为带宽。自第一个非零元素至对角线元素的所有元素的总数则称为半带宽。节点号秩序对带宽有很大影响，例如，图 2-10 所示的桁架结构，若节点按无括号的数字编序，则其刚度矩阵如图 2-11a 所示（矩阵中“×”表示非零元素，空白表示零元素）。若节点号改为括号中的数字排列，则刚度矩阵如图 2-11b 所示。即由一条带变为三条带，总带宽比图 2-11a 大很多。由此可知，节点序号不同，带宽也不同，带宽越小，则存储量越少。因此，对节点进行编号时，应使相邻的节点号的差尽可能小。为了最大限度地缩小带宽，也可以由机器自动地按带宽最小原则将节点重新编号，这称为带宽优化。

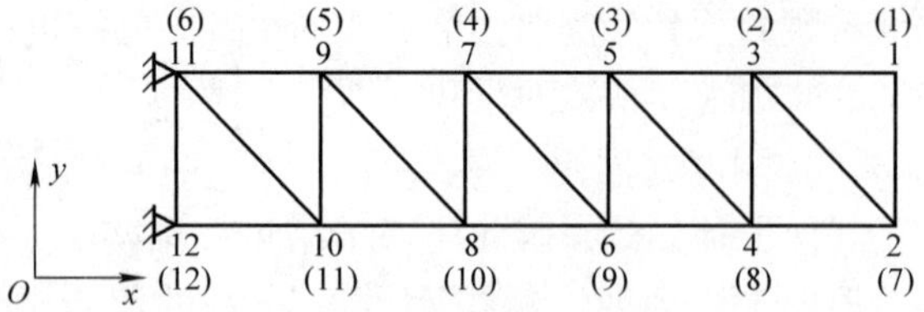


图 2-10　两种节点序号

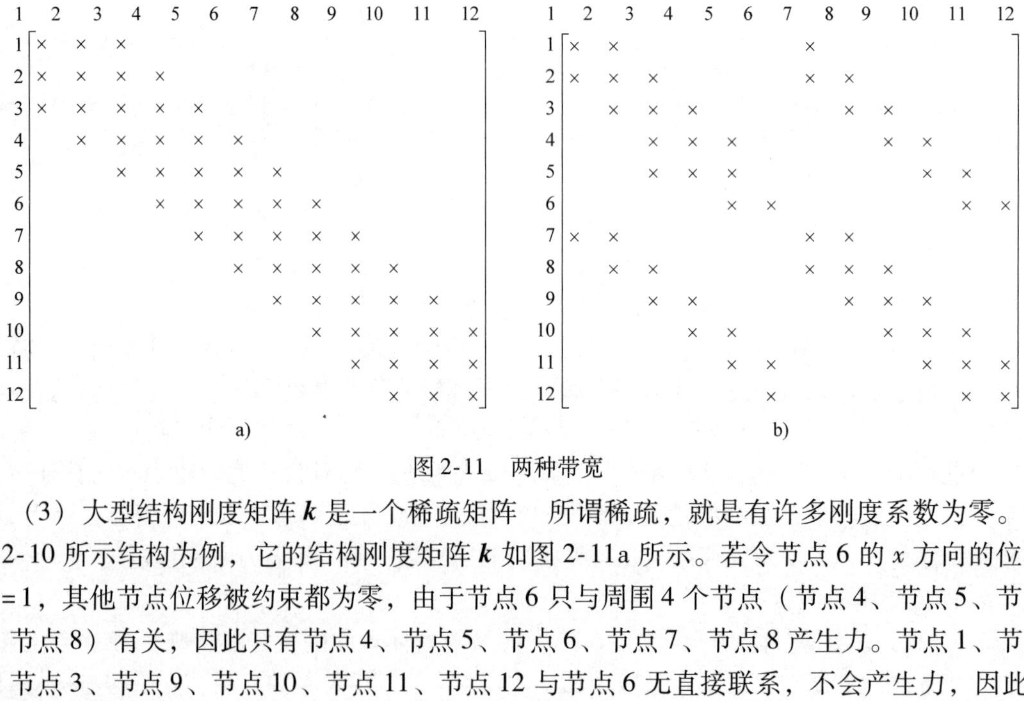


图 2-11　两种带宽

（3）大型结构刚度矩阵 $\boldsymbol{k}$ 是一个稀疏矩阵　所谓稀疏，就是有许多刚度系数为零。以图 2-10 所示结构为例，它的结构刚度矩阵 $\boldsymbol{k}$ 如图 2-11a 所示。若令节点 6 的 $x$ 方向的位移 $u_6=1$，其他节点位移被约束都为零，由于节点 6 只与周围 4 个节点（节点 4、节点 5、节点 7、节点 8）有关，因此只有节点 4、节点 5、节点 6、节点 7、节点 8 产生力。节点 1、节点 2、节点 3、节点 9、节点 10、节点 11、节点 12 与节点 6 无直接联系，不会产生力，因此 $\boldsymbol{k}$ 中对应于位移 $u_6$ 的那一列中与节点 1、节点 2、节点 3、节点 9、节点 10、节点 11、节点 12 有关的系数都是零，也就是说该列有一半以上系数为零。

在一般梁结构中，一个节点（梁连接处）上直接相连的梁最多约为 10 个。如果结构离散后节点数有 200 个，则非零节点与总节点之比约为 10/200，即非零节点仅点 5% 左右。离散单元越多，则结构刚度的稀疏性就越突出。

利用矩阵 $\boldsymbol{k}$ 的稀疏性，可设法只存储非零元素，从而大大节省存储容量。

（4）结构刚度矩阵 $\boldsymbol{k}$ 是奇异矩阵

由式（2-27）可知，结构刚度矩阵 $\boldsymbol{k}$ 中的任一行（或任一列）之和均为零，这使刚度方程有无穷多组解（从物理意义上说，这是因为允许结构做整体的刚体运动）。因此，在代入结构的边界约束条件之前，结构刚度矩阵是奇异矩阵，不可求逆。

**6. 约束条件的处理，建立结构的基本方程，求未知位移**

结构刚度方程的一般表达式为 $\boldsymbol{p}=\boldsymbol{k\delta}$。由于结构刚度矩阵 $\boldsymbol{k}$ 为奇异矩阵，所以满足此方程的节点位移 $\boldsymbol{\delta}$ 的解不是唯一的，因此，为求出结构确定的未知节点位移，需要将式（2-28）进行修改，称之为约束条件处理。下面介绍三种方法。

（1）改变结构原始基本方程的排列次序　以图 2-6 所示桁架结构的结构刚度方程式（2-27）为例，将式（2-27）的外力向量中的未知反力 $p_{x1}$、$p_{y1}$、$p_{x3}$、$p_{y3}$ 放到向量的后边，其他各项元素顺次向前移，使力向量中的前 2 项表示已知节点外力，后 4 项表示未知反力。对于节点位移，则根据一一对应原则，其中前 2 项表示未知节点位移，后 4 项表示已知节点位移（本例为零）。同时将与之相对应的刚度矩阵的各元素重新对号排列，则式（2-27）变成式（2-30）的形式。再将式（2-30）进行分块，用 $\boldsymbol{p}_A$、$\boldsymbol{\delta}_A$ 分别表示前 2 项已知节点外力和未知节点位移，用 $\boldsymbol{p}_B$、$\boldsymbol{\delta}_B$ 分别表示后四项未知节点反力和已知节点位移。据此，也将结构刚度矩阵 $\boldsymbol{k}$ 分块为 $\boldsymbol{k}_{AA}$、$\boldsymbol{k}_{AB}$、$\boldsymbol{k}_{BA}$、$\boldsymbol{k}_{BB}$ 四个子矩阵，结果得到式（2-31）。在矩阵和向量内用虚线表示这种分块。

$$\begin{pmatrix} p_{x2} \\ p_{y2} \\ p_{x1} \\ p_{y1} \\ p_{x3} \\ p_{y3} \end{pmatrix} = \begin{pmatrix} k^1_{x2,x2}+k^2_{x2,x2} & k^1_{x2,y2}+k^2_{x2,y2} & k^1_{x2,x1} & k^1_{x2,y1} & k^2_{x2,x3} & k^2_{x2,y3} \\ k^1_{y2,x2}+k^2_{y2,x2} & k^1_{y2,y2}+k^2_{y2,y2} & k^1_{y2,x1} & k^1_{y2,y1} & k^2_{y2,x3} & k^2_{y2,y3} \\ k^1_{x1,x2} & k^1_{x1,y2} & k^1_{x1,x1} & k^1_{x1,y1} & & \\ k^1_{y1,x2} & k^1_{y1,y2} & k^1_{y1,x1} & k^1_{y1,y1} & & \\ k^2_{x3,x2} & k^2_{x3,y2} & & & k^2_{x3,x3} & k^2_{x3,y3} \\ k^2_{y3,x2} & k^2_{y3,y2} & & & k^2_{y3,x3} & k^2_{y3,y3} \end{pmatrix} \begin{pmatrix} u_2 \\ v_2 \\ u_1 \\ v_1 \\ u_3 \\ v_3 \end{pmatrix} \tag{2-30}$$

$$\left\{\begin{array}{c} \boldsymbol{p}_A \\ 2\times1 \\ \hdashline \boldsymbol{p}_B \\ 4\times1 \end{array}\right\} = \left(\begin{array}{cc} \boldsymbol{k}_{AA} & \boldsymbol{k}_{AB} \\ 2\times2 & 2\times4 \\ \hdashline \boldsymbol{k}_{BA} & \boldsymbol{k}_{BB} \\ 4\times2 & 4\times4 \end{array}\right) \left(\begin{array}{c} \boldsymbol{\delta}_A \\ 2\times1 \\ \hdashline \boldsymbol{\delta}_B \\ 4\times1 \end{array}\right) \tag{2-31}$$

分解式（2-31），可得以下两式：

$$\boldsymbol{p}_A=\boldsymbol{k}_{AA}\boldsymbol{\delta}_A+\boldsymbol{k}_{AB}\boldsymbol{\delta}_B \tag{2-32}$$

$$\boldsymbol{p}_B=\boldsymbol{k}_{BA}\boldsymbol{\delta}_A+\boldsymbol{k}_{BB}\boldsymbol{\delta}_B \tag{2-33}$$

式（2-32）中的位移向量 $\boldsymbol{\delta}_B$ 为

$$\boldsymbol{\delta}_B=(u_1\quad v_1\quad u_3\quad v_3)^{\mathrm{T}}=(0\quad 0\quad 0\quad 0)^{\mathrm{T}}=\boldsymbol{0}$$

由此，式（2-32）可简化为

$$\boldsymbol{p}_A=\boldsymbol{k}_{AA}\boldsymbol{\delta}_A \tag{2-34}$$

式（2-34）中，向量 $\boldsymbol{p}_A$ 的各项是已知的（即给定的节点外力 $p_{x2}$、$p_{y2}$），向量 $\boldsymbol{\delta}_A$ 各项为未知的（即 $u_2$、$v_2$）。所以，式（2-34）就是关于未知的节点位移 $\boldsymbol{\delta}_A$ 的联立一次方程组，求

解式（2-34），就可以求得未知的节点位移 $\boldsymbol{\delta}_A$。将式（2-34）两边各乘 $\boldsymbol{k}_{AA}^{-1}$ 得

$$\boldsymbol{\delta}_A = \boldsymbol{k}_{AA}^{-1}\boldsymbol{p}_A \tag{2-35}$$

将式（2-35）代入式（2-33），得

$$\boldsymbol{p}_B = \boldsymbol{k}_{BA}\boldsymbol{\delta}_A = \boldsymbol{k}_{BA}\boldsymbol{k}_{AA}^{-1}\boldsymbol{p}_A \tag{2-36}$$

由式（2-36）可求出未知反力 $\boldsymbol{p}_B$。

上述方法的缺点是要将原先排列好的矩阵打乱重新排列，这给编制程序带来困难，并且矩阵求逆后，完全丧失了稀疏、带状特性，从而在机器中要占据大量的存储单元，故目前一般不采用。

为便于编写程序，希望结构刚度矩阵 $\boldsymbol{k}$ 在经约束处理后仍保持原来的阶数和排列顺序。为此，可采用下面两种方法，即乘大数法和填零置一法。

（2）乘大数法　在结构刚度矩阵 $\boldsymbol{k}$ 中，对应于已知位移 $u_r = \delta_r$（当位移被约束时，则 $\delta_r = 0$，$\delta_r$ 也可以是给定的强迫位移值）的对角线元素 $k_{rr}$ 上乘以极大数 $N$。极大数 $N$ 可根据计算机容量适当选取，取值过大，在计算过程中可能会发生溢出现象；取值过小，又不能精确地给出约束条件，一般取 $N = 10^8$。将与约束位移对应的约束反力 $p_r$ 改为 $Nk_{rr}\delta_r$。经处理后得

$$\begin{pmatrix} k_{11} & k_{12} & \cdots & k_{1r} & \cdots & k_{1n} \\ k_{21} & k_{22} & \cdots & k_{2r} & \cdots & k_{2n} \\ \vdots & \vdots & & \vdots & & \vdots \\ k_{r1} & k_{r2} & \cdots & Nk_{rr} & \cdots & k_{rn} \\ \vdots & \vdots & & \vdots & & \vdots \\ k_{n1} & k_{n2} & \cdots & k_{nr} & \cdots & k_{nn} \end{pmatrix} \begin{pmatrix} u_1 \\ u_2 \\ \vdots \\ u_r \\ \vdots \\ u_n \end{pmatrix} = \begin{pmatrix} p_1 \\ p_2 \\ \vdots \\ p_r = Nk_{rr}\delta_r \\ \vdots \\ p_n \end{pmatrix} \tag{2-37}$$

由式（2-37）可知，与 $u_r$ 对应的第 $r$ 个方程变为

$$k_{r1}u_1 + k_{r2}u_2 + \cdots + Nk_{rr}u_r + \cdots + k_{rn}u_n = Nk_{rr}\delta_r \tag{2-38}$$

用 $Nk_{rr}$ 除上式，由于 $N$ 极大，所以除 $u_r$ 和 $\delta_r$ 的系数为 1 外，其余各项可以认为都是零。则式（2-38）变为

$$u_r = \delta_r \tag{2-39}$$

这样就将原来的第 $r$ 个平衡方程式改变为约束条件了，式（2-37）的右端项全部是已知量，可以用一般方法求解。这种处理方法显然比改变结构原始基本方程的排列次序优越，它只要求对有关的主系数和右端项进行改写。当然，由于上述代换，得到的解将有误差，甚至可能出现病态方程。

对图 2-6 所示的两单元三节点桁架的结构刚度方程式（2-27），用乘大数法进行约束处理后，方程中的第 1、2、5、6 这 4 个平衡方程变为约束条件 $u_r = \delta_r$，即

$$u_1 = 0 \quad v_1 = 0 \quad u_3 = 0 \quad v_3 = 0$$

因此，使式（2-27）变为如下形式：

$$\begin{pmatrix} 0 \\ 0 \\ p_{x2} \\ p_{y2} \\ 0 \\ 0 \end{pmatrix} = \begin{pmatrix} 1 & 0 & 0 & 0 & 0 & 0 \\ 0 & 1 & 0 & 0 & 0 & 0 \\ 0 & 0 & k_{x2,x2}^{1} + k_{x2,x2}^{2} & k_{x2,y2}^{1} + k_{x2,y2}^{2} & 0 & 0 \\ 0 & 0 & k_{y2,x2}^{1} + k_{y2,x2}^{2} & k_{y2,y2}^{1} + k_{y2,y2}^{2} & 0 & 0 \\ 0 & 0 & 0 & 0 & 1 & 0 \\ 0 & 0 & 0 & 0 & 0 & 1 \end{pmatrix} \begin{pmatrix} 0 \\ 0 \\ u_2 \\ v_2 \\ 0 \\ 0 \end{pmatrix} \tag{2-40}$$

式（2-40）中的刚度系数及外力是已知的，故可求出节点 2 处的变位 $u_2$、$v_2$。

（3）填零置一法　首先在结构刚度矩阵 $\boldsymbol{k}$ 中将对应于已知位移 $u_r = \delta_r$（$\delta_r$ 可以是零或某一给定的强迫位移值）的行和列进行修改，即将主对角线元素 $k_{rr}$ 改为 1，将其他元素均改为零。其次，在力向量 $\boldsymbol{p}$ 中，与已知位移 $u_r = \delta_r$ 相对应的元素用位移的给定值 $\delta_r$ 代入，其他元素都减去给定位移和原来 $\boldsymbol{k}$ 中该行相对应元素的乘积。

例如，对 6×6 阶的结构刚度方程来说，若其位移约束情况为

$$u_1 = \delta_1 \quad v_1 = \delta_2 \quad u_3 = \delta_5$$

经用填零置一法处理后，得

$$\begin{pmatrix} 1 & 0 & 0 & 0 & 0 & 0 \\ 0 & 1 & 0 & 0 & 0 & 0 \\ 0 & 0 & \times & \times & 0 & \times \\ 0 & 0 & \times & \times & 0 & \times \\ 0 & 0 & 0 & 0 & 1 & 0 \\ 0 & 0 & \times & \times & 0 & \times \end{pmatrix} \begin{pmatrix} u_1 \\ v_1 \\ u_2 \\ v_2 \\ u_3 \\ v_3 \end{pmatrix} = \begin{pmatrix} \delta_1 \\ \delta_2 \\ p_{x2} - \delta_1 k_{31} - \delta_2 k_{32} - \delta_5 k_{35} \\ p_{y2} - \delta_1 k_{41} - \delta_2 k_{42} - \delta_5 k_{45} \\ \delta_5 \\ p_{y3} - \delta_1 k_{61} - \delta_2 k_{62} - \delta_5 k_{65} \end{pmatrix} \tag{2-41}$$

式（2-41）右边力向量中的 $k_{ij}$ 表示原来刚度矩阵 $\boldsymbol{k}$ 中第 $i$ 行第 $j$ 列的刚度系数，如 $k_{31}$ 代表第 3 行第 1 列上的刚度系数，$k_{45}$ 代表第 4 行第 5 列上的刚度系数，其他以此类推；左边矩阵中的“×”表示 $\boldsymbol{k}$ 中在该位置处的刚度系数。用式（2-41）即可求出未知位移 $u_2$、$v_2$、$v_3$。

对图 2-6 所示桁架的结构刚度方程用填零置一法处理后，将得到与式（2-40）相同的方程。从而可求出未知位移 $u_2$、$v_2$。这种方法处理简便，解答精度高，因此经常采用。

经过约束处理后的式（2-37）和式（2-41）可用统一的缩写形式表示如下：

$$\widetilde{\boldsymbol{p}} = \widetilde{\boldsymbol{k}}\boldsymbol{\delta} \tag{2-42}$$

式（2-42）称为结构的基本方程，$\widetilde{\boldsymbol{k}}$ 是经过约束处理的结构刚度矩阵，它是对称正定矩阵，$\widetilde{\boldsymbol{p}}$ 是经过约束处理的节点力向量，是已知的外力。由式（2-42）即可解出全部未知节点位移 $\boldsymbol{\delta}$。

必须指出的是，用有限元法分析梁结构时，不允许结构有刚体运动，也不允许结构内部有任何几何可变或瞬时可变部分。因此，要求结构的约束条件必须足够。只有满足了上述要求，基本方程才能有唯一确定的解，才能求得全部未知节点位移。

**7. 节点力和应力的计算**

根据前面的分析，相对于单元坐标系的节点力 $\bar{\boldsymbol{f}}^e$ 可由式 $\bar{\boldsymbol{f}}^e = \bar{\boldsymbol{k}}^e \bar{\boldsymbol{\delta}}^e$ 计算，$\bar{\boldsymbol{\delta}}^e$ 是相对于单元坐标系的，而从基本方程式（2-42）求出的位移 $\boldsymbol{\delta}$ 是相对于结构坐标系的。由前述坐标

变换内容可知 $\bar{\boldsymbol{\delta}}^e=\boldsymbol{T}\boldsymbol{\delta}^e$。又根据式（2-19）知 $\boldsymbol{\delta}^e=\boldsymbol{\delta}$，因此

$$\bar{\boldsymbol{f}}^e=\bar{\boldsymbol{k}}^e\boldsymbol{T}\boldsymbol{\delta} \tag{2-43}$$

由式（2-43）可求出节点力，根据节点力再按材料力学中相应的公式计算应力。

由于各类梁结构需考虑的杆端力（节点力）不尽相同，所以应力计算公式也不相同。

对桁架结构梁来说，因梁只承受轴向力，故将求出的轴向力除以梁的横截面积即可求得正应力。

以图 2-6 所示桁架结构的单元①为例，将式（2-43）写成显式如下：

$$\begin{pmatrix}\bar{U}_1^1\\ \bar{V}_1^1\\ \bar{U}_2^1\\ \bar{V}_2^1\end{pmatrix}=\begin{pmatrix}\frac{EA}{l} & 0 & -\frac{EA}{l} & 0\\ 0 & 0 & 0 & 0\\ -\frac{EA}{l} & 0 & \frac{EA}{l} & 0\\ 0 & 0 & 0 & 0\end{pmatrix}\begin{pmatrix}\cos\alpha & \sin\alpha & 0 & 0\\ -\sin\alpha & \cos\alpha & 0 & 0\\ 0 & 0 & \cos\alpha & \sin\alpha\\ 0 & 0 & -\sin\alpha & \cos\alpha\end{pmatrix}\begin{pmatrix}u_1\\ v_1\\ u_2\\ v_2\end{pmatrix} \tag{2-44}$$

由式（2-44）求得杆端力为

$$\begin{cases}\bar{U}_1^1=[(u_1-u_2)\cos\alpha+(v_1-v_2)\sin\alpha]\dfrac{EA}{l}\\ \bar{U}_2^1=[(u_2-u_1)\cos\alpha+(v_2-v_1)\sin\alpha]\dfrac{EA}{l}\end{cases} \tag{2-45}$$

式（2-45）表明，平面桁架梁只有沿 $x$ 轴的轴向力。杆端轴向力的绝对值相等而符号相反，即 $\bar{U}_1^1=-\bar{U}_2^1$，在决定桁架结构梁的应力时，习惯上用 $\bar{U}_2^1$，故梁单元①的应力为

$$\sigma_x=\frac{\bar{U}_2^1}{A}=[(u_2-u_1)\cos\alpha+(v_2-v_1)\sin\alpha]\frac{E}{l} \tag{2-46}$$

对空间刚架结构来说，梁端部除轴向力外，还有剪力、弯矩和扭矩。计算应力时，必须利用空间刚架结构的 $\bar{\boldsymbol{k}}^e$［见式（2-4）］和 $\boldsymbol{T}$［见式（2-11）］，再按式（2-43）求出梁两端全部节点力（相对于单元坐标系的）。由这些节点力，利用材料力学中求应力的公式，即可算出梁截面应力。同样，对其他类型的梁结构来说，只要采用各自的单元刚度矩阵 $\bar{\boldsymbol{k}}^e$ 和坐标变换矩阵 $\boldsymbol{T}$（见 2.1.3 节和 2.1.4 节），其梁应力的计算方法类似。

**8. 力的平衡检验——支承反力的计算**

梁结构的每一节点必须满足力的平衡条件。节点 $i$ 的平衡条件为：汇交于节点 $i$ 处的所有单元，在 $i$ 端的内力向量之和 $\sum^e \boldsymbol{f}_i^e$ 必须等于作用于此节点的外力向量 $\boldsymbol{p}_i$（包括节点外载荷或支承反力），即

$$\boldsymbol{p}_i=\sum^e \boldsymbol{f}_i^e \tag{2-47}$$

式（2-47）可用来进行平衡检验和计算支承反力。

（1）没有支承约束的节点　如果节点上作用载荷，则式（2-47）右边的内力之和应该等于节点载荷；如果节点上没有载荷，则内力之和应该等于零。据此，对节点逐一进行平衡检验，以验证计算结果的正确性。

（2）有支承约束的节点　如果节点是支承约束点，则作用在节点上的外力 $\boldsymbol{p}_i$ 为未知的支承反力，其值等于汇交于节点 $i$ 的所有单元在节点 $i$ 的内力之和 $\sum^e \boldsymbol{f}_i^e$。

**9. 有限元位移法分析步骤**

以上是平面桁架结构有限元法分析的全过程，现总结如下：

1）选定单元类型，将结构进行离散，并对单元和节点分别编号。

2）确定单元坐标系 $O\bar{x}\,\bar{y}\,\bar{z}$ 和结构坐标系 $Oxyz$。

3）计算等效节点载荷和综合节点载荷。

4）写出相对于单元坐标系的单元刚度方程：$\bar{\boldsymbol{f}}^e=\bar{\boldsymbol{k}}^e\bar{\boldsymbol{\delta}}^e$。

5）通过坐标变换求相对于结构坐标系的单元刚度方程：

$$\bar{\boldsymbol{\delta}}^e=\boldsymbol{T\delta}^e$$

$$\bar{\boldsymbol{f}}^e=\boldsymbol{Tf}^e$$

$$\boldsymbol{f}^e=\boldsymbol{T}^{\mathrm{T}}\bar{\boldsymbol{k}}^e\boldsymbol{T\delta}^e=\boldsymbol{k}^e\boldsymbol{\delta}^e$$

6）考虑节点力的平衡条件和位移协调条件，建立结构原始基本方程，即结构刚度方程：$\boldsymbol{p}=\boldsymbol{k\delta}$。

7）经约束处理，得结构基本方程：$\tilde{\boldsymbol{p}}=\tilde{\boldsymbol{k}}\boldsymbol{\delta}$。

8）解基本方程，求出全部节点位移 $\boldsymbol{\delta}$，此位移是相对于结构坐标系的。

9）求结构各梁两端的节点力：$\bar{\boldsymbol{f}}^e=\bar{\boldsymbol{k}}^e\boldsymbol{T\delta}$。

10）对结构各节点进行平衡检验 $\boldsymbol{p}_i=\sum^{e}\boldsymbol{f}_i^e$。

11）根据杆端节点力求应力 $\boldsymbol{\sigma}$。

12）根据求出的结构节点位移 $\boldsymbol{\delta}$ 和应力 $\boldsymbol{\sigma}$，绘制结构变形图和应力图。据此，即可判断所设计结构的刚度和强度。

上述分析步骤不仅适用于平面桁架结构，对各类梁结构同样适用。只是第 4 步的单元刚度方程 $\bar{\boldsymbol{f}}^e=\bar{\boldsymbol{k}}^e\bar{\boldsymbol{\delta}}^e$ 和第 5 步的坐标变换方程 $\bar{\boldsymbol{\delta}}^e=\boldsymbol{T\delta}^e$、$\bar{\boldsymbol{f}}^e=\boldsymbol{Tf}^e$ 的具体内容随不同梁结构而异。这是因为所要考虑的节点力分量和节点位移分量不同。因此，用有限元位移法进行分析时，必须先确定所分析的梁结构属于哪一种类型，再采用相应的单元刚度方程和坐标变换方程。

## 2.1.3 各类梁结构单元刚度方程

杆端单位位移（变形）与杆端力之间的关系（刚度系数）已分别表示在图 2-4 中。利用图 2-4 即可很方便地写出各类梁结构相对于单元坐标系的单元刚度方程（因为本节只涉及单元坐标系，为书写方便起见，暂时省去各量上面用来表示相对于单元坐标系的记号“－”）。

**1. 平面桁架单元**

此类结构相对于单元坐标系的单元刚度方程见式（2-2）、式（2-3）和式（2-4）。

**2. 空间桁架单元**

此类单元要考虑的节点位移和节点力如下：

$$\boldsymbol{\delta}^e=(u_i\quad v_i\quad w_i\quad u_j\quad v_j\quad w_j)^{\mathrm{T}}$$

$$\boldsymbol{f}^e=(U_i\quad V_i\quad W_i\quad U_j\quad V_j\quad W_j)^{\mathrm{T}} \tag{2-48}$$

由于桁架单元只承受轴向位移和轴向力，因此其相应的刚度系数与平面桁架相同，即

$$k_{xi,xi}=k_{xj,xj}=EA/l$$

$$k_{xi,xj}=k_{xj,xi}=-EA/l$$

其他刚度系数均为零，故空间桁架单元的刚度方程为

$$\begin{pmatrix} U_i \\ V_i \\ W_i \\ U_j \\ V_j \\ W_j \end{pmatrix} = \begin{pmatrix} \frac{EA}{l} & 0 & 0 & -\frac{EA}{l} & 0 & 0 \\ 0 & 0 & 0 & 0 & 0 & 0 \\ 0 & 0 & 0 & 0 & 0 & 0 \\ -\frac{EA}{l} & 0 & 0 & \frac{EA}{l} & 0 & 0 \\ 0 & 0 & 0 & 0 & 0 & 0 \\ 0 & 0 & 0 & 0 & 0 & 0 \\ 0 & 0 & 0 & 0 & 0 & 0 \end{pmatrix} \begin{pmatrix} u_i \\ v_i \\ w_i \\ u_j \\ v_j \\ w_j \end{pmatrix} \tag{2-49}$$

**3. 平面刚架单元**

平面刚架单元要考虑的节点力和节点位移如下（图 2-12）：

$$\begin{cases} \boldsymbol{\delta}^e = (u_i \quad v_i \quad \theta_{zi} \quad u_j \quad v_j \quad \theta_{zj})^{\mathrm{T}} \\ \boldsymbol{f}^e = (U_i \quad V_i \quad M_{zi} \quad U_j \quad V_j \quad M_{zj})^{\mathrm{T}} \end{cases} \tag{2-50}$$

由图 2-4a、b、f、g、h、l，可写出平面刚架单元刚度方程式（2-51）。

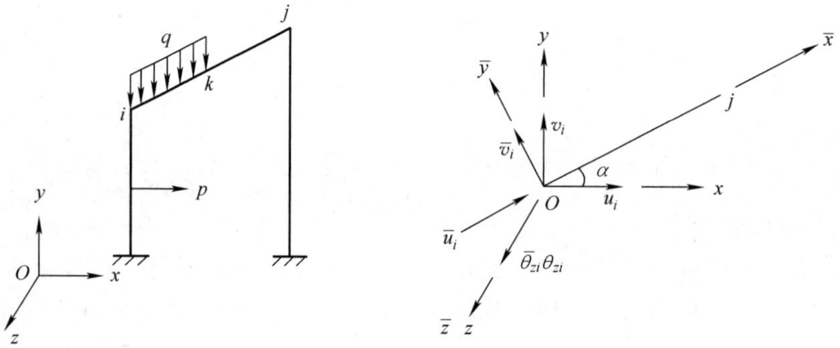


a)　　　　　　b)

图 2-12　平面刚架单元的节点力和节点位移

a）平面刚架结构　b）沿 $O\bar{x}\,\bar{y}\,\bar{z}$ 及 $Oxyz$ 轴方向的节点位移

$$\begin{pmatrix} U_j \\ V_i \\ M_{zi} \\ U_j \\ V_j \\ M_{zj} \end{pmatrix} = \begin{pmatrix} A & & & & & \\ 0 & B & & \text{对} & & \\ 0 & D & E & & \text{称} & \\ -A & 0 & 0 & A & & \\ 0 & -B & -D & 0 & B & \\ 0 & D & E/2 & 0 & -D & E \end{pmatrix} \begin{pmatrix} u_i \\ v_i \\ \theta_{zi} \\ u_j \\ v_j \\ \theta_{zj} \end{pmatrix} \tag{2-51}$$

式中

$$\begin{cases} A = EA/l \\ B = 12EJ_z/l^3 \\ D = 6EJ_z/l^2 \\ E = 4EJ_z/l \end{cases} \tag{2-52}$$

**4. 空间刚架单元**

空间刚架单元要考虑的节点位移和节点力如下：

$$\begin{cases}\boldsymbol{\delta}^e=(u_i\quad v_i\quad w_i\quad \theta_{xi}\quad \theta_{yi}\quad \theta_{zi}\quad u_j\quad v_j\quad w_j\quad \theta_{xj}\quad \theta_{yj}\quad \theta_{zj})^{\mathrm{T}}\\ \boldsymbol{f}^e=(U_i\quad V_i\quad W_i\quad M_{xi}\quad M_{yi}\quad M_{zi}\quad U_j\quad V_j\quad W_j\quad M_{xj}\quad M_{yj}\quad M_{zj})^{\mathrm{T}}\end{cases}\tag{2-53}$$

由图 2-4 可写出空间刚架单元刚度方程式（2-54）。

$$\begin{pmatrix}U_i\\V_i\\W_i\\M_{xi}\\M_{yi}\\M_{zi}\\U_j\\V_j\\W_j\\M_{xj}\\M_{yj}\\M_{zj}\end{pmatrix}=\begin{pmatrix}A&&&&&&&&&&&\\0&B&&&&&&&&&&\\0&0&E&&&&&&&&&\\0&0&0&F&&&&\text{对}&&&&\\0&0&-G&0&F&&&&\text{称}&&&\\0&D&0&0&0&E&&&&&&\\-A&0&0&0&0&0&A&&&&&\\0&-B&0&0&0&-D&0&B&&&&\\0&0&-E&0&G&0&0&0&E&&&\\0&0&0&-F&0&0&0&0&0&F&&\\0&0&-G&0&F/2&0&0&0&G&0&F&\\0&D&0&0&0&E/2&0&-D&0&0&0&E\end{pmatrix}\begin{pmatrix}u_i\\v_i\\w_i\\\theta_{xi}\\\theta_{yi}\\\theta_{zi}\\u_j\\v_j\\w_j\\\theta_{xj}\\\theta_{yj}\\\theta_{zj}\end{pmatrix}\tag{2-54}$$

式中

$$\begin{cases}F=GJ_k/l\\E=12EJ_y/l^3\\G=6EJ_y/l^2\end{cases}\tag{2-55}$$

其他符号见式（2-52）。

**5. 平面板架单元**

此种单元要考虑的节点位移和节点力如下（图 2-13）：

$$\begin{cases}\boldsymbol{\delta}^e=(w_i\quad \theta_{xi}\quad \theta_{yi}\quad w_j\quad \theta_{xj}\quad \theta_{yj})^{\mathrm{T}}\\ \boldsymbol{f}^e=(W_i\quad M_{xi}\quad M_{yi}\quad W_j\quad M_{xj}\quad M_{yj})^{\mathrm{T}}\end{cases}\tag{2-56}$$

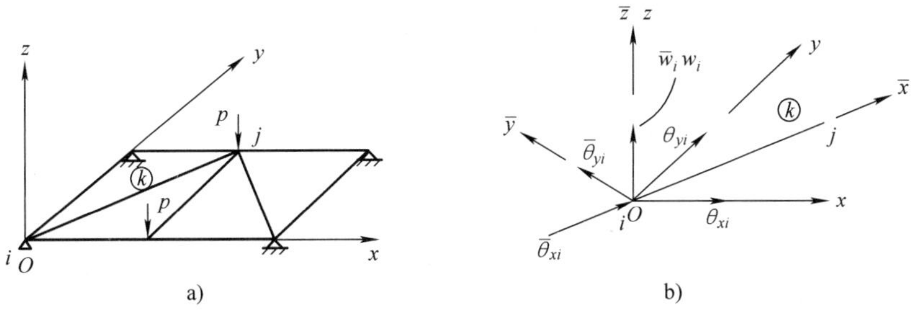


图 2-13　平面板架单元的节点力和节点位移

a）平面板架结构　b）沿 $O\bar{x}\bar{y}\bar{z}$ 及 $Oxyz$ 轴方向的节点位移

由图2-4c、d、e、i、j、k得到刚度系数，其单元刚度方程为

$$\begin{pmatrix} W_i \\ M_{xi} \\ M_{yi} \\ W_j \\ M_{xj} \\ M_{yj} \end{pmatrix} = \begin{pmatrix} E & & & 对 & & \\ 0 & F & & & 称 & \\ -G & 0 & F & & & \\ -E & 0 & G & E & & \\ 0 & -F & 0 & 0 & F & \\ -G & 0 & F/2 & G & 0 & F \end{pmatrix} \begin{pmatrix} w_i \\ \theta_{xi} \\ \theta_{yi} \\ w_j \\ \theta_{xj} \\ \theta_{yj} \end{pmatrix} \tag{2-57}$$

式中，$F$、$E$、$G$由式（2-55）得到。

### 2.1.4 各类梁结构坐标变换方程

**1. 平面桁架单元**

此类单元的节点位移和节点力的坐标变换方程见式（2-9）和式（2-10）。坐标变换矩阵$\boldsymbol{T}$见式（2-11）。

由式（2-9）、式（2-10）可知，节点力和节点位移的变换关系相同，即变换矩阵$\boldsymbol{T}$相同。因此，为节省篇幅，下面只推导节点位移的坐标变换方程。又因坐标变换矩阵$\boldsymbol{T}$可由坐标变换方程得知，故不再另外写出。

**2. 平面刚架单元**

由图2-12b可知，平面刚架单元的一个节点上有三个位移，即$\bar{u}_i$、$\bar{v}_i$、$\bar{\theta}_{zi}$，其中$\bar{u}_i$、$\bar{v}_i$与$u_i$、$v_i$之间的坐标变换与平面桁架相同（图2-14）。对于角位移$\bar{\theta}_{zi}$，因$\bar{z}$与$z$轴同向，故其变换关系为$\bar{\theta}_{zi}=\theta_{zi}$。因此，平面刚架单元$i$端三个力的变换关系见式（2-58）：

$$\begin{cases} \bar{u}_i = u_i\cos\alpha + v_i\sin\alpha \\ \bar{v}_i = -u_i\cos\alpha + v_i\sin\alpha \\ \bar{\theta}_{zi} = \theta_{zi} \end{cases} \tag{2-58}$$

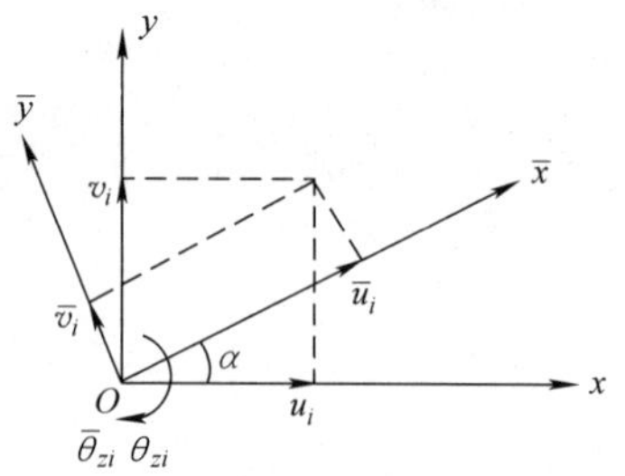

图2-14　平面刚架节点位移坐标变换

写成矩阵形式为

$$\begin{pmatrix} \bar{u}_i \\ \bar{v}_i \\ \bar{\theta}_{zi} \end{pmatrix} = \begin{pmatrix} \cos\alpha & \sin\alpha & 0 \\ -\sin\alpha & \cos\alpha & 0 \\ 0 & 0 & 1 \end{pmatrix} \begin{pmatrix} u_i \\ v_i \\ \theta_{zi} \end{pmatrix} \tag{2-59}$$

简写如下：

$$\bar{\boldsymbol{\delta}}_i = \boldsymbol{\lambda}\boldsymbol{\delta}_i \tag{2-60}$$

式中

$$\boldsymbol{\lambda} = \begin{pmatrix} \cos\alpha & \sin\alpha & 0 \\ -\sin\alpha & \cos\alpha & 0 \\ 0 & 0 & 1 \end{pmatrix} = \begin{pmatrix} l_1 & m_1 & 0 \\ l_2 & m_2 & 0 \\ 0 & 0 & 1 \end{pmatrix} \tag{2-61}$$

此处$\boldsymbol{\lambda}$为平面刚架单元一端的坐标变换矩阵，其中$l_1$、$m_1$为$\bar{x}$轴的两个方向余弦；$l_2$、$m_2$为$\bar{y}$轴的两个方向余弦，即

$$
\begin{cases}
l_1 = \cos(\bar{x}x) = \cos\alpha \\
m_1 = \cos(\bar{x}y) = \cos(90° - \alpha) = \sin\alpha \\
l_2 = \cos(\bar{y}x) = \cos(90° + \alpha) = -\sin\alpha \\
m_2 = \cos(\bar{y}y) = \cos\alpha
\end{cases}
\tag{2-62}
$$

单元的 $j$ 端也可写出与 $i$ 端相同的转换关系。因此，平面刚架单元的坐标变换方程为

$$
\begin{pmatrix} \bar{u}_i \\ \bar{v}_i \\ \bar{\theta}_{zi} \\ \bar{u}_j \\ \bar{v}_j \\ \bar{\theta}_{zj} \end{pmatrix}
=
\begin{pmatrix}
l_1 & m_1 & 0 & & & \\
l_2 & m_2 & 0 & & & \\
0 & 0 & 1 & & & \\
 & & & l_1 & m_1 & 0 \\
 & & & l_2 & m_2 & 0 \\
 & & & 0 & 0 & 1
\end{pmatrix}
\begin{pmatrix} u_i \\ v_i \\ \theta_{zi} \\ u_j \\ v_j \\ \theta_{zj} \end{pmatrix}
\tag{2-63}
$$

缩写为

$$\bar{\boldsymbol{\delta}}^e = \boldsymbol{T\delta}^e$$

**3. 平面板架单元**

建立平面板架的结构坐标系 $Oxyz$ 和单元坐标系 $O\bar{x}\,\bar{y}\,\bar{z}$ 时，规定必须使 $\bar{z}$ 轴与 $z$ 轴同向，并垂直于板架平面，如图 2-15a 所示（为使讨论坐标变换清楚，将图 2-15a 中的坐标系整体绕 $x$ 轴逆时针旋转 90°，得到图 2-15b）。

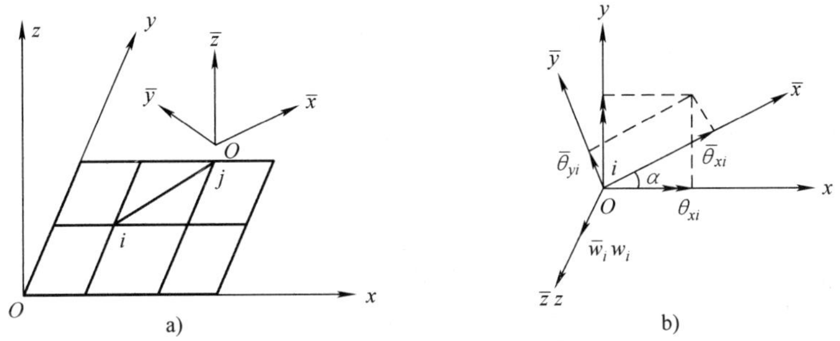


图 2-15 平面板架节点位移坐标变换

由图 2-15b 可知，$i$ 端坐标变换关系为

$$
\begin{cases}
\bar{w}_i = w_i \\
\bar{\theta}_{xi} = \theta_{xi}\cos\alpha + \theta_{yi}\sin\alpha \\
\bar{\theta}_{yi} = -\theta_{xi}\sin\alpha + \theta_{yi}\cos\alpha
\end{cases}
\tag{2-64}
$$

对 $j$ 端也可写出相同的变换关系。考虑到式（2-62），平面板架单元的坐标变换方程如下：

$$
\begin{pmatrix} \bar{w}_i \\ \bar{\theta}_{xi} \\ \bar{\theta}_{yi} \\ \bar{w}_j \\ \bar{\theta}_{xj} \\ \bar{\theta}_{yj} \end{pmatrix}
=
\begin{pmatrix}
1 & & & & & \\
 & l_1 & m_1 & & & \\
 & l_2 & m_2 & & & \\
 & & & 1 & & \\
 & & & & l_1 & m_1 \\
 & & & & l_2 & m_2
\end{pmatrix}
\begin{pmatrix} w_i \\ \theta_{xi} \\ \theta_{yi} \\ w_j \\ \theta_{xj} \\ \theta_{yj} \end{pmatrix}
\tag{2-65}
$$

缩写为

$$\bar{\boldsymbol{\delta}}^e = \boldsymbol{T\delta}^e$$

**4. 空间刚架单元**

空间刚架单元的 $i$ 端在单元坐标系 $O\bar{x}\,\bar{y}\,\bar{z}$ 中有线位移 $\bar{u}_i$、$\bar{v}_i$、$\bar{w}_i$ 和角位移 $\bar{\theta}_{xi}$、$\bar{\theta}_{yi}$、$\bar{\theta}_{zi}$。先讨论节点处三个线位移分量 $\bar{u}$、$\bar{v}$、$\bar{w}$。图 2-16 所示为它们在结构坐标系中的情况，并表示出 $\bar{u}$ 在 $Oxyz$ 坐标系中的分解。$\bar{v}$、$\bar{w}$ 也可进行类似的分解，然后合成，可得

$$\begin{cases} u = \bar{u}l_1 + \bar{v}l_2 + \bar{w}l_3 \\ v = \bar{u}m_1 + \bar{v}m_2 + \bar{w}m_3 \\ w = \bar{u}n_1 + \bar{v}n_2 + \bar{w}n_3 \end{cases} \tag{2-66}$$

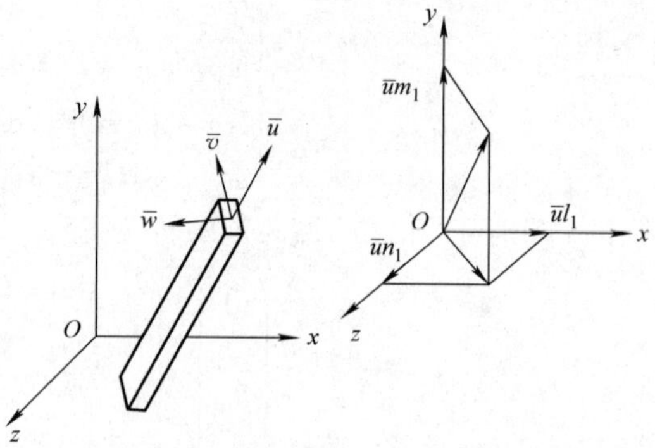


图 2-16　空间刚架单元节点线位移

写成矩阵形式：

$$\begin{pmatrix} u \\ v \\ w \end{pmatrix} = \begin{pmatrix} l_1 & l_2 & l_3 \\ m_1 & m_2 & m_3 \\ n_1 & n_2 & n_3 \end{pmatrix} \begin{pmatrix} \bar{u} \\ \bar{v} \\ \bar{w} \end{pmatrix}$$

即

$$\begin{pmatrix} \bar{u} \\ \bar{v} \\ \bar{w} \end{pmatrix} = \begin{pmatrix} l_1 & m_1 & n_1 \\ l_2 & m_2 & n_2 \\ l_3 & m_3 & n_3 \end{pmatrix} \begin{pmatrix} u \\ v \\ w \end{pmatrix} \tag{2-67}$$

对于三个角位移，同样按图 2-16 的方式进行矢量分解和合成，得到

$$\begin{pmatrix} \bar{\theta}_x \\ \bar{\theta}_y \\ \bar{\theta}_z \end{pmatrix} = \begin{pmatrix} l_1 & m_1 & n_1 \\ l_2 & m_2 & n_2 \\ l_3 & m_3 & n_3 \end{pmatrix} \begin{pmatrix} \theta_x \\ \theta_y \\ \theta_z \end{pmatrix} \tag{2-68}$$

令

$$\boldsymbol{\lambda} = \begin{pmatrix} l_1 & m_1 & n_1 \\ l_2 & m_2 & n_2 \\ l_3 & m_3 & n_3 \end{pmatrix} = \begin{pmatrix} \cos(\bar{x}x) & \cos(\bar{x}y) & \cos(\bar{x}z) \\ \cos(\bar{y}x) & \cos(\bar{y}y) & \cos(\bar{y}z) \\ \cos(\bar{z}x) & \cos(\bar{z}y) & \cos(\bar{z}z) \end{pmatrix} \tag{2-69}$$

空间刚架（三维问题）的坐标变换关系是平面刚架（二维问题）的坐标变换关系的推广。式（2-69）中的 $l_i$、$m_i$、$n_i(i=1, 2, 3)$ 为 $\bar{x}$、$\bar{y}$、$\bar{z}$ 坐标轴在 $Oxyz$ 坐标系中的方向余弦。即相对应轴夹角的余弦，按式（2-62）类推，$\boldsymbol{\lambda}$ 称为方向余弦矩阵。

计及空间刚架两端的节点位移，并令

$$\begin{cases} \begin{pmatrix} u_i \\ v_i \\ w_i \end{pmatrix} = \boldsymbol{\delta}_i \quad \begin{pmatrix} u_j \\ v_j \\ w_j \end{pmatrix} = \boldsymbol{\delta}_j \\ \begin{pmatrix} \theta_{xi} \\ \theta_{yi} \\ \theta_{zi} \end{pmatrix} = \boldsymbol{\theta}_i \quad \begin{pmatrix} \theta_{xj} \\ \theta_{yj} \\ \theta_{zj} \end{pmatrix} = \boldsymbol{\theta}_j \end{cases} \tag{2-70}$$

则空间刚架单元的坐标变换方程如下：

$$\begin{pmatrix}\bar{\delta}_i\\ \bar{\theta}_i\\ \bar{\delta}_j\\ \bar{\theta}_j\end{pmatrix}=\begin{pmatrix}\boldsymbol{\lambda} & & & \\ & \boldsymbol{\lambda} & & \\ & & \boldsymbol{\lambda} & \\ & & & \boldsymbol{\lambda}\end{pmatrix}\begin{pmatrix}\delta_i\\ \theta_i\\ \delta_j\\ \theta_j\end{pmatrix} \tag{2-71}$$

缩写为

$$\bar{\boldsymbol{\delta}}^e=\boldsymbol{T}\boldsymbol{\delta}^e$$

**5. 空间桁架单元**

由于此类单元节点不传递角位移，只传递线位移，故只要保留式（2-71）中的线位移变换项，即得空间桁架单元的坐标变换方程：

$$\begin{pmatrix}\bar{\delta}_i\\ \bar{\delta}_j\end{pmatrix}=\begin{pmatrix}\boldsymbol{\lambda} & \\ & \boldsymbol{\lambda}\end{pmatrix}\begin{pmatrix}\delta_i\\ \delta_j\end{pmatrix} \tag{2-72}$$

缩写为

$$\bar{\boldsymbol{\delta}}^e=\boldsymbol{T}\boldsymbol{\delta}^e$$

**6. 方向余弦矩阵 $\boldsymbol{\lambda}$ 的计算**

（1）$\bar{x}$ 轴的方向余弦　$\bar{x}$ 轴的三个方向余弦 $l_1$、$m_1$、$n_1$ 可以根据单元两端节点坐标值来计算，如图 2-17 中 $i-j$ 单元，已知 $i$、$j$ 两点在结构坐标系中的坐标分别为 $i(x_i,y_i,z_i)$、$j(x_j,y_j,z_j)$，则单元长度：

$$l=\sqrt{(x_j-x_i)^2+(y_j-y_i)^2+(z_j-z_i)^2} \tag{2-73}$$

$$\begin{cases}l_1=\dfrac{x_j-x_i}{l}\\ m_1=\dfrac{y_j-y_i}{l}\\ n_1=\dfrac{z_j-z_i}{l}\end{cases} \tag{2-74}$$

（2）$\bar{y}$ 轴和 $\bar{z}$ 轴的方向余弦

1）对于平面刚架和平面板架，$\bar{y}$ 轴的三个方向余弦为

$$\begin{cases}l_2=-m_1\\ m_2=l_1\\ n_2=0\end{cases} \tag{2-75}$$

$\bar{z}$ 轴的三个方向余弦为

$$\begin{cases}l_3=0\\ m_3=0\\ n_3=1\end{cases} \tag{2-76}$$

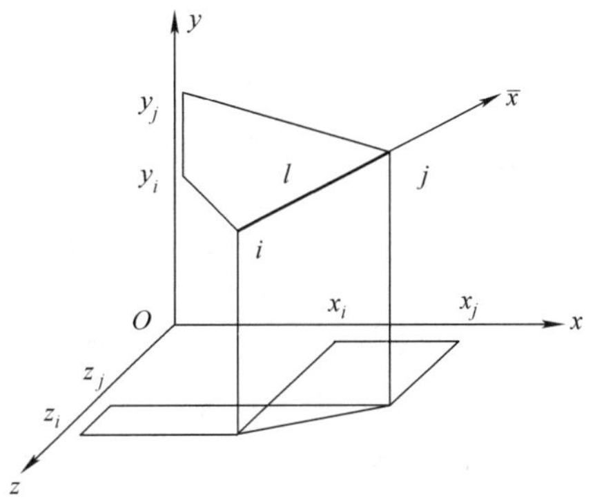

图 2-17　空间单元坐标

2）对于空间桁架，由于梁单元只有轴向位移，故 $\bar{v}_i=\bar{w}_i=0$。因此，$\bar{y}$ 轴和 $\bar{z}$ 轴的方向余弦在计算中没有意义，不用考虑。

3）对于空间刚架的梁单元，$\bar{y}$ 轴和 $\bar{z}$ 轴取梁截面的两个主惯性轴。因此，要根据梁单元在结构坐标系中的位置，至少给出其中一个主惯性轴的三个方向余弦，如 $\bar{y}$ 轴的三个方向余弦，然后可按（$\bar{z}=\bar{x}\times\bar{y}$）计算 $\bar{z}$ 轴的三个方向余弦。但实际上要给出空间刚架每一梁单元的 $\bar{y}$ 轴的三个方向余弦是相当困难的，因此，下面介绍一种比较简单的方法，即通过在任一主惯性轴平面上给定一参考点的方法来确定 $\bar{y}$ 轴和 $\bar{z}$ 轴的方向余弦。

（3）空间刚架 $\boldsymbol{\lambda}$ 矩阵的计算　图 2-18 所示为梁单元 $i-j$，$i$ 点的坐标为（$x_i$，$y_i$，$z_i$），$j$ 点的坐标为（$x_j$，$y_j$，$z_j$），在主惯性轴平面（$\bar{x}\bar{y}$ 平面）上任取一点 $k$（参考点），其坐标为（$x_k$，$y_k$，$z_k$），利用这三点的坐标就可确定 $\boldsymbol{\lambda}$ 矩阵，即确定单元坐标系三个坐标轴的方向余弦。

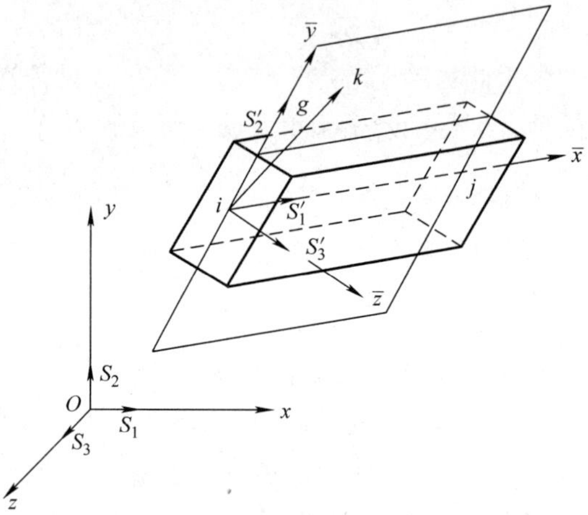


图 2-18　方向余弦计算示意图

若用 $\vec{\bar{\boldsymbol{x}}}$、$\vec{\bar{\boldsymbol{y}}}$、$\vec{\bar{\boldsymbol{z}}}$ 分别表示单元坐标系中三个坐标轴正向上的矢量，其单位矢量分别为 $\vec{\boldsymbol{S}}'_1$、$\vec{\boldsymbol{S}}'_2$ 和 $\vec{\boldsymbol{S}}'_3$，用 $\vec{\boldsymbol{S}}_1$、$\vec{\boldsymbol{S}}_2$ 和 $\vec{\boldsymbol{S}}_3$ 分别表示结构坐标系中三个坐标轴正向上的单位矢量，并用矢量 $\vec{\boldsymbol{g}}$ 表示 $\vec{\boldsymbol{ik}}$ 矢量，用 $\vec{\bar{\boldsymbol{x}}}$、$\vec{\bar{\boldsymbol{y}}}$ 和 $\vec{\bar{\boldsymbol{z}}}$ 可以确定如下量。

首先对矢量 $\vec{\bar{\boldsymbol{x}}}$ 有

$$\vec{\bar{\boldsymbol{x}}}=\vec{\boldsymbol{ij}}=A_1\vec{\boldsymbol{S}}_1+A_2\vec{\boldsymbol{S}}_2+A_3\vec{\boldsymbol{S}}_3 \tag{2-77}$$

式中，$A_1=x_j-x_i$；$A_2=y_j-y_i$；$A_3=z_j-z_i$。

对于矢量 $\vec{g}$ 则有

$$\vec{\boldsymbol{g}}=\vec{\boldsymbol{ik}}=B_1\vec{\boldsymbol{S}}_1+B_2\vec{\boldsymbol{S}}_2+B_3\vec{\boldsymbol{S}}_3 \tag{2-78}$$

式中，$B_1=x_k-x_i$；$B_2=y_k-y_i$；$B_3=z_k-z_i$。

于是可利用矢积求得矢量 $\vec{\bar{\boldsymbol{z}}}$，即

$$\vec{\bar{\boldsymbol{z}}}=\vec{\bar{\boldsymbol{x}}}\times\vec{\boldsymbol{g}}=C_1\vec{\boldsymbol{S}}_1+C_2\vec{\boldsymbol{S}}_2+C_3\vec{\boldsymbol{S}}_3 \tag{2-79}$$

式中，$C_1=A_2B_3-A_3B_2$；$C_2=A_3B_1-A_1B_3$；$C_3=A_1B_2-A_2B_1$。

最后可得矢量 $\vec{\bar{\boldsymbol{y}}}$：

$$\vec{\bar{\boldsymbol{y}}}=\vec{\bar{\boldsymbol{z}}}\times\vec{\bar{\boldsymbol{x}}}=D_1\bar{\boldsymbol{S}}_1+D_2\bar{\boldsymbol{S}}_2+D_3\bar{\boldsymbol{S}}_3 \tag{2-80}$$

式中，$D_1=(AA)\times B_1-(AB)\times A_1$；$D_2=(AA)\times B_2-(AB)\times A_2$；$D_3=(AA)\times B_3-(AB)\times A_3$；$AA=A_1^2+A_2^2+A_3^2$；$AB=A_1B_1+A_2B_2+A_3B_3$。

单元坐标系的单位矢量与结构坐标系的单位矢量间的关系即是坐标转换关系，其转换关系为

$$\vec{\boldsymbol{S}}_1'=l_1\vec{\boldsymbol{S}}_1+m_1\vec{\boldsymbol{S}}_2+n_1\vec{\boldsymbol{S}}_3 \tag{2-81}$$

$$\vec{\boldsymbol{S}}_2'=l_2\vec{\boldsymbol{S}}_1+m_2\vec{\boldsymbol{S}}_2+n_2\vec{\boldsymbol{S}}_3 \tag{2-82}$$

$$\vec{\boldsymbol{S}}_3'=l_3\vec{\boldsymbol{S}}_1+m_3\vec{\boldsymbol{S}}_2+n_3\vec{\boldsymbol{S}}_3 \tag{2-83}$$

将式（2-77）表示的矢量$\vec{\boldsymbol{x}}$除以它的模，即得其单位矢量$\vec{\boldsymbol{S}}'_1$的表达式，即式（2-81），比较可得

$$\begin{cases} l_1=\dfrac{A_1}{l} \\ m_1=\dfrac{A_2}{l} \\ n_1=\dfrac{A_3}{l} \end{cases} \tag{2-84}$$

式中，$l=\sqrt{A_1^2+A_2^2+A_3^2}$。

同样将式（2-80）表示的矢量$\vec{\boldsymbol{y}}$除以它的模，即得其单位矢量$\vec{\boldsymbol{S}}_2'$的表达式，即式（2-82），比较可得

$$\begin{cases} l_2=\dfrac{D_1}{Dl} \\ m_2=\dfrac{D_2}{Dl} \\ n_2=\dfrac{D_3}{Dl} \end{cases} \tag{2-85}$$

式中，$Dl=\sqrt{D_1^2+D_2^2+D_3^2}$。

对于式（2-83）表示的单位矢量$\vec{\boldsymbol{S}}_3'$，可按$\vec{\boldsymbol{S}}_3'=\vec{\boldsymbol{S}}_1'\times\vec{\boldsymbol{S}}_2'$求得，其方向余弦如下：

$$\begin{cases} l_3=m_1n_2-n_1m_2 \\ m_3=n_1l_2-l_1n_2 \\ n_3=l_1m_2-m_1l_2 \end{cases} \tag{2-86}$$

将式(2-81)～式(2-83)写成矩阵形式：

$$\begin{pmatrix} \vec{\boldsymbol{S}}_1' \\ \vec{\boldsymbol{S}}_2' \\ \vec{\boldsymbol{S}}_3' \end{pmatrix}=\begin{pmatrix} l_1 & m_1 & n_1 \\ l_2 & m_2 & n_2 \\ l_3 & m_3 & n_3 \end{pmatrix}\begin{pmatrix} \vec{\boldsymbol{S}}_1 \\ \vec{\boldsymbol{S}}_2 \\ \vec{\boldsymbol{S}}_3 \end{pmatrix}$$

即

$$\begin{pmatrix} \bar{x} \\ \bar{y} \\ \bar{z} \end{pmatrix}=\begin{pmatrix} l_1 & m_1 & n_1 \\ l_2 & m_2 & n_2 \\ l_3 & m_3 & n_3 \end{pmatrix}\begin{pmatrix} x \\ y \\ z \end{pmatrix}$$

即得空间坐标方向余弦矩阵：

$$\boldsymbol{\lambda} = \begin{pmatrix} l_1 & m_1 & n_1 \\ l_2 & m_2 & n_2 \\ l_3 & m_3 & n_3 \end{pmatrix}$$

已知各类梁结构的单元刚度方程和坐标变换方程，即可按前面总结的有限元位移法分析步骤，对各类梁结构进行计算。

由上面的分析可知，平面刚架、平面板架，甚至平面桁架、空间桁架，均可视为空间刚架的特例，其计算方法和步骤完全相同，因此可编制统一的程序，由计算机执行计算。

## 2.2 客车车身结构强度与刚度综合分析

以往的国产客车车身结构分析仅偏重强度指标，以结构强度试验结果作为关键指标进行产品定型，而国外汽车企业则将客车车身刚度也作为产品定型的关键指标之一。当按满足刚度准则的要求来确定结构时，可同时充分满足强度准则的要求。

汽车车身刚度主要是指弯曲刚度和扭转刚度。弯曲刚度可用车身在铅垂载荷作用下产生的挠度大小来描述，也可以用单位轴距长度最大挠度量评价。扭转刚度可以用车身在扭转载荷作用下产生的扭转角大小来描述，也可以用单位轴距长度轴间相对扭转角评价。

研究表明，利用有限元方法对客车车身结构进行分析，可获得车身的力学特性，预测车身在使用过程中可能出现的应力和变形情况，为结构的改进设计提供可靠的依据，满足设计要求，缩短开发周期，节省生产、试验费用，提高结构的可靠性。

### 2.2.1 客车车身结构有限元分析

国产客车的车身目前以半承载式和承载式车身为主。半承载式车身以由车架、纵梁和横梁焊接而成的车架改制总成作为车体完整骨架的底部基础，车身骨架通过横梁与底部基础连接，车架是其主要承载结构。承载式车身是指底架与车身前围、后围、侧围及顶盖构成的空间刚架结构，多由闭口钢管焊接而成，具有整车强度高、安全性好和质量小等特点，如图2-19所示。

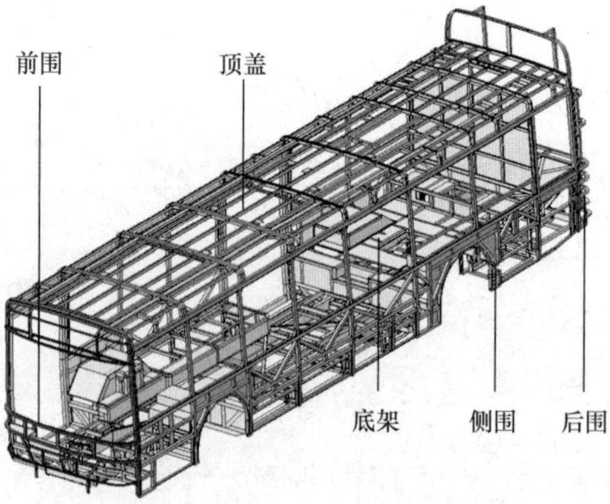


图 2-19　承载式客车车身骨架三维模型示意图

#### 1. 结构分析与几何简化

本节介绍的新能源客车车身即为承载式车身结构，该车是在原有车型的基础上通过加装燃料电池及相应动力系统改装而成的。车身结构主要由矩形截面钢管焊接而成，同时也不能忽略车内板件对车身性能的影响。由于承载式车身的承载能力较强，车身蒙皮、玻璃及保险杠等部件基本不参与承载，在建立有限元模型时予以省略，近似地认为车身骨架承受全部车身载荷，这样分析的结果偏于安全设计区间。同时，省略了较小的、非加载的支架、螺栓孔等；没有对悬架支架进行建模，而是直接在对应横梁与纵梁的位置上附加约束条件。

为了进一步降低有限元分析模型的规模，减少工作量，提高计算效率，还可对车身几何结构进行以下简化：

1）车身结构中曲率不大的梁使用直梁代替，如侧围和顶盖中的部分杆件。对于曲率较大的杆件，则使用多段梁单元近似表示。

2）客车车身结构多采用纵横交错的梁焊接而成，连接处可按照主承载性能等效原则简化为一个节点或采用“主从节点”方式连接。部分较为接近但不重合的交叉连接构件，由于杆件轴线的距离相对于杆件长度可忽略不计，也可适当简化为一个节点或采用“主从节点”。

3）对于两个同向焊接的梁，因焊接处的性能近似于杆件材料性能，故可将其简化为一根等效梁处理。由于梁单元的应力和应变取决于截面形状、惯性矩和外部边界条件的相互作用，只要保证等效梁单元的截面形状和惯性矩与原结构相同即可。等效梁单元可使用商业有限元分析软件中的自定义功能设置。

4）取约束点和加载点处为梁单元节点，因为载荷和约束的位置对结果影响较大，因此载荷的类型、作用点、大小，以及约束的类型和作用点应尽可能接近实际情况。

**2. 单元选择与网格划分**

车身结构的设计、分析多采用三维设计软件 CATIA、有限元前处理软件 Hypermesh 和有限元分析软件 Nastran。根据设计图样在 CATIA 中建立空间几何关系正确的几何模型，包括组成车身骨架的杆件的弯心线和车内钣金件。Hypermesh 是高性能的有限元前处理软件，能够与市面上通用的商业计算机辅助设计软件和有限元求解器，如 CATIA、UG、SolidWorks 和 Nastran、ANSYS、Abaqus、Radioss 及 Optistruct 等方便地进行数据交换，能够极大地提高有限元分析的质量和效率；其图形用户界面易于学习，几何清理、网格划分、载荷和边界条件设置使用灵活。Nastran 是一款应用广泛的有限元分析软件，其可靠性经过大量工程实践的验证。

在客车车身结构刚度有限元分析模型中，用空间薄壁梁单元 PBEAM 单元模拟车身骨架元件。梁与梁之间采用刚性连接（用主从节点关系处理）。用梁单元模拟整体车身骨架，计算量小，建模方便，且适宜车身骨架的优化分析。车身板件使用二维壳单元 PSHELL 单元模拟。

研究表明，当梁单元长度小于 400mm 时，分析结果即趋于收敛，继续减小梁单元的尺寸，将延长分析时间。相邻单元间的尺寸不可相差过大，否则可能产生病态刚度矩阵，难以求解。

建立的有限元模型如图 2-20 所示，包括 45615 个节点和 48938 个单元。

**3. 载荷及边界条件**

该客车采用空气悬架，可极大改善客车的平顺性。该悬架装有纵向推力杆和横向推力杆作为导向机构传递纵向、横向载荷。该模型采用弯曲、扭转两种分析工况，各个工况的边界条件见表 2-1。表中，$U_x$、$U_y$、$U_z$ 分别表示约束 $x$、$y$、$z$ 方向的位移。水平弯曲工况用来模拟客车在良好路面上匀速直线行驶时客车车身骨架受力和变形的情况；扭转工况是客车最危险的工况之一，主要模拟客车行驶时，任一车轮驶入凹坑或驶上凸起，从而因与另一侧车轮存在高度差，承受的较大非对称载荷。进行有限元分析时，扭转工况的约束模拟扭转台架试

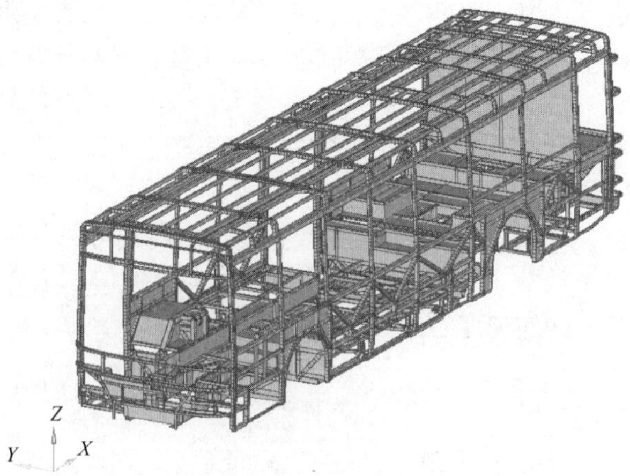


图 2-20　客车车身有限元模型

验工况，约束后轮，前轮悬空，并在车身两侧骨架与悬置连接的节点施加等值反向的力，形成车身扭转载荷。车身的扭转载荷可根据下式选定：

$$T = 0.5ZB \tag{2-87}$$

式中，$Z$ 为载荷较小的轴的轴荷；$B$ 为该轴的轮距。

结合该车的设计值，得扭矩为 38227.35N·m，转弯工况的侧向加速度为 0.6$g$，制动工况的加速度为 0.8$g$。

为了保证车辆结构在各种工况条件下不因瞬时过载发生破坏，提高车身结构的可靠性，在进行结构设计时，一般根据经验选定一个动载系数，该客车的弯曲工况动载系数选为 2.5，扭转工况动载系数为 1.5。进行静力分析时，若结构未发生破坏，则认为结构具有足够高的疲劳寿命。

**表 2-1　工况边界条件**

| 工况 | 部位 | 左前 | 右前 | 左后 | 右后 |
|---|---|---|---|---|---|
| 弯曲工况 | 空气悬架支架 | $U_z$ | $U_z$ | $U_z$ | $U_z$ |
| | 纵向推力杆支架 | $U_x$ | $U_x$ | | |
| | 横向推力杆支架 | $U_x$，$U_y$ | $U_x$ | $U_y$ | |
| 扭转工况 | 空气悬架支架 | | | $U_x$，$U_y$，$U_z$ | $U_x$，$U_z$ |
| | 纵向推力杆支架 | | | $U_x$ | $U_x$ |
| | 横向推力杆支架 | | | $U_y$ | $U_y$ |

客车车身结构的载荷包括：车身结构模型自重力；安装在车架及车身上的底盘总成及非模型化车身部件的重力，如动力总成、备胎、蓄电池、油箱、车门窗玻璃与密封条、地板等（可分别将总成或部件的重力作为集中载荷分配到对应总成或部件安装点的对应模型结点上）；乘员、座椅、行李及行李架的重力（考虑乘员标准重力为 65×9.8N），也分别作为集中载荷分配到对应座椅及行李架安装点的对应结点上。

**4. 有限元分析结果**

弯曲工况下，该客车车身骨架的应力分布如图 2-21 所示，高应力区域主要位于底架中部、侧围立柱与顶盖纵梁接头处、底架后部与悬架和动力总成相连的部位。最大拉应力为233.4MPa，位于后悬架与底架纵梁连接的位置，最大压应力为207MPa，同样位于后悬架与底架纵梁连接的位置。

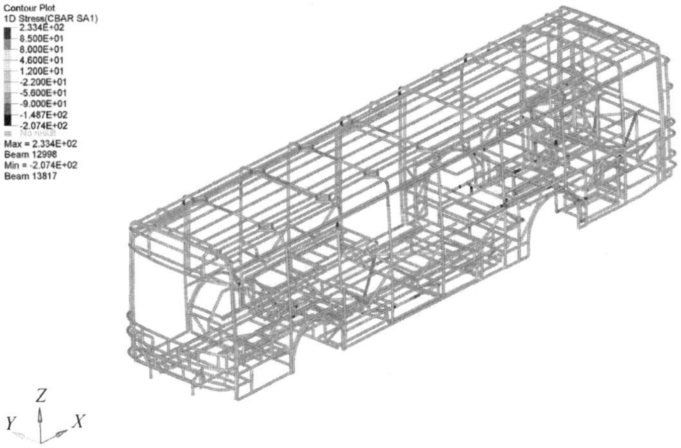


图 2-21 弯曲工况下客车车身骨架的应力分布

扭转工况下，该客车车身骨架的应力分布如图 2-22 所示，从图中可以看出高应力区域主要位于杆件的接头部位，其中又以前轴附近区域的应力最为显著。车身骨架的高应力区主要分布在车身侧围立柱、顶盖纵梁与横梁连接处、风窗上横梁与顶盖交接处及底架纵梁与横梁连接处。最大拉应力为135.6MPa，位于左侧围第六立柱与侧围中部横梁的连接处；最大压应力为131MPa，位于左侧围第四立柱与侧围上部纵梁的连接处。

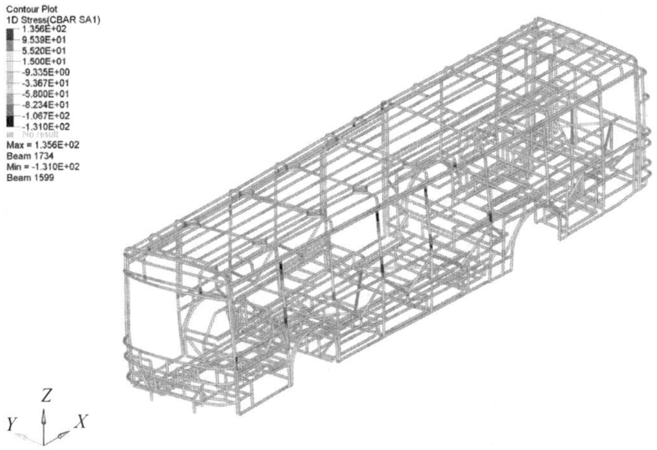


图 2-22 扭转工况下车身骨架的应力分布

为定量地分析该车的扭转刚度，参考乘用车扭转刚度试验方法，在前悬架左右两侧的空气弹簧支架处测得 $Z$ 向相对位移 $\Delta z$ 为 8.796mm，后悬架支架被完全约束，因此两侧相对位移为 0，则前轴相对后轴的转角为

$$\varphi = \frac{\Delta z}{B} \times \frac{180}{\pi} \tag{2-88}$$

式中，$B$ 为前轴的轮距。

该客车的轮距为1147mm，代入式（2-88）可得前桥相对后桥的扭转角为0.44°，因此该客车的计算扭转刚度 $K_T$ 为

$$K_T = \frac{T}{\varphi} = \frac{30042}{0.44} = 68277\text{N}\cdot\text{m}/(°) \tag{2-89}$$

式中，$T$ 为扭转力矩。

通过强度分析可知，除了少数应力集中区域外，车身结构应力值均显著低于杆件材料的屈服极限，设计安全系数过大，材料的性能未能得到充分发挥，车身质量存在下降的空间。其次，车身各处应力分布极不均匀，最大应力和最小应力差距较大，说明结构设计不太合理。因此该车型仍有较大的优化设计空间，可通过选择更为合适的杆件布局和尺寸，以降低质量，同时保证车身结构应力分布均匀。

**5. 有限元模型的试验验证**

为验证该车车身结构刚度有限元分析模型的正确性，在整备质量条件下对该车进行扭转试验。试验时，在试验车底架纵梁上选择6排测点，测点位置如图2-23所示。通过测量测点在试验前后距离指定水平面的距离，得到测点的垂向位移，进而通过计算得到同一排测点连线相对于后轴的扭转角，并与有限元分析结果进行对比，对比结果如图2-24所示，图中横坐标为测点距前轴中心的 $X$ 方向距离，纵坐标为各排测点相对转角，实线为有限元分析结果得出的各排测点连线的扭转角，虚线为试验测得的各排测点连线的扭转角。

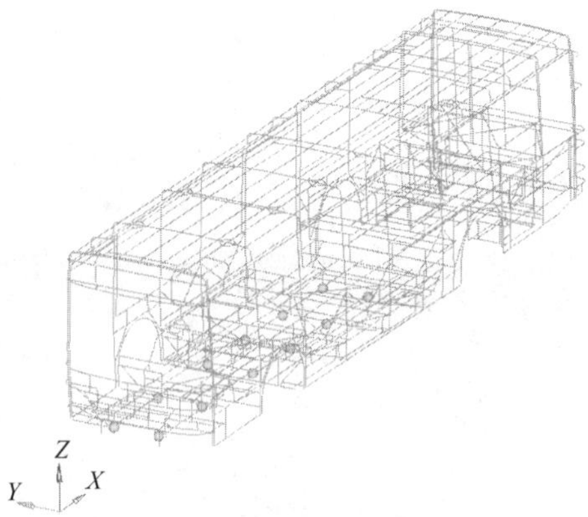


图2-23　测点位置

由图2-24可知，该客车的有限元分析结果与试验结果变化趋势一致，有限元分析模型的单元划分、边界条件和载荷的设置较为合理，结果可信。

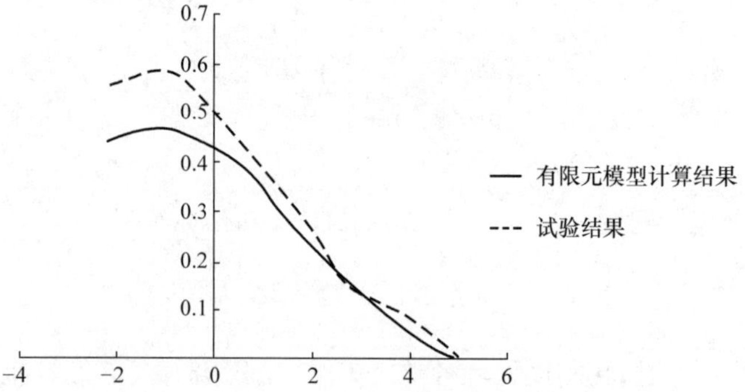


图2-24　客车扭转角曲线

### 2.2.2 客车车身结构承载度分析及改进

车身承载度是描述客车车身的承载特性的重要参数。承载度大小取决于车身和底架结构各自的刚度及它们二者的组合情况，车身骨架和底架之间刚度的协调性是影响车身强度的一个重要因素。同一个车身骨架，配置不同构造的底架会有不同的强度结果。车身骨架的结构强度，不仅取决于本身结构，也受它与底架组合后的车体整体构造的影响。

车身承载度的评价方法较多，较为常用的方法是利用车身结构的应变能与整车结构应变能之比评价，如果车身结构的承载度较小，说明车身刚度足够大，或者材料没有得到充分利用，整车结构性能存在提升的空间。

某新能源客车采用全承载式骨架式车身，为充分利用骨架式车身的特点，研究在现有结构基础上通过结构改进实现车身承载度的提升。结合车身结构特点，共提出三种旨在提高车身承载度的结构修改方案，并通过有限元分析予以验证。三种结构方案如下：

1）设置加强角板以提高牛腿与车身立柱连接处的连接强度。

2）增大牛腿的宽度。

3）在连接处增加斜撑。

三种增强方案的示意图如图2-25所示，三种方案得到的整车性能见表2-2。

可以看出，加强车身与车架之间的连接，可以显著提高整车扭转刚度，但并没有提高车身承载度。这些方案实际提升了车身结构的刚度，使得车身承受的载荷反而下降，从车身结构应变能数值的变化也可看出车身结构刚度在逐步增强。参考相关资料，车身承载度的取值范围为0.7～0.8，该车原设计方案车身承载度为0.69，与参考值非常接近，因此，该车身在承载度方面的设计较为合理。

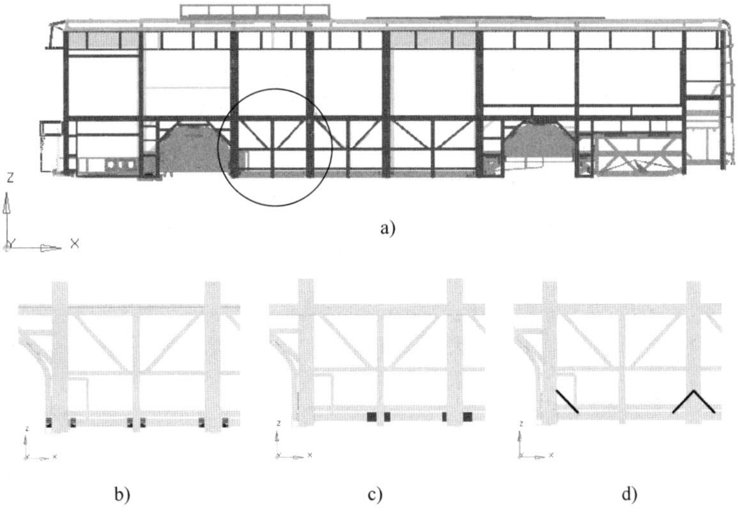


图2-25 车身与车架增强方案

a）车身车架 b）方案一 c）方案二 d）方案三

表 2-2　增强方案对车身性能的影响

| 方案 | 扭转刚度 /[N·m/(°)] | 扭转刚度提升 | 整体应变能 /J | 车身结构应变能 /J | 车身承载度 |
|---|---|---|---|---|---|
| 原设计方案 | 37246 | — | 939.5 | 649.3 | 0.69 |
| 方案一 | 38568 | 3.5% | 909.6 | 621.3 | 0.683 |
| 方案二 | 39957 | 7.3% | 878.6 | 577.3 | 0.66 |
| 方案三 | 40940 | 9.9% | 858.2 | 554.5 | 0.65 |

## 2.3　微型电动车车架结构分析

由于环境污染及全球石油资源短缺的问题日益严峻，传统汽车工业面临着极大的危机。为此，开发新型的电动车成为当今世界各国急需解决的一项重大问题。可以说，在清洁能源汽车的设计与开发上，我国与传统汽车强国的差距并不大。因此，要提高我国的汽车工业水平，必须首先从这方面入手。下面介绍四轮驱动微型电动车车架优化设计的全过程，读者可通过这一过程对汽车车身梁结构强度与刚度优化分析有一个初步的认识。

整个四轮驱动微型电动车车架的设计、分析与优化是基于三维设计软件 UG 和有限元分析软件 ANSYS 进行的。车架设计采用了适于电动车承载特点的双层车架，分析了车架的静态强度及刚度，并在满足强度及刚度的条件下对车架结构进行了优化设计，最终经过工艺可行性分析及试制研究，开发出一种适合各种场地路面行驶的新型电动车车架结构。

### 2.3.1　微型电动车车架结构

（1）车架布置与结构设计　车架结构及动力系统布置方案如图 2-26 所示。

为满足四轮驱动车桥和悬架的空间尺寸要求，车架采用空间脊梁式的结构，由四根贯通的型材杆件形成盒型结构。这种结构既保证了车架具有较大的扭转刚度，又容许车轮有较大的跳动空间。四根直杆成梯形状排列，以满足双横臂独立悬架上下横臂不等长的需求。在车架中部拓展出双层的框架结构，用于支承车身部件及动力系统总成。

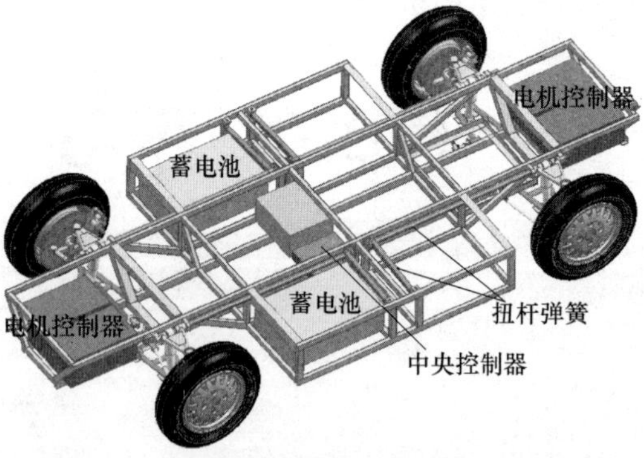


图 2-26　车架结构及动力系统布置方案

该车采用双横臂扭杆弹簧悬架。扭杆弹簧布置在车架上平面，与双横臂独立悬架的较短的上横臂相连，可以减小其传给车架的集中载荷。

车架材料为异型钢管型材，成本低、加工方便。初选异型钢管型材尺寸为 30mm × 30mm × 1.5mm，在悬架连接处为 40mm × 40mm × 2mm。

（2）车架结构分析　根据车架结构几何特点，利用 ANSYS 软件的梁单元建立车架模型，此模型有 758 个节点，812 个单元，如图 2-27 所示。

扭杆弹簧有结构紧凑、单位质量储能大、非簧载质量小、便于调节的特点，因此在汽车上有很大的应用前景。对于采用扭杆弹簧作为悬架弹性件的车架，车架模型的加载及约束处理与其他悬架形式的模拟方法不同。分析上下横臂的安装方式和扭杆弹簧传力特点可以发现，由于扭杆弹簧装于上横臂，地面铅垂反力通过车轮、上横臂转变成扭矩传到扭杆弹簧。该扭矩由扭杆弹簧另一端的安装于车架的调节臂来平衡。因此，车架不仅在悬架上横臂处承受铅垂方向作用力，在扭杆弹簧调节臂两端也承受铅垂方向作用力。

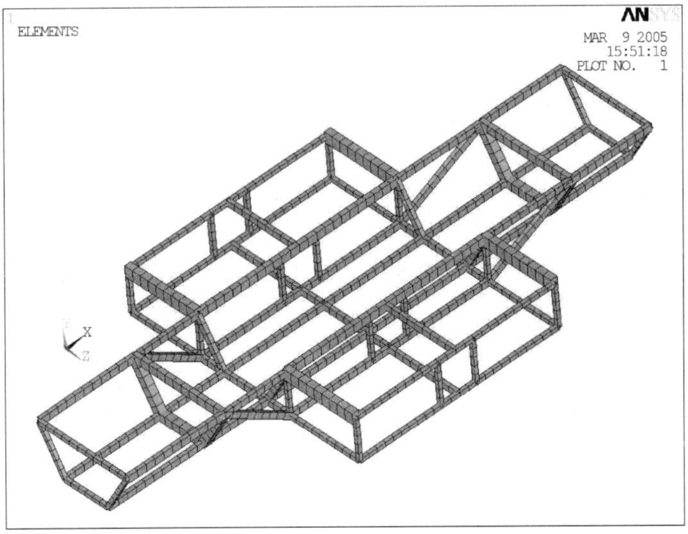


图 2-27　微型电动车车架有限元模型

车架弯曲和弯扭组合工况下的约束见表 2-3。考虑座椅和乘客载荷，并考虑动载系数为 2.5，车架两种工况载荷分布图分别如图 2-28、图 2-29 所示。

**表 2-3　车架弯曲和弯扭组合工况下的约束**

| 工况 | 左前悬架支点 | 右前悬架支点 | 左后悬架支点 | 右后悬架支点 |
|---|---|---|---|---|
| 弯曲 | 上横臂 $U_x$、$U_y$、$U_z$<br>下横臂 $U_x$、$U_y$ | 上横臂 $U_x$、$U_z$<br>下横臂 $U_x$ | 上横臂 $U_y$、$U_z$<br>下横臂 $U_y$ | 上横臂 $U_z$ |
| 弯扭组合 | 上横臂 $U_x$、$U_y$、$U_z$<br>下横臂 $U_x$、$U_y$ | 上横臂 $U_x$、$U_z$<br>下横臂 $U_x$ | 上横臂 $U_y$、$U_z$<br>下横臂 $U_y$ | |

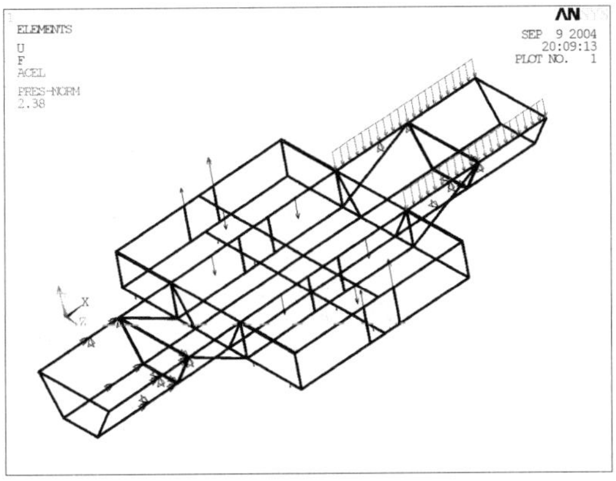


图 2-28　弯曲工况载荷分布图

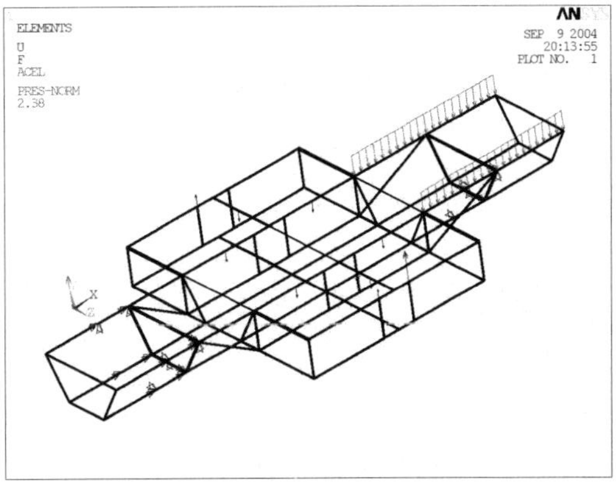


图 2-29　弯扭组合工况载荷分布图

车架弯曲和弯扭组合工况应力分布图分别如图 2-30、图 2-31 所示。可见，弯曲工况最大应力发生在车架中部的扭杆弹簧平衡臂的内安装点处，最大压应力约为 126MPa。此处除了安装有蓄电池之外，还有扭杆弹簧的作用，载荷较集中。扭转工况由于右后轮悬空，应力集中在后悬架下横臂后支点处，最大压应力约为 148MPa。所选车架异型钢管材料为 Q235，其屈服强度为 235MPa。可见，初步设计的车架方案是满足强度要求的，但车架总质量约为 55kg，为达到车架轻量化的要求，应该在考虑强度和刚度的同时进行车架结构优化设计。

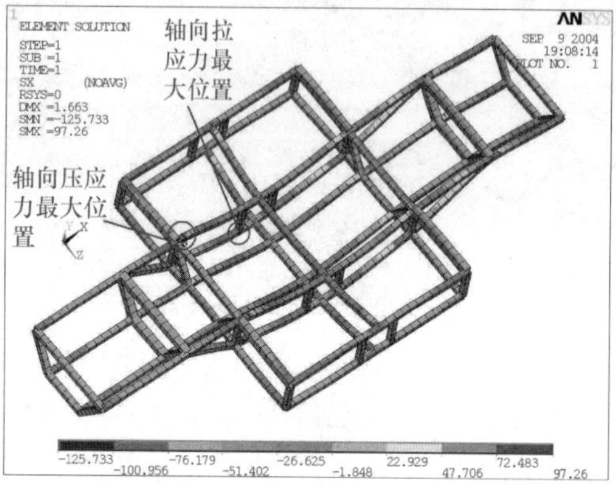


图 2-30　弯曲工况应力分布图（见彩插）

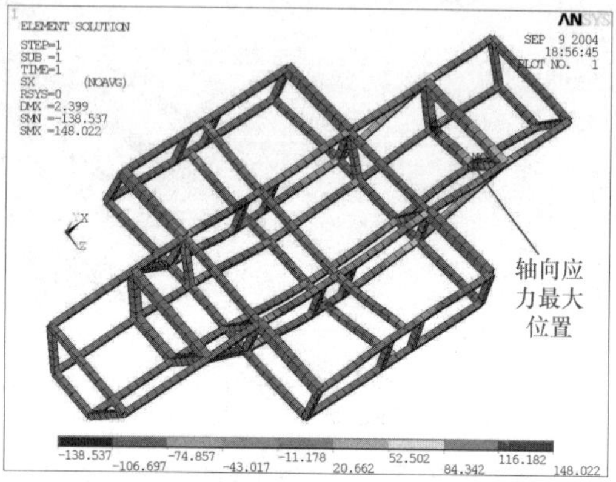


图 2-31　弯扭组合工况应力分布图（见彩插）

### 2.3.2　微型电动车车架优化设计

（1）优化参数选择

1）设计变量（DV）：即自变量。ANSYS 优化模块中允许定义不超过 60 个设计变量。设计变量取为车架异型钢管的截面尺寸参数宽度和高度值。为避免产生二义性，不将截面厚度作为设计变量。

2）目标函数（OBJ）：最终的优化目的。它必须是设计变量的函数，而且只能求其最小值。求最大体积转化为求最小值，则需求其倒数，如果知道目标函数的上限，则可以用一个大数减目标函数的方法来转换。目标函数取为车架总质量。

3）状态变量（SV）：用来体现优化的边界条件，是设计变量的函数。在 ANSYS 优化模块中用户可以定义不超过 100 个状态变量。状态变量主要为车架结构应力。同时，为避免车身刚度在优化过程中超标，将车架最大位移也视为状态变量的一部分。

（2）优化结果分析　优化初步分析结果表明，车架前后两端横梁和上层中部横梁在优化后应力较小、尺寸达到设计下限，因此，车架前后两端横梁钢管尺寸可以进一步减小，而上层中部横梁可以去掉。去掉上层中部横梁后，强度仍满足要求，而且方便了动力系统和电路的安装布置。综合优化分析设计变量及各状态变量的优化结果，得出了最佳的车架结构设计方案。车架结构最终的钢管尺寸参数见表 2-4，优化后的车架有限元模型如图 2-32 所示，优化后的车架质量为 46kg。

表 2-4　优化后车架钢管尺寸参数

| 截面参数 | 1 | 2 | 3 | 4 | 5 | 6 | 7 | 8 | 9 |
|---|---|---|---|---|---|---|---|---|---|
| 宽度/mm | 35 | 30 | 20 | 40 | 30 | 36 | 40 | 40 | 20 |
| 高度/mm | 20 | 20 | 20 | 25 | 20 | 56 | 25 | 40 | 30 |
| 厚度/mm | 1.5 | 1.5 | 1.5 | 1.5 | 2 | 4 | 2 | 2 | 2 |

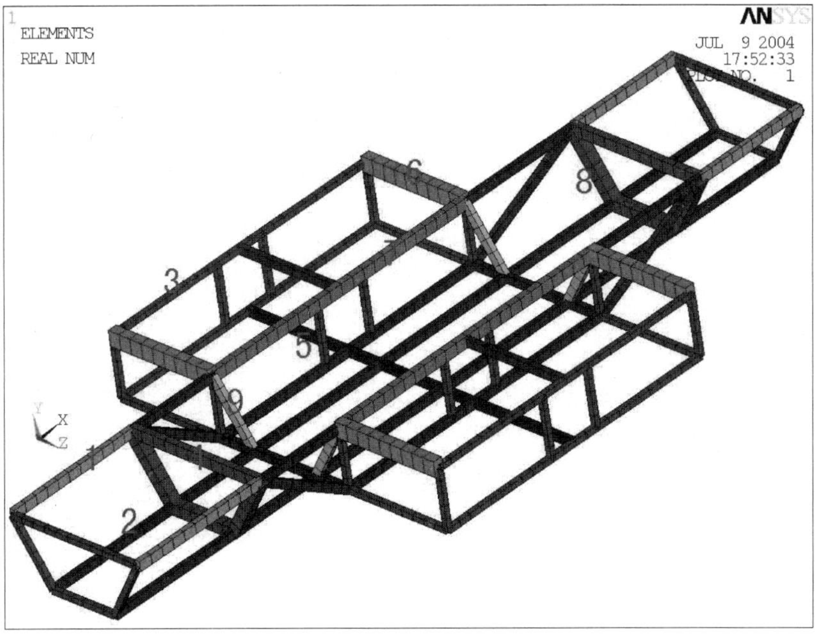


图 2-32　优化后车架有限元模型（见彩插）

优化后，车架最大应力为 159MPa，最大竖直位移为 3.7mm。车架强度和刚度均满足设计要求。优化后，车架最低的弹性模态，即一阶扭转模态固有频率为 33.9Hz，大于传统轿车车身的一阶扭转模态频率。

在工艺设计上，整个车架被分为 3 个总成，如图 2-33 所示。可采用二氧化碳气体保护焊进行焊接，而且夹具及其定位都很简单。整车试制及在各种场地路面使用的结果表明，该车架工艺简单、结构设计合理可靠。

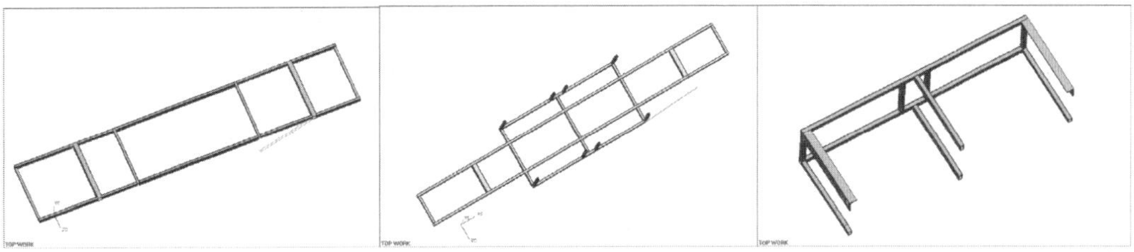

图 2-33　车架分总成

通过上述分析，可以发现以下两点：

1）在进行扭杆弹簧双横臂独立悬架的车架的结构分析时，有限元分析的边界约束处理与加载方式与其他悬架不同。

2）优化设计使该车架质量减小 9kg，同时结构最大应力及低阶模态频率值均满足工程要求。

## 参考文献

[1] 高云凯．汽车车身结构分析［M］．北京：北京理工大学出版社，2006.
[2] 马锢英，王家林．机械工程结构强度计算有限元基础［M］．长春：吉林科学技术出版社，1990.
[3] 卢耀祖，周中坚．机械与汽车结构的有限元分析［M］．上海：同济大学出版社，1997.
[4] 高云凯，张荣荣，彭和东，等．微型电动轿车车身骨架结构分析［J］．汽车工程，2003，25（5）：638－641.

## 思 考 题

1. 有限元法采用哪些坐标系统？梁单元坐标系如何确定？
2. 什么是中间载荷？梁单元中间载荷如何处理？
3. 什么是刚度系数？其物理意义是什么？
4. 试写出空间梁单元的广义位移及广义力向量。
5. 试推导平面桁架单元刚度方程。
6. 在有限元方法中，为什么要进行单元坐标变换？
7. 建立梁结构刚度方程的方法是什么？
8. 刚度矩阵中每个元素的物理意义是什么？
9. 刚度矩阵有哪些性质？
10. 约束条件的处理方法有哪些？
11. 以平面桁架结构为例，说明有限元分析的步骤。
12. 试推导空间刚架单元刚度方程。
13. 试推导空间刚架单元坐标变换方程。
14. 如何处理客车车身结构强度与刚度分析中的边界条件？如何处理常见载荷？
15. 一般如何选择结构优化分析设计变量、状态变量和目标函数？

# 第3章

# 汽车车身板结构模拟计算

## 3.1 平面应力问题有限元法

### 3.1.1 基本假设和基本物理量

弹性力学研究弹性体在载荷及其他外部因素（如温度改变、支座沉陷等）作用下产生的应力、应变和位移。由于应力、应变和位移都是位置的函数，也就是说各个点的应力、应变和位移一般是不相同的，因此在弹性力学中假想物体是由无限多个微小六面体（称为微元体）所组成的。在考虑任一微元体的平衡，写出一组平衡微分方程及边界条件时，未知应力数目总是超过微分方程的个数，所以弹性力学问题都是超静定问题，必须同时考虑微元体的变形条件及应力与应变的关系（相应称为几何方程及物理方程）。平衡微分方程、几何方程和物理方程及边界条件，称为弹性力学的基本方程。综合考虑这几方面的方程，就有足够数目的微分方程来求解未知的应力、应变和位移，而微分方程求解中出现的常数，则根据边界条件来确定。从取微元体入手，综合考虑静力、几何、物理三方面条件，得出其基本微分方程，再进行求解，最后利用边界条件确定解中的常数，这就是求解弹性力学问题的基本方法。

**1. 弹性力学中采用的基本假设**

（1）假设物体是连续的　认为在整个物体内部，都被组成该物体的介质所充满，而没有任何空隙。这样，物体中的应力、应变、位移等物理量才可能是连续的，才可能用坐标的连续函数来表示它们的变化规律。若物体不连续，则发展成为颗粒弹性力学。

（2）假设物体是匀质的　认为整个物体在各点都具有相同的物理性质。这样，物体各部分才具有相同的弹性，物体的弹性才不随位置坐标而改变。

（3）假设物体是各向同性的　认为整个物体在所有各个方向都有相同的物理性质。这样，物体的弹性常数才不随方向而变。反之，称为各向异性，如木材。

（4）假设物体是完全弹性的　就是说在使物体产生变形的外力及其他因素（如温度改变等）去除之后，能完全恢复原形而没有任何剩余变形。这样的材料满足胡克定律，即应变与引起该应变的应力成正比，弹性常数为常量。若不满足，则为塑性力学。

（5）假设物体的位移和应变是微小的　就是假设物体在外力和其他因素作用下，所有各点的位移都远远小于物体原来的尺寸。这样，在研究物体受力变形后的平衡状态时，可以不考虑物体尺寸的变化，而仍用变形前的尺寸，并且在研究物体变形时，对于变形的二次幂和乘积都可略去不计。这样就使得弹性力学中的基本微分方程简化为线性的，而且可以应用叠加原理。

满足前四个假定的物体，称为理想弹性体。若全部满足这些假定，则称为理想弹性体的线性问题。

**2. 弹性力学中的基本物理量**

弹性力学中涉及四个基本物理量：外力、应力、应变和位移。分别详细说明如下：

（1）外力　作用在物体上的外力可分为体积力和表面力两大类。

1）体积力（体力）——分布在物体内部的力，与物体质量有关（质量力），如自重、惯性力、磁性力等。常用其在单位体积上的体力表示。它在 $x$、$y$、$z$ 坐标轴上的投影记为 $X$、$Y$、$Z$。用矢量表示为 $\boldsymbol{p}_V=(X \quad Y \quad Z)^{\mathrm{T}}$，对平面问题为 $\boldsymbol{p}_V=(X \quad Y)^{\mathrm{T}}$。符号规定为沿坐标轴的正向为正，反之为负。

2）表面力（面力）——作用在物体表面上的力，如风载荷、水压力、接触力、约束反力等。常用其在单位面积上的面力表示。它在 $x$、$y$、$z$ 轴上的投影记为$\overline{X}$、$\overline{Y}$、$\overline{Z}$。用矢量表示为 $\boldsymbol{p}_A=(\overline{X} \quad \overline{Y} \quad \overline{Z})^{\mathrm{T}}$，对平面问题为 $\boldsymbol{p}_A=(\overline{X} \quad \overline{Y})^{\mathrm{T}}$。符号规定为沿坐标轴的正向为正，反之为负。

（2）应力　一个弹性体在外力作用下处于平衡状态，为了研究任意点 $K$（$x$，$y$，$z$）的应力情况，用平行于坐标面的平面在 $K$ 点附近，取出一无限小的微元体（这样可认为每一面的应力均匀分布）。弹性体其余部分对微元体各面有应力作用。将应力沿坐标轴方向进行分解，对每个侧面来讲，分解为一个正应力和两个剪应力（图 3-1）。

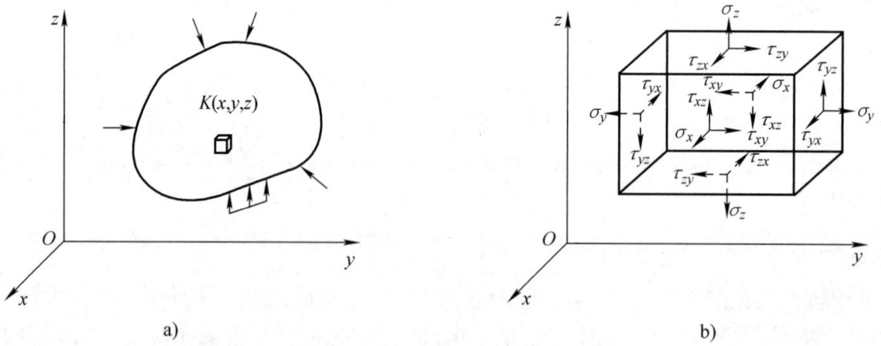


图 3-1　应力分解

1）正应力 $\boldsymbol{\sigma}$。用一个下标表示作用面及作用方向。例如，$\boldsymbol{\sigma}_x$ 表示作用在垂直于 $x$ 轴的平面上，应力方向与 $x$ 轴平行。

2）剪应力 $\boldsymbol{\tau}$。带有两个下标，第一个下标表示作用面，垂直于哪一个坐标轴；第二个下标表示作用方向，沿哪一个坐标轴。例如，$\boldsymbol{\tau}_{xy}$ 表示作用在垂直于 $x$ 轴的平面上，剪应力方向与 $y$ 轴平行。

这样在微元体上共有三个正应力，六个剪应力。

3）正面、负面与应力正负号规定。如果某个截面的外法线方向与坐标轴正向一致，则称该面为正面。图 3-1b 中的右、前、上各面均为正面。在正面上的应力，包括正应力和剪应力，方向以与坐标轴的正向一致为正，反之为负。

如果某个截面的外法线方向与坐标轴的负向一致，则称该面为负面。图 3-1b 中的左、后、下各面均为负面。在负面上的应力，方向以与坐标轴的负向一致为正，反之为负。

图 3-1b 所示的应力全都是正的。

这样的正负号规定，对于正应力是与材料力学中的规定相同的，而对于剪应力则同材料力学的规定相反，这是因为在弹性力学中这样的符号规定将与剪应变符号一致，同时在公式中可以不涉及符号。而材料力学由于要应用莫尔圆，一定要用自己规定的符号。

4）六个剪应力之间有一定的关系，即材料力学中的剪应力互等性：作用在两个互相垂直的面上，并且垂直于这两个面交线的剪应力是互等的（大小相等，正负号相同），即

$$\tau_{xy} = \tau_{yx},\ \tau_{yz} = \tau_{zy},\ \tau_{zx} = \tau_{xz}$$

这样，在 $K$ 点的应力可用六个分量来表示：

$$\boldsymbol{\sigma} = (\sigma_x \quad \sigma_y \quad \sigma_z \quad \tau_{xy} \quad \tau_{yz} \quad \tau_{zx})^{\mathrm{T}} \tag{3-1}$$

同时可以证明，当在任意一点 $\boldsymbol{\sigma}$ 为已知时，就可以求得经过该点的任意截面上的正应力和剪应力。所以 $\boldsymbol{\sigma}$ 可以完全确定该点的应力状态。

（3）应变　物体的形状可用它各部分的长度和角度来表示，自然物体形状的改变就可归结为长度的改变和角度的改变。

为了研究物体内任一点 $K$ 的变形情况，同样在 $K$ 点附近用平行于坐标面的平面截取一微元体。为了方便，设该微元体的一个顶点与 $K$ 重合，并且 $KA = \mathrm{d}x$、$KB = \mathrm{d}y$、$KC = \mathrm{d}z$，如图 3-2a 所示。

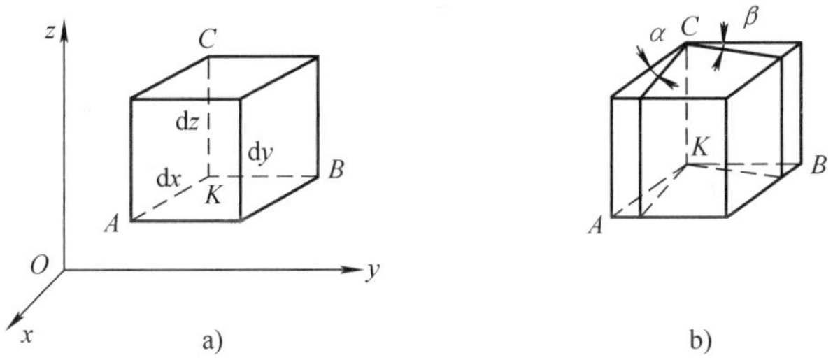


图 3-2　应变

微元体变形时，单位长度线段的伸缩称为线应变（正应变），各面之间夹角的改变称为剪应变（角应变）。

线应变与剪应变也可以通过 $KA$、$KB$、$KC$ 三条线段长度和夹角的变化来反映。

用 $\varepsilon_x$、$\varepsilon_y$、$\varepsilon_z$ 分别表示 $x$、$y$、$z$ 方向的线应变。

$$\varepsilon_x = \lim_{\Delta x \to 0} \frac{\Delta x' - \Delta x}{\Delta x} = \frac{\mathrm{d}x' - \mathrm{d}x}{\mathrm{d}x}$$

$\varepsilon_y$ 和 $\varepsilon_z$ 以此类推。

用 $\gamma_{xy}$ 表示 $x$ 方向线段 $KA$ 和 $y$ 方向线段 $KB$ 之间夹角的变化，即剪应变。如图 3-2b 所示，$\gamma_{xy}$ 由两部分组成，即

$$\gamma_{xy} = \alpha + \beta$$

$\gamma_{yz}$和$\gamma_{zx}$以此类推。

应变的正负号规定：线应变以伸长为正，缩短为负；剪应变以直角变小时为正，变大时为负。

同应力对应，在$K$点的变形情况可用六个分量来表示：

$$\boldsymbol{\varepsilon} = (\varepsilon_x \quad \varepsilon_y \quad \varepsilon_z \quad \gamma_{xy} \quad \gamma_{yz} \quad \gamma_{zx})^{\mathrm{T}} \tag{3-2}$$

当这六个分量为已知时，该点的变形就完全确定了。

（4）位移　位移即位置的移动，物体内任意一点的位移，可以用它在$x$、$y$、$z$三轴上的投影$u$、$v$、$w$来表示。记为

$$\boldsymbol{f} = (u \quad v \quad w)^{\mathrm{T}} \tag{3-3}$$

正负号规定是与坐标轴正向一致为正，反之为负。

要注意位移由两部分组成，一是周围介质变形使之产生的刚体位移，二是本身变形使内部质点产生的位移。后者与应变有确定的几何关系。

一般而言，弹性体内任意点的体力$\boldsymbol{p}_V$、面力$\boldsymbol{p}_A$、应力$\boldsymbol{\sigma}$、应变$\boldsymbol{\varepsilon}$和位移$\boldsymbol{f}$都是位置（坐标）的函数。

### 3.1.2　平面应力问题

在工程实际中，任何一种结构都是空间物体，一般的外力都是空间力系。所以，严格地说，任何一种工程结构都不可能是平面物体。但是，如果所研究的结构具有某种特殊的形状，并且承受的是某些特殊的外力，就可以将空间问题简化为近似的平面问题。这样处理，分析和计算的工作量将大为减少，而所得的结果却仍然可以满足工程上对精确度的要求。例如，在客车车身结构分析中，相对车身骨架而言，蒙皮所受的载荷及其对整个车身结构承载的贡献都可视为平面应力问题。

平面应力问题所考虑的物体是很薄的等厚度薄板，即该物体在一个方向上的几何尺寸远远小于其余两个方向上的几何尺寸，并且只在板边上承受平行于板面而不沿板厚度变化的面力，在两板面上无外力作用。同时，体力也平行于板面并且不沿厚度变化，如图3-3所示。

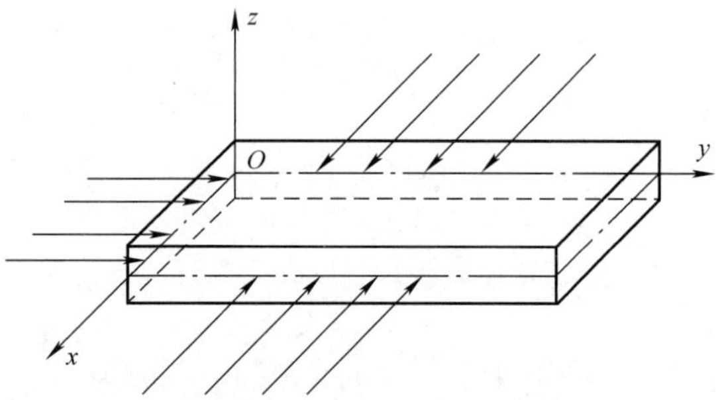

图3-3　平面应力问题

以薄板的中面为$xy$面，以垂直于中面的任一直线为$z$轴。设薄板的厚度为$h$，因为板面上（$z = \pm\frac{h}{2}$）无外力作用，所以有

$$(\sigma_z)_{z=\pm\frac{h}{2}} = 0$$

$$(\tau_{yz})_{z=\pm\frac{h}{2}} = 0$$

$$(\tau_{zx})_{z=\pm\frac{h}{2}} = 0$$

在板内部这三个应力分量是不为零的（图3-4a），但是由于板很薄，外力又不沿厚度变

化，薄板不受弯曲作用，应力沿着板的厚度又是连续分布的，所以这些应力很小，可以忽略不计。这样就可以认为在整个板内所有点上都有 $\sigma_z=0$、$\tau_{yz}=0$、$\tau_{zx}=0$。由于剪应力具有互等性，又可得到 $\tau_{zy}=0$、$\tau_{xz}=0$，且有 $\tau_{yx}=\tau_{xy}$，则只有在 $Oxy$ 平面内的三个应力分量 $\sigma_x$、$\sigma_y$、$\sigma_{xy}$，所以称这类平面问题为平面应力问题。

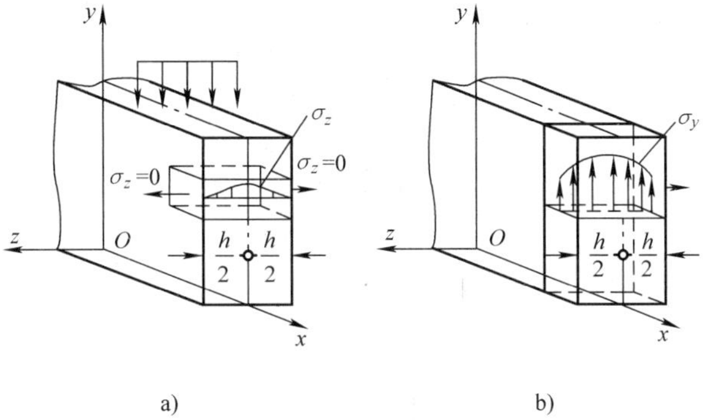


图 3-4 平面应力问题的应力分布

严格地讲，应力 $\sigma_x$、$\sigma_y$、$\tau_{xy}$ 沿厚度有变化，如图 3-4b 所示。但是计算是取其平均值，即

$$\hat{\sigma}_x=\frac{1}{h}\int_{-h/2}^{h/2}\sigma_x\mathrm{d}z$$

$$\hat{\sigma}_y=\frac{1}{h}\int_{-h/2}^{h/2}\sigma_y\mathrm{d}z$$

$$\hat{\tau}_{xy}=\frac{1}{h}\int_{-h/2}^{h/2}\tau_{xy}\mathrm{d}z$$

在以后的方程中，相应的应变分量和位移分量也都是取厚度的平均值，但是仍采用原来的记号。这样 $\sigma_x$、$\sigma_y$、$\tau_{xy}$ 与 $z$ 无关，仅是 $x$、$y$ 的函数。

根据广义胡克定律，$\gamma_{yz}=\gamma_{zy}=0$、$\gamma_{zx}=\gamma_{xz}=0$，而

$$\varepsilon_z=-\frac{\mu}{E}(\sigma_x+\sigma_y)$$

式中，$\mu$ 为泊松比；$E$ 为弹性模量。

虽然 $\varepsilon_z$ 和与它有直接关系的 $z$ 方向位移 $w$ 均不为零，但是它们都不独立，可用其他物理量表示。

经简化分析后，可知平面应力问题的独立参数有 8 个，它们是

$$\begin{cases}\boldsymbol{\sigma}=(\sigma_x\quad\sigma_y\quad\tau_{xy})^{\mathrm{T}}\\ \boldsymbol{\varepsilon}=(\varepsilon_x\quad\varepsilon_y\quad\gamma_{xy})^{\mathrm{T}}\\ \boldsymbol{f}=(u\quad v)^{\mathrm{T}}\end{cases}\tag{3-4}$$

并且它们都仅是 $x$、$y$ 的函数而与 $z$ 无关。应注意的是，$\varepsilon_z\neq0$、$w\neq0$，但可用其他独立的参数表示。

在工程实际中，受拉力作用的薄板、链条的平面链环（图 3-5）等均可视为属于平面应力问题。实际应用中，对于厚度稍有变化的薄板、带有加强筋的薄环、平面刚架的节点区

域、起重机的吊钩等，只要符合前述载荷特征，也往往视为平面问题用有限元法进行近似计算。

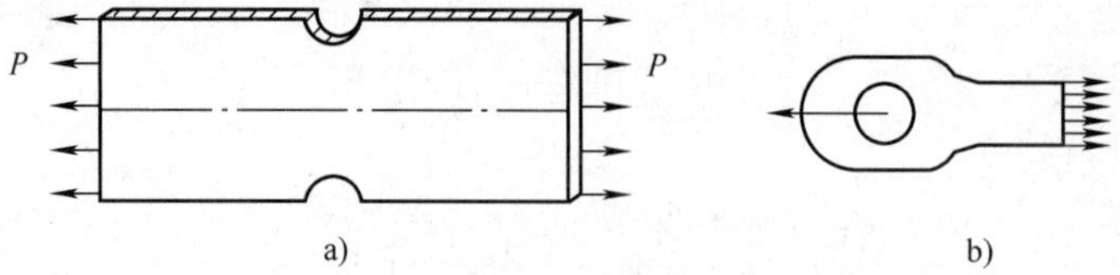


图 3-5　受拉力作用的薄板、链条的平面链环

a）薄板　b）链环

### 3.1.3　平衡微分方程

首先从静力学角度来考虑平面问题，根据平衡条件导出应力分量与体力分量之间的关系式，也就是平面问题的平衡微分方程式。

不失一般性，从平面应力问题的弹性薄板，或从平面应变问题柱形体中，取出一个微小的平行六面体，它在 $x$ 和 $y$ 方向的尺寸分别为 d$x$ 和 d$y$，厚度（$z$ 方向）取为一个单位长度（图 3-6）。

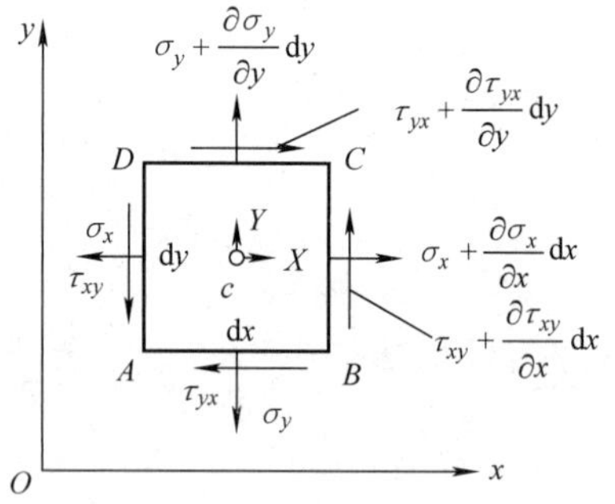


图 3-6　柱形体 $z$ 方向单位截面

一般地，应力分量是位置坐标 $x$ 和 $y$ 的函数，因此，作用在左右两对面或上下两对面的应力分量不完全相同，而具有小的增量。例如，设作用于左面的正应力是 $\sigma_x$，则作用于右面的正应力，由于 $x$ 坐标的改变，将是

$$\sigma_x + \frac{\partial \sigma_x}{\partial x}\mathrm{d}x$$

同样，若左面的剪应力是 $\tau_{xy}$，则右面的剪应力将是

$$\tau_{xy} + \frac{\partial \tau_{xy}}{\partial x}\mathrm{d}x$$

设下面的正应力及剪应力分别为 $\sigma_y$ 及 $\tau_{yx}$，则上面的正应力及剪应力分别为

$$\sigma_y + \frac{\partial \sigma_y}{\partial y}\mathrm{d}y$$

$$\tau_{yx} + \frac{\partial \tau_{yx}}{\partial y}\mathrm{d}y$$

因为六面体是微小的，所以它在各面上所受的应力可以认为是均匀分布的，作用在对应面的中心。同理，六面体所受的体力，也可以认为是均匀分布的，作用在它的中心。根据微元体处于平衡的条件可以得到三个平衡微分方程式。

1）以通过中心 $c$ 并平行于 $z$ 轴的直线为矩轴，列出力矩平衡方程，即 $\sum M_c = 0$：

$$\left(\tau_{xy} + \frac{\partial \tau_{xy}}{\partial x}\mathrm{d}x\right)\mathrm{d}y \times 1 \times \frac{\mathrm{d}x}{2} + \tau_{xy}\mathrm{d}y \times 1 \times \frac{\mathrm{d}x}{2} -$$

$$\left(\tau_{yx} + \frac{\partial \tau_{yx}}{\partial y}\mathrm{d}y\right)\mathrm{d}x \times 1 \times \frac{\mathrm{d}y}{2} - \tau_{yx}\mathrm{d}x \times 1 \times \frac{\mathrm{d}y}{2} = 0$$

等式两边除以 dxdy，并合并同类项，得

$$\tau_{xy} + \frac{1}{2}\frac{\partial \tau_{xy}}{\partial x}\mathrm{d}x = \tau_{yx} + \frac{1}{2}\frac{\partial \tau_{yx}}{\partial y}\mathrm{d}y$$

略去微量项，得

$$\tau_{xy} = \tau_{yx} \tag{3-5}$$

这就再一次证明了剪应力的互等性。

2）以 $x$ 轴为投影轴，列出力平衡方程，即 $\sum F_x = 0$：

$$\left(\sigma_x + \frac{\partial \sigma_x}{\partial x}\mathrm{d}x\right)\mathrm{d}y \times 1 - \sigma_x \mathrm{d}y \times 1 + \left(\tau_{yx} + \frac{\partial \tau_{yx}}{\partial y}\mathrm{d}y\right)\mathrm{d}x \times 1 -$$

$$\tau_{yx}\mathrm{d}x \times 1 + X\mathrm{d}x\mathrm{d}y \times 1 = 0$$

整理后两边除以 dxdy，得

$$\frac{\partial \sigma_x}{\partial x} + \frac{\partial \tau_{yx}}{\partial y} + X = 0 \tag{3-6}$$

3）以 $y$ 轴为投影轴，列出力平衡方程，即 $\sum F_y = 0$，类似于式（3-6）的推导，可得

$$\frac{\partial \tau_{xy}}{\partial x} + \frac{\partial \sigma_y}{\partial y} + Y = 0 \tag{3-7}$$

综合式（3-6）、式（3-7），并注意到 $\tau_{yx} = \tau_{xy}$，有

$$\begin{cases} \dfrac{\partial \sigma_x}{\partial x} + \dfrac{\partial \tau_{xy}}{\partial y} + X = 0 \\ \dfrac{\partial \tau_{xy}}{\partial x} + \dfrac{\partial \tau_y}{\partial y} + Y = 0 \end{cases} \tag{3-8}$$

式（3-8）即平面应力问题的平衡微分方程式，它表明了应力分量与体力分量之间的关系。这两个微分方程式中包含三个未知函数：$\sigma_x$、$\sigma_y$、$\sigma_{xy}$，所以决定应力分量的问题是超静定问题。因此，还必须考虑问题的几何方程和物理方程。

### 3.1.4 几何方程与刚体位移

（1）几何方程　在外力作用下，弹性体内任何一点都将产生位移，并且由于物体的连续性，相邻各点间位移是相互制约的，这显然与变形有关。所以，位移分量和应变分量必有一个确定的几何关系，这就是平面问题的几何方程。

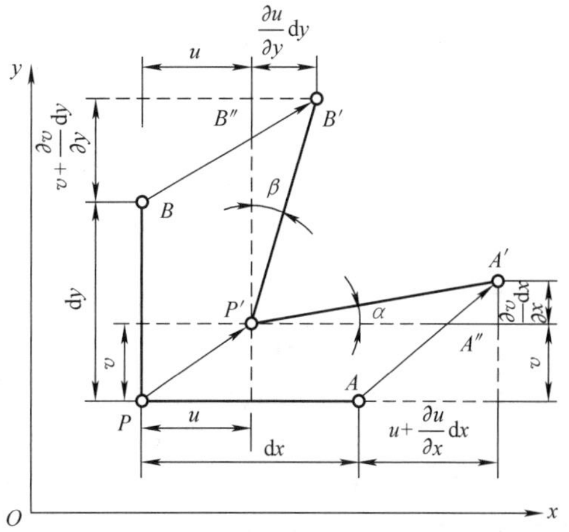


图 3-7　弹性体内部位移

经过弹性体内部任意一点 $P$，沿 $x$ 轴和 $y$ 轴的方向取两个长度很小的线段 $PA$ 和 $PB$，长度分别为 dx 和 dy。假定弹性体受力变形后，$P$、$A$、$B$ 三点分别移到 $P'$、$A'$、$B'$（图 3-7）。设 $P$ 点位移矢量 $PP'$ 在 $x$、$y$ 方向的分量分别为 $u$、$v$；$A$ 点位移矢量 $AA'$ 和 $B$ 点位移矢量 $BB'$ 的

各分量分别为 $u+\frac{\partial u}{\partial x}\mathrm{d}x$、$v+\frac{\partial v}{\partial x}\mathrm{d}x$ 和 $u+\frac{\partial u}{\partial y}\mathrm{d}y$、$v+\frac{\partial v}{\partial y}\mathrm{d}y$。

首先求出线段 $PA$ 和 $PB$ 的正应变，即 $\varepsilon_x$ 和 $\varepsilon_y$，用位移分量表示。考虑到小变形假设，可以用 $P'A''$代替 $P'A'$的长度，这相当于略去了 $P$、$A$ 两点 $y$ 方向位移差引起的微线段 $PA$ 的伸缩，因为它是一个高阶微量。根据正应变定义，有

$$\varepsilon_x=\frac{\mathrm{d}x+\left(u+\frac{\partial u}{\partial x}\mathrm{d}x\right)-(u+\mathrm{d}x)}{\mathrm{d}x}=\frac{\partial u}{\partial x} \tag{3-9}$$

同理可得到线段 $PB$ 的正应变为

$$\varepsilon_y=\frac{\mathrm{d}y+\left(v+\frac{\partial v}{\partial y}\mathrm{d}y\right)-(v+\mathrm{d}y)}{\mathrm{d}y}=\frac{\partial v}{\partial y} \tag{3-10}$$

现在求线段 $PA$ 与 $PB$ 之间的直角的改变，即剪应变 $\gamma_{xy}$，用位移分量表示。由图 3-7 可知，这个剪应变是由两部分组成的：一是由 $y$ 方向的位移 $v$ 引起的，即 $x$ 方向的线段 $PA$ 的转角 $\alpha$；二是由 $x$ 方向的位移 $u$ 引起的，即 $y$ 方向的线段 $PB$ 的转角 $\beta$。根据剪应变定义，有

$$\gamma_{xy}=\alpha+\beta$$

由图 3-7，并注意到小变形假设，有

$$\alpha\approx\frac{A'A''}{P'A''}=\frac{\frac{\partial v}{\partial x}\mathrm{d}x}{\mathrm{d}x}=\frac{\partial v}{\partial x}$$

同理

$$\beta\approx\frac{B'B''}{P'B''}=\frac{\frac{\partial u}{\partial y}\mathrm{d}y}{\mathrm{d}y}=\frac{\partial u}{\partial y}$$

于是可得 $PA$ 与 $PB$ 之间的直角的改变（以减小时为正），即剪应变 $\gamma_{xy}$ 为

$$\gamma_{xy}=\alpha+\beta=\frac{\partial v}{\partial x}+\frac{\partial u}{\partial y} \tag{3-11}$$

式（3-9）~式（3-11）即为平面问题中的几何方程，用矩阵表示为

$$\boldsymbol{\varepsilon}=\begin{pmatrix}\varepsilon_x\\ \varepsilon_y\\ \gamma_{xy}\end{pmatrix}=\begin{pmatrix}\frac{\partial u}{\partial x}\\ \frac{\partial v}{\partial y}\\ \frac{\partial v}{\partial x}+\frac{\partial u}{\partial y}\end{pmatrix}=\begin{pmatrix}\frac{\partial}{\partial x} & 0\\ 0 & \frac{\partial}{\partial y}\\ \frac{\partial}{\partial y} & \frac{\partial}{\partial x}\end{pmatrix}\begin{pmatrix}u\\ v\end{pmatrix} \tag{3-12}$$

式（3-12）表明了应变分量与位移分量之间的关系。

（2）刚体位移　由几何方程可知，当物体的位移分量完全确定时，应变分量即完全确定。反之，当应变分量完全确定时，位移分量却不能完全确定。这是因为位移由两部分组成：一是由物体的变形引起的，它与应变 $\boldsymbol{\varepsilon}$ 有关；二是与物体变形无关的刚体位移。这样，已知应变分量后，就不能完全确定位移分量。为了说明这一点，设应变分量等于零，即

$$\varepsilon_x=\varepsilon_y=\gamma_{xy}=0 \tag{3-13}$$

此时分析位移分量是否也为零，若不为零，则应如何表示。

将式（3-13）代入几何方程式（3-12），有

$$\begin{cases}\dfrac{\partial u}{\partial x}=0\\[2mm]\dfrac{\partial v}{\partial y}=0\\[2mm]\dfrac{\partial v}{\partial x}+\dfrac{\partial u}{\partial y}=0\end{cases}\tag{3-14}$$

将式（3-14）的前两式分别对 $x$ 及 $y$ 积分，得

$$\begin{cases}u=f_1(y)\\v=f_2(x)\end{cases}\tag{3-15}$$

其中 $f_1$ 及 $f_2$ 为任意函数，代入式（3-14）的第三式，得

$$-\frac{\mathrm{d}f_1(y)}{\mathrm{d}y}=\frac{\mathrm{d}f_2(x)}{\mathrm{d}x}\tag{3-16}$$

式（3-16）的左边是 $y$ 的函数，而右边是 $x$ 的函数。因此，只可能两边都等于同一常数 $w$，于是得

$$\frac{\mathrm{d}f_1(y)}{\mathrm{d}y}=-w$$

$$\frac{\mathrm{d}f_2(y)}{\mathrm{d}x}=w$$

积分得

$$\begin{aligned}f_1(y)&=u_0-wy\\f_2(x)&=v_0+wx\end{aligned}\tag{3-17}$$

式中，$u_0$ 及 $v_0$ 为任意常数。

将式（3-17）代入式（3-15），得位移分量

$$\begin{aligned}u&=u_0-wy\\v&=v_0+wx\end{aligned}\tag{3-18}$$

式（3-18）给出的位移，是“应变为零”时的位移，也就是所谓的“与应变无关的位移”，因此必然是刚体位移。实际上，$u_0$ 及 $v_0$ 分别为物体沿 $x$ 及 $y$ 轴方向的刚体平移，而 $w$ 为物体绕 $z$ 轴的刚体转动。下面根据平面运动的原理加以证明。

当三个常数中只有 $u_0$ 不为零时，由式（3-18）可知，物体中任意一点的位移分量是 $u=u_0$、$v=0$。这就是说，物体的所有点只沿 $x$ 方向移动同样的距离 $u_0$。由此可知，$u_0$ 代表物体沿 $x$ 方向的刚体平移。同样可知 $v_0$ 代表物体沿 $y$ 方向的刚体平移。当只有 $w$ 不为零时，由式（3-18）可知，物体中任意一点的位移分量为 $u=-wy$、$v=wx$。据此，坐标为（$x$，$y$）的任意一点 $P$ 沿着 $y$ 方向移动 $wx$，并沿着负 $x$ 方向移动 $wy$，如图 3-8 所示，而组合位移为

$$\begin{aligned}\sqrt{u^2+v^2}&=\sqrt{(-wy)^2+(wx)^2}\\&=w\sqrt{x^2+y^2}=wr\end{aligned}$$

式中，$r$ 为 $P$ 点与 $z$ 轴的距离。

组合位移的方向与 $y$ 轴的夹角为 $\alpha$，则

$$\tan\alpha = \frac{wy}{wx} = \frac{y}{x} = \tan\theta$$

可见组合位移的方向与径向线段 $OP$ 垂直，也就是沿着切向。既然物体的各点移动的方向都是沿着切向，而且移动的距离等于径向距离 $r$ 乘以 $w$，可知（注意位移是微小的）$w$ 代表物体绕 $z$ 轴的刚体转动。

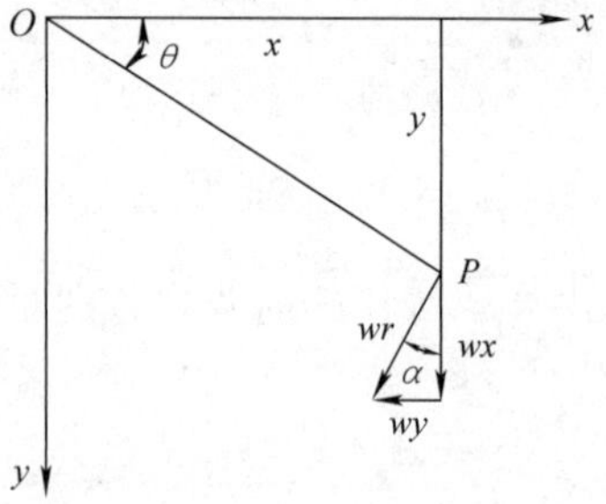

图 3-8　组合位移

既然物体在应变为零时可以有刚体位移，则当物体产生一定的变形时，由于约束条件的不同，它可能具有不同的刚体位移，因而它的位移并不是完全确定的。在平面问题中，常数 $u_0$、$v_0$、$w$ 的任意性就反映位移的不确定性。而为了完全确定位移，就必须有三个适当的约束条件来确定这三个常数。

### 3.1.5　物理方程

现在从物理学方面考虑平面问题的应变分量与应力分量之间的关系式，也就是平面问题的物理方程。

对于完全弹性的均匀各向同性体，其应力应变关系已由胡克定律给出：

$$\begin{aligned}
\varepsilon_x &= \frac{1}{E}[\sigma_x - \mu(\sigma_y + \sigma_z)] \\
\varepsilon_y &= \frac{1}{E}[\sigma_y - \mu(\sigma_z + \sigma_x)] \\
\varepsilon_z &= \frac{1}{E}[\sigma_z - \mu(\sigma_x + \sigma_y)] \\
\gamma_{xy} &= \frac{1}{G}\tau_{xy} \\
\gamma_{yz} &= \frac{1}{G}\tau_{yz} \\
\gamma_{zx} &= \frac{1}{G}\tau_{zx}
\end{aligned} \tag{3-19}$$

式中，$E$ 为材料的弹性模量；$G$ 为剪切模量；$\mu$ 为泊松比。这三个弹性常数之间的关系为

$$G = \frac{E}{2(1+\mu)} \tag{3-20}$$

根据前面的分析，对于平面应力问题有 $\sigma_z = 0$、$\tau_{zx} = \tau_{xz} = 0$、$\tau_{yz} = \tau_{zy} = 0$，由胡克定律可得 $\gamma_{zx} = \gamma_{xz} = 0$、$\gamma_{yz} = \gamma_{zy} = 0$，以及

$$\varepsilon_z = -\frac{\mu}{E}(\sigma_x + \sigma_y)$$

其余三式，即为

$$\begin{cases}
\varepsilon_x = \dfrac{1}{E}(\sigma_x - \mu\sigma_y) \\
\varepsilon_y = \dfrac{1}{E}(\sigma_y - \mu\sigma_x) \\
\gamma_{xy} = \dfrac{1}{G}\tau_{xy}
\end{cases} \tag{3-21}$$

这就是平面应力问题的物理方程式，它给出了平面内的应力分量和应变分量之间的关系，它们与坐标 $z$ 及平面外的各分量无关。

以上的物理方程是用应力分量表示应变分量，在有限元的分析中，常常需要用应变分量表示应力分量，这可直接由式（3-21）得到：

$$\begin{cases}\sigma_x = \dfrac{E}{1-\mu^2}(\varepsilon_x + \mu\varepsilon_y)\\ \sigma_y = \dfrac{E}{1-\mu^2}(\varepsilon_y + \mu\varepsilon_x)\\ \tau_{xy} = G\gamma_{xy} = \dfrac{E}{2(1+\mu)}\gamma_{xy}\end{cases} \tag{3-22}$$

用矩阵表示，式（3-22）即为

$$\boldsymbol{\sigma} = \begin{pmatrix}\sigma_x\\ \sigma_y\\ \tau_{xy}\end{pmatrix} = \frac{E}{1-\mu^2}\begin{pmatrix}1 & \mu & 0\\ \mu & 1 & 0\\ 0 & 0 & \dfrac{1-\mu}{2}\end{pmatrix}\begin{pmatrix}\varepsilon_x\\ \varepsilon_y\\ \gamma_{xy}\end{pmatrix} \tag{3-23}$$

在以上已导出的方程中，有 2 个平衡微分方程［式（3-8)］，3 个几何方程［式（3-12)］，3 个物理方程［式（3-22)］，共 8 个基本方程，包含 8 个未知函数：3 个应力分量 $\sigma_x$、$\sigma_y$、$\tau_{xy}=\tau_{yx}$，3 个应变分量 $\varepsilon_x$、$\varepsilon_y$、$\gamma_{xy}$，2 个位移分量 $u$、$v$。基本方程的数目恰好等于未知函数的数目，因此在适当的边界条件下，从基本方程中求解未知函数是可能的。

### 3.1.6　边界条件和圣维南原理

（1）边界条件　边界条件是结构静力学中确定基本方程唯一解的主要补充条件之一。根据边界条件的不同，弹性力学问题分为三种边界问题：位移边界问题、应力边界问题和混合边界问题。

1）位移边界问题。物体在全部边界上的位移分量是已知的，也就是在边界上有

$$\begin{cases}u_s = u\\ v_s = v\end{cases} \tag{3-24}$$

$u_s$ 和 $v_s$ 是位移的边界值，$u$ 和 $v$ 在边界上是坐标的已知函数。这就是平面问题的位移边界条件。

2）应力边界问题。物体在全部边界上所受的面力是已知的，也就是说面力分量 $\overline{X}$ 和 $\overline{Y}$ 在边界上各点都是坐标的已知函数。根据斜面上外力与应力分量之间的关系，应用到边界上，外力成为面力分量 $\overline{X}$ 及 $\overline{Y}$，应力分量的边界值用 $(\sigma_x)_s$、$(\sigma_y)_s$、$(\tau_{xy})_s$ 表示，于是可得出物体边界上各点的应力分量与面力分量之间的关系式：

$$\begin{cases}l(\sigma_x)_s + m(\tau_{yx})_s = \overline{X}\\ m(\sigma_y)_s + l(\tau_{xy})_s = \overline{Y}\end{cases} \tag{3-25}$$

式（3-25）就是平面问题的应力边界条件，$l$、$m$ 分别表示边界上外法线方向的方向余弦。

当边界垂直于某一坐标轴时，应力边界条件的形式将得到大大的简化：在垂直于 $x$ 轴的边界上，即 $x$ 为常量的边界上，$l=\pm1$、$m=0$，应力边界条件简化为

$$(\sigma_x)_s = \pm \overline{X}$$
$$(\tau_{xy})_s = \pm \overline{Y}$$

在垂直于 $y$ 轴的边界上，即 $y$ 为常量的边界上，$l=0$、$m=\pm 1$，应力边界条件简化为

$$(\sigma_y)_s = \pm \overline{Y}$$
$$(\tau_{yx})_s = \pm \overline{X}$$

可见，在这种特殊情况下，应力分量的边界值就等于对应的面力分量（当边界的外法线沿坐标轴正方向时，两者的正负号相同；当边界的外法线沿坐标轴负方向时，两者的正负号相反）。

注意：在垂直于 $x$ 轴的边界上，应力边界条件中并没有 $\sigma_y$；在垂直于 $y$ 轴的边界上，应力边界条件中并没有 $\sigma_x$。这就是说，平行于边界的正应力，其边界值与面力分量并不直接相关。

3）混合边界问题。物体的一部分边界具有已知位移，因而具有位移边界条件，如式（3-24），另一部分边界则具有已知面力，因而具有应力边界条件，如式（3-25）。此外，在同一部分边界上还可能出现混合条件，即两个边界条件中的一个是位移边界条件，而另一个则是应力边界条件。例如，设垂直于 $x$ 轴的某一个边界是连杆支承边，如图 3-9a 所示，则在 $x$ 方向有位移边界条件 $u_s=u=0$，而在 $y$ 方向有应力边界条件 $(\tau_{xy})_s=\overline{Y}=0$。又如，设垂直于 $x$ 轴的某一个边界是齿槽边，如图 3-9b 所示，则在 $x$ 方向有应力边界条件$(\sigma_x)_s=\overline{X}=0$，而在 $y$ 方向有位移边界条件 $v_s=v=0$。在垂直于 $y$ 轴的边界上，以及与坐标轴斜交的边界上，都可能有与此相似的混合边界条件。

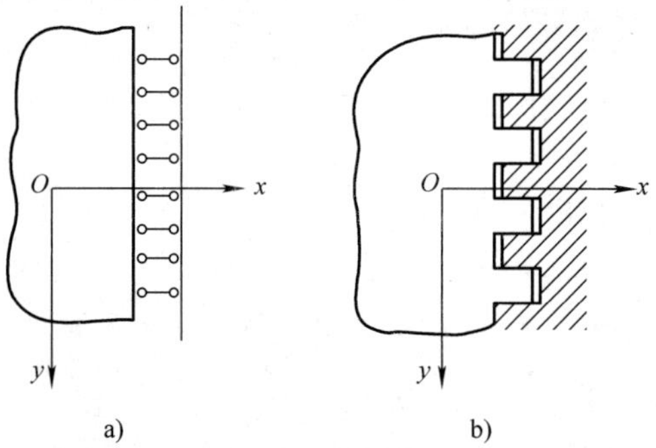

图 3-9　混合边界

（2）圣维南原理　由前面的分析可知，对每一个弹性力学平面问题，其 8 个基本方程都是相同的。但是这个结构之所以不同于其他结构，除了形状不同之外，还往往表现在各种各样的边界条件上。在结构分析中常常会有这种情况：在物体的一小部分边界上外力的分布方式很不明显，仅仅知道其合力，这样很难写出应力边界条件；另外，在求解时要使应力分量、应变分量和位移分量完全满足基本方程并不是一件很困难的事，但是要严格满足各种不同的边界条件却常常有很大的困难。鉴于此，人们研究了在局部区域上力的作用方式对于弹性力学解的影响问题，由圣维南提出了局部影响原理（圣维南原理）。圣维南原理指出：如果将物体的某一局部（小部分）边界上作用的表面力，变换为分布不同但静力等效的表面力（即主矢量相同，对于同一点的主矩也相同），则表面力作用附近的应力分布将有显著的改变，而远处的应力改变极小，可以忽略不计。

图 3-10a 和图 3-10b 所示端部的作用力不同，图 3-10a 所示为集中力，图 3-10b 所示为分布载荷，是两个问题，有两种解答。但是如果这两种端部作用力满足静力等效条件，那么这两个问题的内力分布的显著差异只发生在端部，而在其余区域的内力分布基本相同。由于求图 3-10a 所示情形的精确解（包括端部边界条件的精确满足）是困难的，而求图 3-10b 所示情形的解则是十分简单的，因而可以用图 3-10b 所示情形的解来代替图 3-10a 所示情形的解。

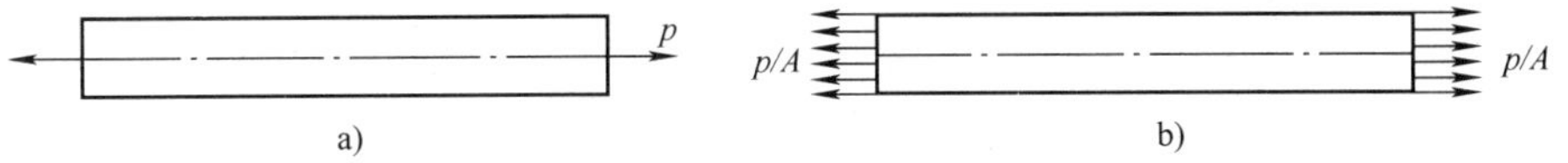


图 3-10 端部应力问题

必须注意，应用圣维南原理时，绝不能离开“静力等效”的条件。例如，图 3-10a 所示的构件，如果两端的力 $p$ 不是作用在截面的形心，而是具有一定的偏心距离，那么它同图 3-10b就不是静力等效的，这时的应力就不仅仅在两端处有显著差异了，在整个杆件中都不相同。

当物体的某一局部区域受到一个平衡力系作用时，局部影响原理还可以这样叙述：如果在物体上任一局部区域作用一个平衡力系，则该平衡力系在物体内所引起的应力仅局限于平衡力系作用点的附近区域，远离作用力区域的应力很快减小。

最明显的实例是用钳子夹钢板或铁丝，如图 3-11 所示，虽然压力作用点附近产生很大的应力乃至剪断钢板或铁丝，但是在用虚线表示的小区域 $A$ 以外，几乎没有应力产生，那里的金属不存在任何受力的痕迹。

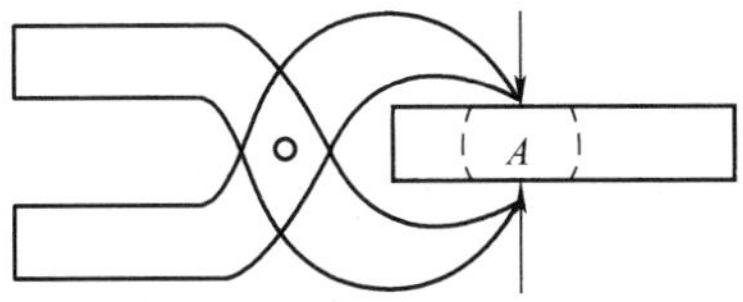


图 3-11 钳子夹钢板或铁丝

研究表明，应用圣维南原理，力影响的区域大致与力的作用区域相当。因此，必须注意只有在力的作用区域比物体的最小尺寸小的条件下，才可以应用圣维南原理。

例如，图 3-12 所示为一个有双翼板截面的杆件，翼板宽 $BC$ 和截面高 $AB$ 均比杆长 $AE$ 小，但大大超过腹板的厚度 $\delta$。该杆一端固定，另一自由端作用一个平衡力系，由两个值相同而方向相反的力矩 $+M$ 与 $-M$ 组成，分别作用在翼板 $AD$ 和 $BC$ 上。

由于这里腹板厚度 $\delta$ 比平衡力系作用区域 $ABCD$ 的尺寸小得多，这时就不能应用圣维南原理。因为这一对力矩 $+M$ 和 $-M$ 还要引起双翼板截面的扭转，其扭转程度与腹板厚度有关，而且扭转应力一直分布到固定端。

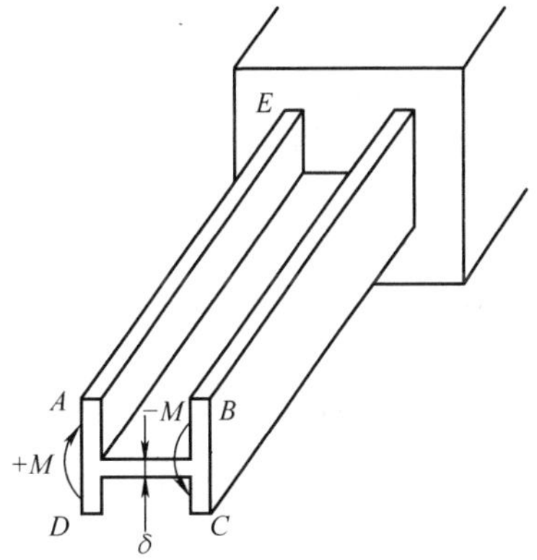


图 3-12 双翼板截面的杆件

要应用圣维南原理，则或者腹板厚度 $\delta$ 变为与翼板宽度 $BC$ 相当（这时成为实心矩形杆件），或者力矩 $+M$ 和 $-M$ 作用于腹板上任何点处，并且两个力矩平面之间的距离不超过 $\delta$（杆件的最小尺寸），这两种情形可认为除平衡力系作用点的附近区域外，其余部分不产生应力。

### 3.1.7 虚位移原理

前面介绍了应用解析法求解弹性力学问题的基本思想，它是在建立弹性力学基本方程以后，寻找在满足已知边界条件下微分方程的解。但是对于某些问题，特别是对于边界条件较复杂，载荷也较复杂的问题，用解析法寻求精确解是非常困难的，有时甚至是不可能的。所以，为了避免求解这种微分方程时数学上的困难，必须寻求一些近似的解法。能量法就可以作为这种有效的近似解法。在各种能量原理中，虚功原理应用最为方便，它也是有限元法形成单元刚度矩阵、节点载荷移置等的基础。

虚位移和虚功的概念，在理论力学和材料力学中已做过阐述。这里的“虚”是指该量是假想的、实际不存在的。因此，虚位移是一种假想加到结构上的可能的、任意的、微小的位移。其中，所谓可能的是指结构所允许的，即满足结构的约束条件和变形连续条件的位移；所谓任意的是指位移类型（平移、转动）和方向不受限制，但必须是结构所允许的位移；所谓微小的是指在发生虚位移过程中，各力的作用线保持不变。

在发生虚位移过程中真实力所做的功，称为虚功。

**1. 刚体的虚位移原理**

刚体的虚位移原理可表述如下：

设刚体上作用任意的平衡力系 $F_1$，$F_2$，…，$F_n$，当发生约束允许的任意微小的刚体位移（虚位移），并且与各力作用点相应的位移分量分别为 $\Delta_1^*$，$\Delta_2^*$，…，$\Delta_n^*$ 时，平衡力系在虚位移上所做的功（虚功）的总和（代数和）恒等于零。用公式表示为

$$W = \sum_{i=1}^{n} F_i \Delta_i^* = 0 \tag{3-26}$$

这可用一个较简单的静力学中的刚体杠杆例子来说明。

图 3-13a 所示为一个平衡的杠杆，$C$ 点的力矩平衡方程为

$$\frac{F_A}{F_B} = \frac{b}{a} \tag{3-27}$$

图 3-13b 所示为杠杆绕支点 $C$ 转动时的刚体位移图，$\Delta_A$ 与 $\Delta_B$ 有如下关系：

$$\frac{\Delta_B}{\Delta_A} = \frac{b}{a} \tag{3-28}$$

综合上述平衡关系与几何关系可得

$$\frac{F_A}{F_B} = \frac{\Delta_B}{\Delta_A} \tag{3-29}$$

即

$$F_A \Delta_A - F_B \Delta_B = 0$$

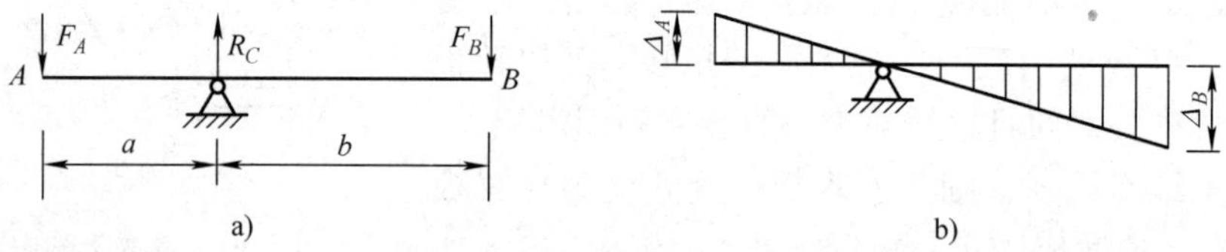


图 3-13　杠杆的虚位移

这个结果是以功的形式表达的，它表示平衡力系在位移上做功时，功的总和必为零。实际上，杠杆处于平衡状态时，不会产生 $\Delta_A$、$\Delta_B$ 这两个位移。但是如果某种原因发生了，它一定满足式（3-28）的关系。这就是说在外力作用下，处于平衡的任何刚体，如果假定其产生了位移，由于该位移是虚设的虚位移，则物体上所有的力在这个虚位移上所做的总功必等于零，这就是上述虚位移原理。

必须指出，虚位移原理的应用是有条件的，它所涉及的两个方面的力和位移都不是随意的。对力而言，它必须是在产生位移过程中处于平衡的力系；对位移而言，它必须是约束所

允许的微小位移。图 3-13b 中所示的虚位移只能是绕 $C$ 点的转动。此外还可以从图 3-13a 中看出，力有两种：一种是在产生虚位移过程中做功的，称为主动力，如 $F_A$、$F_B$；另一种是不做功的，称为被动力，如支点反力 $R_C$，由于支点 $C$ 没有位移，$R_C$ 做功当然为零。

通过这样的分析，实际上说明了刚体的虚位移原理可归结于平衡力系上所有主动力在相应虚位移上所做功的总和恒等于零。

**2. 弹性体的虚位移原理**

现讨论虚位移原理用于弹性体的情况，举一个等截面直杆受拉伸的简单例子，如图 3-14所示。直杆在载荷 $F$ 的作用下处于平衡，杆内各个截面上的应力是相等的，即 $\sigma=\dfrac{F}{A}$，应变为 $\varepsilon=\dfrac{\sigma}{E}=\dfrac{F}{EA}$，载荷作用端点的位移为 $\Delta=\dfrac{F}{EA}l$。如果由于某种原因，作为弹性体的直杆右端发生了沿 $x$ 方向的微小虚位移 $\Delta^*$（将杆再伸长 $\Delta^*$，对刚性杆是不允许的）。因为虚位移是微小的，所以这时载荷 $F$ 与应力 $\sigma$ 保持不变。现分析外力所做的功，左端的约束反力由于左端固定而不做功，只有载荷 $F$ 在虚位移 $\Delta^*$ 上所做的功，它等于 $F\Delta^*$。由此可见，对一个弹性体来说，当发生约束允许的虚位移时，单是外力在虚位移上所做的功是不等于零的。由能量守恒原理可知，能量可转化，而总能量不变。载荷所做的虚功 $F\Delta^*$ 实际上转化为弹性体的内能了。

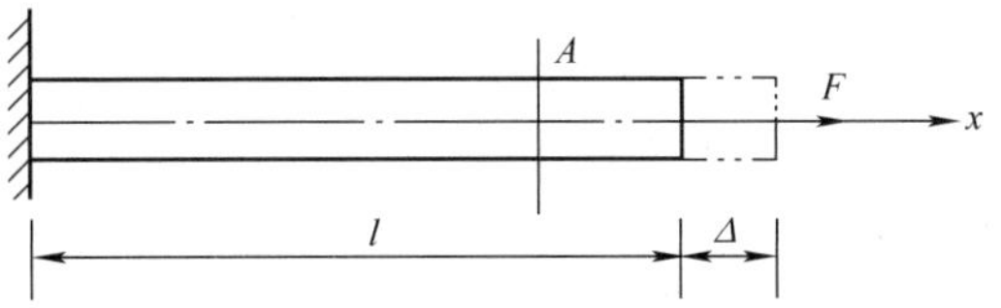


图 3-14 等截面直杆受拉伸

（1）外力功和弹性变形位能的关系

1）外力功。假定加载的方式是平稳的，即载荷是从零逐渐加大的，加载过程不发生冲击与振动，同时假定杆件变形限制在弹性范围内。当载荷从零逐渐加大到 $F$ 时，端部位移也从零逐渐加大到 $\Delta$，两者保持线性关系，如图 3-15a 所示，加载过程中外力所做的功的数值等于图中阴影部分三角形的面积，用 $W$ 表示，即

$$W=\frac{1}{2}F\Delta \tag{3-30}$$

2）弹性变形位能。当载荷 $F$ 作用于杆件时，杆件内产生应变和应力。材料变形限制在弹性范围内，应力与应变保持线性关系。和 $F$ 相应的应力和应变为 $\sigma$ 和 $\varepsilon$，在杆件变形增加时，作为它的一种内能——弹性变形位能也增加了。若杆件未变形的弹性变形位能为零，则应变为 $\varepsilon$ 时，单位体积的弹性变形位能的数值等于图 3-15b 所示的三角形的面积，它等于 $\dfrac{1}{2}\sigma\varepsilon$，整个体积的弹性变形位能用 $U$ 表示，应有

$$U=\frac{1}{2}\sigma\varepsilon Al \tag{3-31}$$

因为 $\sigma=\dfrac{F}{A}$、$\varepsilon=\dfrac{\Delta}{l}$，代入式（3-31）得

$$U=\frac{1}{2}\frac{F}{A}\frac{\Delta}{l}Al=\frac{1}{2}F\Delta \tag{3-32}$$

于是 $U=W$，由此可知，外力功和弹性变形位能是相等的。也就是说，外力功转化为杆件的弹性变形位能了。反之，当载荷再逐渐减小至零时，变形将逐渐恢复至原始状态，在这

个过程中弹性变形位能又转化为外力功。

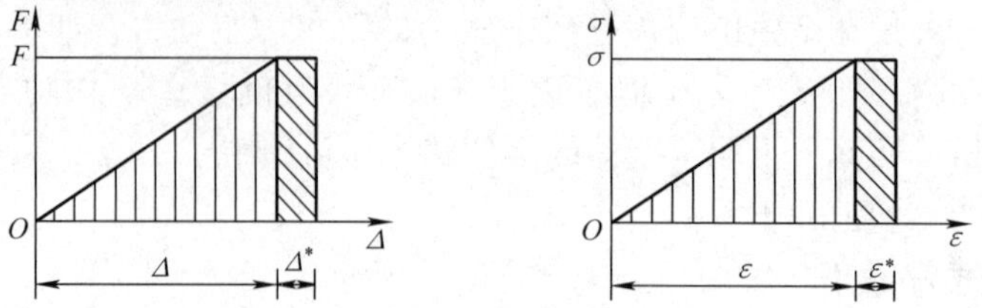


a)　　　　b)

图 3-15　加载过程

（2）产生虚位移 $\boldsymbol{\Delta}^*$ 时外力功与弹性变形位能的关系　在产生虚位移 $\boldsymbol{\Delta}^*$ 时，外载荷 $F$ 始终不变，所以外载荷 $F$ 在虚位移 $\boldsymbol{\Delta}^*$ 上所做的功为 $F\Delta^*$，即图 3-15a 上的矩形面积，它可被视为外力功由于虚位移引起的增量 $W^*$。另一方面，虚位移 $\boldsymbol{\Delta}^*$ 在杆件内部引起了虚应变 $\left(\dfrac{\boldsymbol{\Delta}^*}{l}\right)$，从而使杆件的弹性变形位能也产生了增量，单位体积的弹性变形位能的增量为 $\sigma\varepsilon^*$，即图 3-15b 上的矩形面积。整个体积的弹性变形位能的增量为

$$U^* = \sigma\varepsilon^* Al = \frac{F}{A}\frac{\boldsymbol{\Delta}^*}{l}Al = F\Delta^* \tag{3-33}$$

于是 $U^* = W^*$，由此可知，外力功由于虚位移引起的增量等于整个杆件弹性变形位能由于虚位移引起的增量。

（3）弹性体的虚位移原理　根据上述分析，可将弹性体的虚位移原理表示如下：在外力作用下，处于平衡状态的弹性体，当发生约束允许的任意微小的虚位移时，外力在虚位移上所做的功等于弹性体的变形位能当产生虚位移时所引起的增量，即等于整个体积内应力在虚应变上所做的功。

对于刚体，因为应变恒等于零，所以它的弹性变形位能就恒等于零，也没有应力在虚应变上做功的问题，所以刚体虚位移原理可视为弹性体虚位移原理在刚度为无穷大情况下的一个特例，因此后者比前者具有更普遍的意义。

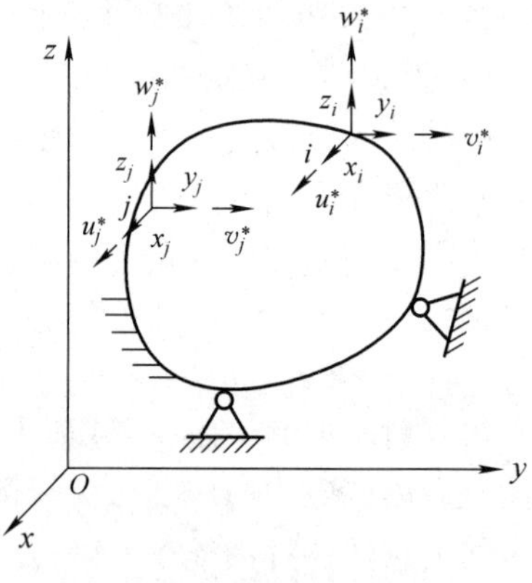


图 3-16　弹性体受力情况

（4）弹性体虚位移原理的一般表达式　引入图 3-16 所示的一个受一组外力作用处于平衡状态的弹性体，它在 $i$ 点所受的外力沿坐标轴分解为 $x_i$、$y_i$、$z_i$，它在 $j$ 点所受的外力沿坐标轴分解为 $x_j$、$y_j$、$z_j$ 等，用列矩阵 $\boldsymbol{F}$ 表示，而这些外力引起的应力用列矩阵 $\boldsymbol{\sigma}$ 表示，即

$$\boldsymbol{F} = \begin{pmatrix} x_i \\ y_i \\ z_i \\ x_j \\ y_j \\ z_j \\ \vdots \end{pmatrix} \quad \boldsymbol{\sigma} = \begin{pmatrix} \sigma_x \\ \sigma_y \\ \sigma_z \\ \tau_{xy} \\ \tau_{yz} \\ \tau_{zx} \end{pmatrix}$$

现在假设弹性体产生了某种虚位移，各个外力作用点相应的位移分量分别为 $u_i^*$，$v_i^*$，$w_i^*$，$u_j^*$，$v_j^*$，$w_j^*$，…，以列矩阵（$\boldsymbol{\Delta}^*$）表示，而这些外力引起的虚应变用列矩阵（$\boldsymbol{\varepsilon}^*$）表示，即

$$\boldsymbol{\Delta}^* = \begin{pmatrix} u_i^* \\ v_i^* \\ w_i^* \\ u_j^* \\ v_j^* \\ w_j^* \\ \vdots \end{pmatrix} \quad \boldsymbol{\varepsilon}^* = \begin{pmatrix} \varepsilon_x^* \\ \varepsilon_y^* \\ \varepsilon_z^* \\ \gamma_{xy}^* \\ \gamma_{yz}^* \\ \gamma_{zx}^* \end{pmatrix}$$

当虚位移发生时，外力在虚位移上所做的功为

$$x_i u_i^* + y_i v_i^* + z_i w_i^* + x_j u_j^* + y_j v_j^* + z_j w_j^* \cdots = \boldsymbol{\Delta}^{*\mathrm{T}} \boldsymbol{F}$$

同样，当虚位移发生时，在弹性体单位体积内应力在相应的虚应变上所做的功为

$$\sigma_x \varepsilon_x^* + \sigma_y \varepsilon_y^* + \sigma_z \varepsilon_z^* + \tau_{xy} \gamma_{xy}^* + \tau_{yz} \gamma_{yz}^* + \tau_{zx} \gamma_{zx}^* = \boldsymbol{\varepsilon}^{*\mathrm{T}} \boldsymbol{\sigma}$$

因此在整个弹性体内应力在虚应变上所做的功为

$$\iiint_v \boldsymbol{\varepsilon}^{*\mathrm{T}} \boldsymbol{\sigma} \mathrm{d}x\mathrm{d}y\mathrm{d}z$$

根据弹性体的虚位移原理，可得到如下的一般公式：

$$\boldsymbol{\Delta}^{*\mathrm{T}} \boldsymbol{F} = \iiint_v \boldsymbol{\varepsilon}^{*\mathrm{T}} \boldsymbol{\sigma} \mathrm{d}x\mathrm{d}y\mathrm{d}z \tag{3-34}$$

式（3-34）就是弹性体的虚功方程，它通过虚位移与虚应变表示了外力与应力之间的关系。

现在以平面应力问题为例来证明式（3-34）。考虑单位厚度的平板，为简化起见，假定没有体积力和初应力（推广到一般情况并无困难）。如图 3-17 所示，边界可分为两部分，在 $S_u$ 上，位移等于零，在 $S_\sigma$ 上，作用着表面力$\bar{p}$，其分量为$\bar{X}$和$\bar{Y}$。在这一部分的边界条件可写为

$$\begin{aligned} l\sigma_x + m\tau_{xy} &= \bar{X} \\ l\tau_{xy} + m\sigma_y &= \bar{Y} \end{aligned} \tag{3-35}$$

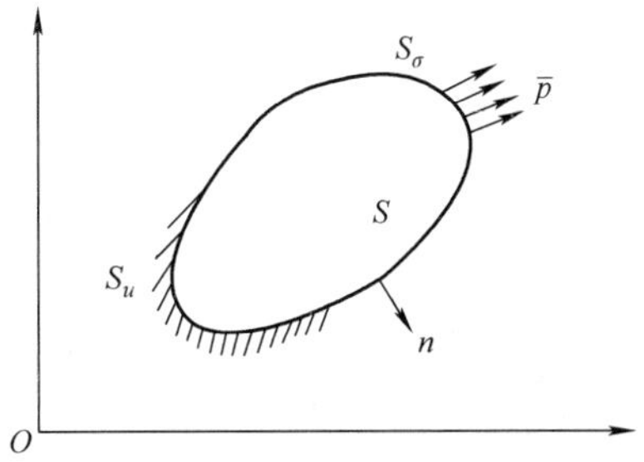

图 3-17 单位厚度平板的虚位移

在外力 $\bar{p}$ 作用下，物体内产生应力 $\sigma_x$、$\sigma_y$、$\tau_{xy}$，它们满足平衡微分方程：

$$\begin{cases} \dfrac{\partial \sigma_x}{\partial x} + \dfrac{\partial \tau_{xy}}{\partial y} = 0 \\ \dfrac{\partial \tau_{xy}}{\partial x} + \dfrac{\partial \sigma_y}{\partial y} = 0 \end{cases} \tag{3-36}$$

现在假设物体由于某种原因产生了虚位移 $u^*$、$v^*$，根据几何方程，相应的虚应变为

$$\begin{cases} \varepsilon_x^* = \dfrac{\partial u^*}{\partial x} \\ \varepsilon_y^* = \dfrac{\partial v^*}{\partial y} \\ \gamma_{xy}^* = \dfrac{\partial v^*}{\partial x} + \dfrac{\partial u^*}{\partial y} \end{cases} \tag{3-37}$$

由于上述虚应变，物体内部应力所产生的虚应变能为

$$\begin{aligned} U^* &= \iint \boldsymbol{\varepsilon}^{*\mathrm{T}} \boldsymbol{\sigma} \mathrm{d}x\mathrm{d}y \\ &= \iint \left[ \sigma_x \frac{\partial u^*}{\partial x} + \sigma_y \frac{\partial v^*}{\partial y} + \tau_{xy}\left( \frac{\partial v^*}{\partial x} + \frac{\partial u^*}{\partial y} \right) \right] \mathrm{d}x\mathrm{d}y \end{aligned} \tag{3-38}$$

由
$$\iint \frac{\partial(\sigma_x u^*)}{\partial x} \mathrm{d}x\mathrm{d}y = \iint u^* \frac{\partial \sigma_x}{\partial x} \mathrm{d}x\mathrm{d}y + \iint \sigma_x \frac{\partial u^*}{\partial x} \mathrm{d}x\mathrm{d}y$$

所以式（3-38）右端前两项为

$$\iint \sigma_x \frac{\partial u^*}{\partial x} \mathrm{d}x\mathrm{d}y = \iint \frac{\partial(\sigma_x u^*)}{\partial x} \mathrm{d}x\mathrm{d}y - \iint u^* \frac{\partial \sigma_x}{\partial x} \mathrm{d}x\mathrm{d}y \tag{3-39}$$

$$\iint \sigma_y \frac{\partial v^*}{\partial y} \mathrm{d}x\mathrm{d}y = \iint \frac{\partial(\sigma_y v^*)}{\partial y} \mathrm{d}x\mathrm{d}y - \iint v^* \frac{\partial \sigma_y}{\partial y} \mathrm{d}x\mathrm{d}y \tag{3-40}$$

同理
$$\iint \tau_{xy} \frac{\partial v^*}{\partial x} \mathrm{d}x\mathrm{d}y = \iint \frac{\partial(\tau_{xy} v^*)}{\partial x} \mathrm{d}x\mathrm{d}y - \iint v^* \frac{\partial \tau_{xy}}{\partial x} \mathrm{d}x\mathrm{d}y \tag{3-41}$$

$$\iint \tau_{xy} \frac{\partial u^*}{\partial y} \mathrm{d}x\mathrm{d}y = \iint \frac{\partial(\tau_{xy} u^*)}{\partial y} \mathrm{d}x\mathrm{d}y - \iint u^* \frac{\partial \tau_{xy}}{\partial y} \mathrm{d}x\mathrm{d}y \tag{3-42}$$

将式（3-39）~式（3-42）代入式（3-38），并整理，有

$$\begin{aligned} U^* = &- \iint \left[ \left( \frac{\partial \sigma_x}{\partial x} + \frac{\partial \tau_{xy}}{\partial y} \right) u^* + \left( \frac{\partial \tau_{xy}}{\partial x} + \frac{\partial \sigma_y}{\partial y} \right) v^* \right] \mathrm{d}x\mathrm{d}y + \\ &\iint \left[ \frac{\partial}{\partial x}(\sigma_x u^*) + \frac{\partial}{\partial x}(\tau_{xy} v^*) + \frac{\partial}{\partial y}(\sigma_y v^*) + \frac{\partial}{\partial y}(\tau_{xy} u^*) \right] \mathrm{d}x\mathrm{d}y \end{aligned} \tag{3-43}$$

式（3-43）中右端第一个积分由平衡微分方程式（3-36）可知等于零。因此虚应变能 $U^*$ 的表达式简化为

$$U^* = \iint \left[ \frac{\partial}{\partial x}(\sigma_x u^* + \tau_{xy} v^*) + \frac{\partial}{\partial y}(\sigma_y v^* + \tau_{xy} u^*) \right] \mathrm{d}x\mathrm{d}y \tag{3-44}$$

由格林定理得

$$\iint \left( \frac{\partial Q}{\partial x} + \frac{\partial P}{\partial y} \right) \mathrm{d}x\mathrm{d}y = \int (lQ + mP) \mathrm{d}s \tag{3-45}$$

式中，$l$、$m$ 为边界法线的方向余弦。

设

$$Q = \sigma_x u^* + \tau_{xy} v^*$$
$$P = \sigma_y v^* + \tau_{xy} u^*$$

由式（3-44）和式（3-45）可得

$$U^* = \int[(\sigma_x u^* + \tau_{xy} v^*)l + (\sigma_y v^* + \tau_{xy} u^*)m]\mathrm{d}s$$
$$= \int[(l\sigma_x + m\tau_{xy})u^* + (l\tau_{xy} + m\sigma_y)v^*]\mathrm{d}s \tag{3-46}$$

根据边界条件，在边界 $S_u$ 上，由于位移等于零，所以虚位移 $u^* = 0$、$v^* = 0$，式（3-46）右端的线积分在 $S_u$ 上应等于零。在边界 $S_\sigma$ 上，将式（3-35）代入，可得

$$U^* = \int_{S_\sigma}(u^* \bar{X} + v^* \bar{Y})\mathrm{d}s \tag{3-47}$$

式（3-47）左端为弹性体内应力在相应虚应变上做的功即虚应变能，而右端为外力（这里假设只有表面力）在相应虚位移上做的功，即外力虚功，从而证实了虚位移原理。

上述证明过程中，并没有引用材料的应力－应变关系，所以虚位移原理不但适用于线性材料，也适用于非线性材料及塑性力学问题。因此，弹性体的虚位移原理更可一般地称为变形体的虚位移原理。只要在应用时，对力系来讲，应力与外力（体积力和表面力）满足平衡条件；对位移来讲，位移是微小的，满足边界的约束条件，并且位移与应变之间满足几何方程。

### 3.1.8 平面应力问题的有限元法

在弹性力学中，将物体假设为由无限多个微小六面体（称为微元体）组合而成。通过对任一微元体进行分析，导出了弹性力学的基本方程。结合边界条件求解这些基本方程就得到了描述物体应力、应变和位移的解析解。

但是，弹性力学中的基本方程一般都是高阶的偏微分方程组，要在满足边界条件下精确地求出它们的解，在数学上是相当困难的。现在只是对某些简单的问题有了解答，并非所有问题都能求出。在大量的工程实际问题中，特别是结构的几何形状、载荷情况等比较复杂的问题，要严格按照弹性力学的基本方程精确求解，并不是总能办到，有时甚至是不可能的。因此，在工程实际中往往不得不采用近似解法和数值解法，以求出问题的近似解。由于所得到的近似数值解常常也能满足工程实际需要，所以现在更多的人正致力于充分应用一些近似数值解法，来解决工程实际问题。

由于计算机技术的迅猛发展，在各种近似和数值的方法中，有限元法已成为目前最为有效的结构分析的数值解法。它为弹性力学进一步应用于工程实践赋予了新的生命力。与解析方法中将弹性体认为由无限多微元体组成相反，有限元法是将弹性体划分为大小有限的、彼此只在有限个点相连接的有限个单元的组合体来分析的。即有限元法是用一个离散结构来代替连续体，离散结构是由有限个单元组成的集合体。依据被分析物体的几何形状特点及所受载荷特点，单元可能是平面的，也可能是空间的，也有三角形的、四边形的，也有四面体的、六面体的，也有是直边或是曲边的等。各种单元的顶点，都称为节点，单元边上的点也可取为节点。相邻单元被认为仅在节点处相连接，载荷的传递也仅通过节点进行。这样就将原来的一个连续体变成了一个由有限个单元组成的离散体，同时也就将原来是无限多自由度的体系简化为有限多自由度的体系了。这是真实结构的一个近似力学模拟，整个数值计算就将在这个离散化的模型上进行。

现在一般都取离散体中每个节点的位移作为基本未知量，这称为有限元位移法。连续体离散化后，先从单元分析着手，选择简单的函数组来近似表示每个单元上真实位移的分布和

变化，建立每个单元的刚度方程，然后再组集各单元以建立整个结构的总刚度方程，引入边界约束条件后，求解刚度方程便得到各节点的位移，以此又可计算各单元的应力。

通过单元的分析和集合，得到的总刚度方程是一组有限个代数方程式。只要按照一定的原则进行离散化，合理地选择描述单元的数学模型，可以期望，当网格逐渐加密时，离散体就能越来越真实地模拟原来的结构。因此，通过求解总刚度方程（代数方程组）所得的数值结果虽然是近似的，但仍能够反映原来结构的力学状态，满足工程上的需要。

有限元法的三个主要内容就是连续体的离散化、单元分析和整体分析。

### 3.1.9 连续体的网格划分

所谓连续体的离散化，就是假想将分析对象分割成由有限个单元组成的集合体。这些单元仅在节点处连接，单元之间的力仅靠节点传递。所以连续体的离散化又称为网格划分。

在进行网格分割时，可以采用各种单元类型。但是在平面问题的有限元法中，最简单而且又是最常用的单元是三角形单元和矩形单元。图 3-18a 所示的均匀拉伸的带孔等厚度薄板，可以将其划分为三角形网格，每个单元都是等厚度三角形平板，连接单元的节点都假想是光滑的平面铰，它只传递集中力，不受弯和不传递弯矩。当单元处于曲线边界（此处是圆弧孔边）时，可近似地用直线代替曲线作为三角形的一边。每个单元所受的载荷也要移置到节点上，成为节点载荷（具体移置方法在后面讨论）。同时还要将物体所受的各种形式的约束条件简化到约束处的节点上去。这样是为了在连续体离散化后，只在每个单元的节点处受有约束，简化它们的约束条件，便于建立和求解线性代数方程组。实际上，约束简化也可以看成是一种载荷移置，因为从受力角度来看，约束的简化就是将约束反力移置到节点上去。本例中固定边 *AB* 各点的位移均为零，所以在 *AB* 边上的各节点处应设置固定铰支座，如图 3-18b 所示。

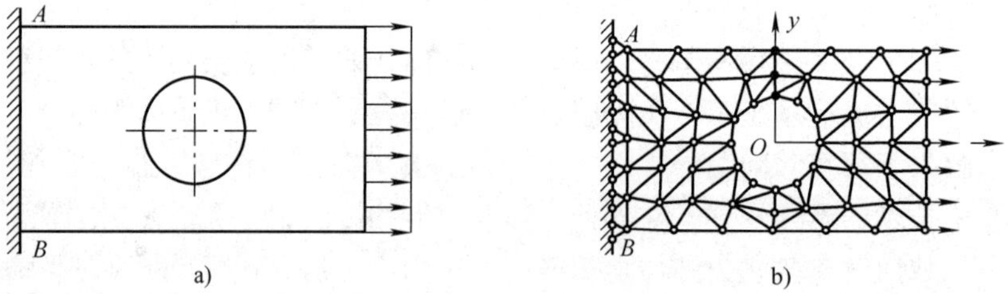


图 3-18　薄板的网格划分

这样，通过单元分割、载荷移置与约束简化，就可将一个形状各异，又受各种形式载荷和各种形式约束的连续弹性体离散化为一个仅在节点连接、仅靠节点传力、仅受节点载荷、仅在节点处约束的单元组合体。

将弹性连续体离散为有限单元组合体的过程，是综合运用工程判断力的过程。因在这个过程中，要决定单元的形状、大小（网格的疏密）、数目、单元的排列及约束的设置等，其总的目标是使原来的物体或结构尽可能精确地得到模拟，因为这关系到整个计算的精度，要特别予以注意。

在有限单元离散即划为网格时，首先要考虑的是单元类型的选择。这主要取决于结构的几何形状、载荷的类型、计算精度的要求及描述该问题所必需的独立空间坐标的数目。如对于等厚度薄板，当载荷作用线平行于板中面时，一般可作为平面问题采用三角形单元、矩形单元等，而当载荷垂直于板中面时，则应采用板壳单元。对同一平面问题，精度要求不高可用三角形单元，精度要求高时则应采用矩形单元或三角形六节点单元。

选择确定单元类型后，要考虑单元的大小（即网格的疏密）。它首先是由精度的要求和计算机的速度与容量来决定。从理论上看，单元越小，网格越密，计算结果的精度越高，但这势必要求计算机容量也越大。因此在满足工程要求、保证必要精度的条件下，网格划分可粗一些，单元数可少一些。在估计应力水平较高，或应力梯度变化较大的部位和重要的部位，单元分割应小些，网格划分也应密些。反之，在应力水平较低、变化平缓的部位，或次要的部位，单元可取得大些，网格也就稀些。如图3-19所示的结构中，在接近椭圆孔处，由于应力集中，应力梯度变化大，孔周围的单元就取得小些，网格划分得密些；在离孔较远处，应力变化平缓，单元就取得大些。

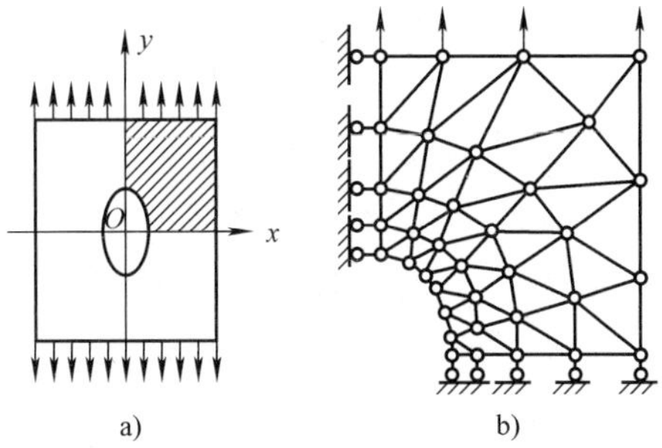

图3-19　椭圆孔处的单元划分

在分析对象的厚度或者其弹性性质有突变之处，应将突变线作为单元的边界线，同时单元也应取小些。当结构在某些部位受分布载荷或集中载荷作用时，在这些部位的单元同样应当取小些，并尽可能在载荷作用处布置节点以使应力的突变得到一定程度的反映。

要注意的是，同一个结构上的网格疏密、单元大小要有过渡，避免大小悬殊的单元相邻。还要注意的是，划分单元时各单元的边长尽可能避免不要相差太大。因为各边的长度相差太大是影响计算精度的一个重要原因，故应尽量取狭长的单元。如图3-20所示的两种分割中，应取图3-20a所示的方式，而要避免图3-20b所示的方式。当然，任一三角形单元的顶点，必须同时为相邻三角形单元的顶点，而不能为相邻三角形单元边上的内点。图3-21a所示是错误的，应如图3-21b所示。

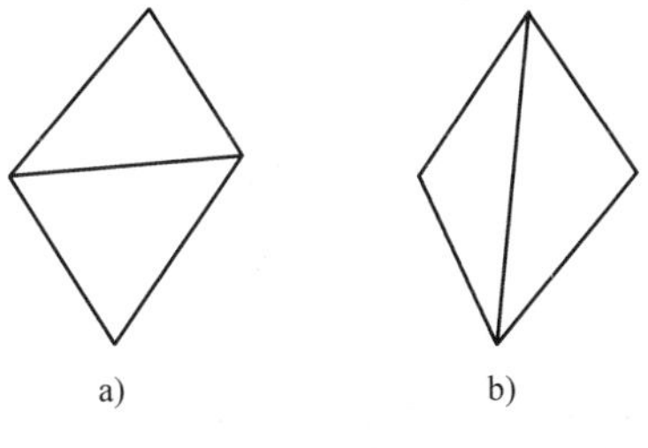

图3-20　单元边长比

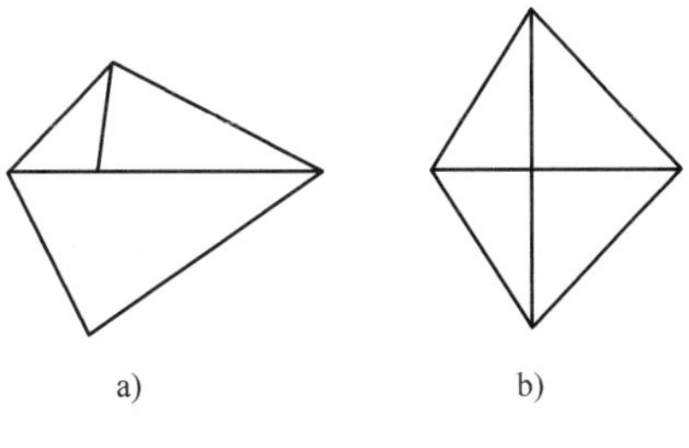

图3-21　相邻单元共节点

### 3.1.10　三角形单元分析

下面分析一个典型三角形单元的力学特征。从结构的离散体中任意选取一个单元 $e$，如图3-22所示。三个节点按坐标系的右手法则顺序编号为 $i$、$j$、$m$。节点坐标分别为（$x_i$，$y_i$）、（$x_j$，$y_j$）、（$x_m$，$y_m$）。

**1. 单元的节点位移矩阵和节点力矩阵**

由弹性力学平面问题可知，每个节点在其单元平面内的位移可以有两个分量，即

$$\boldsymbol{\Delta}_i^e = \begin{pmatrix} u_i \\ v_i \end{pmatrix},\quad \boldsymbol{\Delta}_j^e = \begin{pmatrix} u_j \\ v_j \end{pmatrix},\quad \boldsymbol{\Delta}_m^e = \begin{pmatrix} u_m \\ v_m \end{pmatrix}$$

式中，$u_i$、$v_i$ 分别为节点 $i$ 在 $x$ 轴和 $y$ 轴方向的位移分量，$u_j$、$v_j$、$u_m$、$v_m$ 的含意可类推。

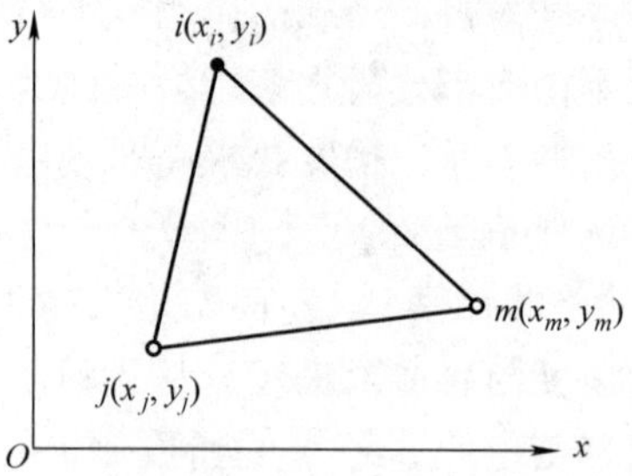

图 3-22　离散体中任意单元

整个三角形单元有六个节点位移分量（图 3-23a），用列阵表示为

$$\begin{aligned}\boldsymbol{\Delta}^e &= (\boldsymbol{\Delta}_i^{e\mathrm{T}} \quad \boldsymbol{\Delta}_j^{e\mathrm{T}} \quad \boldsymbol{\Delta}_m^{e\mathrm{T}})^{\mathrm{T}} \\ &= (u_i \quad v_i \quad u_j \quad v_j \quad u_m \quad v_m)^{\mathrm{T}}\end{aligned} \tag{3-48}$$

这就是三角形单元的节点位移矩阵。

与节点位移相对应，每个节点在其单元平面内也有两个节点力分量，即

$$\boldsymbol{F}_i^e = \begin{pmatrix} X_i^e \\ Y_i^e \end{pmatrix},\quad \boldsymbol{F}_j^e = \begin{pmatrix} X_j^e \\ Y_j^e \end{pmatrix},\quad \boldsymbol{F}_m^e = \begin{pmatrix} X_m^e \\ Y_m^e \end{pmatrix}$$

式中，$X_i^e$、$Y_i^e$ 分别是 $i$ 节点力在 $x$ 轴和 $y$ 轴方向的分量；$X_j^e$、$Y_j^e$、$X_m^e$、$Y_m^e$ 的含意可类推。

整个三角形单元有六个节点力分量（图 3-23b），用列阵表示组成三角形单元的节点力矩阵：

$$\boldsymbol{F}^e = (\boldsymbol{F}_i^{e\mathrm{T}} \quad \boldsymbol{F}_j^{e\mathrm{T}} \quad \boldsymbol{F}_m^{e\mathrm{T}})^{\mathrm{T}} = (X_i^e \quad Y_i^e \quad X_j^e \quad Y_j^e \quad X_m^e \quad Y_m^e)^{\mathrm{T}} \tag{3-49}$$

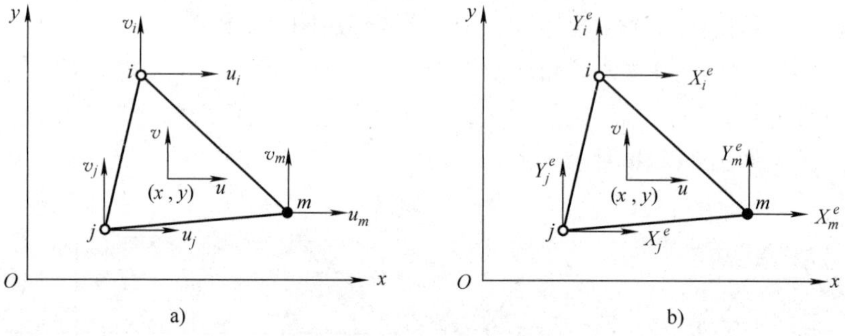

图 3-23　三角形单元的节点位移分量和节点力分量

在有限元位移法中，节点位移是基本未知量。

单元分析的基本任务是建立单元节点力与节点位移之间的关系。

**2. 单元位移模式**

有限元法是将原来的连续体用离散化的若干个单元的集合体来代替，单元与单元之间仅靠节点相连，这样弹性力学基本假设中“假设物体是连续的”已不再满足。但是在每一个单元内部，可认为是符合弹性力学基本假设的，因此弹性力学的基本方程，在每个单元内部同样适用。

根据弹性力学平面问题的解析法，如果弹性体内的位移分量已知，则可由几何方程求得应变分量，再由物理方程求得应力分量。这就要求知道单元内的位移变化规律，如果只知道

每个单元节点的位移，是不能直接求得应变分量和应力分量的。为此，必须首先假定单元内的一个位移函数，即假定位移分量是坐标的某种函数。

由于在整个弹性体内，各点的位移变化情况是非常复杂的，在整个区域内很难选取一个适当的位移函数来表示位移的复杂变化。但是，现在已将整个区域分割成由许多单元组成的离散体，由于每个单元比较小，在每个单元的局部范围内就可以采用比较简单的函数来近似表达单元内真实位移，然后将各单元的位移函数连接起来，就可以近似表示整个区域内真实的位移函数。这就像一条光滑曲线可以用许多足够小的直线段连接成折线来模拟一样。

这种化繁为简，联合局部逼近整体的思想，应该说是有限元法的绝妙之处。

（1）单元位移模式的选取　在选取单元位移模式时，简单的是将单元内任一点的位移分量 $u$、$v$ 取为坐标 $x$、$y$ 的多项式。假设其为 $x$、$y$ 的线性函数，即

$$\begin{cases} u(x,y) = a_1 + a_2 x + a_3 y \\ v(x,y) = a_4 + a_5 x + a_6 y \end{cases} \tag{3-50}$$

式中，$a_1$，$a_2$，…，$a_6$ 为待定常数。

因为基本未知量是节点位移，所以式（3-50）也要用节点位移矩阵 $\boldsymbol{\Delta}^e$ 来表示。由于式（3-50）为三角形单元内任一点的位移表达式，所以也适用于节点 $i$、$j$、$m$。将节点 $i$、$j$、$m$ 的坐标（$x_i$、$y_i$）、（$x_j$、$y_j$）、（$x_m$、$y_m$）代入，有

$$\begin{cases} u_i = a_1 + a_2 x_i + a_3 y_i \\ u_j = a_1 + a_2 x_j + a_3 y_j \\ u_m = a_1 + a_2 x_m + a_3 y_m \\ v_i = a_4 + a_5 x_i + a_6 y_i \\ v_j = a_4 + a_5 x_j + a_6 y_j \\ v_m = a_4 + a_5 x_m + a_6 y_m \end{cases} \tag{3-51}$$

三个节点的六个位移分量的表达式恰好可以确定六个待定常数 $a_1$，$a_2$，…，$a_6$。求解式（3-51），有

$$\begin{cases} a_1 = (a_i u_i + a_j u_j + a_m u_m)/2A \\ a_2 = (b_i u_i + b_j u_j + b_m u_m)/2A \\ a_3 = (c_i u_i + c_j u_j + c_m u_m)/2A \\ a_4 = (a_i v_i + a_j v_j + a_m v_m)/2A \\ a_5 = (b_i v_i + b_j v_j + b_m v_m)/2A \\ a_6 = (c_i v_i + c_j v_j + c_m v_m)/2A \end{cases} \tag{3-52}$$

式中

$$\begin{cases} a_i = (x_j y_m - x_m y_j), & b_i = y_j - y_m, & c_i = x_m - x_j \\ a_j = (x_m y_i - x_i y_m), & b_j = y_m - y_i, & c_j = x_i - x_m \\ a_m = (x_i y_j - x_j y_i), & b_m = y_i - y_j, & c_m = x_j - x_i \end{cases} \tag{3-53}$$

$$A = \frac{1}{2}\begin{vmatrix} 1 & x_i & y_i \\ 1 & x_j & y_j \\ 1 & x_m & y_m \end{vmatrix} = \frac{1}{2}(x_j y_m + x_m y_i + x_i y_j - x_m y_j - x_i y_m - x_j y_i) \tag{3-54}$$

$A$ 为三角形单元 $e$ 的面积。

将式（3-52）代入式（3-50），有

$$\begin{aligned} u(x,y) &= \frac{1}{2A}[(a_iu_i + a_ju_j + a_mu_m) + (b_iu_i + b_ju_j + b_mu_m)x + (c_iu_i + c_ju_j + c_mu_m)y] \\ &= \frac{1}{2A}[(a_i + b_ix + c_iy)u_i + (a_j + b_jx + c_jy)u_j + (a_m + b_mx + c_my)u_m] \\ &= N_iu_i + N_ju_j + N_mu_m \end{aligned} \tag{3-55}$$

同理

$$v(x,y) = N_iv_i + N_jv_j + N_mv_m$$

这就是用单元节点位移表示的单元位移模式，用矩阵表示为

$$\boldsymbol{f}^e = \begin{pmatrix} u(x,y) \\ v(x,y) \end{pmatrix} = \left(\begin{array}{cc:cc:cc} N_i(x,y) & 0 & N_j(x,y) & 0 & N_m(x,y) & 0 \\ 0 & N_i(x,y) & 0 & N_j(x,y) & 0 & N_m(x,y) \end{array}\right)\boldsymbol{\Delta}^e \tag{3-56}$$

也可简写为

$$\begin{aligned} \boldsymbol{f}^e &= (\boldsymbol{I}N_i \quad \boldsymbol{I}N_j \quad \boldsymbol{I}N_m)\boldsymbol{\Delta}^e \\ &= \boldsymbol{N}\boldsymbol{\Delta}^e \end{aligned} \tag{3-57}$$

式中，$\boldsymbol{I}$ 为二阶单位矩阵。

$N_i$、$N_j$、$N_m$ 由下式轮换得出：

$$N_i(x,y) = \frac{a_i + b_ix + c_iy}{2A} \quad (i、j、m \text{ 可以互换}) \tag{3-58}$$

下面讨论 $N_i$、$N_j$、$N_m$ 的性质，将式（3-53）代入式（3-58），有

$$N_i(x,y) = \frac{1}{2A}[x_jy_m - x_my_j + (y_j - y_m)x + (x_m - x_j)y]$$

在 $i$、$j$、$m$ 三个节点上

$$N_i(x_i,y_i) = \frac{1}{2A}(x_jy_m + x_iy_j + x_my_i - x_my_j - x_iy_m - x_jy_i) = 1$$

$$N_i(x_j,y_j) = \frac{1}{2A}(x_jy_m - x_my_j + y_jx_j - y_mx_j + x_my_j - x_jy_j) = 0$$

$$N_i(x_m,y_m) = \frac{1}{2A}(x_jy_m - x_my_j + y_jx_m - y_mx_m + x_my_m - x_jy_m) = 0$$

同理可得 $N_j$、$N_m$、在 $i$、$j$、$m$ 三个节点上的值为

$$N_j(x_i,y_i) = 0,\ N_j(x_j,y_j) = 1,\ N_j(x_m,y_m) = 0$$

$$N_m(x_i,y_i) = 0,\ N_m(x_j,y_j) = 0,\ N_m(x_m,y_m) = 1$$

这表明 $N_i$、$N_j$、$N_m$ 在节点处的性质。再对照式（3-56）可以看出，单元位移模式可以直接通过单元节点位移 $\boldsymbol{\Delta}^e$ 插值表示出来，所以 $N_i$、$N_j$、$N_m$ 称为位移插值函数。

下面讨论 $N_i$、$N_j$、$N_m$ 的物理意义。在式（3-56）中，令 $u_i=1$、$u_j=0$、$u_m=0$，则

$$u(x,y) = N_i$$

这表明了 $N_i$ 为 $i$ 节点发生单位位移时，在单元内部位移的分布规律（图 3-24）。由于 $N_i$、$N_j$、$N_m$ 反映了单元 $i$、$j$、$m$ 的位移形态，所以称之为形态函数，简称为形函数。而

$$N = \begin{pmatrix} N_i & 0 & N_j & 0 & N_m & 0 \\ 0 & N_i & 0 & N_j & 0 & N_m \end{pmatrix} \tag{3-59}$$

称为形态矩阵或形函数矩阵。

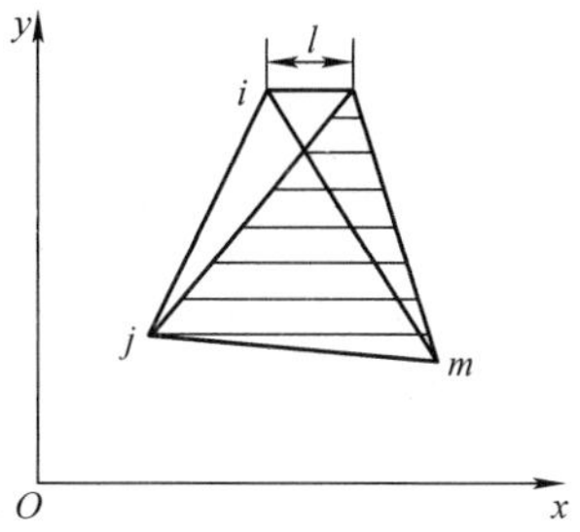

图 3-24　单元内部位移分布图

（2）收敛性讨论　在有限元法中，应力矩阵和单元刚度矩阵的建立及节点载荷的移置等，都依赖于单元位移模式。因此，为了能从有限元法中得到正确的解答，单元位移模式必须满足收敛条件，以正确反映弹性体中的真实位移形状。

所谓收敛性是指当单元划分越来越细，网格越来越密时，或者当单元大小固定，而每个单元的自由度数越来越多时，有限单元的解能收敛于精确解。有限元法收敛条件如下：

1）在单元内位移模式必须是连续的，而在相邻单元公共边界上位移必须协调。这就要求用来构造单元的位移函数是单值连续的，并在公共节点上具有相同的位移，使之能在整个公共边界上具有相同的位移，相邻单元在受力以后既不互相脱离也不互相侵入（图 3-25），使得作为有限元计算模型的离散结构仍然保持为连续弹性体。

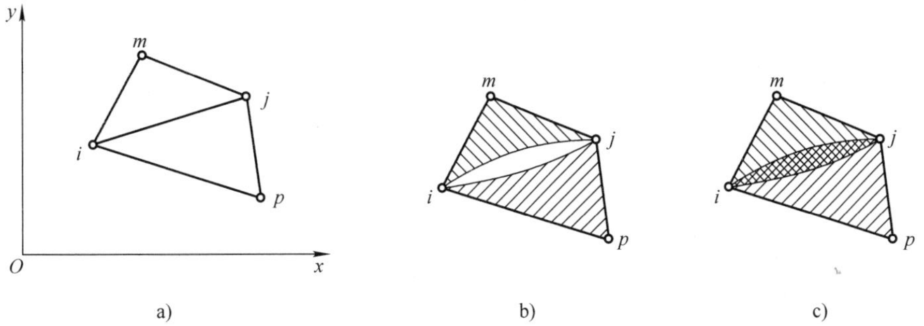

图 3-25　相邻单元的位移

2）位移模式必须能反映单元的刚体位移。每一个单元的位移总可以分解为自身变形位移和与自身变形无关的刚体位移两部分。由于一个单元牵连在另一些单元上，其他单元发生变形时必将带动该单元做刚性位移，如悬臂梁的自由端单元跟随相邻单元做刚体位移（图 3-26）。因此，为模拟一个单元的真实位移，选取的单元位移模式必须包括该单元的刚体位移。

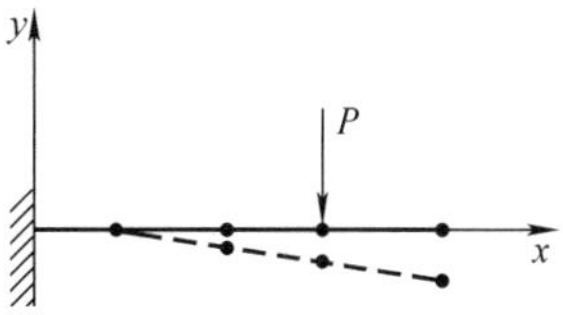

图 3-26　自由端单元的刚体位移

3）位移模式必须能反映单元的常量应变。每一个单元的应变状态总可以分解为不依赖于单元内各点位置的常量应变和由各点位置决定的变量应变。而且当单元的尺寸较小时，单元中各点的应变趋于相等，单元的变形比较均匀，因而常量应变就成为应变的主要部分。因此，为了正确反映单元的应变状态，单元位移模式必须包括单元的常量应变。

下面说明前面所选取的位移模式是满足这些条件的。首先，位移函数式（3-50）由于只包含多项式，当然在单元内是坐标 $x$、$y$ 的连续函数，这就保证了位移在单元内的连续性。而在任意两个相邻单元 $ijm$ 和 $ipj$ 的公共边界 $ij$ 上（图 3-25a），显然在 $i$ 节点和 $j$ 节点上的位

移 $u_i$、$v_i$ 和 $u_j$、$v_j$ 都是相同的。而式（3-50）所示的位移分量在每个单元中都是坐标的线性函数，在公共边界 $ij$ 上当然也是线性变化的，所以上述两个相邻单元在 $ij$ 上的任意一点都具有相同的位移，这就保证了相邻单元之间位移的连续性。

下面再来说明，位移模式（3-50）同时反映了三角形单元的刚体位移和常量应变。为此将式（3-50）改写成

$$\begin{cases} u = a_1 + a_2 x - \dfrac{a_5 - a_3}{2} y + \dfrac{a_5 + a_3}{2} y \\ v = a_4 + a_6 y + \dfrac{a_5 - a_3}{2} x + \dfrac{a_5 + a_3}{2} x \end{cases} \tag{3-60}$$

将式（3-60）与式（3-18）比较，可知

$$u_0 = a_1$$

$$v_0 = a_4$$

$$w = \frac{a_5 - a_3}{2}$$

即 $a_1$ 和 $a_2$ 反映了刚体平动，而 $a_3$ 和 $a_5$ 反映了刚体转动。另一方面，将式（3-50）代入几何方程，得

$$\varepsilon_x = \frac{\partial u}{\partial x} = a_2$$

$$\varepsilon_y = \frac{\partial v}{\partial y} = a_6$$

$$\gamma_{xy} = \frac{\partial u}{\partial y} + \frac{\partial v}{\partial x} = a_3 + a_5$$

即常量 $a_2$、$a_3$、$a_5$ 和 $a_6$ 反映了单元的常量应变。

由上述可知，单元位移模式式（3-50）全部满足收敛性的三个条件。

通常把满足收敛性第一个条件的单元，称为协调（或连续的）单元，满足收敛性第二与第三条件的单元，称为完备单元。理论和实践都已证明，前述条件 2 和条件 3 是有限元法收敛于正确解的必要条件，而再加上条件 1 就是充分条件。

从现在发展看，条件 1 不满足也可以（称为不协调单元），甚至有时比与它密切相关的协调单元要好。其原因在于有限元近似解的性质。由于计算时假设了单元的位移模式，就相当于给单元加进了约束条件，使单元的变形服从所加约束，这样的离散结构模型比真实结构刚度更大。但是，由于不协调单元允许单元分离、重叠，相当于单元又变软了或者形成了铰。这两种影响可能会利弊抵消，从而使不协调单元有时会得到很好的效果。

**3. 面积坐标**

面积坐标是建立在单元本身上的局部坐标，对某些积分运算，可使计算简化，也可利用面积坐标来构造单元位移模式，对有些问题，比用直角坐标方便简单。

（1）形函数的几何意义　如图 3-27 所示，在三角形单元内任取一点 $P$（$x$，$y$），并分别与三顶点 $i$、$j$、$m$ 相连，则将三角形（面积为 $A$）分割成三个小三角形，其面积相应分别记为 $A_i$、$A_j$ 和 $A_m$。显然

$$A = A_i + A_j + A_m$$

而根据形函数的定义，有

$$N_i = \frac{1}{2A}(a_i + b_i x + c_i y)$$

$$= \frac{1}{2A}[x_j y_m - x_m y_j + (y_j - y_m)x + (x_m - x_j)y] \quad (3\text{-}61)$$

$$= \frac{1}{2A}\begin{vmatrix} 1 & x & y \\ 1 & x_j & y_j \\ 1 & x_m & y_m \end{vmatrix} = \frac{A_i}{A}$$

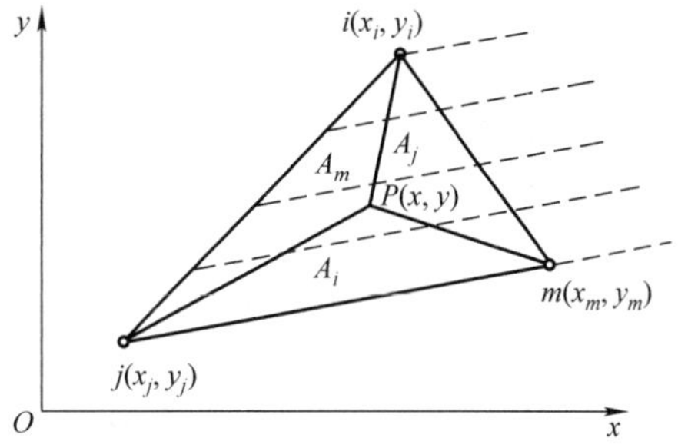

图 3-27 三角形单元形函数

同理

$$N_j = \frac{A_j}{A}$$

$$N_m = \frac{A_m}{A} \quad (3\text{-}62)$$

显然，单元形函数 $N_i$、$N_j$、$N_m$ 有着明显的几何意义：单元内任一点（$x$，$y$）的形函数等于该点与三角形顶点相连后形成的小三角形的面积与单元面积之比。

（2）面积坐标的定义　如果定义三个量 $L_i$、$L_j$、$L_m$，并使

$$L_i = \frac{A_i}{A}$$

$$L_j = \frac{A_j}{A}$$

$$L_m = \frac{A_m}{A} \quad (3\text{-}63)$$

则称 $L_i$、$L_j$、$L_m$ 为点 $P$（$x$，$y$）的面积坐标，即当这三个比值确定后，$P$ 点的位置也就确定了。

根据上述定义，表明三角形单元中的形函数 $N_i$、$N_j$、$N_m$ 实际上就是面积坐标 $L_i$、$L_j$、$L_m$，而由定义，明显有

$$L_i + L_j + L_m = 1 \quad (3\text{-}64)$$

所以，确定 $P$ 点位置独立的量只有两个，如同用 $x$，$y$ 两个参数就可以确定 $P$ 点位置一样。

根据定义，也可看到面积坐标是依附在单元上的，是一种局部坐标（也称自然坐标）。在有限元法中，应用局部坐标有时是非常方便的。

（3）面积坐标的特征　根据面积坐标的定义，可直接得到在单元三个节点处的面积坐标为

节点 $i$：$L_i = 1$、$L_j = 0$、$L_m = 0$

节点 $j$：$L_i = 0$、$L_j = 1$、$L_m = 0$

节点 $m$：$L_i = 0$、$L_j = 0$、$L_m = 1$

由图 3-27 也可看出，在平行于 $jm$ 边的直线上所有各点有相同的 $L_i$ 值，并且这个值就等于该直线至 $jm$ 边的距离与节点 $i$ 至 $jm$ 边的距离的比值。

面积坐标与直角坐标间的关系，也可能由面积坐标定义直接得到：

$$L_i = \frac{A_i}{A} = \frac{1}{2A}(a_i + b_i x + c_i y) \tag{3-65}$$

$L_j$、$L_m$ 同理。

即

$$\begin{pmatrix} L_i \\ L_j \\ L_m \end{pmatrix} = \frac{1}{2A}\begin{pmatrix} a_i & b_i & c_i \\ a_j & b_j & c_j \\ a_m & b_m & c_m \end{pmatrix}\begin{pmatrix} 1 \\ x \\ y \end{pmatrix} \tag{3-66}$$

式（3-66）是用直角坐标表示面积坐标，有时需要用面积坐标表示直角坐标。这时，只要将 $L_i$、$L_j$ 和 $L_m$ 分别乘上 $x_i$、$x_j$ 和 $x_m$，然后相加，并注意到常数 $a_i$、$b_i$、$c_i$、$a_j$、$b_j$、$c_j$、$a_m$、$b_m$、$c_m$ 分别是表示三角形面积 $A$ 的行列式式（3-54）的代数余子式，不难验证

$$x = x_i L_i + x_j L_j + x_m L_m$$

同理，有

$$y = y_i L_i + y_j L_j + y_m L_m$$

注意到

$$L_i + L_j + L_m = 1$$

则可得到面积坐标与直角坐标之间的变换公式：

$$\begin{pmatrix} 1 \\ x \\ y \end{pmatrix} = \begin{pmatrix} 1 & 1 & 1 \\ x_i & x_j & x_m \\ y_i & y_j & y_m \end{pmatrix}\begin{pmatrix} L_i \\ L_j \\ L_m \end{pmatrix} \tag{3-67}$$

当面积坐标的函数 $f$（$L_i$，$L_j$，$L_m$）对直角坐标（$x$，$y$）求导数时，根据复合函数求导规则，有

$$\begin{cases} \dfrac{\partial f}{\partial x} = \dfrac{\partial L_i}{\partial x}\dfrac{\partial f}{\partial L_i} + \dfrac{\partial L_j}{\partial x}\dfrac{\partial f}{\partial L_j} + \dfrac{\partial L_m}{\partial x}\dfrac{\partial f}{\partial L_m} = \dfrac{1}{2A}\left(b_i\dfrac{\partial f}{\partial L_i} + b_j\dfrac{\partial f}{\partial L_j} + b_m\dfrac{\partial f}{\partial L_m}\right) \\ \dfrac{\partial f}{\partial y} = \dfrac{\partial L_i}{\partial y}\dfrac{\partial f}{\partial L_i} + \dfrac{\partial L_j}{\partial y}\dfrac{\partial f}{\partial L_j} + \dfrac{\partial L_m}{\partial y}\dfrac{\partial f}{\partial L_m} = \dfrac{1}{2A}\left(c_i\dfrac{\partial f}{\partial L_i} + c_j\dfrac{\partial f}{\partial L_j} + c_m\dfrac{\partial f}{\partial L_m}\right) \end{cases} \tag{3-68}$$

在计算面积坐标的幂函数在三角形单元上的积分时，可以应用以下积分公式：

$$\iint L_i^{\alpha} L_j^{\beta} L_m^{\gamma} \mathrm{d}x\mathrm{d}y = \frac{\alpha!\beta!\gamma!}{(\alpha+\beta+\gamma+2)!}2A \tag{3-69}$$

式中，$\alpha$、$\beta$、$\gamma$ 为整数。

计算面积坐标的幂函数沿三角形单元某一边上积分时，可以应用以下积分公式：

$$\int L_i^{\alpha} L_j^{\beta} \mathrm{d}s = \frac{\alpha!\beta!}{(\alpha+\beta+1)}!l \quad (i、j、m\text{ 可以互换}) \tag{3-70}$$

式中，$s$ 为沿三角形某边上的积分变量；$l$ 为该边的长度。

**4. 单元刚度矩阵**

下面将利用几何方程、物理方程、虚功方程来推导用节点位移表示单元应变、单元应力和节点力，最终建立单元刚度矩阵。

（1）单元应变与单元节点位移的关系　由几何方程式（3-12），并代入单元位移模式式（3-50），有

$$\boldsymbol{\varepsilon} = \begin{pmatrix} \varepsilon_x \\ \varepsilon_y \\ \gamma_{xy} \end{pmatrix} = \begin{pmatrix} \frac{\partial}{\partial x} & 0 \\ 0 & \frac{\partial}{\partial y} \\ \frac{\partial}{\partial y} & \frac{\partial}{\partial x} \end{pmatrix} \begin{pmatrix} u \\ v \end{pmatrix}$$

$$= \frac{1}{2A}\left(\begin{array}{cc:cc:cc} b_i & 0 & b_j & 0 & b_m & 0 \\ 0 & c_i & 0 & c_j & 0 & c_m \\ c_i & b_i & c_j & b_j & c_m & b_m \end{array}\right) \begin{pmatrix} u_i \\ v_i \\ \hdashline u_j \\ v_j \\ \hdashline u_m \\ v_m \end{pmatrix} \tag{3-71}$$

可以简写成

$$\boldsymbol{\varepsilon} = \boldsymbol{B}\boldsymbol{\Delta}^e \tag{3-72}$$

其中的矩阵 $\boldsymbol{B}$ 可写成分块形式

$$\boldsymbol{B} = \boldsymbol{B}_i \boldsymbol{B}_j \boldsymbol{B}_m \tag{3-73}$$

而其子矩阵为

$$\boldsymbol{B}_i = \frac{1}{2A}\begin{pmatrix} b_i & 0 \\ 0 & c_i \\ c_i & b_i \end{pmatrix} \quad (i、j、m\ \text{可互换}) \tag{3-74}$$

式（3-71）即为单元应变与单元节点位移的关系，矩阵 $\boldsymbol{B}$ 称为应变矩阵。对三角形单元，它的元素都是只与单元的几何性质有关的常量。由式（3-71）可知，单元内各点的应变分量也都是常量，因此把三节点三角形单元称为平面问题的常应变单元。

（2）单元应力与单元节点位移的关系　由物理方程

$$\boldsymbol{\sigma} = \boldsymbol{D}\boldsymbol{\varepsilon}$$

把式（3-72）代入后，可得以用节点位移表示单元应力的表达式：

$$\boldsymbol{\sigma} = \boldsymbol{D}\boldsymbol{B}\boldsymbol{\Delta}^e = \boldsymbol{S}\boldsymbol{\Delta}^e \tag{3-75}$$

式中，$\boldsymbol{S}$ 为应力矩阵，它反映了单元应力与节点位移之间的关系，用分块矩阵表示为

$$\begin{aligned} \boldsymbol{S} &= \boldsymbol{D}\boldsymbol{B} = \boldsymbol{D}(\boldsymbol{B}_i \boldsymbol{B}_j \boldsymbol{B}_m) \\ &= (\boldsymbol{D}\boldsymbol{B}_i \boldsymbol{D}\boldsymbol{B}_j \boldsymbol{D}\boldsymbol{B}_m) = (\boldsymbol{S}_i \boldsymbol{S}_j \boldsymbol{S}_m) \end{aligned} \tag{3-76}$$

子矩阵为

$$\boldsymbol{S}_i = \boldsymbol{D}\boldsymbol{B}_i = \frac{E}{1-\mu^2}\begin{pmatrix} 1 & \mu & 0 \\ \mu & 1 & 0 \\ 0 & 0 & \frac{1-\mu}{2} \end{pmatrix} \frac{1}{2A}\begin{pmatrix} b_i & 0 \\ 0 & c_i \\ c_i & b_i \end{pmatrix}$$

$$= \frac{E}{2(1-\mu^2)A}\begin{pmatrix} b_i & \mu c_i \\ \mu b_i & c_i \\ \frac{1-\mu^2}{2}c_i & \frac{1-\mu}{2}b_i \end{pmatrix} \quad (i、j、m\ \text{可互换}) \tag{3-77}$$

对于平面应变问题，只需在式（3-77）中把 $E$ 换为$\dfrac{E}{1-\mu^2}$，$\mu$ 换为$\dfrac{\mu}{1-\mu}$即可。

由式（3-77）可知，由于弹性矩阵和应变矩阵中的元素都为常量，所以应力矩阵中的元素也为常量。也就是说，在每一单元中，应力分量都是常数，一般把它看成单元形心处的值。通常，不同的单元，应力是不相同的。因此在相邻两单元的公共边界上，应力将有突变，并不连续，这是有限元位移法的不足之处，是应力近似计算的一种表现。但应力突变值，随单元的细分而急剧减小，精度会改善，不影响有限元解的收敛性。

（3）单元刚度矩阵　下面介绍利用虚功方程建立刚度方程，因为虚功方程是以功能形式表述的平衡条件。

图 3-28a 所示为作用于单元 $e$ 上的节点力 $\boldsymbol{F}^e$，以及相应的应力分量 $\boldsymbol{\sigma}$，它们使单元处于平衡状态。

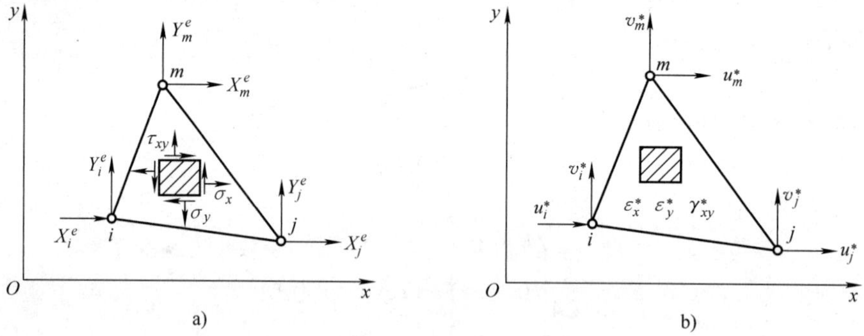


图 3-28　虚位移原理

a）节点力　b）虚应变

假设单元节点由于某种原因发生虚位移 $\boldsymbol{\Delta}^{*e}$，在单元内部引起的虚应变为

$$\boldsymbol{\varepsilon}^* = (\varepsilon_x^* \quad \varepsilon_y^* \quad \gamma_{xy}^*)^{\mathrm{T}} \tag{3-78}$$

如图 3-28b 所示。现在在单元上只作用单元节点力 $\boldsymbol{F}^e$，应用虚功方程，得

$$(\boldsymbol{\Delta}^{*e})^{\mathrm{T}}\boldsymbol{F}^e = \iint_A \boldsymbol{\varepsilon}^{*\mathrm{T}}\boldsymbol{\sigma}h\mathrm{d}x\mathrm{d}y \tag{3-79}$$

式中，$h$ 为单元的厚度。

由几何方程

$$\boldsymbol{\varepsilon}^* = \boldsymbol{B\Delta}^{*e}$$

由物理方程

$$\boldsymbol{\sigma} = \boldsymbol{DB\Delta}^e$$

代入后，有

$$(\boldsymbol{\Delta}^{*e})^{\mathrm{T}}\boldsymbol{F}^e = \iint_A (\boldsymbol{B\Delta}^{*e})^{\mathrm{T}}\boldsymbol{DB\Delta}^{*e}h\mathrm{d}x\mathrm{d}y$$

$$(\boldsymbol{\Delta}^{*e})^{\mathrm{T}}\boldsymbol{F}^e = (\boldsymbol{\Delta}^{*e})^{\mathrm{T}}\left(\iint_A \boldsymbol{B}^{\mathrm{T}}\boldsymbol{DB}h\mathrm{d}x\mathrm{d}y\right)\boldsymbol{\Delta}^e$$

由于虚位移 $\boldsymbol{\Delta}^{*e}$ 是任意的，根据矩阵运算规则，有

$$\boldsymbol{F}^e = \left(\iint_A \boldsymbol{B}^{\mathrm{T}}\boldsymbol{DB}h\mathrm{d}x\mathrm{d}y\right)\boldsymbol{\Delta}^e \tag{3-80}$$

令

$$\boldsymbol{K}^e = \left(\iint_A \boldsymbol{B}^{\mathrm{T}}\boldsymbol{D}\boldsymbol{B}\right)h\mathrm{d}x\mathrm{d}y \tag{3-81}$$

式（3-80）则为

$$\boldsymbol{F}^e = \boldsymbol{K}^e\boldsymbol{\Delta}^e \tag{3-82}$$

式（3-81）就是单位刚度方程式，它反映了单元节点力和节点位移之间的关系。这也是单元分析的目的。

矩阵 $\boldsymbol{K}^e$ 称为单元刚度矩阵。由于三角形单元的应变矩阵 $\boldsymbol{B}$ 和弹性矩阵 $\boldsymbol{D}$ 都是常量阵，所以式（3-81）为

$$\boldsymbol{K}^e = \boldsymbol{B}^{\mathrm{T}}\boldsymbol{D}\boldsymbol{B}h\iint_A \mathrm{d}x\mathrm{d}y = \boldsymbol{B}^{\mathrm{T}}\boldsymbol{D}\boldsymbol{B}hA \tag{3-83}$$

式中，$h$ 为单元厚度；$A$ 为单元面积。

矩阵 $\boldsymbol{K}^e$ 写成分块矩阵形式为

$$\boldsymbol{K}^e = \boldsymbol{B}^{\mathrm{T}}\boldsymbol{D}\boldsymbol{B}hA = hA\begin{pmatrix}\boldsymbol{B}_i^{\mathrm{T}}\\ \boldsymbol{B}_j^{\mathrm{T}}\\ \boldsymbol{B}_m^{\mathrm{T}}\end{pmatrix}\boldsymbol{D}(\boldsymbol{B}_i\boldsymbol{B}_j\boldsymbol{B}_m^{\mathrm{T}})$$

$$= \begin{pmatrix}\boldsymbol{K}_{ii}^e & \boldsymbol{K}_{ij}^e & \boldsymbol{K}_{im}^e\\ \boldsymbol{K}_{ji}^e & \boldsymbol{K}_{jj}^e & \boldsymbol{K}_{jm}^e\\ \boldsymbol{K}_{mi}^e & \boldsymbol{K}_{mj}^e & \boldsymbol{K}_{mm}^e\end{pmatrix} \tag{3-84}$$

对平面应力问题，其子矩阵为

$$\boldsymbol{K}_{rs}^e = \boldsymbol{B}_r^{\mathrm{T}}\boldsymbol{D}\boldsymbol{B}_S hA$$

$$= \frac{EH}{4(1-\mu^2)A}\begin{pmatrix} b_rb_s + \frac{1-\mu}{2}c_rc_s & \mu b_rc_s + \frac{1-\mu}{2}c_rb_s\\ \mu c_rb_s + \frac{1-\mu}{2}b_rc_s & c_rc_s + \frac{1-\mu}{2}b_rb_s\end{pmatrix} \tag{3-85}$$

$$(r = i, j, m; s = i, j, m)$$

而对平面应变问题，只要将式（3-85）中的 $E$ 换为$\frac{E}{1-\mu^2}$，而 $\mu$ 换为$\frac{\mu}{1-\mu}$，即可得到

$$\boldsymbol{K}_{rs}^e = \boldsymbol{B}_r^{\mathrm{T}}\boldsymbol{D}\boldsymbol{B}_S hA$$

$$= \frac{E(1-\mu)h}{4(1+\mu)(1-2\mu)A}\begin{pmatrix} b_rb_s + \frac{1-2\mu}{2(1-\mu)}c_rc_s & \frac{\mu}{1-\mu}b_rc_s + \frac{1-2\mu}{2(1-\mu)}c_rb_s\\ \frac{\mu}{1-\mu}c_rb_s + \frac{1-2\mu}{2(1-\mu)}b_rc_s & c_rc_s + \frac{1-2\mu}{2(1-\mu)}b_rb_s\end{pmatrix} \tag{3-86}$$

$$(r = i, j, m; s = i, j, m)$$

从以上的推导过程中，可以看到节点位移、单元应变、单元应力、节点力四个物理量之间的转换关系，以及联系节点位移和节点力的单元刚度矩阵的形成过程，如图 3-29 所示。

再来看一下单元刚度矩阵中的子矩阵和元素的力学意义。

把单元刚度方程式（3-80）按子矩阵的形式写，有

$$\begin{pmatrix} \boldsymbol{F}_i^e \\ \boldsymbol{F}_j^e \\ \boldsymbol{F}_m^e \end{pmatrix} = \begin{pmatrix} \boldsymbol{K}_{ii}^e & \boldsymbol{K}_{ij}^e & \boldsymbol{K}_{im}^e \\ \boldsymbol{K}_{ji}^e & \boldsymbol{K}_{jj}^e & \boldsymbol{K}_{jm}^e \\ \boldsymbol{K}_{mi}^e & \boldsymbol{K}_{mj}^e & \boldsymbol{K}_{mm}^e \end{pmatrix} \begin{pmatrix} \boldsymbol{\Delta}_i^e \\ \boldsymbol{\Delta}_j^e \\ \boldsymbol{\Delta}_m^e \end{pmatrix} \tag{3-87}$$

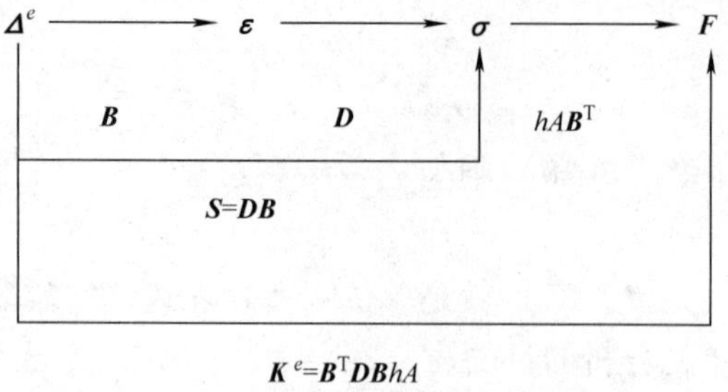


图 3-29　相关转换关系及形成过程

展开式（3-87）第一行，有

$$\boldsymbol{F}_i^e = \boldsymbol{K}_{ii}^e\boldsymbol{\Delta}_i^e + \boldsymbol{K}_{ij}^e\boldsymbol{\Delta}_j^e + \boldsymbol{K}_{im}^e\boldsymbol{\Delta}_m^e \tag{3-88}$$

令 $\boldsymbol{\Delta}_i^e = \boldsymbol{\Delta}_m^e = \boldsymbol{0}$，$\boldsymbol{\Delta}_j^e = \boldsymbol{1}$。即 $i$ 节点和 $m$ 节点的位移分量均为零，而 $j$ 节点的各位移分量产生一单位位移。代入式（3-88）后，有

$$\boldsymbol{F}_i^e = \boldsymbol{K}_{ij}^e \tag{3-89}$$

式（3-89）说明，$\boldsymbol{K}_{ij}^2$的力学意义是当 $j$ 节点产生单位位移时，在 $i$ 节点上产生的节点力。不失一般性，单元刚度矩阵中的子块矩阵 $\boldsymbol{K}_{rs}^e$ 表示 $s$ 节点产生单位位移时在 $r$ 节点上产生的节点力。

进一步展开式（3-88），有

$$\begin{pmatrix} X_i^e \\ Y_i^e \end{pmatrix} = \begin{pmatrix} K_{ii}^{11} & K_{ii}^{12} \\ K_{ii}^{21} & K_{ii}^{22} \end{pmatrix}\begin{pmatrix} u_i \\ v_i \end{pmatrix} + \begin{pmatrix} K_{ij}^{11} & K_{ij}^{12} \\ K_{ij}^{21} & K_{ij}^{22} \end{pmatrix}\begin{pmatrix} u_j \\ v_j \end{pmatrix} + \begin{pmatrix} K_{im}^{11} & K_{im}^{12} \\ K_{im}^{21} & K_{im}^{22} \end{pmatrix}\begin{pmatrix} u_m \\ v_m \end{pmatrix} \tag{3-90}$$

展开式（3-90）第一行，可得

$$X_i^e = K_{ii}^{11}u_i + K_{ii}^{12}v_i + K_{ij}^{11}u_j + K_{ij}^{12}v_j + K_{im}^{11}u_m + K_{im}^{12}v_m$$

令
$$u_i = v_i = v_j = u_m = v_m = 0, u_j = 1$$

则
$$X_i^e = K_{ij}^{11} \tag{3-91}$$

而令 $u_i = v_i = u_j = u_m = v_m = 0$，$v_j = 1$ 时，有

$$X_i^e = K_{ij}^{12} \tag{3-92}$$

式（3-91）和式（3-92）可说明单元刚度矩阵中元素的力学意义是：$K_{ij}^{11}$ 表示 $j$ 节点 $x$ 方向产生单位位移时在 $i$ 节点 $x$ 方向产生的节点力分量；$K_{ij}^{12}$ 表示 $j$ 节点 $y$ 方向产生单位位移时在 $i$ 节点 $x$ 方向产生的节点力分量。

不失一般性，单元刚度矩阵中元素 $K_{mn}^{pq}$ 表示 $n$ 节点 $q$ 方向（$q$ 取值为 1 或 2，1 代表 $x$ 方向，2 代表 $y$ 方向）产生单位位移时在 $m$ 节点 $p$ 方向（取值与含意同 $q$）产生的节点力分量。

单元刚度矩阵有下述的一些性质：

1）单元刚度矩阵取决于该单元的形状、大小、方位及材料的弹性常数，而与单元的位置无关，即不随单元或坐标轴的平行移动而改变。同时，单元刚度矩阵还特别与所假设的单元位移模式有关，不同的位移模式，将带来不同的单元刚度矩阵。所以，用有限单元法求解，选择适当的单元位移模式和单元形状是提高计算精度的关键。

2）单元刚度矩阵是对称阵，即 $K_{pq}^e = K_{qp}^e$，这可用功互等定理给出，即 $q$ 处单位位移给出的 $p$ 处的节点力，等于 $p$ 处单位位移给出的 $q$ 处的节点力。

3）单元刚度矩阵是奇异矩阵，即单元刚度 $\boldsymbol{K}^e$ 所对应的行列式 $|K^e|$ 的值等于零。从物理学角度讲，由于单元的六个节点力分量组成一个平衡力系，所以它们的主矢量为零。例如

$$X_i^e + X_j^e + X_m^e = 0$$

或 $(K_{ii}^{11} + K_{ji}^{11} + K_{mi}^{11})u_i + (K_{ij}^{12} + K_{jj}^{12} + K_{mj}^{12})v_i + \cdots + (K_{im}^{12} + K_{jm}^{12} + K_{mm}^{12})v_m = 0$

$$(3\text{-}93)$$

由于 $\boldsymbol{\Delta}^e$ 不恒等于零，所以式（3-93）中各项系数必同时为零。也就是单元刚度矩阵中任一列的第1、3、5行元素的代数和或者第2、4、6行元素的代数和为零。又由行列式性质（某行或某列所有的元素乘以同一个数，加至另一行或另一列的对应元素上，该行列式的值不变），可知任一列元素的代数和为零。这样单元刚度所对应的行列式的值为零，即不存在逆矩阵。

从另一角度讲，由式（3-80），给定节点位移，可确定节点力，但是若给出节点力，却由于无逆矩阵，求不出节点位移。这是由于单元节点位移由两部分组成，其中的刚体运动也会引起节点位移，所以没有消除刚体位移也导致了单元刚度矩阵是一个奇异矩阵。

### 3.1.11 非节点载荷的移置

根据有限元法的基本原理，载荷都必须作用在节点上。但是在工程实际中，实际载荷又往往不是作用在节点上，如自重、惯性力、风载荷等。因此必须把非节点载荷移置到节点上，变换为等效节点载荷，才能进行有限元分析。非节点载荷向节点移置，通常按照静力等效的原则进行。

所谓静力等效原则，是指原来作用在单元上的载荷与移置到节点上的等效载荷，在单元的任何虚位移上所做的虚功应相等。载荷做这样的变换会引起误差，但由圣维南原理，这种误差是局部性的，对整体结构影响不大，而且随着单元的逐渐加密，这一影响将逐渐缩小。

（1）计算等效节点载荷的一般公式　设在单元 $e$ 内部作用体积力 $\boldsymbol{p}_V = (X \quad Y)^{\mathrm{T}}$，沿单元边界作用分布面力 $\boldsymbol{p}_A = (X \quad Y)^e$，而在单元中间某点 $b$ 作用集中力 $\boldsymbol{Q} = (Q_x \quad Q_y)^{\mathrm{T}}$，如图3-30a所示，图中 $\boldsymbol{p}_A$ 及 $\boldsymbol{Q}$ 未画出。

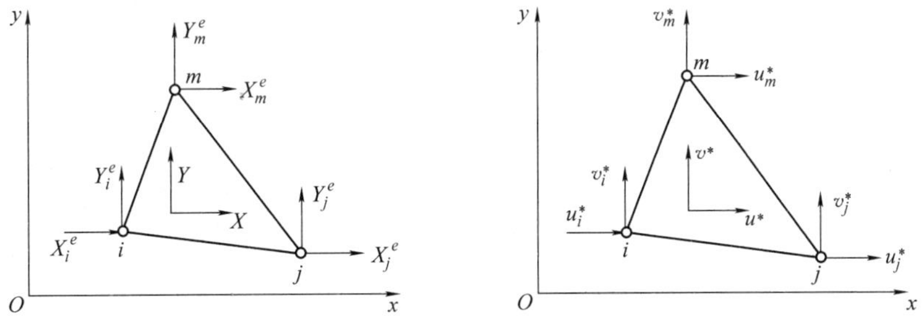


图3-30　等效节点载荷移置

a）节点力　b）虚应变

设上述载荷向节点移置后，其相应的单元等效节点载荷矩阵为

$$\boldsymbol{p}^e = (X_i^e \quad Y_i^e \quad X_j^e \quad Y_j^e \quad X_m^e \quad Y_m^e)^{\mathrm{T}}$$

假想单元由于某种原因产生了虚位移，如图3-30b所示，此时的单元节点虚位移为

$$\boldsymbol{\Delta}^{*e} = (u_i^* \quad v_i^* \quad u_j^* \quad v_j^* \quad u_m^* \quad v_m^*)$$

由位移模式，单元内任一点的虚位移为

$$f^{*e} = (u^* \quad v^*)^{\mathrm{T}} = \boldsymbol{N\Delta}^{*e}$$

根据上述静力等效原则，有

$$\boldsymbol{\Delta}^{*e\mathrm{T}}\boldsymbol{p}^e = \boldsymbol{f}^{*e\mathrm{T}}_b\boldsymbol{Q} + \int_s \boldsymbol{f}^{*e\mathrm{T}}\boldsymbol{p}_A h\mathrm{d}s + \iint_A \boldsymbol{f}^{*e\mathrm{T}}\boldsymbol{p}_V h\mathrm{d}x\mathrm{d}y \tag{3-94}$$

式中，$\boldsymbol{f}^{*e}_b$ 表示单元位移函数的集中力作用点 $b$ 处取值。

将式（3-56）代入式（3-94），有

$$(\boldsymbol{\Delta}^{*e})^{\mathrm{T}}\boldsymbol{p}^e = (\boldsymbol{\Delta}^{*e})^{\mathrm{T}}(\boldsymbol{N}_b^{\mathrm{T}}\boldsymbol{Q} + \int_s \boldsymbol{N}^{\mathrm{T}}\boldsymbol{p}_A h\mathrm{d}s + \iint_A \boldsymbol{N}^{\mathrm{T}}\boldsymbol{p}_V h\mathrm{d}x\mathrm{d}y) \tag{3-95}$$

由于 $\boldsymbol{\Delta}^{*e}$ 是任意的，所以式（3-95）两边与其相乘的矩阵应相等，这样就有

$$\boldsymbol{p}^e = \boldsymbol{N}_b^{\mathrm{T}}\boldsymbol{Q} + \int_s \boldsymbol{N}^{\mathrm{T}}\boldsymbol{p}_A h\mathrm{d}s + \iint_A \boldsymbol{N}^{\mathrm{T}}\boldsymbol{p}_V h\mathrm{d}x\mathrm{d}y \tag{3-96}$$

式（3-96）就是等效节点载荷计算式，从中可看到，等效节点载荷与形函数，即单元位移模式密切相关。

（2）常用载荷的移置

1）集中力。设在单元的 $ij$ 边界上 $d$ 点作用有沿 $x$ 方向的载荷 $Q_x$，作用点 $d$ 与节点 $i$、$j$ 的距离分别为 $l_i$ 和 $l_j$，如图 3-31 所示。

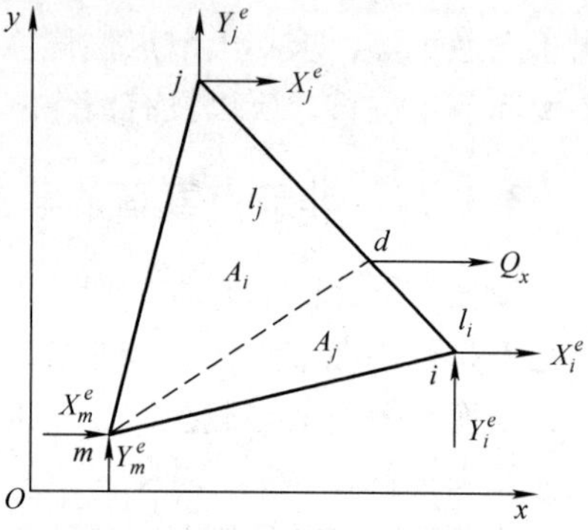


图 3-31　集中力的移置

由式（3-96），可得

$$\boldsymbol{p}^e = \boldsymbol{N}_d^{\mathrm{T}}\boldsymbol{Q} = \begin{pmatrix} N_i & 0 \\ 0 & N_i \\ N_j & 0 \\ 0 & N_j \\ N_m & 0 \\ 0 & N_m \end{pmatrix}_d \begin{pmatrix} Q_x \\ 0 \end{pmatrix} = \begin{pmatrix} Q_x N_i \\ 0 \\ Q_x N_j \\ 0 \\ Q_x N_m \\ 0 \end{pmatrix}_d \tag{3-97}$$

根据形函数与面积坐标的性质，在 $d$ 点，有

$$N_i = L_i = \frac{A_i}{A} = \frac{l_j}{l}$$

$$N_j = L_j = \frac{A_j}{A} = \frac{l_i}{l}$$

$$N_m = 0 \tag{3-98}$$

式中，$l$ 为三角形单元 $ij$ 边的长度。

将式（3-98）代入式（3-97），有

$$\boldsymbol{p}^e = \frac{Q_x}{l}(l_j \quad 0 \quad l_i \quad 0 \quad 0 \quad 0)^{\mathrm{T}}$$

式（3-98）表明，作用在单元边界上的集中力只移置到其相邻的节点上，第三个节点不受力。

移置的结果也表明，它与直接按“合力相等，合力矩相等”原则求等效节点力的结果是相同的。所以可以利用这一点，对一些简单的非节点载荷用“直接法”求等效节点载荷，这样更方便。

2）分布面力。设在单元的 $ij$ 边界上作用有线性分布的 $x$ 方向的载荷，在 $i$ 节点处为 $q$，而在 $j$ 节点处为0，如图3-32所示。

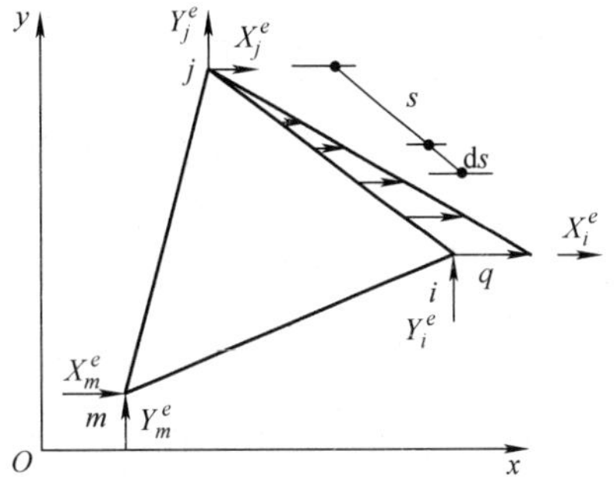


图3-32　分布面力的载荷移置

取 $ij$ 边界上距 $j$ 节点为 $s$ 的微线段 ds，则 ds 段中的载荷可被视为集中力，设为

$$\mathrm{d}\boldsymbol{Q}_s = \begin{pmatrix} \dfrac{q}{l}s\mathrm{d}s \\ 0 \end{pmatrix}$$

由前述边界上集中力的移置规律，该微线段上的载荷转化为节点载荷是

$$\mathrm{d}\boldsymbol{p}^e = \frac{qs\mathrm{d}s}{l^2}(s \quad 0 \quad l-s \quad 0 \quad 0 \quad 0)^{\mathrm{T}} \tag{3-99}$$

式中，$l$ 为 $ij$ 边界的长度。

这样，对式（3-99）积分可得到等效节点载荷矩阵：

$$\boldsymbol{p}^e = \int_0^l (s \quad 0 \quad l-s \quad 0 \quad 0 \quad 0)^{\mathrm{T}} \frac{q}{l^2}s\mathrm{d}s = \frac{ql}{2}\left(\frac{2}{3}\ 0\ \frac{1}{3}\ 0\ 0\ 0\right)^{\mathrm{T}} \tag{3-100}$$

式（3-100）表明，在 $ij$ 边界上线性分布面力的合力 $\frac{ql}{2}$，$\frac{2}{3}$分配到 $i$ 节点，$\frac{1}{3}$分配到 $j$ 节点，而且与外载荷一样，都沿 $x$ 方向。该结果也与直接按“合力相等、合力矩相等”的转换结果相同。

3）分布体力。设在单元内只作用单位体积的体力 $\boldsymbol{p}_V = (0 \quad -w_y)^{\mathrm{T}}$。由式（3-96）可得相应的等效节点载荷矩阵为

$$\begin{aligned}\boldsymbol{p}^e &= \iint_A \boldsymbol{N}\boldsymbol{p}_V h\mathrm{d}x\mathrm{d}y \\ &= \iint_A \begin{pmatrix} N_i & 0 \\ 0 & N_i \\ N_j & 0 \\ 0 & N_j \\ N_m & 0 \\ 0 & N_m \end{pmatrix} \begin{pmatrix} 0 \\ -w_y \end{pmatrix} h\mathrm{d}x\mathrm{d}y \\ &= \iint_A -w(0 \quad N_i \quad 0 \quad N_j \quad 0 \quad N_m)^{\mathrm{T}} h\mathrm{d}x\mathrm{d}y \end{aligned} \tag{3-101}$$

式中，$w_y$ 为常量，分别对 $N_i$、$N_j$、$N_m$ 进行积分运算。

由形函数与面积坐标的关系，以及根据面积坐标的积分公式，得

$$\iint_A N_i \mathrm{d}x\mathrm{d}y = \iint_A L_i \mathrm{d}x\mathrm{d}y = \frac{1!}{(1+2)!} \cdot 2A = \frac{A}{3} \tag{3-102}$$

同理

$$\iint_A N_j \mathrm{d}x\mathrm{d}y = \frac{A}{3} \tag{3-103}$$

$$\iint_A N_m \mathrm{d}x\mathrm{d}y = \frac{A}{3} \tag{3-104}$$

将式（3-102）~式（3-104）代入式（3-101），得

$$\boldsymbol{p}^e = -Ahw_y\begin{pmatrix}0 & \frac{1}{3} & 0 & \frac{1}{3} & 0 & \frac{1}{3}\end{pmatrix}^{\mathrm{T}}$$

设 $W_y = Ahw_y$ 为单元的总体力，则

$$\boldsymbol{p}^e = \begin{pmatrix}0 & -\frac{1}{3}W_y & 0 & -\frac{1}{3}W_y & 0 & -\frac{1}{3}W_y\end{pmatrix}^{\mathrm{T}} \tag{3-105}$$

式（3-105）表明，均布体积力的移置规律是把单元重力平均地分配到三个节点上。

图 3-33 所示为分布体力的载荷移置。

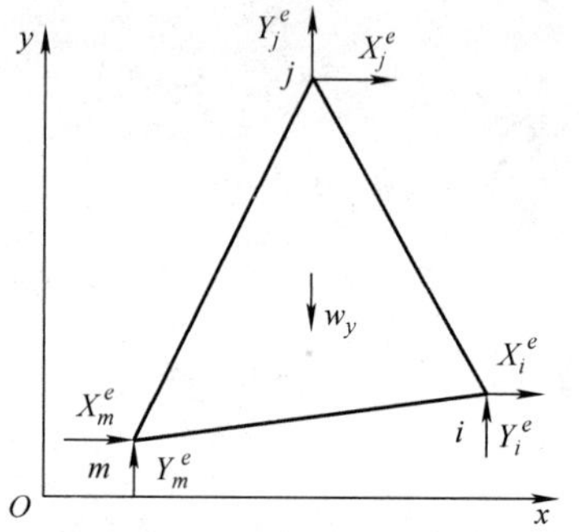

图 3-33　分布体力的载荷移置

### 3.1.12　总刚度方程

经过单元分析，建立了各单元的单元刚度矩阵和节点力矩阵后，就可以进行结构的整体分析。结构的整体分析必须遵循下列两个原则：

1）整个离散体系的各单元在变形后必须在节点处协调地连接起来。例如，与 $i$ 节点相连接的有 $n$ 个单元，则这 $n$ 个单元在该节点 $i$ 处必须具有相同的节点位移（节点位移连续条件），即有

$$\boldsymbol{\Delta}_i^{①} = \boldsymbol{\Delta}_i^{②} = \cdots = \boldsymbol{\Delta}_i^{ⓝ} = \boldsymbol{\Delta}_i \tag{3-106}$$

2）组成离散体的各节点必须满足平衡条件。如与 $i$ 节点直接相连的所有各单元作用于该节点上的节点力，应与作用在该节点上的节点载荷保持平衡，用公式表示为

$$\sum_e \boldsymbol{F}_i^e - \boldsymbol{R}_i = 0 \tag{3-107}$$

式中，$\boldsymbol{F}_i^e = (X_i^e \quad Y_i^e)^{\mathrm{T}}$ 表示单元 $e$ 的 $i$ 节点的节点力矢量，$\sum\limits_e$ 表示直接与节点 $i$ 相连接的所有单元求和；$\boldsymbol{R}_i = (R_{ix} \quad R_{iy})^{\mathrm{T}}$ 表示节点 $i$ 上的节点外载荷，它包括两部分，一是直接作用在节点 $i$ 上的集中力 $\boldsymbol{Q}_i = (Q_{ix} \quad Q_{iy})^{\mathrm{T}}$，二是各单元在节点 $i$ 处的等效节点载荷的和，即

$$\boldsymbol{R}_i = \boldsymbol{Q}_i + \sum_e \boldsymbol{p}_i^e \tag{3-108}$$

如果在 $i$ 节点上既无集中力作用，直接与 $i$ 节点相连接的各单元也没有等效节点载荷分配到 $i$ 节点上，则 $\boldsymbol{R}_i$ 为零矢量，即 $\boldsymbol{R}_i = (\boldsymbol{0}\ \boldsymbol{0})^{\mathrm{T}}$。

整体分析的目的就是根据上述原则建立用节点位移表示的整个离散体系的平衡方程组，即总刚度方程。

（1）总刚度方程的形成　现以图 3-34 所示的离散体系为例，来说明总刚度方程的形成过程。

首先应求出各单元的刚度矩阵，这样各单元的刚度方程分别为

单元①：$i=1$、$j=2$、$m=3$

$$\begin{pmatrix} \boldsymbol{F}_1^{\textcircled{1}} \\ \boldsymbol{F}_2^{\textcircled{1}} \\ \boldsymbol{F}_3^{\textcircled{1}} \end{pmatrix} = \begin{pmatrix} \boldsymbol{K}_{11}^{\textcircled{1}} & \boldsymbol{K}_{12}^{\textcircled{1}} & \boldsymbol{K}_{13}^{\textcircled{1}} \\ \boldsymbol{K}_{21}^{\textcircled{1}} & \boldsymbol{K}_{22}^{\textcircled{1}} & \boldsymbol{K}_{23}^{\textcircled{1}} \\ \boldsymbol{K}_{31}^{\textcircled{1}} & \boldsymbol{K}_{32}^{\textcircled{1}} & \boldsymbol{K}_{33}^{\textcircled{1}} \end{pmatrix} \begin{pmatrix} \boldsymbol{\Delta}_1^{\textcircled{1}} \\ \boldsymbol{\Delta}_2^{\textcircled{1}} \\ \boldsymbol{\Delta}_3^{\textcircled{1}} \end{pmatrix} \tag{3-109}$$

单元②：$i=2$、$j=5$、$m=3$

$$\begin{pmatrix} \boldsymbol{F}_2^{\textcircled{2}} \\ \boldsymbol{F}_5^{\textcircled{2}} \\ \boldsymbol{F}_3^{\textcircled{2}} \end{pmatrix} = \begin{pmatrix} \boldsymbol{K}_{22}^{\textcircled{2}} & \boldsymbol{K}_{25}^{\textcircled{2}} & \boldsymbol{K}_{23}^{\textcircled{2}} \\ \boldsymbol{K}_{52}^{\textcircled{2}} & \boldsymbol{K}_{55}^{\textcircled{2}} & \boldsymbol{K}_{53}^{\textcircled{2}} \\ \boldsymbol{K}_{32}^{\textcircled{2}} & \boldsymbol{K}_{35}^{\textcircled{2}} & \boldsymbol{K}_{33}^{\textcircled{2}} \end{pmatrix} \begin{pmatrix} \boldsymbol{\Delta}_2^{\textcircled{2}} \\ \boldsymbol{\Delta}_5^{\textcircled{2}} \\ \boldsymbol{\Delta}_3^{\textcircled{2}} \end{pmatrix} \tag{3-110}$$

单元③：$i=4$、$j=5$、$m=2$

$$\begin{pmatrix} \boldsymbol{F}_4^{\textcircled{3}} \\ \boldsymbol{F}_5^{\textcircled{3}} \\ \boldsymbol{F}_2^{\textcircled{3}} \end{pmatrix} = \begin{pmatrix} \boldsymbol{K}_{44}^{\textcircled{3}} & \boldsymbol{K}_{45}^{\textcircled{3}} & \boldsymbol{K}_{42}^{\textcircled{3}} \\ \boldsymbol{K}_{54}^{\textcircled{3}} & \boldsymbol{K}_{55}^{\textcircled{3}} & \boldsymbol{K}_{52}^{\textcircled{3}} \\ \boldsymbol{K}_{24}^{\textcircled{3}} & \boldsymbol{K}_{25}^{\textcircled{3}} & \boldsymbol{K}_{22}^{\textcircled{3}} \end{pmatrix} \begin{pmatrix} \boldsymbol{\Delta}_4^{\textcircled{3}} \\ \boldsymbol{\Delta}_5^{\textcircled{3}} \\ \boldsymbol{\Delta}_2^{\textcircled{3}} \end{pmatrix} \tag{3-111}$$

单元④：$i=4$、$j=6$、$m=5$

$$\begin{pmatrix} \boldsymbol{F}_4^{\textcircled{4}} \\ \boldsymbol{F}_6^{\textcircled{4}} \\ \boldsymbol{F}_5^{\textcircled{4}} \end{pmatrix} = \begin{pmatrix} \boldsymbol{K}_{44}^{\textcircled{4}} & \boldsymbol{K}_{46}^{\textcircled{4}} & \boldsymbol{K}_{45}^{\textcircled{4}} \\ \boldsymbol{K}_{64}^{\textcircled{4}} & \boldsymbol{K}_{66}^{\textcircled{4}} & \boldsymbol{K}_{65}^{\textcircled{4}} \\ \boldsymbol{K}_{54}^{\textcircled{4}} & \boldsymbol{K}_{56}^{\textcircled{4}} & \boldsymbol{K}_{55}^{\textcircled{4}} \end{pmatrix} \begin{pmatrix} \boldsymbol{\Delta}_4^{\textcircled{4}} \\ \boldsymbol{\Delta}_6^{\textcircled{4}} \\ \boldsymbol{\Delta}_5^{\textcircled{4}} \end{pmatrix} \tag{3-112}$$

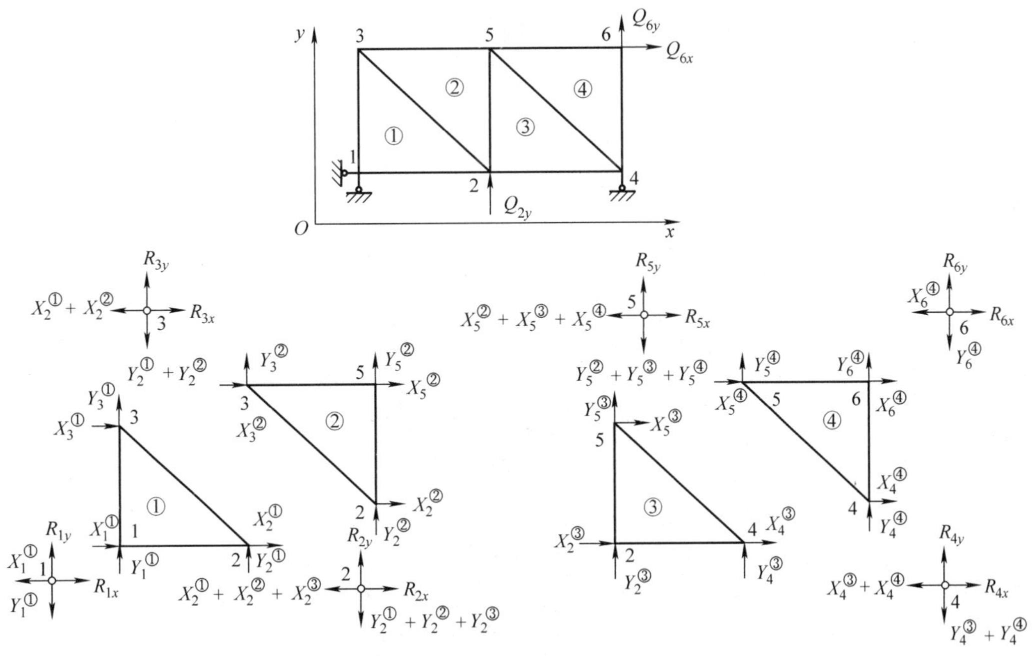


图3-34　总刚度方程建立过程

然后可建立各节点的平衡方程，由图3-34可得到用矩阵表示的平衡方程为

$$\begin{cases} \boldsymbol{F}_1^{①} = \boldsymbol{R}_1 \\ \boldsymbol{F}_2^{①} + \boldsymbol{F}_2^{②} + \boldsymbol{F}_2^{③} = \boldsymbol{R}_2 \\ \boldsymbol{F}_3^{①} + \boldsymbol{F}_3^{②} = \boldsymbol{R}_3 \\ \boldsymbol{F}_4^{③} + \boldsymbol{F}_4^{④} = \boldsymbol{R}_4 \\ \boldsymbol{F}_5^{②} + \boldsymbol{F}_5^{③} + \boldsymbol{F}_5^{④} = \boldsymbol{R}_5 \\ \boldsymbol{F}_6^{④} = \boldsymbol{R}_6 \end{cases} \tag{3-113}$$

式中，对应本例情况，$\boldsymbol{R}_1 = (Q_{1x} \quad Q_{1y})^{\mathrm{T}}$，$\boldsymbol{R}_4 = (0 \quad Q_{4y})^{\mathrm{T}}$，其中节点力分量理解为支反力，$\boldsymbol{R}_2 = (0 \quad Q_{2y})^{\mathrm{T}}$，$\boldsymbol{R}_6 = (Q_{6x} \quad Q_{6y})^{\mathrm{T}}$为节点外载荷（集中力），其余$\boldsymbol{R}_3$和$\boldsymbol{R}_5$均为零矢量。

将各单元刚度方程式（3-109）~式（3-112），按节点力展开，并代入式（3-113）中，利用节点位移连续条件式（3-106），即

$$\boldsymbol{\Delta}_1^{①} = \boldsymbol{\Delta}_1$$
$$\boldsymbol{\Delta}_2^{①} = \boldsymbol{\Delta}_2^{②} = \boldsymbol{\Delta}_2^{③} = \boldsymbol{\Delta}_2$$
$$\boldsymbol{\Delta}_3^{①} = \boldsymbol{\Delta}_3^{②} = \boldsymbol{\Delta}_3$$
$$\boldsymbol{\Delta}_4^{③} = \boldsymbol{\Delta}_4^{④} = \boldsymbol{\Delta}_4$$
$$\boldsymbol{\Delta}_5^{②} = \boldsymbol{\Delta}_5^{③} = \boldsymbol{\Delta}_5^{④} = \boldsymbol{\Delta}_5$$
$$\boldsymbol{\Delta}_6^{④} = \boldsymbol{\Delta}_6$$

可以得到用节点位移表示的各节点的平衡方程：

$$\begin{gathered} \boldsymbol{K}_{11}^{①}\boldsymbol{\Delta}_1 + \boldsymbol{K}_{12}^{①}\boldsymbol{\Delta}_2 + \boldsymbol{K}_{13}^{①}\boldsymbol{\Delta}_3 = \boldsymbol{R}_1 \\ \boldsymbol{K}_{21}^{①}\boldsymbol{\Delta}_1 + (\boldsymbol{K}_{22}^{①} + \boldsymbol{K}_{22}^{②} + \boldsymbol{K}_{22}^{③})\boldsymbol{\Delta}_2 + (\boldsymbol{K}_{23}^{①} + \boldsymbol{K}_{23}^{②})\boldsymbol{\Delta}_3 + \boldsymbol{K}_{24}^{③}\boldsymbol{\Delta}_4 + (\boldsymbol{K}_{25}^{②} + \boldsymbol{K}_{25}^{③})\boldsymbol{\Delta}_5 = \boldsymbol{R}_2 \\ \boldsymbol{K}_{31}^{①}\boldsymbol{\Delta}_1 + (\boldsymbol{K}_{32}^{①} + \boldsymbol{K}_{32}^{②})\boldsymbol{\Delta}_2 + (\boldsymbol{K}_{33}^{①} + \boldsymbol{K}_{33}^{②})\boldsymbol{\Delta}_3 + \boldsymbol{K}_{35}^{②}\boldsymbol{\Delta}_5 = \boldsymbol{R}_3 \\ \boldsymbol{K}_{42}^{③}\boldsymbol{\Delta}_2 + (\boldsymbol{K}_{44}^{③} + \boldsymbol{K}_{44}^{④})\boldsymbol{\Delta}_4 + (\boldsymbol{K}_{45}^{③} + \boldsymbol{K}_{45}^{④})\boldsymbol{\Delta}_5 + \boldsymbol{K}_{46}^{④}\boldsymbol{\Delta}_6 = \boldsymbol{R}_4 \\ (\boldsymbol{K}_{52}^{②} + \boldsymbol{K}_{52}^{③})\boldsymbol{\Delta}_2 + \boldsymbol{K}_{53}^{②}\boldsymbol{\Delta}_3 + (\boldsymbol{K}_{54}^{③} + \boldsymbol{K}_{54}^{④})\boldsymbol{\Delta}_4 + (\boldsymbol{K}_{55}^{②} + \boldsymbol{K}_{55}^{③} + \boldsymbol{K}_{55}^{④})\boldsymbol{\Delta}_5 + \boldsymbol{K}_{56}^{④}\boldsymbol{\Delta}_6 = \boldsymbol{R}_5 \\ \boldsymbol{K}_{64}^{④}\boldsymbol{\Delta}_4 + \boldsymbol{K}_{65}^{④}\boldsymbol{\Delta}_5 + \boldsymbol{K}_{66}^{④}\boldsymbol{\Delta}_6 = \boldsymbol{R}_6 \end{gathered} \tag{3-114}$$

设

$$\boldsymbol{K}_{ij} = \sum_e \boldsymbol{K}_{ij}^e \quad (i = 1,2,\cdots,6;\ j = 1,2,\cdots,6) \tag{3-115}$$

即有

$$\begin{gathered} \boldsymbol{K}_{11} = \boldsymbol{K}_{11}^{①},\ \boldsymbol{K}_{12} = \boldsymbol{K}_{12}^{①},\ \boldsymbol{K}_{13} = \boldsymbol{K}_{13}^{①} \\ \boldsymbol{K}_{21} = \boldsymbol{K}_{21}^{①},\ \boldsymbol{K}_{22} = \boldsymbol{K}_{22}^{①} + \boldsymbol{K}_{22}^{②} + \boldsymbol{K}_{22}^{③},\ \boldsymbol{K}_{23} = \boldsymbol{K}_{23}^{①} + \boldsymbol{K}_{23}^{②} \\ \boldsymbol{K}_{24} = \boldsymbol{K}_{24}^{③},\ \boldsymbol{K}_{25} = \boldsymbol{K}_{25}^{②} + \boldsymbol{K}_{25}^{③} \\ \boldsymbol{K}_{31} = \boldsymbol{K}_{31}^{①},\ \boldsymbol{K}_{32} = \boldsymbol{K}_{32}^{①} + \boldsymbol{K}_{32}^{②},\ \boldsymbol{K}_{33} = \boldsymbol{K}_{33}^{①} + \boldsymbol{K}_{33}^{②},\ \boldsymbol{K}_{35} = \boldsymbol{K}_{35}^{②} \\ \boldsymbol{K}_{42} = \boldsymbol{K}_{42}^{③},\ \boldsymbol{K}_{44} = \boldsymbol{K}_{44}^{③} + \boldsymbol{K}_{44}^{④},\ \boldsymbol{K}_{45} = \boldsymbol{K}_{45}^{③} + \boldsymbol{K}_{45}^{④},\ \boldsymbol{K}_{46} = \boldsymbol{K}_{46}^{④} \\ \boldsymbol{K}_{52} = \boldsymbol{K}_{52}^{②} + \boldsymbol{K}_{52}^{③},\ \boldsymbol{K}_{53} = \boldsymbol{K}_{53}^{②},\ \boldsymbol{K}_{54} = \boldsymbol{K}_{54}^{③} + \boldsymbol{K}_{54}^{④} \\ \boldsymbol{K}_{55} = \boldsymbol{K}_{55}^{②} + \boldsymbol{K}_{55}^{③} + \boldsymbol{K}_{55}^{④},\ \boldsymbol{K}_{56} = \boldsymbol{K}_{56}^{④} \\ \boldsymbol{K}_{64} = \boldsymbol{K}_{64}^{④},\ \boldsymbol{K}_{65} = \boldsymbol{K}_{65}^{④},\ \boldsymbol{K}_{66} = \boldsymbol{K}_{66}^{④} \end{gathered}$$

则式（3-114）可写成

$$\sum_{s=1}^{6} \boldsymbol{K}_{ps}\boldsymbol{\Delta}_s = \boldsymbol{R}_p \quad (p = 1,2,\cdots,6) \tag{3-116}$$

式（3-116）中，如果$\boldsymbol{\Delta}_s$没有出现，则意味着所对应的$\boldsymbol{K}_{ps}=\mathbf{0}$。

将式（3-116）写成矩阵形式，即为

$$\begin{pmatrix} \boldsymbol{K}_{11} & \boldsymbol{K}_{12} & \boldsymbol{K}_{13} & & & \\ \boldsymbol{K}_{21} & \boldsymbol{K}_{22} & \boldsymbol{K}_{23} & \boldsymbol{K}_{24} & \boldsymbol{K}_{25} & \\ \boldsymbol{K}_{31} & \boldsymbol{K}_{32} & \boldsymbol{K}_{33} & & \boldsymbol{K}_{35} & \\ & \boldsymbol{K}_{42} & & \boldsymbol{K}_{44} & \boldsymbol{K}_{45} & \boldsymbol{K}_{46} \\ & \boldsymbol{K}_{52} & \boldsymbol{K}_{53} & \boldsymbol{K}_{54} & \boldsymbol{K}_{55} & \boldsymbol{K}_{56} \\ & & & \boldsymbol{K}_{64} & \boldsymbol{K}_{65} & \boldsymbol{K}_{66} \end{pmatrix} \begin{pmatrix} \boldsymbol{\Delta}_1 \\ \boldsymbol{\Delta}_2 \\ \boldsymbol{\Delta}_3 \\ \boldsymbol{\Delta}_4 \\ \boldsymbol{\Delta}_5 \\ \boldsymbol{\Delta}_6 \end{pmatrix} = \begin{pmatrix} \boldsymbol{R}_1 \\ \boldsymbol{R}_2 \\ \boldsymbol{R}_3 \\ \boldsymbol{R}_4 \\ \boldsymbol{R}_5 \\ \boldsymbol{R}_6 \end{pmatrix} \tag{3-117}$$

式（3-117）可简写成

$$\boldsymbol{K\Delta}=\boldsymbol{R}$$

式（3-117）即称为结构的总刚度方程，或称为结构的整体平衡方程组，式中（Δ）为结构的节点位移矩阵，$\boldsymbol{R}$ 为结构的节点载荷矩阵，它的组成由式（3-108）所规定，而$\boldsymbol{K}$ 称为结构的总刚度矩阵。

（2）总刚度矩阵的形成和特征　从总刚度方程的构成可以看出，总刚度方程中关键是结构总刚度矩阵的形成。由上面的实例，不失一般性，可以看出总刚度矩阵中各子矩阵的组成规律是：矩阵$\boldsymbol{K}$ 中的子矩阵$\boldsymbol{K}_{ij}$是与$i$、$j$ 节点直接相连接的各单元刚度矩阵中出现的相应子矩阵$\boldsymbol{K}_{ij}^e$的叠加，即

$$\boldsymbol{K}_{ij}=\sum_e \boldsymbol{K}_{ij}^e$$

如上述$\boldsymbol{K}_{25}$是与节点“2”“5”直接相连的单元②、③的刚度矩阵中子块$\boldsymbol{K}_{25}^{②}$和$\boldsymbol{K}_{25}^{③}$叠加的结果。

按照上述特点，在计算出单元刚度矩阵之后，就可以按下述方法直接形成总刚度矩阵。为简便起见，仍以图3-34 所示的例子加以说明。

1）计算出结构中所有单元的单元刚度矩阵。

2）根据结构的节点总数$n$，画一个$n\times n$ 的表格，上例中$n=6$，则画一个$6\times6$ 的表格：

| | 1 | 2 | 3 | 4 | 5 | 6 |
|---|---|---|---|---|---|---|
| 1 | $\boldsymbol{K}_{11}^{①}$ | $\boldsymbol{K}_{12}^{①}$ | $\boldsymbol{K}_{13}^{①}$ | | | |
| 2 | $\boldsymbol{K}_{21}^{①}$ | $\boldsymbol{K}_{22}^{①}\boldsymbol{K}_{22}^{②}\boldsymbol{K}_{22}^{③}$ | $\boldsymbol{K}_{23}^{①}\boldsymbol{K}_{23}^{②}$ | $\boldsymbol{K}_{24}^{③}$ | $\boldsymbol{K}_{25}^{②}\boldsymbol{K}_{25}^{③}$ | |
| 3 | $\boldsymbol{K}_{31}^{①}$ | $\boldsymbol{K}_{32}^{①}\boldsymbol{K}_{32}^{②}$ | $\boldsymbol{K}_{33}^{①}\boldsymbol{K}_{33}^{②}$ | | $\boldsymbol{K}_{35}^{②}$ | |
| 4 | | $\boldsymbol{K}_{42}^{③}$ | | $\boldsymbol{K}_{44}^{③}\boldsymbol{K}_{44}^{④}$ | $\boldsymbol{K}_{45}^{③}\boldsymbol{K}_{45}^{④}$ | $\boldsymbol{K}_{46}^{④}$ |
| 5 | | $\boldsymbol{K}_{52}^{②}\boldsymbol{K}_{52}^{③}$ | $\boldsymbol{K}_{53}^{②}$ | $\boldsymbol{K}_{54}^{③}\boldsymbol{K}_{54}^{④}$ | $\boldsymbol{K}_{55}^{②}\boldsymbol{K}_{55}^{③}\boldsymbol{K}_{55}^{④}$ | $\boldsymbol{K}_{56}^{④}$ |
| 6 | | | | $\boldsymbol{K}_{64}^{④}$ | $\boldsymbol{K}_{65}^{④}$ | $\boldsymbol{K}_{66}^{④}$ |

表格中每一行和每一列分别用1，2，…，$n$ 编号，则每一方格可表示为总刚度矩阵中的一个子矩阵$\boldsymbol{K}_{ij}(i=1,2,\cdots,n;\ j=1,2,\cdots,n)$。

3）将每一单元的单元刚度矩阵中的子矩阵$\boldsymbol{K}_{ij}^e$按其下标依次填入上述表格中的第$i$ 行第$j$ 列的位置上，这一步称为“对号入座”，实例见表格。

4）将表中同一位置的各子矩阵相叠加，就得到总刚度矩阵中相应的子矩阵。表中一些格子内无子矩阵（即为空格）时，则总刚度矩阵中相对应的子矩阵为零矩阵。

这种“对号入座”组集总刚度矩阵的方法，称为直接刚度法。当然，这仅是组集总刚度矩阵众多方法中的一种。这种方法概念清楚，易于理解，但需占用计算机较大的存储量。

上述总刚度矩阵中每一子矩阵$\boldsymbol{K}_{ij}$，对平面问题而言，应当展开为如下的$2\times2$ 阶矩阵，即

$$\boldsymbol{K}_{ij}=\begin{pmatrix} K_{ij}^{11} & K_{ij}^{12} \\ K_{ij}^{21} & K_{ij}^{22} \end{pmatrix} \quad (i,j=1,2,\cdots,6) \tag{3-118}$$

这样，总刚度矩阵应是 $2n\times 2n$ 阶矩阵（$n$ 为结构的节点总数）。对图 3-34 所示的实例，总刚度方程可展开为：

$$\left(\begin{array}{cccccccccccc}
K_{11}^{11} & K_{11}^{12} & K_{12}^{11} & K_{12}^{12} & K_{13}^{11} & K_{13}^{12} & & & & & & \\
K_{11}^{21} & K_{11}^{22} & K_{12}^{21} & K_{12}^{22} & K_{13}^{21} & K_{13}^{22} & & & & & & \\
K_{21}^{11} & K_{21}^{12} & K_{22}^{11} & K_{22}^{12} & K_{23}^{11} & K_{23}^{12} & K_{24}^{11} & K_{24}^{12} & K_{25}^{11} & K_{25}^{12} & & \\
K_{21}^{21} & K_{21}^{22} & K_{22}^{21} & K_{22}^{22} & K_{23}^{21} & K_{23}^{22} & K_{24}^{21} & K_{24}^{22} & K_{25}^{21} & K_{25}^{22} & & \\
K_{31}^{11} & K_{31}^{12} & K_{32}^{11} & K_{32}^{12} & K_{33}^{11} & K_{33}^{12} & & & K_{35}^{11} & K_{35}^{12} & & \\
K_{31}^{21} & K_{31}^{22} & K_{32}^{21} & K_{32}^{22} & K_{33}^{21} & K_{33}^{22} & & & K_{35}^{21} & K_{35}^{22} & & \\
 & & K_{42}^{11} & K_{42}^{12} & & & K_{44}^{11} & K_{44}^{12} & K_{45}^{11} & K_{45}^{12} & K_{46}^{11} & K_{46}^{12} \\
 & & K_{42}^{21} & K_{42}^{22} & & & K_{44}^{21} & K_{44}^{22} & K_{45}^{21} & K_{45}^{22} & K_{46}^{21} & K_{46}^{22} \\
 & & K_{52}^{11} & K_{52}^{12} & K_{53}^{11} & K_{53}^{12} & K_{54}^{11} & K_{54}^{12} & K_{55}^{11} & K_{55}^{12} & K_{56}^{11} & K_{56}^{12} \\
 & & K_{52}^{21} & K_{52}^{22} & K_{53}^{21} & K_{53}^{22} & K_{54}^{21} & K_{54}^{22} & K_{55}^{21} & K_{55}^{22} & K_{56}^{21} & K_{56}^{22} \\
 & & & & & & K_{64}^{11} & K_{64}^{12} & K_{65}^{11} & K_{65}^{12} & K_{66}^{11} & K_{66}^{12} \\
 & & & & & & K_{64}^{21} & K_{64}^{22} & K_{65}^{21} & K_{65}^{22} & K_{66}^{21} & K_{66}^{22}
\end{array}\right)
\begin{pmatrix} u_1 \\ v_1 \\ u_2 \\ v_2 \\ u_3 \\ v_3 \\ u_4 \\ v_4 \\ u_5 \\ v_5 \\ u_6 \\ v_6 \end{pmatrix}
=\begin{pmatrix} R_{1x} \\ R_{1y} \\ R_{2x} \\ R_{2y} \\ R_{3x} \\ R_{3y} \\ R_{4x} \\ R_{4y} \\ R_{5x} \\ R_{5y} \\ R_{6x} \\ R_{6y} \end{pmatrix} \tag{3-119}$$

根据上述推导及式（3-115）、式（3-118）、式（3-119），可以看到总刚度矩阵的特征如下：

1）总刚度矩阵中非零的子矩阵基本集中分布于对角线附近，在大型结构中，形成“带状”。这是因为一个节点的平衡方程除与本身的节点位移有关外，还与那些和它直接相连的单元的节点位移有关，而不在同一单元上的两个节点之间相互没有影响。如图 3-34 所示结构中，节点 3 与单元①、②直接相连接，它的平衡方程除与节点 3 的位移有关外，还与节点 1、2、5 的节点位移有关，但节点 3 与节点 4、6 无关。所以 $\boldsymbol{K}_{34}$、$\boldsymbol{K}_{36}$ 为零。因此，在大型结构的有限元分析中，与一个节点直接相连接的单元总是不多的，这样总刚度矩阵总是呈稀疏的带状分布。

通常把从每一行的第一个非零元素起，至该行的对角线上的元素止的元素个数，称为总刚度矩阵在该行的“带宽”。带宽以外的元素全为零。带宽的大小，除与相关节点的位移个数有关外，还与相邻节点编号的差值有关。利用总刚度矩阵具有的稀疏带状的性质，尽量减少相邻节点编号的差值，即给节点重新编号，使带宽尽可能地小。

2）总刚度矩阵是对称矩阵。为此只要证明 $\boldsymbol{K}_{rs}=\boldsymbol{K}_{sr}^{\mathrm{T}}$。由式（3-84）、式（3-115）：

$$\begin{aligned}\boldsymbol{K}_{sr}^{\mathrm{T}} &= \sum_e \boldsymbol{K}_{sr}^{e\,\mathrm{T}} = \sum_e \boldsymbol{B}_s^{\mathrm{T}}\boldsymbol{D}\boldsymbol{B}_r^{\mathrm{T}}hA \\ &= \sum_e \boldsymbol{B}_r^{\mathrm{T}}\boldsymbol{D}\boldsymbol{B}_s hA = \sum_e \boldsymbol{K}_{sr}^{e\,\mathrm{T}} = \boldsymbol{K}_{rs}\end{aligned}$$

所以，总刚度矩阵是对称矩阵。这样在实际计算时，只需计算在对角线上及在某一边的元素。

3）总刚度矩阵是奇异矩阵。由于结构在外载荷作用下处于平衡状态，因此节点载荷矩阵（$R$）分量要满足三个静力平衡方程，反映在总刚度矩阵 $\boldsymbol{K}$ 中就存在三个线性相关的行或列，这同单元刚度矩阵类似，所以它是奇异的，不存在逆矩阵。

从另外一个角度讲，分析至此仍没有引进约束条件，即结构还存在刚体位移，这也是通过式（3-116）仍求不出节点位移的原因。所以在求解总刚度方程前，需要根据约束条件，修正总刚度方程。消除总刚度矩阵的奇异性，然后求出节点位移。

4）总刚度矩阵中主对角线上的元素总是正的。如总刚度矩阵 $\boldsymbol{K}$ 中的元素 $K_{33}^{11}$ 表示节点 3 在 $x$ 方向产生单位位移而其他位移为零时，在节点 3 的 $x$ 方向上产生的力自然应沿着位移方向，因而符号为正。

### 3.1.13　边界条件的处理

由于总刚度矩阵是奇异矩阵，不存在逆矩阵。因此要求得唯一解，必须利用给定的边界条件对总刚度方程进行处理，消除总刚度矩阵的奇异性。边界约束条件的处理实质就是消除结构的刚体位移，以便能求得节点位移。

有限元法中的边界条件也是假定在节点上受到约束。限制线位移的约束是支座链杆。每一个约束条件，将提供一个位移方程 $u_i=\alpha$（$\alpha$ 为已知量），这使结构少一个特定的位移未知量，但却增加了一个待定的支承反力 $R_i$。当 $\alpha=0$ 时，称之为零位移约束，这时的支座链杆为刚性支杆。而当 $\alpha\neq0$ 时，表现为支座的沉陷，称为非零位移约束。当然非零位移约束也可能是弹性支承，它的处理将在后面介绍。

边界约束条件的处理方法有三种。

（1）划行划列法（又称消行降阶法）　当结构的边界条件均是零位移约束时，如对图 3-34所示结构，在节点 1 为固定铰支座，节点 4 为 $y$ 方向活动铰支座时，即有

$$u_1=v_1=u_4=0 \tag{3-120}$$

把式（3-120）给出的条件引入总刚度方程式（3-119）后，在节点位移矩阵（$\Delta$）中相应项为零，在总刚度矩阵中，与位移为零的项所对应的行与列的元素，在求其他节点的位移时将不起作用，因而可以从矩阵 $\boldsymbol{K}$ 中划去。这样原来 12 阶的线性方程，就降低为 9 阶线性方程组，见式（3-121）。

$$\begin{bmatrix}
K_{11}^{11} & K_{11}^{12} & K_{12}^{11} & K_{12}^{12} & K_{13}^{11} & K_{13}^{12} & & & & & & \\
K_{11}^{21} & K_{11}^{22} & K_{12}^{21} & K_{12}^{22} & K_{13}^{21} & K_{13}^{22} & & & & & & \\
K_{21}^{11} & K_{21}^{12} & K_{22}^{11} & K_{22}^{12} & K_{23}^{11} & K_{23}^{12} & K_{24}^{11} & K_{24}^{12} & K_{25}^{11} & K_{25}^{12} & & \\
K_{21}^{21} & K_{22}^{21} & K_{22}^{21} & K_{22}^{22} & K_{23}^{21} & K_{23}^{22} & K_{24}^{21} & K_{24}^{22} & K_{25}^{21} & K_{25}^{22} & & \\
K_{31}^{11} & K_{32}^{11} & K_{32}^{11} & K_{32}^{12} & K_{33}^{11} & K_{33}^{12} & & & K_{35}^{11} & K_{35}^{12} & & \\
K_{31}^{21} & K_{32}^{21} & K_{32}^{21} & K_{32}^{22} & K_{33}^{21} & K_{33}^{22} & & & K_{35}^{21} & K_{35}^{22} & & \\
 & & K_{21}^{11} & K_{42}^{12} & & & K_{44}^{11} & K_{44}^{12} & K_{45}^{11} & K_{45}^{12} & K_{46}^{11} & K_{46}^{12} \\
 & & K_{42}^{21} & K_{42}^{22} & & & K_{44}^{21} & K_{44}^{22} & K_{45}^{21} & K_{45}^{22} & K_{46}^{21} & K_{46}^{22} \\
 & & K_{52}^{11} & K_{52}^{12} & K_{53}^{11} & K_{53}^{12} & K_{54}^{11} & K_{54}^{12} & K_{55}^{11} & K_{55}^{12} & K_{56}^{11} & K_{56}^{12} \\
 & & K_{52}^{21} & K_{52}^{22} & K_{53}^{21} & K_{53}^{22} & K_{54}^{21} & K_{54}^{22} & K_{55}^{21} & K_{55}^{22} & K_{56}^{21} & K_{56}^{22} \\
 & & & & & & K_{64}^{11} & K_{64}^{12} & K_{65}^{11} & K_{65}^{12} & K_{66}^{11} & K_{66}^{12} \\
 & & & & & & K_{64}^{21} & K_{64}^{22} & K_{65}^{21} & K_{65}^{22} & K_{66}^{21} & K_{66}^{22}
\end{bmatrix}
\begin{Bmatrix} u_1 \\ v_1 \\ u_2 \\ v_2 \\ u_3 \\ v_3 \\ u_4 \\ v_4 \\ u_5 \\ v_5 \\ u_6 \\ v_6 \end{Bmatrix}
=
\begin{Bmatrix} R_{1x} \\ R_{1y} \\ R_{2x} \\ R_{2y} \\ R_{3x} \\ R_{3y} \\ R_{4x} \\ R_{4y} \\ R_{5x} \\ R_{5y} \\ R_{6x} \\ R_{6y} \end{Bmatrix}
\tag{3-121}$$

这种修正总刚度方程的方法，明显降低了矩阵的阶数，对于单元数较少的结构，采用人工计算是比较适用的。但是由于在处理的同时，也明显地改变了总刚度方程的排列顺序，使计算机程序变得复杂，又是不可取的。因此在有限元实用程序中常常不用此方法来处理边界约束条件。

（2）划零置一法（又称消行修正法）　当边界条件不一定是零位移约束，而是已知值时，如对图 3-34 所示结构，有

$$\begin{cases} u_1 = \overline{\alpha} \\ v_1 = \overline{\beta} \\ v_4 = \overline{\gamma} \end{cases} \tag{3-122}$$

式中，$\overline{\alpha}$、$\overline{\beta}$、$\overline{\gamma}$均为已知值，当然也可以为零。

用划零置一法可以这样处理：

1）在总刚度矩阵 $\boldsymbol{K}$ 中，把与给定节点位移相对应的主对角元上的元素置为 1，而该行该列上的其余元素置为 0。对式（3-119），则应在 $\boldsymbol{K}$ 中把 $K_{11}^{11}$、$K_{11}^{22}$、$K_{44}^{22}$置为 1，而第一行和第一列、第二行和第二列、第八行和第八列中的其余元素均取为 0，见式（3-123）。

$$\begin{pmatrix}
1 & 0 & 0 & 0 & 0 & 0 & 0 & 0 & 0 & 0 & 0 & 0 \\
0 & 1 & 0 & 0 & 0 & 0 & 0 & 0 & 0 & 0 & 0 & 0 \\
0 & 0 & K_{22}^{11} & K_{22}^{12} & K_{23}^{11} & K_{23}^{12} & K_{24}^{11} & K_{24}^{12} & K_{25}^{11} & K_{25}^{12} & 0 & 0 \\
0 & 0 & K_{22}^{21} & K_{22}^{22} & K_{23}^{21} & K_{23}^{22} & K_{24}^{21} & K_{24}^{22} & K_{25}^{21} & K_{25}^{22} & 0 & 0 \\
0 & 0 & K_{32}^{11} & K_{32}^{12} & K_{33}^{11} & K_{33}^{12} & 0 & 0 & K_{35}^{11} & K_{35}^{12} & 0 & 0 \\
0 & 0 & K_{32}^{21} & K_{32}^{22} & K_{33}^{21} & K_{33}^{22} & 0 & 0 & K_{35}^{21} & K_{35}^{22} & 0 & 0 \\
0 & 0 & K_{42}^{11} & K_{42}^{12} & 0 & 0 & K_{44}^{11} & 0 & K_{45}^{11} & K_{45}^{12} & K_{46}^{11} & K_{46}^{12} \\
0 & 0 & 0 & 0 & 0 & 0 & 0 & 1 & 0 & 0 & 0 & 0 \\
0 & 0 & K_{52}^{11} & K_{52}^{12} & K_{53}^{11} & K_{53}^{12} & K_{54}^{11} & 0 & K_{55}^{11} & K_{55}^{12} & K_{56}^{11} & K_{56}^{12} \\
0 & 0 & K_{52}^{21} & K_{52}^{22} & K_{53}^{21} & K_{53}^{22} & K_{54}^{21} & 0 & K_{55}^{21} & K_{55}^{22} & K_{56}^{21} & K_{56}^{22} \\
0 & 0 & 0 & 0 & 0 & 0 & K_{64}^{11} & 0 & K_{65}^{11} & K_{65}^{12} & K_{66}^{11} & K_{66}^{12} \\
0 & 0 & 0 & 0 & 0 & 0 & K_{64}^{21} & 0 & K_{65}^{21} & K_{65}^{22} & K_{66}^{21} & K_{66}^{22}
\end{pmatrix}
\begin{pmatrix} u_1 \\ v_1 \\ u_2 \\ v_2 \\ u_3 \\ v_3 \\ u_4 \\ v_4 \\ u_5 \\ v_5 \\ u_6 \\ v_6 \end{pmatrix}
=
\begin{pmatrix}
\overline{\alpha} \\
\overline{\beta} \\
R_{2x} - K_{21}^{11}\overline{\alpha} - K_{21}^{12}\overline{\beta} - K_{24}^{12}\overline{\gamma} \\
R_{2y} - K_{21}^{21}\overline{\alpha} - K_{21}^{22}\overline{\beta} - K_{24}^{22}\overline{\gamma} \\
R_{3x} - K_{31}^{11}\overline{\alpha} - K_{31}^{12}\overline{\beta} - K_{34}^{12}\overline{\gamma} \\
R_{3y} - K_{31}^{21}\overline{\alpha} - K_{31}^{22}\overline{\beta} - K_{34}^{22}\overline{\gamma} \\
R_{4x} - K_{41}^{11}\overline{\alpha} - K_{41}^{12}\overline{\beta} - K_{44}^{12}\overline{\gamma} \\
\overline{\gamma} \\
R_{5x} - K_{51}^{11}\overline{\alpha} - K_{51}^{12}\overline{\beta} - K_{54}^{12}\overline{\gamma} \\
R_{5y} - K_{51}^{21}\overline{\alpha} - K_{51}^{22}\overline{\beta} - K_{54}^{22}\overline{\gamma} \\
R_{6x} - K_{61}^{11}\overline{\alpha} - K_{61}^{12}\overline{\beta} - K_{64}^{12}\overline{\gamma} \\
R_{6y} - K_{61}^{21}\overline{\alpha} - K_{61}^{22}\overline{\beta} - K_{64}^{22}\overline{\gamma}
\end{pmatrix} \tag{3-123}$$

2）在节点载荷矩阵 $\boldsymbol{R}$ 中，把相应的项用给定的位移值代替，而其余元素则应从中减去给定的节点位移与 $\boldsymbol{K}$ 中相应的列项的乘积，见式（3-123）。

这样的处理，由式（3-123），马上可得到

$$\begin{cases} u_1 = \overline{\alpha} \\ v_1 = \overline{\beta} \\ v_4 = \overline{\gamma} \end{cases}$$

而且保留了总刚度方程的原有阶数，自然也没有变更方程组的排列顺序。

（3）乘大数法（又称对角元扩大法）　该方法也用于当边界条件不一定为零位移约束

时的情形。对图 3-34 所示结构，也有类似式（3-122）的假定。它的处理方法是：

1）把总刚度矩阵 $\boldsymbol{K}$ 中与给定节点位移相对应的主对角线上的元素乘以相当大的一个数，如 $1\times10^{15}$，$\boldsymbol{K}$ 中的其他元素不变，见式（3-124）。

$$
\begin{pmatrix}
K_{11}^{11}\times10^{15} & K_{11}^{12} & K_{12}^{11} & K_{12}^{12} & K_{13}^{11} & K_{13}^{12} & 0 & 0 & 0 & 0 & 0 & 0\\
K_{11}^{21} & K_{11}^{22}\times10^{15} & K_{12}^{21} & K_{12}^{22} & K_{13}^{21} & K_{13}^{22} & 0 & 0 & 0 & 0 & 0 & 0\\
K_{21}^{11} & K_{21}^{12} & K_{22}^{11} & K_{22}^{12} & K_{23}^{11} & K_{23}^{12} & K_{24}^{11} & K_{24}^{12} & K_{25}^{11} & K_{25}^{12} & 0 & 0\\
K_{21}^{21} & K_{21}^{22} & K_{22}^{21} & K_{22}^{22} & K_{23}^{21} & K_{23}^{22} & K_{24}^{21} & K_{24}^{22} & K_{25}^{21} & K_{25}^{22} & 0 & 0\\
K_{31}^{11} & K_{32}^{11} & K_{32}^{11} & K_{32}^{12} & K_{33}^{11} & K_{33}^{12} & 0 & 0 & K_{35}^{11} & K_{35}^{12} & 0 & 0\\
K_{31}^{21} & K_{32}^{21} & K_{32}^{21} & K_{32}^{22} & K_{33}^{21} & K_{33}^{22} & 0 & 0 & K_{35}^{21} & K_{35}^{22} & 0 & 0\\
0 & 0 & K_{42}^{11} & K_{42}^{12} & 0 & 0 & K_{44}^{11} & K_{44}^{12} & K_{45}^{11} & K_{45}^{12} & K_{46}^{11} & K_{46}^{12}\\
0 & 0 & K_{42}^{21} & K_{42}^{22} & 0 & 0 & K_{44}^{21} & K_{44}^{22}\times10^{15} & K_{45}^{21} & K_{45}^{22} & K_{46}^{21} & K_{46}^{22}\\
0 & 0 & K_{52}^{11} & K_{52}^{12} & K_{53}^{11} & K_{53}^{12} & K_{54}^{11} & K_{54}^{12} & K_{55}^{11} & K_{55}^{12} & K_{56}^{11} & K_{56}^{12}\\
0 & 0 & K_{52}^{21} & K_{52}^{22} & K_{53}^{21} & K_{53}^{22} & K_{54}^{21} & K_{54}^{22} & K_{55}^{21} & K_{55}^{22} & K_{56}^{21} & K_{56}^{22}\\
0 & 0 & 0 & 0 & 0 & 0 & K_{64}^{11} & K_{64}^{12} & K_{65}^{11} & K_{65}^{12} & K_{66}^{11} & K_{66}^{12}\\
0 & 0 & 0 & 0 & 0 & 0 & K_{64}^{21} & K_{64}^{22} & K_{65}^{21} & K_{65}^{22} & K_{66}^{21} & K_{66}^{22}
\end{pmatrix}
\begin{Bmatrix} u_1\\ v_1\\ u_2\\ v_2\\ u_3\\ v_3\\ u_4\\ v_4\\ u_5\\ v_5\\ u_6\\ v_6 \end{Bmatrix}
=
\begin{pmatrix}
\bar{\alpha}\times K_{11}^{11}\times10^{15}\\
\bar{\beta}\times K_{11}^{22}\times10^{15}\\
R_{2x}\\
R_{2y}\\
R_{3x}\\
R_{3y}\\
R_{4x}\\
\bar{\gamma}\times K_{44}^{22}\times10^{15}\\
R_{5x}\\
R_{5y}\\
R_{6x}\\
R_{6y}
\end{pmatrix}
\tag{3-124}
$$

2）把节点载荷矩阵 $\boldsymbol{R}$ 中的对应项用给定的节点位移与相应的主对角线元素、同一相当大的数（如 $1\times10^{15}$）三项的乘积代替，见式（3-124）。

这样处理后，如展开式（3-124）的第一个方程，有

$$
K_{11}^{11}\times10^{15}u_1+K_{11}^{12}v_1+K_{12}^{11}u_2+K_{12}^{12}v_2+K_{13}^{11}u_3+K_{13}^{12}v_3+K_{14}^{11}u_4+
$$
$$
K_{14}^{12}v_4+K_{15}^{11}u_5+K_{15}^{12}v_5+K_{16}^{11}u_6+K_{16}^{12}v_6=\bar{\alpha}\times K_{11}^{11}\times10^{15} \tag{3-125}
$$

式（3-125）中，由于除包含大数 $1\times10^{15}$ 的两项外，其余各项相对都很小，可以略去，即

$$K_{11}^{11}\times 10^{15} >> K_{1j} \quad (j=2,3,\cdots,6)$$

因此，式（3-125）可以写为

$$K_{11}^{11}\times 10^{15}\times u_1 \approx \overline{\alpha}\times K_{11}^{11}\times 10^{15}$$

$$u_1=\overline{\alpha}$$

同理可得到

$$v_1=\overline{\beta}$$

$$v_4=\overline{\gamma}$$

均满足已知位移边界条件。

比较划零置一法和乘大数法可以看到，这两种方法都适用于零位移约束和非零位移约束边界条件。但是，当边界条件为零位移约束时，用划零置一法更为简捷，而对非零位移约束，用乘大数法更为方便。

用以上方法进行边界约束条件处理后，总刚度方程也得到修正，成为

$$\boldsymbol{K}^*\boldsymbol{\Delta}=\boldsymbol{R}^* \tag{3-126}$$

这时可以求解，求得节点位移。

### 3.1.14 计算结果整理

在进行边界约束条件处理后，求解节点位移，这将归结于求解一个大型联立线性方程组。求解方程组的时间在有限元分析过程中将占据计算时间的绝大部分。

求解大型联立线性方程组的方法很多。最常用的是直接法和迭代法。为了避免直接求逆的计算困难，直接法利用矩阵 $\boldsymbol{K}$ 的稀疏和对称特性将它分解为几个子矩阵，它们的结果等于原始矩阵。然后，通过简单的返回置换获得解矢量。迭代法是引入假设解后迭代直到达到平衡位置（解矢量无变化）。尽管迭代法有减小存储空间的特点，但运算次数大大高于直接法。

还有三种常用的方法，可以发挥矩阵的稀疏性和对称性，它们是带宽法、轮廓法、波前法。这些方法中最古老的是带宽法，它假设矩阵的每一行有一个常量（最大）带宽。尽管简化了编码，但存储不必要的零元素所需要的额外空间降低了这种方法的效率和实用性。轮廓法对带宽法进行了改进和修正。它通过用列代替行并设置带宽变量来控制矩阵，从而克服了存储问题。两种技巧都是调整节点带宽度。但是轮廓法，所需要的记忆即完成的操作次数取决于平均宽度而不是带宽法所要求的最大宽度。这显著改善了存储性能。

波前法技术类似于轮廓法，但它的性能取决于单元波前非节点宽度。波前法的优点在于它不像带宽法和轮廓法只限于对称矩阵，并且不必预先组装矩阵。然而大多数波前方案比轮廓法需要更多的硬盘访问并且常常要求更为严格的规模限制。也就是说，波前法并不适用于充分发挥超级计算环境优势所必需的矢量方法。

在这些方法中，最适合的应是能充分利用总刚度矩阵对称、稀疏和带状特性，以便能极大地减小计算的存储量和求解时间。自然，在小型计算机上计算时更注重于减小计算存储量，而大型计算机则着重于缩短计算时间。

求解总刚度方程，得到节点位移后，代入式（3-75）即可求得单元应力。

计算出的节点位移就是结构上各离散点的位移值，据此可直接画出结构的位移分布图

线，即变形图。大部分有限元通用程序的后处理中均能显示出结构计算前后的变形图，直观显示出各部位的变形大小。

而对应力计算结果，则必须进行整理。这是因为对常应变三角形单元，单元中应力也是常量，而不是某一点的应力值，通常把它作为三角形单元形心处的应力。为了由计算结果推出结构上某一点的接近实际的应力值，通常可采用绕节点平均法或两单元平均法。

所谓绕节点平均法，就是把环绕某一节点的各单元常应力加以平均，用以表示该节点的应力。如图 3-35 中所示节点 1 的应力，可认为

$$\boldsymbol{\sigma}_1 = \frac{1}{6}\sum_{e=1}^{6}\boldsymbol{\sigma}^e$$

为了使绕节点平均应力能较真实地表示节点处的实际应力，环绕该节点的各个单元的面积不能相差太大。绕节点平均法比较适用于内节点应力的推算。对边界节点，绕节点平均法的误差将较大。一般边界节点的应力可由内节点的应力通过插值推算。如图 3-35 中节点 4 的应力，可先用绕节点平均法计算出内节点 1、2、3 的应力，再由这三点的应力用抛物线插值公式推算出节点 4 的应力。

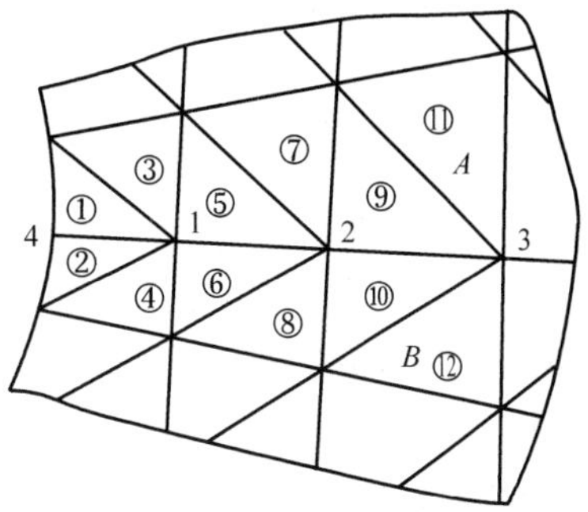

图 3-35　绕节点平均法

所谓两单元平均法，就是把两个相邻单元之中的常应力加以平均，用来表示公共边界中点处的应力。如图 3-35 中，$A$、$B$ 的应力为

$$\boldsymbol{\sigma}_A = \frac{1}{2}(\boldsymbol{\sigma}^{⑨} + \boldsymbol{\sigma}^{⑪})$$

$$\boldsymbol{\sigma}_B = \frac{1}{2}(\boldsymbol{\sigma}^{⑩} + \boldsymbol{\sigma}^{⑫})$$

为了使两单元平均法所推算的应力具有较好的表征性，两个相邻单元的面积不应相差太大。

在求出各点的应力分量 $\sigma_x$、$\sigma_y$、$\tau_{xy}$后，还可求出主应力 $\sigma_1$、$\sigma_2$ 及主方向。这些值都可在图上表达出来，显示出结构内应力分布情况。在大型通用有限元分析程序中，都可以等应力线的形式给出各种应力分量的分布图，供设计人员分析研究。

通过以上应用常应变三角形单元求解平面问题的论述，可以归纳出有限元法分析步骤大致如下：

1）根据具体分析对象，画出结构简图。在此基础上进行有限元离散化，即网格划分，包括：

① 选择坐标系，选择单元。

② 确定网格大小、疏密，画出网格图。

③ 边界约束条件和载荷的简化、确定。

得到分析物体的有限元计算模型。

2）单元分析，目的是求出各单元的刚度矩阵及等效节点载荷矩阵。

一般可直接根据各种类型单元的刚度矩阵表示式求出。如对常应变三角形单元，可根据节点坐标值，计算出各单元的面积及常系数 $b_i$、$c_i$、$b_j$、$c_j$、$b_m$、$c_m$ 的值，代入式（3-84）

后求出各单元的刚度矩阵。

根据各单元所受载荷，利用式（3-96）移置到各节点上，形成等效节点载荷矩阵。

3）整体分析，就是将各单元的分析组集成一个整体，形成总刚度矩阵 $\boldsymbol{K\Delta}=\boldsymbol{R}$。包括：

① 组集总刚度矩阵 $\boldsymbol{K}$，可利用直接刚度法或其他方法。

② 组集结构节点载荷矩阵。这一步也可结合单元分析形成各单元等效节点载荷矩阵时直接组集。

③ 边界约束条件处理，修正总刚度方程，并由此求解得到各节点位移 $\boldsymbol{\Delta}$。

④ 求单元应力和节点应力。整理计算结果后给出结构变形图及各种应力分量的等值曲线。

### 3.1.15 平面高次单元

前面讨论的三角形单元简单、适应性强，能够容易适应曲线边界及随意改变单元大小。但是由于只能采用线性位移模式，所以它的计算精度受到限制。为了满足一定的精度要求，需要将单元划分得很小，增加单元数。分析表明，如果采用高次单元位移模式，可以提高计算精度，从而大大减少单元的数目。下面介绍两种平面问题高次单元：六节点三角形单元和四节点矩形单元。

（1）六节点三角形单元　六节点三角形单元是在三节点三角形单元的基础上，把三边条的中点也取为节点而形成的。规定节点 $i$、$j$、$m$ 在三角形的三个顶点上，其排列仍按坐标系右手法则确定。节点 1、2、3 分别在节点 $i$、$j$、$m$ 的对边上，如图 3-36 所示，图 3-36a 所示为网格中的六节点三角形单元，图 3-36b 所示为其节点编号方式及节点面积坐标。单元的节点位移矩阵 $\boldsymbol{\Delta}^e$ 和单元节点力矩阵 $\boldsymbol{F}^e$ 分别为

$$\boldsymbol{\Delta}^e=(\boldsymbol{\Delta}_i^{e\mathrm{T}}\boldsymbol{\Delta}_j^{e\mathrm{T}}\boldsymbol{\Delta}_m^{e\mathrm{T}}\boldsymbol{\Delta}_1^{e\mathrm{T}}\boldsymbol{\Delta}_2^{e\mathrm{T}}\boldsymbol{\Delta}_3^{e\mathrm{T}})^{\mathrm{T}} \tag{3-127}$$

$$\boldsymbol{F}^e=(\boldsymbol{F}_i^{e\mathrm{T}}\boldsymbol{F}_j^{e\mathrm{T}}\boldsymbol{F}_m^{e\mathrm{T}}\boldsymbol{F}_1^{e\mathrm{T}}\boldsymbol{F}_2^{e\mathrm{T}}\boldsymbol{F}_3^{e\mathrm{T}})^{\mathrm{T}} \tag{3-128}$$

式中

$$\boldsymbol{\Delta}_i^e=\begin{pmatrix}u_i\\v_i\end{pmatrix}$$

$$\boldsymbol{\Delta}_1^e=\begin{pmatrix}u_1\\v_1\end{pmatrix}$$

$$\boldsymbol{F}_i^e=\begin{pmatrix}X_i^e\\Y_i^e\end{pmatrix}$$

$$\boldsymbol{F}_1^e=\begin{pmatrix}X_1^e\\Y_1^e\end{pmatrix}$$

其余项以此类推。

1）单元位移模式。六节点三角形单元有六个节点，单元位移模式可假设为完全的二次多项式：

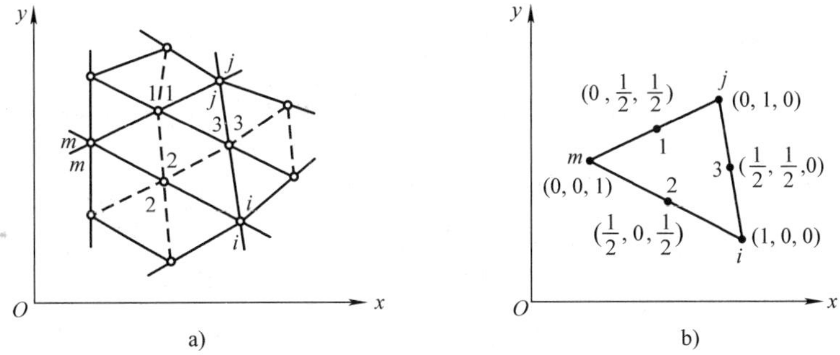


图 3-36　六节点三角形单元及节点面积坐标

a）六节点三角形单元　b）节点面积坐标

$$\begin{cases} u = a_1 + a_2 x + a_3 y + a_4 x^2 + a_5 xy + a_6 y^2 \\ v = a_7 + a_8 x + a_9 y + a_{10} x^2 + a_{11} xy + a_{12} y^2 \end{cases} \tag{3-129}$$

式中，$a_i(i=1,2,\cdots,12)$ 为待定常数。

先讨论位移模式的收敛性问题。系数 $a_1$、$a_2$、$a_3$ 与 $a_7$、$a_8$、$a_9$，由三节点三角形单元位移模式的收敛性讨论可知，它们反映了单元的刚体位移和常应变，满足解收敛的完备条件。

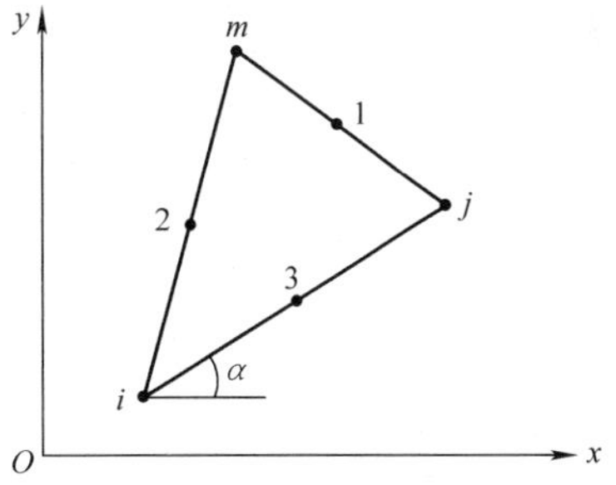


图 3-37　自然坐标下的单元位移模式

为了说明位移模式在相邻单元之间的连续性，设在单元边界上利用

$$\begin{cases} x = x_i + s\cos\alpha \\ y = y_i + s\sin\alpha \end{cases} \tag{3-130}$$

把式（3-129）中第一式的 $x$、$y$ 坐标变换成自然坐标 $s$（图 3-37），经整理后该式成为

$$u = \beta_1 + \beta_2 s + \beta_3 s^2$$

可见，在单元边界 $ij$ 上，利用三个节点 $i$、$j$、3 的位移分量 $u_i$、$u_j$、$u_3$ 可以确定 $\beta_1$、$\beta_2$、$\beta_3$。因此，在两个相邻单元的公共边界 $ij$ 上，两个单元具有相同的位移函数 $u$，这就保证了位移模式 $u$ 在相邻单元之间的连续性。同样也可证明位移模式 $v$ 也能保证相邻单元之间的连续性。

由上述分析可得，所假设的六节点三角形单元的位移模式满足收敛性条件，其位移解是收敛的。

下面进一步分析单元位移模式式（3-129）中的 12 个待定常数。仿照三节点三角形单元的分析，可以用六个节点的位移分量来决定 12 个待定常数，然后再代回式（3-129）中求出形函数 $N_r(r=i,j,m,1,2,3)$。这一过程是非常繁复的。利用面积坐标的定义及形函数的性质，可以直接将单元位移模式用形函数表示：

$$\boldsymbol{f}^e = \boldsymbol{N\Delta}^e \tag{3-131}$$

式中，形函数矩阵为

$$\boldsymbol{N}=\begin{pmatrix} N_i & 0 & N_j & 0 & N_m & 0 & N_1 & 0 & N_2 & 0 & N_3 & 0 \\ 0 & N_i & 0 & N_j & 0 & N_m & 0 & N_1 & 0 & N_2 & 0 & N_3 \end{pmatrix} \tag{3-132}$$

$$N_i = L_i(2L_i-1) \quad (i,j,m) \tag{3-133}$$

$$N_1 = 4L_jL_m \quad (1,\ j,\ m;\ 2,\ i,\ m;\ 3,\ i,\ j)$$

式中，$L_r(r=i,j,m,1,2,3)$分别为节点 $i$、$j$、$m$、1、2、3 的面积坐标。显然把它们代入式（3-131)后，立即可得出单元上任意点位移 $u$、$v$。

由于形函数 $N_r(r=i,j,m,1,2,3)$是面积坐标 $L_i$、$L_j$、$L_m$ 的二次式，根据直角坐标和面积坐标的转换关系式（3-65）与式（3-67）可知，式（3-131）和式（3-129）是等同的，同样满足解的收敛性。

2）单元刚度矩阵。把位移模式式（3-129）代入几何方程式（3-12)，有

$$\boldsymbol{\varepsilon}=\begin{pmatrix}\varepsilon_x\\ \varepsilon_y\\ \gamma_{xy}\end{pmatrix}=\begin{pmatrix}\dfrac{\partial u}{\partial x}\\ \dfrac{\partial v}{\partial y}\\ \dfrac{\partial u}{\partial y}+\dfrac{\partial v}{\partial x}\end{pmatrix}=\boldsymbol{B\Delta}^e \tag{3-134}$$

由于

$$\varepsilon_x=\frac{\partial u}{\partial x}=\frac{\partial N_i}{\partial x}u_i+\frac{\partial N_j}{\partial x}u_j+\frac{\partial N_m}{\partial x}u_m+\frac{\partial N_1}{\partial x}u_1+\frac{\partial N_2}{\partial x}u_2+\frac{\partial N_3}{\partial x}u_3$$

$$\varepsilon_y=\frac{\partial v}{\partial y}=\frac{\partial N_i}{\partial y}v_i+\frac{\partial N_j}{\partial y}v_j+\frac{\partial N_m}{\partial y}v_m+\frac{\partial N_1}{\partial y}v_1+\frac{\partial N_2}{\partial y}v_2+\frac{\partial N_3}{\partial y}v_3$$

$$\gamma_{xy}=\frac{\partial u}{\partial y}+\frac{\partial v}{\partial x}=\frac{\partial N_i}{\partial y}u_i+\frac{\partial N_i}{\partial x}v_i+\frac{\partial N_j}{\partial y}u_j+\frac{\partial N_j}{\partial x}v_j+\frac{\partial N_m}{\partial y}u_m+\frac{\partial N_m}{\partial x}v_m+$$
$$\frac{\partial N_1}{\partial y}u_1+\frac{\partial N_1}{\partial x}v_1+\frac{\partial N_2}{\partial y}u_2+\frac{\partial N_2}{\partial x}v_2+\frac{\partial N_3}{\partial y}u_3+\frac{\partial N_3}{\partial x}v_3$$

所以

$$\boldsymbol{B}=(\boldsymbol{B}_i\boldsymbol{B}_j\boldsymbol{B}_m\boldsymbol{B}_1\boldsymbol{B}_2\boldsymbol{B}_3) \tag{3-135}$$

式中

$$\boldsymbol{B}_r=\begin{pmatrix}\dfrac{\partial N_r}{\partial x} & 0\\ 0 & \dfrac{\partial N_r}{\partial y}\\ \dfrac{\partial N_r}{\partial y} & \dfrac{\partial N_r}{\partial x}\end{pmatrix}(r=i,j,m)$$

$$\boldsymbol{B}_k=\begin{pmatrix}\dfrac{\partial N_k}{\partial x} & 0\\ 0 & \dfrac{\partial N_k}{\partial y}\\ \dfrac{\partial N_k}{\partial y} & \dfrac{\partial N_k}{\partial x}\end{pmatrix}(k=1,2,3)$$

由式（3-133），并注意到 $L_i=\dfrac{a_i+b_ix+c_iy}{2A}(i,j,m)$，有

$$\frac{\partial N_i}{\partial x}=\frac{\partial N_i}{\partial L_i}\frac{\partial L_i}{\partial x}=(4L_i-1)\frac{b_i}{2A}(i,j,m)$$

$$\frac{\partial N_1}{\partial x}=\frac{\partial N_1}{\partial L_j}\frac{\partial L_j}{\partial x}+\frac{\partial N_1}{\partial L_m}\frac{\partial L_m}{\partial x}=4L_m\frac{b_j}{2A}+4L_j\frac{b_m}{2A}=\frac{4(b_jL_m+b_mL_j)}{2A}(1,j,m;2,i,m;3,i,j)$$

同理

$$\frac{\partial N_2}{\partial x}=\frac{4(b_iL_m+b_mL_i)}{2A}$$

$$\frac{\partial N_3}{\partial x}=\frac{4(b_iL_j+b_jL_i)}{2A}$$

$$\frac{\partial N_r}{\partial y}=\frac{c_r}{2A}(4L_r-1)\quad(r=i,j,m)$$

同理

$$\frac{\partial N_1}{\partial y}=\frac{4(c_jL_m+c_mL_j)}{2A}$$

$$\frac{\partial N_2}{\partial y}=\frac{4(c_iL_m+c_mL_i)}{2A}$$

$$\frac{\partial N_3}{\partial y}=\frac{4(c_iL_j+c_jL_i)}{2A}$$

所以

$$\boldsymbol{B}_r=\frac{1}{2A}\begin{pmatrix}b_r(4L_r-1) & 0\\ 0 & c_r(4L_r-1)\\ c_r(4L_r-1) & b_r(4L_r-1)\end{pmatrix}\quad(r=i,j,m)$$

$$\boldsymbol{B}_1=\frac{1}{2A}\begin{pmatrix}4(b_jL_m+b_mL_j) & 0\\ 0 & 4(c_jL_m+c_mL_j)\\ 4(c_jL_m+c_mL_j) & 4(b_jL_m+b_mL_j)\end{pmatrix}$$

$$\boldsymbol{B}_2=\frac{1}{2A}\begin{pmatrix}4(b_iL_m+b_mL_i) & 0\\ 0 & 4(c_iL_m+c_mL_i)\\ 4(c_iL_m+c_mL_i) & 4(b_iL_m+b_mL_i)\end{pmatrix}$$

$$\boldsymbol{B}_3=\frac{1}{2A}\begin{pmatrix}4(b_iL_j+b_jL_i) & 0\\ 0 & 4(c_iL_j+c_jL_i)\\ 4(c_iL_j+c_jL_i) & 4(b_iL_j+b_jL_i)\end{pmatrix}$$

由此可知，应变分量是面积坐标的一次式，因而也是 $x$、$y$ 的一次式。也就是说，单元内的应变是线性变化的，不再是常量。

把应变表达式代入物理方程，可得到单元应力表达式：

$$\boldsymbol{\sigma}=\boldsymbol{D\varepsilon}=\boldsymbol{DB\Delta}^e=\boldsymbol{S\Delta}^e \tag{3-136}$$

式中，应力矩阵

$$\boldsymbol{S}=\boldsymbol{DB}=(\boldsymbol{S}_i\boldsymbol{S}_j\boldsymbol{S}_m\boldsymbol{S}_1\boldsymbol{S}_2\boldsymbol{S}_3) \tag{3-137}$$

其中应力子矩阵为

$$\boldsymbol{S}_i=\boldsymbol{D}\boldsymbol{B}_i=\frac{Eh(4L_i-1)}{4(1-\mu^2)A}\begin{pmatrix}2b_i & 2\mu c_i\\ 2\mu b_i & 2c_i\\ (1-\mu)c_i & (1-\mu)b_i\end{pmatrix}(i,j,m)$$

$$\boldsymbol{S}_1=\boldsymbol{D}\boldsymbol{B}_1=\frac{Eh}{4(1-\mu^2)A}\begin{pmatrix}8(b_jL_m+b_mL_j) & 8\mu(c_jL_m+c_mL_j)\\ 8\mu(b_jL_m+b_mL_j) & 8(c_jL_m+c_mL_j)\\ 4(1-\mu)(c_jL_m+c_mL_j) & 4(1-\mu)(b_jL_m+b_mL_j)\end{pmatrix}$$

$$\boldsymbol{S}_2=\boldsymbol{D}\boldsymbol{B}_2=\frac{Eh}{4(1-\mu^2)A}\begin{pmatrix}8(b_iL_m+b_mL_i) & 8\mu(c_iL_m+c_mL_i)\\ 8\mu(b_iL_m+b_mL_i) & 8(c_iL_m+c_mL_i)\\ 4(1-\mu)(c_iL_m+c_mL_i) & 4(1-\mu)(b_iL_m+b_mL_i)\end{pmatrix}$$

$$\boldsymbol{S}_3=\boldsymbol{D}\boldsymbol{B}_3=\frac{Eh}{4(1-\mu^2)A}\begin{pmatrix}8(b_iL_j+b_jL_i) & 8\mu(c_iL_j+c_jL_i)\\ 8\mu(b_iL_j+b_jL_i) & 8(c_iL_j+c_jL_i)\\ 4(1-\mu)(c_iL_j+c_jL_i) & 4(1-\mu)(b_iL_j+b_jL_i)\end{pmatrix}$$

应力矩阵 $\boldsymbol{S}$ 同样是面积坐标及 $x$、$y$ 坐标的一次式，也说明了单元中的应力是线性变化，也不再是常量。

单元刚度矩阵的一般表达式已根据虚功方程导出，即

$$\boldsymbol{K}^e=\iint_A\boldsymbol{B}^{\mathrm{T}}\boldsymbol{D}\boldsymbol{B}h\mathrm{d}x\mathrm{d}y$$

将应变矩阵 $\boldsymbol{B}$ 的表达式代入，并运用积分公式，有

$$\iint_A L_i^aL_j^bL_m^c\mathrm{d}x\mathrm{d}y=\frac{a!b!c!}{(a+b+c+2)!}2A$$

又注意到关系式

$$b_i+b_j+b_m=y_j-y_m+y_m-y_i+y_i-y_j=0$$

及

$$c_i+c_j+c_m=0$$

可得单元刚度矩阵为

$$\boldsymbol{K}^e=\frac{Eh}{24(1-\mu^2)A}\begin{pmatrix}F_i & P_{ij} & P_{im} & 0 & -4P_{im} & -4P_{ij}\\ P_{ji} & F_j & P_{jm} & -4P_{jm} & 0 & -4P_{ji}\\ P_{mi} & P_{mj} & F_m & -4P_{mj} & -4P_{mi} & 0\\ 0 & -4P_{mj} & -4P_{jm} & G_i & Q_{ij} & Q_{im}\\ -4P_{mi} & 0 & -4P_{im} & Q_{ji} & G_j & Q_{jm}\\ -4P_{ji} & -4P_{ij} & 0 & Q_{mi} & Q_{mj} & G_m\end{pmatrix}\tag{3-138}$$

式中

$$\boldsymbol{F}_i=\begin{pmatrix}6b_i^2+3(1-\mu)c_i^2 & 3(1+\mu)b_ic_i\\ 3(1+\mu)b_ic_i & 6c_i^2+3(1-\mu)b_i^2\end{pmatrix}(i,j,m)$$

$$\boldsymbol{G}_i=\begin{pmatrix}16(b_i^2-b_jb_m)+8(1-\mu)(c_i^2-c_jc_m) & 4(1+\mu)(b_ic_i+b_jc_j+b_mc_m)\\ 4(1+\mu)(b_ic_i+b_jc_j+b_mc_m) & 16(c_i^2-c_jc_m)+8(1-\mu)(b_i^2-b_jb_m)\end{pmatrix}(i,j,m)$$

$$\boldsymbol{P}_{rs}=\begin{pmatrix}-2b_rb_s-(1-\mu)c_rc_s & -2\mu b_rc_s-(1-\mu)c_rb_s\\ -2\mu c_rb_s-(1-\mu)b_rc_s & -2c_rc_s-(1-\mu)b_rb_s\end{pmatrix}(r=i,j,m;s=i,j,m)$$

$$\boldsymbol{Q}_{rs}=\begin{pmatrix}16b_rb_s+8(1-\mu)c_rc_s & 4(1+\mu)(c_rb_s+b_rc_s)\\ 4(1+\mu)(c_rb_s+b_rc_s) & 16c_rc_s+8(1-\mu)b_rb_s\end{pmatrix}(r=i,j,m;s=i,j,m) \tag{3-139}$$

对于平面应变问题，只需在应力矩阵 $\boldsymbol{S}$ 和单元刚度矩阵 $\boldsymbol{K}^e$ 中将 $E$ 换成$\dfrac{E}{1-\mu^2}$，$\mu$ 换成$\dfrac{\mu}{1-\mu}$即可。

3）等效节点载荷的计算。由于六节点三角形单元的位移模式是非线性的，所以必须用非节点载荷向节点移置的一般公式来求等效节点载荷，即有

$$\boldsymbol{p}^e=\boldsymbol{N}^{\mathrm{T}}\boldsymbol{Q}+\int_s\boldsymbol{N}^{\mathrm{T}}\boldsymbol{p}_A h\mathrm{d}s+\iint_A\boldsymbol{N}^{\mathrm{T}}\boldsymbol{p}_V h\mathrm{d}x\mathrm{d}y \tag{3-140}$$

① 自重的移置。设单元受自重作用，则

$$\boldsymbol{p}_V=\begin{pmatrix}0\\-w\end{pmatrix}$$

由式（3-140），单元的等效节点载荷矩阵为

$$\begin{aligned}\boldsymbol{p}^e&=\iint_A\boldsymbol{N}^{\mathrm{T}}\boldsymbol{p}_V h\mathrm{d}x\mathrm{d}y\\&=\iint_A\begin{pmatrix}N_i&0&N_j&0&N_m&0&N_1&0&N_2&0&N_3&0\\0&N_i&0&N_j&0&N_m&0&N_1&0&N_2&0&N_3\end{pmatrix}^{\mathrm{T}}\begin{pmatrix}0\\-\omega\end{pmatrix}h\mathrm{d}x\mathrm{d}y\\&=-hw\iint_A(0\ \ N_i\ \ 0\ \ N_j\ \ 0\ \ N_m\ \ 0\ \ N_1\ \ 0\ \ N_2\ \ 0\ \ N_3)^{\mathrm{T}}\mathrm{d}x\mathrm{d}y\\&=-\frac{Ahw}{3}(0\ \ 0\ \ 0\ \ 0\ \ 0\ \ 0\ \ 0\ \ 1\ \ 0\ \ 1\ \ 0\ \ 1)^{\mathrm{T}}\end{aligned}$$

设单元的总自重为 $W_y=-Ahw$，则等效节点载荷矩阵为

$$\boldsymbol{p}^e=\begin{pmatrix}0&0&0&0&0&0&0&\frac{1}{3}W_y&0&\frac{1}{3}W_y&0&\frac{1}{3}W_y\end{pmatrix}^{\mathrm{T}} \tag{3-141}$$

式（3-141）表明，单元的总体力是平均分配到各边中点的节点 1、节点 2、节点 3 上的，而三角形三个顶点的节点为零，如图 3-38 所示。

② 面力载荷的移置。设在单元 $ij$ 边界上，作用沿 $x$ 方向的按线性变化的面力，在节点 $i$ 上的强度为 $q$，在节点 $j$ 上的强度为零，如图 3-39 所示。这样，其面力矩阵为

$$\boldsymbol{p}_A=\begin{pmatrix}qL_i\\0\end{pmatrix}$$

代入式（3-140）后，有

$$\boldsymbol{p}^e=\int_{\overline{ij}}\boldsymbol{N}_{ij}^{\mathrm{T}}\begin{pmatrix}qL_i\\0\end{pmatrix}h\mathrm{d}s \tag{3-142}$$

式（3-142）的积分是沿$\overline{ij}$边进行的。由于在$\overline{ij}$边上面积坐标 $L_m=0$，所以形函数简化为

$$\begin{aligned}N_i&=L_i(2L_i-1)\\N_j&=L_j(2L_j-1)\\N_m&=0\\N_1&=0\\N_2&=0\\N_3&=4L_iL_j\end{aligned}$$

代入式（3-142）后，有

$$
\begin{aligned}
\boldsymbol{p}^e &= \int_{\overline{ij}} \begin{pmatrix} N_i & 0 & N_j & 0 & 0 & 0 & 0 & 0 & 0 & 0 & N_3 & 0 \\ 0 & N_i & 0 & N_j & 0 & 0 & 0 & 0 & 0 & 0 & 0 & N_3 \end{pmatrix}^{\mathrm{T}} \begin{pmatrix} qL_i \\ 0 \end{pmatrix} h\mathrm{d}s \\
&= qh\int_{\overline{ij}} (N_iL_i \;\; 0 \;\; N_jL_i \;\; 0 \;\; 0 \;\; 0 \;\; 0 \;\; 0 \;\; 0 \;\; 0 \;\; N_3L_i \;\; 0)^{\mathrm{T}}\mathrm{d}s
\end{aligned}
\tag{3-143}
$$

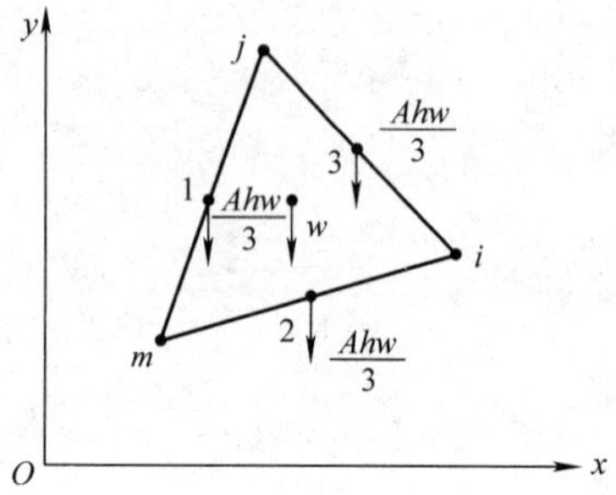


图 3-38　自重的移置

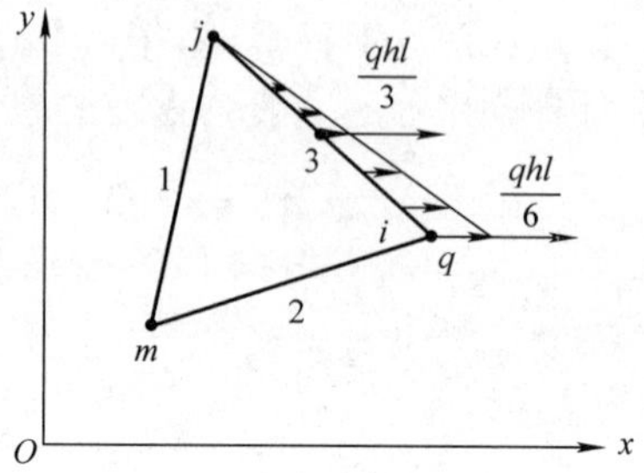


图 3-39　面力的载荷移置

利用面积坐标的幂函数沿三角形单元某一边积分公式

$$\int L_i^a L_j^b \mathrm{d}s = \frac{a!b!}{(a+b+1)!}l \quad (i,j,m)$$

式（3-143）有

$$\boldsymbol{p}^e = \frac{lhq}{2}\left(\frac{1}{3} \;\; 0 \;\; 0 \;\; 0 \;\; 0 \;\; 0 \;\; 0 \;\; 0 \;\; 0 \;\; 0 \;\; \frac{2}{3} \;\; 0\right)^{\mathrm{T}} \tag{3-144}$$

式中，$l$ 为边$\overline{ij}$的长度。

式（3-144）表明，总面力$\frac{lhq}{2}$的$\frac{1}{3}$移置到节点 $i$ 上，而$\frac{2}{3}$移置到 $ij$ 边中点 3 上。其余节点载荷分量均为零。

求出六节点三角形单元的单元刚度矩阵和等效节点载荷矩阵后，即可按前面所述的方法组集成结构总刚度方程，约束处理后求解得节点位移，再代入物理方程求出单元应力。方法基本是相同的，这里不再重复。

（2）四节点矩形单元　当结构外形比较规则时，可以采用四节点矩形单元，这也是一种精度较高的单元。假设从离散体系中取出一个矩形单元（图 3-40a）。为了简便，矩形单元的边界分别平行 $x$ 轴和 $y$ 轴，节点的编号从左下角开始按坐标系右手法则编为 $i$、$j$、$m$、$p$，边长分别为 $2a$ 和 $2b$。

在矩形单元的分析中，引入无因次局部坐标 $\xi$、$\eta$。坐标原点取在单元的形心上，$\xi$ 轴和 $\eta$ 轴分别平行 $x$ 轴和 $y$ 轴。局部坐标 $\xi$、$\eta$ 与整体坐标 $x$、$y$ 的转换关系为

$$
\begin{aligned}
\xi &= \frac{1}{a}(x - x_0),\; x_0 = \frac{1}{2}(x_i + x_j),\; 2a = x_j - x_i \\
\eta &= \frac{1}{b}(y - y_0),\; y_0 = \frac{1}{2}(y_i + y_p),\; 2b = y_p - y_i
\end{aligned}
\tag{3-145}
$$

根据式（3-145），可得到节点 $i$、$j$、$m$、$p$ 的局部坐标分别是（−1，−1），（1，−1），（1，1），（−1，1），如图 3-40b 所示。

矩形单元的节点位移矩阵 $\boldsymbol{\Delta}^e$ 和单元节点力矩阵 $\boldsymbol{F}^e$ 分别为

$$\boldsymbol{\Delta}^e = (\boldsymbol{\Delta}_i^{e\mathrm{T}}\boldsymbol{\Delta}_j^{e\mathrm{T}}\boldsymbol{\Delta}_m^{e\mathrm{T}}\boldsymbol{\Delta}_p^{e\mathrm{T}})^{\mathrm{T}} \tag{3-146}$$

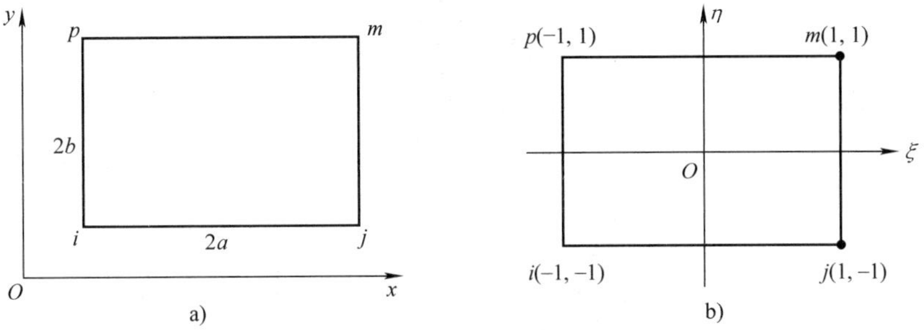


图 3-40 四节点矩形单元

a）在整体坐标系下 b）在局部坐标系下

$$\boldsymbol{F}^e = (\boldsymbol{F}_i^{e\mathrm{T}}\boldsymbol{F}_j^{e\mathrm{T}}\boldsymbol{F}_m^{e\mathrm{T}}\boldsymbol{F}_p^{e\mathrm{T}})^{\mathrm{T}} \tag{3-147}$$

式中

$$\boldsymbol{\Delta}_i^e = \begin{pmatrix} u_i \\ v_i \end{pmatrix}(i,j,m,p)$$

$$\boldsymbol{F}_i^e = \begin{pmatrix} X_i^e \\ Y_i^e \end{pmatrix}(i,j,m,p)$$

1）单元位移模式。由于矩形单元有四个节点，相应有八个自由度，所以取单元位移模式为双线性函数，即

$$\begin{cases} u = a_1 + a_2\xi + a_3\eta + a_4\xi\eta \\ v = a_5 + a_6\xi + a_7\eta + a_8\xi\eta \end{cases} \tag{3-148}$$

式中，$a_i(i=1,2,\cdots,8)$为待定系数。

为求出 $\alpha_i$，可把四个节点的局部坐标值代入式（3-148），有

$$\begin{cases} u_i = a_1 - a_2 - a_3 + a_4 \\ u_j = a_1 + a_2 - a_3 - a_4 \\ u_m = a_1 + a_2 + a_3 + a_4 \\ u_p = a_1 - a_2 + a_3 - a_4 \end{cases} \tag{3-149}$$

求解式（3-149），得

$$a_1 = \frac{1}{4}(u_i + u_j + u_m + u_p)$$

$$a_2 = \frac{1}{4}(-u_i + u_j + u_m - u_p)$$

$$a_3 = \frac{1}{4}(-u_i - u_j + u_m + u_p)$$

$$a_4 = \frac{1}{4}(u_i - u_j + u_m - u_p)$$

代入式（3-148）后并整理，得

$$u(\xi,\eta) = \frac{1}{4}(1-\xi)(1-\eta)u_i + \frac{1}{4}(1+\xi)(1-\eta)u_j + \frac{1}{4}(1+\xi)(1+\eta)u_m +$$
$$\frac{1}{4}(1-\xi)(1+\eta)u_p = N_iu_i + N_ju_j + N_mu_m + N_pu_p$$

同理也可求得

$$v(\xi,\eta) = N_iv_i + N_jv_j + N_mv_m + N_pv_p$$

其中 $$N_i=\frac{1}{4}(1+\xi_i\xi)(1+\eta_i\eta)(i,j,m,p) \tag{3-150}$$

这样，单元的位移模式可写为

$$\boldsymbol{f}=\begin{pmatrix}u\\v\end{pmatrix}=\begin{pmatrix}N_i & 0 & N_j & 0 & N_m & 0 & N_p & 0\\0 & N_i & 0 & N_j & 0 & N_m & 0 & N_p\end{pmatrix}\boldsymbol{\Delta}^e=\boldsymbol{N\Delta}^e \tag{3-151}$$

下面讨论位移模式的收敛性问题。由于式（3-148）中包含常数项和 $\xi$、$\eta$ 的一次项 $a_1$、$a_5$、$a_2$、$a_3$、$a_6$、$a_7$，所以与三角形常应变单元分析相同，它们反映了单元的刚体位移和常应变状态，满足解收敛的完备条件。在单元的四条边界上，$\xi$ 与 $\eta$ 分别是常量，因而单元位移函数的边界上分别是 $\eta$ 与 $\xi$ 的线性函数。这样相邻单元公共边界上的位移由该边界上的两个节点的位移完全确定，也是线性变化的。这就保证了相邻单元在公共边上位移的连续性，满足解收敛的协调条件。因此矩形单元是完备的协调单元。

2）单元刚度矩阵。将位移模式式（3-148）代入几何方程，可得单元应变为

$$\boldsymbol{\varepsilon}=\begin{pmatrix}\varepsilon_x\\\varepsilon_y\\\gamma_{xy}\end{pmatrix}=\begin{pmatrix}\dfrac{\partial u}{\partial x}\\\dfrac{\partial v}{\partial y}\\\dfrac{\partial v}{\partial x}+\dfrac{\partial u}{\partial y}\end{pmatrix}=\begin{pmatrix}\dfrac{\partial u}{\partial \xi}\dfrac{\partial \xi}{\partial x}\\\dfrac{\partial v}{\partial \eta}\dfrac{\partial \eta}{\partial y}\\\dfrac{\partial v}{\partial \xi}\dfrac{\partial \xi}{\partial x}+\dfrac{\partial u}{\partial \eta}\dfrac{\partial \eta}{\partial y}\end{pmatrix}=\frac{1}{ab}\begin{pmatrix}b\dfrac{\partial u}{\partial \xi}\\a\dfrac{\partial v}{\partial \eta}\\a\dfrac{\partial u}{\partial \eta}+b\dfrac{\partial v}{\partial \xi}\end{pmatrix} \tag{3-152}$$

$$=(\boldsymbol{B}_i\boldsymbol{B}_j\boldsymbol{B}_m\boldsymbol{B}_p)\boldsymbol{\Delta}^e=\boldsymbol{B\Delta}^e$$

式（3-152）中，子矩阵 $\boldsymbol{B}_i$ 为

$$\boldsymbol{B}_i=\frac{1}{ab}\begin{pmatrix}b\dfrac{\partial N_i}{\partial \xi} & 0\\0 & a\dfrac{\partial N_i}{\partial \eta}\\a\dfrac{\partial N_i}{\partial \eta} & b\dfrac{\partial N_i}{\partial \xi}\end{pmatrix}=\frac{1}{4ab}\begin{pmatrix}b\xi_i(1+\eta_i\eta) & 0\\0 & a\eta_i(1+\xi_i\xi)\\a\eta_i(1+\xi_i\xi) & b\xi_i(1+\eta_i\eta)\end{pmatrix}\quad(i,j,m,p) \tag{3-153}$$

由物理方程可得单元应力

$$\begin{aligned}\boldsymbol{\sigma}&=\boldsymbol{D\varepsilon}=\boldsymbol{DB\Delta}^e=\boldsymbol{D}(\boldsymbol{B}_i\boldsymbol{B}_j\boldsymbol{B}_m\boldsymbol{B}_p)\boldsymbol{\Delta}^e\\&=(\boldsymbol{S}_i\boldsymbol{S}_j\boldsymbol{S}_m\boldsymbol{S}_p)\boldsymbol{\Delta}^e=\boldsymbol{S\Delta}^e\end{aligned} \tag{3-154}$$

对平面应力问题，应力子矩阵 $\boldsymbol{S}_i$ 为

$$\begin{aligned}\boldsymbol{S}_i&=\boldsymbol{DS}_i\\&=\frac{E}{4ab(1-\mu^2)}\begin{pmatrix}b\xi_i(1+\eta_i\eta) & \mu a\eta_i(1+\xi_i\xi)\\\mu b\xi_i(1+\eta_i\eta) & a\eta_i(1+\xi_i\xi)\\\dfrac{1-\mu}{2}a\eta_i(1+\xi_i\xi) & \dfrac{1-\mu}{2}b\xi_i(1+\eta_i\eta)\end{pmatrix}\quad(i,j,m,p)\end{aligned} \tag{3-155}$$

对于平面应变问题，只需在式（3-155）中将 $E$ 替换为$\dfrac{E}{1-\mu^2}$，$\mu$ 替换为$\dfrac{\mu}{1-\mu}$即可。

由式（3-153）、式（3-155）可知，矩形单元的应变与应力都是线性变化的，所以它比三角形常应变单元能更好地反映结构内实际的应力和位移变化情况，计算精度通常比三角形常应变单元高些。

单元刚度矩阵可由虚功方程导出的一般形式得到，其中注意到局部坐标与整体坐标的关

系式，有

$$\begin{aligned}\boldsymbol{K}^e &= \iint_A \boldsymbol{B}^{\mathrm{T}}\boldsymbol{D}\boldsymbol{B}h\mathrm{d}x\mathrm{d}y \\ &= abh\int_{-1}^{1}\int_{-1}^{1}\begin{pmatrix}\boldsymbol{B}_i^{\mathrm{T}}\\ \boldsymbol{B}_j^{\mathrm{T}}\\ \boldsymbol{B}_m^{\mathrm{T}}\\ \boldsymbol{B}_p^{\mathrm{T}}\end{pmatrix}\boldsymbol{D}(\boldsymbol{B}_i\ \boldsymbol{B}_j\ \boldsymbol{B}_m\ \boldsymbol{B}_p)\mathrm{d}\xi\mathrm{d}\eta \\ &= \begin{pmatrix}\boldsymbol{K}_{ii}^e & \boldsymbol{K}_{ij}^e & \boldsymbol{K}_{im}^e & \boldsymbol{K}_{ip}^e\\ \boldsymbol{K}_{ji}^e & \boldsymbol{K}_{jj}^e & \boldsymbol{K}_{jm}^e & \boldsymbol{K}_{jp}^e\\ \boldsymbol{K}_{mi}^e & \boldsymbol{K}_{mj}^e & \boldsymbol{K}_{mm}^e & \boldsymbol{K}_{mp}^e\\ \boldsymbol{K}_{pi}^e & \boldsymbol{K}_{pj}^e & \boldsymbol{K}_{pm}^e & \boldsymbol{K}_{pp}^e\end{pmatrix}\end{aligned} \tag{3-156}$$

式（3-156）中每一子矩阵具体表示为

$$\begin{aligned}\boldsymbol{K}_{rs}^e &= abh\int_{-1}^{1}\int_{-1}^{1}\boldsymbol{B}_r^{\mathrm{T}}\boldsymbol{D}\boldsymbol{B}_s\mathrm{d}\xi\mathrm{d}\eta \\ &= \frac{E}{4(1-\mu^2)}\begin{pmatrix}\frac{b}{a}\xi_r\xi_s\left(1+\frac{1}{3}\eta_r\eta_s\right)+\frac{1-\mu}{2}\frac{a}{b}\eta_r\eta_s\left(1+\frac{1}{3}\xi_r\xi_s\right) & \mu\eta_r\xi_s+\frac{1-\mu}{2}\eta_r\xi_s \\ \mu\eta_r\xi_s+\frac{1-\mu}{2}\xi_r\eta_s & \frac{a}{b}\eta_r\eta_s\left(1+\frac{1}{3}\xi_r\xi_s\right)+\frac{1-\mu}{2}\frac{b}{a}\xi_r\xi_s\left(1+\frac{1}{3}\eta_r\eta_s\right)\end{pmatrix}(r,s=i,j,m,p)\end{aligned} \tag{3-157}$$

对平面应变问题，也是在式（3-157）中将 $E$ 用 $\frac{E}{1-\mu^2}$替换，$\mu$ 用$\frac{\mu}{1-\mu}$替换即可。

3）等效节点力的计算。

① 体力的移置。设单元受均匀体力 $\boldsymbol{p}_V=\begin{pmatrix}X\\Y\end{pmatrix}$的作用（图3-41），则等效节点力矩阵为

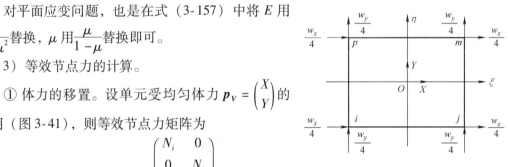

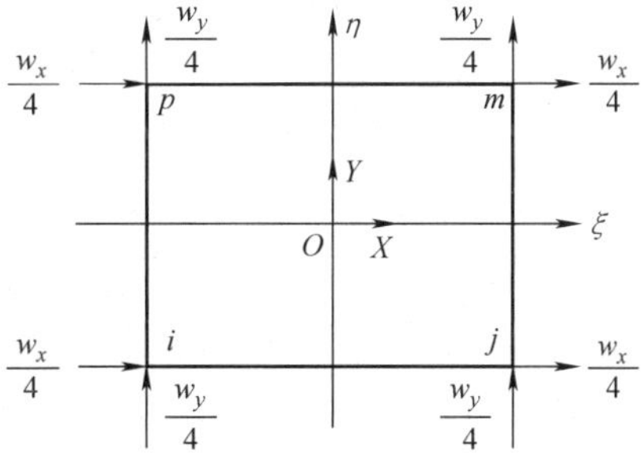


图3-41　体力的位移

$$\boldsymbol{p}^e = \iint_A \boldsymbol{N}^{\mathrm{T}}\boldsymbol{p}_V h\mathrm{d}x\mathrm{d}y = \int_{-1}^{1}\int_{-1}^{1}\begin{pmatrix}N_i & 0\\ 0 & N_i\\ N_j & 0\\ 0 & N_j\\ N_m & 0\\ 0 & N_m\\ N_p & 0\\ 0 & N_p\end{pmatrix}\begin{pmatrix}X\\Y\end{pmatrix}hab\mathrm{d}\xi\mathrm{d}\eta$$

$$= \left(\frac{W_x}{4}\quad \frac{W_y}{4}\quad \frac{W_x}{4}\quad \frac{W_y}{4}\quad \frac{W_x}{4}\quad \frac{W_y}{4}\quad \frac{W_x}{4}\quad \frac{W_y}{4}\right)^{\mathrm{T}} \tag{3-158}$$

式中，$W_x = 2a \times 2bhX$、$W_y = 2a \times 2bhY$ 分别为单元在 $x$ 方向与 $y$ 方向的总体力。

式（3-158）表明，整个物体所受体力平均移置到四个节点上。

② 均匀面力的移置。如图3-42所示，设单元在 $\eta = 1$ 边界上作用均匀表面力 $\boldsymbol{p}_A = \begin{pmatrix} O \\ Y \end{pmatrix}$，则等效节点载荷矩阵为

$$\boldsymbol{p}^e = \int_s \boldsymbol{N}^{\mathrm{T}} \boldsymbol{p}_A h \mathrm{d}s = \int_{-1}^{1} \boldsymbol{N}_{\eta=1}^{\mathrm{T}} \begin{pmatrix} O \\ Y \end{pmatrix} ha\mathrm{d}\xi \tag{3-159}$$

注意到形函数矩阵在 $\eta = 1$ 边界上取值。在 $\eta = 1$ 边界上，有

$$N_i(\xi, 1) = \frac{1}{4}(1 + \xi_i \xi)(1 - 1) = 0 \quad (i, j)$$

$$\int_{-1}^{1} N_m(\xi, 1)\mathrm{d}\xi = \int_{-1}^{1} \frac{1}{4}(1 + \xi_m \xi)(1 + 1)\mathrm{d}\xi = 1 \quad (m, p)$$

所以代回式（3-159）后，有

$$\boldsymbol{p}^e = \left[0 \ \ 0 \ \ 0 \ \ 0 \ \ 0 \ \ \frac{1}{2}(2ahY) \ \ 0 \ \ \frac{1}{2}(2ahY)\right]^{\mathrm{T}}$$

$$= \left(0 \ \ 0 \ \ 0 \ \ 0 \ \ 0 \ \ \frac{1}{2}\overline{W}_y \ \ 0 \ \ \frac{1}{2}\overline{W}_y\right)^{\mathrm{T}}$$

式中，$\overline{W}_y = 2ahY$ 为单元 $\eta = 1$ 边界上 $y$ 方向的总面力。

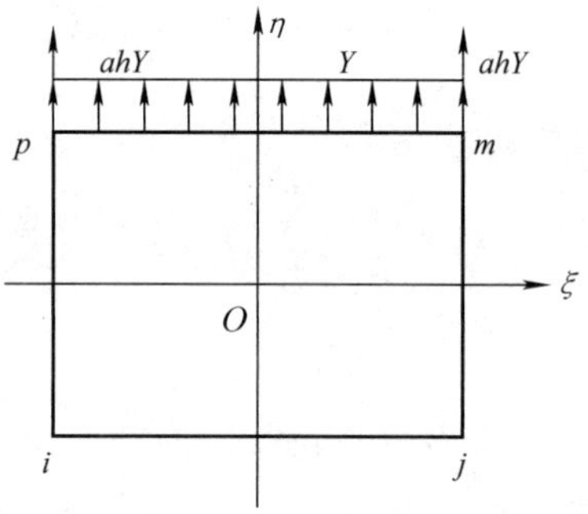


图3-42 均匀面力的移置

矩形单元比常应变三角形单元有更高的精度，但是由于它不能适应曲线边界和斜边界，也不便于在不同部位上采用不同大小分级的单元，因此在工程实际中使用不多。一般它可与三角形单元混合使用或用任意四边形的等参元。

在本节中，介绍了三种不同形式的单元。它们在使用中各有其优缺点。从对非均匀性及曲线边界的适应性角度讲，三角形单元最好，六节点三角形单元次之，而矩形单元适应性最差。而从计算精度及单元数（同一问题，节点数大致相同时）角度讲，六节点三角形单元最好，三角形单元较差，单元数也多。但是由于六节点三角形单元节点多，因此在刚度方程中关联的节点位移也多，自然在总刚度矩阵中带宽较大，占用计算机的容量也大。所以在选择单元时，还应综合考虑结构几何形状、计算精度要求及计算机容量等。

## 3.2 等参元基本概念

当计算单元刚度矩阵时，需要积分运算。对于简单的单元，如二力杆单元可以容易地求出显式积分结果。对于复杂形状的单元，如二维、三维或板壳问题的单元，很难得出显式积分结果，通常采用数值积分进行近似计算。由于数值积分要求积分区域必须是规则的，通常需要采用坐标变换的方法把不规则的单元形状变换到自然坐标中。在自然坐标中，单元的形状是规则的，数值积分也是方便的。这种用几何规整单元（如三角形单元、矩形单元、正六面体单元）映射的几何不规整单元称为参数单元。其中，位移和坐标采用相同插值函数

的参数单元称为等参元。等参元的位移函数满足完备性要求。

**1. 等参单元**

以平面问题为例，对于物理坐标系（$x$，$y$）和自然坐标系（$\xi$，$\eta$），要实现两个坐标系下单元刚度矩阵的变换或映射，必须计算两个坐标系之间的三种映射关系，即

坐标映射：

$$(x,y)\Rightarrow(\xi,\eta)$$

偏导数映射：

$$\left(\frac{\partial}{\partial x},\frac{\partial}{\partial y}\right)\Rightarrow\left(\frac{\partial}{\partial \xi},\frac{\partial}{\partial \eta}\right)$$

面积（体积）映射：

$$\int_{A^e}\mathrm{d}x\mathrm{d}y\Rightarrow\int_{A^e}\mathrm{d}\xi\mathrm{d}\eta$$

如图3-43所示的平面单元，设有两个坐标系：物理坐标系（$x$，$y$）和自然坐标系（$\xi$，$\eta$），其中物理坐标系下的任意四边形单元映射到自然坐标系下，就变为规则的矩形单元。

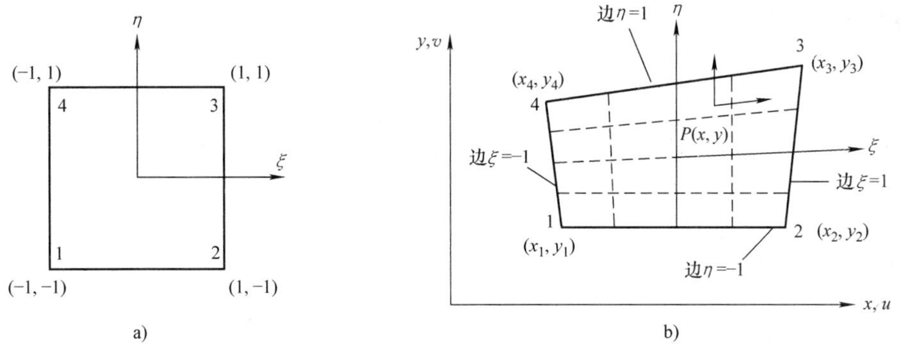


图3-43　平面单元

a）物理坐标系　b）自然坐标系

（1）两坐标系下的坐标映射和位移映射　两坐标系下的映射关系为

$$\begin{cases}x=x(\xi,\eta)\\y=y(\xi,\eta)\end{cases}\tag{3-160}$$

物理坐标系下四边形的四个节点分别映射自然坐标系下矩形的四个节点，将四对节点映射关系代入式（3-160），得

$$\begin{cases}x_i=x(\xi_i,\eta_i)\\y_i=y(\xi_i,\eta_i)\end{cases}\quad(i=1,2,3,4)\tag{3-161}$$

其中 $x$ 和 $y$ 方向可以分别写出各包含4个待定系数的多项式，即

$$\begin{cases}x(\xi,\eta)=a_0+a_1\xi+a_2\eta+a_3\xi\eta\\y(\xi,\eta)=b_0+b_1\xi+b_2\eta+b_3\xi\eta\end{cases}\tag{3-162}$$

根据单元的映射方程组求解 $a_0$、…、$a_3$ 和 $b_0$、…、$b_3$，整理单元的映射函数

$$\begin{cases}x=\sum\limits_{i=1}^{4}N_i(\xi,\eta)x_i\\y=\sum\limits_{i=1}^{4}N_i(\xi,\eta)y_i\end{cases}\tag{3-163}$$

其中

$$N_i = \frac{1}{4}(1+\xi_i\xi)(1+\eta_i\eta) \quad (i=1,2,3,4) \tag{3-164}$$

该单元在物理坐标系下的节点位移为

$$\boldsymbol{\delta} = (u_1\ v_1\ u_2\ v_2\ u_3\ v_3\ u_4\ v_4)^{\mathrm{T}} \tag{3-165}$$

则根据等参元的概念，自然坐标系下任意一点的位移可由以下映射函数得到：

$$\boldsymbol{\psi} = \begin{pmatrix} N_1 & 0 & N_2 & 0 & N_3 & 0 & N_4 & 0 \\ 0 & N_1 & 0 & N_2 & 0 & N_3 & 0 & N_4 \end{pmatrix}\boldsymbol{\delta} = \boldsymbol{N}\boldsymbol{\delta} \tag{3-166}$$

（2）两坐标系下的偏导数映射　对物理坐标系下的任意一个函数 $\Phi(x,y)$，对其求偏导数，有

$$\begin{cases} \dfrac{\partial \Phi}{\partial \xi} = \dfrac{\partial \Phi}{\partial x}\dfrac{\partial x}{\partial \xi} + \dfrac{\partial \Phi}{\partial y}\dfrac{\partial y}{\partial \xi} \\ \dfrac{\partial \Phi}{\partial \eta} = \dfrac{\partial \Phi}{\partial x}\dfrac{\partial x}{\partial \eta} + \dfrac{\partial \Phi}{\partial y}\dfrac{\partial y}{\partial \eta} \end{cases} \tag{3-167}$$

对应的偏导数变换关系为

$$\begin{cases} \dfrac{\partial}{\partial \xi} = \dfrac{\partial x}{\partial \xi}\dfrac{\partial}{\partial x} + \dfrac{\partial y}{\partial \xi}\dfrac{\partial}{\partial y} \\ \dfrac{\partial}{\partial \eta} = \dfrac{\partial x}{\partial \eta}\dfrac{\partial}{\partial x} + \dfrac{\partial y}{\partial \eta}\dfrac{\partial}{\partial y} \end{cases} \tag{3-168}$$

写成矩阵形式为

$$\begin{pmatrix} \dfrac{\partial}{\partial \xi} \\ \dfrac{\partial}{\partial \eta} \end{pmatrix} = \boldsymbol{J}\begin{pmatrix} \dfrac{\partial}{\partial x} \\ \dfrac{\partial}{\partial y} \end{pmatrix} \tag{3-169}$$

其中 $\boldsymbol{J}$ 称为雅可比矩阵，具体形式为

$$\boldsymbol{J} = \begin{pmatrix} \dfrac{\partial x}{\partial \xi} & \dfrac{\partial y}{\partial \xi} \\ \dfrac{\partial x}{\partial \eta} & \dfrac{\partial y}{\partial \eta} \end{pmatrix} \tag{3-170}$$

由雅可比矩阵可得到自然坐标系到物理坐标系的偏导数映射：

$$\begin{pmatrix} \dfrac{\partial}{\partial x} \\ \dfrac{\partial}{\partial y} \end{pmatrix} = \boldsymbol{J}^{-1}\begin{pmatrix} \dfrac{\partial}{\partial \xi} \\ \dfrac{\partial}{\partial \eta} \end{pmatrix} = \frac{1}{|\boldsymbol{J}|}\begin{pmatrix} \dfrac{\partial y}{\partial \eta} & -\dfrac{\partial y}{\partial \xi} \\ -\dfrac{\partial x}{\partial \eta} & \dfrac{\partial x}{\partial \xi} \end{pmatrix}\begin{pmatrix} \dfrac{\partial}{\partial \xi} \\ \dfrac{\partial}{\partial \eta} \end{pmatrix} \tag{3-171}$$

其中 $|\boldsymbol{J}|$ 是矩阵 $\boldsymbol{J}$ 的行列式，具体为

$$|\boldsymbol{J}| = \frac{\partial x}{\partial \xi}\frac{\partial y}{\partial \eta} - \frac{\partial y}{\partial \xi}\frac{\partial x}{\partial \eta} \tag{3-172}$$

（3）两坐标系下的面积（体积）映射　物理坐标系（$x$，$y$）下，由 $\mathrm{d}\xi$ 和 $\mathrm{d}\eta$ 所围成的微小平行四边形，其面积为

$$\mathrm{d}A = |\mathrm{d}\xi \times \mathrm{d}\eta| \tag{3-173}$$

$\mathrm{d}\boldsymbol{\xi}$ 和 $\mathrm{d}\boldsymbol{\eta}$ 在物理坐标系下的分量为

$$\begin{cases}\mathrm{d}\boldsymbol{\xi}=\dfrac{\partial x}{\partial \xi}\mathrm{d}\xi\boldsymbol{i}+\dfrac{\partial y}{\partial \xi}\mathrm{d}\xi\boldsymbol{j}\\ \mathrm{d}\boldsymbol{\eta}=\dfrac{\partial x}{\partial \eta}\mathrm{d}\eta\boldsymbol{i}+\dfrac{\partial y}{\partial \eta}\mathrm{d}\eta\boldsymbol{j}\end{cases} \tag{3-174}$$

其中 $\boldsymbol{i}$ 和 $\boldsymbol{j}$ 为物理坐标系下 $x$ 和 $y$ 方向的单位向量。由式（3-174）可重写面积映射公式为

$$\mathrm{d}A=\begin{vmatrix}\dfrac{\partial x}{\partial \xi}\mathrm{d}\xi & \dfrac{\partial y}{\partial \xi}\mathrm{d}\xi\\ \dfrac{\partial x}{\partial \eta}\mathrm{d}\eta & \dfrac{\partial y}{\partial \eta}\mathrm{d}\eta\end{vmatrix}=|\boldsymbol{J}|\mathrm{d}\xi\mathrm{d}\eta \tag{3-175}$$

同理，在三维空间中，由 $\mathrm{d}\boldsymbol{\xi}$、$\mathrm{d}\boldsymbol{\eta}$ 和 $\mathrm{d}\boldsymbol{\zeta}$ 所围成的微小六面体的体积为 $\mathrm{d}V=\mathrm{d}\boldsymbol{\xi}\cdot(\mathrm{d}\boldsymbol{\eta}\times\mathrm{d}\boldsymbol{\zeta})$，则体积微元变换公式为

$$\mathrm{d}V=\begin{vmatrix}\dfrac{\partial x}{\partial \xi}\mathrm{d}\xi & \dfrac{\partial y}{\partial \xi}\mathrm{d}\xi & \dfrac{\partial z}{\partial \xi}\mathrm{d}\xi\\ \dfrac{\partial x}{\partial \eta}\mathrm{d}\eta & \dfrac{\partial y}{\partial \eta}\mathrm{d}\eta & \dfrac{\partial z}{\partial \eta}\mathrm{d}\eta\\ \dfrac{\partial x}{\partial \zeta}\mathrm{d}\zeta & \dfrac{\partial y}{\partial \zeta}\mathrm{d}\zeta & \dfrac{\partial z}{\partial \zeta}\mathrm{d}\zeta\end{vmatrix}=|\boldsymbol{J}|\mathrm{d}\xi\mathrm{d}\eta\mathrm{d}\zeta \tag{3-176}$$

计算出应变矩阵 $\boldsymbol{B}$，再将物理坐标系下的微元面积映射到自然坐标系的微元面积，将物理坐标系下的积分上下限映射到自然坐标系下，可以实现整个单元刚度矩阵在两个坐标系的变换计算：

$$\begin{aligned}\boldsymbol{K}^e&=\int_S\boldsymbol{B}(\boldsymbol{x},\boldsymbol{y})^{\mathrm{T}}\boldsymbol{D}\boldsymbol{B}(\boldsymbol{x},\boldsymbol{y})h\mathrm{d}x\mathrm{d}y\\&=\int_{-1}^{1}\int_{-1}^{1}\boldsymbol{B}(\boldsymbol{\xi},\boldsymbol{\eta})^{\mathrm{T}}\boldsymbol{D}\boldsymbol{B}(\boldsymbol{\xi},\boldsymbol{\eta})|\boldsymbol{J}|h\mathrm{d}\xi\mathrm{d}\eta\end{aligned} \tag{3-177}$$

**2. 平面四节点四边形单元**

坐标映射函数为

$$\begin{cases}x(\xi,\eta)=\displaystyle\sum_{i=1}^{4}N_i(\xi,\eta)x_i\\ \quad=\dfrac{1}{4}[(1-\xi)(1-\eta)x_1+(1+\xi)(1-\eta)x_2+(1+\xi)(1+\eta)x_3+(1-\xi)(1+\eta)x_4]\\ y(\xi,\eta)=\displaystyle\sum_{i=1}^{4}N_i(\xi,\eta)y_i\\ \quad=\dfrac{1}{4}[(1-\xi)(1-\eta)y_1+(1+\xi)(1-\eta)y_2+(1+\xi)(1+\eta)y_3+(1-\xi)(1+\eta)y_4]\end{cases} \tag{3-178}$$

根据坐标映射函数可以求出雅可比矩阵为

$$\boldsymbol{J}=\begin{pmatrix}J_{11} & J_{12}\\ J_{21} & J_{22}\end{pmatrix}=\begin{pmatrix}\dfrac{\partial x}{\partial \xi} & \dfrac{\partial y}{\partial \xi}\\ \dfrac{\partial x}{\partial \eta} & \dfrac{\partial y}{\partial \eta}\end{pmatrix} \tag{3-179}$$

其中

$$\begin{cases} J_{11}=0.25(x_1-x_2+x_3-x_4)\eta+0.25(-x_1+x_2+x_3-x_4) \\ J_{12}=0.25(y_1-y_2+y_3-y_4)\eta+0.25(-y_1+y_2+y_3-y_4) \\ J_{21}=0.25(x_1-x_2+x_3-x_4)\xi+0.25(-x_1-x_2+x_3+x_4) \\ J_{22}=0.25(y_1-y_2+y_3-y_4)\xi+0.25(-y_1-y_2+y_3+y_4) \end{cases} \tag{3-180}$$

则物理坐标系下位移函数的偏导数为

$$\begin{pmatrix} \dfrac{\partial u}{\partial x} \\ \dfrac{\partial u}{\partial y} \end{pmatrix} = \frac{1}{|\boldsymbol{J}|}\begin{pmatrix} J_{22} & -J_{12} \\ -J_{21} & J_{11} \end{pmatrix}\begin{pmatrix} \dfrac{\partial u}{\partial \xi} \\ \dfrac{\partial u}{\partial \eta} \end{pmatrix}$$

$$\begin{pmatrix} \dfrac{\partial v}{\partial x} \\ \dfrac{\partial v}{\partial y} \end{pmatrix} = \frac{1}{|\boldsymbol{J}|}\begin{pmatrix} J_{22} & -J_{12} \\ -J_{21} & J_{11} \end{pmatrix}\begin{pmatrix} \dfrac{\partial v}{\partial \xi} \\ \dfrac{\partial v}{\partial \eta} \end{pmatrix}$$

应变分量的计算表达式为

$$\boldsymbol{\varepsilon}=\begin{pmatrix} \varepsilon_x \\ \varepsilon_y \\ \gamma_{xy} \end{pmatrix}=\begin{pmatrix} \dfrac{\partial u}{\partial x} \\ \dfrac{\partial v}{\partial y} \\ \dfrac{\partial u}{\partial y}+\dfrac{\partial v}{\partial x} \end{pmatrix}=\frac{1}{|\boldsymbol{J}|}\begin{pmatrix} J_{22} & -J_{12} & 0 & 0 \\ 0 & 0 & -J_{21} & J_{11} \\ -J_{21} & J_{11} & J_{22} & -J_{12} \end{pmatrix}\begin{pmatrix} \dfrac{\partial u}{\partial \xi} \\ \dfrac{\partial u}{\partial \eta} \\ \dfrac{\partial v}{\partial \xi} \\ \dfrac{\partial v}{\partial \eta} \end{pmatrix}=\boldsymbol{H}\begin{pmatrix} \dfrac{\partial u}{\partial \xi} \\ \dfrac{\partial u}{\partial \eta} \\ \dfrac{\partial v}{\partial \xi} \\ \dfrac{\partial v}{\partial \eta} \end{pmatrix}$$

而根据位移插值函数可以推导出

$$\begin{pmatrix} \dfrac{\partial u}{\partial \xi} \\ \dfrac{\partial u}{\partial \eta} \\ \dfrac{\partial v}{\partial \xi} \\ \dfrac{\partial v}{\partial \eta} \end{pmatrix}=(\boldsymbol{Q}_1 \quad \boldsymbol{Q}_2 \quad \boldsymbol{Q}_3 \quad \boldsymbol{Q}_4)\boldsymbol{\delta}^e=\boldsymbol{Q}\boldsymbol{\delta}^e$$

其中 $\boldsymbol{Q}_r=\dfrac{1}{4}\begin{pmatrix} \xi_r(1+\eta_r\eta) & 0 \\ \eta_r(1+\xi_r\xi) & 0 \\ 0 & \xi_r(1+\eta_r\eta) \\ 0 & \eta_r(1+\xi_r\xi) \end{pmatrix} \quad (r=1,2,3,4)$

因此，单元应变可以写为

$$\boldsymbol{\varepsilon} = \boldsymbol{HQ}\boldsymbol{\delta}^e = (\boldsymbol{B}_1 \quad \boldsymbol{B}_2 \quad \boldsymbol{B}_3 \quad \boldsymbol{B}_4)\boldsymbol{\delta}^e = \boldsymbol{B}\boldsymbol{\delta}^e$$

其中

$$\boldsymbol{B}_r = \boldsymbol{HQ}_r = \frac{1}{4|\boldsymbol{J}|}\begin{pmatrix} J_{22}\xi_r(1+\eta_r\eta) - J_{12}\eta_r(1+\xi_r\xi) & 0 \\ 0 & J_{11}\eta_r(1+\xi_r\xi) - J_{21}\xi_r(1+\eta_r\eta) \\ J_{11}\eta_r(1+\xi_r\xi) - J_{21}\xi_r(1+\eta_r\eta) & J_{22}\xi_r(1+\eta_r\eta) - J_{12}\eta_r(1+\xi_r\xi) \end{pmatrix} (r=1,2,3,4)$$

由物理方程可得单元应力

$$\begin{aligned}\boldsymbol{\sigma} &= \boldsymbol{D\varepsilon} = \boldsymbol{DB}\boldsymbol{\delta}^e = \boldsymbol{D}(\boldsymbol{B}_1 \quad \boldsymbol{B}_2 \quad \boldsymbol{B}_3 \quad \boldsymbol{B}_4)\boldsymbol{\delta}^e \\ &= (\boldsymbol{S}_1 \quad \boldsymbol{S}_2 \quad \boldsymbol{S}_3 \quad \boldsymbol{S}_4)\boldsymbol{\delta}^e = \boldsymbol{S}\boldsymbol{\delta}^e\end{aligned}$$

其中应力子矩阵为

$$\boldsymbol{S}_r = \boldsymbol{DB}_r \quad (r=1,2,3,4)$$

得到应变矩阵后，单元的刚度矩阵可表示为

$$\boldsymbol{K}^e = \int_{-1}^{1}\int_{-1}^{1} \boldsymbol{B}^{\mathrm{T}}\boldsymbol{DB}\,|\boldsymbol{J}|\,h\,\mathrm{d}\xi\,\mathrm{d}\eta$$

对于平面矩形单元，其边长为 $2a$ 和 $2b$，雅可比矩阵为

$$\boldsymbol{J} = \begin{pmatrix} J_{11} & J_{12} \\ J_{21} & J_{22} \end{pmatrix} = \begin{pmatrix} a & 0 \\ 0 & b \end{pmatrix}$$

则应变矩阵的子矩阵为

$$\begin{aligned}\boldsymbol{B}_r &= \frac{1}{4|\boldsymbol{J}|}\begin{pmatrix} J_{22}\xi_r(1+\eta_r\eta) - J_{12}\eta_r(1+\xi_r\xi) & 0 \\ 0 & J_{11}\eta_r(1+\xi_r\xi) - J_{21}\xi_r(1+\eta_r\eta) \\ J_{11}\eta_r(1+\xi_r\xi) - J_{21}\xi_r(1+\eta_r\eta) & J_{22}\xi_r(1+\eta_r\eta) - J_{12}\eta_r(1+\xi_r\xi) \end{pmatrix} \\ &= \frac{1}{4ab}\begin{pmatrix} b\xi_r(1+\eta_r\eta) & 0 \\ 0 & a\eta_r(1+\xi_r\xi) \\ a\eta_r(1+\xi_r\xi) & b\xi_r(1+\eta_r\eta) \end{pmatrix} \quad (r=1,2,3,4)\end{aligned}$$

对平面应力问题，应力子矩阵 $\boldsymbol{S}_i$ 为

$$\begin{aligned}\boldsymbol{S}_r &= \boldsymbol{DB}_r \\ &= \frac{E}{4ab(1-\mu^2)}\begin{pmatrix} b\xi_r(1+\eta_r\eta) & \mu a\eta_r(1+\xi_r\xi) \\ \mu b\xi_r(1+\eta_r\eta) & a\eta_r(1+\xi_r\xi) \\ \frac{1-\mu}{2}a\eta_r(1+\xi_r\xi) & \frac{1-\mu}{2}b\xi_r(1+\eta_r\eta) \end{pmatrix} \quad (r=1,2,3,4)\end{aligned}$$

单元刚度矩阵为

$$
\boldsymbol{K}^e = \int_{-1}^{1}\int_{-1}^{1} \boldsymbol{B}^{\mathrm{T}}\boldsymbol{D}\boldsymbol{B}\,|\boldsymbol{J}|\,h\mathrm{d}\xi\mathrm{d}\eta
$$

$$
= abh\int_{-1}^{1}\int_{-1}^{1}\begin{pmatrix}\boldsymbol{B}_1^{\mathrm{T}}\\ \boldsymbol{B}_2^{\mathrm{T}}\\ \boldsymbol{B}_3^{\mathrm{T}}\\ \boldsymbol{B}_4^{\mathrm{T}}\end{pmatrix}\boldsymbol{D}(\boldsymbol{B}_1\quad \boldsymbol{B}_2\quad \boldsymbol{B}_3\quad \boldsymbol{B}_4)\,\mathrm{d}\xi\mathrm{d}\eta
$$

$$
= \begin{pmatrix}\boldsymbol{K}_{11}^e & \boldsymbol{K}_{12}^e & \boldsymbol{K}_{13}^e & \boldsymbol{K}_{14}^e\\ \boldsymbol{K}_{21}^e & \boldsymbol{K}_{22}^e & \boldsymbol{K}_{23}^e & \boldsymbol{K}_{24}^e\\ \boldsymbol{K}_{31}^e & \boldsymbol{K}_{32}^e & \boldsymbol{K}_{33}^e & \boldsymbol{K}_{34}^e\\ \boldsymbol{K}_{41}^e & \boldsymbol{K}_{42}^e & \boldsymbol{K}_{43}^e & \boldsymbol{K}_{44}^e\end{pmatrix}
$$

其中每一子矩阵具体表示为

$$
\boldsymbol{K}_{rs}^e = abh\int_{-1}^{1}\int_{-1}^{1}\boldsymbol{B}_r^{\mathrm{T}}\boldsymbol{D}\boldsymbol{B}_s\,\mathrm{d}\xi\mathrm{d}\eta
$$

$$
= \frac{E}{4(1-\mu^2)}\begin{pmatrix} \dfrac{b}{a}\xi_r\xi_s\left(1+\dfrac{1}{3}\eta_r\eta_s\right)+\dfrac{1-\mu}{2}\,\dfrac{a}{b}\eta_r\eta_s\left(1+\dfrac{1}{3}\xi_r\xi_s\right) & \mu\eta_r\xi_s+\dfrac{1-\mu}{2}\eta_r\xi_s \\ \mu\eta_r\xi_s+\dfrac{1-\mu}{2}\xi_r\eta_s & \dfrac{a}{b}\eta_r\eta_s\left(1+\dfrac{1}{3}\xi_r\xi_s\right)+\dfrac{1-\mu}{2}\,\dfrac{b}{a}\xi_r\xi_s\left(1+\dfrac{1}{3}\eta_r\eta_s\right)\end{pmatrix}\quad (r,s=1,2,3,4)
$$

**3. 等效节点力的计算**

（1）体力　设单元受均匀体力 $\boldsymbol{p}_V=(p_{Vx}\quad p_{Vy})^{\mathrm{T}}$ 的作用，则等效节点力矩阵为

$$
\boldsymbol{F}^e = \iint_A \boldsymbol{N}^{\mathrm{T}}\boldsymbol{p}_V h\mathrm{d}x\mathrm{d}y = \int_{-1}^{1}\int_{-1}^{1}\boldsymbol{N}^{\mathrm{T}}\boldsymbol{p}_V h\,|\boldsymbol{J}|\,\mathrm{d}\xi\mathrm{d}\eta \tag{3-181}
$$

式（3-181）所求的体力等效节点载荷需要通过数值积分来计算。对于图 3-40 所示较为特殊的矩形单元，其 $|\boldsymbol{J}|=ab$，对式（3-181）积分可得

$$
\boldsymbol{F}^e = \left(\frac{G_x^e}{4}\ \ \frac{G_y^e}{4}\ \ \frac{G_x^e}{4}\ \ \frac{G_y^e}{4}\ \ \frac{G_x^e}{4}\ \ \frac{G_y^e}{4}\ \ \frac{G_x^e}{4}\ \ \frac{G_y^e}{4}\right)^{\mathrm{T}} \tag{3-182}
$$

式中，$G_x^e=4abhp_{Vx}$、$G_y^e=4abhp_{Vy}$ 分别为单元在 $x$ 和 $y$ 方向的体力。

（2）表面力　设单元在边界上受到表面力 $\boldsymbol{p}_A=(p_{Ax}\quad p_{Ay})^{\mathrm{T}}$，则等效节点力矩阵为

$$
\boldsymbol{F}^e = \int_S \boldsymbol{N}^{\mathrm{T}}\boldsymbol{p}_A h\mathrm{d}s \tag{3-183}
$$

图 3-42 所示矩形在上边界作用均匀表面力 $\boldsymbol{p}_A=(p_{Ax}\quad p_{Ay})^{\mathrm{T}}$，则等效节点载荷矩阵为

$$
\begin{aligned}
\boldsymbol{F}^e &= \int_S \boldsymbol{N}^{\mathrm{T}}\boldsymbol{p}_A ha\mathrm{d}s\\
&= \int_{-1}^{1}\boldsymbol{N}_{\eta=1}^{\mathrm{T}}\begin{pmatrix}p_{Ax}\\ p_{Ay}\end{pmatrix}ha\mathrm{d}s
\end{aligned} \tag{3-184}
$$

注意到形函数矩阵在矩形上边界上有 $N_1=0$ 和 $N_2=0$，故节点 1 和节点 2 上没有等效节点力。积分后可得表面力的等效节点载荷为

$$\boldsymbol{F}^e=(0\quad 0\quad 0\quad 0\quad ahp_{Ax}\quad ahp_{Ay}\quad ahp_{Ax}\quad ahp_{Ay})^{\mathrm{T}} \tag{3-185}$$

**4. 数值积分**

有限元分析中的一个重要步骤是进行刚度矩阵的积分计算，而刚度矩阵在大部分情况下是很难直接积分得到的，这时就需要利用数值积分技术计算单元矩阵及向量。在各种数值积分方法中，高斯积分公式对样本点的位置及权系数都进行了优化，是一种非常简单且有效的方法，下面将简要介绍高斯积分法。

首先考虑一维积分情况。采用高斯积分法时，计算被积函数在 $m$ 个高斯点的值乘以相应的权系数，最终相加就可得到函数对应的积分值，即

$$I=\int_{-1}^{1}f(\xi)\mathrm{d}\xi=\sum_{i=1}^{m}\omega_i f(\xi_i) \tag{3-186}$$

式中，$\omega_i$ 为积分权系数；$\xi_i$ 为积分点的坐标；$m$ 为积分点的个数。

对于不同的 $m$ 值，可以求出相应的高斯积分点位置和权系数，见表 3-1。一般来说，使用的高斯积分点越多，所得的积分结果就越精确。但是使用过多的积分点会增加计算时间，浪费计算资源，而且也不一定会得到更好的结果。所以，积分所选取的积分点数目取决于被积函数的复杂程度，已经证明：使用 $m$ 个高斯积分点能够给出最高次数为 $2m-1$ 的多项式被积函数的精确值。例如，对于一个线性被积函数，其最高次数为 1，因此只需一个高斯积分点就足够了。对于二重积分，高斯积分在两个方向上取高斯积分点：

$$I=\int_{-1}^{1}\int_{-1}^{1}f(\xi,\eta)\mathrm{d}\xi\mathrm{d}\eta=\sum_{i=1}^{m_x}\sum_{j=1}^{m_y}\omega_i\omega_j f(\xi_i,\eta_j) \tag{3-187}$$

**表 3-1 高斯积分点位置和权系数**

| $m$ | $\xi_i$ | $\omega_i$ | 精确多项式次数 |
|---|---|---|---|
| 1 | 0 | 2 | 1 |
| 2 | +0.577350<br>−0.577350 | 1 | 3 |
| 3 | +0.774596<br>0<br>−0.774596 | 5/9<br>8/9<br>5/9 | 5 |

由于应变矩阵 $\boldsymbol{B}$ 中的每一项都是 $\xi$ 或 $\eta$ 的线性函数，而被积函数包含了 $\boldsymbol{B}^{\mathrm{T}}\boldsymbol{D}\boldsymbol{B}$，它是两个线性函数的乘积，因此，被积函数为一个二元二次函数，只需要 $2\times2$ 个积分点就可以得到刚度矩阵的精确解。单元刚度矩阵的数值积分形式如下：

$$\begin{aligned}\boldsymbol{K}^e&=\int_{-1}^{1}\int_{-1}^{1}\boldsymbol{B}^{\mathrm{T}}\boldsymbol{D}\boldsymbol{B}\,|\boldsymbol{J}|\,h\mathrm{d}\xi\mathrm{d}\eta\\&=h\sum_{i=1}^{2}\sum_{j=1}^{2}\omega_i\omega_j\,|\boldsymbol{J}|\,\boldsymbol{B}^{\mathrm{T}}\boldsymbol{D}\boldsymbol{B}\end{aligned} \tag{3-188}$$

## 3.3 薄板弯曲问题及其有限元法

平板弯曲的计算有两种理论，一种是经典的薄板理论，一种是厚板理论。基于这两种理

论可以推导出两类板弯曲单元。为了叙述简单，通常把板弯曲单元称为板单元，而以前的平面应力单元称为膜单元。对于板的厚薄，通常是用板厚 $t$ 与跨距 $L$ 的比值来判断的。当 $t/L<0.1$时为薄板，否则为中厚板或厚板。

在薄板理论中，根据 Kirchhoff 假设，用一个变量，即板中面横向位移 $w$ 就能完全描述板的应变状态。根据这个理论建立单元刚度矩阵时不仅要求单元间位移 $w$ 连续，而且要求单元间转角即 $w$ 的一阶导数也连续。满足这种连续（通常称为 $c_1$ 阶连续）的位移函数在单元内很难选择，这就给构造板单元造成了困难。由于位移函数有多种选择，从而提出了多种板单元。本章从实用的角度出发，给出目前比较好的两种单元，一个是三节点三角形板单元，一个是可变节点任意四边形单元。

在厚板理论中，板的应变状态需要三个独立变量描述。这些变量是横向位移 $w$ 和中面法线绕 $x$ 轴和 $y$ 轴的转角 $\theta_x$ 和 $\theta_y$。根据 Mindlin 厚板理论，$\theta_y \neq \partial w/\partial x$，$\theta_x \neq \partial w/\partial y$（在薄板理论中等式成立）。用这三个变量来描述板的位移场使得单元位移场的选择变得容易了，这是因为单元间的连续条件只要求 $w$ 和 $\theta_x$ 与 $\theta_y$ 连续，而不要求它们的导数也连续。这样的连续通常称为 $c_0$ 阶连续，在单元内构造 $c_0$ 阶连续的位移场当然比构造 $c_1$ 阶连续位移场容易。

这种厚板单元的另一个优点是它能考虑厚板横向剪力的影响。这时因为转角 $\theta$ 中包含了横向剪力引起的角应变。从实用性出发，本节给出了一个 1 ~9 可变节点四边形厚板等参元，该单元经过改进后也能计算薄板，因此，它是一个厚薄通用的单元。

### 3.3.1 薄板弯曲理论

取板的中面为 $xy$ 坐标面，$z$ 轴垂直于中面，如图 3-44 所示。其中 $t$ 为板厚，$L$ 为板的跨距。对于薄板，$t/L<0.1$。

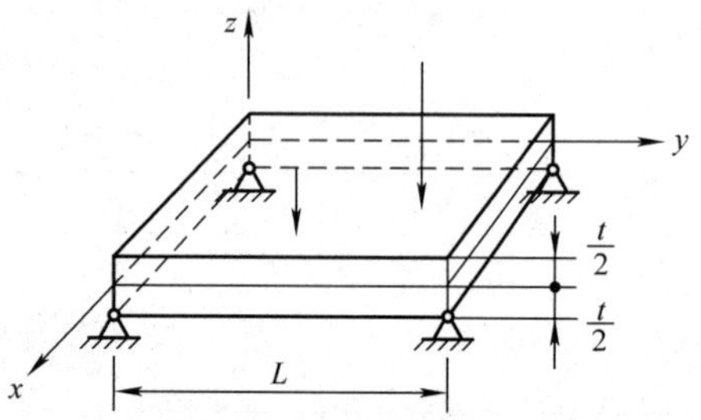

图 3-44　板弯曲

当板受有垂直于板中面的外力时，板的中面将发生弯扭变形，从而变成一个曲面。板变形的同时，在板的横截面上将存在内力——弯矩和扭矩。

分析薄板弯曲问题时，与材料力学中分析直梁弯曲问题相似，也采用一些假设，从而使问题得到简化。对于薄板，这些假设是：①板的法线没有伸缩；②板的法线在板变形后仍垂直于中曲面；③板内各点没有平行于中面的位移；④垂直于板面挤压应力可以不计。

假设①可以表示成 $\varepsilon_z=0$，即$\dfrac{\partial w}{\partial z}=0$，从而板的横向位移可写成 $w=w(x,y)$。这表明中面法线上各点具有相同的 $w$。通常称 $w$ 函数曲面为挠度曲面。

假设②表示板的法线（$z$ 方向线段）与 $x$ 和 $y$ 方向线段都保持垂直，没有剪应变，即 $\gamma_{yz}=0$、$\gamma_{zx}=0$。根据应变位移关系

$$\frac{\partial v}{\partial z}+\frac{\partial w}{\partial y}=\gamma_{yz}=0$$

$$\frac{\partial w}{\partial x}+\frac{\partial u}{\partial z}=\gamma_{zx}=0$$

从而有
$$\frac{\partial v}{\partial z}=-\frac{\partial w}{\partial y}$$
$$\frac{\partial u}{\partial z}=-\frac{\partial w}{\partial x}$$

对 $z$ 积分，得
$$v=-z\frac{\partial w}{\partial y}+f_1(x,y)$$
$$u=-z\frac{\partial w}{\partial x}+f_2(x,y)$$

式中，$f_1(x,y)$和$f_2(x,y)$是任意函数，根据假设③，即 $z=0$ 时 $u=v=0$，可以定出$f_1(x,y)=f_2(x,y)=0$，从而有
$$\begin{cases}u=-z\dfrac{\partial w}{\partial x}\\ v=-z\dfrac{\partial w}{\partial y}\end{cases}\tag{3-189}$$

把式（3-189）代入板内各点应变位移关系式中，有
$$\begin{cases}\varepsilon_x=\dfrac{\partial u}{\partial x}=-z\dfrac{\partial^2 w}{\partial x^2}\\ \varepsilon_y=\dfrac{\partial v}{\partial y}=-z\dfrac{\partial^2 w}{\partial y^2}\\ \gamma_{xy}=\dfrac{\partial u}{\partial y}+\dfrac{\partial v}{\partial x}=-2z\dfrac{\partial^2 w}{\partial x\partial y}\end{cases}\tag{3-190}$$

在小变形时，式中$-\dfrac{\partial^2 w}{\partial x^2}$和$-\dfrac{\partial^2 w}{\partial y^2}$分别代表薄板中曲面在 $x$ 方向和 $y$ 方向的曲率，而$-\dfrac{\partial^2 w}{\partial x\partial y}$代表了在 $x$ 方向和 $y$ 方向的扭率。这三个量完全确定了板内各点的应变，通常用矩阵符号表示如下
$$\boldsymbol{\chi}=\begin{pmatrix}-\dfrac{\partial^2 w}{\partial x^2}\\ -\dfrac{\partial^2 w}{\partial y^2}\\ -2\dfrac{\partial^2 w}{\partial x\partial y}\end{pmatrix}\tag{3-191}$$

再用记号$\boldsymbol{\varepsilon}=(\varepsilon_x\ \ \varepsilon_y\ \ \gamma_{xy})^{\mathrm{T}}$，则
$$\boldsymbol{\varepsilon}=z\boldsymbol{\chi}\tag{3-192}$$

假设④表明，板内各层之间无挤压应力$\sigma_z$，因此，板内各点的应力只有$\sigma_x$、$\sigma_y$和$\tau_{xy}$三个应力分量，这与平面应力问题类似。应力应变关系写成矩阵形式是
$$\boldsymbol{\sigma}=\boldsymbol{D}_p\boldsymbol{\varepsilon}\tag{3-193}$$

式（3-193）中$\boldsymbol{\sigma}=(\sigma_x\ \ \ \sigma_y\ \ \ \tau_{xy})^{\mathrm{T}}$,$\boldsymbol{D}_p$为应力应变关系矩阵，它与平面应力问题中的相同，即

$$\boldsymbol{D}_p=\frac{E}{1-\mu^2}\begin{pmatrix}1 & & \text{对称}\\ \mu & 1 & \\ 0 & 0 & \frac{1-\mu}{2}\end{pmatrix} \tag{3-194}$$

将式（3-192）代入式（3-193），得

$$\boldsymbol{\sigma}=z\boldsymbol{D}_p\boldsymbol{\chi} \tag{3-195}$$

为了求板的内力与应力关系，从板内切取一个微元体来研究，它在 $x$ 和 $y$ 方向的宽度都是 1，如图 3-45 所示。在垂直于 $x$ 轴的横截面上，正应力是 $\sigma_x$，它与 $z$ 坐标成正比，因此可以合成一个力偶，该力偶矩就是该横截面上的弯矩（单位宽度上的弯矩）。通常把该弯矩记为 $M_x$。类似地，$\sigma_y$ 合成弯矩 $M_y$，$\tau_{xy}$ 和 $\tau_{yx}$ 合成扭矩 $M_{xy}$ 和 $M_{yx}$。由于剪应力互等，因此 $M_{xy}=M_{yx}$。若用矩阵符号 $\boldsymbol{M}$ 表示这些内力，则

$$\boldsymbol{M}=\begin{pmatrix}M_x\\ M_y\\ M_{xy}\end{pmatrix} \tag{3-196}$$

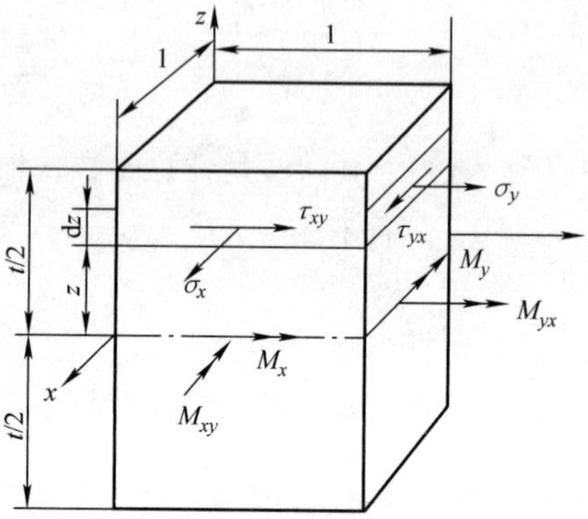


图 3-45　薄板微元体应力与内力

由图 3-45 可知，$\boldsymbol{M}$ 是 $\boldsymbol{\sigma}$ 对中面力矩的合成，即

$$\boldsymbol{M}=\int_{-\frac{t}{2}}^{\frac{t}{2}}z(\boldsymbol{\sigma})\,\mathrm{d}z=\int_{-\frac{t}{2}}^{\frac{t}{2}}z^2\boldsymbol{D}_p\boldsymbol{\chi}\,\mathrm{d}z=\frac{t^3}{12}\boldsymbol{D}_p\boldsymbol{\chi}$$

引用记号

$$\boldsymbol{D}_b=\frac{t^3}{12}\boldsymbol{D}_p=\frac{Et^3}{12(1-\mu^2)}\begin{pmatrix}1 & \mu & 0\\ \mu & 1 & 0\\ 0 & 0 & \frac{1-\mu}{2}\end{pmatrix} \tag{3-197}$$

则

$$\boldsymbol{M}=\boldsymbol{D}_b\boldsymbol{\chi} \tag{3-198}$$

$\boldsymbol{D}_b$ 称为板的应力应变关系矩阵。

根据 $\boldsymbol{D}_b$ 与 $\boldsymbol{D}_p$ 之间的关系，不难由式（3-197）与式（3-194）求出

$$\boldsymbol{\sigma}=\frac{12z}{t^3}\boldsymbol{M} \tag{3-199}$$

当 $z=\pm\frac{t}{2}$ 时，可求得板上下表面的应力值为

$$\boldsymbol{\sigma}_m=\pm\frac{6}{t^2}\boldsymbol{M} \tag{3-200}$$

类似于平面应力问题，还可在上或下表面的任意点处计算其主应力 $\sigma_1$、$\sigma_2$ 和主方向。

以上给出了建立薄板单元时需要用到的一些公式。读者应注意板与平面应力问题的相似性。在板单元的公式推导上及其单元的程序设计上都可利用这种相似性。

## 3.3.2 三角形薄板单元

### 1. 坐标变换

图 3-46 所示为一个任意形状的三角形薄板单元，节点号 1、2、3 按逆时针排序。单元坐标系为 $xy$，自然坐标系为 $\xi\eta$。类似于平面应力单元，单元坐标变换可写成

$$\begin{pmatrix} x(\xi,\eta) \\ y(\xi,\eta) \end{pmatrix} = \sum_{i=1}^{3} L_i \begin{pmatrix} x_i \\ y_i \end{pmatrix} \tag{3-201}$$

式（3-201）中，$L_i$ 为面积坐标，它由下式定义

$$\begin{cases} l_1 = \xi \\ l_2 = \eta \\ l_3 = 1 - \xi - \eta \end{cases} \tag{3-202}$$

容易验证，这个面积坐标具有插值函数的性质：

$$L_i(\xi_j,\eta_j) = \begin{cases} 1 & i=j \\ 0 & i \neq j \end{cases} (i,j=1,2,3) \tag{3-203}$$

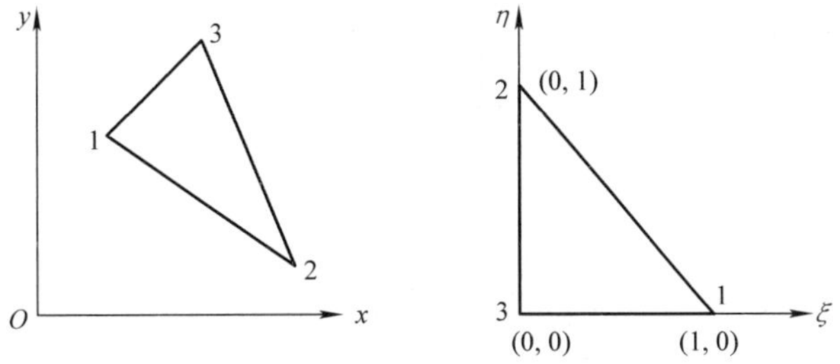


图 3-46 三角形薄板单元

### 2. 假设位移场

薄板节点位移为 $w_i$、$\theta_{xi}$ 和 $\theta_{yi}$，如图 3-47 所示。线位移 $w$ 以沿 $z$ 轴正向为正，角位移按右手螺旋法则标出的矢量（用双箭头表示）沿坐标轴正向为正。

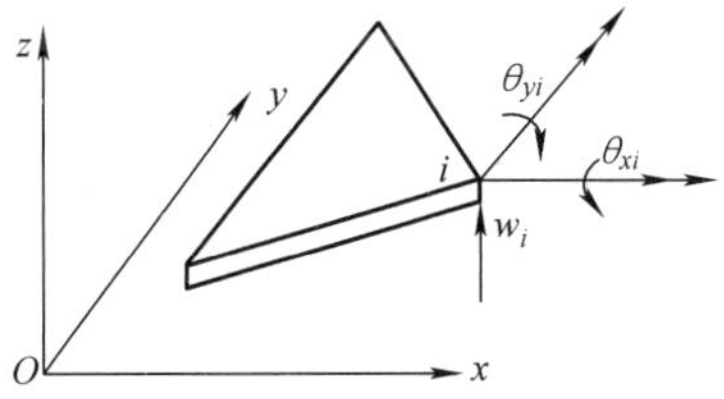


图 3-47 薄板节点位移

根据薄板理论，节点 $i$ 的位移可以表示为

$$\boldsymbol{\delta}_i = \begin{pmatrix} w_i \\ \theta_{xi} \\ \theta_{yi} \end{pmatrix} = \begin{pmatrix} w_i \\ \left(\dfrac{\partial w}{\partial y}\right)_i \\ -\left(\dfrac{\partial w}{\partial x}\right)_i \end{pmatrix} \tag{3-204}$$

单元节点位移可以写成

$$\boldsymbol{\delta}^e = (\delta_1 \quad \delta_2 \quad \delta_3)^{\mathrm{T}} = (w_1 \quad \theta_{x1} \quad \theta_{y1} \quad w_2 \quad \theta_{x2} \quad \theta_{y2} \quad w_3 \quad \theta_{x3} \quad \theta_{y3})^{\mathrm{T}} \tag{3-205}$$

单元内任意点的位移 $w$ 用节点位移插值表示如下

$$w = \boldsymbol{N}\boldsymbol{\delta}^e = (N_1 \quad N_2 \quad N_3)\boldsymbol{\delta}^e \tag{3-206}$$

其中，$\boldsymbol{N}_1$、$\boldsymbol{N}_2$ 和 $\boldsymbol{N}_3$ 为插值函数，它们是 1×3 的行阵

$$\begin{cases} \boldsymbol{N}_1 = (N_{11} \quad N_{12} \quad N_{13}) \\ \boldsymbol{N}_2 = (N_{21} \quad N_{22} \quad N_{23}) \\ \boldsymbol{N}_3 = (N_{31} \quad N_{32} \quad N_{33}) \end{cases} \tag{3-207}$$

其插值函数具体形式如下

$$\begin{cases} N_{11} = L_1 + L_1^2 L_2 + L_1^2 L_3 - L_1 L_2^2 - L_1 L_3^2 \\ N_{12} = b_3\left(L_1^2 L_2 + \dfrac{1}{2}L_1 L_2 L_3\right) - b_3\left(L_3 L_1^2 + \dfrac{1}{2}L_1 L_2 L_3\right) \\ N_{13} = c_3\left(L_1^2 L_2 + \dfrac{1}{2}L_1 L_2 L_3\right) - c_3\left(L_3 L_1^2 + \dfrac{1}{2}L_1 L_2 L_3\right) \end{cases} \tag{3-208}$$

其中，$b_2 = y_3 - y_1$、$c_2 = x_1 - x_3$、$b_3 = y_1 - y_2$、$c_3 = x_2 - x_1$。

$\boldsymbol{N}_2$ 和 $\boldsymbol{N}_3$ 可通过下标循环 1→2→3→1 写出。

**3. 应变位移矩阵 $\boldsymbol{B}$**

现在，应重新定义薄板弯曲的应变和应力。原则是要求这个应变和应力的标量给出内力功。因此，可以把应变定义为前面已经定义的曲率和扭率$\boldsymbol{\chi}$，相应的应力即为弯矩 $\boldsymbol{M}$。

所要求的矩阵 $\boldsymbol{B}$，即是$\boldsymbol{\chi}$ 与单元节点位移 $\boldsymbol{\delta}^e$ 的关系。

将式（3-207）代入式（3-191），可得

$$\boldsymbol{\chi} = \boldsymbol{B}\boldsymbol{\delta}^e = (B_1 \quad B_2 \quad B_3)\boldsymbol{\delta}^e \tag{3-209}$$

式中

$$\boldsymbol{B}_i = \begin{pmatrix} -\dfrac{\partial^2 \boldsymbol{N}_i}{\partial x^2} \\ -\dfrac{\partial^2 \boldsymbol{N}_i}{\partial y^2} \\ -2\dfrac{\partial^2 \boldsymbol{N}_i}{\partial x \partial y} \end{pmatrix} \quad (i = 1,2,3) \tag{3-210}$$

显然，矩阵 $\boldsymbol{B}$ 需要计算插值函数 $\boldsymbol{N}_i$ 的二阶导数。由于 $\boldsymbol{N}_i$ 是 $L_i(i=1,2,3)$的函数，它们对 $x$ 和 $y$ 的偏导数用到复合函数求导法则：

$$\begin{aligned} \frac{\partial}{\partial x} &= \frac{\partial L_1}{\partial x}\frac{\partial}{\partial L_1} + \frac{\partial L_2}{\partial x}\frac{\partial}{\partial L_2} + \frac{\partial L_3}{\partial x}\frac{\partial}{\partial L_3} \\ &= \frac{1}{2\Delta}\left(b_1\frac{\partial}{\partial L_1} + b_2\frac{\partial}{\partial L_2} + b_3\frac{\partial}{\partial L_3}\right) \end{aligned} \tag{3-211}$$

类似地有

$$\frac{\partial}{\partial y} = \frac{1}{2\Delta}\left(c_1\frac{\partial}{\partial L_1} + c_2\frac{\partial}{\partial L_2} + c_3\frac{\partial}{\partial L_3}\right) \tag{3-212}$$

再求一次导数可得二阶导数公式：

$$\frac{\partial^2}{\partial x^2} = \frac{1}{4\Delta^2}(b_1 \quad b_2 \quad b_3)\boldsymbol{H}\begin{pmatrix} b_1 \\ b_2 \\ b_3 \end{pmatrix} \tag{3-213}$$

$$\frac{\partial^2}{\partial y^2}=\frac{1}{4\Delta^2}(c_1\quad c_2\quad c_3)\boldsymbol{H}\begin{pmatrix}c_1\\c_2\\c_3\end{pmatrix}\tag{3-214}$$

$$\frac{\partial^2}{\partial x\partial y}=\frac{1}{4\Delta^2}(c_1\quad c_2\quad c_3)\boldsymbol{H}\begin{pmatrix}b_1\\b_2\\b_3\end{pmatrix}\tag{3-215}$$

式中，$\boldsymbol{H}$ 为二阶微分算子：

$$\boldsymbol{H}=\begin{pmatrix}\frac{\partial^2}{\partial L_1\partial L_1} & \frac{\partial^2}{\partial L_1\partial L_2} & \frac{\partial^2}{\partial L_1\partial L_3}\\ \frac{\partial^2}{\partial L_2\partial L_1} & \frac{\partial^2}{\partial L_2\partial L_2} & \frac{\partial_2}{\partial L_2\partial L_3}\\ \frac{\partial^2}{\partial L_3\partial L_1} & \frac{\partial^2}{\partial L_3\partial L_2} & \frac{\partial^2}{\partial L_3\partial L_3}\end{pmatrix}\tag{3-216}$$

将式（3-208）中的 $N_{11}$、$N_{12}$和 $N_{13}$等分别代入微分矩阵 $\boldsymbol{H}$ 中可得具体函数矩阵

$$\boldsymbol{H}_{11}=\begin{pmatrix}2L_2+2L_3 & \text{对称} & \\ 2L_1-2L_3 & -2L_1 & \\ 2L_1-2L_3 & 0 & -2L_1\end{pmatrix}\tag{3-217}$$

$$\boldsymbol{H}_{12}=\begin{pmatrix}2b_3L_2-2b_2L_3 & & \text{对称}\\ 2b_3L_1+\frac{1}{2}(b_3-b_2)L_2 & 0 & \\ \frac{1}{2}(b_3-b_2)L_2-2b_2L_1 & \frac{1}{2}(b_3-b_2)L_1 & 0\end{pmatrix}\tag{3-218}$$

$$\boldsymbol{H}_{13}=\begin{pmatrix}2c_3L_2-2c_2L_3 & & \text{对称}\\ 2c_3L_1+\frac{1}{2}(c_3-c_2)L_2 & 0 & \\ \frac{1}{2}(c_3-c_2)L_2-2c_2L_1 & \frac{1}{2}(c_3-c_2)L_1 & 0\end{pmatrix}\tag{3-219}$$

以上公式对于编写计算矩阵 $\boldsymbol{B}$ 的计算机程序已经足够了，因此不用进一步写出显式。

**4. 单元刚度矩阵**

前面已经求出了矩阵 $\boldsymbol{B}$，而板的应力应变关系矩阵 $\boldsymbol{D}_b$ 已由式（3-193）给出。这时可以按式（3-210）计算板的单元刚度矩阵：

$$\boldsymbol{k}^e=\int_{A^e}\boldsymbol{B}^T\boldsymbol{D}_b\boldsymbol{B}t\mathrm{d}x\mathrm{d}y\tag{3-220}$$

其中 $A^e$ 是三角形的区域。由于被积函数是面积坐标的多项式，因此下面的公式是有用的：

$$\iint_\Delta L_1^aL_2^bL_3^c\mathrm{d}x\mathrm{d}y=\frac{a!b!c!}{(a+b+c+2)!}2\Delta\tag{3-221}$$

式中，$\Delta$ 为三角形面积。

利用式（3-221），读者可以求出刚度矩阵式（3-220）的显式，但该显式很复杂。类似于平面应力三角形单元，采用哈默数值积分来计算较为方便。

**5. 单元等效节点力**

等效节点荷载用列阵表示为

$$\boldsymbol{r}^e=(F_{z1}\quad M_{x1}\quad M_{y1}\quad F_{z2}\quad M_{x2}\quad M_{y2}\quad F_{z3}\quad M_{x3}\quad M_{y3})^{\mathrm{T}} \tag{3-222}$$

式（3-222）中力的分量分别与单元节点位移的分量相对应。

当单元受有均布的法向荷载 $q$ 时，需要计算它的等效节点荷载。这个等效节点载荷可用等效节点力的通式计算

$$\boldsymbol{r}^e=\int_{A^e}\boldsymbol{N}^{\mathrm{T}}q\mathrm{d}x\mathrm{d}y=q\int_{A^e}(N_{11}\quad N_{12}\quad N_{13}\quad N_{21}\quad N_{22}\cdots N_{33})^{\mathrm{T}}\mathrm{d}x\mathrm{d}y$$

将形函数 $N_{ij}$ 的具体表达式（3-208）代入，利用式（3-221）对各个元素进行积分，得

$$\boldsymbol{r}^e=q\Delta\left(\frac{1}{3}\quad \frac{b_2-b_3}{24}\quad \frac{c_2-c_3}{24}\quad \frac{1}{3}\quad \frac{b_3-b_1}{24}\quad \frac{c_3-c_1}{24}\quad \frac{1}{3}\quad \frac{b_1-b_2}{24}\quad \frac{c_1-c_2}{24}\right)^{\mathrm{T}} \tag{3-223}$$

**6. 单元精度分析**

为了考查板单元的精度，通常选用有解析解的板，如以方板为例进行有限元计算。图 3-48所示为一块方板，其中心受一集中横向力 $P$ 的作用，求板中心的挠度。

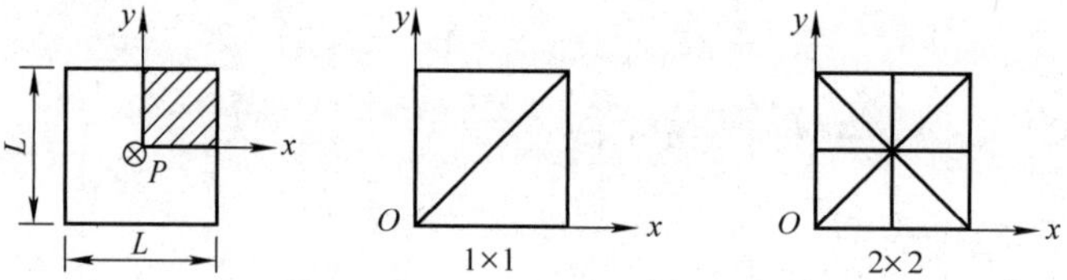


图 3-48　方板及其单元划分

已知，单元长度 $L=10$、单元厚度 $t=0.1$、弹性模量 $E=1092\times10^5$、泊松比 $\mu=0.3$、横向集中载荷 $P=1$。根据相关文献，中心挠度的计算式为

$$w_{\max}=\frac{\beta PL^2}{D} \tag{3-224}$$

其中 $D=\dfrac{Et^3}{12(1-\mu^2)}$

$\beta=0.01160$（简支时中心点挠度）

$\beta=0.00560$（固支时中心点挠度）

把本例已知数据代入式（3-223）中得 $w_{\max}=\beta$。因此，本例的解析解即是 $\beta$。

方板中心挠度有限元计算结果见表 3-2。

**表 3-2　方板中心挠度有限元计算结果**（三角形单元）

| 网格 | 节点总数 | 简支板 | 固支板 |
|---|---|---|---|
| 1×1 | 4 | 0.01302 | 0.00516 |
| 2×2 | 9 | 0.01231 | 0.00540 |
| 解析解 | — | 0.01160 | 0.00560 |

计算结果表明，随着网格加密，解收敛于精确解。对于较粗的网格部分，其计算误差在5%左右。目前，这个单元是较好的三角形薄板单元。

## 3.3.3　任意四边形薄板单元

**1. 坐标变换和二阶雅可比矩阵**

把坐标系 $xy$ 中的任意四边形（图3-49a）变换为自然坐标系 $\xi\eta$ 中的正方形（图3-49b），可以采用如下的双线性坐标变换公式：

$$\begin{pmatrix} x \\ y \end{pmatrix} = \sum_{i=1}^{4} N_i(\xi, \eta) \begin{pmatrix} x_i \\ y_i \end{pmatrix} \tag{3-225}$$

式中，$N_i$ 为形函数。

根据式（3-225）定义的一阶偏导数有如下关系：

$$\begin{pmatrix} \dfrac{\partial}{\partial \xi} \\ \dfrac{\partial}{\partial \eta} \end{pmatrix} = \boldsymbol{J}_1 \begin{pmatrix} \dfrac{\partial}{\partial x} \\ \dfrac{\partial}{\partial y} \end{pmatrix} \tag{3-226}$$

其中

$$\boldsymbol{J}_1 = \begin{pmatrix} \dfrac{\partial x}{\partial \xi} & \dfrac{\partial y}{\partial \xi} \\ \dfrac{\partial x}{\partial \eta} & \dfrac{\partial y}{\partial \eta} \end{pmatrix}$$

称为一阶雅可比矩阵。

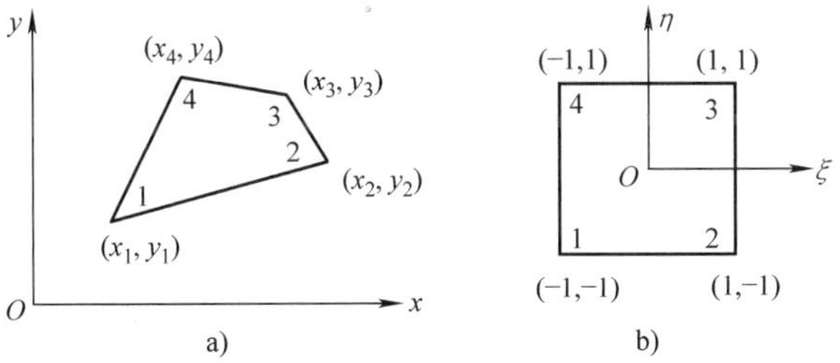


图3-49　四边形单元坐标变换

二阶偏导数具有如下关系：

$$\begin{pmatrix} \dfrac{\partial^2}{\partial \xi^2} \\ \dfrac{\partial^2}{\partial \eta^2} \\ \dfrac{\partial^2}{\partial \xi \partial \eta} \end{pmatrix} = \boldsymbol{J}_2 \begin{pmatrix} \dfrac{\partial^2}{\partial x^2} \\ \dfrac{\partial^2}{\partial y^2} \\ \dfrac{\partial^2}{\partial x \partial y} \end{pmatrix} + \begin{pmatrix} 0 \\ 0 \\ \alpha\left(\dfrac{\partial}{\partial x}\right) + \beta\left(\dfrac{\partial}{\partial y}\right) \end{pmatrix} \tag{3-227}$$

式中

$$\alpha=\frac{\partial^2 x}{\partial\xi\partial\eta}=\frac{x_1-x_2-x_3+x_4}{4}$$

$$\beta=\frac{\partial^2 y}{\partial\xi\partial\eta}=\frac{y_1-y_2-y_3+y_4}{4}$$

$\boldsymbol{J}_2$ 为二阶雅可比矩阵，其形式如下：

$$\boldsymbol{J}_2=\begin{pmatrix}\left(\frac{\partial x}{\partial\xi}\right)^2 & \left(\frac{\partial y}{\partial\xi}\right)^2 & 2\frac{\partial x}{\partial\xi}\frac{\partial y}{\partial\xi}\\ \left(\frac{\partial x}{\partial\eta}\right)^2 & \left(\frac{\partial y}{\partial\eta}\right)^2 & 2\frac{\partial x}{\partial\eta}\frac{\partial y}{\partial\eta}\\ \frac{\partial x}{\partial\xi}\frac{\partial x}{\partial\eta} & \frac{\partial x}{\partial\xi}\frac{\partial y}{\partial\eta} & \frac{\partial x}{\partial\xi}\frac{\partial y}{\partial\eta}+\frac{\partial y}{\partial\xi}\frac{\partial x}{\partial\eta}\end{pmatrix} \tag{3-228}$$

二阶雅可比矩阵的行列式

$$|\boldsymbol{J}_2|=\left(\frac{\partial x}{\partial\xi}\frac{\partial y}{\partial\eta}-\frac{\partial x}{\partial\eta}\frac{\partial y}{\partial\xi}\right)^3=|\boldsymbol{J}_1|^3 \tag{3-229}$$

它是一阶雅可比矩阵行列式的三次方。当 $|J_2|\neq 0$ 时，二阶雅可比矩阵的逆矩阵为

$$\boldsymbol{J}_2^{-1}=\frac{1}{\boldsymbol{J}_2}\begin{pmatrix}\left(\frac{\partial y}{\partial\eta}\right)^2 & \left(\frac{\partial y}{\partial\xi}\right)^2 & -2\frac{\partial y}{\partial\xi}\frac{\partial y}{\partial\eta}\\ \left(\frac{\partial x}{\partial\eta}\right)^2 & \left(\frac{\partial x}{\partial\xi}\right)^2 & -2\frac{\partial x}{\partial\xi}\frac{\partial x}{\partial\eta}\\ -\frac{\partial x}{\partial\eta}\frac{\partial y}{\partial\eta} & -\frac{\partial x}{\partial\xi}\frac{\partial y}{\partial\xi} & \frac{\partial x}{\partial\xi}\frac{\partial y}{\partial\eta}+\frac{\partial x}{\partial\eta}\frac{\partial y}{\partial\xi}\end{pmatrix} \tag{3-230}$$

若 $\alpha=\beta=0$，即为平行四边形情况：

$$\begin{pmatrix}\frac{\partial^2}{\partial x^2}\\ \frac{\partial^2}{\partial y^2}\\ \frac{\partial^2}{\partial x\partial y}\end{pmatrix}=\boldsymbol{J}_2^{-1}\begin{pmatrix}\frac{\partial^2}{\partial\xi^2}\\ \frac{\partial^2}{\partial\eta^2}\\ \frac{\partial^2}{\partial\xi\partial\eta^2}\end{pmatrix} \tag{3-231}$$

若 $\alpha\neq 0$，$\beta\neq 0$，即为任意四边形情况：

$$\begin{pmatrix}\frac{\partial^2}{\partial x^2}\\ \frac{\partial^2}{\partial y^2}\\ \frac{\partial^2}{\partial x\partial y}\end{pmatrix}=\boldsymbol{J}_2^{-1}\begin{pmatrix}\frac{\partial^2}{\partial\xi^2}\\ \frac{\partial^2}{\partial\eta^2}\\ \frac{\partial^2}{\partial\xi\partial\eta}-\alpha'\frac{\partial}{\partial\xi}+\beta'\frac{\partial}{\partial\eta}\end{pmatrix} \tag{3-232}$$

其中

$$\alpha'=\left(\frac{\alpha\frac{\partial y}{\partial\eta}-\beta\frac{\partial x}{\partial\eta}}{|\boldsymbol{J}_1|}\right)$$

$$\beta'=\left(\frac{\alpha\frac{\partial y}{\partial\xi}-\beta\frac{\partial x}{\partial\xi}}{|\boldsymbol{J}_1|}\right) \tag{3-233}$$

**2. 假设位移场**

板节点位移为 $w_i$、$\theta_{xi}$、$\theta_{yi}$，其方向规定与三角形单元相同，对于四边形板弯曲单元（图 3-50），节点位移可以写成

$$\boldsymbol{\delta}^e=(\delta_1\quad\delta_2\quad\delta_3\quad\delta_4)^{\mathrm{T}}=(w_1\quad\theta_{x1}\quad\theta_{y1}\quad w_2\quad\theta_{x2}\quad\theta_{y2}\quad\cdots\quad w_4\quad\theta_{x4}\quad\theta_{y4})^{\mathrm{T}}$$

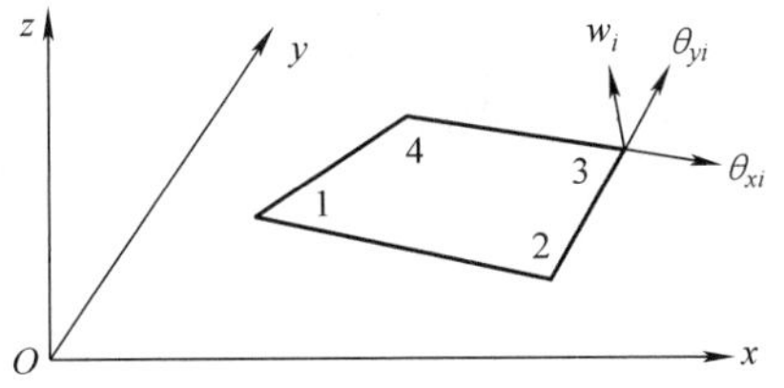


图 3-50　四边形板弯曲单元

设单元位移场为

$$w=\boldsymbol{N}\boldsymbol{\delta}^e=(N_1\quad N_{x1}\quad N_{y1}\quad N_2\quad N_{x2}\quad N_{y2}\quad N_3\quad N_{x3}\quad N_{y3}\quad N_4\quad N_{x4}\quad N_{y4})\boldsymbol{\delta}^e \tag{3-234}$$

式中，$N_1$，$N_{x1}$，$N_{y1}$，…，$N_{y4}$是插值函数，其形式如下：

$$\begin{cases}(N_1\quad N_{x1}\quad N_{y1})=X_1Y_1(X_1Y_1-X_2Y_2+2X_1X_2+2Y_1X_2\\ \qquad y_{21}X_1X_2+y_{41}Y_1Y_2\quad -x_{21}X_1X_2-x_{41}Y_1Y_2)/16\\ (N_2\quad N_{x2}\quad N_{y2})=X_2Y_1(X_2Y_1-X_1Y_2+2X_1X_2+2Y_1Y_2\\ \qquad -y_{21}X_1X_2+y_{32}Y_1Y_2\quad x_{21}X_1X_2-x_{32}Y_1Y_2)/16\\ (N_3\quad N_{x3}\quad N_{y3})=X_2Y_2(X_2Y_2-X_1Y_1+2X_1X_2+2Y_1X_2\\ \qquad -y_{34}X_1X_2-y_{32}Y_1Y_2\quad x_{34}X_1X_2+x_{32}Y_1Y_2)/16\\ (N_4\quad N_{x4}\quad N_{y4})=X_1Y_2(X_1Y_2-X_2Y_1+2X_1X_2+2Y_1Y_2\\ \qquad y_{34}X_1X_2-y_{41}Y_1Y_2\quad -x_{34}X_1X_2+x_{41}Y_1Y_2)/16\end{cases} \tag{3-235}$$

其中

$$\begin{cases}X_1=1-\xi\\ X_2=1-\xi\\ Y_1=1-\eta\\ Y_2=1-\eta\\ x_{ij}=x_i-x_j\\ y_{ij}=y_i-y_j\end{cases}$$

可以验证，上述插值函数具有下面的特点，在节点 $i$（$i=1$，2，3，4）处

$$w=w_i,\frac{\partial w}{\partial y}=\theta_{xi},-\frac{\partial w}{\partial x}=\theta_{yi}$$

沿两相邻单元的公共边 $ij$ 的 $w$ 是 $\xi$ 或 $\eta$ 的三次式。可以证明，在公共边上两个单元有完全相同的三次曲线，从而保证了单元间挠度的连续性。但是，单元间的法向导数是不相同的。因此，这个单元是不协调元。

**3. 应变位移矩阵 $\boldsymbol{B}$ 与刚度矩阵 $\boldsymbol{k}^e$**

将位移 $w$ 的表达式（3-234）代入曲率计算公式可得到

$$\boldsymbol{\chi}=\begin{pmatrix}-\dfrac{\partial^2 w}{\partial x^2}\\-\dfrac{\partial^2 w}{\partial y^2}\\-\dfrac{2\partial^2 w}{\partial x\partial y}\end{pmatrix}=\boldsymbol{B\delta}^e$$

写成分块形式，$\boldsymbol{B}=(B_1\quad B_2\quad B_3\quad B_4)$，其中

$$\begin{aligned}\boldsymbol{B}_i&=\begin{pmatrix}\dfrac{\partial^2 N_i}{\partial x^2}&\dfrac{\partial^2 N_{xi}}{\partial x^2}&\dfrac{\partial^2 N_{yi}}{\partial x^2}\\\dfrac{\partial^2 N_i}{\partial y^2}&\dfrac{\partial^2 N_{xi}}{\partial y^2}&\dfrac{\partial^2 N_{yi}}{\partial y^2}\\\dfrac{2\partial^2 N_i}{\partial x\partial y}&\dfrac{2\partial^2 N_{xi}}{\partial x\partial y}&\dfrac{2\partial^2 N_{yi}}{\partial x\partial y}\end{pmatrix}\\&=\boldsymbol{AC}_i(i=1,2,3,4)\end{aligned}\tag{3-236}$$

其中

$$\boldsymbol{A}=\frac{-1}{|\boldsymbol{J}_1|^2}\begin{pmatrix}\left(\dfrac{\partial y}{\partial\eta}\right)^2&\left(\dfrac{\partial y}{\partial\xi}\right)^2&-2\dfrac{\partial y}{\partial\xi}\dfrac{\partial y}{\partial\eta}\\\left(\dfrac{\partial x}{\partial\eta}\right)^2&\left(\dfrac{\partial x}{\partial\xi}\right)^2&-2\dfrac{\partial x}{\partial\xi}\dfrac{\partial x}{\partial\eta}\\-2\dfrac{\partial x}{\partial\eta}\dfrac{\partial y}{\partial\eta}&-2\dfrac{\partial x}{\partial\xi}\dfrac{\partial y}{\partial\xi}&2\left(\dfrac{\partial x}{\partial\xi}\dfrac{\partial y}{\partial\eta}+\dfrac{\partial x}{\partial\eta}\dfrac{\partial y}{\partial\xi}\right)\end{pmatrix}$$

$$\boldsymbol{C}_i=\begin{pmatrix}\dfrac{\partial^2 N_i}{\partial\xi^2}&\dfrac{\partial^2 N_{xi}}{\partial\xi^2}&\dfrac{\partial^2 N_{yi}}{\partial\xi^2}\\\dfrac{\partial^2 N_i}{\partial\eta^2}&\dfrac{\partial^2 N_{xi}}{\partial\eta^2}&\dfrac{\partial^2 N_{yi}}{\partial\eta^2}\\\dfrac{\partial^2 N_i}{\partial\xi\partial\eta}-\alpha'\dfrac{\partial N_i}{\partial\xi}+\beta'\dfrac{\partial N_i}{\partial\eta}&\dfrac{\partial^2 N_{xi}}{\partial\xi\partial\eta}-\alpha'\dfrac{\partial N_{xi}}{\partial\xi}+\beta'\dfrac{\partial N_{xi}}{\partial\eta}&\dfrac{\partial^2 N_{yi}}{\partial\xi\partial\eta}-\alpha'\dfrac{\partial N_{yi}}{\partial\xi}+\beta'\dfrac{\partial N_{yi}}{\partial\eta}\end{pmatrix}$$

单元刚度矩阵为

$$\begin{aligned}\boldsymbol{k}^e&=\int_{A^e}\boldsymbol{B}^{\mathrm{T}}\boldsymbol{DB}\mathrm{d}x\mathrm{d}y\\&=\int_{-1}^{1}\int_{-1}^{1}\boldsymbol{B}^{\mathrm{T}}\boldsymbol{DB}|\boldsymbol{J}_1|\mathrm{d}\xi\mathrm{d}\eta\\&=\sum_{i=1}^{2}\sum_{j=1}^{2}(\boldsymbol{B}^{\mathrm{T}}\boldsymbol{DB}|\boldsymbol{J}_1|)_{\xi_i\eta_j}W_iW_j\end{aligned}\tag{3-237}$$

**4. 等效节点力**

单元等效节点力记为

$$\boldsymbol{r}^e=(F_{z1}\quad M_{x1}\quad M_{y1}\quad F_{z2}\quad M_{x2}\quad M_{y2}\quad\cdots\quad F_{z4}\quad M_{x4}\quad M_{y4})^{\mathrm{T}}$$

如果单元受有法向分布荷载 $q$，则

$$\boldsymbol{r}^e=\int_{A^e}\boldsymbol{N}^{\mathrm{T}}q\mathrm{d}x\mathrm{d}y\tag{3-238}$$

其中积分可采用高斯数值积分计算。

**5. 单元精度分析**

仍选用前述方板算例来考查这里的四边形薄板单元。单元划分如图 3-51 所示，计算结果见表 3-3。计算结果表明，解是收敛的，且精度较高。

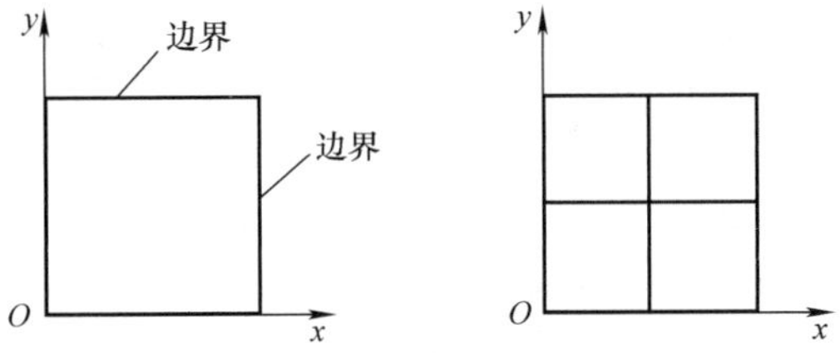


图 3-51　方板单元划分

**表 3-3　方板中心挠度有限元计算结果**（四边形单元）

| 网格 | 节点总数 | 简支板 | 固支板 |
|---|---|---|---|
| 1×1 | 4 | 0.01394 | 0.00625 |
| 2×2 | 9 | 0.01236 | 0.00592 |
| 解析解 | — | 0.01160 | 0.00560 |

## 3.4　电动汽车车身结构静态特性综合评价及其优化

与绝大多数传统轿车相同，电动汽车车身也采用承载式车身结构，车身的结构特性直接影响轿车性能。汽车车身结构必须有足够的强度以保证其可靠性，也必须有足够的刚度以保证其上安装的各总成的正常工作。因此，电动汽车改制车身结构的分析及其优化设计十分重要。为了保证电动汽车具有内燃机汽车车身结构的承载能力和可靠性，必须在研究过程中采用先进的分析手段。应用有限元方法进行汽车车身结构分析能为电动汽车车身结构改造设计提供必要的保障。

国内外对轿车车身结构的分析都表明，轿车白车身的强度是整车可靠性的关键，而且其刚度对整车的贡献也最大，达到 60% 以上。为此，本节采用有限元法对某电动改装车车身焊接总成的强度和刚度进行分析和优化，以供相关设计研究参考。

### 3.4.1　分析模型建立

有限元分析模型建得准确与否，模型规模控制得是否适度，对轿车车身结构分析影响很大。由于轿车车身是由形状不同、厚度不同的薄壁板壳零件组成的，而且结构和形状都很复杂，为了对车身结构进行比较准确的计算分析，现代轿车车身结构分析的有限元模型一般采用板壳单元模型，即整个车身全部采用板壳单元进行离散建立的模型。本分析对象包括原形车车身壳体（车身焊接总成）、改装车的车架及地板，如图 3-52 所示。本分析主要采用 ANSYS软件的四节点壳单元建立有限元模型，少部分为三角形单元。

建立模型的过程中通常都要对结构进行简化，这一简化要以忠实结构主要的力学特性为前提。现代轿车多采用全承载式车身，车体骨架结构由车体结构件及覆盖件焊接而成；主要承载零部件及总成包括前纵梁、后纵梁、门槛、顶盖、地板、A柱、B柱、C柱、后风窗支柱、前轮罩、后轮罩、前塔型支承、后塔型支承、后翼子板、后围板、包裹架等。而保险杠主要是用于轿车碰撞时的吸能元件，前翼子板的设计也是主要从外形、维修要求及安全性出发的，它们都是用螺钉与车体骨架连接的，在建立模型时一般不考虑这两个零件。我们的目的在于分析整个车身的刚度和薄弱环节等力学特性，过于细致地描述一些非关键结构的细节，不仅增加建模的难度和单元的数目，还会使有限元模型的单元尺寸变化过于剧烈，从而影响计算精度。车身结构中有的小尺寸结构，如小孔、开口、翻边、小筋和小凸台，它们的设计目的通常是局部过渡或者工艺上避让一些管线，而对整体刚度和强度影响不大，因此，在建模过程中做简化处理。而为了安装零部件方便而设置的尺寸较大的孔基本都有翻边，对整体刚度和局部强度影响较大，不能忽略。

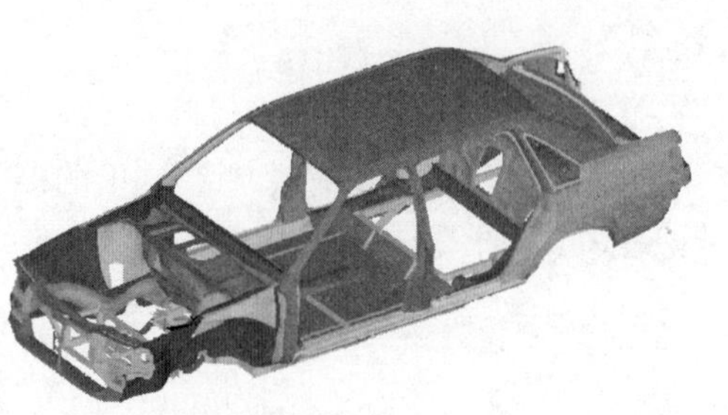

图3-52　车身壳体CAD图

轿车车身结构分析有限元模型的单元数量和尺寸直接影响其前后处理工作和计算效率。对于每个具体零件，根据它的具体结构，如翻边的大小，结构变化的复杂程度等来划分单元。对于比较平坦的大面和曲率变化小的曲面结构，如顶盖、地板等可以适当地加大单元的尺寸。而对于一些不大的翻边，则只能缩小单元的尺寸。对于结构初步分析的大应力部位，单元网格要进一步细化。本次车身结构静态分析的单元基本尺寸定为50mm。

对初步建立的模型进行了修正。模型修正的基本原则是充分体现实际结构应主要关注力学特征，即尽可能详细模拟对整体抗弯和抗扭刚度贡献大的筋等结构。首先，进行单元网格规整化，并减小三角形单元比例，单元质量检查规范见表3-4。其次，修正了门口和窗口翻边的厚度。根据资料，建立总体模型时，可将板间焊点以一致节点处理，以较厚板的厚度做单元几何常数。但以这种方法处理门口和窗口翻边，会给轿车车身壳体静态刚度分析带来约9%的误差。在模型修正时，将门口和窗口处的焊接边以实际双板厚度处理。另外，对于初步试算应力较大区域的模型网格进行了细化，如在车身轮罩及车架弯梁处等。最终模型的单元总数为34943，节点总数为32205；三角形单元个数为3320，三角形单元比例为9.5%，如图3-53、图3-54所示。

**表3-4　单元质量检查规范**

| 四边形单元翘曲角 | 单元边长比 | 四边单元最小内角 | 四边单元最大内角 | 三角单元最小内角 | 三角单元最大内角 | 单元最小尺寸 |
|---|---|---|---|---|---|---|
| <20° | <10 | >30° | <140° | >17° | <146° | >5mm |

### 3.4.2　分析模型验证

参考上海大众的轿车白车身试验方法，扭转工况采用加载梁在前轴施加6450N·m的扭矩，模拟实车满载时一个前轮悬空的工况。后塔形支承处的6个自由度都约束，加载梁中点处约束$x$、$y$、$z$三个方向的位移和$y$、$z$两个方向的转动自由度。模型载荷与约束如图3-55所示，车架上的试验和计算测点布置如图3-56所示。

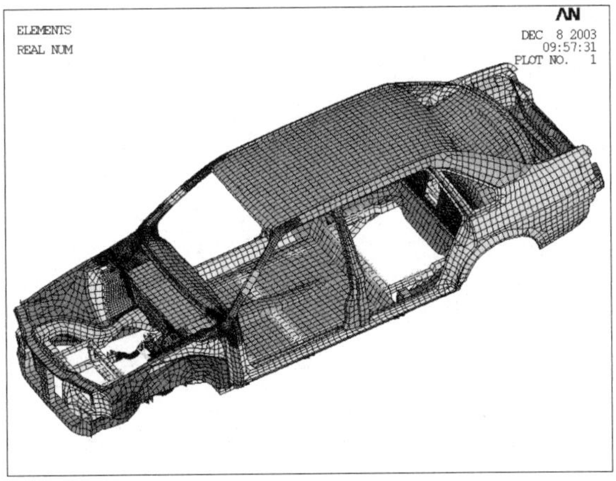


图 3-53 整体模型示意图

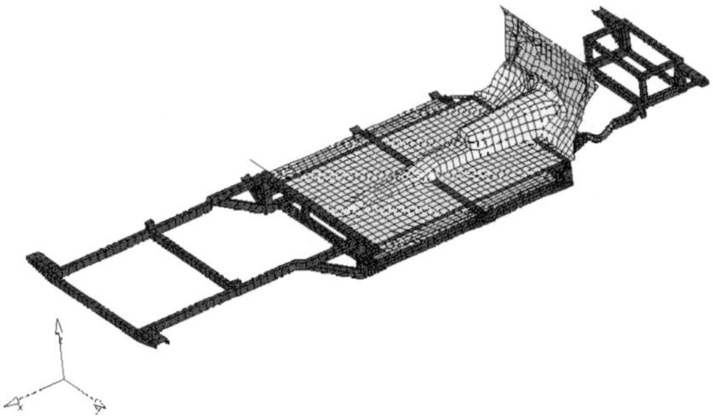

图 3-54 改制车架示意图（见彩插）

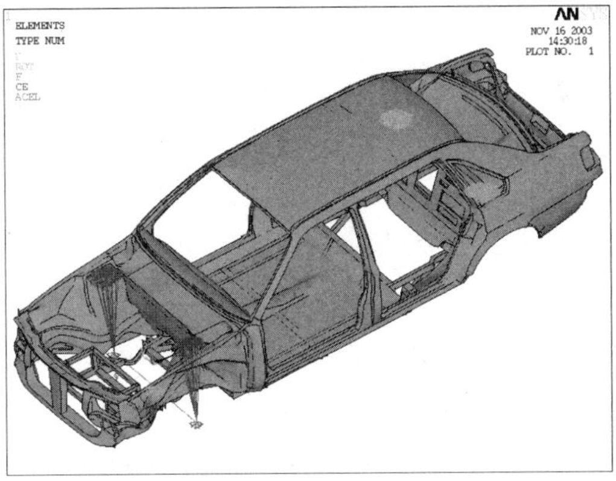


图 3-55 模型载荷与约束

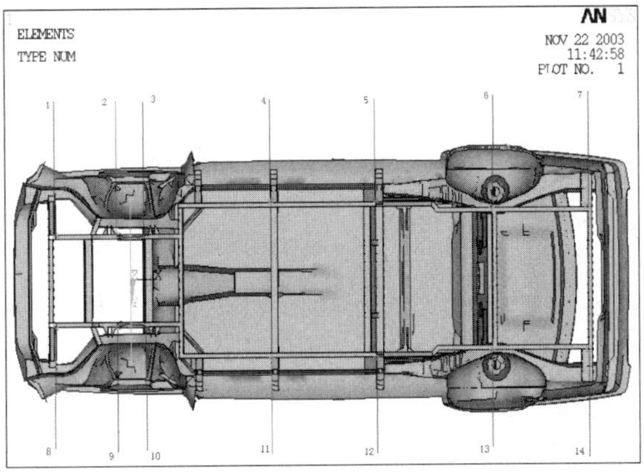


图 3-56 模型验证工况测点布置

图 3-57 所示为验证工况下白车身扭转角计算及试验曲线。车身最大扭转角计算值为 0.59°，而试验值为 0.68°，车身扭转刚度为 9434N · m/(°)；车身最大扭转角是原车型相关值的 1.6 倍。说明改装车车身设计扭转刚度偏低，需要通过车身结构优化设计来提高车身扭

转刚度值。

扭转工况的主要大应力点的计算值及试验值见表3-5，白车身模型验证工况下的计算应力大小和趋势均与试验值吻合。计算模型的扭转刚度和强度误差分别约为13%和20%，说明模拟分析模型精度较高，可用于结构刚度及强度预测分析和结构优化设计分析。试验弯曲工况分析结果也充分验证了有限元模型的准确性。

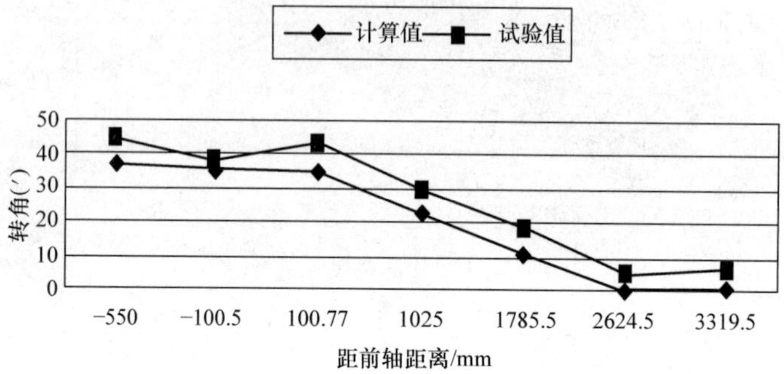


图3-57 验证工况下白车身扭转角计算及试验曲线

**表3-5 大应力点计算值及试验值**

| 大应力部位 | 计算值/MPa | 试验值/MPa |
|---|---|---|
| A柱下端 | 118.95 | 84.1676 |
| A柱上端 | -84.012 | -70.5188 |
| D柱上部 | 77.974 | 67.0032 |
| 后围隔板 | -100.85 | -103.193 |

最终上车身模型采用板壳单元有限元模型，而车架采用空间梁单元模型，有限元模型如图3-58所示。

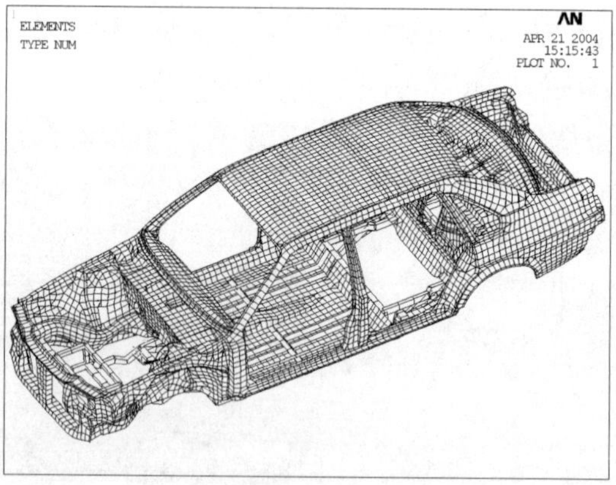


图3-58 有限元模型

### 3.4.3 车身结构静态载荷综合评价

**1. 车身结构强度分析**

车身结构强度分析主要考虑较恶劣的实际弯扭组合工况，模拟汽车右后轮悬空状态，并考虑1.5倍的动态载荷系数。计算分析所得上车身等效应力分析结果如图3-59所示。该工况下上车身的最大应力值为189.16MPa，发生在后隔板开口部位。其他大应力点位置还有车身右前纵梁后加强梁、右前塔形支承点附近、右前轮罩与披水板相焊接的部位、前风窗下横梁右端根部、A柱外板根部、左后纵梁与车架焊接处、左后内轮罩及塔形支承。这些部位均是汽车右后轮悬空时车身上对抗扭贡献较大零件的端部或开口处。车身结构最大应力值小于材料弹性极限值210MPa，满足工程要求。实际弯扭组合工况下车架应力分析结果如图3-60所示，最大应力发生在左边车架后纵梁部位，大小为 -92.63MPa。此外，应力较大的位置还有右前牛腿处、车架前部圆管与横梁连接根部、车架双层结构的右后竖梁与后座椅横梁连接的根部。这些部位应力较大的主要原因是该工况右后轮悬空，右后塔型支承承担的载荷分别由右前和左后塔型支承承担，而车架的这些大应力位置比较靠近前、后塔型支承。

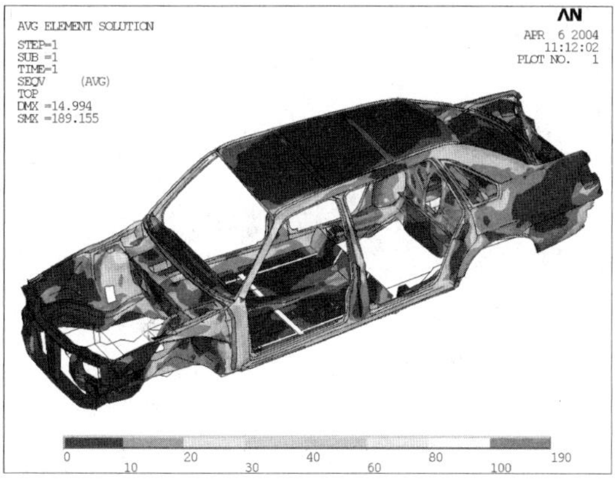


图 3-59　弯扭组合工况上车身等效应力分布（见彩插）

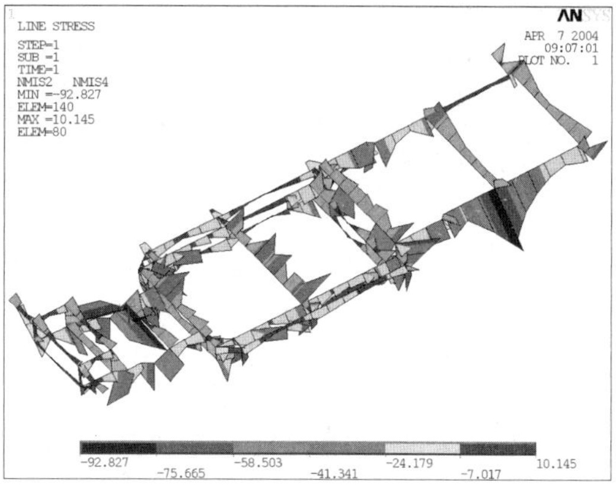


图 3-60　弯扭工况车架应力图（见彩插）

**2. 车架力流分析**

因为是基于现生产车型的改造设计，对车架结构的分析与评价有特别重要的实际意义。车架力流分析主要考虑车架结构的轴向力及其所受弯矩的分布情况，两种工况下车架总的弯矩分布分别如图 3-61、图 3-62 所示，其中较大的力流部件见表 3-6。在实际载荷两种工况下，车架结构的轴向力都比较小，由轴向力引起的应力值最大也只有 13MPa。使车架产生应力的主要是弯矩，在车架后纵梁靠近车身后纵梁焊接部位弯矩尤其大。前牛腿、后牛腿等位置也有较大的弯矩，这主要是因为这些部位靠近车身塔型支承位置，传递较大的载荷。

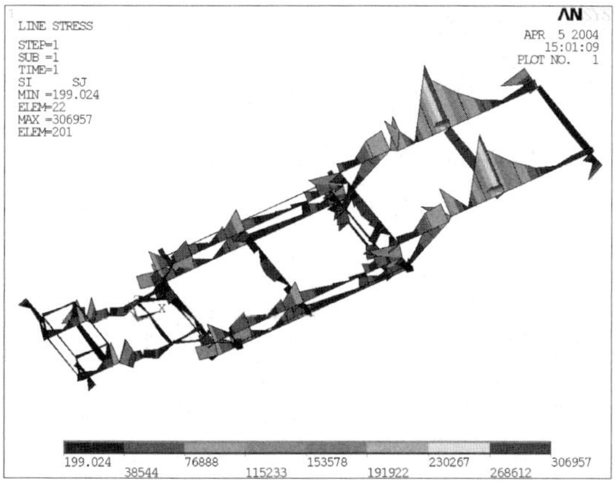


图 3-61　弯曲工况车架弯矩分布图（见彩插）

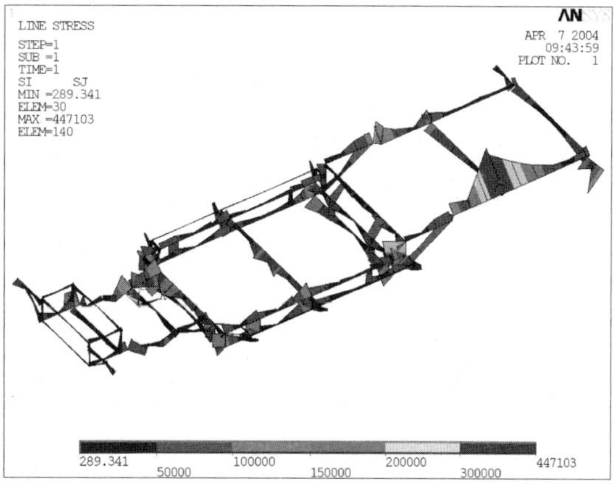


图 3-62　弯扭组合工况车架弯矩分布图（见彩插）

表 3-6　车架较大力流部件

| 工况 | 实际载荷弯曲工况 | | 实际载荷弯扭组合工况 | |
|---|---|---|---|---|
| | 位置 | 大小 | 位置 | 大小 |
| 轴向力/N | 中部右下纵梁 | 4853 | 中部左下纵梁 | 6111 |
| $y$ 向弯矩 $M_y$/N·mm | 车架右后纵梁 | 306954 | 车架左后纵梁 | 445359 |
| $z$ 向弯矩 $M_z$/N·mm | 车架右后牛腿 | -134227 | 车架左后牛腿 | -261575 |

可见，在本次设计的车架结构梁截面尺寸基本相同的情况下，图 3-62 所示情况与图 3-60所示情况有非常好的对应。图 3-62 所示情况对指导车架截面的设计有更直接的应用价值。从两种工况下总的弯矩及应力分布来看，车架前部受载较小，可对截面参数进行优化；中部边上的圆管受载更小，可考虑将其去除；中部双层结构受载均匀且也不是很大，也可进行优化；后部纵梁及与车身连接的各牛腿梁承受较大载荷，是优化设计的关键部件。在该车架结构及分析工况下，最大应力绝对值只有 92MPa 左右，远小于材料的许用应力 210MPa，车架截面优化余地较大。

### 3.4.4　车身结构静态特性综合评价

#### 1. 车身结构刚度分析

刚度分析中使用与试验扭转工况中相同的分析对象、约束及载荷。图 3-63 所示为车身变形相对扭转角的计算值和试验值。车身扭转刚度计算得最大扭转角为 33.52′，考虑试验工况扭矩为 6450N·m，扭转刚度计算值为 11545N·m/(°)，而相应的试验最大扭转角为 35.42′，扭转刚度为 10926N·m/(°)，误差 5.7%。进一步验证了模型的正确性。可见，改造后车身结构扭转刚度约为改造前的扭转刚度值的 1.2 倍。虽然这一刚度值可以满足电动轿车的使用要求，但改造增加的车架对车身的刚度贡献显然不如预料的大。

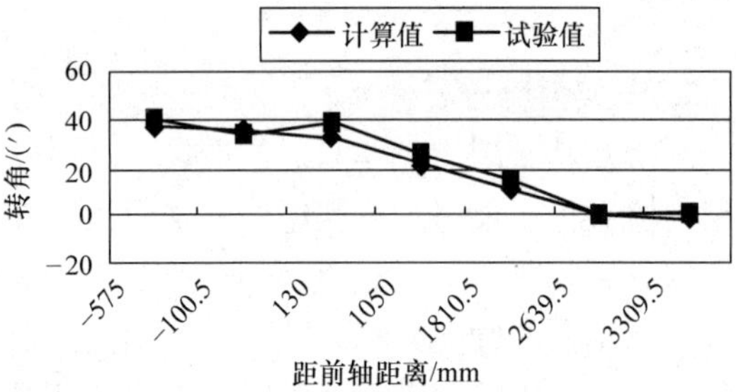


图 3-63　车身变形扭转角

#### 2. 车架承载度分析

车架承载度可用整个车身受外力作用后车架的应变能和整个车身结构的总应变能之比来定义。各工况车架承载度见表 3-7。总体上讲，该车车架的承载度较小，尤其在关键的弯扭组合工况下，车架承载度小。与车身结构刚度分析结论完全一致，改造的车架对车身刚度的提高效果不是最佳。

表 3-7　实际载荷工况车架承载度

| 工况 | 总变形能/N·mm | 车架变形能/N·mm | 车架承载度（%） |
|---|---|---|---|
| 实际载荷弯曲工况 | 8271.67 | 2143.25 | 25.91 |
| 实际载荷弯扭组合工况 | 37732.1 | 5255.59 | 13.93 |

由以上分析可以发现：

1）相对车身结构强度分析而言，车身结构力流分析更直观。综合分析车身结构强度和力流，可更充分和合理地指导车架截面的设计。

2）车架承载度可以合理地确定车架对车身刚度的贡献水平，分析车架结构及其与车身连接强度的合理性。

3）综合评价车身结构静态特性，很容易得出改进车身结构静态特性的方法。

### 3.4.5 电动改装轿车车身结构优化分析

**1. 分析工况**

电动改装车簧载质量为1912kg。其中，动力系统装备及乘客质量见表3-8，按照其在车架上安装点的位置加载。其余质量为车身壳体、四门两盖、车身附件及内外饰质量，均布加载到车身模型上，当量密度为$2.77\times10^{-8}t/mm^3$。

静态优化分析时，兼顾动态载荷的影响，取动载荷因子为1.5，取重力加速度为$1.5\times9800mm/s^2$。边界约束考虑实际使用中常见的弯曲和弯扭组合（右后轮悬空）载荷工况。为避免边界约束点引起应力集中，在每处塔型支承上的约束都分布在多个节点上，各工况边界约束见表3-9。

**表3-8 动力系统装备及乘客质量** （单位：kg）

| 燃料电池组 | 蓄电池组 | 高压接线盒 | 电机 | 交流/直流（DC/AC）转换器 | 高压交流/交流（DC/DC）转换器 | 低压交流/交流（DC/DC）转换器 | 前排乘客 | 后排乘客 | 电池执行单元 |
|---|---|---|---|---|---|---|---|---|---|
| 96 | 120 | 5 | 76.3 | 16 | 30 | 9.3 | 150 | 225 | 200 |

**表3-9 各工况边界约束**

| 部件 | 弯曲工况 | 弯扭组合工况 |
|---|---|---|
| 左前塔型支承 | $x$、$y$、$z$ | $x$、$y$、$z$ |
| 右前塔型支承 | $x$、$z$ | $x$、$z$ |
| 左后塔型支承 | $y$、$z$ | $y$、$z$ |
| 右后塔型支承 | $z$ | |

**2. 优化变量选取**

因为本模型单元类型为板壳单元，设计变量选择板的厚度值。其上下限定义考虑制造工艺的要求，并以原始厚度为参考。初步分析的大应力部位、悬架支承等关键部位都选为设计变量组，并且选择尽可能多的设计变量组。这里主要研究电动改装车强度和刚度问题，以模型验证分析的薄弱环节的单元等效应力和整个模型中能充分描述其弯曲及扭转刚度的关键位置的位移为状态变量，而且在每个设计变量组上都选大应力单元作为状态变量，以防止设计部件厚度单调最小化。考虑所用材料物理性质及汽车产品工程要求，应力状态变量仅取上限210MPa。考虑一般轿车车身工程刚度规范，弯曲及弯扭组合优化工况的位移状态变量都仅取下限，下面给出的具体优化数值参考了Santana2000有关试验数据。同时考虑轻量化目标，在车身结构优化问题中，选取模型质量为优化目标，以获取最佳车身壳体板料厚度，以在保证结构强度和刚度要求的前提下使结构轻量化。各变量计算容差控制综合考虑计算效率和优化可行性。

**3. 优化结果分析**

为了综合分析各设计部件应力和车身关键位置位移的优化结果，最终优化值的选取综合考虑了弯曲工况和弯扭组合工况的设计部件厚度的优化结果。对仅有一个优化工况的部件，取其优化结果数值；对同时存在两个优化工况的部件，一般取其较大的优化结果数值。考虑塔型支承及轮罩的工艺可行性，在保证局部强度和整体刚度要求的前提下，经过试算取两工况优化结果的平均值。最终确定的各部件厚度取值见表3-10。板厚需加大的板件分布如图3-64所示，板厚可减小的板件分布如图3-65所示。

**表3-10　各部件优化厚度值**　（单位：mm）

| 部件 | 初值 | 弯曲工况优化值 | 弯扭组合工况优化值 | 综合优化值 |
|---|---|---|---|---|
| 车架方管 | 3.0 | 1.0 | | 1.0 |
| 车架圆管 | 2.0 | 1.0 | 1.0 | 1.0 |
| 前纵梁 | 1.5 | 1.2 | 1.0 | 1.2 |
| 前挡泥板 | 0.8 | 1.0 | 1.0 | 1.0 |
| 前塔型支座 | 1.5 | 3.0 | 1.5 | 3.0 |
| 前围上盖板 | 0.75 | 0.7 | 0.7 | 0.7 |
| 前地板 | 1.2 | 0.7 | | 1.2 |
| 门槛外板 | 0.8 | 0.7 | 0.7 | 0.7 |
| 门槛前加强板 | 1.0 | 0.8 | 0.7 | 0.8 |
| 门槛后加强板 | 0.8 | 0.8 | 0.7 | 0.8 |
| 门槛内板 | 0.8 | 0.8 | 0.7 | 0.8 |
| 门槛后段内板 | 0.8 | 0.8 | 0.7 | 0.8 |
| 车身侧框 | 0.8 | 0.7 | 1.0 | 1.2 |
| A柱内板上段 | 0.8 | | 1.0 | 1.0 |
| 后纵梁 | 1.75 | 1.75 | 1.0 | 1.75 |
| 后纵梁加强板 | 1.5 | 1.5 | 1.0 | 1.5 |
| 后塔型支座 | 1.5 | 3.0 | 5.0 | 4.0 |
| 右后内轮罩 | 0.8 | 2.0 | 0.7 | 2.0 |
| 左后内轮罩 | 0.8 | 1.0 | 2.0 | 2.0 |
| 右后外轮罩 | 0.8 | 0.8 | 0.7 | 0.8 |
| 左后外轮罩 | 0.8 | 1.0 | 0.7 | 0.8 |
| 后墙板 | 0.7 | | 1.0 | 1.0 |

优化后，弯曲工况车架纵梁上关键点$Z$向位移最大值为0.889mm，小于设定的工程上限（0.9mm）；车身等效应力最大值为119.8MPa，发生在车架上。优化后，弯扭组合工况车身右后塔型支座上的控制点$Z$向位移最大值为8.598mm，小于设定的工程上限（9mm）；车身等效应力最大值为187.4MPa，发生在车身侧围上，小于所用材料的弹性极限值（210MPa）。优化后，模型当量质量为795kg，较优化前模型的当量质量减小了175kg，实际质量减小约49kg。

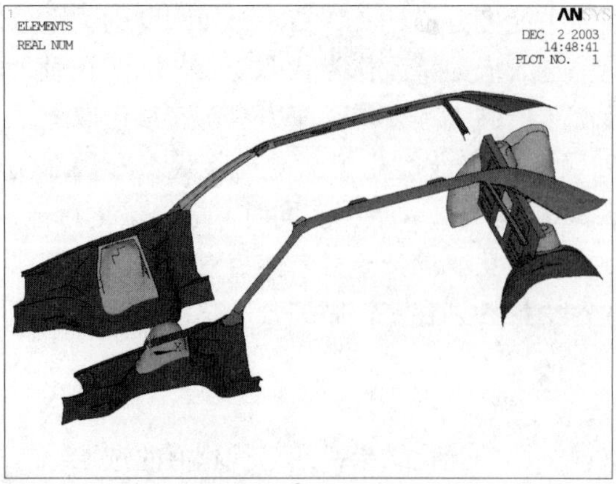


图3-64　板厚度加大的板件

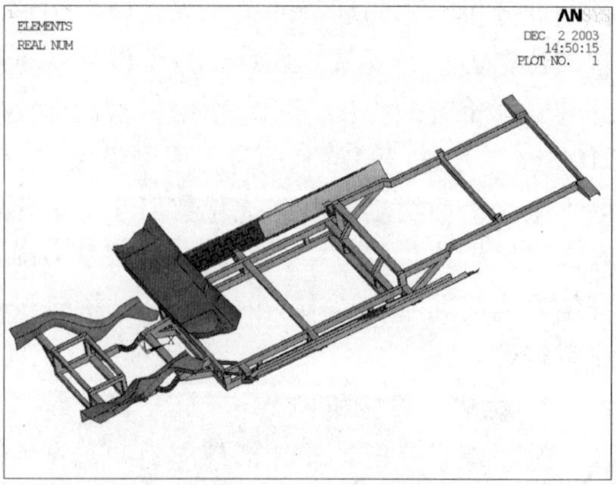


图3-65　板厚度减小的板件

由以上分析可知：

1）本节的板结构优化方法同时优化了结构刚度、强度和质量。这充分说明有限元方法数据信息充分，不但可以有效地在汽车产品设计阶段预估结构特性，而且在其模型经验证后，以其进行优化设计，可显著提高可靠性。

2）在传统车型上改造开发电动汽车时，车身A柱、C柱、顶盖侧边梁、前后轮罩及塔型支承需要加强；而由于增加了车架，车身原前纵梁及门槛等可以适当减弱。

3）在现生产传统车型上改造开发电动汽车新产品，既可以缩短产品开发周期，又可减少新产品生产投入，这一开发方式在技术上也是可行的。

## 参考文献

[1] 高云凯．汽车车身结构分析［M］．北京：北京理工大学出版社，2006.

[2] 马钿英，王家林．机械工程结构强度计算有限元基础［M］．长春：吉林科学技术出版社，1990.

[3] 卢耀祖，周中坚．机械与汽车结构的有限元分析［M］．上海：同济大学出版社，1997.

[4] 高云凯，姜欣，张荣荣．电动改装轿车车身结构优化设计分析［J］．汽车工程，2005（1）：115－117.

## 思考题

1. 弹性力学基本假设有哪些？弹性力学基本方程有哪些？
2. 平面应力问题的独立参数有哪些？
3. 试推导平面应力问题的平衡微分方程。
4. 试推导平面应力问题的几何方程。
5. 试写出平面应力问题三角形单元位移向量和单元力向量。
6. 什么是位移插值函数？为什么要引入位移插值函数？
7. 试推导平面应力问题三角形单元位移插值函数。
8. 平面应力问题三角形单元自然坐标如何定义？其与直角坐标间的关系如何？
9. 试推导平面应力问题三角形单元应变矩阵。
10. 试推导平面应力问题三角形单元的单元刚度矩阵。
11. 试叙述单元刚度矩阵的性质。
12. 举例说明平面应力问题等效节点载荷与形函数的关系。
13. 试建立图3-34所示结构模型的总刚度方程。
14. 模型的节点应力如何计算？
15. 板单元质量检查项目有哪些？一般检查规范如何？
16. 什么是半承载式车身承载度？
17. 薄板的基本假设有哪些？试推导薄板应变位移关系。
18. 试推导薄板内力位移关系。
19. 写出三角形薄板单元位移向量。
20. 以自然坐标写出三角形薄板单元插值函数。

# 第4章 汽车车身结构动力分析

## 4.1 结构动力分析的有限元法基础

前面各章有限元分析中，作用在结构上的载荷都是与时间 $t$ 无关的静载荷，应力和应变仅随坐标位置变化。然而，对于某些机械类产品，如汽车、机车、飞机等，在工作过程中，作用在结构上的载荷，除静载荷外，还有与时间 $t$ 有关的动载荷。因此，相应的位移、应变和应力不仅随坐标位置变化，还随时间 $t$ 变化，为了解这些结构的动力特性，可以用动力问题的有限元法进行分析。

### 4.1.1 动力基本方程的建立

当结构上作用有随时间 $t$ 变化的动载荷时，结构将产生随时间 $t$ 变化的位移、速度和加速度。根据达朗贝尔原理，对任何系统，其所有作用力（弹性力、激振力、阻尼力）及惯性力之和必为零。为此，若引入相应的惯性力、阻尼力，就可以将结构的动力问题转化为相应的静力问题，也即将其转化为结构的平衡问题来处理。

下面我们采取与静力有限元分析相同的方法和步骤对动力问题进行分析。首先将结构离散化，即将结构分割成有限个单元的组合体，从中取任一单元 $e$，先导出单元体 $e$ 的动力学方程，然后，在此基础上建立结构整体的有限元动力学基本方程。

结构在动载荷作用下，考虑惯性力和阻尼力（假设阻尼力与速度成正比）时，单元 $e$ 中单位体积上（单元内任一点）的动力学方程为（根据达朗贝尔原理）

$$\boldsymbol{k}\boldsymbol{u}(t)=\boldsymbol{p}(t)-\rho\frac{\partial^2}{\partial t^2}\boldsymbol{u}(t)-v\frac{\partial}{\partial t}\boldsymbol{u}(t) \tag{4-1}$$

式中，$\boldsymbol{k}\boldsymbol{u}(t)$是弹性力；$\boldsymbol{p}(t)$是激振力；$-\rho\frac{\partial^2}{\partial t^2}\boldsymbol{u}(t)$是惯性力；$-v\frac{\partial}{\partial t}\boldsymbol{u}(t)$是阻尼力；$\rho$ 是材料密度，即单位体积的质量；$v$ 是阻尼系数，即单位速度下单位体积内的阻尼力；$\boldsymbol{u}(t)$是单元 $e$ 中单位体积上（任意一点）的位移，在动力问题中，仍可用前面分析静力问题时所采用的公式表示

$$\boldsymbol{u}(t)=\boldsymbol{N}\boldsymbol{\delta}(t)^e \tag{4-2}$$

式中，$\boldsymbol{N}$ 是相应单元（桁架、梁、板、壳等）的形函数矩阵，它只是坐标 $x$、$y$、$z$ 的函数，

与时间 $t$ 无关，因此，它的表达式与静力分析中的形函数矩阵完全一样。

将式（4-2）代入式（4-1），得

$$\boldsymbol{kN\delta}(\boldsymbol{t})^{e}=\boldsymbol{p}(\boldsymbol{t})-\rho\boldsymbol{N}\frac{\partial^{2}}{\partial t^{2}}\boldsymbol{\delta}(\boldsymbol{t})^{e}-v\boldsymbol{N}\frac{\partial}{\partial t}\boldsymbol{\delta}(\boldsymbol{t})^{e} \tag{4-3}$$

为将单元 $e$ 中单元体积上的力按等效原则转移到单元节点上，可利用载荷移置的一般公式求得单元 $e$ 的动力学方程如下：

$$\int\boldsymbol{N}^{\mathrm{T}}\boldsymbol{kN}\mathrm{d}V\boldsymbol{\delta}(\boldsymbol{t})^{e}=\int\boldsymbol{N}^{\mathrm{T}}\boldsymbol{p}(\boldsymbol{t})\mathrm{d}V-\int\boldsymbol{N}^{\mathrm{T}}\rho\boldsymbol{N}\mathrm{d}V\frac{\partial^{2}}{\partial t^{2}}\boldsymbol{\delta}(\boldsymbol{t})^{e}-\int\boldsymbol{N}^{\mathrm{T}}v\boldsymbol{N}\mathrm{d}V\frac{\partial}{\partial t}\boldsymbol{\delta}(\boldsymbol{t})^{e} \tag{4-4}$$

引入下列记号：

单元 $e$ 的刚度矩阵：

$$\boldsymbol{k}^{e}=\int\boldsymbol{N}^{\mathrm{T}}\boldsymbol{kN}\mathrm{d}V \tag{4-5}$$

单元 $e$ 的质量矩阵：

$$\boldsymbol{m}^{e}=\int\boldsymbol{N}^{\mathrm{T}}\rho\boldsymbol{N}\mathrm{d}V \tag{4-6}$$

单元 $e$ 的阻尼矩阵：

$$\boldsymbol{c}^{e}=\int\boldsymbol{N}^{\mathrm{T}}v\boldsymbol{N}\mathrm{d}V \tag{4-7}$$

单元 $e$ 的节点速度：

$$\dot{\boldsymbol{\delta}}(\boldsymbol{t})^{e}=\frac{\partial}{\partial t}\boldsymbol{\delta}(\boldsymbol{t})^{e} \tag{4-8}$$

单元 $e$ 的节点加速度：

$$\ddot{\boldsymbol{\delta}}(\boldsymbol{t})^{e}=\frac{\partial^{2}}{\partial t^{2}}\boldsymbol{\delta}(\boldsymbol{t})^{e} \tag{4-9}$$

单元 $e$ 的节点激振力：

$$\boldsymbol{R}(\boldsymbol{t})^{e}=\int\boldsymbol{N}^{\mathrm{T}}\boldsymbol{p}(\boldsymbol{t})\mathrm{d}V \tag{4-10}$$

则式（4-4）可改写为

$$\boldsymbol{R}(\boldsymbol{t})^{e}=\boldsymbol{k}^{e}\boldsymbol{\delta}(\boldsymbol{t})^{e}+\boldsymbol{m}^{e}\ddot{\boldsymbol{\delta}}(\boldsymbol{t})^{e}+\boldsymbol{c}^{e}\dot{\boldsymbol{\delta}}(\boldsymbol{t})^{e} \tag{4-11}$$

将单元动力学方程式（4-11）进行组合叠加，得到结构整体动力平衡方程如下：

$$\boldsymbol{M}\ddot{\boldsymbol{\delta}}(\boldsymbol{t})+\boldsymbol{C}\dot{\boldsymbol{\delta}}(\boldsymbol{t})+\boldsymbol{K\delta}(\boldsymbol{t})=\boldsymbol{R}(\boldsymbol{t}) \tag{4-12}$$

式（4-12）即为结构整体有限元动力基本方程（以后简称动力方程）。式中，$\boldsymbol{R}(\boldsymbol{t})$ 为作用在结构节点上的动载荷列阵（外力）；$\boldsymbol{\delta}(\boldsymbol{t})$、$\dot{\boldsymbol{\delta}}(\boldsymbol{t})$ 和 $\ddot{\boldsymbol{\delta}}(\boldsymbol{t})$ 分别为整个结构的节点位移列阵、节点速度列阵和节点加速度列阵；$\boldsymbol{K}$、$\boldsymbol{M}$、$\boldsymbol{C}$ 分别为结构的总刚度矩阵、总质量矩阵和总阻尼矩阵。

为解动力方程式（4-12），以得到结构各节点的位移 $\boldsymbol{\delta}(\boldsymbol{t})$，首先必须解决以下两个问题：

1）建立结构的质量矩阵 $\boldsymbol{M}$、阻尼矩阵 $\boldsymbol{C}$ 和刚度矩阵 $\boldsymbol{K}$。

2）采用有效的方法求解结构对动力激励的响应。

### 4.1.2 质量矩阵

在动态有限元分析中，单元的质量矩阵 $\boldsymbol{M}^e$ 有两种形式，即一致质量矩阵和集中质量矩阵。单元的一致质量矩阵保持着结构的真实质量分布，它取决于单元的类型与形函数的形式，由式（4-6）计算。单元的集中质量矩阵是把单元的分布质量按等效的原则离散，并把它集中（凝聚）在节点上。这样处理的单元质量称为集中质量或凝聚质量，其矩阵称为集中质量矩阵。离散的原则是要求不改变原物体（单元）的质量中心。设单元的密度为 $\rho$，则单元的集中质量矩阵为

$$\boldsymbol{m}^e = \int \rho \boldsymbol{\psi}^{\mathrm{T}} \boldsymbol{\psi} \mathrm{d}V \tag{4-13}$$

式（4-13）中，$\boldsymbol{\psi}$ 是函数 $\psi_i$ 的矩阵，$\psi_i$ 在分配给节点 $i$ 的区域为 1，在域外为 0。由于分配给各节点的区域不能交错，所以，由式（4-13）计算的集中质量矩阵通常是对角矩阵。下面讨论几种典型单元的质量矩阵。

**1. 一致质量矩阵**

（1）梁单元的质量矩阵

1）图 4-1 所示为杆端仅受剪力和弯矩的梁单元 $ij$，两端线位移分别为 $u_1$、$u_3$，角位移分别为 $u_2$，$u_4$。梁的长度为 $l$，单位长度质量为 $\rho$，其位移函数为

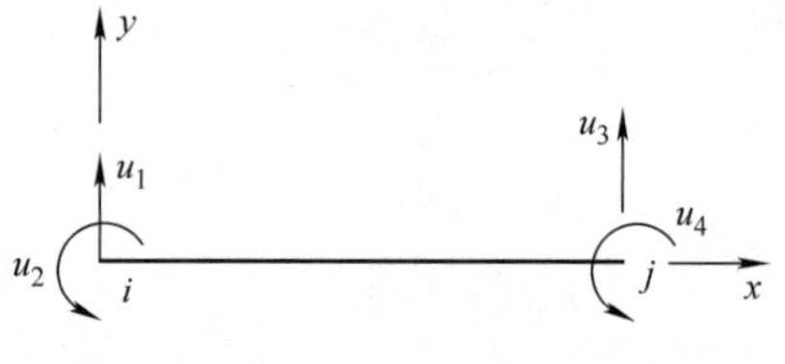

图 4-1　杆端仅受剪力和弯矩的梁单元自由度

$$u(x) = \alpha_1 + \alpha_2 x + \alpha_3 x^2 + \alpha_4 x^3 \tag{4-14}$$

因此，单元的形函数为

$$\begin{cases} N_1 = 1 - 3\dfrac{x^2}{l^2} + 2\dfrac{x^3}{l^3} \\ N_2 = x - 2\dfrac{x^2}{l} + \dfrac{x^3}{l^2} \\ N_3 = 3 - \dfrac{x^2}{l^2} - 2\dfrac{x^3}{l^3} \\ N_4 = -\dfrac{x^2}{l} + \dfrac{x^3}{l^2} \end{cases} \tag{4-15}$$

将式（4-15）代入式（4-6），得

$$\boldsymbol{m}^e = \rho\int_0^l \boldsymbol{N}^{\mathrm{T}}\boldsymbol{N}\mathrm{d}x = \rho\begin{pmatrix} \dfrac{13l}{35} & & \text{对} & \\ \dfrac{11l^2}{210} & \dfrac{l^3}{105} & & \text{称} \\ \dfrac{9l}{70} & \dfrac{13l^2}{420} & \dfrac{13l}{35} & \\ -\dfrac{13l^2}{420} & -\dfrac{l^3}{140} & -\dfrac{11l^2}{210} & \dfrac{l^3}{105} \end{pmatrix} \tag{4-16}$$

2）端部既承受轴向力、剪力，又承受弯曲的平面刚架结构中的任一梁单元（图 4-2），其端部位移为 $u_1 \sim u_6$，则其质量矩阵为

$$
\boldsymbol{m}^e=\rho l\begin{pmatrix}
\frac{1}{3} & & & & & \\
0 & \frac{13}{35} & & & 对 & \\
0 & \frac{11l}{210} & \frac{l^2}{105} & & & 称 \\
\frac{1}{6} & 0 & 0 & \frac{1}{3} & & \\
0 & \frac{9}{70} & -\frac{13l}{420} & 0 & \frac{13}{35} & \\
0 & -\frac{13l}{420} & -\frac{l^2}{140} & 0 & \frac{11l}{210} & \frac{l^2}{105}
\end{pmatrix} \tag{4-17}
$$

（2）常应变三角形单元的质量矩阵　设常应变三角形单元的质量密度为 $\rho$，面积为 $A$，厚度为 $t$（图 4-3）。其形函数为

$$\boldsymbol{N}=(IN_i \quad IN_j \quad IN_k)$$

$$N_i=\frac{1}{2A}(a_i+b_ix+c_iy)\,(N_j,N_k \text{ 以此类推})$$

$$\boldsymbol{I}=\begin{pmatrix}1 & 0\\0 & 1\end{pmatrix}$$

代入式（4-6），得一致质量矩阵：

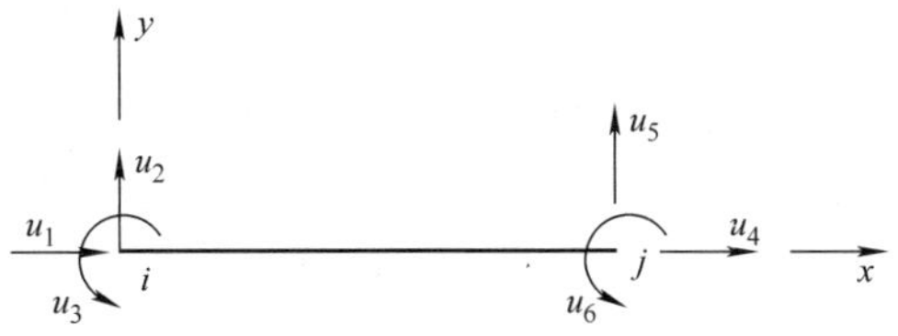


图 4-2　同时承受轴向力的梁单元自由度

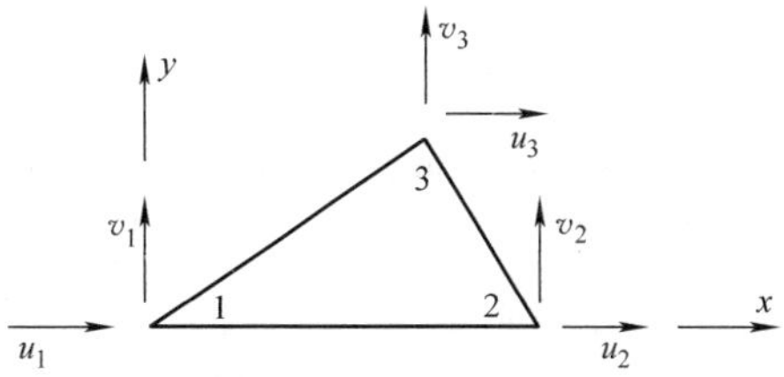


图 4-3　常应变三角形单元的质量矩阵

$$
[m]^e=\frac{W}{3g}\begin{pmatrix}
\frac{1}{2} & & & & & \\
0 & \frac{1}{2} & & 对 & & \\
\frac{1}{4} & 0 & \frac{1}{2} & & 称 & \\
0 & \frac{1}{4} & 0 & \frac{1}{2} & & \\
\frac{1}{4} & 0 & \frac{1}{4} & 0 & \frac{1}{2} & \\
0 & \frac{1}{4} & 0 & \frac{1}{4} & 0 & \frac{1}{2}
\end{pmatrix} \tag{4-18}
$$

其中

$$\rho At=W/g$$

式中，$W$ 为重力；$g$ 为重力加速度。

**2. 集中质量矩阵**

（1）等截面梁单元　等截面梁单元的质量为 $m=\rho l$，质量中心在梁单元的中心处，为遵循质量中心不变的原则，两端节点应分配 $m/2$ 的质量。因此，质量矩阵为

$$\boldsymbol{m}^e=\frac{m}{2}\begin{pmatrix}1&0&0&0\\0&0&0&0\\0&0&1&0\\0&0&0&0\end{pmatrix} \tag{4-19}$$

（2）等厚度三角形单元　等厚度三角形单元的质量为

$$m=\rho At$$

式中，$\rho$ 为单元材料密度；$A$ 为三角形单元面积；$t$ 为单元厚度。

为使质量中心不变，单元质量应平均分配到三个节点上，每个节点的质量应为

$$m_i=\frac{1}{3}\rho At(i=1,2,3) \tag{4-20}$$

将式（4-20）写成单元质量矩阵如下：

$$\boldsymbol{m}^e=\frac{1}{3}\rho At\begin{pmatrix}1&&&&&\\&0&&&&\\&&1&&&\\&&&0&&\\&&&&1&\\&&&&&0\end{pmatrix} \tag{4-21}$$

上述两种不同形式的质量矩阵（一致质量矩阵和集中质量矩阵），在单元数目相同的条件下，计算精度相差不大。但由于集中质量矩阵是对角矩阵。可简化动力计算，节省计算机计算时间，因此，在实际计算中，往往采用集中质量矩阵。

用同样的方法，可求得其他各类单元的质量矩阵。结构的整体质量矩阵 $\boldsymbol{M}$ 由单元质量矩阵集合而得。

### 4.1.3　阻尼矩阵

在工程上经常采用下面两种形式的阻尼矩阵。

**1. 比例阻尼**

所谓比例阻尼是指阻尼矩阵正比于质量矩阵或正比于刚度矩阵或正比于它们二者的线性组合。

若假定阻尼力正比于质点运动速度，则根据振动理论可导出单元阻尼矩阵正比于单元质量矩阵，即

$$\boldsymbol{c}^e=\alpha\boldsymbol{m}^e \tag{4-22}$$

若假定阻尼力正比于应变速度，则可导出单元阻尼矩阵正比于单元刚度矩阵，即

$$\boldsymbol{c}^e=\beta\boldsymbol{k}^e \tag{4-23}$$

一些文献建议把单元阻尼矩阵取为

$$\boldsymbol{c}^e = \boldsymbol{m}^e \sum_{s=0}^{n-1} \alpha_s [(\boldsymbol{m}^e)^{-1} \boldsymbol{k}^e]^s \tag{4-24}$$

式中，$\alpha_s$ 是常系数。

实际计算中，大多只取式（4-24）的前面两项，即 $s=0,1$，于是得到有整体质量矩阵 $\boldsymbol{M}$ 和整体刚度矩阵 $\boldsymbol{K}$ 的线性组合来表示整体阻尼矩阵 $\boldsymbol{C}$ 的公式，如下：

$$\boldsymbol{C} = \alpha \boldsymbol{M} + \beta \boldsymbol{K} \tag{4-25}$$

式（4-25）中的系数 $\alpha$ 和 $\beta$ 可由下式确定：

$$\begin{cases} \alpha = \dfrac{2(\zeta_i \omega_j - \zeta_j \omega_i)}{(\omega_j + \omega_i)(\omega_j - \omega_i)} \omega_i \omega_j \\ \beta = \dfrac{2(\zeta_j \omega_j - \zeta_i \omega_i)}{(\omega_j + \omega_i)(\omega_j - \omega_i)} \end{cases} \tag{4-26}$$

式中，$\omega_i$ 和 $\omega_j$ 分别为第 $i$ 和第 $j$ 个固有频率；$\zeta_i$ 和 $\zeta_j$ 分别为第 $i$ 和第 $j$ 个振型阻尼比，即实际阻尼与该振型的临界阻尼的比值。

当 $\zeta_i = \zeta_j = \zeta$ 时，有

$$\begin{cases} \alpha = \dfrac{2\omega_i \omega_j}{\omega_i + \omega_j} \zeta \\ \beta = \dfrac{2\zeta}{\omega_i + \omega_j} \end{cases} \tag{4-27}$$

用质量矩阵 $\boldsymbol{M}$ 和刚度矩阵 $\boldsymbol{K}$ 表示阻尼矩阵式（4-25）时，可节省机器的存储空间，因为不必再专门存储阻尼矩阵 $\boldsymbol{C}$。

**2. 振型阻尼**

利用振型的正交性质，可得到下列整体阻尼矩阵：

$$\boldsymbol{C} = \boldsymbol{M}^{\mathrm{T}} \left( \sum_{i=1}^{n} 2\zeta_{ii} \omega_i \boldsymbol{\delta}_{Ni} \boldsymbol{\delta}_{Ni}^{\mathrm{T}} \right) \boldsymbol{M} \tag{4-28}$$

式中，$\zeta_{ii}$ 为各阶振型阻尼比，为简单起见，假定各阶振型的阻尼比是相同的，即 $\zeta_{ii} = \zeta$；$\omega_i$ 为第 $i$ 阶固有频率；$\boldsymbol{\delta}_{Ni}$ 为正则化振型矩阵的第 $i$ 列。

由式（4-28）可以看出各阶振型阻尼对阻尼矩阵的贡献。希望采用几项阻尼比，就可以在式（4-28）中包括几项，未用到的振型阻尼比，可令其为零。阻尼比 $\zeta_{ii}$ 的数值与结构类型、材料性质和振型有关，在 0.02～0.20 的范围内变化。表 4-1 列出了轿车阻尼比的试验值。

**表 4-1　轿车阻尼比的试验值**

| 振动模态 | 阻尼比 |
|---|---|
| 第一个对称模态 | 0.03 |
| 第二个对称模态 | 0.03 |
| 第一个反对称模态 | 0.05 |
| 第二个反对称模态 | 0.04 |

上面讨论了求解动力方程时所要解决的质量矩阵和阻尼矩阵问题，对于结构的刚度矩阵

$\boldsymbol{K}$ 与静力问题有限元分析时建立的结构总刚度矩阵 $\boldsymbol{K}$ 完全相同，这里不再复述。

### 4.1.4 特征值和特征向量

特征值和特征向量的求解是有限元动力分析中一个很重要的内容，下面详细讨论。

**1. 特征值和特征向量的概念**

动力方程式（4-12）的无阻尼自由振动方程可写成如下形式［为以后书写方便，省略表示各量随时间变化的（$t$）］：

$$\boldsymbol{M}\ddot{\boldsymbol{\delta}} + \boldsymbol{K}\boldsymbol{\delta} = 0 \tag{4-29}$$

式（4-29）的解为

$$\boldsymbol{\delta}_i = \boldsymbol{\delta}_{Mi}\sin(\omega_i t + \varphi_i) \tag{4-30}$$

式中，$\omega_i$ 和 $\varphi_i$ 分别为第 $i$ 个振型的固有频率和相位角；$\boldsymbol{\delta}_i$ 表示第 $i$ 个振型的位移列阵；$\boldsymbol{\delta}_{Mi}$ 表示第 $i$ 个振型的位移最大值或振幅向量。

对于被研究的结构，若是一个具有 $n$ 个自由度的系统，则可写成如下形式：

$$\begin{cases} \boldsymbol{\delta}_i = \begin{pmatrix} \delta_1 \\ \delta_2 \\ \vdots \\ \delta_n \end{pmatrix}_i \\ \boldsymbol{\delta}_{Mi} = \begin{pmatrix} \delta_{m1} \\ \delta_{m2} \\ \vdots \\ \delta_{mn} \end{pmatrix}_i \end{cases} \tag{4-31}$$

将式（4-30）代入式（4-29），得代数方程组如下：

$$[\boldsymbol{K} - \omega_i^2\boldsymbol{M}]\boldsymbol{\delta}_{Mi} = 0 \tag{4-32}$$

因为结构做自由振动时，各节点的振幅不可能全为零，所以式（4-32）中括号内的行列式之值必为零，即

$$|\boldsymbol{K} - \omega_i^2\boldsymbol{M}| = 0 \tag{4-33}$$

式（4-33）即为系统的特征方程，其展开形式为

$$|\boldsymbol{K} - \omega_i^2\boldsymbol{M}| = \begin{vmatrix} K_{11} - \omega_i^2 M_{11} & K_{12} - \omega_i^2 M_{12} & \cdots & K_{1n} - \omega_i^2 M_{1n} \\ K_{21} - \omega_i^2 M_{21} & K_{22} - \omega_i^2 M_{22} & \cdots & K_{2n} - \omega_i^2 M_{2n} \\ \vdots & \vdots & & \vdots \\ K_{n1} - \omega_i^2 M_{n1} & K_{n2} - \omega_i^2 M_{n2} & \cdots & K_{nn} - \omega_i^2 M_{nn} \end{vmatrix} \tag{4-34}$$

解式（4-34）得最高阶为（$\omega_i^2$）$^n$ 的多项式。但解出不相等的 $\omega_1^2$，$\omega_2^2$，…，$\omega_n^2$ 等 $n$ 个根，称此根为特征值，开方后即得固有频率 $\omega_i$ 值。具有 $n$ 个自由度的系统，即可求得 $n$ 个固有频率。

将已求得的特征值 $\omega_i^2$ 代入式（4-33）即可求出对应于 $\omega_i^2$ 的 $n$ 个振幅值 $\delta_{m1i}$，$\delta_{m2i}$，…，$\delta_{mni}$ 之间的比例关系（称振幅比）。这表明结构按第 $i$ 阶固有频率 $\omega_i$ 做自由振动时，各振幅值之间具有确定的相对比值，即对每一频率 $\omega_i$，结构具有一定的振动形态。

对应于每个特征值 $\omega_i^2$ 的振幅向量［用 $\boldsymbol{\delta}_{Mi}$ 表示］称为特征向量，由于 $\boldsymbol{\delta}_{Mi}$ 中各元素（$\delta_{m1i}$，$\delta_{m2i}$，…，$\delta_{mni}$）的比值完全确定了系统振动的形态，故又称为第 $i$ 阶主振型或固有振型。

已知特征向量中各元素的比值，因此，若规定其中某一元素，例如 $\delta_{mni}=1$，或规定元素中最大的一个值为1，即可确定其他各元素值，这种确定振型的方法，称为归一化，归一化了的特征向量又称振型向量。

对于 $n$ 个自由度，如果将所有振型向量按列置放，可得如下形式的 $n\times n$ 阶振型矩阵或称模态矩阵：

$$\boldsymbol{\delta}_M=(\boldsymbol{\delta}_{M1}\quad \boldsymbol{\delta}_{M2}\quad \cdots\quad \boldsymbol{\delta}_{Mn})=\left(\begin{pmatrix}\delta_{m1}\\ \delta_{m2}\\ \vdots\\ \delta_{mn}\end{pmatrix}_1\begin{pmatrix}\delta_{m1}\\ \delta_{m2}\\ \vdots\\ \delta_{mn}\end{pmatrix}_2\quad\cdots\quad\begin{pmatrix}\delta_{m1}\\ \delta_{m2}\\ \vdots\\ \delta_{mn}\end{pmatrix}_n\right)_{n\times n} \tag{4-35}$$

**2. 固有振型的正交性**

为求解结构的振动响应，需要利用由固有振型的正交性所求得的某些固有关系。

1）利用固有振型的正交性对 $\boldsymbol{M}$、$\boldsymbol{K}$ 进行适当运算，使得 $\boldsymbol{M}$、$\boldsymbol{K}$ 对角化，成为主质量矩阵 $\boldsymbol{M}_z$ 和主刚度矩阵 $\boldsymbol{K}_z$，即

$$\boldsymbol{\delta}_{Mj}^{\mathrm{T}}\boldsymbol{M}\boldsymbol{\delta}_{Mi}=\begin{cases}0 & i\neq j\\ \boldsymbol{M}_z & i=j\end{cases} \tag{4-36}$$

$$\boldsymbol{\delta}_{Mj}^{\mathrm{T}}\boldsymbol{K}\boldsymbol{\delta}_{Mi}=\begin{cases}0 & i\neq j\\ \boldsymbol{K}_z & i=j\end{cases} \tag{4-37}$$

式中，$\boldsymbol{M}_z$、$\boldsymbol{K}_z$ 均为对角矩阵，分别称为主质量矩阵和主刚度矩阵。

主刚度矩阵与主质量矩阵之比等于固有频率的二次方，即

$$\boldsymbol{K}_z=\boldsymbol{M}_z\omega^2 \tag{4-38}$$

对于第 $i$ 阶而言，则有

$$\omega_i^2=\frac{K_{zi}}{M_{zi}} \tag{4-39}$$

2）利用正则化振型矩阵 $\boldsymbol{\delta}_N$ 对 $\boldsymbol{M}$、$\boldsymbol{K}$ 进行运算，可使 $\boldsymbol{M}$ 成为单位矩阵，$\boldsymbol{K}$ 成为特征值矩阵。下面先定义正则化振型矩阵 $\boldsymbol{\delta}_N$。

将主质量 $M_{zi}$ 开二次方所得的根，称为正则化因子 $\mu_i$，即

$$\mu_i=\sqrt{M_{zi}}=\sqrt{\boldsymbol{\delta}_{Mi}^{\mathrm{T}}\boldsymbol{M}\boldsymbol{\delta}_{Mi}} \tag{4-40}$$

用 $\mu_i$ 去除振型矩阵式（4-35）中对应的列，所得新矩阵称为对质量归一化的振型矩阵，也称正则化振型矩阵或正则振型矩阵，用 $\boldsymbol{\delta}_N$ 表示。可以证明，利用 $\boldsymbol{\delta}_N$ 对质量矩阵进行计算，可使质量矩阵变为单位矩阵：

$$\boldsymbol{\delta}_N^{\mathrm{T}}\boldsymbol{M}\boldsymbol{\delta}_N=\boldsymbol{M}_N=\boldsymbol{I} \tag{4-41}$$

利用 $\boldsymbol{\delta}_N$ 对刚度矩阵进行运算，可使刚度矩阵变为特征值矩阵：

$$\boldsymbol{\delta}_N^{\mathrm{T}}\boldsymbol{K}\boldsymbol{\delta}_N=\boldsymbol{\delta}_N^{\mathrm{T}}\boldsymbol{M}\boldsymbol{\delta}_N\boldsymbol{\omega}^2$$

$$\boldsymbol{K}_N=\boldsymbol{M}_N\boldsymbol{\omega}^2=\boldsymbol{I}\boldsymbol{\omega}^2 \tag{4-42}$$

$$\boldsymbol{\delta}_N^{\mathrm{T}}\boldsymbol{K}\boldsymbol{\delta}_N=\boldsymbol{K}_N=\begin{pmatrix}\omega_1^2 & & & \\ & \omega_2^2 & & \\ & & \ddots & \\ & & & \omega_n^2\end{pmatrix}=\boldsymbol{\omega}^2 \tag{4-43}$$

式（4-36）~式（4-43）的推导见振动理论知识，此处从略。

3）正则化振型矩阵的逆矩阵。在进行振动分析时，常要用到正则振型的逆矩阵$\boldsymbol{\delta}_N^{-1}$。对式（4-41）左乘$(\boldsymbol{\delta}_N^{-1})^{\mathrm{T}}$，得

$$(\boldsymbol{\delta}_N^{-1})^{\mathrm{T}}\boldsymbol{\delta}_N^{\mathrm{T}}\boldsymbol{M}\boldsymbol{\delta}_N=(\boldsymbol{\delta}_N^{-1})^{\mathrm{T}} \tag{4-44}$$

将式（4-44）转置，因质量矩阵是对称矩阵，于是得出

$$\boldsymbol{\delta}_N^{-1}=\boldsymbol{\delta}_N^{\mathrm{T}}\boldsymbol{M} \tag{4-45}$$

用式（4-45）即可方便地求出正则振型的逆矩阵。

**3. 计算特征值和特征向量的方法**

由振动理论可知，具有$n$个自由度的系统，求特征值的方程有$n$次。目前，对高次特征方程的求解，还没有一种方法对于所有情况都是最佳的，因此此处将讨论三种不同的方法：逆迭代法，它很适合于只要求少数几个特征值和特征向量的情况；转换方法，即变换为典型方程，使矩阵对角化以计算特征值和特征向量，这是一个很有效的方法；减缩方法，即用减少自由度的方法降低所要求解的特征值问题阶数的方法。下面分别加以说明。

（1）逆迭代法　逆迭代法是一种收敛至最低振动频率的迭代方法，反复求解方程

$$\boldsymbol{K}X_{k+1}=MX_k \tag{4-46}$$

直到向量收敛至最低振型为止。比较式（4-46）和式（4-32），可知

$$X_k=\omega^2X_{k+1} \tag{4-47}$$

因此，这个方法同时给出特征值和特征向量。

由于逆迭代法只能算出最低振型，故在使用上受到限制。为使收敛至任何一个振型，采用“移动”的逆幂法，即令

$$\omega^2=\omega_0^2+\Delta\omega^2 \tag{4-48}$$

代入式（4-32），得

$$\begin{gathered}\boldsymbol{K}\boldsymbol{\delta}_{Mi}=(\omega_0^2+\Delta\omega^2)\boldsymbol{M}\boldsymbol{\delta}_{Mi}\\(\boldsymbol{K}-\omega_0^2\boldsymbol{M})\boldsymbol{\delta}_{Mi}=\Delta\omega^2\boldsymbol{M}\boldsymbol{\delta}_{Mi}\end{gathered} \tag{4-49}$$

比较式（4-49）与式（4-32），其差别只是用$\boldsymbol{K}-\omega_0^2\boldsymbol{M}$取代了$\boldsymbol{K}$。

为在计算机上实现这一方法，通常采用下列步骤：

1）计算并分解经修正的刚度矩阵：

$$(\boldsymbol{K}-\omega_0^2\boldsymbol{M})=U^{\mathrm{T}}DU \tag{4-50}$$

2）以质量矩阵左乘一个初始估计的特征向量$x_0$：

$$y_0=\boldsymbol{M}x_0 \tag{4-51}$$

3）用向前消元和向后回代过程求解方程：

$$U^{\mathrm{T}}DUx_{k+1}=y_k \tag{4-52}$$

以计算特征向量的下一个估计值$x_1$（在以后的各步中为$x_{k+1}$）。

4）以质量矩阵左乘这一估计向量：

$$y_{k+1} = \boldsymbol{M}x_{k+1} \tag{4-53}$$

5）由式（4-36）、式（4-37）和式（4-38）来估算特征值

$$\Delta\omega_{k+1}^2 = \frac{x_{k+1}^{\mathrm{T}}(\boldsymbol{K}-\omega_0^2\boldsymbol{M})x_{k+1}}{x_{k+1}^{\mathrm{T}}\boldsymbol{M}x_{k+1}} = \frac{x_{k+1}^{\mathrm{T}}y_k}{x_{k+1}^{\mathrm{T}}y_{k+1}} \tag{4-54}$$

6）将向量 $y_{k+1}$ 正则化（或选定比例），并重复第 3 ~6 步，直到特征收敛为止。一旦算出一固定振型，即将 $x_{k+1}$ 正则化并将特征值加到移位频率的二次方 $\omega_0^2$ 上。

这种算法允许求解某一频率范围内的特征值，而不一定是最低特征值。

（2）转换方法　即将求特征值和特征向量的方程转换为标准形式：

$$\boldsymbol{Ax} = \lambda\boldsymbol{x} \tag{4-55}$$

式中，$\boldsymbol{A}$ 是一个对称正定方程；$\lambda_i$ 和 $\boldsymbol{x}_i$ 分别是实数方程 $\boldsymbol{A}$ 的特征值和特征向量。

下面设法把式（4-32）变换为式（4-55）。

1）对于集中质量矩阵，当质量矩阵 $\boldsymbol{M}$ 为对角矩阵时，令

$$\boldsymbol{\delta}_M = \boldsymbol{M}^{-\frac{1}{2}}\boldsymbol{x} \tag{4-56}$$

将式（4-56）代入式（4-32），并两边左乘 $\boldsymbol{M}^{-\frac{1}{2}}$，得

$$\boldsymbol{M}^{-\frac{1}{2}}\boldsymbol{K}\boldsymbol{M}^{-\frac{1}{2}}\boldsymbol{x} = \omega_i^2\boldsymbol{M}^{-\frac{1}{2}}\boldsymbol{M}^{\frac{1}{2}}\boldsymbol{x} \tag{4-57}$$

再令

$$\boldsymbol{A} = \boldsymbol{M}^{-\frac{1}{2}}\boldsymbol{K}\boldsymbol{M}^{-\frac{1}{2}} \tag{4-58}$$

$$\lambda = \omega^2 \tag{4-59}$$

则式（4-32）变换为

$$\boldsymbol{Ax} = \lambda\boldsymbol{x} \tag{4-60}$$

2）对于一致质量矩阵，质量矩阵不是对角矩阵，可用两种方法进行。

① 对质量矩阵进行三角分解。由于矩阵 $\boldsymbol{M}$ 是对称正定的，进行三角分解：

$$\boldsymbol{M} = \boldsymbol{L}\boldsymbol{L}^{\mathrm{T}} \tag{4-61}$$

令

$$\boldsymbol{\delta}_M = (\boldsymbol{L}^{-1})^{\mathrm{T}}\boldsymbol{x} \tag{4-62}$$

代入式（4-32），并两边左乘 $\boldsymbol{L}^{-1}$，得

$$\boldsymbol{L}^{-1}\boldsymbol{K}(\boldsymbol{L}^{-1})^{\mathrm{T}}\boldsymbol{x} = \omega^2\boldsymbol{x} \tag{4-63}$$

再令

$$\boldsymbol{A} = \boldsymbol{L}^{-1}\boldsymbol{K}(\boldsymbol{L}^{-1})^{\mathrm{T}} \tag{4-64}$$

$$\lambda = \omega^2 \tag{4-65}$$

则式（4-32）变换为

$$\boldsymbol{Ax} = \lambda\boldsymbol{x} \tag{4-66}$$

② 对刚度矩阵进行三角分解。将 $\boldsymbol{K}$ 分解为［$\boldsymbol{K}$ 是对称正定矩阵］

$$\boldsymbol{K} = \boldsymbol{L}\boldsymbol{L}^{\mathrm{T}} \tag{4-67}$$

令

$$\boldsymbol{\delta}_M = (\boldsymbol{L}^{-1})^{\mathrm{T}}\boldsymbol{x} \tag{4-68}$$

代入式（4-32），并两边左乘 $\boldsymbol{L}^{-1}$，得

$$\boldsymbol{Ix} = \omega^2\boldsymbol{L}^{-1}\boldsymbol{M}(\boldsymbol{L}^{-1})^{\mathrm{T}}\boldsymbol{x} \tag{4-69}$$

再令

$$A = L^{-1}M(L^{-1})^{\mathrm{T}} \tag{4-70}$$

$$\lambda = 1/\omega^2 \tag{4-71}$$

则式（4-32）变换为

$$Ax = \lambda x$$

对标准方程式（4-55）可用雅可比方法求解。一旦算出特征向量 $x$，必须按式(4-56)、式（4-62）或式（4-68）计算 $\delta_M$。

（3）减缩方法　用有限元法进行结构计算时，计算网格的疏密，一般取决于应力计算精度的需要，往往具有大量自由度。当进行动力分析时，因为结构体在动载荷激励下产生共振时，往往是只对少数几个低阶振型才会产生危险。因此，只需要知道前几个固有频率和振型而不必求出全部频率和振型。在此情况下，可采用动力凝聚法或 Guyan 减缩法。它借助约束方程将某些自由度和另外一些自由度联系起来，因而减小了问题的规模。

比较简单的减小自由度的方法是先根据应力分析的需要划分网格，然后假定质量只集中在少数选定的节点上，从而就可使所要求解的特征值问题有较小的阶数。

设整个结构非零质量的自由度为 $\delta_1$，零质量自由度为 $\delta_2$，式（4-32）可分块如下：

$$\begin{pmatrix} K_{11} & K_{12} \\ K_{21} & K_{22} \end{pmatrix}\begin{pmatrix} \delta_1 \\ \delta_2 \end{pmatrix} = \omega^2 \begin{pmatrix} M_{11} & 0 \\ 0 & 0 \end{pmatrix}\begin{pmatrix} \delta_1 \\ \delta_2 \end{pmatrix} \tag{4-72}$$

展开式（4-72），可得如下用 $\delta_1$ 表示 $\delta_2$ 的公式：

$$\delta_2 = -K_{22}{}^{-1}K_{21}\delta_1 \tag{4-73}$$

再将式（4-73）代回式（4-72），得到

$$(K_{11} - K_{12}K_{22}^{-1}K_{21})\delta_1 = \omega^2 M_{11}\delta_1 \tag{4-74}$$

令 $\overline{K}_{11} = K_{11} - K_{12}K_{22}^{-1}K_{21}$，得到

$$\overline{K}_{11}\delta_1 = \omega^2 M_{11}\delta_1 \tag{4-75}$$

这样，就得到了一个阶数较低的特征值问题。

为了说明这个方法的有效性，下面给出一个计算实例，对一端固定、边长为 $a$ 的正方形板，采用几种不同方案降阶处理，把自由度从 90 一直降低到 6，如图 4-4 所示。

图 4-4a 所示为没有缩减的平板，自由度为 90；图 4-4b 所示为缩减成自由度为 54，在 · 处的节点保留 3 个自由度（$w$、$\theta_x$、$\theta_y$），其余节点的全部自由度均消去；图 4-4c 所示为减缩成自由度为 18，在 · 处的节点，保留 1 个挠度自由度 $w$，其余节点自由度均消去；图 4-4d所示为缩减成自由度为 6，在 · 处的节点保留 1 个挠度自由度 $w$，其余节点自由度均消去。

计算结果表明，前 4 个自振频率改变不大，见表 4-2。

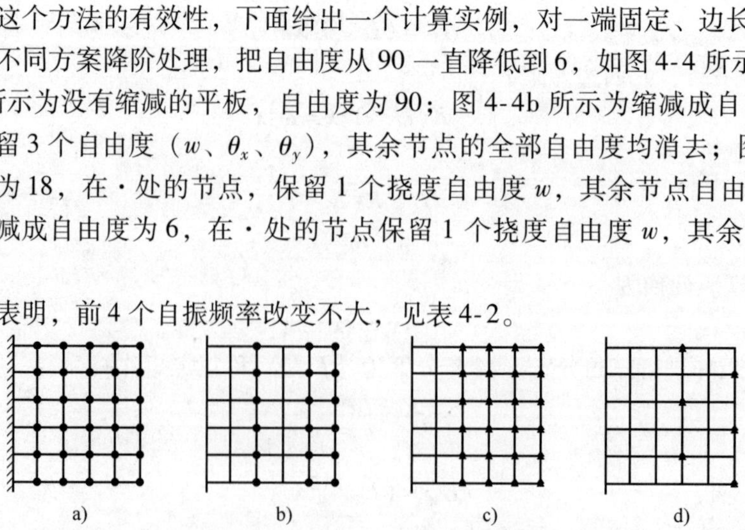


图 4-4　正方形板的主自由度位置

表 4-2 正方形板的无量纲频率

| 频率阶数 | 准确值 | 自由度数（个） | | | |
|---|---|---|---|---|---|
| | | 90 | 54 | 18 | 6 |
| 1 | 3.494 | 3.469 | 3.470 | 3.470 | 3.473 |
| 2 | 8.547 | 8.535 | 8.540 | 8.54 | 8.604 |
| 3 | 21.440 | 21.450 | 21.559 | 21.296 | 22.690 |
| 4 | 27.460 | 27.059 | 27.215 | 27.215 | 29.490 |

$i$ 次固有频率的计算式为

$$\omega_i = \omega \sqrt{D/pha^4}$$

式中，$\omega_i$ 为 $i$ 次固有频率；$p$ 为材料密度；$h$ 为板的厚度；$D = Eh^e/12(1-\mu)$；$E$ 为材料弹性模量；$\mu$ 为泊松比。

此外，子空间迭代法、Givens 法和 Householder 法，也是求解特征值和特征向量的比较有效的方法。

### 4.1.5 动力响应问题

若有激励力作用于结构，必然会产生动力响应。对于用有限元法分析的结构来说，其动力响应的求解，一般可采用两种方法，即振型叠加法和逐步积分法。

**1. 振型叠加法**（模态叠加法）

用振型叠加法解动力方程时，是利用前述的结构振型的正交性，使动力方程解耦，变成一组独立的微分方程。每一个自由度有一个方程，解出这些方程之后，将结果叠加，即得结构的总响应。

首先研究无阻尼自由振动方程，其表达式为

$$\boldsymbol{M}\ddot{\boldsymbol{\delta}} + \boldsymbol{K}\boldsymbol{\delta} = 0 \tag{4-76}$$

用 $\boldsymbol{\delta}_N^{\mathrm{T}}$ 左乘式（4-76），并在 $\ddot{\boldsymbol{\delta}}$ 与 $\boldsymbol{\delta}$ 前面插进 $\boldsymbol{I} = \boldsymbol{\delta}_N\boldsymbol{\delta}_N^{-1}$，则有

$$\boldsymbol{\delta}_N^{\mathrm{T}}\boldsymbol{M}\boldsymbol{\delta}_N\boldsymbol{\delta}_N^{-1}\ddot{\boldsymbol{\delta}} + \boldsymbol{\delta}_N^{\mathrm{T}}\boldsymbol{K}\boldsymbol{\delta}_N\boldsymbol{\delta}_N^{-1}\boldsymbol{\delta} = 0 \tag{4-77}$$

引用 $\boldsymbol{\delta}_N^{\mathrm{T}}\boldsymbol{M}\boldsymbol{\delta}_N = \boldsymbol{M}_N = \boldsymbol{I}$ 及 $\boldsymbol{\delta}_N^{\mathrm{T}}\boldsymbol{K}\boldsymbol{\delta}_N = \boldsymbol{K}_N = \boldsymbol{\omega}^2$ 的关系［见式（4-41）及式（4-43）］，则式（4-77）可写为

$$\boldsymbol{I}\boldsymbol{\delta}_N^{-1}\ddot{\boldsymbol{\delta}} + \boldsymbol{\omega}^2\boldsymbol{\delta}_N^{-1}\boldsymbol{\delta} = 0 \tag{4-78}$$

令

$$\ddot{\boldsymbol{X}}_N = \boldsymbol{\delta}_N^{-1}\ddot{\boldsymbol{\delta}} \tag{4-79}$$

$$\boldsymbol{X}_N = \boldsymbol{\delta}_N^{-1}\boldsymbol{\delta} \tag{4-80}$$

则式（4-78）变为

$$\boldsymbol{I}\ddot{\boldsymbol{X}}_N + \boldsymbol{\omega}^2\boldsymbol{X}_N = 0 \tag{4-81}$$

式（4-81）中的 $\boldsymbol{X}_N$ 为用正则化振型矩阵 $\boldsymbol{\delta}_N$ 进行坐标变换后确定的新坐标，称为正则坐标。正则坐标向量和原坐标向量之间的坐标变换关系为

$$\boldsymbol{\delta} = \boldsymbol{\delta}_N\boldsymbol{X}_N \tag{4-82}$$

同样，可写出

$$\ddot{\boldsymbol{\delta}} = \boldsymbol{\delta}_N\ddot{\boldsymbol{X}}_N \tag{4-83}$$

将式（4-81）写成展开形式：

$$\begin{pmatrix}1&&&&\\&1&&&\\&&1&&\\&&&\ddots&\\&&&&1\end{pmatrix}\begin{pmatrix}\ddot{x}_{N_1}\\\ddot{x}_{N_2}\\\ddot{x}_{N_3}\\\vdots\\\ddot{x}_{N_n}\end{pmatrix}+\begin{pmatrix}\omega_1^2&&&&\\&\omega_2^2&&&\\&&\omega_3^2&&\\&&&\ddots&\\&&&&\omega_n^2\end{pmatrix}\begin{pmatrix}x_{N_1}\\x_{N_2}\\x_{N_3}\\\vdots\\x_{N_n}\end{pmatrix}=\begin{pmatrix}0\\0\\0\\\vdots\\0\end{pmatrix} \tag{4-84}$$

或写成另一种形式：

$$\ddot{x}_{N_i}+\omega_i^2 x_{N_i}=0 \quad (i=1,2,\cdots,n) \tag{4-85}$$

式（4-81）、式（4-84）、式（4-85）是相等的，它们给出了 $n$ 个独立的二阶微分方程。

采用正则坐标的一个显而易见的优点是换算后的刚度矩阵 $\boldsymbol{K}_N$ 的对角线各元素给出了诸特征值，这对振动响应计算是重要的。可利用式（4-85）算出正则坐标的位移向量 $\boldsymbol{X}_{N_i}$，再用式（4-82），将其变换回原来坐标位移向量 $\boldsymbol{\delta}$。

一般运动结构均属于有阻尼受迫振动，要求解下面形式的动力方程：

$$\boldsymbol{M}\ddot{\boldsymbol{\delta}}+\boldsymbol{C}\dot{\boldsymbol{\delta}}+\boldsymbol{K}\boldsymbol{\delta}=\boldsymbol{R}_\delta \tag{4-86}$$

如果引进正则坐标 $\boldsymbol{X}_N$，则式（4-86）变为

$$\boldsymbol{M}_N\ddot{\boldsymbol{X}}_N+\boldsymbol{C}_N\dot{\boldsymbol{X}}_N+\boldsymbol{K}_N\boldsymbol{X}_N=\boldsymbol{R}_N \tag{4-87}$$

式（4-87）中，$\ddot{\boldsymbol{X}}_N$ 和 $\boldsymbol{X}_N$ 前的系数矩阵 $\boldsymbol{M}_N$、$\boldsymbol{K}_N$ 都是对角矩阵［见式（4-41）、式（4-43）］。式（4-87）中 $\boldsymbol{C}_N$ 是正则坐标的阻尼矩阵，称主阻尼矩阵，是由原坐标阻尼矩阵 $\boldsymbol{C}$ 变换而来的，即

$$\boldsymbol{C}_N=\boldsymbol{\delta}_N{}^{\mathrm{T}}\boldsymbol{C}\boldsymbol{\delta}_N \tag{4-88}$$

当阻尼矩阵 $\boldsymbol{C}$ 采用4.1.3节讨论的比例阻尼时，使 $\boldsymbol{C}_N$ 成为对角矩阵：

$$\boldsymbol{C}_N=\begin{pmatrix}\alpha+\beta\omega_1^2&&&\\&\alpha+\beta\omega_2^2&&\\&&\ddots&\\&&&\alpha+\beta\omega_n^2\end{pmatrix} \tag{4-89}$$

这样，式（4-87）即可写成 $n$ 个独立的彼此无联系的微分方程：

$$\ddot{X}_{N_i}+(\alpha+\beta\omega_i^2)\dot{X}_{N_i}+\omega_i^2 X_{N_i}=q_{N_i}(i=1,2,\cdots,n) \tag{4-90}$$

式中，$q_{N_i}$表示对应于第 $i$ 个正则坐标的广义激振力。

由式（4-90）解出正则坐标的位移向量 $\boldsymbol{X}_{N_i}$后，再利用式（4-82），将其变换回原来坐标的位移向量 $\boldsymbol{\delta}$。若阻尼矩阵 $\boldsymbol{C}$ 采用4.1.3节讨论的振型阻尼时，也同样能使 $\boldsymbol{C}_N$ 成为对角矩阵，从而同样能写成 $n$ 个独立的微分方程。

式（4-90）相当于一个自由度系统的动力响应方程。当激振力为一般周期力时，应将激振力函数展成傅里叶级数后，再按振型叠加法进行求解。当激振力是非周期函数时，可应用杜哈梅积分。在求得各阶响应后，再进行叠加，即可求得结构的总响应。

求出各节点位移 $\boldsymbol{\delta}$ 后，即可用下式计算结构在 $t$ 时刻的动应力：

$$\boldsymbol{\sigma}(t)=\boldsymbol{D}\boldsymbol{B}\boldsymbol{\delta}(t) \tag{4-91}$$

式中，$\boldsymbol{D}$ 为应力应变关系矩阵；$\boldsymbol{B}$ 为应变与位移关系矩阵。

采用振型叠加法求解动力响应问题，其计算精度很高，但它要求出各阶振型模态，所以

计算程序比较复杂。实际经验表明，激振力所能激起的只是相对激振频率较低的一部分振型，绝大部分高价振型的影响很小，可略去不计。因此，只要将前 $m$ 阶振型的响应叠加，便得到结构的响应。经验证明，对汽车车身的激振响应叠加前12阶即可。

**2. 逐步积分法**

逐步积分法又称直接积分法，它的基本思想是根据动力学方程，由时刻 $t$ 的状态向量 $\ddot{\boldsymbol{\delta}}_t$、$\dot{\boldsymbol{\delta}}_t$ 和 $\boldsymbol{\delta}_t$ 计算时刻 $t+\Delta t$ 的状态向量 $\ddot{\boldsymbol{\delta}}_{t+\Delta t}$、$\dot{\boldsymbol{\delta}}_{t+\Delta t}$、$\boldsymbol{\delta}_{t+\Delta t}$。逐步积分法不仅在空间上采用有限元的离散化方法，而且在时间上也采用了离散化方法，即把时间周期 $T$ 分为 $T/n=\Delta t$ 的 $n$ 个间隔。下面介绍常用的威尔逊 $\theta$ 法。

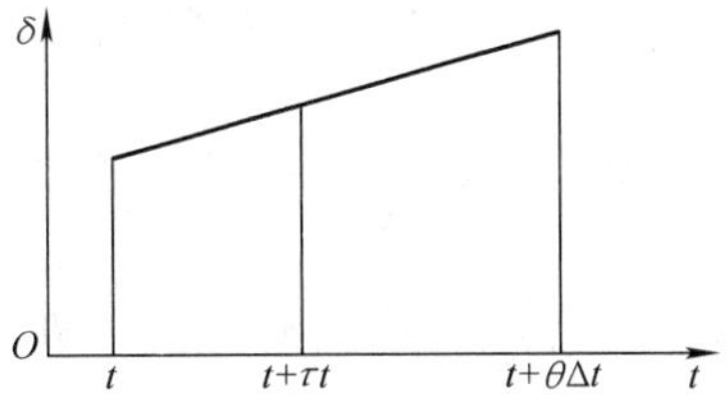


图4-5 线性加速度假设

威尔逊 $\theta$ 法的基本假设认为加速度的时间间隔 $t-t+\Delta t$ 内呈线性变化（图4-5）。设 $\tau$ 为时间增量，其中 $0\leqslant\tau\leqslant\theta\Delta t$，有

$$\ddot{\boldsymbol{\delta}}_{t+\tau}=\ddot{\boldsymbol{\delta}}_t+\frac{\tau}{\theta\Delta t}(\ddot{\boldsymbol{\delta}}_{t+\Delta t}-\ddot{\boldsymbol{\delta}}_t) \tag{4-92}$$

积分式（4-92），得

$$\dot{\boldsymbol{\delta}}_{t+\tau}=\dot{\boldsymbol{\delta}}_t+\tau\ddot{\boldsymbol{\delta}}_t+\frac{\tau}{2\theta\Delta t}(\ddot{\boldsymbol{\delta}}_{t+\Delta t}-\ddot{\boldsymbol{\delta}}_t) \tag{4-93}$$

$$\boldsymbol{\delta}_{t+\tau}=\boldsymbol{\delta}_t+\tau\dot{\boldsymbol{\delta}}_t+\frac{\tau^2}{2}\ddot{\boldsymbol{\delta}}_t+\frac{\tau^3}{6\theta\Delta t}(\ddot{\boldsymbol{\delta}}_{t+\theta\Delta t}-\ddot{\boldsymbol{\delta}}_t) \tag{4-94}$$

设式（4-93）、式（4-94）中的 $\tau=\theta\Delta t$，得 $t+\theta\Delta t$ 时刻的速度和位移：

$$\dot{\boldsymbol{\delta}}_{t+\theta\Delta t}=\dot{\boldsymbol{\delta}}_t+\frac{\theta\Delta t}{2}(\ddot{\boldsymbol{\delta}}_{t+\theta\Delta t}+\ddot{\boldsymbol{\delta}}_t) \tag{4-95}$$

$$\boldsymbol{\delta}_{t+\theta\Delta t}=\boldsymbol{\delta}_t+\theta\Delta t\dot{\boldsymbol{\delta}}_t+\frac{\theta^2\Delta t^2}{6}(\ddot{\boldsymbol{\delta}}_{t+\theta\Delta t}+2\ddot{\boldsymbol{\delta}}_t) \tag{4-96}$$

由此可以得到用 $\boldsymbol{\delta}_{t+\theta\Delta t}$ 表示 $\ddot{\boldsymbol{\delta}}_{t+\theta\Delta t}$ 和 $\dot{\boldsymbol{\delta}}_{t+\theta\Delta t}$ 的式子

$$\ddot{\boldsymbol{\delta}}_{t+\theta\Delta t}=\frac{6}{\theta^2\Delta t^2}(\boldsymbol{\delta}_{t+\theta\Delta t}-\boldsymbol{\delta}_t)-\frac{6}{\theta\Delta t}\dot{\boldsymbol{\delta}}_t-2\ddot{\boldsymbol{\delta}}_t \tag{4-97}$$

$$\dot{\boldsymbol{\delta}}_{t+\theta\Delta t}=\frac{3}{\theta\Delta t}(\boldsymbol{\delta}_{t+\theta\Delta t}-\boldsymbol{\delta}_t)-2\dot{\boldsymbol{\delta}}_t-\frac{\theta\Delta t}{2}\ddot{\boldsymbol{\delta}}_t \tag{4-98}$$

把式（4-96）~式（4-98）代入动力方程式（4-12），得

$$\boldsymbol{M}\ddot{\boldsymbol{\delta}}_{t+\theta\Delta t}+\boldsymbol{C}\dot{\boldsymbol{\delta}}_{t+\theta\Delta t}+\boldsymbol{K}\boldsymbol{\delta}_{t+\theta\Delta t}=\boldsymbol{R}_{t+\theta\Delta t} \tag{4-99}$$

其中

$$\boldsymbol{R}_{t+\theta\Delta t}=\boldsymbol{R}_t+\theta(\boldsymbol{R}_{t+\Delta t}-\boldsymbol{R}_t) \tag{4-100}$$

把式（4-97）、式（4-98）代入式（4-99）并加以整理，可得

$$\overline{\boldsymbol{K}}\boldsymbol{\delta}_{t+\theta\Delta t}=\overline{\boldsymbol{R}}_{t+\theta\Delta t} \tag{4-101}$$

式中

$$\overline{\boldsymbol{K}}=\boldsymbol{K}+\frac{3}{\theta\Delta t}\boldsymbol{C}+\frac{6}{\theta^2\Delta t^2}\boldsymbol{M} \tag{4-102}$$

$$\overline{\boldsymbol{R}}_{t+\theta\Delta t}=\boldsymbol{R}_{t+\theta\Delta t}+\boldsymbol{M}(2\ddot{\boldsymbol{\delta}}_t+\frac{6}{\theta\Delta t}\dot{\boldsymbol{\delta}}_t+\frac{6}{\theta^2\Delta t^2}\boldsymbol{\delta}_t+$$

$$C\frac{\theta\Delta t}{2}\ddot{\boldsymbol{\delta}}_t+2\dot{\boldsymbol{\delta}}_t+\frac{3}{\theta\Delta t}\boldsymbol{\delta}_t) \tag{4-103}$$

由式（4-101）~式（4-103）可解出$\boldsymbol{\delta}_{t+\theta\Delta t}$，将它代入式（4-97）可以解出加速度$\ddot{\boldsymbol{\delta}}_{t+\theta\Delta t}$，将它代入式（4-92）~式（4-94），并取$\tau=\Delta t$进行运算，便可得到$\ddot{\boldsymbol{\delta}}_{t+\Delta t}$、$\dot{\boldsymbol{\delta}}_{t+\Delta t}$和$\boldsymbol{\delta}_{t+\Delta t}$。

威尔逊$\theta$法的实际计算步骤如下：

（1）初始计算

1）确定初始值$\boldsymbol{\delta}_0$、$\dot{\boldsymbol{\delta}}_0$和$\ddot{\boldsymbol{\delta}}_0$。

2）选择时间步长$\Delta t$和计算积分常数，$\theta\geqslant 1.37$、$a_0=6/\theta^2\Delta t^2$、$a_1=3/\theta\Delta t$、$a_2=2\alpha_1$、$a_3=\theta\Delta t/2$、$a_4=\alpha_0/\theta$、$a_5=-\alpha_2/\theta$、$a_6=1-3/\theta$、$a_7=\Delta t/2$、$a_8=\Delta t^2/6$。

3）形成等效刚度矩阵：

$$\overline{\boldsymbol{K}}=\boldsymbol{K}+a_0\boldsymbol{M}+a_1\boldsymbol{C}$$

4）将$\overline{\boldsymbol{K}}$三角化，即

$$\overline{\boldsymbol{K}}=\boldsymbol{LGL}^{\mathrm{T}}$$

（2）对每个时间步长进行计算

1）计算$t+\theta\Delta t$时刻的等效荷载：

$$\overline{\boldsymbol{R}}_{t+\theta\Delta t}=\boldsymbol{R}_{t+\theta\Delta t}+\boldsymbol{M}(a_0\boldsymbol{\delta}_t+a_2\dot{\boldsymbol{\delta}}_t+2\ddot{\boldsymbol{\delta}}_t)+\boldsymbol{C}(a_1\boldsymbol{\delta}_t+2\dot{\boldsymbol{\delta}}_t+a_3\ddot{\boldsymbol{\delta}}_t)$$

2）求$t+\theta\Delta t$时刻的位移：

$$\boldsymbol{LGL}^{\mathrm{T}}\boldsymbol{\delta}_{t+\theta\Delta t}=\overline{\boldsymbol{R}}_{t+\theta\Delta t}$$

3）求$t+\Delta t$时刻的加速度、速度和位移：

$$\ddot{\boldsymbol{\delta}}_{t+\Delta t}=a_4\boldsymbol{\delta}_{t+\theta\Delta t}-\boldsymbol{\delta}_t+a_s\dot{\boldsymbol{\delta}}_t+a_6\ddot{\boldsymbol{\delta}}_t$$

$$\dot{\boldsymbol{\delta}}_{t+\Delta t}=\dot{\boldsymbol{\delta}}_t+a_7(\ddot{\boldsymbol{\delta}}_{t+\Delta t}+\ddot{\boldsymbol{\delta}}_t)$$

$$\boldsymbol{\delta}_{t+\Delta t}=\boldsymbol{\delta}_t+\Delta t\dot{\boldsymbol{\delta}}_t+a_8(\ddot{\boldsymbol{\delta}}_{t+\Delta t}+2\ddot{\boldsymbol{\delta}}_t)$$

4）计算$t+\Delta t$时刻的应力：

$$\boldsymbol{\sigma}_{t+\Delta t}=\boldsymbol{DB\delta}_{t+\Delta t} \tag{4-104}$$

威尔逊$\theta$法对于解决复杂结构的响应问题效果良好，无条件稳定，对线性和非线性问题都适用。对于大多数问题取$\theta=1.4$，即可得出满意的结果。

## 4.2 汽车车身结构模态分析

汽车车身结构本身是一个无限多自由度的振动系统，在外界的时变激励作用下将产生振动。当外界激振频率与系统固有频率接近时，将产生共振。共振不仅使乘员感到很不舒适，导致噪声和部件的早期疲劳损坏，还会破坏车身表面的保护层和车身的密封性，从而削弱抗腐蚀性能。车身作为一个多自由度的弹性系统，其固有振动频率相应表现为无限多的固有模态，其低阶模态振型多为整体振型，如整体扭转、弯曲振型，高阶模态振型多为一些局部共振振型，如地板振型、车顶振型和侧围外板振型等。有时，由于车身的局部刚度低，也有一些局部振型在低频范围内出现，或与整车振型同时出现。合理的车身模态分布对提高整车的可靠性和NVH（噪声、振动与声振粗糙度）性能等有着十分重要的意义。

汽车在行驶中常因路面不平、车速和运动方向的变化，车轮、发动机和传动系的不平衡，以及齿轮的冲击等产生各种外部和内部激励，从而极易产生整车和局部的强烈振动。在汽车设计过程中，要使各系统的固有振动频率避开外界激励产生的频率范围，保证汽车良好的工作性能。

### 4.2.1 轿车车身梁结构模态分析

轿车产品开发初期，车身结构细节尚不确定，但车身主要梁结构件的布置及尺寸已初步确定。现代车身工程一般以这些初定的车身梁结构预测车身结构的低阶模态参数等指标，并进行必要的主要梁结构改进设计。某轿车开发初期的车架梁单元有限元模型如图 4-6 所示，包括 372 个梁单元，658 个节点。

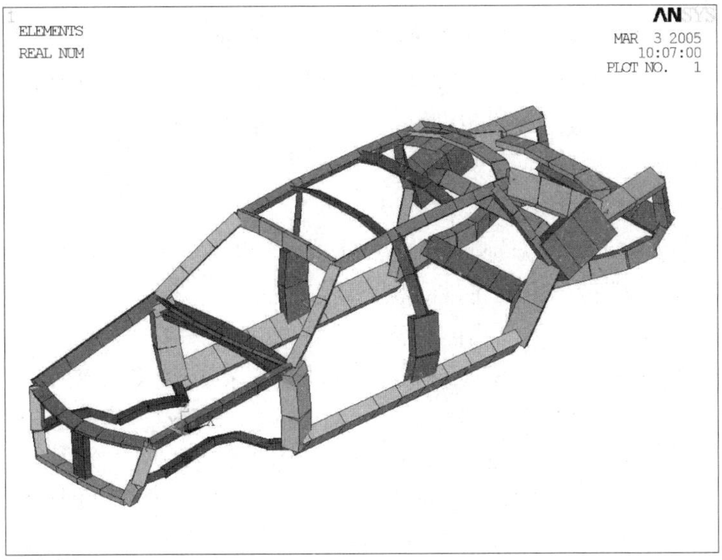


图 4-6 某轿车车架有限元模型

在此模型的基础上不加任何约束与载荷，用分块兰索斯（Block Lanczos）方法计算此车架有限元模型的自由模态。表 4-3 所列为车架主要低阶模态的计算结果，绕 $x$ 轴的一阶扭转模态，频率为 27.04Hz；绕 $y$ 轴的一阶弯曲模态，频率为 43.18Hz。

**表 4-3 车架梁模型模态分析**（见彩插）

| 振形描述 | 频率 | 振形图 |
|---|---|---|
| 绕 $x$ 轴一阶扭转模态 | 27.04Hz | 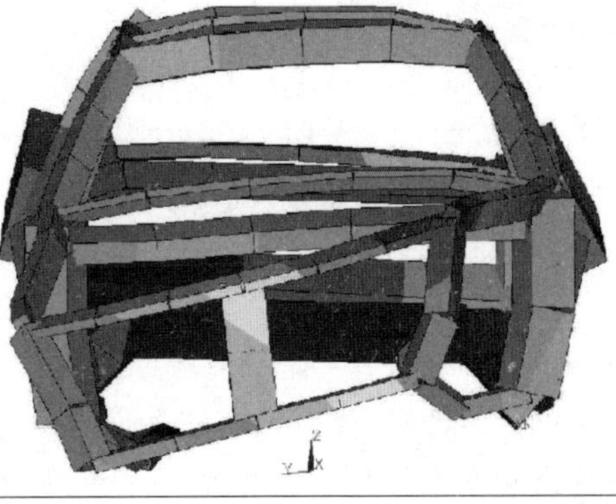 |

（续）

| 振形描述 | 频率 | 振形图 |
|---|---|---|
| 绕 $y$ 轴一阶弯曲模态 | 43.18Hz |  |

从表 4-3 可以看出，车架前部较弱需要增强。

### 4.2.2　电动汽车车身结构模态分析

对于电动汽车而言，其驱动装置以电机代替了发动机。一般电机动平衡较好，故电动汽车的设计开发应该主要考虑主减速器及其后面的传动系统和行驶系统的转动部件的转动不平衡量引起的额外激励。某改装汽车电机的最高转速是 10000r/min，其主减速器减速比为 1∶10，主减速器及其后面的传动系统和行驶系统的转动部件的最高工作频率为 16.7Hz。因此，车身壳体的低阶模态频率应控制在 16.7Hz 以上。

对该车身壳体有限元模型分别进行模态分析。用 Block Lanczos 方法计算车身壳体自由－自由边界条件下的模态，由于在自由状态下，前六阶振型频率基本为零。模拟分析时，计算初始频率可设为 1Hz 以消除自由刚体模态。

对该车车身壳体模型进行计算得出绕 $x$ 轴的一阶扭转模态频率为 32.66Hz，振型如图 4-7所示；绕 $y$ 轴一阶弯曲模态频率为 49.67Hz，振型如图 4-8 所示。图 4-9 所示为低阶频率为 36.27Hz 时出现的前舱横向摆动局部振型。说明改制车身前舱部位较弱，对前舱设备的安装可能会造成不良影响，应提高车架前部的刚度，建议车架前部增加斜撑和横梁。

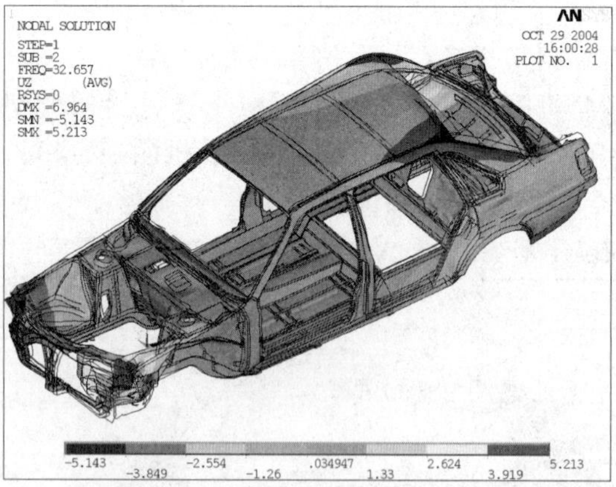


图 4-7　某电动汽车车身壳体一阶扭转振型图（见彩插）

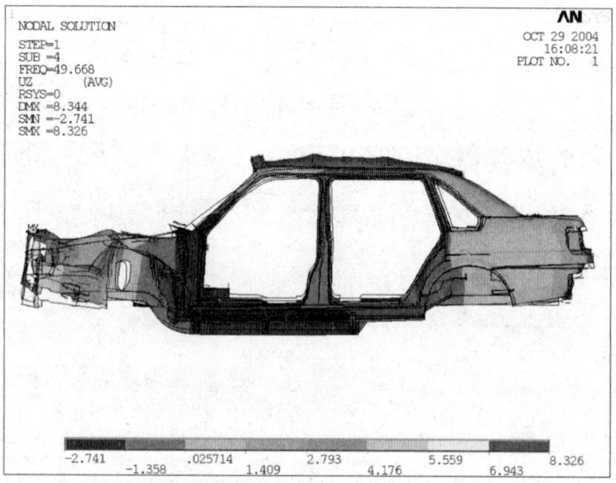


图 4-8　某电动汽车车身壳体一阶弯曲振型图（见彩插）

该车的车身壳体第一阶固有频率均高于 16.7Hz，说明该车车身壳体的低阶模态频率分布是合理的。参考 CA7220 汽车车身壳体主要模态频率：一阶扭转模态频率为 25Hz，一阶竖直弯曲模态频率为 40Hz，该电动汽车车身的主要低阶模态频率均高于传统同级别汽车的车身相关频率值，有一定的裕度，不必进行进一步的优化提高。

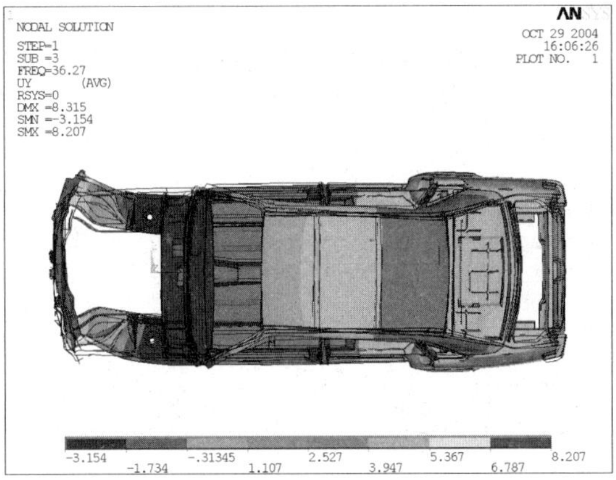


图 4-9 某电动汽车车身壳体前舱局部振型图（见彩插）

### 4.2.3 微型电动汽车车身板梁组合结构模态分析

如图 4-10 所示，将某微型电动汽车车身结构的几何模型通过 IGES 格式导入有限元前处理软件 Hypermesh 中，首先进行几何信息清理，整理出主要承载结构件的几何信息，再进行网格化，将型材骨架以梁单元模拟，将电瓶盒等以板单元模拟。并考虑板梁的焊接关系处理，在该模型采用共用节点法模拟。

一般用单元边长为 50mm 的网格进行网格划分，在局部需要细化的位置，单元边长为 10mm。模型共有板单元 10526 个，梁单元 717 个。某电动汽车车身有限元模型如图 4-11 所示。

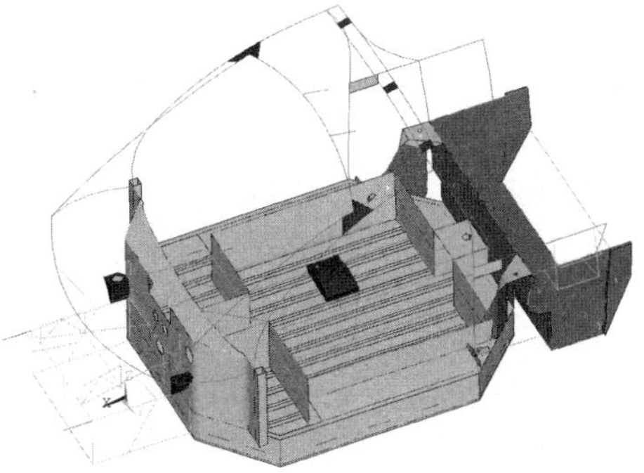

图 4-10 某微型电动汽车车身结构简化几何模型

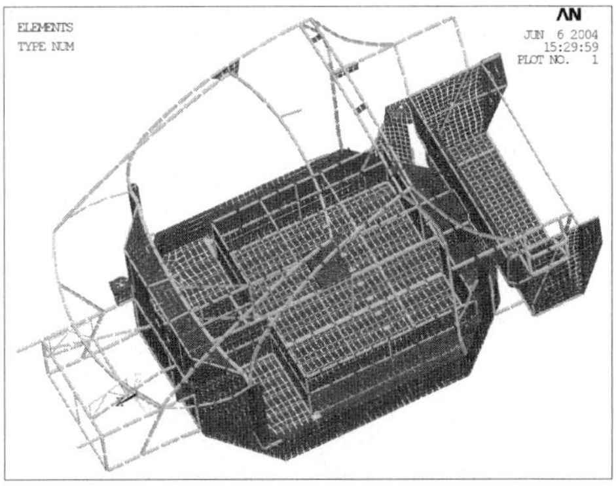


图 4-11 某电动汽车车身有限元模型

在 ANSYS 软件中，用 Block Lanczos 算法计算自由 - 自由边界条件下车身的主要低阶模态。由于在有限元建模中省略了车身的细小特征及面漆，所以在模态分析时，需要对有限元模型进行必要的修改，以消除质量误差。例如，通过测量得到试验车身的质量为 147kg，而在密度取 $7.8 \times 10^{-9}$t/mm$^3$时，计算得车身的有限元模型质量为 124.86kg，可将车身计算模

型当量质密度取为 $9.18\times10^{-9}t/mm^3$。计算时，提取模态数为 6 阶，车身各阶模态振型及频率值见表 4-4。

**表 4-4　车身各阶模态振形及频率值**

| 模态阶数 | 频率 $f$/Hz | 振形描述 |
|---|---|---|
| 1 | 27.31 | 上车身骨架横弯模态 |
| 2 | 39.80 | 车身骨架整体一阶扭转模态 |
| 3 | 52.56 | 行李舱底板一阶竖弯模态 |
| 4 | 58.51 | 行李舱底板二阶竖弯模态 |
| 5 | 67.71 | 行李舱底板三阶竖弯模态 |
| 6 | 67.80 | 车身骨架整体一阶竖弯模态 |

模拟分析得到的车身骨架整体一阶模态如图 4-12 和图 4-13 所示。

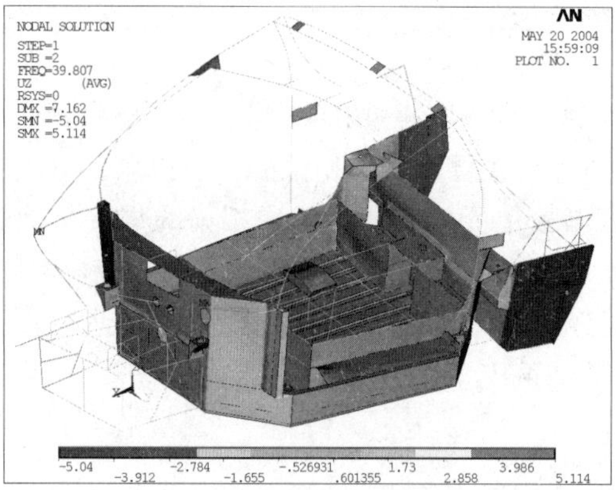


图 4-12　车身骨架整体一阶扭转模态（见彩插）

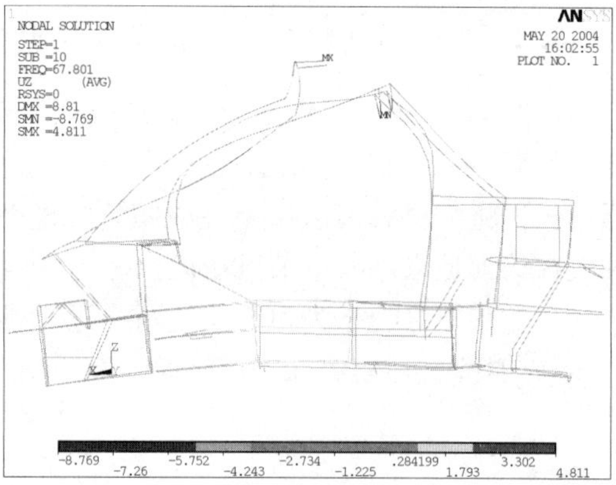


图 4-13　车身骨架整体一阶竖弯模态（见彩插）

可见，该车身上车身骨架刚度较低，这与现行电动汽车的基础承载式车身结构特点相对应。另外，该车身行李舱刚度也较低，其承载行李的能力只是象征性的。

## 4.3　车身结构低阶模态修改灵敏度分析

### 4.3.1　轿车车身模态修改灵敏度计算分析

车身结构模态分析是轿车新产品开发中结构分析的主要内容。尤其是车身结构的低阶弹性模态，它不仅反映了汽车车身的整体刚度性能，而且是控制汽车常规振动的关键指标，应作为汽车新产品开发的强制性考核内容。

与试验模态分析方法不同，有限元等数值模拟技术可以在汽车设计初期预测车身结构的模态参数，尽可能避免相关设计缺陷，及时修改及优化设计方案，从而大大缩短产品开发周期。

为同时保证必要的车身结构强度与刚度指标，一般的模态参数修改方案是将车身结构低阶弹性模态频率提高到一定的水平。一种途径是应用密度小的材料，如铝、塑料及超轻钢等做车身材料，以降低所关注模态的模态质量；另一种途径是合理修改关键零件的结构形式与尺寸，以提高所关注模态的模态刚度。第一种途径受到生产成本、材料特性及生产工艺等的影响，应用较少。在用第二种途径进行车身结构模态参数修改时，关键是找出影响低阶关注模态的灵敏零件，然后通过增加板厚而提高整体抗弯或抗扭刚度等措施来改进该模态。

20 世纪 80 年代末期，国外开始了结构修改灵敏度在汽车车身设计中的应用研究。国内尚少见相关资料。本书建立了国产某中级轿车车身焊接总成的模态分析有限元模型，并利用该模型对该车车身主要低阶弹性模态进行了结构修改灵敏度分析。

**1. 轿车车身低阶模态分析的有限元模型**

在轿车车身几何模型的基础上，建立车身模态分析有限元模型。建立模型的原则是在保证准确反映结构模态特性（包括整体弯曲及扭转刚度等）的前提下进行必要的简化，以获得必要的计算精度，并尽可能降低计算量与计算复杂性。该车采用典型承载车身结构车门、发动机舱盖、座椅、保险杠、前翼子板及车身附件等装配在车身焊接总成上，它们对车身整体抗弯及抗扭刚度的影响可以忽略；车身结构零件中的小孔、圆角、翻边及凸台等局部结构对车身整体刚度的影响也可以忽略。主要考虑两个方面的零部件：一是空间基本完整闭合的梁类结构件，包括前后纵梁、门槛、门柱、窗柱、前后风窗上横梁、门上横梁、前横梁及锁板；二是板类内外覆盖件，包括顶盖、地板、轮罩、后挡板、悬架固定座等。

针对车身结构模态及其修改灵敏度分析，未考虑结构焊点及立柱接头等柔度的影响。

相关资料表明，板单元对轿车车身刚度及低阶模态计算分析是较准确的主要单元类型。为降低求解规模，以四边形单元为主，在结构变化及过渡区采用少数三角形单元。对轿车车身刚度及低阶模态计算，合理的模型自由度规模为 18000 左右。为此，取单元基本边长为 50mm。对门槛等梁类结构件及其与覆盖件的过渡区，单元边长之比控制在 1∶5 左右。汽车车身低阶模态分析有限元网格如图 4-14 所示，共有 5987 个结点和 6386 个单元。依实际结构确定各单元厚度。钢材的弹性模量、泊松比及密度分别为 210MPa、0.3 及 7850kg/m$^3$。

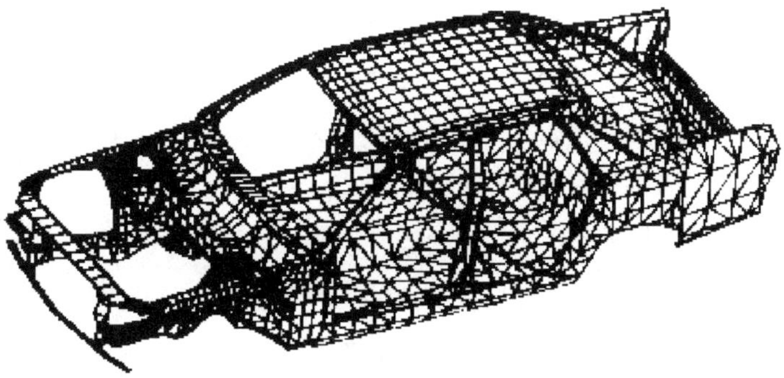

图 4-14 汽车车身低阶模态分析有限元网格

在汽车车身结构低阶模态分析中多采用自由 - 自由边界条件，采用 ANSYS 软件对该模型进行了模态计算分析，所得前两阶弹性模态参数见表 4-5。该计算结果与该生产厂进行的该车车身试验模态分析结果基本吻合。

表 4-5　汽车车身低阶模态参数

| 弹性模态号 | 模态频率/Hz | 模态振型 |
| --- | --- | --- |
| 1 | 25.125 | 一阶扭转 |
| 2 | 40.370 | 竖直一阶弯曲 |

**2. 车身模态修改灵敏度计算分析**

（1）基本理论　设 $\omega_i$ 及 $\boldsymbol{u}_i$ 分别是车身结构第 $i$ 个模态的固有频率与振型向量，则它们满足

$$(\boldsymbol{K}-\omega_i^2\boldsymbol{M})\boldsymbol{u}_i=\boldsymbol{0} \tag{4-105}$$

式中，$\boldsymbol{K}$ 与 $\boldsymbol{M}$ 分别为结构模型的总刚度与总质量矩阵，其维数即为结构模型自由度数，记 $\omega_{i,j}$、$\boldsymbol{u}_{i,j}$、$\boldsymbol{K}_j$及 $\boldsymbol{M}_j$分别为 $\omega_i$、$\boldsymbol{u}_i$、$\boldsymbol{K}$ 及 $\boldsymbol{M}$ 对某设计变量 $b$（如板厚等）的偏导数，则对式（4-105)求导得

$$(\boldsymbol{K}_j-2\omega_i\omega_{i,j}\boldsymbol{M})-\omega_i^2\boldsymbol{M}_j\boldsymbol{u}_i+(\boldsymbol{K}-\omega_i^2\boldsymbol{M}\boldsymbol{u}_{i,j})=\boldsymbol{0} \tag{4-106}$$

用 $\boldsymbol{u}_i^{\mathrm{T}}$ 左乘式（4-106），并考虑

$$\boldsymbol{u}_i^{\mathrm{T}}-(\boldsymbol{K}-\omega_i^2\boldsymbol{M})\boldsymbol{u}_{i,j}=0 \tag{4-107}$$

及

$$\boldsymbol{u}_i^{\mathrm{T}}\boldsymbol{M}\boldsymbol{u}_i=1 \tag{4-108}$$

有

$$\omega_{i,j}=\frac{1}{2\omega_i}\boldsymbol{u}_i^{\mathrm{T}}(\boldsymbol{K}_j-\omega_i^2\boldsymbol{M}_j)\boldsymbol{u}_i \tag{4-109}$$

在有限元法中，$\boldsymbol{K}$ 及 $\boldsymbol{M}$ 分别由单元刚度矩阵 $\boldsymbol{K}^e$ 及单元质量矩阵 $\boldsymbol{M}^e$ 组成，即

$$\begin{cases}\boldsymbol{K}=\sum\boldsymbol{K}^e\\ \boldsymbol{M}=\sum\boldsymbol{M}^e\end{cases} \tag{4-110}$$

式（4-110）对参数 $b$ 求导有

$$\begin{cases}\boldsymbol{K}_j=\sum\boldsymbol{K}_j^e\\ \boldsymbol{M}_j=\sum\boldsymbol{M}_j^e\end{cases} \tag{4-111}$$

其中 $\boldsymbol{K}^e_{,j}$和 $\boldsymbol{K}^e_{,j}$分别为 $\boldsymbol{K}^e$ 和 $\boldsymbol{M}^e$ 对设计参数 $b$ 的导数矩阵，则式（4-109）变为

$$\omega_{i,j}=\frac{\sum\boldsymbol{u}_i^{e\mathrm{T}}(\boldsymbol{K}_j-\omega_i^2\boldsymbol{M}_j)\boldsymbol{u}_i^e}{2\omega_i}=\sum\omega_{i,j}^e \tag{4-112}$$

即

$$\omega_{i,j}^e=\frac{\boldsymbol{u}_i^{e\mathrm{T}}(\boldsymbol{K}_j^e-\omega_i^2\boldsymbol{M}_j^e)\boldsymbol{u}_i^e}{2\omega_i} \tag{4-113}$$

式中，$\omega_{i,j}^e$为 $\omega_i$ 关于第 $e$ 个单元的设计参数 $b$ 的灵敏度。

因为各单元板厚不同，实际应用中式（4-113）更实用。

对于一般有限元板壳单元，其单元刚度矩阵可表示为

$$\boldsymbol{K}^e=\boldsymbol{K}_m^e+\boldsymbol{K}_b^e=Eb_e\boldsymbol{K}_1^e+Eb_e^3\boldsymbol{K}_2^e \tag{4-114}$$

式中，$\boldsymbol{K}_m^e$ 和 $\boldsymbol{K}_b^e$ 分别为单元的膜刚度和弯曲刚度成分；$E$ 为材料弹性模量；$\boldsymbol{K}_1^e$ 和 $\boldsymbol{K}_2^e$ 分别为与 $E$ 及 $b_e$ 无关的单元常数矩阵。

对式（4-114）求导，有

$$
\begin{aligned}
\boldsymbol{K}^e &= E\boldsymbol{K}_1^e + 3Eb_e^2\boldsymbol{K}_2^e \\
&= \frac{E}{\sqrt{3}b_e}\sqrt{3}b_e\boldsymbol{K}_1^e + \frac{E}{\sqrt{3}b_e}(\sqrt{3}b_e)^3\boldsymbol{K}_2^e \\
&= Fa_e\boldsymbol{K}_1^e + Fa_e^3\boldsymbol{K}_2^e
\end{aligned}
$$

一般有限元板壳单元的单元质量矩阵可表示为

$$\boldsymbol{M}^e = \rho A_e b_e \boldsymbol{M}_1^e \tag{4-115}$$

式中，$\rho$ 为材料质密度；$A_e$ 为单元中性面积；$\boldsymbol{M}_1^e$ 为与 $b_e$ 无关的单元常数矩阵。

对式（4-115）求导，有

$$
\begin{aligned}
\boldsymbol{M}_j^e &= \rho A_e \boldsymbol{M}_1^e = \frac{\rho}{\sqrt{3}b_e}A_e(\sqrt{3}b_e)\boldsymbol{M}_1^e \\
&= qA_e a_e \boldsymbol{M}_1^e
\end{aligned} \tag{4-116}
$$

由式（4-115）及式（4-116）可知，只要简单地将材料参数 $E$、$\rho$ 及板厚参数 $b_e$ 改为 $F$、$q$ 及 $a_e$，并重新计算单元的刚度及质量矩阵，即可由式（4-116）计算模型第一阶模态频率对单元 $e$ 的板厚参数 $b_e$的灵敏度，其计算量较小。

（2）灵敏度计算与分析　基于以上方法，分别计算了该车车身结构一阶扭转及一阶竖直弯曲模态固有频率对车身各板单元厚度的灵敏度。为了分析灵敏度数值方便起见，分别将车身结构组件的各单元灵敏度值进行求和。

可知，A 柱的加强对提高车身一阶扭转模态频率最有效，而且 A 柱外板比其内板更有效。除 A 柱以外，后座椅下横梁、中地板、门槛、前轮罩后板构成了车身基本抗扭承载区，该区结构件的加强对提高车身一阶扭转模态频率十分有效。远离振型节面的结构的进一步加强，反而对提高车身一阶扭转模态频率不利，如锁板、后翼子板加强板、前横梁、后翼子板、后围上下连接板、前下横梁、前纵梁、前侧内板。即使刚刚超出上述车身基本抗扭承载区的结构件也是如此，如后地板与后悬架固定座。除倾角较大的 A 柱之外，车身基本抗扭承载区之上的结构件的进一步加强均对提高车身一阶扭转模态频率不利，如顶盖、水槽、B 柱、转向柱横梁。

1）扭转工况。该车车身一阶扭转模态频率对车身各结构件厚度的灵敏度分布如图 4-15 所示，按较大灵敏度结构件的统计见表 4-6。

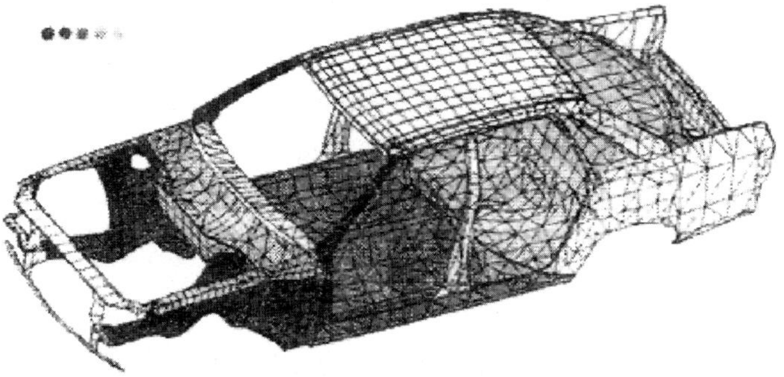

图 4-15　车身一阶扭转模态频率对车身各结构件厚度的灵敏度分布

**表 4-6　车身一阶扭转模态频率的灵敏度结构件**

| 结构件名称 | 抗扭灵敏度/（Hz/m） | 结构件名称 | 抗扭灵敏度/（Hz/m） |
|---|---|---|---|
| A 柱外板 | 5775 | 加强板 - 后翼子板 | -300 |
| A 柱内板 | 2262 | B 柱内板及外板 | -295 |
| 前轮罩后板 | 993 | 转向柱横梁 | -287 |
| 门槛外板 | 441 | 支架 - 端板 | -251 |
| 中地板 | 441 | 前横梁 | -239 |
| 后座椅下横梁 | 205 | 后翼子板 | -220 |
| 顶盖 | -1246 | 后围上下连接板 | -202 |
| 锁板 | -527 | 后悬架固定板 | -174 |
| 水槽 | -351 | | |

表 4-6 中未列出的结构件的加强对车身的一阶扭转模态频率的影响不大。考虑结构整体修改工艺性等其他性能，可对这些结构件的结构及尺寸进行适当的修改。但同时注意这些结构件的进一步加强对车身整体质量的增大有影响。

2）弯曲工况。该车车身一阶竖直弯曲模态频率对车身各结构件厚度的灵敏度分布如图 4-16所示，按较大灵敏度结构件的统计见表 4-7。

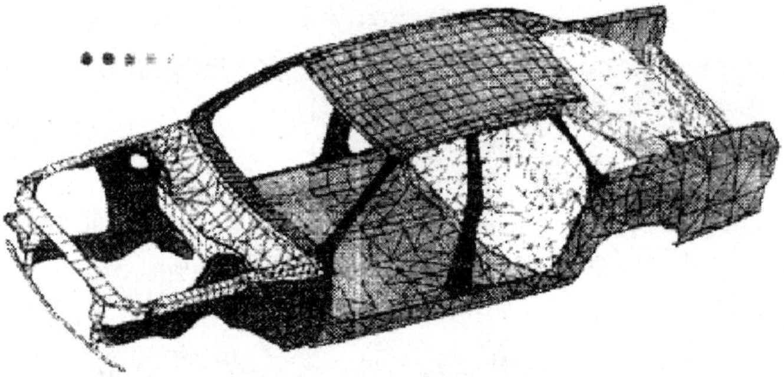

图 4-16　车身一阶竖直弯曲模态频率对车身各结构件厚度的灵敏度分布

**表 4-7　车身一阶竖直弯曲模态频率的灵敏度结构件**

| 结构件名称 | 抗弯灵敏度/(Hz/m) | 结构件名称 | 抗弯灵敏度/(Hz/m) |
|---|---|---|---|
| A 柱外板 | 1846 | C 柱内板 | 347 |
| 后风窗支柱内板 | 1705 | C 柱外板 | 326 |
| B 柱外板 | 1691 | 加强板 - 转向柱横梁 | 259 |
| B 柱内板 | 1356 | 后座椅下横梁 | 220 |
| A 柱内板 | 1070 | 前地板 | 188 |
| 前轮罩内板 | 979 | 外横梁 | 111 |
| 转向柱横梁 | 775 | 包裹架 - 后挡板 | -146 |
| 后翼子板 | 551 | 后围封闭板 | -265 |
| 门槛外板 | 533 | 锁板 | -438 |
| 中地板 | 466 | 前下横梁 | -593 |
| 顶盖 | 420 | 后围上下连接板 | -892 |
| 加强板 - 后翼板 | 381 | | -1104 |

可见，由于车身一阶竖直弯曲模态有两个相距较远的振型截面，该模型的灵敏结构件较多。由车身上部的顶盖，下部的前地板、中地板及门槛，前部及后部的转向柱横梁、后座椅下横梁、前轮罩后板及前悬架固定座，以及侧面的A柱、B柱、C柱及后风窗立柱构成了车身空间基本抗弯盒。该基本抗弯盒的结构件的加强对提高车身一阶竖直弯曲模态频率十分有效。

后围上下连接板、前下横梁与锁板等远离振型节面的车头及车尾结构件的进一步加强对提高车身一阶竖直弯曲模态频率十分不利。与车身一阶扭转模态频率灵敏度分析进行对比可知，A柱及基本抗扭承载区的结构件的加强对提高车身一阶竖直弯曲模态及一阶扭转模态频率均十分有效。它们是车身低阶模态频率修改的最关键结构件。这是欧美汽车行业将车身扭转刚度指标作为产品开发关键项的原因之一。

**3. 车身结构模态频率灵敏度分析的应用及结论**

车身结构模态频率灵敏度分析，不但可以直接应用于设计中提高车身结构的低阶模态频率，而且对其他车身结构设计与分析工作也有重要的参考价值。

设计现代中、低级轿车时，为了加大行李布置空间，可在后挡板上设计一个大孔。由上述分析可知，这种承载式车身后部刚度较大，在后挡板上设计一个大孔不会对车身刚度及低阶振动特性造成不利的影响。

设计现代中、低级轿车时，常希望降低门槛的高度。上述分析说明，门槛对车身刚度及低阶振动特性影响较大，不能随意减小门槛断面尺寸及板厚。为减小A柱盲区而试图减小A柱断面尺寸时也要注意类似问题。

国内现生产个别中级轿车在部分地区使用中，产生前悬架固定座开裂现象。上述分析表明，前悬架固定座的强度对车身一阶竖直弯曲模态频率的影响很大。若设计不合理，车身会在部分使用工况下产生较大的竖直振动，从而引起悬架固定座早期开裂。

因此得出以下结论：

1）后座椅下横梁、中地板、门槛与前轮罩后板构成了车身基本抗扭承载区。该基本抗扭承载区与A柱结构件的加强对提高车身一阶扭转模态频率十分有效。

2）以乘客舱结构件为主的顶盖、前地板、中地板、门槛、转向柱横梁、后座椅下横梁、前轮罩后板、前悬架固定座、A柱、B柱、C柱及后风窗立柱构成了车身空间基本抗弯盒。该基本抗弯盒结构件的加强对提高车身一阶竖直弯曲模态频率十分有效。

3）车身基本抗扭承载区结构件及A柱是车身低阶模态频率修改的最关键结构件。

4）车身结构模态频率灵敏度分析在车身设计中有较大的应用范围。

### 4.3.2 轻型货车横向振动分析与控制

在我国，在轻型货车产量大幅度增加的同时，仍存在着轻型货车临界转速的摆头现象。轻型货车的横向振动，不仅影响驾驶人的乘坐舒适性，还使汽车临界状态下的操纵性显著降低。由于涉及的总成及结构件较多，整车的振动特性分析比较复杂。迄今为止的实际产品开发，都是先制造样车，通过重复试验分析来控制振动现象。为了缩短新车型研制周期，有必要推广应用模拟分析与动力优化技术，以便在设计阶段更合理地估计各种动力现象及进行结构优化设计。已有的关于汽车横向振动的研究，主要针对转向轮摆振及其控制进行分析，其结论为轻型货车横向振动的深入研究提供了必要条件。本书采用数值模拟分析与动力优化技术，分析了某轻型货车的横向振动现象，并介绍了该振动的控制方法。

**1. 轻型货车横向振动模拟计算分析**

轻型货车中，具有大质量与大惯性矩的驾驶室及动力总成通过橡胶块连接于车架，而车厢则直接通过螺栓连接于车架。在建立轻型货车的振动分析模型时，必须合理考虑这些因素的作用。而受计算量等的限制，建立模拟分析模型时，也要对实际结构进行必要的简化，抓住主要问题进行分析。本书的分析对象是载质量为1.25t的国产某双排座轻型货车，该车存在105km/h车速的横向振动现象。由于货车车厢对车架的静态及动态特性影响较大，建立车架的动力分析模型时必须考虑车厢的作用。模拟分析模型中的车架及车厢部分以板单元模拟为主。整个有限元分析模型包括736个结点和754个板单元，如图4-17所示。另外以67个梁单元模拟货箱底板横梁。因为驾驶室及动力总成在常见的汽车工作频率范围（2～20Hz）之内表现出刚体运动，考虑驾驶室（6个悬置点）及动力总成（3个悬置点）的质量和惯性矩，以质量弹簧模型加入车架模型，其橡胶块的工作刚度可由试验确定。油箱与备胎等以集中质量加于车架模型的相应位置。考虑车架的支承条件对车架弹性模态计算分析的影响不大。本分析中，悬架每个吊耳处的铅垂自由度以弹簧单元模拟。弹簧单元铅垂刚度取为相应悬架静刚度的一半。每个吊耳处的其他自由度完全约束。

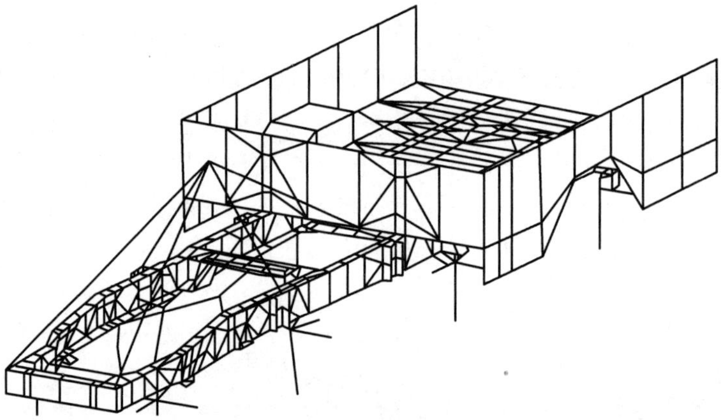

图4-17　轻型货车横向振动模拟分析的有限元模型

模态计算分析中，未考虑结构、悬架及各悬置的阻尼。轻型货车的振动特性分析一般在其空载状态下进行。在满足分析需要的前提下，仅计算20Hz以下的结构振动模态。如图4-18所示，包括车厢栏板的局部弹性模态和驾驶室与动力总成的局部刚体模态。仅以车架表示该车低阶弹性模态的计算结果，图4-18中虚线表示平衡位置。其中，一阶横向弯曲振动模态的一个振型节点处在动力总成前悬置和驾驶室中悬置之间，其另一个振型节点约在后悬架支承中心；其频率为11.80Hz。驾驶室横向刚体振动模态（未给出振型图）的频率为11.20Hz，致使这两阶振动模态高度重合。在临界转速下的转向摆振激励作用下，会产生严重的汽车横向振动，这与该车在约105km/h车速（考虑轮胎尺寸可知，该车速下转向轮摆振频率约为11.70Hz）附近发生驾驶室严重横向振动的现象一致。

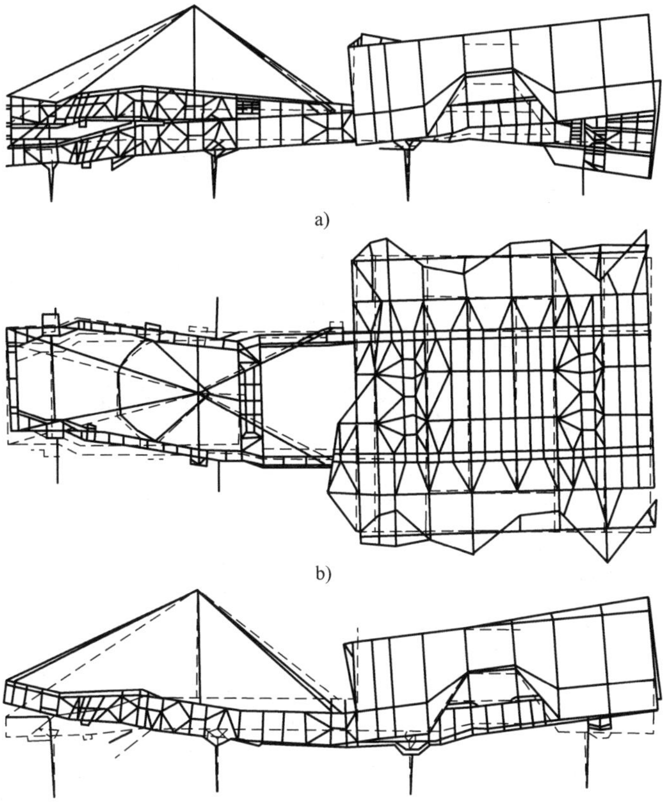

a)

b)

c)

图 4-18　轻型货车车架低阶弹性模态计算结果

a）一阶扭转模态（8.17Hz）　b）侧向一阶弯曲模态（11.80Hz）　c）竖直一阶弯曲模态（12.84Hz）

**2. 动力优化分析方法**

在车辆的实际设计中，采用结构动力优化方法确定结构形状与尺寸，以使车辆各部件满足它们动力特性的目标值。为了避免发生较强的驾驶室与车架横向耦合共振，产品开发阶段应该合理地调配结构质量、驾驶室悬置刚度及车架刚度。如果车辆存在该耦合共振，除了控制转向轮摆振以外，有效地改进措施是通过修改驾驶室悬置橡胶垫的特性使驾驶室横向振动的固有频率降低，或者通过合适的加强方案提高车架的横向弯曲固有频率。前者受到驾驶室悬置一般设计要求的限制。一般以后者为主，不但使车架横向一阶弯曲振动模态频率高于转向轮摆振临界频率的120%，而且避免与驾驶室横向振动刚体模态频率相近。应用4.3.1节中的求灵敏度的理论方法，计算了该轻型货车车架水平侧向一阶弯曲振动固有频率对车架各板单元厚度的灵敏度。灵敏度分布情况如图4-19所示，图中仅注出灵敏度值大于0.038Hz/cm的单元；纵梁上、下翼板灵敏度分布基本相同，仅注出上翼板单元的灵敏度值。可见，关注模态的两个振型节点附近的车架单元对提高该模态频率值较灵敏；车架纵梁单元较横梁单元灵敏；纵梁翼板较腹板灵敏。利用这一结果，可以在满足目标固有频率的前提下，通过对局部结构进行加强，使车架总质量增加值最小。

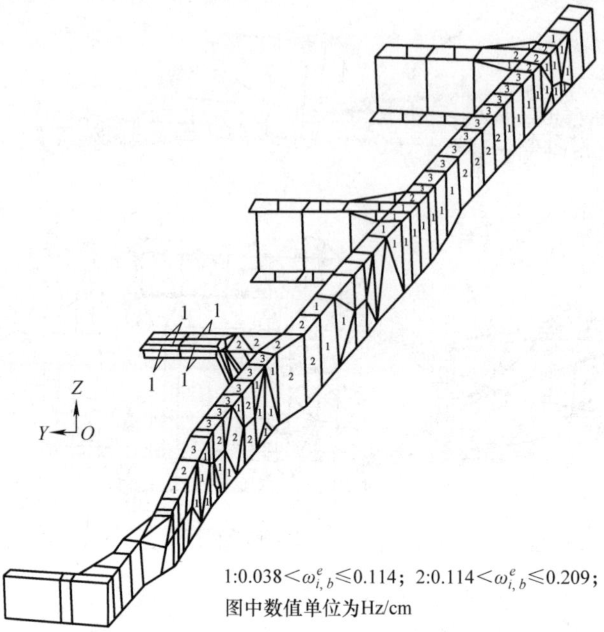


图 4-19　车架侧向一阶弯曲模态固有频率对单元厚度的灵敏度

## 4.4　旅行车（SRV）行李架结构动力响应仿真分析

随着人们生活节奏和休闲方式的改变，旅行车（SRV）作为一款能满足多样生活需求的休闲轿车越来越受到人们的青睐。其车顶的置物行李架是其结构功能中的一个闪亮点，它在汽车极端行驶工况下的动态响应不仅影响行李安置的稳固性，也对车身振动有较大的影响。因此在设计初期，建立有效的仿真模型，预测其在特殊行驶条件下的动力响应，对产品的开发应用有很大的指导意义。

本节基于某旅行车实车试验数据，建立了车顶行李架 CAE（计算机辅助工程）仿真模型。通过确定仿真边界条件及激励的加载方式等，修正了有限元分析模型。利用 ANSYS 软件中内嵌的 LS－DYNA 求解器对模型进行了行李架动力响应分析。

### 4.4.1　车顶行李架 CAE 模型

有限元分析模型中建立的各实物部件主要包括简化的车顶盖、行李架导轨、行李架横向支架、等效行李，同时模拟了各结构件间的连接。单元以 3 节点或 4 节点壳单元为主。整个模型节点总数为 53141，壳单元总数为 43279，材料属性均按实际属性设定，整体模型如图 4-20所示。

**1. 模型修正**

为了修正有限元分析模型，进行了车辆行驶过程中前后车轮分别陷入凹坑的工况试验。从实际试验中获得车辆 B 柱上端 $X$ 向及 $Z$ 向的加速度信号，同时获得了行李架导轨和车顶在前后两处（如图 4-21 所示：②a和②b之间，④a和④b之间）的相对位移数据。

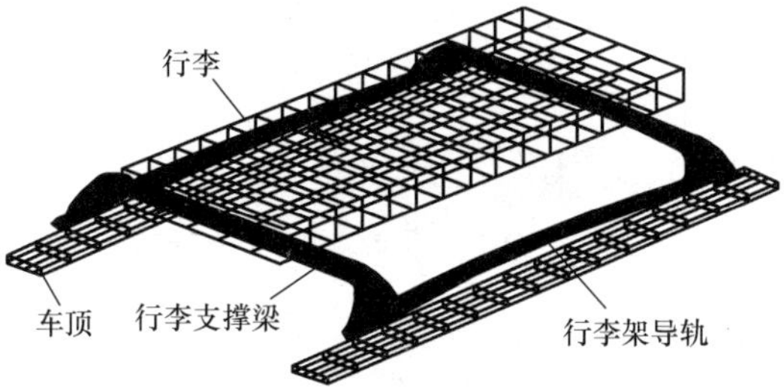


图 4-20　行李架整体模型示意

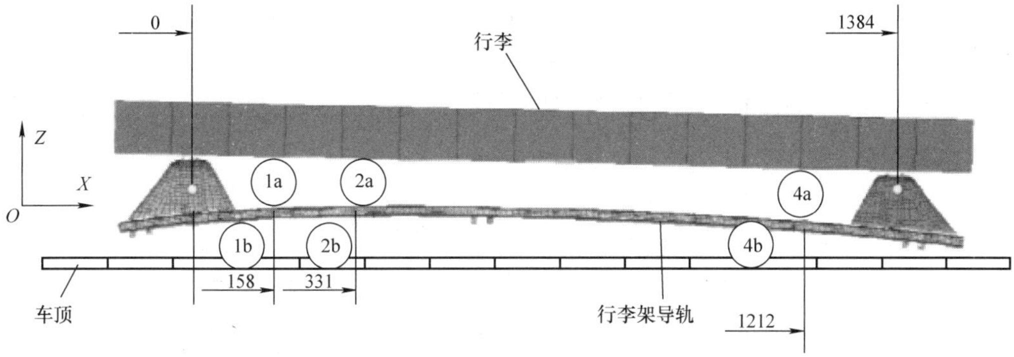


图 4-21　实车试验测点位置示意图

**2. 激励输入方式处理**

（1）激励输入位置的确定　试验中获得的 B 柱上端 $X$ 向及 $Z$ 向的加速度信号对整个车身行驶中的加速度具有典型意义。鉴于模型规模和考查的主要对象，将整个车顶作为激励输入部件。具体方法为，将车顶部件设为刚体，在车顶几何中心处增加激励施加节点。由于同时有 $X$ 向和 $Z$ 向两个方向的加速度输入，模拟分析的激励施加点是在垂直方向上相当靠近的两个节点（垂直距离为 2～3mm）。将激励施加点同车顶部件上各个节点刚性连接，这样，整个车顶的加速度基本就是试验中 B 柱上端的加速度。加载位置及方式如图 4-22 所示。

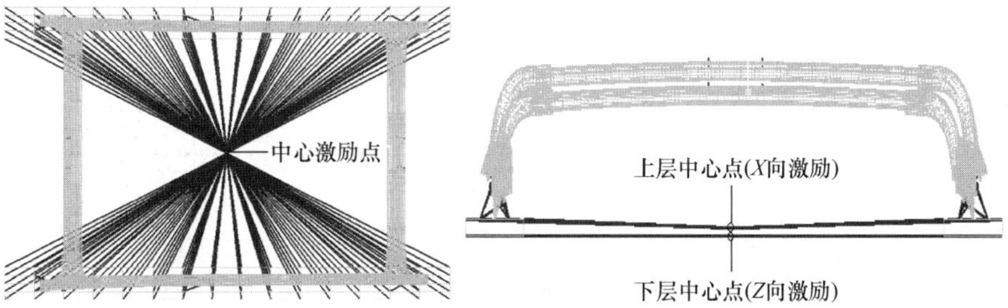


图 4-22　加载位置及方式

（2）激励输入时间段的确定　实车试验中的 B 柱上端加速度信号历经了车辆前后轮分别陷入凹坑内，总共约为 0.3s。这个过程可视为汽车先后受到两次瞬态冲击，且两次冲击的激励和响应性质类似。试验加速度信号如图 4-23 和图 4-24 所示，计算机仿真输入截取了 7.9～8.6s 时间的数据，并分为前后相等的两个时间段（约为 350ms），分两次进行车辆前后轮分别陷入凹坑的动力响应模拟计算。

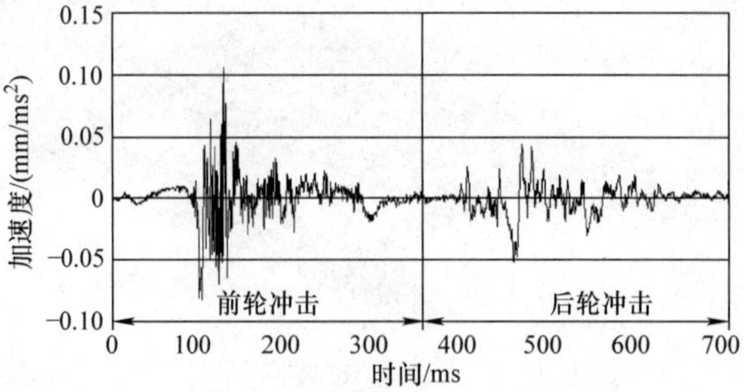


图 4-23　1 号测点 $Z$ 向加速度

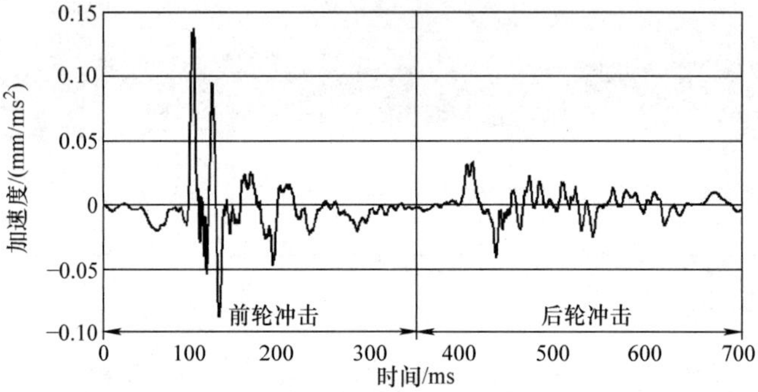


图 4-24　2 号测点 $X$ 向加速度

### 3. 模型修正方法

试算发现观测点处垂向相对位移的仿真值与试验值相差较大，根据结构动力分析有限元基本方程

$$\boldsymbol{M}\ddot{\boldsymbol{x}}+\boldsymbol{C}\dot{\boldsymbol{x}}+\boldsymbol{K}\boldsymbol{x}=\boldsymbol{F} \tag{4-117}$$

进一步研究了模型中各种影响阻尼矩阵和刚度矩阵等的因素，尤其是各部件间的连接方式的模拟对分析模型的影响，具体模型修正内容见表 4-8。

**表 4-8　模型修正内容**

| 修改对象 | 原始模型 | 修改方式 | 对仿真结果的影响 | 最终处理 |
|---|---|---|---|---|
| 某一材料属性 | 单位制错误 | 统一单位制 | 有影响 | 选用修改值 |
| 系统阻尼 | 软件默认值 | 工程常用值 | 影响甚微 | 保留原始模型 |
| 行李与其支撑横梁连接及接触定义 | 两点刚性连接且定义摩擦系数 | 多点刚性连接并修改摩擦系数 | 无影响 | 同上 |
| 行李架导轨与车顶连接件间减振元件 | 模拟弹簧减振元件 | 修改弹簧刚度 | 有一定影响 | 同上 |
| 行李架导轨与车顶连接方式 | 导轨安装处单点刚性连接 | 前后安装处各增加一个刚性连接点 | 影响很大 | 选用修改方式 |

## 4.4.2　动力响应分析

### 1. 前轮陷入凹坑模拟计算分析

车顶激励施加点作用的加速度信号直接来源于试验数据，图 4-25 和图 4-26 所示分别为激励施加点同顶盖上单元节点间 $X$ 向和 $Z$ 向的加速度偏差。可见，两者的加速度基本一致。

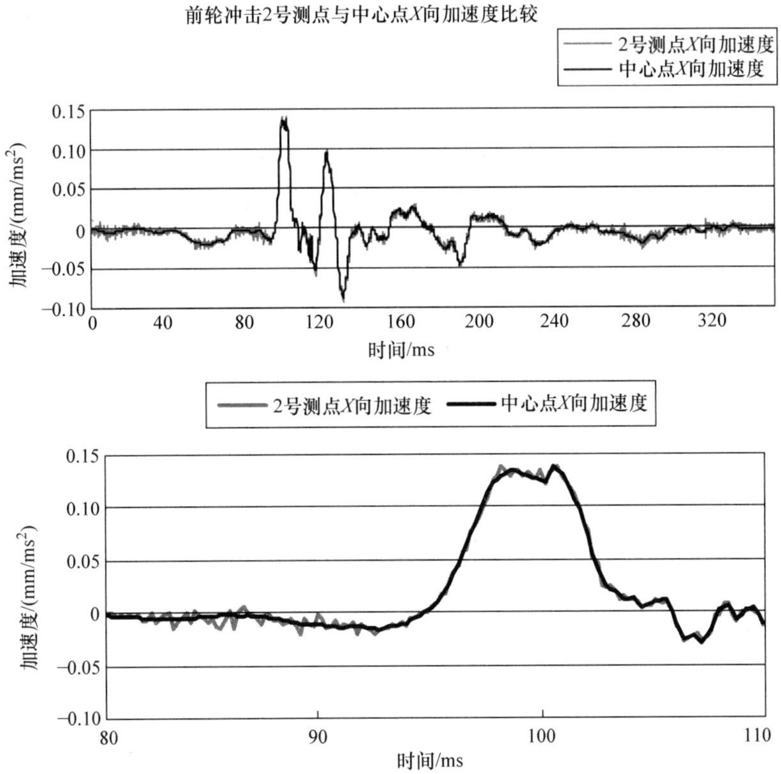


图 4-25　$X$ 向加速度

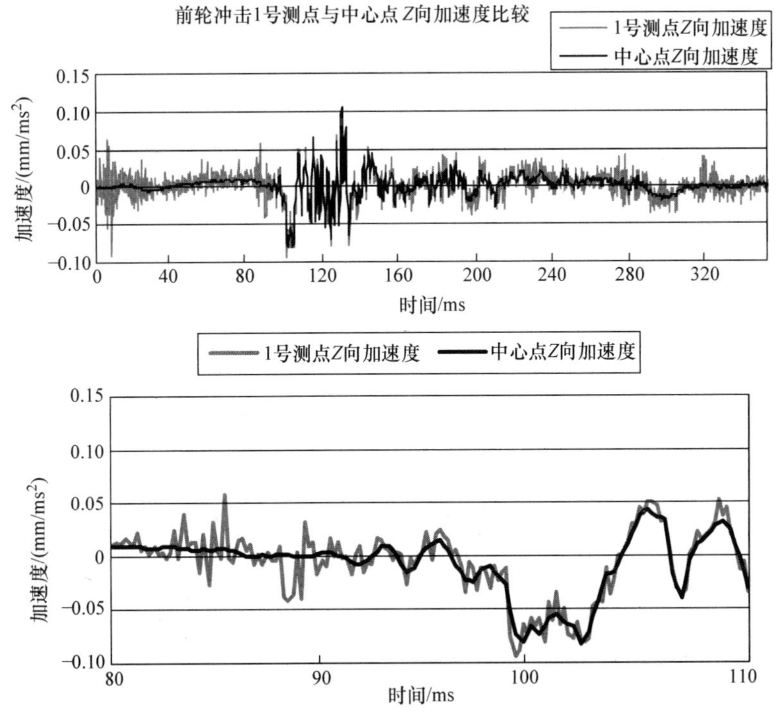


图 4-26　$Z$ 向加速度

关注位置的模拟分析 Z 向相对位移同试验的比较，如图 4-27 所示。

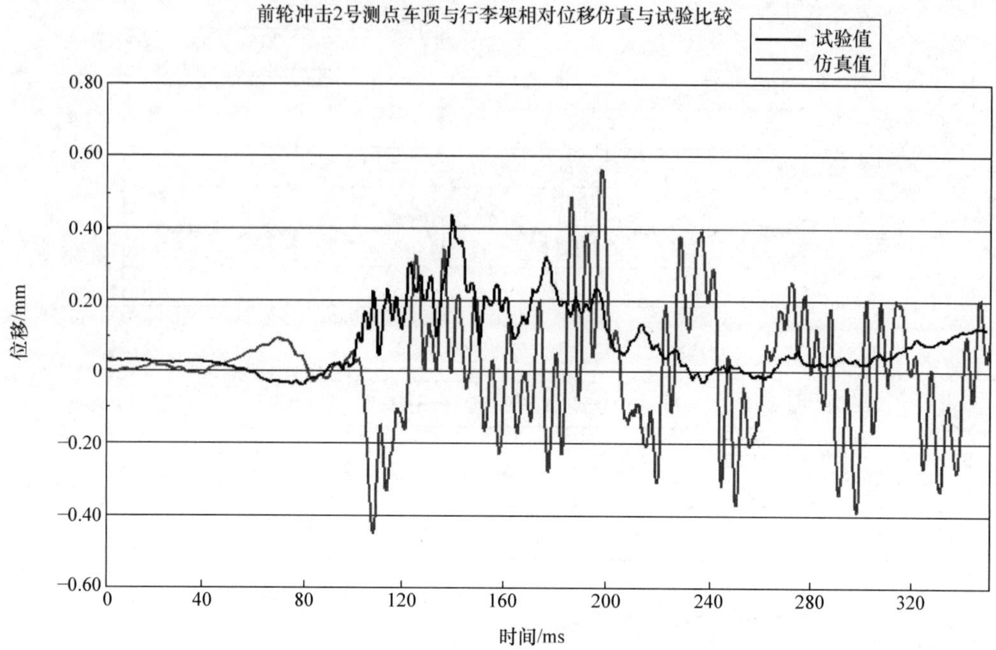


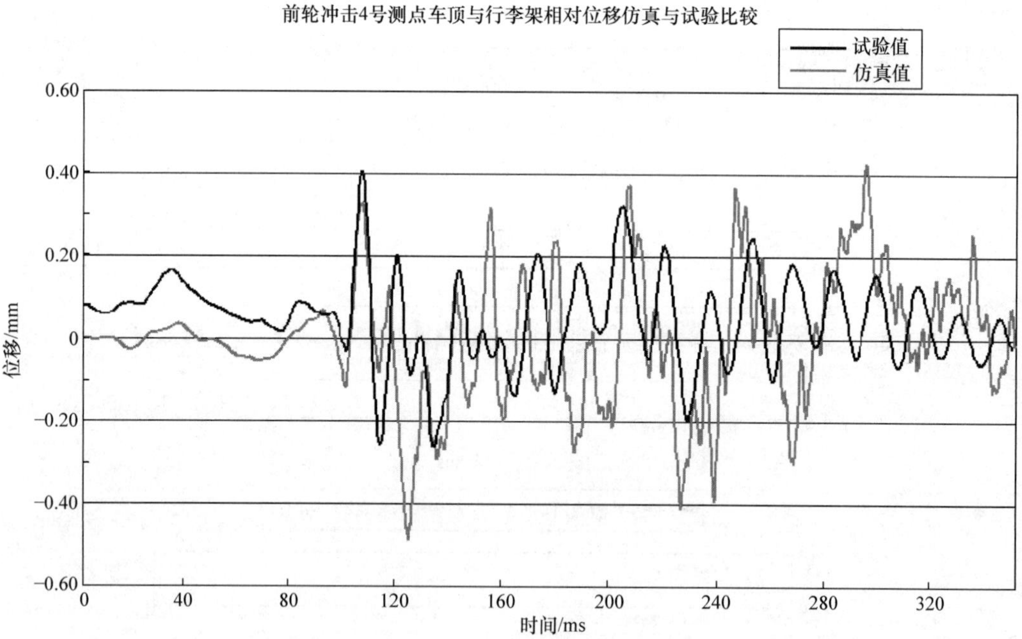


图 4-27　前轮陷入凹坑车顶与行李架之间相对位移

**2. 后轮陷入凹坑模拟计算分析**

验证激励施加点同顶盖上单元节点间的加速度偏差，两者基本一致，如图 4-28 和图 4-29所示。

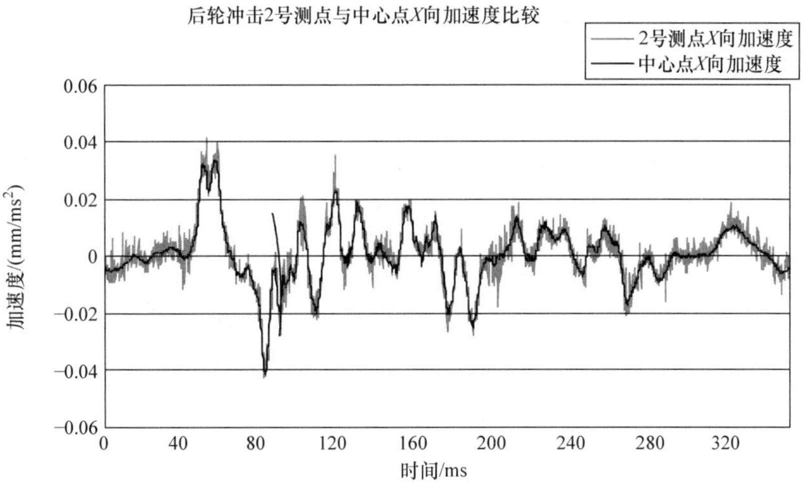


图 4-28 *X* 向加速度

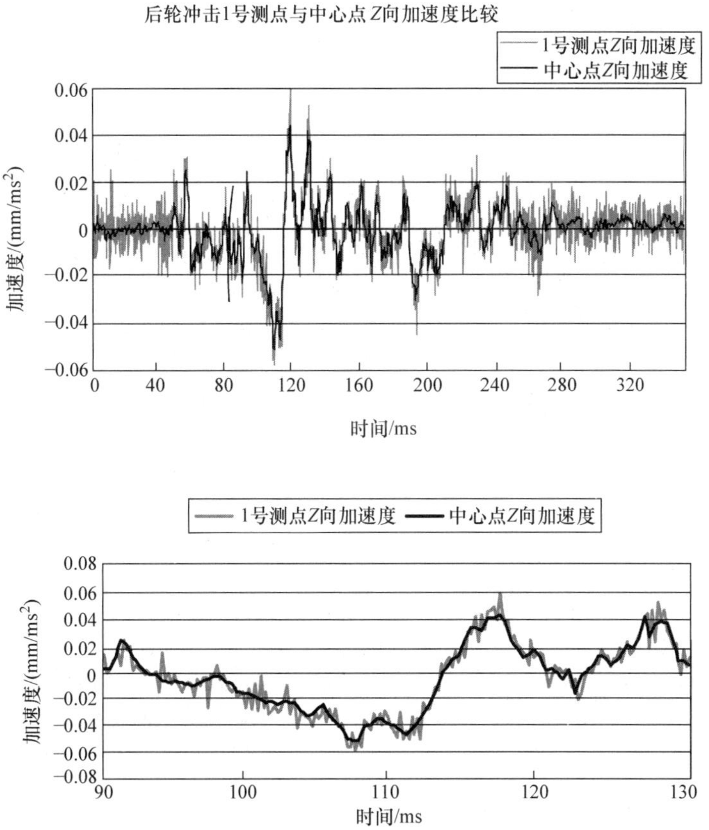


图 4-29 *Z* 向加速度

所关注测点的模拟分析 *Z* 向相对位移同试验的比较，如图 4-30 所示。

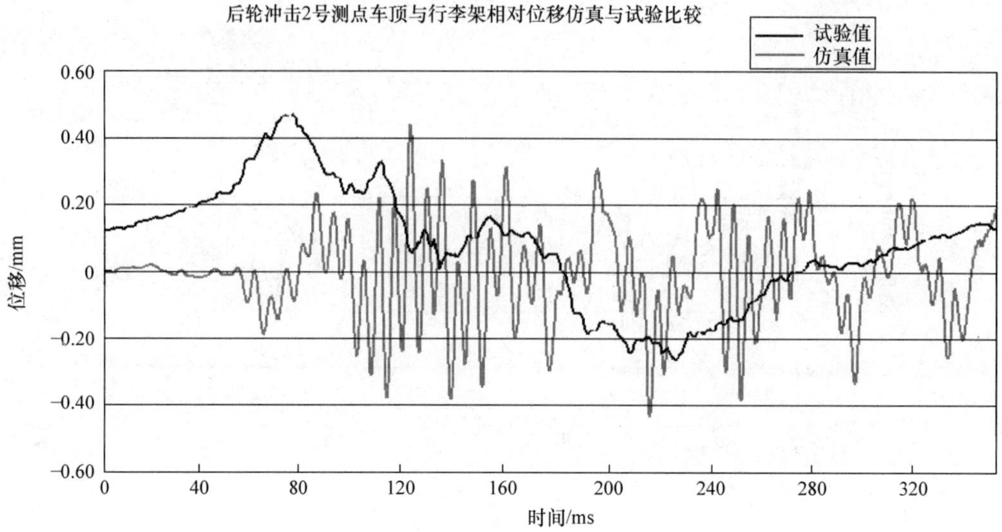


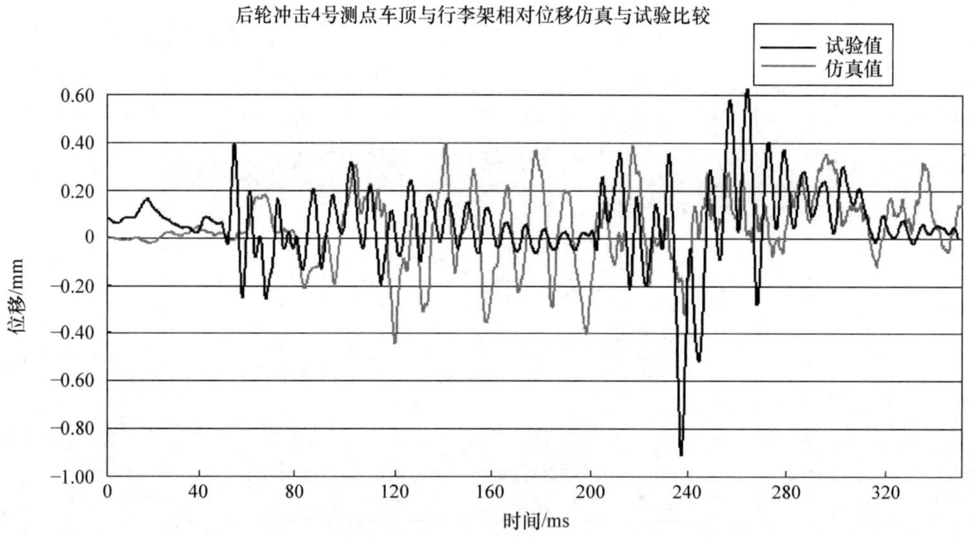


图 4-30　后轮陷入凹坑车顶与行李架之间相对位移

可见，中心输入点加速度信号与有限元模型中试验观测点处获得的信号能很好地吻合，说明该种加载方式是行之有效的。模型修改后，所关注测点处的行李架导轨与车顶间相对位移仿真值达到了试验范围，并能基本拟合试验所得曲线。两者存在的偏差是由 CAE 模型建立过程中的简化产生的，可以被接受。

## 参 考 文 献

[1] 高云凯．汽车车身结构分析［M］．北京：北京理工大学出版社，2006.
[2] 马钿英，王家林．机械工程结构强度计算有限元基础［M］．长春：吉林科学技术出版社，1990.
[3] 卢耀祖，周中坚．机械与汽车结构的有限元分析［M］．上海：同济大学出版社，1997.

[4] 高云凯，蓝晓理，陈鑫．轿车车身模态修改灵敏度计算分析［J］．汽车工程，2001，23（5）：352 - 355.
[5] 高云凯，吴淑杰，钟立明．轻型货车横向振动分析与控制［J］．中国公路学报，2001，14（3）：106 - 108.

## 思 考 题

1. 写出单元动力学方程，并说明其各矩阵与向量的计算方法。
2. 如何计算一致质量矩阵和集中质量矩阵？
3. 如何选择使用比例阻尼和振型阻尼？如何计算比例阻尼和振型阻尼？
4. 特征值和特征向量有哪些计算方法？各有什么优缺点？
5. 结构动力响应有哪些计算方法？各有什么优缺点？
6. 试推导车身结构模态修改灵敏度公式，并说明其中各矩阵与向量的计算方法。
7. 轿车白车身主要抗扭和抗弯结构件分别有哪些？
8. 轻型货车横向振动的原因是什么？
9. SRV 行李架动力响应分析激励如何选择？

# 第5章

# 汽车车身结构强度和刚度试验

## 5.1　汽车车身结构试验技术

非电量电测法是一种将被测非电物理量（如位移、速度、加速度、力、应力、应变、温度和流量等）变换成电量（如电阻、电流、电压、电容和电感等），然后用电测量仪器对此电量进行测量的方法。通常将非电量变换成电量的元件称为敏感元件（也称为变换元件），根据不同非电量的特点设计成的变换装置称为传感器。将传感器通过测量电路与电测量系统相接，组成电测量系统。这一测量系统一般由非电量信号的变换、电信号的传输与放大、电信号的显示与记录三部分组成，如图5-1所示。

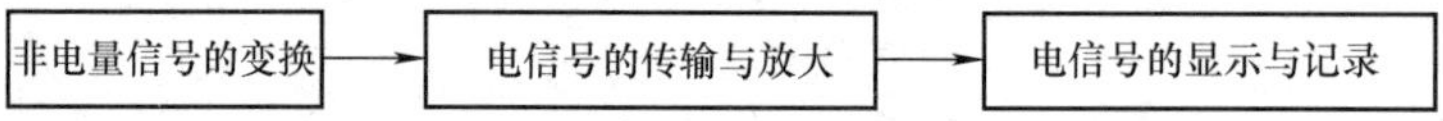


图5-1　电测量系统框图

由传感器获得的信号一般很微弱，要经过放大器放大才能传送给显示、记录装置进行显示、记录。对于不同的传感器，其相应的放大器也不同。如对电阻应变片，其放大器为电阻应变仪；对压电式加速度传感器，其放大器为电荷放大器。

另外，测量装置在测量过程中会受到各种干扰，如电源干扰、环境干扰和信号干扰等，因此，测量时还要注意防止干扰。

为了便于实时观察信号，及时调整测量参数及信号的记录和后处理，测试系统中必须包含信号记录装置。近年来，随着计算机技术的飞速发展，数字式设备逐渐取代传统显示测量仪器，数字式设备具有存储方便、分辨率高、易于进行后处理和接口丰富等优点。

非电量物理电测法的优点是：电信号容易传输和放大，可进行遥测和实现测试过程的自动化；被测电信号可直接用图像显示仪、数字显示仪等进行显示，易于存储和再现，并能随时通过信号分析处理仪器进行分析处理；便于多个参数的同步测量和记录，并且能够测量高速变化的物理量。

从敏感元件变换方式来看，可以直接变换，也可以间接变换；从能量转换的角度看，又分为有源变换和无源变换两类。如图5-2所示。

敏感元件和传感器的输出电量必须与被测非电物理量有单值函数关系，并尽可能成为线

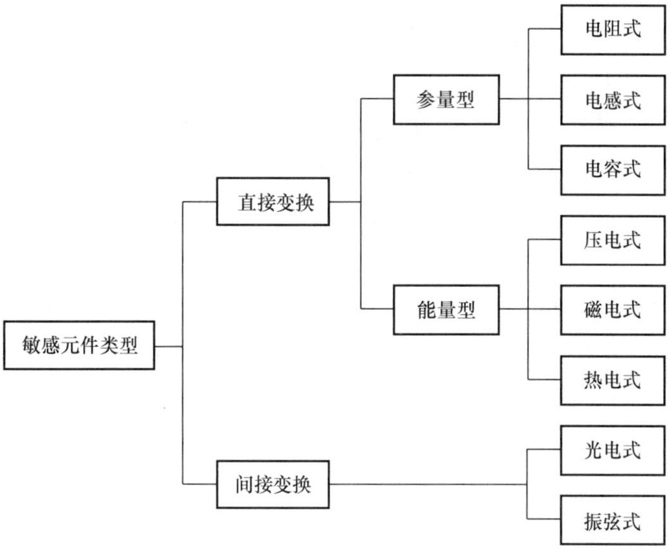


图 5-2　敏感元件分类图

性关系。

### 5.1.1　电阻应变片的基本原理与类型

电阻应变片简称应变片，它是一种将应变变化转换成电阻变化的传感器。

**1. 电阻应变片的构造和类型**

电阻应变片的种类繁多，形式也各种各样，但其基本结构大体相同。现以丝绕式电阻应变片（图 5-3）为例说明如下。

电阻应变片由敏感元件（又称敏感栅）1、基片 2、覆盖层 3 和引出线 4 组成。敏感元件是用来感受应变的，由直径为 0.02 ~ 0.03mm 的合金电阻丝绕制而成，然后用黏接剂把它贴在基片 2 和覆盖层 3 之间。基片用来固定、保护丝栅，传递应变并使敏感栅与试件之间绝缘。敏感栅两端焊有引出线 4，用以和测量电路相连。引出线多用直径为 0.15 ~ 0.13mm 的镀锡软铜丝。图 5-3 中，*L* 为敏感栅栅长，*B* 为栅宽。

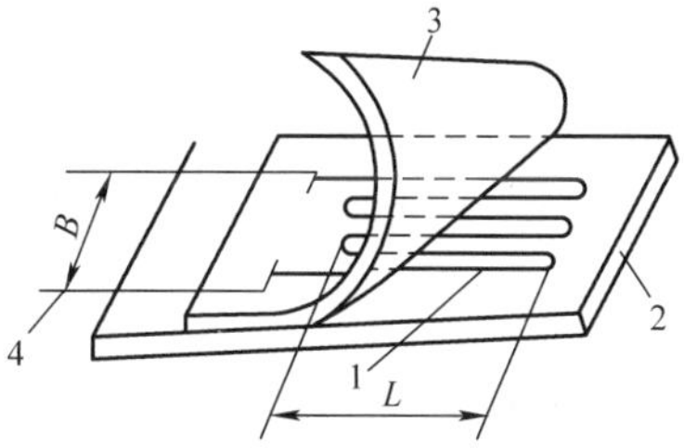


图 5-3　丝绕式电阻应变片构造
1—敏感元件　2—基片
3—覆盖层　4—引出线

电阻应变片的种类很多，通常分为丝栅式应变片、箔式应变片和半导体应变片三类。现在常用的箔式电阻应变片如图 5-4 所示。它具有横向效应小、散热性能好、允许通过的电流大、易于制造成各种用途的形状和尺寸的片形、疲劳寿命长、柔性好等特点，是一种很有发展前途的应变片。

**2. 金属丝的应变电阻效应**

应变片测量应变的工作原理是基于金属丝的应变电阻效应，即金属导体的电阻随其所受的机械变形的大小而发生变化的现象。

由物理学知识可知，金属导线的电阻为

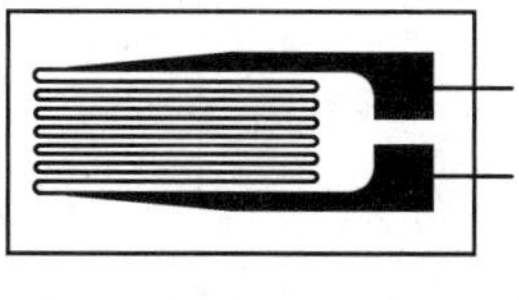

图 5-4　箔式电阻应变片

$$R=\rho\frac{L}{A} \tag{5-1}$$

式中，$\rho$ 为导线的电阻率（$\Omega\cdot mm^2/m$）；$L$ 为导线长度（m）；$A$ 为导线横截面积（$mm^2$）。

由式（5-1）知，改变等式右边参数的其中一个值或几个值，都将引起电阻的变化。电阻丝在受力后，其电阻的变化率和电阻丝产生的应变成正比，即

$$\frac{dR}{R}=K_0\varepsilon \tag{5-2}$$

式中，$\varepsilon=\frac{dL}{L}$为纵向应变，这里比例常数 $K_0$称为电阻丝的灵敏度系数。

金属丝的应变电阻效应曲线如图 5-5 所示（图中 $\lambda$ 为直线的斜率），部分金属丝材灵敏度系数见表 5-1（表中百分数为质量分数），常用应变电阻合金材料性能见表 5-2。

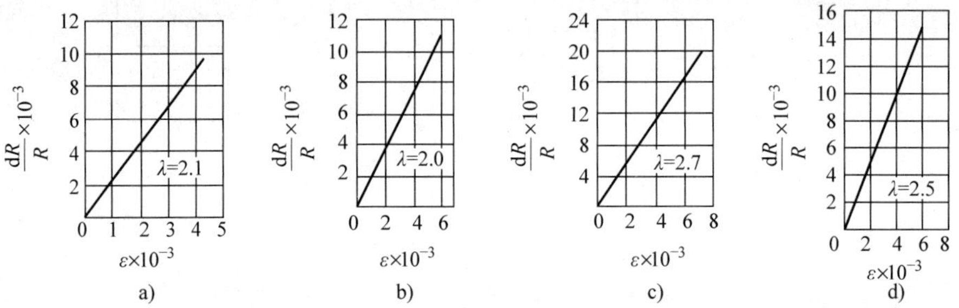


图 5-5　金属丝的应变电阻效应曲线

a）未退火的康铜丝　b）退火后的康铜丝　c）未退火的镍铬丝　d）退火后的镍铬丝

**表 5-1　部分金属丝材灵敏度系数**

| 材料 | 成分 | 灵敏度系数 $K_0$（拉伸） | | | |
|---|---|---|---|---|---|
| | | 硬态 | | 软态（退火后） | |
| | | 小变形 | 大变形 | 小变形 | 大变形 |
| 铜 | Cu（电解纯） | 2.6 | 2.6 | 2.2 | 2.2 |
| 银 | Ag | 2.9 | 2.4 | 3.0 | 2.3 |
| 康铜 | 55% Cu 45% Ni | — | — | 2.0 | — |
| 镍铬 | 80% Ni 20% Cr | 2.4 | 1.9 | — | — |
| 铁铬镍 | 67% Fe 26% Cr 7% Ni | — | — | 4.28 | 2.0 |

**表 5-2　常用应变电阻合金材料性能**

| 合金类型 | 牌号或名称 | 元素成分(%) | | 电阻率 $\rho/(\Omega\cdot mm^2/m)$ | 电阻温度系数 $\rho_t/(10^{-6}/℃)$ | 灵敏度系数 $K_0$ |
|---|---|---|---|---|---|---|
| 铜镍合金 | 康铜 | Cu<br>Ni | 55<br>45 | 0.45～0.52 | ±20 | 1.9～2.1 |
| 铁镍铬合金 | — | Fe<br>Ni<br>Cr<br>Mo | 55.5<br>36<br>8<br>0.5 | 0.84 | 300 | 3.6 |

（续）

| 合金类型 | 牌号或名称 | 元素成分(%) | | 电阻率 $\rho/(\Omega\cdot mm^2/m)$ | 电阻温度系数 $\rho_t/(10^{-6}/℃)$ | 灵敏度系数 $K_0$ |
|---|---|---|---|---|---|---|
| 镍铬合金 | 镍克洛姆V | Ni<br>Cr | 80<br>20 | 1.0~1.1 | 110~130 | 2.1~2.3 |
| | 6J22（卡玛） | Ni<br>Cr<br>Fe<br>Al | 74<br>20<br>3<br>3 | 1.24~1.42 | ±20 | 2.4~2.6 |
| | 6J23 | Ni<br>Cr<br>Al<br>Cu | 75<br>20<br>3<br>2 | 1.24~1.42 | ±20 | 2.4~2.6 |
| 铁铬铝合金 | 70Cr25Al5 | Fe<br>Cr<br>Al | 70<br>25<br>5 | 1.3~1.5 | 30~40 | 2.8 |
| 贵金属及合金 | 铂 | Pt<br>Lr | 80<br>20 | 1.0~1.1 | 110~130 | 2.1~2.3 |
| | 铂－铱 | Pt<br>Lr | 80<br>20 | 0.32 | 850 | 6.0 |
| | 铂－钨 | Pt<br>W | 92<br>8 | 0.68 | 227 | 3.5 |
| | 镍 | Ni | 100 | 0.08~0.09 | 6000 | −2.1 |

### 3. 变形的传递

将金属丝粘贴在试件表面，试件在外力作用下将产生纵向、横向和剪切变形。这些变形通过黏结剂传递给金属丝，从而引起金属丝变形，如图5-6a所示。在这一变形传递过程中，金属丝的变形情况如下：

1）因金属丝长度 $L$ 较大，直径 $D$ 很小，它对试件变形无约束力，故金属丝沿纵向只能随黏结剂变形而相应变形，即金属丝的应变基本上就是试件的纵向应变。

2）黏结剂在试件纵向变形及横向变形的作用下，均将相应出现横向应变，金属丝在黏结剂横向应变的作用下，横截面积也将发生改变。在应变片的变形传递过程中，金属丝横截面积的改变极为微小，可略去不计。

3）试件剪切应变同样要传递到黏结剂内，从而导致金属丝横截面相对位置发生改变，但对 $L$ 和 $D$ 均无影响，故不致引起金属丝电阻的改变。

综上所述，金属丝仅仅反映试件的纵向变形，而与试件的横向变形关系甚微，可忽略不计。

对于应变片，试件上的应变要通过试件和应变片基底之间的胶层、基底及基底和敏感栅之间的胶层传给电阻丝，且依据剪应力形式进行传递。理论分析和试验表明，两端的剪应力最大，中点的剪应力为零，如图5-6b所示。这是因为正中截面处不发生位移，故剪应力为零；其两侧位移反向，故剪应力反号；端部位移最大，故剪应力最大。图5-6b中，$Q_1$表示基底所受剪力，$Q_2$表示敏感栅金属丝所受剪力。敏感栅所受轴向力为沿轴向剪应力之和，其分布如图5-6中轴力$N$图所示。

应变片贴于试件表面后，虽然不能绝对实现敏感栅感受的变形和试件测点处的实际变形完全一致，但实践证明只要使用的黏结剂性能良好，注意粘贴质量（特别是应变片两端剪力较大处的粘贴质量，这一点对于基长较短的应变片尤为重要），力求做到胶层厚度均匀，应变片仍可准确地传递试件的变形，获得较高的测量结果。

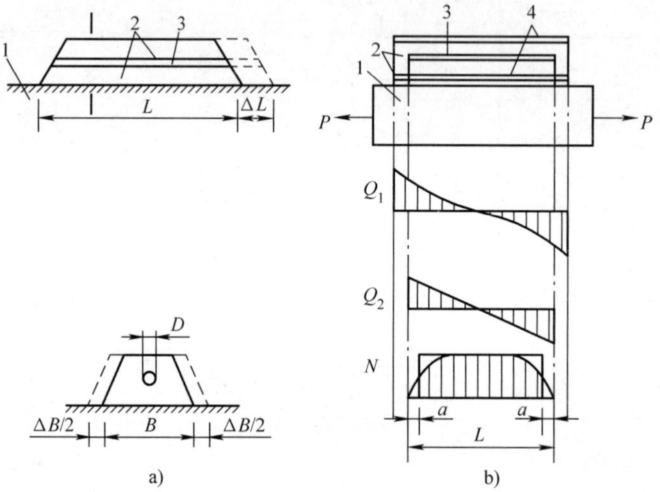


图5-6　变形的传递

1—试件　2—胶层　3—电阻丝　4—基底

**4. 电阻应变片的横向效应**

由于在实际运用中电阻应变片不是制成单丝，而是制成各种线型，因而使得电阻丝不但是沿应变片主轴排列，而且是轴向与横向连续排列。横向排列的电阻丝也同样参与变形，其阻值发生变化，于是产生横向效应，此时的应变片电阻变化率由两部分组成。

$$\frac{\mathrm{d}R}{R}=K_\alpha\varepsilon_\alpha+K_\beta\varepsilon_\beta=K_\alpha(\varepsilon_\alpha+C\varepsilon_\beta)=K\varepsilon_\alpha \tag{5-3}$$

式中，$\varepsilon_\alpha$为沿应变片轴向的应变；$\varepsilon_\beta$为沿应变片横向的应变；$K_\alpha$为应变片轴向灵敏度系数；$K_\beta$为应变片横向灵敏度系数；$C$为应变片横向效应系数，$C=\dfrac{K_\beta}{K_\alpha}$。

当试件承受单向拉伸时，$\varepsilon_\beta=-\mu\varepsilon_\alpha$，组成应变片敏感栅的电阻丝的灵敏度系数为

$$K_0=K_\alpha+K_\beta$$

$K=K_0(1-\mu C)/(1+C)$称为电阻应变片的灵敏度系数。制造厂生产的电阻应变片对产品标明的灵敏度系数，即指$K$值而非电阻丝材料的灵敏度系数$K_0$。

$K$值与$C$值及$K_0$值有关。$C$值视电阻应变片敏感栅的线型而定，成型准确与否对$C$值有影响；$K_0$受诸多因素的影响。因此，理论计算往往不能正确地反映实际的$K$值，故通常通过试验测定。

**5. 电阻应变片的主要参数与指标**

（1）应变片的规格　电阻应变片的规格是以敏感元件的长度 $L$ 和宽度 $B$ 表示为 $B \times L$，如 $2 \times 2$、$3 \times 5$ 等。

（2）应变片电阻值　指应变片没有安装，不受外力，于室温下测定的电阻值。它有名义阻值和平均名义阻值之分。名义阻值已有统一标准，取为 60Ω、120Ω、250Ω、500Ω、1000Ω 等。常用应变片的名义阻值为 120Ω。实际上每一应变片的阻值都不等于名义阻值，它们之间存在着偏差。批量生产的应变片是以该批阻值的平均值作为名义阻值的，故称平均名义阻值。试验时，应尽可能选择阻值与平均名义阻值相同的应变片接桥，偏差一般不要超过 ±0.5Ω，否则电桥不易平衡。

（3）灵敏度系数　应变片灵敏度系数的名义值是通过抽样试验获得的，每一个应变片的实际灵敏度系数和它均有偏差。试验时，务必在同一个试验中采用同一灵敏度系数的应变片，并根据灵敏度系数值的大小，决定是否需要修正应变读数值。

（4）测量应变范围　通常在 $10^{-6} \sim 2 \times 10^{-2}\varepsilon$ 的范围内，均可使用。

## 5.1.2 电阻应变仪的基本原理与类型

电阻应变片仪将试件应变量的变化转换成电阻的变化，还必须将电阻的变化通过一定的测量线路由仪器显示出来。电阻应变仪就是用来完成这个双重任务的，即它不仅是显示仪器，同时也具备测量线路。

电测法测量的电量主要为电流或电压。为提高测量的灵敏度与精确度，往往要把被测的电量放大，然后再由显示记录仪器显示或记录。应变仪测量应变的过程如下：

$$\varepsilon \xrightarrow{\text{电阻应变片}} \Delta R \xrightarrow{\text{电桥}} \Delta I\ (\Delta U) \xrightarrow{\text{放大}} \text{显示或记录}$$

下面研究电阻应变仪的各个部分。

**1. 电阻应变仪的工作原理**

根据供桥电压的不同，电桥分为直流电桥和交流电桥。直流电桥又分为电压输出桥、电流输出桥和功率输出桥。

（1）直流电桥的基本原理　图 5-7 所示为一个直流惠斯登电桥。

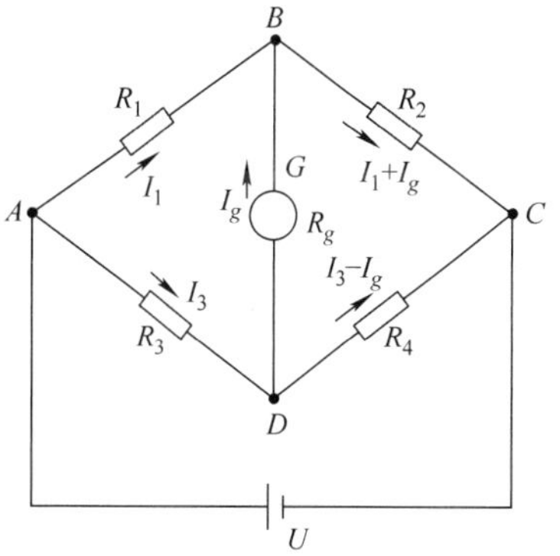


图 5-7　直流惠斯登电桥

在直流电源电动势 $U$ 的作用下，由于 $R_1$、$R_2$、$R_3$、$R_4$ 的作用会使 $B$、$D$ 两点之间产生电位差。由基尔霍夫定律得

$$I_3R_3 + (I_3 - I_g)R_4 = U$$

$$I_1R_1 = I_gR_g + I_3R_3$$

$$(I_3 - I_g)R_4 = (I_1 + I_g)R_2 + I_gR_g$$

$$I_g = \frac{R_1R_4 - R_2R_3}{R_g(R_1 + R_2)(R_3 + R_4) + R_1R_2(R_3 + R_4) + R_3R_4(R_1 + R_2)}U \tag{5-4}$$

则 $B$、$D$ 两端的电位差为

$$U_{BD} = I_gR_g = \frac{R_1R_4 - R_2R_3}{(R_1 + R_2)(R_3 + R_4) + \frac{1}{R_g}[R_1R_2(R_3 + R_4) + R_3R_4(R_1 + R_2)]}U \tag{5-5}$$

这里 $R_g$ 是电阻应变仪放大器的输入电阻，是相当大的。当 $R_g >> R_i\,(i = 1、2、3、4)$

时，式（5-4）、式（5-5）可分别简化为

$$\begin{cases} I_g = 0 \\ U_{BD} = \dfrac{R_1R_4 - R_2R_3}{(R_1+R_2)(R_3+R_4)}U \end{cases} \tag{5-6}$$

这时电桥的输出信号是电压，称为电压输出桥。

欲使电桥平衡，即 $U_{BD}=0$（或 $I_g=0$），需有

$$R_1R_4 = R_2R_3 \tag{5-7}$$

常用的半桥接法（$R_1=R_2=R'$，$R_3=R_4=R''$）和全桥接法（$R_1=R_2=R_3=R_4=R$），均满足电桥平衡条件式（5-7）。

设 $R_1$ 为应变片，贴在试件上，对半桥接法，当试件未变形时，$U_{BD}=0$；当试件变形后，$R_1$ 变为 $R_1=R'\pm\Delta R$，式（5-6）变为

$$U_{BD} = \frac{\pm\Delta R}{2(2R'\pm\Delta R)}U \tag{5-8}$$

对全桥接法，若 $R_1$ 变为 $R\pm\Delta R$，则式（5-6）变为

$$U_{BD} = \frac{\pm\Delta R}{2(2R\pm\Delta R)}U \tag{5-9}$$

假定 $\Delta R \ll R$ 或 $R'$，则分母中的 $\Delta R$ 项可略去。那么，不论是半桥接法，还是全桥接法，均得到

$$U_{BD} = \pm\frac{1}{4}\frac{\Delta R}{R}U = \frac{1}{4}K\varepsilon U \tag{5-10}$$

说明电压 $U_{BD}$ 正比于应变 $\varepsilon$。应该指出，这个线形关系的成立，是假定 $\Delta R \ll R$ 或 $R'$ 的条件成立而得到的，且要求 $U$、$K$ 均保持为常数。

（2）平衡电桥与直读法和零读法方式　由上面的讨论可知，在一定条件下，$U_{BD}$ 与 $\varepsilon$ 成正比，只要读出 $U_{BD}$ 的值即可推算出 $\varepsilon$ 的值，即试件应变被测定。利用这种原理来测量的电桥，称为不平衡电桥，这种测量方式称为直读法。直读法要求检流计 $G$ 有很大的读数范围，且无法避免式（5-10）的非线性误差。

为避免直读法的缺点，静态电阻应变仪大都采用平衡电桥与零读数的方式。由式（5-7）得出，电桥平衡应满足 $R_1R_4=R_2R_3$。当 $R_1$ 变化时，可以改变其他桥臂的阻值使 $U_{BD}$ 仍为零值。图 5-8 所示为平衡电桥，图中 $R_1$ 为电阻应变片初始阻值。$R_3$、$R_4$ 由一个滑动电阻代替。设电桥原来处于平衡状态，则

$$\frac{R_3}{R_4} = \frac{a}{b} = \frac{R_1}{R_2} \tag{5-11}$$

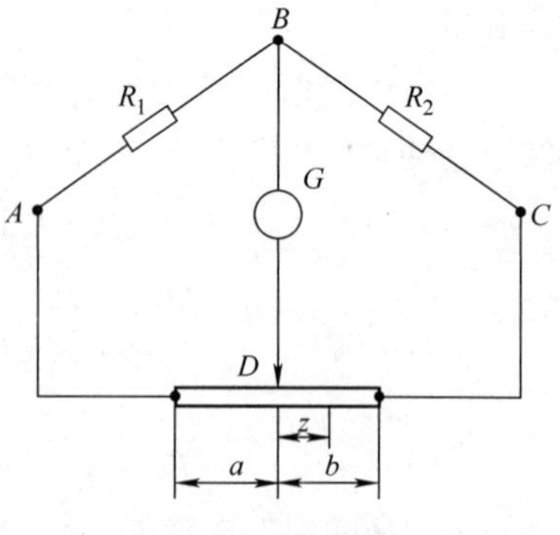


图 5-8　平衡电桥

若 $R_1$ 变为 $R_1+\Delta R$，则使 $D$ 点向右移动一段距离 $z$，使电桥再度平衡，此时有

$$\frac{R_3'}{R_4'} = \frac{a+z}{b-z} = \frac{R_1+\Delta R}{R_2} \tag{5-12}$$

解式（5-11）、式（5-12）得

$$z=\frac{b\Delta R}{R_1+R_2+\Delta R} \tag{5-13}$$

当 $R_1=R_2$，且 $\Delta R \ll R_1$ 时，有

$$z=\frac{b}{2}\frac{\Delta R}{R_1}=\frac{1}{2}bK\varepsilon \tag{5-14}$$

说明 $z$ 与 $\varepsilon$ 成正比，只要在滑动电阻（也称电桥平衡装置）上标出应变刻度，即可读出应变值。用这种测量方法时，检流计只用来判别电桥是否平衡，又由于检流计指针指零，故称为零读法。

（3）电桥特性和温度补偿　设测量电桥的四臂皆为工作应变片，如图 5-7 所示。未受载时，电桥处于平衡状态；受载后，四个桥臂阻值同时发生变化，变化量分别为 $\Delta R_1$、$\Delta R_2$、$\Delta R_3$、$\Delta R_4$。由式（5-6）可得

$$U_{BD}=U\frac{(R_1+\Delta R_1)(R_4+\Delta R_4)-(R_2+\Delta R_2)(R_3+\Delta R_3)}{(R_1+\Delta R_1+R_2+\Delta R_2)(R_3+\Delta R_3+R_4+\Delta R_4)} \tag{5-15}$$

应变片电阻的变化很小，一般不超过 $10^{-2}$，即 $\Delta R_i \ll R_i$（$i=1、2、3、4$），式（5-15）分母中略去 $\Delta R_i$ 项和 $\Delta R_i$ 的二次项，分子中略去 $\Delta R_i$ 的二次项，简化为

$$U_{BD}=U\frac{(R_1\Delta R_4+R_4\Delta R_1)-(R_2\Delta R_3+R_3\Delta R_2)}{(R_1+R_2)(R_3+R_4)} \tag{5-16}$$

对于全桥接法，$R_i=R$（$i=1、2、3、4$），则式（5-16）变为

$$U_{BD}=\frac{U}{4}\left(\frac{\Delta R_1}{R}-\frac{\Delta R_2}{R}-\frac{\Delta R_3}{R}+\frac{\Delta R_4}{R}\right)=\frac{UK}{4}(\varepsilon_1-\varepsilon_2-\varepsilon_3+\varepsilon_4) \tag{5-17}$$

对于半桥接法，$R_1=R_2=R'$，$R_3=R_4=R''$。则式（5-16）可写为

$$U_{BD}=\frac{U}{4}\left(\frac{\Delta R_1}{R'}-\frac{\Delta R_2}{R'}-\frac{\Delta R_3}{R''}+\frac{\Delta R_4}{R''}\right)=\frac{UK}{4}(\varepsilon_1-\varepsilon_2-\varepsilon_3+\varepsilon_4) \tag{5-18}$$

由式（5-17）和式（5-18），得到电桥加减特性：对于电桥四个臂的电阻变化 $\Delta R_i$（$i=1、2、3、4$）的正负号，若相邻臂为异号，相对臂为同号，电桥输出电压增大（相加），否则减小（相减）。

只要能预先知道工作应变片所感受的机械应变之间的关系，利用电桥的加减特性，采取适当的桥路接法，既能提高电桥的读数灵敏度（电桥输出电压增加），又能起温度补偿的作用。

前面曾经论及温度效应必须消除。消除温度效应影响的措施，称温度补偿。利用电桥加减特性，温度补偿并不困难。只要再用一片应变片作为补偿片，将其贴在一块与被测构件材料相同但不受力的试件上。将此试件和被测构件放在一起，使它们处于同一温度场。贴在被测构件上的应变片称为工作片。在电桥的连接上，使工作片与补偿片处于相邻的桥臂中。因为工作片和补偿片的温度始终相同，所以它们因温度变化所致的电阻变化相同。又因为它们处于电桥相邻的两臂，这种电阻变化相互抵消，所以温度效应的影响被消除了。应注意的是，工作片和补偿片的材料、阻值和灵敏度系数应相同。

表 5-3 列出了电桥特性实用实例。对这些实例进行分析，可以明显看出，灵活使用电桥特性，进行巧妙的布片和接桥，不但能提高测量灵敏度，还能同时达能温度补偿的目的。这是应变测量技术中的重要技巧。

**表 5-3　常用布片与接桥实例**

| 测量要求 | 受力及布片 | 接桥图 | 电阻变化 $\Delta R$ | | | | 输出电压 $\frac{U}{U_0}$ | 灵敏度 $\frac{\Delta R U_0}{4R}$倍数 | 温度补偿 |
|---|---|---|---|---|---|---|---|---|---|
| | | | 拉(压) | 弯 | 扭(剪) | 温度 | | | |
| 温度补偿 | 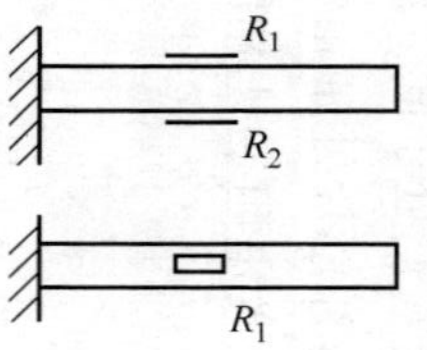 | 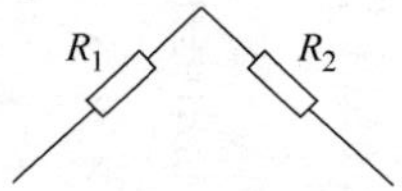 | | | | $\Delta R_{t1}$<br>$\Delta R_{t2}$ | 0 | | 能 |
| | 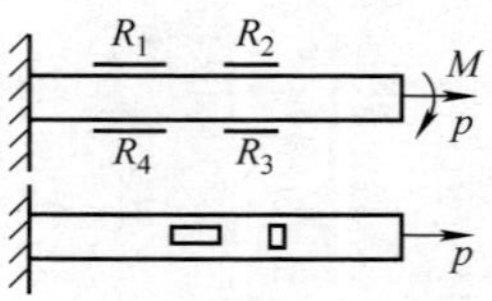 | 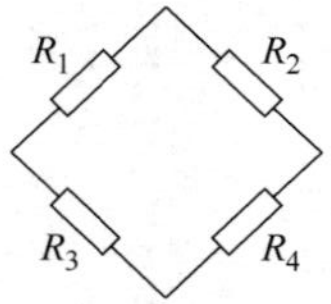 | $\Delta R_1$<br>$-\Delta R_2$<br>$-\Delta R_3$<br>$\Delta R_4$ | $\Delta R_1'$<br>$-\Delta R_2'$<br>$\Delta R_3'$<br>$-\Delta R_4'$ | | $\Delta R_{t1}$<br>$\Delta R_{t2}$<br>$\Delta R_{t3}$<br>$\Delta R_{t4}$ | $\frac{2(1+\mu)\Delta R}{4R}$ | $2(1+\mu)$ | 能 |
| 测拉除弯 | 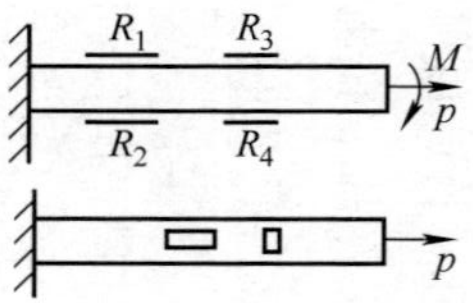 | 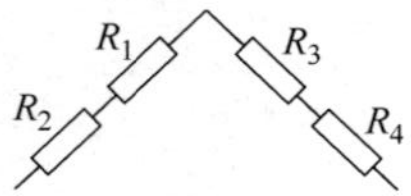 | $\Delta R_1$<br>$\Delta R_2$<br>$-\Delta R_3$<br>$-\Delta R_4$ | $\Delta R_1'$<br>$-\Delta R_2'$<br>$-\Delta R_3'$<br>$\Delta R_4'$ | | $\Delta R_{t1}$<br>$\Delta R_{t2}$<br>$\Delta R_{t3}$<br>$\Delta R_{t4}$ | $\frac{(1+\mu)\Delta R}{4R}$ | $(1+\mu)$ | 能 |
| | 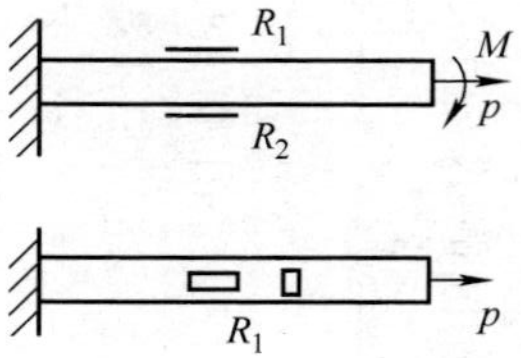 | 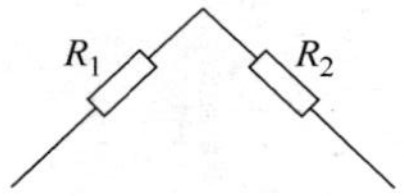 | $\Delta R_1$<br>$\Delta R_2'$ | $\Delta R_1$<br>$-\Delta R_2'$ | | $\Delta R_{t1}$<br>$\Delta R_{t2}$ | $\frac{2\Delta R'}{4R}$ | 2 | 能 |

| | | | | | | | | | |
|---|---|---|---|---|---|---|---|---|---|
| 测拉除弯 | 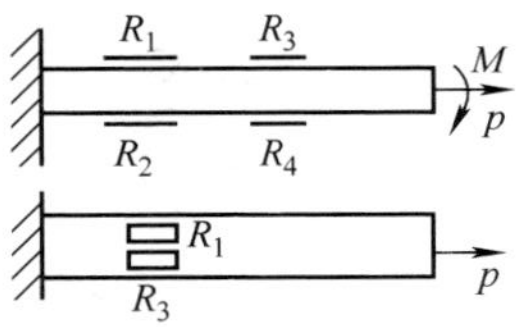 | 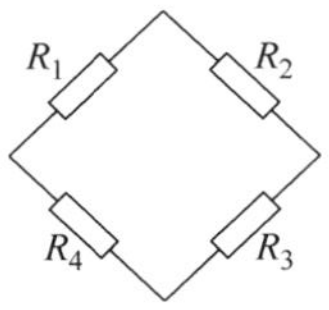 | $\Delta R_1$<br>$\Delta R_2$<br>$\Delta R_3$<br>$\Delta R_4$ | $\Delta R'_1$<br>$-\Delta R'_2$<br>$\Delta R'_3$<br>$-\Delta R'_4$ | | $\Delta R_{t1}$<br>$\Delta R_{t2}$<br>$\Delta R_{t3}$<br>$\Delta R_{t4}$ | $\frac{4\Delta R'}{4R}$ | 4 | 能 |
| 测扭除拉弯 | 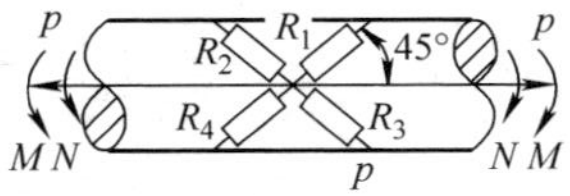 | 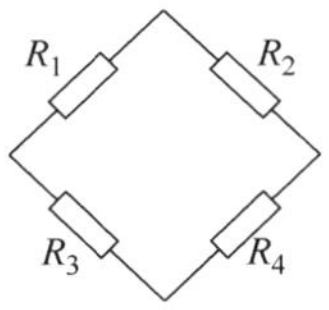 | $\Delta R_1$<br>$\Delta R_2$<br>$\Delta R_3$<br>$\Delta R_4$ | $\Delta R'_1$<br>$-\Delta R'_2$<br>$\Delta R'_3$<br>$-\Delta R'_4$ | $\Delta R''_1$<br>$-\Delta R''_2$<br>$-\Delta R''_3$<br>$-\Delta R''_4$ | $\Delta R_{t1}$<br>$\Delta R_{t2}$<br>$\Delta R_{t3}$<br>$\Delta R_{t4}$ | $\frac{4\Delta R''}{4R}$ | | 能 |
| 测剪应力 | 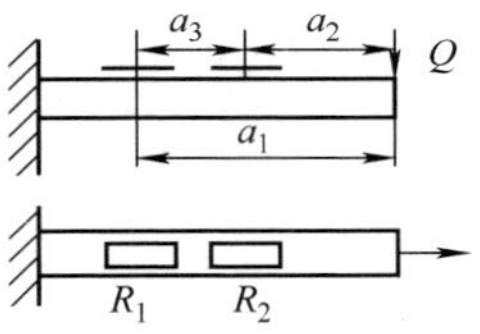 | 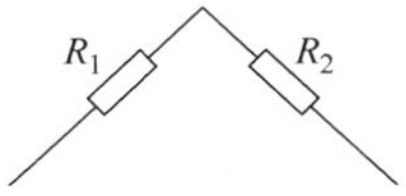 | | $\Delta R_1 = Qa_1$<br>$\Delta R_2 = Qa_2$ | $\Delta R_1 - \Delta R_2$<br>$(a_1 - a_2)Q$ | $\Delta R_{t1}$<br>$\Delta R_{t2}$ | $\frac{(a_1 - a_2)Q}{4R}$ | | |

（4）双桥电路　对图5-8所示电桥，只有一半桥臂进行测量，另一半用于读数。为使四个桥臂都用于测量，以提高电桥的灵敏度，静态应变仪大都采用双桥电路，如图5-9所示。图中$A$、$B$、$C$、$D$为测量电桥。$A'$、$B'$、$C'$、$D'$为读数电桥。

两电桥原先处于平衡状态。设$R_1$由于受到应变而变至$R_1+\Delta R$，则$BD$间产生电压差$U_{BD}$，故检流计$G$偏转。只要适当调整读数桥各桥臂阻值，就可产生电压差$U'_{BD}$，当$U'_{BD}$与$U_{BD}$大小相等方向相反时，检流计复零。计算读数电桥各臂电阻的比值，就可得知$\Delta R_1/R_1$的值。不仅如此，对$R_2$、$R_3$和$R_4$单独发生变化或$R_i$（$i=1$、2、3、4）间组合发生变化时，读数电桥总可以给出使检流计重新复零时的桥臂电阻比值。将这种桥臂电阻比值标以相应的应变刻度，即可直接读出应变数值。

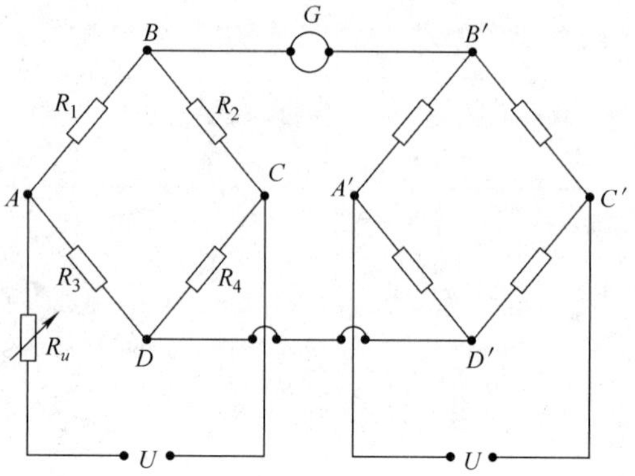


图5-9　双桥电路

但是，这样的读数电桥只适用于电阻应变片的灵敏度系数$K$为某一定值的情况。为使双桥电路适用于不同的$K$值，在测量电桥中放置一个可变电阻$R_u$（也可置于读数桥中），使测量电桥（或读数电桥）的供桥电压能够调节。而由式（5-10）可知，当$K$值不同时，只要维持$KU_{AC}$为一常数即可。

**2. 载波放大原理**

应变测量中电桥输出信号很微弱，一般需要放大后才能测量。直流放大器稳定性差，易产生零点漂移等问题，且制造复杂，造价高。因此，应变仪中多采用交流放大器，即交流供桥，载波放大方式。

（1）交流电桥　图5-10所示为一个交流电桥，供桥电压$U_a$是一个交流电压。电路中应考虑电感电容的影响，各桥臂的阻抗$Z_1$、$Z_2$、$Z_3$、$Z_4$包括直流电阻$R_0$、元件及导线的分布电容$C$和分布电感$L$。

参见式（5-7），交流电桥的平衡条件为

$$Z_1Z_4=Z_2Z_3 \tag{5-19}$$

由电工学知识可知，$Z_k=R_k+jX_k$（$k=1$、2、3、4），其中$X$为电抗，包括感抗$\omega_cL$及容抗$1/(\omega_cC)$两部分。则由式（5-19）得

$$R_1R_4-X_1X_4+j(R_1X_4+R_4X_1)=R_2R_3-X_2X_3+j(R_2X_3+R_3X_2)$$

实部、虚部分别相等：

$$\begin{cases}R_1R_4-X_1X_4=R_2R_3+X_2X_3\\R_1X_4+R_4X_1=R_2X_3+R_3X_2\end{cases} \tag{5-20}$$

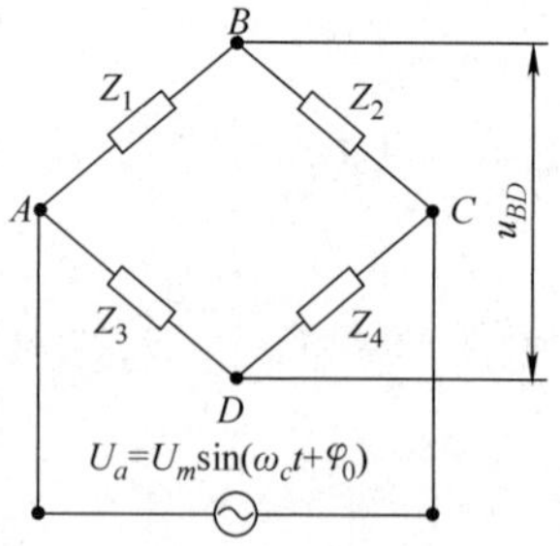


图5-10　交流电桥

可见，交流电桥的平衡与直流电桥不同，只调节各桥臂电阻比是不行的，必须既调节电阻比又调节电抗比，故欲使交流电桥平衡，必须耐心、仔细、反复地调节电阻比与电抗比。

然而，在电阻应变仪中，可以不考虑感抗。因为实践表明，分布电感对应变仪的影响很小，主要是分布电容的影响。在交流电桥中，两邻近导体、导体与机壳之间，都存在着一定的分布电容，甚至从电阻应变片引出的两根导线之间也会产生分布电容。故对较长的导线，

最好是把两根导线绞成辫子，以减小分布电容；并将导线固定，以避免由于导线移动而产生分布电容的改变。由于载波频率在测量过程中保持不变，故可认为分布电容引起的容抗不随工作应变片的变形而改变，测量前若已预调平衡，即可消除其对应变仪的影响。

（2）交流电桥的调幅作用　在直流电桥中，工作应变片处在拉伸或压缩状态，用桥臂电阻比即可鉴定。在交流电桥中，则必须用鉴别相位的方法。

为使概念更加清晰，先来分析交流电桥仅具纯电阻的情况。图 5-10 中将 $Z_i$ 换成 $R_i$，设 $R_1$ 为工作应变片阻值，各桥臂阻值比恰好使电桥平衡。现 $R_1$ 受到拉伸，阻值变为 $R_1+\Delta R$（$\Delta R>0$），参照式（5-10），则电桥输出电压 $U_{BD}$ 为

$$U_{BD}=\frac{1}{4}\frac{\Delta R}{R_1}U_a=\frac{K\varepsilon}{4}U_m\sin(\omega_c t+\varphi_0) \tag{5-21}$$

式中，$U_a$、$U_m$ 分别为载波电压的瞬时值和最大值；$\omega_c$ 为载波电压的圆频率；$\varphi_0$ 为载波电压的初相位；$t$ 为时间。

同理，当工作应变片受到压缩而阻值变为 $R_1-\Delta R$（$\Delta R>0$）时，有

$$\begin{aligned}U_{BD}&=\frac{1}{4}\frac{-\Delta R}{R_1}U_a=-\frac{K\varepsilon}{4}U_m\sin(\omega_c t+\varphi_0)\\&=\frac{K\varepsilon}{4}U_m\sin(\omega_c t+\varphi_0+\pi)\end{aligned} \tag{5-22}$$

可见，当电阻变化量 $\Delta R$ 具有不同符号时，输出信号 $U_{BD}$ 的相位相差 180°，而输出电压的幅度相同。图 5-11b、c 所示分别为式（5-21）、式（5-22）的波形。

当然，交流电桥具有电抗。因此，$\Delta R/R$ 应改为阻抗的相对变化 $\Delta Z/Z_1$。但 $\Delta Z\propto\Delta R$，所以当 $\Delta R$ 具有不同符号时，相应的输出电压仍然相差 180°。

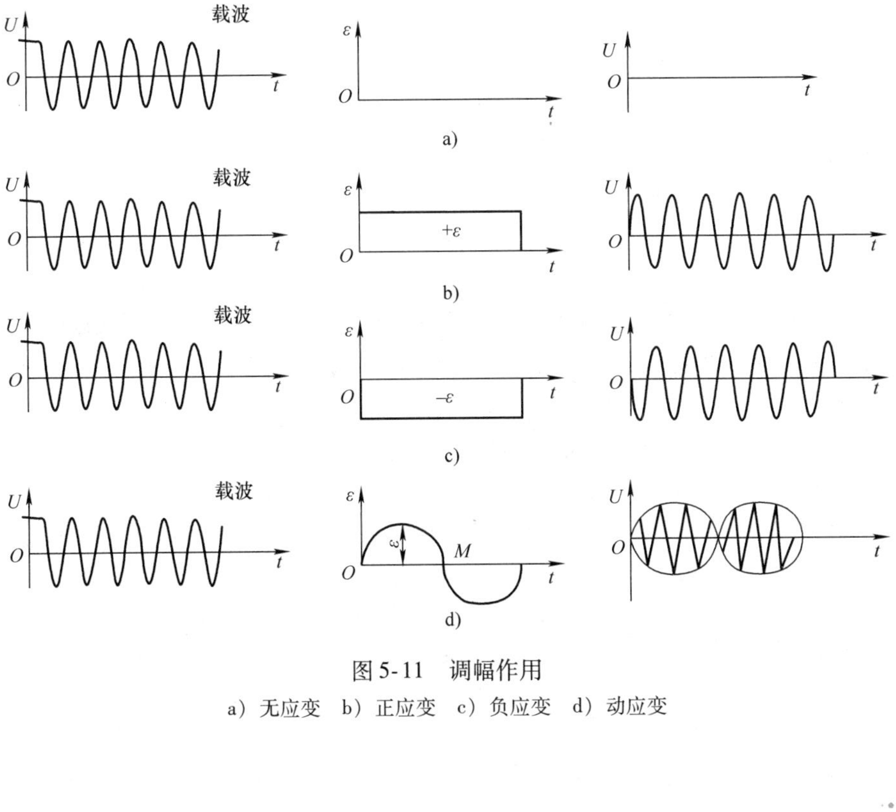


图 5-11　调幅作用

a）无应变　b）正应变　c）负应变　d）动应变

若应变是动态的，采用直流电桥零读法就不可能及时读出 $\Delta R$ 的瞬时变化值，而用交流电桥，则可利用示波器或记录仪把动态应变显示或记录下来。下面来分析动态应变时交流电桥输出信号的波形。

设工作应变片的波形呈简谐变化，即

$$\varepsilon_n = \varepsilon_m \sin\omega t$$

则

$$\Delta R_n = \Delta R_m \sin\omega t$$

式中，$\varepsilon_n$、$\varepsilon_m$ 分别为简谐应变的瞬时值和最大值；$\Delta R_n$、$\Delta R_m$ 分别为工作应变片电阻变化的瞬时值和最大值；$\omega$ 为简谐应变的圆频率。

这时交流电桥的输出信号为

$$\begin{aligned} U_{BD} &= \frac{1}{4}\frac{\Delta R_m}{R_1}\sin\omega t U_m \sin(\omega_c t + \varphi_0) \\ &= \frac{K\varepsilon_m}{8}U_m\cos(\omega_c t - \omega t + \varphi_0) - \frac{K\varepsilon_m}{8}U_m\cos(\omega_c t + \omega t + \varphi_0) \end{aligned} \tag{5-23}$$

这表明，当应变呈简谐变化时，电桥输出是一个调幅波，如图 5-11d 所示。把供桥交流电压波称为载波，把应变信号波称为调制波。调制波使载波的幅度受到调制成为调幅波。如果动应变不呈简谐形式，如试件受到突然的撞击，则可用其他数学分析方法来做理论分析，这里从略。

电桥的输出信号很小，小应变时为微伏的数量级，大应变时也仅为毫伏的数量级，需要多级放大，以便测量记录。

供桥电压的频率关系到放大器、振荡器、滤波器等的设计。现在应变仪采用的载波频率为 2000Hz，有的高达 4000～6000Hz。采用高频载波对动态测量较为有利，因为一般结构内的动态应变，其频率在 100Hz 以下，对 4000Hz 或 5000Hz 来说，它所占的比例极小，利于设计频率响应好、性能好的放大器。供桥电压取决于电阻应变片的阻值及其允许安全电流的大小，一般在 2V 左右。供桥电压由振荡器产生。

**3. 相敏检波原理**

交流电桥的输出信号是调幅波，其频率为载波频率，幅度则按应变信号变化。经过放大的调幅波，其波形并不改变。为得到放大了的应变信号，要从调幅波中把高频载波去掉，还原成应变信号的波形，此过程称为解调，或称检波。

电阻应变仪所采用的检波器不同于一般调幅波用的检波器。因为，不仅要从调幅波中得出应变波幅度的大小（即应变的数值），还要鉴别它的相位（即应变的正负），能够同时鉴别相位的检波器称为相敏检波器。

图 5-12 所示为一个由四只特性相同的二极管构成的桥式全波相敏检波器原理图。由放大器输入的信号 $u_\varepsilon$ 经变压器 $B_1$ 耦合，加在电桥两端。由振荡器来的参考电压 $u_r$ 经变压器 $B_2$ 耦合加在电桥的另两端。$u_r$ 的频率与供桥电压频率相同，因而也与放大后的应变调幅波 $u_\varepsilon$ 的频率相同。在幅度上，$u_r > u_\varepsilon$。

1）当 $u_\varepsilon = 0$ 时，由 $u_r$ 的作用，在正半周（极性如图 5-12 所示）时，$D_3$ 和 $D_4$ 导通，电流 $I_3$ 和 $I_4$ 以相反的方向流过负载 $R_z$。只要变压器 $B_2$ 的抽头处于中心，则 $u_r' = u_r''$。又因 $D_3$、$D_4$ 的特性相同，则 $I_3 = I_4$，所以 $I_z = 0$。同理，在负半周时，$D_1$ 和 $D_2$ 导通，则 $I_1 = I_2$，仍然有 $I_z = 0$。

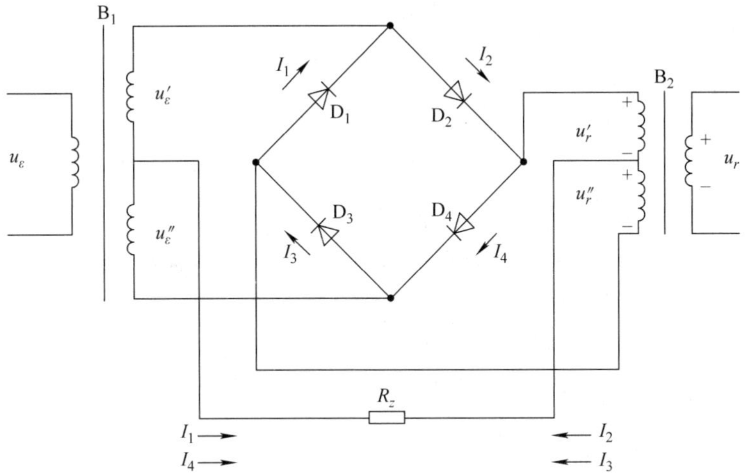


图5-12　桥式全波相敏检波器原理图

2）当 $u_\varepsilon$ 与 $u_r$ 同相时，在正半周时极性如图5-13a所示，$D_3$、$D_4$导通（因 $u_r>u_\varepsilon$，故二极管是否导通取决于 $u_r$）。但这时作用在 $D_3$两端的电压是（$u_r''-u_\varepsilon''$）。作用在 $D_4$两端的电压是（$u_r'+u_\varepsilon''$）。因此，$I_4>I_3$，$I_z=I_4-I_3$自左端流向右端。在负半周时，$D_1$、$D_2$导通（图5-13b）。由于作用在 $D_1$上的电压为（$u_r''+u_\varepsilon'$），而作用在 $D_2$上的电压为（$u_r'-u_\varepsilon'$），故 $I_1>I_2$，$I_z=I_1-I_2$ 仍自 $R_z$左端流向右端。

可见，只要 $u_\varepsilon$ 与 $u_r$ 相同。$I_z$的方向就由左向右，而其数值显然取决于 $u_\varepsilon$ 的大小（$u_r$ 为一定值）。图5-13c所示为 $I_z$的波形。

3）同理，当 $u_\varepsilon$ 与 $u_r$ 相位相差180°时，在正半周仍是 $D_3$、$D_4$导通，但作用在 $D_3$上的电压是（$u_r''+u_\varepsilon''$），而 $D_4$上为（$u_r'-u_\varepsilon''$）。故 $I_z=I_3-I_4$，自 $R_z$的右端流向左端。在负半周时，$D_1$、$D_2$导通，作用在 $D_1$上的电压为（$u_r''-u_\varepsilon'$），而 $D_2$上为（$u_r'+u_\varepsilon'$）。$I_z=I_2-I_1$ 仍自右端流向左端。图5-13d所示为 $u_\varepsilon$ 与 $u_r$ 相位相差180°时 $I_z$的波形。

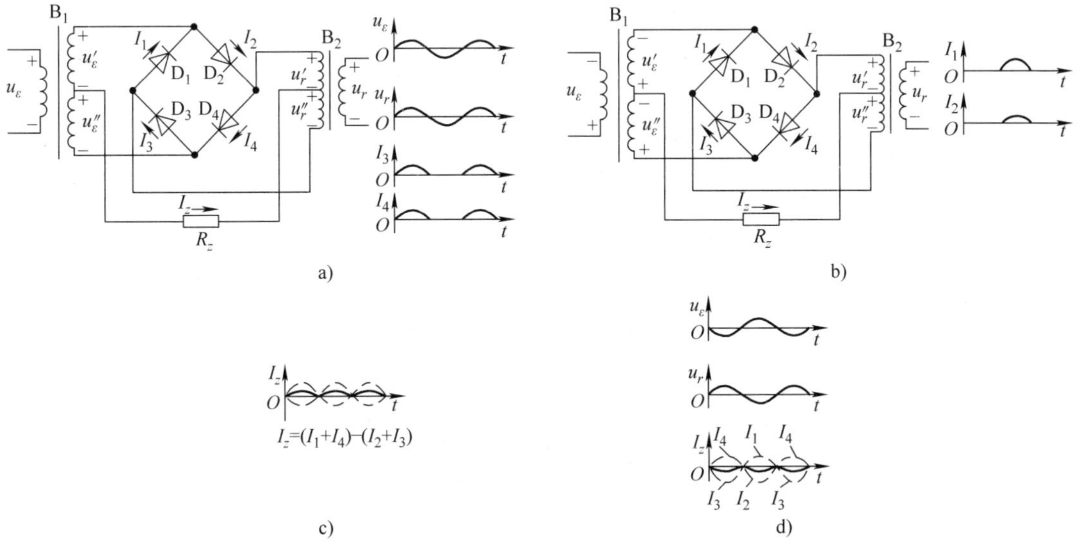


图5-13　不同 $u_\varepsilon$ 与 $u_r$ 相位时 $I_z$ 的波形

以上仅是一个定性的分析。经相敏检波后的波形是脉动的，如果二极管特性不一致，或者变压器抽头偏离中心位置，还会产生载频泄漏，导致检波后的信号具有更高的频率成分，故需采用低通滤波器滤波。

**4. 电阻应变仪的基本组成**

电阻应变仪按测量对象的不同要求，分为静态、动态、超动态、静动态电阻应变仪。

用来测量静应变的电阻应变仪，称为静态电阻应变仪。典型的静态电阻应变仪的组成如图 5-14 所示。这是采用双桥电路的应变仪。YJ－5 型静态电阻应变仪的组成即为这种形式，设有大调、中调和微调三种旋钮。大调分 20 档，每档 1000$\mu\varepsilon$，测量范围为 ±10000$\mu\varepsilon$；中调也分 20 档，每档 100$\mu\varepsilon$，测量范围为 ±1000$\mu\varepsilon$；微调分 200 格，每格 1$\mu\varepsilon$，测量范围为 ±100$\mu\varepsilon$。YJ－5 型静态应变仪设有电阻 $R$、电容 $C$ 预调平衡装置。为适应不同灵敏度系数的应变片，设置了灵敏度系数调节器（$K=1.8\sim2.6$）。

动态电阻应变仪的组成如图 5-15 所示，YD－15 型动态电阻应变仪就是这种组成结构，其也设有 $R$、$C$ 预调平衡装置。YD－15 型动态电阻应变仪的本体分 4 线、8 线两种机型。

表 5-4 给出了一些国产电阻应变仪及其技术指标。

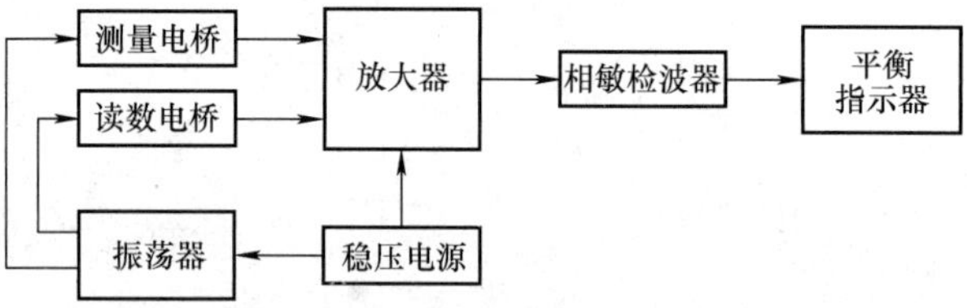


图 5-14　静态电阻应变仪的组成

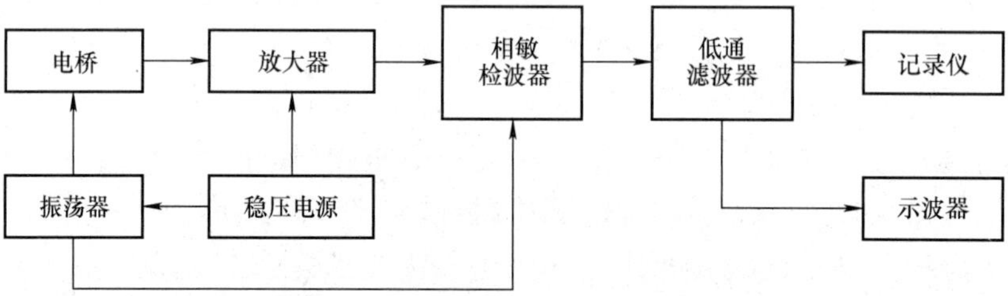


图 5-15　动态电阻应变仪的组成

**表 5-4　国产电阻应变仪及其技术指标**

| 技术指标 | 型号 | | | | | | | | |
|---|---|---|---|---|---|---|---|---|---|
| | 静态 | | | 静动态 | | 动态 | | | |
| | YJ－5 | YJB－1A | YJS－14 | YJD－1 | YJD－7 | Y6D－2 | Y6D－3A | Y8DB－5 | YD－15 |
| 预调箱点数 | 20 | 20 | 自动 400 | 20 | 20 | — | — | — | — |
| 测量线数 | — | — | 最快测速 10 点/s | 1 线 | 1 线 | 6 线 | 6 线 | 8 线 | 4 线、8 线 |
| 测量范围 /$\mu\varepsilon$ | ±11100 | ±10000 | A[①] ±19998、B[②] ±19999 | 静 ±16000、动 ±2000 | 静 ±15500、动 ±6000 | ±6400 | ±10000 | ±10000 | ±10000 |
| 桥源电压/V | 0.7～1.5 | 0.8 | — | 1.1 | 2 | 1、2、3 | 3 | 2 | 3 |
| 载频/kHz | 0.53 | 0.8 | — | 2 | 1 | 5 | 10 | 50 | 10 |

（续）

| 技术指标 | 型号 | | | | | | | | |
|---|---|---|---|---|---|---|---|---|---|
| | 静态 | | | 静动态 | | 动态 | | | |
| | YJ－5 | YJB－1A | YJS－14 | YJD－1 | YJD－7 | Y6D－2 | Y6D－3A | Y8DB－5 | YD－15 |
| 工作频率/Hz | — | — | — | 0～200 | 0～100 | 0～500 | 0～1500 | 0～10000 | 0～1500 |
| 应变片灵敏度系数 | 1.8～2.6 | 2.0 固定 | 1.5～3 | 1.95～2.60 | 1.92～2.60 | 2 | 2 | 2 | 2 |
| 应变片阻值/Ω（标准为120Ω） | 100～600 | 100～1000 | 60～1000 | 100～600 | 100～600 | 120 | 60～1000 | 60～600 | 100～600 |
| 电阻平衡范围 | ±0.6Ω | ±2000$\mu\varepsilon$ | 自动 | ±1.2Ω | — | ±0.6Ω | ±1Ω | ±0.3Ω | ±0.6Ω |
| 电容平衡范围/pF | ±2000 | ±2000 | 4700 | 2000 | 2000 | 2000 | ±1500 | ±1200 | ±2000 |
| 零点漂移/$\mu\varepsilon$ | （4h）<±3 | （4h）<±1 | （4h）12（A档）8（B档） | （4h）<±5 | （4h）<±5 | （4h）<±5 | （4h）<±5 | （0.5h）<±5 | （2h）<±5 |
| 动漂（%） | — | — | — | （2h）<±3 | （2h）<±3 | 0.5h <±1 | 0.5h <±1 | 0.5h <±1 | 0.5h <±1 |
| 灵敏度/（mA/$\mu\varepsilon$） | 分辨率1 | 分辨率1 | 1/字 | 分辨率5（静）、0.05（动） | 分辨率5（静）、0.05（动） | 0.1（20Ω） | 0.1（15Ω） | 0.1（15Ω） | 0.1（15Ω）（1kΩ时为10mV/$\mu\varepsilon$） |
| 最大线性电流输出/mA | — | — | — | 0～5 | 0～1 | 0～10 | 0～50 | 0～20 | －3～30（12Ω）（1kΩ时为－1～1V） |
| 配用记录仪器型号 | — | — | — | SC－1 | SC－1 | SC－10、SC－16 | SC－16 | SC－10、SC－16 | SC－16、SZ－4小型磁带记录器 |
| 振幅特性误差（%） | — | — | — | ±3 | ±3 | ±1 | ±1 | ±1 | ±1、±2 |
| 频率特性误差（%） | — | — | — | ±3 | ±3 | ±3 | ±3 | 2（5kHz）、10（10kHz） | ±6、±10 |
| 1$\mu\varepsilon$标定误差 | — | — | — | — | — | <1% | <1% | <1% | <1% |
| 重量/N | 185 | 45 | 约300 | 83 | 80 | 100 | 500 | 270 | 130、200 |

① A表示A级分辨率。
② B表示B级分辨率。

### 5.1.3 电阻应变仪的使用方法

**1. 应变仪的工作过程、应变仪中的电桥和预调平衡箱**

（1）应变仪的工作过程　前面已经讲过，应变仪一般由电桥、放大器、相敏检波器、滤波器、振荡器、稳压电源、指示表等主要单元组成。

图5-16所示为一般应变仪的工作过程。振荡器1产生数千赫兹的等幅正弦波（图中b），作为电桥的电源和供给相敏检波器的参考电压。当应变片上的应变为$\varepsilon(t)$时（图中a），电桥输出微弱的调幅波（图中c）。该调幅波经放大器2放大（图中d），然后经相敏检波器3检波（图中e），再经滤波器4滤掉载波，便得到放大的应变信号$\varepsilon(t)$（图中f）。这种信号便可推动指示装置5显示或同时推动记录装置把信号记录下来。

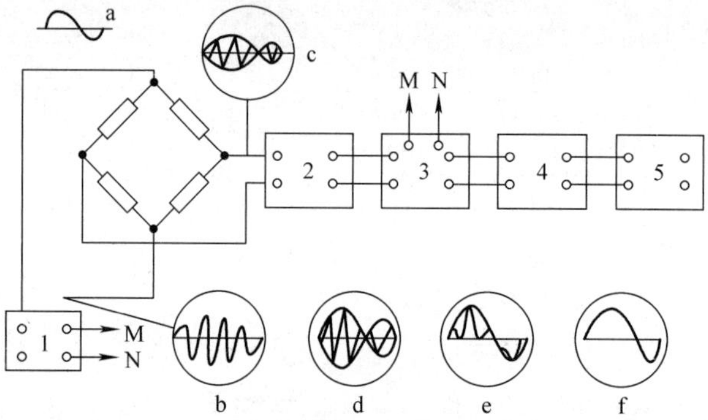


图5-16　应变仪的工作过程

1—振荡器　2—放大器　3—相敏检波器　4—滤波器　5—指示或记录装置

应变仪按它能测量的物理量频率，即应变仪的工作频率分类如下：

1）静态应变仪。工作频率为0Hz。用以测量静态物理量。

2）静动态应变仪。工作频率为0～200Hz。用来测量静态物理量或变化频率在200Hz以下的物理量。

3）动态应变仪。工作频率为0～4000Hz，用来测量变化频率在4000Hz以下的物理量。

4）超动态应变仪。工作频率为0～30000Hz。

应变仪还可分为直流电桥应变仪和交流电桥应变仪及方波供桥应变仪等。

（2）应变仪中的电桥

1）电桥电路。图5-17a所示为YD－15型动态应变的电桥部分线路图。2、4端为供桥端，1、3端为输出端，直接接至放大器输入变压器B。实际上电桥是一只桥盒，如图5-17b、c所示，组成桥臂的两只精密无感电阻$R_0$与贴在试件上测点处的应变片经导线与桥盒相接，构成电桥。

电桥盒上有8个接线柱，1、2、3、4号接线柱与线路图中1、2、3、4端相对应，5、6、7、8端已在桥盒中接好，正确的接桥方法如下：

① 半桥接法。如图5-17b所示，接线柱1、2接入应变片（测量片）$R_1$，2、3号接线柱接入温度补偿片$R_2$（也可以是测量片$R_2$），接线柱1－5、3－7、4－8用短接片短接。

② 全桥接法。如图5-17c所示，除掉短接片，将4个应变片按要求接成桥形后，4个公

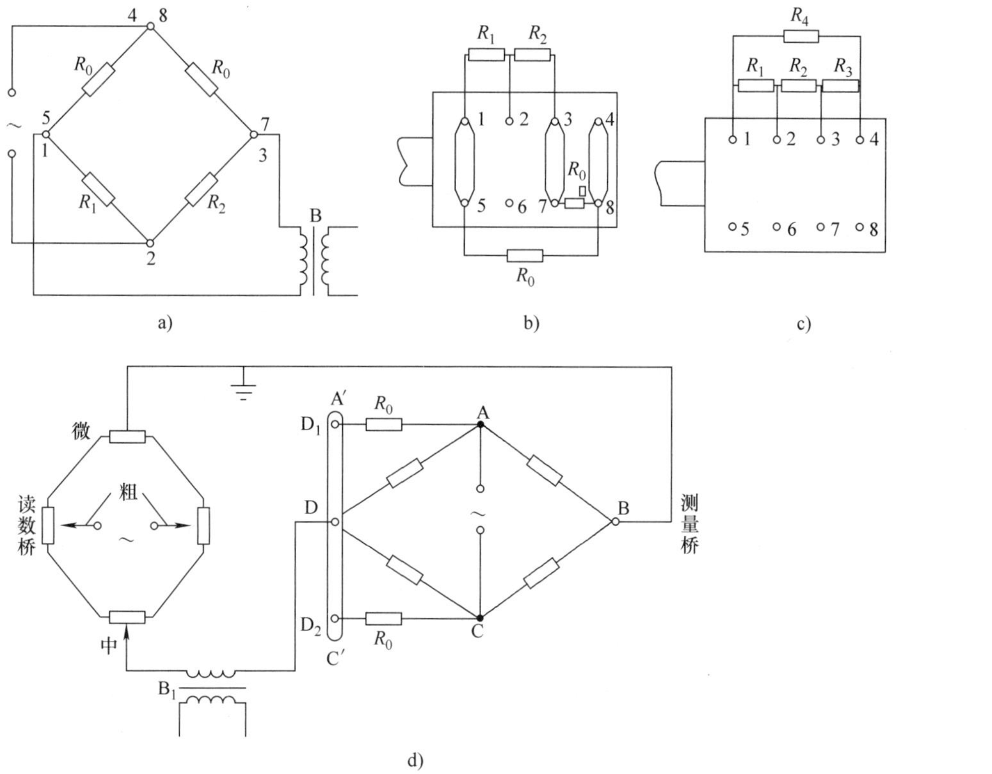


图 5-17　应变仪的电桥电路

共端分别接入桥盒 1、2、3、4 号接线柱上即可。

图 5-17d 所示为 YJ－5 型静态应变仪的电桥电路图。静态应变仪多采用双电桥结构，由测量桥和读数桥组成，在测量桥上接应变片。双桥结构采用专用的读数桥，测量精度较高，测量范围较大，如 YJ－5 型静态应变仪的量程为 ±11100$\mu\varepsilon$，可以实现全桥接法的测量。读数桥有微调、中调和粗调三档，测量桥由应变片及应变仪内两只精密无感电阻构成。YJ－5 型静态应变仪的接桥方法为：

a. 半桥接法时，应变片接 AB、BC 接线柱间，$D_1$、$D_2$ 接线柱接短接片。

b. 全桥接法时，取掉短接片，在 A、B、C、D 4 个接线柱上接应变片。

2）电桥平衡电路。图 5-18a 所示为 YD－15 型应变仪的电阻、电容平衡电路图。$W$ 为电阻平衡调解，$C_2$ 为电容平衡调解。图 5-18b 所示为 YJ－5 型应变仪电桥平衡电路图，电阻平衡部分的 $R_3$ 接在 $D_2$ 上，电容平衡部分接在精密无感电阻构成的半桥中。当取下短接片变为全桥接法时，仪器上的电阻平衡装置不起作用，由预调平衡箱上的电阻平衡装置来完成。

**2. 应变仪的使用要领**

（1）衰减器的使用　衰减器的作用是扩大应变仪的测量范围，保证放大器工作在线性区。如 YD－15 型应变仪，无衰减时，最大测量范围是 100$\mu\varepsilon$，信号在此范围内能予以线性放大。采用衰减 100 倍后，测量范围扩大至 10000$\mu\varepsilon$。这是因为 10000$\mu\varepsilon$ 范围内的信号，被衰减 100 倍后，实际输入放大的信号仍相当于在 100$\mu\varepsilon$ 范围内，从而保证放大器工作在线性区。

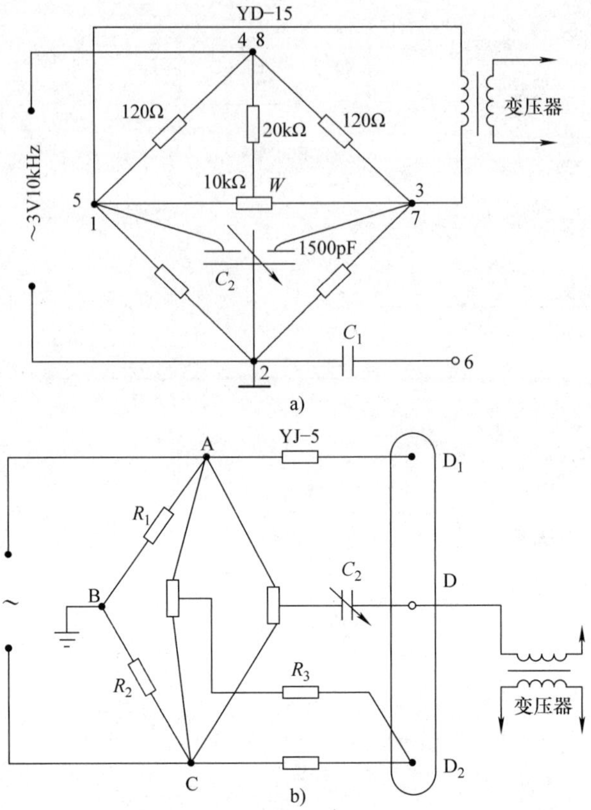


图 5-18　应变仪的平衡电路图

动态电阻应变仪的衰减器都设有不同级衰减档。如 YD－15 型应变仪设有 0、1、3、10、30、100 倍衰减档。当衰减器指 1 时，信号不被衰减；当衰减器指 0 时，信号全部被衰减掉，当衰减器指其他各档位置时，信号被衰减相应的倍数。

衰减器档位的确定方法，是根据以往测量经验或测试，估计出测量信号的最大变化范围，衰减器放置在与此测量范围相对应的档位上。

（2）标定装置及其使用　动态电阻应变仪设有标定装置，标定装置的作用是给出标定信号，当进行应变测量时，标定信号就是标准应变信号，将它作为衡量测量信号大小的标准。

1）标定原理。应变仪标定装置的原理，是给电桥一个臂并联一定阻值的精密无感分流电阻，使该桥臂产生电阻变化，即产生标准模拟应变信号，如图 5-19a 所示，在开关 S 闭合前，电桥平衡，桥臂 1 的电阻值为 $R_g$；在开关 S 闭合后桥臂 1 的阻值为$\frac{R_gR_s}{R_g+R_s}$，电阻变化量为

$$\Delta R = R_g - \frac{R_gR_s}{R_g+R_s} = \frac{R_g^2}{R_g+R_s}$$

由$\frac{\Delta R}{R} = -K\varepsilon$，可确定电桥输出的等效应变为

$$[\varepsilon] = \frac{1}{K}\frac{R_g}{R_g+R_s} \tag{5-24}$$

根据式（5-24），对$[\varepsilon]=100$、1000、5000，可以设计出不同的标定档（即不同阻值分流电阻$R_s$）：

$$R_s=\left(\frac{1}{K[\varepsilon]}-1\right)R_g \tag{5-25}$$

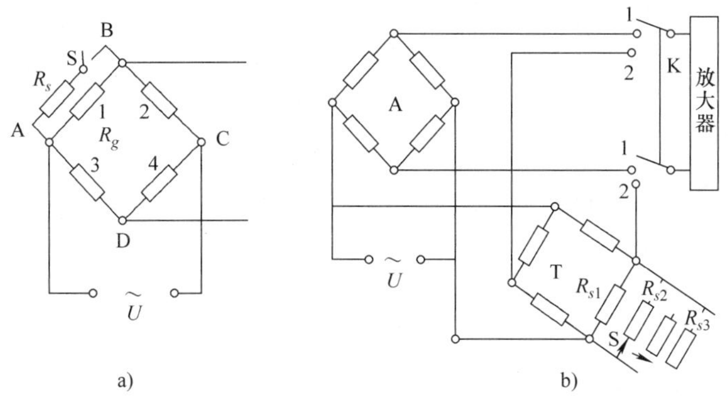


图 5-19　应变仪标定

图 5-19b 中，双联开关 K 置于“1”位置为应变仪正常工作状态，测量电桥 A 的输出信号送给应变仪中的放大器，开关 K 置于“2”位置为标定工作状态，标定电桥 T 的输出信号送给放大器，测量电桥 T 的一个臂上同时并联多只精密无感电阻$R_{si}$（$i=1$，2，3，…），当开关 K 置于“2”位置，标定开关 S 分别接通$R_{si}$时，电桥就会产生各种标准应变信号，即标定信号。

2）测得应变值的修正。由标定装置的工作原理可知，是给桥臂并联电阻使之产生电阻变化而模拟标准应变的。对常用的国产电阻应变仪，并联电阻的阻值按关系式$\Delta R=KR\varepsilon$设计，按$K=2$、$R=120\Omega$计算。因此，标定装置的模拟标准应变信号只适用于$K=2$、$R=120\Omega$标准电阻应变片。当使用$K\neq2$、$R\neq120\Omega$的应变片，连接应变片到电桥的电线超过 5m 以上时，如果仍然用应变仪标定装置给出的标准应变信号计算应变标定常数，则必须按下式对计算结果进行修正：

$$\varepsilon=\frac{\varepsilon_n K_0}{K_n K_R K_l} \tag{5-26}$$

式中，$\varepsilon$为修正后的正确应变值；$\varepsilon_n$为按标定装置给出的标定曲线计算出的应变；$K_0$为标准灵敏度系数，$K_0=2$；$K_n$为试验采用的应变片灵敏度系数；$K_R$为由应变仪制造厂给出的修正曲线查得的修正系数，随应变片阻值$R$的不同而不同；$K_l$为由应变仪制造厂给出的修正曲线查得的修正系数，它随接桥导线的长度不同而不同。

在要求较高的场合，系数$K_R$、$K_l$可按实际状况测得。

## 5.2　汽车车身结构强度与刚度试验方法

### 5.2.1　车身结构静强度和刚度试验

车身结构静强度和刚度试验的目的是考查典型静态工况下，车身结构的应力分布与薄弱环节，以及整车刚度指标。其中，车身静强度和刚度试验的典型工况主要是弯曲工况与扭转工况。

**1. 试验准备工作**

（1）选择测点位置　静强度试验的目的是测量车身结构在各种静载工况下的应力分布，找出强度薄弱部位。这就要求测量应力（应变）的点越多越好，往往多达数百个，如大客车车身结构静强度试验的测点一般有250个左右。但有时受测量仪器条件的限制，可精选一批测点进行测量，方法是参考车身结构有限元计算结果、该车型实际使用损坏情况、相似车身结构的使用及试验资料，选择受力大的部位作为应变测点。从以往汽车使用损坏情况和所进行的车身结构强度试验的资料来看，车身结构发生断裂及受力大的部位多在骨架交叉焊接处。如对大客车而言，乘客门上、下四角处，前、后桥上方窗框四角处，底架的发动机支承部位、钢板弹簧吊耳支承处等部位是受力大的部位，容易在这些部位产生断裂损坏。

应变测点选定后，就可进一步选定电阻应变片的粘贴部位。对于蒙皮，应变片粘贴在外表面。对于骨架构件断面，可通过分析断面上的应力分布确定贴片位置。因为骨架构件主要承受拉、压和弯曲载荷，考虑图5-20所示的断面形状上的应力分布，大应力值总是在四角处，故贴片位置也选在四角处。

刚度试验的挠度测点（或称位移测点）一般选在半承载式车身的汽车车架或全承载式车身底架或地板的平齐特征点上。如图5-21所示。

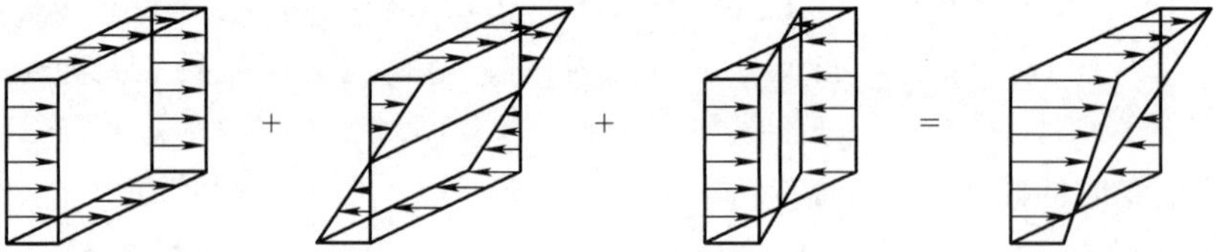


图5-20　断面应力分布

（2）电阻应变片的粘贴工序

1）选择电阻应变片。包括筛选、分组。

2）试件表面处理。去油、去污、去锈及磨光。表面不宜过分光滑，最好用细砂纸打出微小的交叉细纹来。

3）划线。在要贴应变片的部位轻轻地划出定位线。

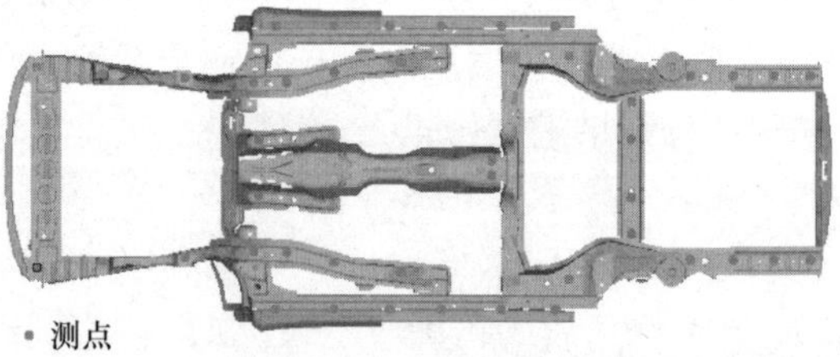


图5-21　测点分布

4）涂胶粘贴。黏接剂多用502胶。

5）检查。胶层完全干燥固化后，绝缘电阻可达$10^4$MΩ。将应变片接入应变仪，使指针位于零点，然后用铅笔有橡皮头的一端轻敲应变片，若指针不能复零，则表明应变片未完全贴牢，应刮去重贴。

6）固定、焊接导线。测量导线应尽量取同一长度，以保证同一桥路中的导线电阻一致。应变片到应变仪之间的测量导线要沿途固定好，以减小由于导线晃动而产生的分布电容的影响。导线应尽量选金属屏蔽线，以防止外界电磁场的干扰。测量导线与应变片引出线之间使用接线端子，如图5-22所示。焊好后，应再用万用表检查各片连接导线的阻值及与试件间的绝缘电阻。

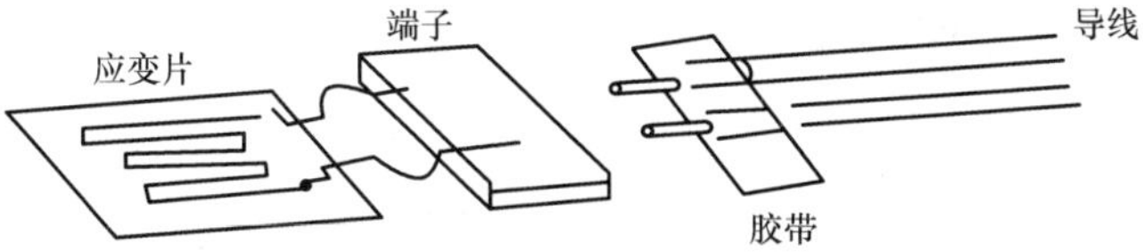


图 5-22　接线端子

7）应变片保护。实际测量中，应变片可能处于复杂的环境中，有时要求对贴好的应变片采取相应的保护措施，如防潮湿保护、防腐蚀保护，并兼有一定的机械保护作用。

（3）对车身的要求　对于装配成整车的车身结构，为便于粘贴应变片，可要求对蒙皮不喷漆和不安装内、外饰。在进行试验准备工作前，应整车行驶 1000～2500km，以消除装配、焊接等残余应力。对未装配成整车的车身骨架，应对试验车身进行预加载 3 次（最好超载 5%～10%）。

在完成各项试验准备工作之后，要对应变片和导线进行编号，并绘制测点分布图，以备将来对车身结构进行强度、刚度分析评价时用。

**2. 静弯曲强度、刚度试验**

本试验的目的是测量汽车车身结构在弯曲工况下的应力（应变）分布状态和变形情况。

（1）支承方式

1）整车状态支承方式。将被测汽车停在水平位置上或支承起来呈水平状态。

2）骨架车身支承方式。分为前、后轴中心位置支承法和与悬架同样方式的支承法等。

（2）加载方式　根据试验目的而定，或额定满载（应满足轴荷分配），或超载，或均布，或集中载荷。通常试验载荷用金属重块、沙袋或加载装置实现。

（3）弯曲挠度的测量　可用百分表和位移传感器测量各位移测点的实际垂直位移值，绘制图形，即可得到车身弯曲挠度曲线，如图 5-23 所示。

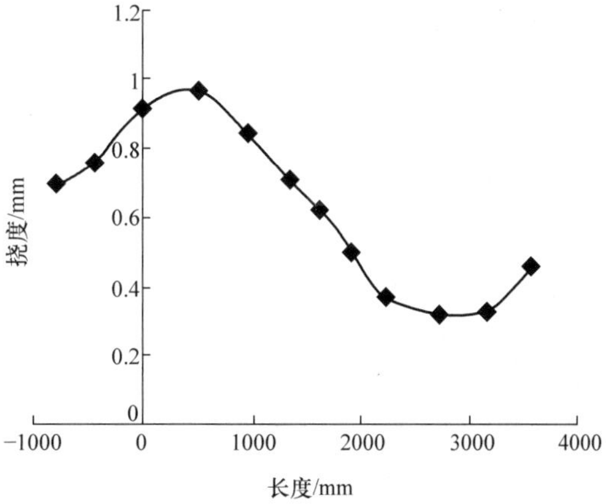


图 5-23　弯曲挠度曲线

**3. 静扭转强度、刚度试验**

本试验的目的是测量车身结构在扭转工况下的应力分布状态和扭转变形情况。

（1）支承和加载方式

1）整车的支承、加载方式有：

① 将被测试车停在水平场地上，试验时顶起一个前轮或后轮，逐渐抬高，直到另一个前轮（或后轮）处于临界离地状态。

② 将四个车轮支承在一个水平高度上，试验时撤掉其中一个车轮的支承，使其处于悬空状态。

③ 在②的支承方式下，将位于对角线上的车轮顶起或悬空，但这种加扭方式难以控制被试车的平衡。

2）骨架车身的支承和加载方式：一般放置在车身扭转试验台上，按扭转试验目的可进行空载扭转、满载扭转或超载扭转。

（2）测量程序　测量程序与静弯曲强度、刚度试验的测量程序基本相同。同时测出所加扭矩值，则可得到扭转刚度。

### 5.2.2 车身结构动强度试验

车身结构动强度试验的目的是考查车身结构薄弱环节应力的具体变化情况，进而估计车身结构疲劳寿命。

**1. 试验准备工作**

（1）测点选择　用于动应变测量的测点是在静强度试验结果的基础上选择的。在选择动应变测点时，除选静应力大的测点外，还应选一些关键部位、易发生断裂部位上的测点，如门框上下四角处，前、后桥上方窗立柱的上、下焊接处，悬架前、后吊耳附近，牛腿等部位。实际运行断裂损坏部位资料和以往动强度试验结果已证明，对影响结构寿命的动应力大的部位进行动应变测量，就可以为评价整个车身的动强度和疲劳寿命提供充分的资料。

另外，选择动应变测点时，还应考虑所选用的动态应变仪和数据采集器通道数的限制，一般选择20个左右比较合适。

（2）仪器选择及测量系统　测量时，总是希望同步记录下全部测点的动应变信号，所以选用的动态应变仪通道数越多越好。若全部测点不能同步记录，也应使分组同步记录的分组数尽量少。

由于动态应变仪的供桥频率较高，应变片和引出导线分布电容对桥路平衡的影响很大，所以在选择导线和布线时，要求比静态测量更加严格。连接导线应将全部导线拉齐并绑扎成束，沿阴凉、干燥、温度比较恒定的路径引至被测结构。

对动应变测量系统，还应设置良好的屏蔽和接地。当使用多台动态应变仪同时测量时，常会出现互相干扰现象，其原因为各台应变仪所接应变片的导线互相交混，杂乱无章，或各台应变仪的载频不等且不同步。处理时，首先将各应变仪所接应变片导线开分，并扎成一束且各束之间距离足够。另外，最好是通过调整振荡器输出，使各台应变仪载频相等。

（3）试验道路和车速的选择　车身结构动强度试验是为了获得汽车在各种路面上行驶时，车身关键部位的载荷时间历程，为载荷或应力/应变统计、车身结构疲劳寿命估计、疲劳强度模拟试验载荷谱提供依据。

但是，车辆行驶时的车身结构动强度或疲劳强度问题是复杂的，要确定一个完全满意的试验条件和试验方法是很困难的。为了确定试验条件和方法，首先要尽可能多地获得在各种道路和行驶条件下，车身各部位暴露出来的疲劳强度问题的大量资料，这些资料只能在长距离的汽车实际运行过程中，用统计方法整理得到。

在可视为稳定过程（指在比较短的，路面状况均匀的直线路上行驶）的车速及路面条件下，得到的车身载荷频度分布非常接近正态分布，载荷时间历程也可认为是平稳的各态历经的，这一点已由试验证明。所以，在记录载荷时间历程时，对各种试验道路和各种行驶车速只相应记录行驶1km或2km的载荷历程即可满足载荷频度统计需要。

为了使试验更具代表性，常选择坏路路面作为行驶试验用路面，其路面的凸凹程度是实际行驶中较严酷的。通常选用的试验道路有被试车经常行驶的典型道路（如市内公路、市郊公路、乡镇山区公路等）、砂石路、鹅卵石路等。试验车速根据试验目的而定。

考虑到车身结构动强度的对比评价问题，则要求试验道路路面状况长期无变化，即试验道路要固定化，这样才能在预先确定的试验条件（路面、车速范围等）下确定评价标准。

在一般公路上，路面状况和交通状况经常变化，要进行定量的比较判断较为困难。因此，目前多采用专门的试验道路，按一定的标准进行试验。这种专门的试验道路采用所谓的坏路，如比利时块石路、卵石路、砂砾路或混合路等，均设置在大型汽车试验场内。

另外，最近的趋势是新车型的研制周期日趋缩短，迫切需要在短期内考查车身结构的动强度。已经做过的试验研究表明，路障试验法是一种行之有效的方法。

**2. 测量方法和步骤**

动态应变测量的方法与应变仪有密切关系，应严格遵照仪器使用说明书进行操作，通常可按以下步骤进行：

（1）电桥盒连接　将应变片连接导线引至动态应变仪后，即可按测量要求在电桥盒上进行桥路连接（全桥或半桥），经检查可靠后，才能将电桥盒导线插头接入应变仪。同时处理屏蔽和接地。

（2）仪器连接　按说明书要求把电桥盒、电源接入应变仪，并使各开关和旋钮置于要求位置。经检查无误后，打开电源。

（3）平衡调节　打开电源，让应变仪工作。检查“电源”“桥源”等指示是否正常。若正常，则可开始电阻、电容预调平衡。

（4）标定　标定前，应根据被测应变的大小范围和精度要求，把“衰减”档放到适当位置，使之在标定和测量时，应变仪的输出电流或电压在其最大线性输出电流或电压的范围内。若对被测应变估计不准，可通过预备试验确定“衰减”档放在最大值（衰减最多）的位置上，然后被试车在试验道路上行驶，观察各测点动应变的大小，逐渐减小衰减档，直至信号大小达到上述要求为止。

（5）记录试验说明　记录试验编号、对象、工况、环境、测点位置及编号，以及动态应变仪衰减档和标定档的档位等。

（6）测量　标定后，先使被试车在试验道路上行驶，达到试验车速后，开始记录。这时要注意，动态应变仪在测量时和标定时的衰减档要相同，否则无比较价值。测量时，应通过数字示波器随时观察各测点动应变信号，若发现干扰或信号不理想，应及时进行补测或重测。动应变测量系统如图5-24所示。

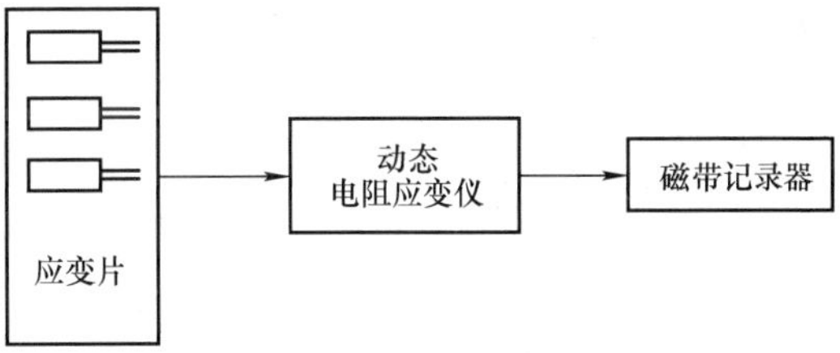

图5-24　动应变测量系统

## 5.2.3　车身结构强度路障试验

车身结构强度路障试验，就是利用人造凸块模拟汽车行驶时遇到的恶劣道路条件，它是车身结构动强度试验的一种简单有效的替代试验。凸块的布置不同，汽车承受弯曲、扭转、弯扭组合的工况也不同，测取车身结构在各种工况下的应变（应力）响应信号，据此对车身强度进行评价。

实践证明，这种试验方法简单、周期短、费用低、经济效益高，能快速查明车身结构的薄弱环节，容易得到车身结构上的最大动应力。同时，进行路障试验也是选择车身结构动强度试验测点的有效方法。通过路障试验对测点进行筛选，可大大减少动强度试验的工作量。

下面介绍路障试验有关参数的选择。

**1. 路障形状**

通过对矩形、梯形、正弦形及三角形等不同形状路障对车身结构的作用强度进行分析，并综合考虑汽车经常遇到的障碍物（石头、土包等，或突然陷入凹坑，有时越过铁道路口），发现路障顶部都有一水平面，得出梯形更能反映实际的越障情况，梯形路障的前、后沿角度依据轮胎规格和路障高度而定，如图5-25所示。

**2. 路障布置**

已进行的车身结构强度路障试验结果表明，两后轮同时驶过路障（后弯工况），对车身结构造成的影响最大，其次为斜对称扭转工况（左前轮/右后轮或右前轮/左后轮同时通过路障）。在路障试验中，只需考虑后弯和对扭这两种工况就足以查明整个车身的动强度问题。建议路障设置取图5-26所示的布置方案，图中$B$为轮距，$L$为轴距，$A=(1.5\sim4)L$。

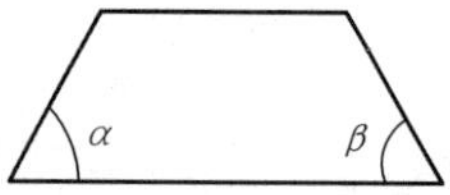


图5-25　梯形路障

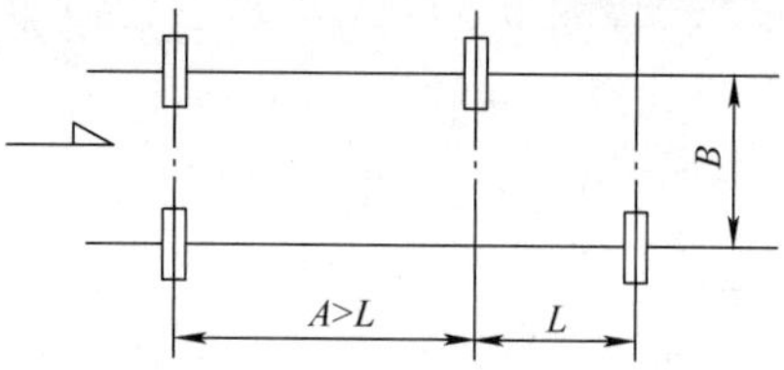


图5-26　路障布置方案

**3. 试验车速**

试验车速的上限可选为最高车速的70%，试验车速的下限可选为20km/h。

**4. 路障高度**

路障高度是影响车身结构动应力的重要因素，应根据悬架的动挠度和试验车速上限决定。一般来说，路障高度可选悬架动挠度的下限。当试验车速提高时，应适当减小路障高度。

根据已有路障试验结果，发现路障试验得到的各测点最大动应力幅值普遍高于道路试验得到的最大动应力幅值。因此，在研究结构疲劳强度时，只需对路障试验暴露出来的大应力的结构部位进行测量和数据处理就足够了。

因为路障试验的最大优点是方法简便、快速而准确，所以可以在样车试制阶段进行该项试验以便初步评价车身结构的动强度。

## 5.3　乘用车车身结构静态刚度台架试验

### 5.3.1　试验对象

试验对象为安装前风窗玻璃及后侧窗玻璃、前防撞梁、仪表板管梁、散热器横梁和备胎托盘的白车身总成（不含四门两盖及翼子板），如图5-27所示，其他部件见表5-5。

### 5.3.2　试验准备

试验台架的T形支架通过改制悬架与车身相连，T形支架及改制悬架的位置根据车辆的轴距和轮距进行调节，前悬架与试验台架连接及加载示意图如图 5-28 所示。

图 5-27　多用途乘用车白车身

**表 5-5　试验白车身部件列表**

| 序号 | 车身部件名称 | 有 | 无 |
|---|---|---|---|
| 1 | 副车架 | √ | |
| 2 | 前桥（刚性悬架） | √ | |
| 3 | 粘结玻璃（前风窗及侧窗） | √ | |
| 4 | 四门两盖 | | √ |
| 5 | 前翼子板 | | √ |
| 6 | 前防撞梁 | √ | |
| 7 | 仪表板管梁 | √ | |
| 8 | 备胎托盘 | √ | |
| 9 | 后桥（刚性悬架） | | √ |

试验车身按照其悬架弹性元件设计位置刚性固接于“扭转－弯曲刚度测量试验台”上。该车前悬架为麦弗逊式独立悬架。试验时，悬架下部通过转向节与试验台架的 T 形支架连接，用刚性杆代替减振器和螺旋弹簧，刚性杆上端与车身螺旋弹簧支座通过螺栓连接，为防止车身悬架弹簧支座在加载中破坏，在其与连接件间夹有橡胶垫，如图 5-29a 所示；后纵梁通过螺栓与试验台架支承螺杆连接，如图 5-29b 所示。安装好的车身需进行水平校正。

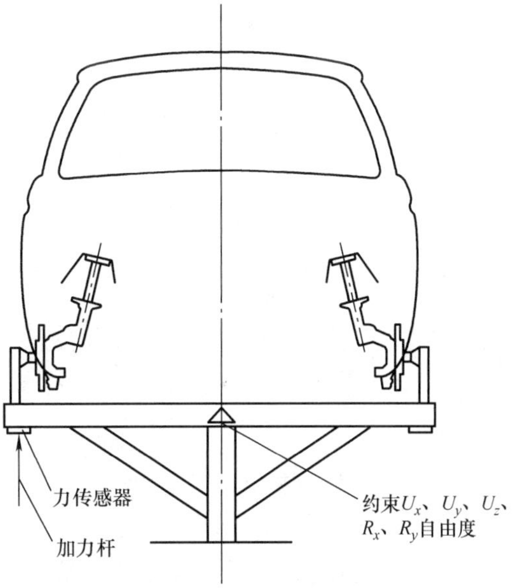


图 5-28　前悬架与试验台架连接及加载示意图

## 5.3.3　试验方法

### 1. 静态弯曲刚度测量

车身静态弯曲刚度测量的约束及加载示意图如图 5-30 所示，约束前塔形支撑处的所有平动自由度和后纵梁的所有自由度，分别在前座椅和后座椅处施加载荷，具体测量方法如下。

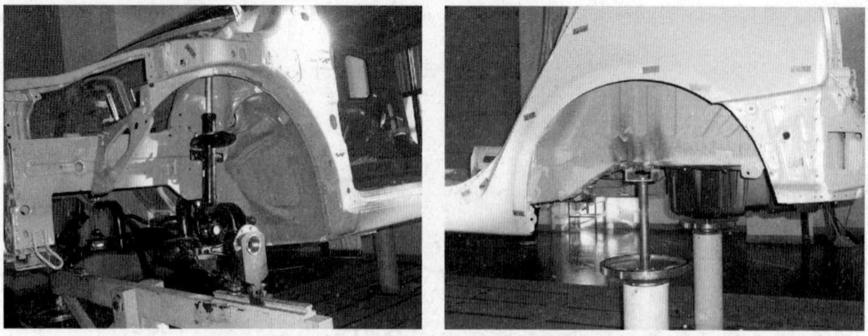

a)　　　　b)

图 5-29　白车身与试验台的连接方式

a）左前减振器与 T 形加载梁连接　b）左后减振器支座与试验台连接

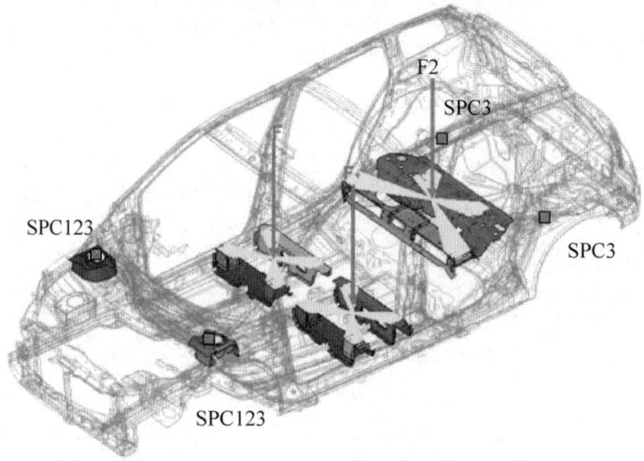


图 5-30　车身静态弯曲刚度测量的约束及加载示意图

（1）测点布置原则和布置位置　测点应布置在下车身梁上能体现总体刚度的部位，同时，应尽量布置在水平、表面光滑的位置。前纵梁、门槛梁、后纵梁、前后座椅安装横梁共布置 43 个测点，具体布置点情况如图 5-31 所示。

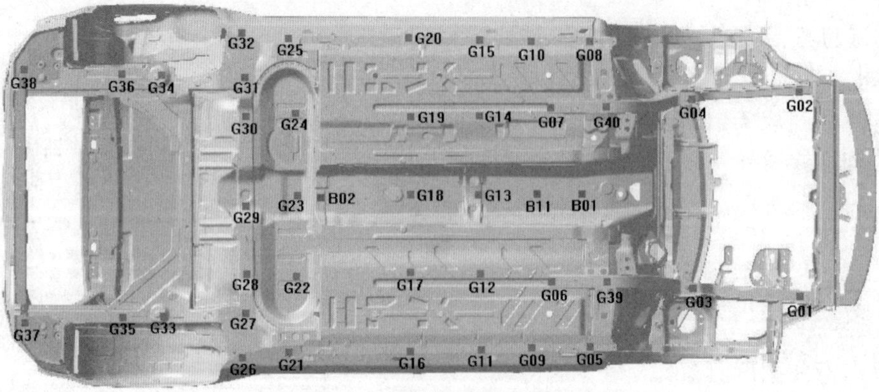


图 5-31　扭转刚度测点布置

（2）测量准备预加载　测量开始之前，使车身受到相当于最大载荷值一半的载荷反复加载（2～3 次），以消除车身下沉现象和安装间隙，避免对测量结果造成影响。

（3）分级加载　载荷均匀加在前后座椅处，逐级加载，直到达到最大载荷。加载采用标准沙袋及标准配重块，弯曲工况载荷等级见表 5-6。

**表 5-6　弯曲工况载荷等级**　（单位：kg）

| 等级 | 位置 | | | |
|---|---|---|---|---|
| | 全部载荷 | 前排左侧座椅 | 前排右侧座椅 | 后排座椅 |
| 1 | 300 | 75 | 75 | 150 |
| 2 | 500 | 125 | 125 | 250 |
| 3 | 680 | 170 | 170 | 340 |

（4）试验仪器、设备和元件

1）加载装置：白车身静态加载试验台架、T 形加载装置、BLR－1 拉/压力传感器、位移传感器、导线、标准砂袋、标准配重块等。

2）数据采集仪器：YJ－Z5 型静态电阻应变仪、百分表和试验处理计算机系统等。

**2. 静态扭转刚度测量**

车身静态扭转刚度测量约束及加载示意图如图 5-32 所示，后悬架支承点被刚性固定，前面通过 T 形加载梁在前悬架支承点施加扭矩，通过力传感器施加载荷到 T 形支架上，最终传递到车身上，具体测量方法如下：

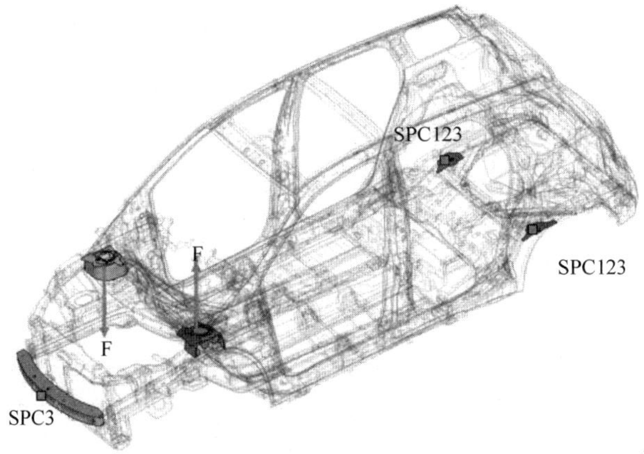


图 5-32　车身静态扭转刚度测量约束及加载示意图

（1）测点布置原则和布置位置　测点位置与静态弯曲刚度测点位置一致。

（2）测量准备（预加载）　测量开始之前，使车身受到相当于最大载荷值一半的载荷反复加载（2～3 次），以消除车身下沉现象和安装间隙，避免对测量结果造成影响。

（3）分级加载　首先通过 T 形梁在前悬支承上逐级施加载荷，依据设计的簧载质量计算扭转刚度试验载荷。多用途乘用车白车身静态扭转刚度试验扭转载荷参考等级见表 5-7。

表 5-7 多用途乘用车白车身静态扭转刚度试验扭转载荷参考等级

| 等级 | 1 | 2 | 3 | 4 |
|---|---|---|---|---|
| 扭矩/N·m | 1000 | 2232 | 3464 | 4950 |

## 5.3.4 试验数据采集

### 1. 静态弯曲工况

静态弯曲工况分别进行 300kg、500kg、680kg 等级加载，分别在前后座椅相对位置均匀加载，前后各加一半。车身静态弯曲刚度试验消除间隙后各测点的位移见表 5-8，图 5-33 所示为车身结构弯曲挠度曲线。

表 5-8 车身静态弯曲刚度试验消除间隙后各测点的位移 （单位：mm）

| 测点号 | 第一次加载（300kg） | 第二次加载（500kg） | 第三次加载（680kg） |
|---|---|---|---|
| G01 | 0. 065 | 0. 132 | 0. 231 |
| G02 | 0. 071 | 0. 134 | 0. 243 |
| G03 | 0. 005 | 0. 014 | -0. 005 |
| G04 | -0. 003 | -0. 009 | -0. 002 |
| G05 | -0. 067 | -0. 148 | -0. 209 |
| G06 | -0. 128 | -0. 205 | -0. 275 |
| G07 | -0. 117 | -0. 195 | -0. 282 |
| G08 | -0. 060 | -0. 142 | -0. 203 |
| G09 | -0. 097 | -0. 201 | -0. 258 |
| G10 | -0. 094 | -0. 192 | -0. 257 |
| G11 | -0. 169 | -0. 263 | -0. 387 |
| G12 | -0. 319 | -0. 424 | -0. 588 |
| G13 | -0. 571 | -0. 795 | -0. 910 |
| G14 | -0. 290 | -0. 411 | -0. 579 |
| G15 | -0. 158 | -0. 257 | -0. 383 |
| G16 | -0. 128 | -0. 239 | -0. 328 |
| G17 | -0. 544 | -0. 762 | -0. 887 |
| G18 | -0. 865 | -1. 099 | -1. 327 |
| G19 | -0. 586 | -0. 788 | -0. 879 |
| G20 | -0. 122 | -0. 240 | -0. 325 |
| G21 | -0. 103 | -0. 177 | -0. 321 |
| G22 | -0. 476 | -0. 865 | -0. 986 |
| G23 | -0. 571 | -0. 950 | -1. 299 |
| G24 | -0. 496 | -0. 854 | -1. 016 |
| G25 | -0. 100 | -0. 183 | -0. 307 |
| G26 | -0. 120 | -0. 180 | -0. 272 |
| G27 | -0. 155 | -0. 210 | -0. 311 |
| G28 | -0. 303 | -0. 550 | -0. 536 |
| G29 | -0. 659 | -0. 869 | -1. 032 |
| G30 | -0. 314 | -0. 429 | -0. 516 |
| G31 | -0. 150 | -0. 217 | -0. 303 |
| G32 | -0. 111 | -0. 174 | -0. 288 |
| G33 | 0. 000 | 0. 000 | 0. 000 |

（续）

| 测点号 | 第一次加载（300kg） | 第二次加载（500kg） | 第三次加载（680kg） |
|---|---|---|---|
| G34 | 0.000 | 0.000 | 0.000 |
| G35 | 0.032 | 0.091 | 0.126 |
| G36 | 0.034 | 0.086 | 0.138 |
| G37 | 0.071 | 0.147 | 0.198 |
| G38 | 0.080 | 0.150 | 0.212 |
| G39 | -0.094 | -0.155 | -0.222 |
| G40 | -0.086 | -0.151 | -0.226 |
| B01 | -0.541 | -0.533 | -0.546 |
| B02 | -0.575 | -0.852 | -1.049 |
| B11 | -0.590 | -0.721 | -0.790 |

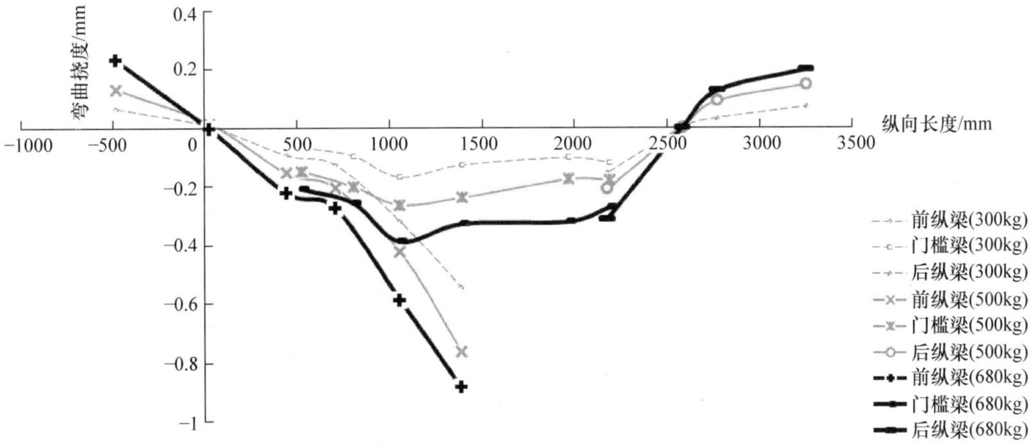


图 5-33 车身结构弯曲挠度曲线

由图 5-33 可知，前、后纵梁与门槛结合处变形连续合理，表示结构结合部分的刚度较为均匀。

在最大加载（680kg）工况下，车身最大变形点在中央通道和后地板连接处，达到 1.327mm（G18 点），位置及大小同一般车身刚度表现情况吻合。

**2. 静态扭转工况**

静态扭转分为左边分级加载和右边分级加载两种工况，其中对每种工况分别进行三组重复测量，每组测量均包括加载和卸载两种读数，并分别取其中较好的两组数据进行分析。表 5-9给出了第一组左边加载和卸载各测点的位移。表 5-10 给出了左边加载和右边加载平均相对扭转角，图 5-34 所示为其相应的转角曲线。表 5-11 给出了各载荷工况下前桥和后桥之间的扭转角及扭转刚度。

**表 5-9 扭转刚度试验左边加/卸载各测点位移**

| 测点号 | 加载 | | | | 卸载 | | |
|---|---|---|---|---|---|---|---|
| | 996N · m | 2230N · m | 3470N · m | 4680N · m | 3458N · m | 2240N · m | 989N · m |
| G01 | -0.595 | -1.097 | -1.727 | -2.464 | -1.632 | -1.155 | -0.573 |
| G02 | 0.564 | 1.131 | 1.524 | 2.299 | 1.546 | 1.129 | 0.578 |
| G03 | -0.416 | -0.909 | -1.428 | -1.861 | -1.369 | -0.942 | -0.408 |
| G04 | 0.415 | 0.910 | 1.424 | 1.829 | 1.362 | 0.939 | 0.412 |

（续）

| 测点号 | 加载 | | | | 卸载 | | |
|---|---|---|---|---|---|---|---|
| | 996N·m | 2230N·m | 3470N·m | 4680N·m | 3458N·m | 2240N·m | 989N·m |
| G05 | -0.587 | -1.444 | -2.034 | -2.772 | -1.862 | -1.335 | -0.579 |
| G06 | -0.264 | -0.602 | -1.040 | -1.345 | -0.977 | -0.617 | -0.272 |
| G07 | 0.289 | 0.709 | 1.032 | 1.312 | 0.987 | 0.620 | 0.257 |
| G08 | 0.552 | 1.338 | 1.979 | 2.793 | 1.961 | 1.294 | 0.560 |
| G09 | -0.497 | -1.154 | -1.985 | -2.620 | -1.730 | -1.129 | -0.488 |
| G10 | 0.526 | 1.312 | 1.790 | 2.498 | 1.846 | 1.142 | 0.513 |
| G11 | -0.514 | -1.043 | -1.771 | -2.353 | -1.777 | -1.049 | -0.491 |
| G12 | -0.337 | -0.511 | -0.976 | -1.283 | -0.947 | -0.602 | -0.257 |
| G13 | -0.095 | -0.036 | 0.331 | 0.158 | 0.147 | 0.113 | -0.075 |
| G14 | 0.318 | 0.561 | 1.017 | 1.283 | 0.971 | 0.631 | 0.261 |
| G15 | 0.434 | 1.070 | 1.679 | 2.110 | 1.773 | 1.146 | 0.493 |
| G16 | -0.415 | -1.011 | -1.731 | -2.114 | -1.760 | -1.002 | -0.453 |
| G17 | -0.241 | -0.454 | -0.794 | -1.069 | -0.828 | -0.454 | -0.296 |
| G18 | -0.008 | -0.017 | 0.184 | -0.175 | -0.141 | 0.085 | 0.070 |
| G19 | 0.316 | 0.491 | 0.724 | 1.070 | 0.814 | 0.446 | 0.258 |
| G20 | 0.455 | 0.954 | 1.588 | 1.979 | 1.779 | 0.950 | 0.438 |
| G21 | -0.386 | -0.871 | -1.353 | -1.842 | -1.311 | -0.732 | -0.344 |
| G22 | -0.054 | -0.156 | -0.361 | -0.536 | -0.348 | -0.281 | -0.063 |
| G23 | 0.035 | 0.116 | 0.249 | 0.303 | 0.259 | 0.270 | 0.216 |
| G24 | 0.072 | -0.203 | 0.360 | 0.649 | 0.367 | 0.299 | 0.081 |
| G25 | 0.405 | 0.884 | 1.367 | 1.791 | 1.348 | 0.800 | 0.367 |
| G26 | -0.192 | -0.539 | -0.710 | -1.671 | -0.664 | -0.727 | -0.290 |
| G27 | -0.098 | -0.324 | -0.514 | -0.913 | -0.628 | -0.315 | -0.184 |
| G28 | 0.006 | -0.128 | -0.353 | -0.483 | -0.328 | -0.237 | -0.033 |
| G29 | 0.068 | -0.073 | 0.270 | 0.323 | 0.252 | 0.309 | 0.263 |
| G30 | 0.042 | 0.175 | 0.341 | 0.423 | 0.300 | 0.247 | 0.006 |
| G31 | 0.150 | 0.375 | 0.578 | 0.997 | 0.375 | 0.318 | 0.211 |
| G32 | 0.276 | 0.574 | 1.011 | 1.446 | 0.764 | 0.782 | 0.327 |
| G33 | 0.001 | 0.000 | 0.000 | 0.001 | -0.001 | 0.000 | -0.001 |
| G34 | 0.000 | 0.000 | 0.000 | 0.000 | 0.000 | 0.000 | 0.000 |
| G35 | 0.131 | 0.437 | 0.320 | 0.349 | 0.394 | 0.358 | 0.157 |
| G36 | -0.024 | -0.367 | -0.426 | -0.497 | -0.331 | -0.249 | -0.129 |
| G37 | 0.176 | 0.539 | 0.417 | 0.715 | 0.661 | 0.500 | 0.434 |
| G38 | -0.114 | -0.389 | -0.569 | -0.690 | -1.176 | -0.501 | -0.468 |
| G39 | -0.370 | -0.748 | -1.191 | -1.574 | -1.180 | -0.709 | -0.369 |
| G40 | 0.375 | 0.886 | 1.223 | 1.606 | 1.166 | 0.750 | 0.371 |
| B01 | 0.060 | -0.279 | 0.052 | -0.185 | -0.105 | -0.035 | 0.024 |
| B02 | -0.008 | 0.178 | 0.274 | 0.327 | 0.380 | 0.281 | 0.212 |
| B10 | 0.414 | 0.534 | 2.000 | 2.774 | 2.098 | 1.176 | 0.426 |
| B11 | -0.013 | 0.005 | 0.052 | 0.239 | -0.089 | -0.060 | -0.002 |

**表 5-10 左边加载和右边加载平均相对扭转角**

| 测点号 | 平均相对扭转角/(°) | | | | | | | |
|---|---|---|---|---|---|---|---|---|
| | 左边加载载荷等级 | | | | 右边加载载荷等级 | | | |
| | 996N·m | 2230N·m | 3470N·m | 4680N·m | 996N·m | 2230N·m | 3470N·m | 4680N·m |
| G01/G02 | 0.07 | 0.13 | 0.20 | 0.29 | 0.06 | 0.14 | 0.18 | 0.30 |
| G03/G04 | 0.05 | 0.12 | 0.19 | 0.24 | 0.05 | 0.13 | 0.18 | 0.24 |
| G05/G08 | 0.05 | 0.11 | 0.16 | 0.22 | 0.05 | 0.12 | 0.16 | 0.22 |
| G09/G10 | 0.04 | 0.10 | 0.15 | 0.21 | 0.04 | 0.10 | 0.15 | 0.21 |
| G11/G15 | 0.04 | 0.08 | 0.14 | 0.18 | 0.04 | -0.01 | 0.14 | 0.17 |
| G16/G20 | 0.03 | 0.08 | 0.13 | 0.16 | 0.03 | -0.01 | 0.13 | 0.16 |
| G21/G25 | 0.03 | 0.07 | 0.11 | 0.14 | 0.03 | -0.06 | 0.11 | 0.16 |
| G26/G32 | 0.02 | 0.04 | 0.07 | 0.12 | 0.02 | 0.01 | 0.08 | 0.12 |
| G33/G34 | 0.00 | 0.00 | 0.00 | 0.00 | 0.00 | 0.00 | 0.00 | 0.00 |
| G35/G36 | -0.01 | -0.04 | -0.04 | -0.04 | -0.01 | -0.04 | -0.04 | -0.05 |
| G37/G38 | -0.01 | -0.05 | -0.05 | -0.07 | -0.02 | 0.08 | -0.08 | -0.11 |

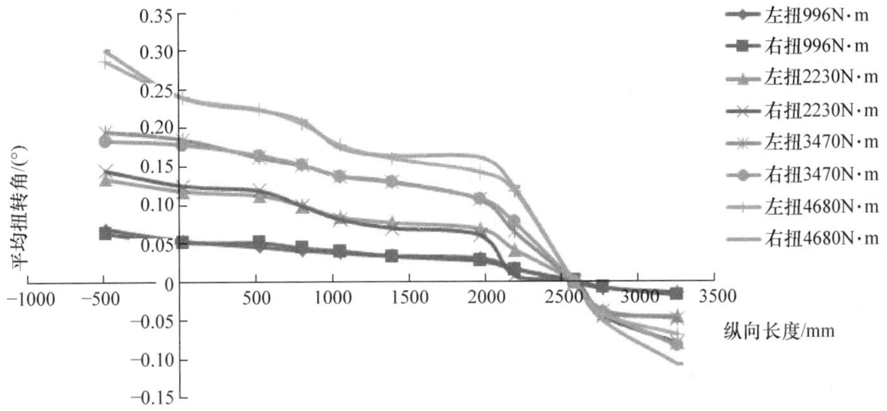


图 5-34 左边加载和右边加载平均扭转角

**表 5-11 白车身静态扭转刚度试验相对扭转角和扭转刚度**

| 工况 | 力矩/N·m | 相对扭转角/(°) | 扭转刚度/[N·m/(°)] |
|---|---|---|---|
| 左边加载 | 996 | 0.0540 | 18450 |
| | 2231 | 0.1182 | 18880 |
| | 3470 | 0.1853 | 18729 |
| | 4680 | 0.2397 | 19524 |

## 5.3.5 试验结果分析

经多次重复试验，百分表的读数、测点位移和门窗口变形、加卸载对称性及各级加卸载刚度的一致性分析表明，刚度试验数据可靠，支承合理，测点布置充分，试验效果良好，完整地反映了该多用途乘用车白车身的刚度特性。

白车身弯曲刚度约为18307N/mm，高于设计指标（9000N/mm）。其白车身扭转刚度约为18895N·m/(°)，该白车身试验扭转刚度远高于设计指标［11868N·m/(°)］，说明该车白车身刚度指标合理，满足要求。

## 参考文献

［1］高云凯．汽车车身结构分析［M］．北京：北京理工大学出版社，2006.
［2］李杰敏．汽车拖拉机试验学［M］．北京：机械工业出版社，1995.

## 思考题

1. 车身静态强度试验所用的主要仪器有哪些?
2. 电阻应变片的工作原理是什么？其主要指标有哪些?
3. 应用电阻应变片时要注意哪些事项?
4. 电阻应变仪的主要组成部分有哪些？其主要指标有哪些？其使用要领有哪些?
5. 为什么测量前电阻应变仪要预调平衡？电阻应变仪的电桥接法有哪几种?
6. 试述电阻应变仪的电桥特性
7. 什么是载波、调制波和调幅波?
8. 车身结构强度和刚度试验测点的选择原则有哪些?
9. 车身动强度试验道路和车速如何选择?
10. 车身动态强度试验所用的主要仪器有哪些?
11. 什么是路障试验?
12. 轿车车身结构刚度台架试验载荷如何确定?

# 第6章

# 汽车车身结构模态试验

## 6.1　概述

汽车在实际行驶时，作用在汽车各部件上的载荷都是动载荷，即载荷是时间的函数。因此，结构上的相应位移、应力和应变不仅随其在结构中的空间位置变化，同时也随时间而变化。当所受动载荷的频率与结构的某些固有频率接近时，结构将产生强烈的振动，从而引起很高的动应力，造成早期疲劳破坏或产生不允许的大变形。为了在汽车使用中避免产生共振、降低噪声、确保安全可靠，需要知道结构振动的固有频率及其相应的振型。

模态是振动系统特性的一种表征，它实际为构成各种工程结构复杂振动的那些最简单或最基本的振动形态。通过模态试验可以得到固有频率和模态振型等振动系统的模态参数，为振动系统动态设计及故障诊断提供依据。

## 6.2　模态试验分析技术

结构动力学从理论上可以计算出结构的固有频率、固有振型和广义质量等动力特性。动态试验是用试验的方法测出结构的动力特性。

由于车身结构的复杂性，理论计算得到的动力特性往往要由动态试验来检验其结果的准确性，因而动态试验显得更重要。

为测定结构的动力特性，常用激振器使结构或其支承装置产生简谐振动，即迫使结构产生强迫振动。测量结构强迫振动，经过数据处理，即可得到所需结果。图6-1所示为这种试验系统的原理图。

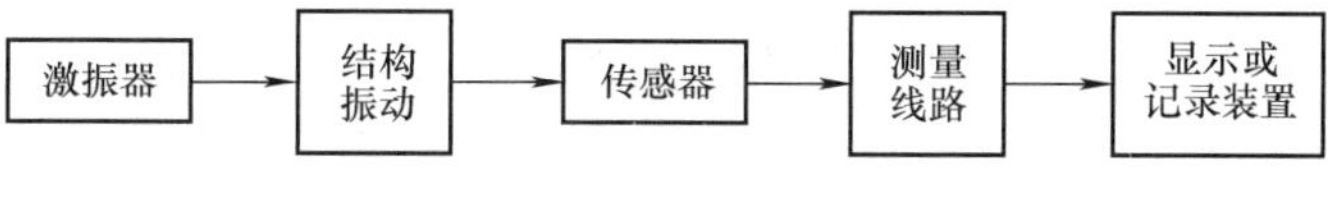


图6-1　结构动力特性测量原理

### 6.2.1　激振器的基本原理与类型

用变速电动机带动偏心质量，利用偏心质量的离心力，即可制成所谓惯性式激振器。用变速电动机驱动曲柄滑块机构，并带动一个刚度合适的弹簧沿弹簧轴线做正弦运动，弹簧的另一端和试件相连，即制成所谓弹簧式激振器。用一个小型电磁激振器带动液压伺服阀阀杆，使阀杆按正弦规律运动，从而将油泵从油箱内抽出的高压油，按正弦规律由伺服阀分别送入液压激振器的两个油腔，液压激振器的活塞杆便按正弦规律运动，产生正弦规律的力，这种系统称为电液激振器。最常用的激振器是利用电磁力使试件做纯正弦运动，称为电磁激振器，本节仅介绍动圈式电磁激振器。

动圈式电磁激振器的构造原理如图 6-2 所示。圆柱形线圈可沿其自身轴线移动，线圈处在一个很强的径向磁场内。当交流电通过线圈时，产生交变的电磁感应力，此力由和线圈相连的顶杆传给试件。

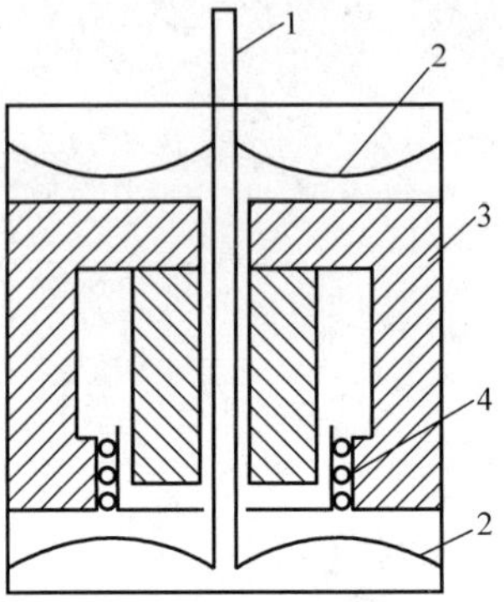


图 6-2　动圈式电磁激振器的构造原理

1—顶杆　2—弹簧　3—磁铁　4—线圈

对于低频激振，交流电可由调速性能很好的发电机供给；对于高频激振，则常用信号发生器产生所需频率的纯正弦交变电压，经功率放大器放大，使其有足够的能量，再送入激振器（图 6-3）。为保证激振力不随结构阻抗（振动时的机械阻抗）的变化而变化，功率放大器应具有高的输出阻抗，即输出的电流应是定电流，而电压则视负载大小而定，这和一般功率放大器不同。使用这种系统，可得到相当稳定的激振频率，若采用合适的线路并匹配得当，则一个功率放大器可同时供若干个激振器使用。

图 6-3　高频激振的产生过程

激振力的大小可由电磁感应定律推得：

$$F=0.102BLI\times10^4 \tag{6-1}$$

式中，$F$ 为电磁感应力（kg）；$B$ 为磁感应强度（Gs）；$L$ 为线圈长度（m）；$I$ 为电流（A）。

振动时，激振运动部分将产生惯性力、弹性力、阻尼力，故顶杆传给试件的激振力是 $F$ 与诸力之差。为使激振器传给顶杆的力为纯正弦的，则应使：

1）输入的交流电流为纯正弦波，且振幅稳定。

2）永久磁场产生的磁感应强度稳定不变，这要求：

① 仪器壳体有良好的磁屏蔽，不受外界磁场的干扰。

② 顶杆行程应加以控制，使得线圈活动在磁场的均匀部分。

③ 采用补偿线圈，以抵消作用线圈因自感而产生的磁场变化。

3）支持弹簧刚度很小，弹性力可忽略。但应具有一定的初压力以保证顶杆与试件的接触，故宜采用非线性弹簧或将顶杆与试件固接。

4）运动部分的质量和阻尼很小，因而可略去惯性力及阻尼的影响。

5）不发生局部共振，如支持弹簧本身的共振，顶杆和试件连接部分的共振。发生局部共振将改变力的传递。

根据以上所述，激振器的使用范围受下列诸因素的限制：由最大允许电流所限制的最大激振力；由磁场均匀部分的长度及仪器所需间隙限制的最大行程；在顶杆和试件不能分离的条件下，由弹簧初压力限制的最大加速度；由局部共振限制的最大激振频率。在选用激振器时，应以产品性能为依据。

为改进激振器的性能，消除运动部分惯性力及弹性力的影响，人们制造出一种所谓补偿式激振器，其运动部分支持弹簧的刚度是可调的。使用时，若激振频率为 $\omega$，则将运动部分的固有频率 $\omega_E^*$ 也调整到 $\omega$。这样，运动部分的惯性力与弹性力相互抵消。当运动部分的阻尼很小时，线圈的电磁感应力就传递到试件上。顶杆传递给试件的力可表示为

$$F = F_0 + BLI_m \sin\omega t A[m_E(\omega^2 - \omega_E^{*2})\sin(\omega t - \varphi) - D_E\omega\cos(\omega t - \varphi)] \quad (6\text{-}2)$$

式中，$F_0$为弹簧初压力；$I_m$ 为通过线圈的电流；$A$ 为振动行程；$m_E$为激振器运动部分的质量；$m_E\omega_E^{*2}$ 为激动器运动部分支持弹簧的刚度；$\varphi$ 为力和位移的相位角；$D_E$为激振器运动部分的阻尼系数。

其他符号含义同式（6-1）。由式（6-2）可知，若 $\omega_E^* = \omega$，且 $D_E$很小，有

$$F = F_0 + BLI_m \sin\omega t \quad (6\text{-}3)$$

### 6.2.2　测量用传感器与电荷放大器的基本原理与类型

任何一个振动过程，都可以用振动幅值的时间历程来描述。而振动幅值的时间历程又常以振动的位移、速度和加速度随时间变化的过程来表示。因此，从被测振动参数的角度来看，测振用传感器可分为位移传感器、速度传感器和加速度传感器三类。由于振动的位移、速度和加速度之间存在着微分和积分的关系，即

加速度
$$a = \frac{dv}{dt} = \frac{d^2x}{dt^2}$$

速度
$$v = \frac{dx}{dt} = \int a dt$$

位移
$$x = \int v dt = \iint a dt^2$$

显然，在利用其中一种传感器测振时，通过测量电路中微积分电路可获得其他两个参数随时间变化的过程。

不论哪种参数的测振传感器，按动力的传递可分为相对式和绝对式测振传感器。相对式测振传感器选取空间某一固定点作为参考点，测量物体相对于参考点的振动量；绝对式测振传感器以大地不动坐标体系为参考系，测量时传感器固定在振动物体的测点上，这类传感器为惯性式的，工作原理如图 6-4 所示。本节着重介绍惯性式测振传感器的工作原理和压电式加速度传感器。

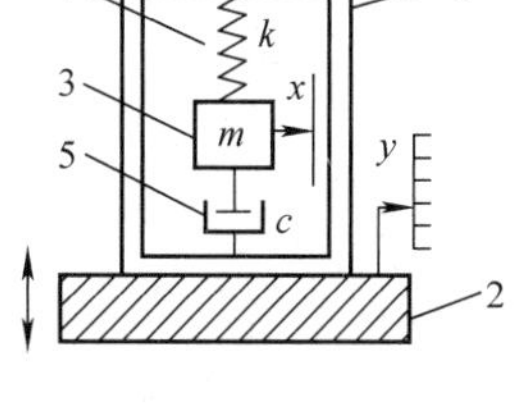

图 6-4　惯性式测振传感器工作原理图
1—壳体　2—测点　3—质量块
4—弹性支承　5—阻尼器

**1. 惯性式测振传感器的工作原理**

如图 6-4 所示，传感器壳体 1 固定在测点 2 处，质量块 3 的质量为 $m$，弹性支承 4 的刚度系数为 $k$，阻尼器 5 的阻尼系数为 $c$，系统平衡微分方程为

$$m\frac{d^2x}{dt^2} + c\frac{dx}{dt} + kx = -m\frac{d^2y}{dt^2}$$

令 $\xi=\frac{c}{2\sqrt{mk}}$，$\omega_n=\sqrt{\frac{k}{m}}$，得系统的频率响应函数为

$$\frac{X(\omega)}{Y(\omega)}=\frac{(\omega/\omega_n)^2}{1-(\omega/\omega_n)^2+j2\xi(\omega/\omega_n)}$$

幅频特性表达式为

$$\left|\frac{X}{Y}\right|=\frac{(\omega/\omega_n)^2}{\sqrt{[1-(\omega/\omega_n)^2]^2+[2\xi(\omega/\omega_n)]^2}} \tag{6-4}$$

相频特性表达式为

$$\phi=-\arctan\frac{2\xi(\omega/\omega_n)}{1-(\omega/\omega_n)^2}$$

下面分析位移、速度和加速度测振传感器的动态特性。首先分析它们的幅频特性。若位移传感器的系统输入为 $y=y_0\sin\omega t$，输出为 $x$，位移测振传感器的幅频特性见式（6-4）。

图 6-5 所示为位移传感器幅频特性曲线，由图可知，当 $\frac{\omega}{\omega_n}\gg1$ 时，振幅比趋于恒定值，不产生振幅畸变；当 $\xi=0.7$ 时，$\frac{x_0}{y_0}$ 趋于恒定值较快，因此设计惯性式位移传感器时取 $\xi=0.6\sim0.7$，$\frac{\omega}{\omega_n}\gg1$。

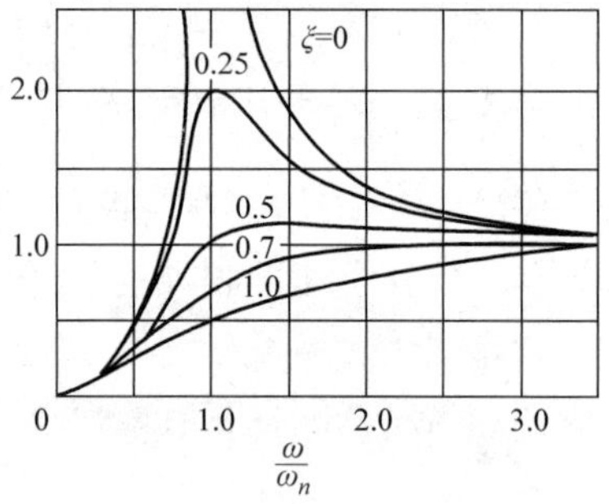

图 6-5　位移传感器幅频特性曲线

将式（6-4）的分子分母同乘以 $\omega$，得

$$\left|\frac{X\omega}{Y\omega}\right|=\frac{\left(\frac{\omega}{\omega_n}\right)^2}{\sqrt{\left[1-\left(\frac{\omega}{\omega_n}\right)\right]^2+\left[2\xi\left(\frac{\omega}{\omega_n}\right)\right]^2}} \tag{6-5}$$

式（6-5）为速度测振传感器幅频特性表达式，输入为被测运动速度，输出为质量块相对壳体的速度。同理可知，欲使质量块相对壳体的速度如实地反映被测速度，应取 $\xi=0.6\sim0.7$，且 $\frac{\omega}{\omega_n}\gg1$。

当传感器的输入等于被测加速度 $a=\frac{d^2y}{dt^2}$，输出为质量块相对壳体位移 $x$ 时，加速度测振传感器的幅频特性表达式为

$$\left|\frac{X}{a}\right|=\left|\frac{X}{Y\omega^2}\right|=\frac{\frac{1}{\omega_n^2}}{\sqrt{\left[1-\left(\frac{\omega}{\omega_n}\right)^2\right]^2+\left[2\xi\left(\frac{\omega}{\omega_n}\right)\right]^2}} \tag{6-6}$$

以 $\frac{X}{a}\omega_n^2=\left|\frac{X}{Y\omega^2}\right|\omega_n^2$ 为纵坐标的幅频特性曲线如图 6-6 所示，由图可知，当 $\frac{\omega}{\omega_n}\ll1$ 时，$\frac{X_0}{a_0}$ 趋于恒定，即质量块相对壳体位移和被测加速度之比而变化；当 $\xi=0.6\sim0.7$ 时，幅值比

恒定的工作频带较宽，此时$\frac{X_0}{a_0}\omega_n^2=1$，则$X_0=\frac{1}{\omega_n^2}a_0$，说明质量块位移与被测加速度成正比。因此，设计加速度传感器时应取$\xi=0.6\sim0.7$，且$\frac{\omega}{\omega_n}\leqslant0.2\sim0.4$。

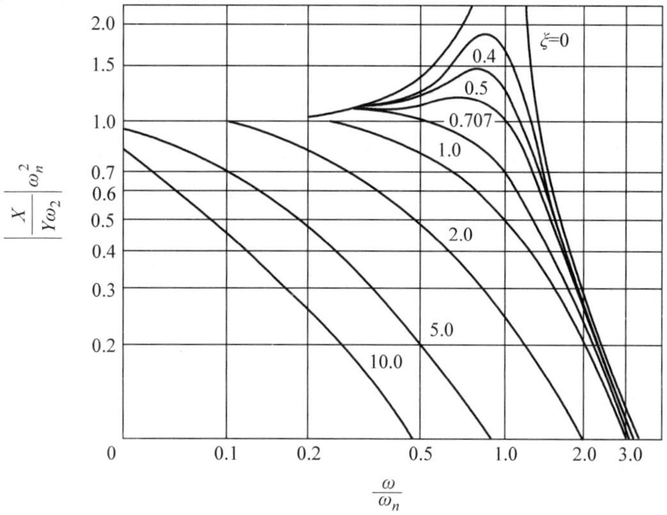


图 6-6　加速度传感器幅频特性曲线

下面分析测振传感器的相频特性，图 6-7 所示为其相频特性曲线，由曲线可知，当$\frac{\omega}{\omega_n}\gg1$时，$\phi\approx180°$，而当$\xi=0.7$且$\frac{\omega}{\omega_n}<1$时，相位差$\phi$和频率之比近似直线，成比例关系。

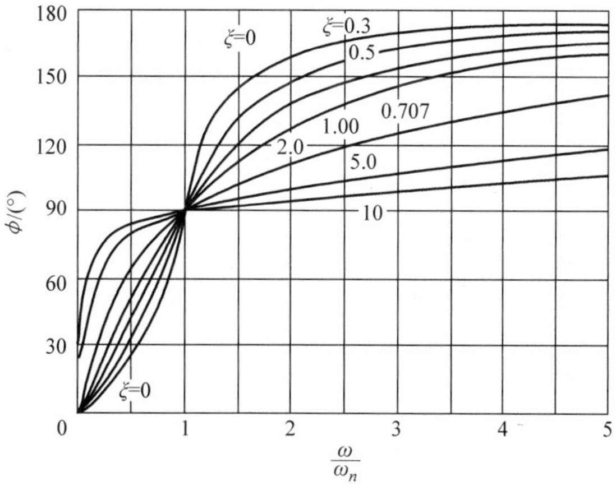


图 6-7　测振传感器相频特性曲线

若传感器满足$\xi=0.7$，$\frac{\omega}{\omega_n}<1$，当输入为单一频率振动时，显然输出波形将滞后输入一个相位差；而当输入为由多个谐波组成的复合振动或随机振动时，由于$\phi$和频率比成比例关系，从而不会因相位差引起波形畸变，对此做如下说明：

设一被测振动$y(t)$，其傅里叶展开式形式为

$$y(t) = \sum_{i=1}^{\infty} y_i \sin\omega t$$

若传感器满足 $\xi = 0.7$，且$\dfrac{\omega}{\omega_n}$在要求范围内，则幅值比恒定，只有相位差，所以输出 $x(t)$ 的形式为

$$x(t) = \sum_{i=1}^{\infty} x_i \sin(\omega t + \phi_i)$$

由于相位差 $\phi_i$ 和频率比$\dfrac{\omega}{\omega_n}$成比例，比例系数设为 $\alpha$，即 $\phi_i = \alpha \dfrac{\omega}{\omega_n}$，则

$$x(t) = \sum_{i=1}^{\infty} x_i \sin\left(\omega t + \alpha \frac{i\omega}{\omega_n}\right) = \sum_{i=1}^{\infty} x_i \sin\left[\omega\left(t + \frac{\alpha}{\omega_n}\right)\right]$$

此时由于幅值比恒定且趋于 1，即

$$\frac{x_i}{y_i} = 1$$

则
$$x_i = y_i$$

令
$$t + \frac{\alpha}{\omega_n} = t'$$

得
$$x(t) = \sum_{i=1}^{\infty} y_i \sin\omega t'$$

可见，输出没有因相位差发生畸变，只是在总的时间上有所延迟。

**2. 压电式加速度传感器**

压电式加速度传感器是以某些物质的压电效应为基础的。所谓压电效应是指物质在受机械力作用而发生变形时，其表面产生电荷的现象，如图 6-8 所示，或者在电场的作用下物质变形的现象。前者常称为顺压电效应，后者常称为逆压电效应。压电式变换器利用了这些物质的顺压电效应。

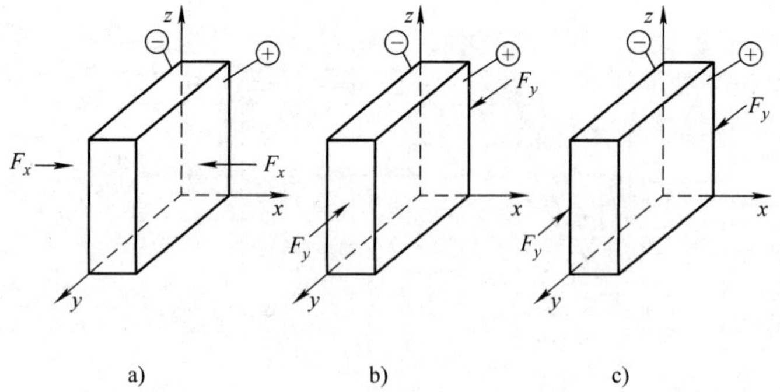


图 6-8　几种形式的压电效应

a）纵向效应　b）横向效应　c）切向效应

具有这种压电效应的物质很多，包括天然形成的晶体如石英、电气石等，以及某些盐类如酒石酸钾钠、磷酸铵等，近年来又制成了人工的多晶陶瓷，如钛酸钡、锆钛酸铅等。

压电晶体有纵向压电效应和横向压电效应，很多压电晶体还具有剪切压电效应和体积应变效应，因而可以制成各种不同支承形式和受力状态的变换器，如图 6-9 所示。

图 6-10 所示为中心压电效应式加速度传感器。两块压电晶体片中间安放导电铜盘，在压电晶体片的上方利用弹簧固定质量块，为了防止在测量过程中质量块脱离压电晶体片，必须给弹簧一定的预紧力。整个组件安装在厚基座壳体内，基座上有供使用时安装传感器的螺孔或电磁吸铁。

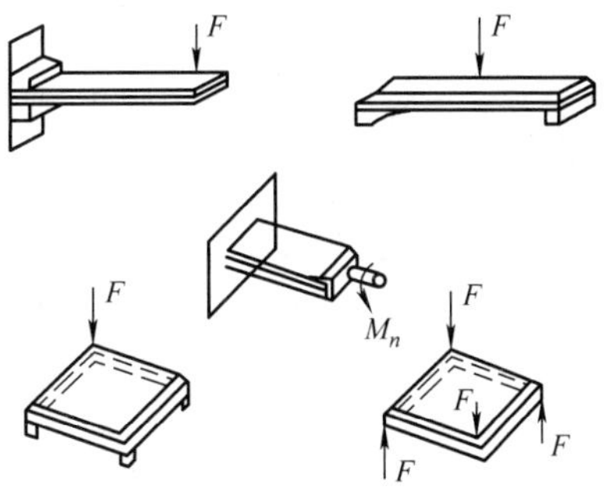

图 6-9 压电晶体变换器的各种受力形式

当传感器满足 $\omega \ll \omega_n$ 时，质量块的相对位移正比于被测加速度，其值等于压电晶体片的变形量 $x$。当被测振动加速度为 $a = a_0\sin(\omega t+\varphi)$时，作用在压电晶体上的力为

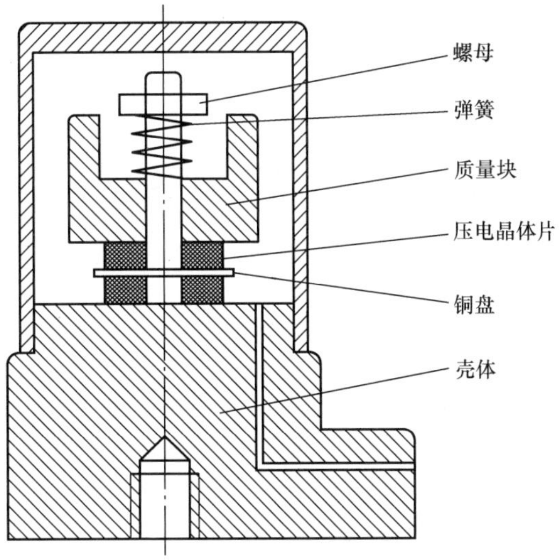

图 6-10 中心压电效应式加速度传感器

$$F = Cx = \beta C\frac{a_0}{\omega_n^2}\sin(\omega t+\varphi) \tag{6-7}$$

式中，$C$ 为压电晶体片的刚度；$\beta$ 为质量块位移和被测加速度之比的比例常数，对图 6-10 而言，$\beta = 1$；

压电晶体片受力后产生的电荷为

$$q = KF = K\beta C\frac{a_0}{\omega_n^2}\sin(\omega t+\varphi) \tag{6-8}$$

式中，$K$ 为压电常数。

显然，在 $K$、$\beta$、$C$、$\omega_n$ 一定时，传感器产生的电荷和被测加速度成正比。

由于压电晶体加速度传感器没有阻尼器，同时空气阻尼引起的阻尼率很小，常为 $\xi = 0.01 \sim 0.05$，因此，相位差几乎为零。它与被测频率也几乎无关，因而不会引起相位畸变。

**3. 电荷放大器**

由于压电变换器的输出阻抗非常高，并且其输出信号是数量很小的电荷，因此必须采用输入阻抗极高的放大器与之相配合，否则压电变换器产生的电荷就要经放大器的输入电阻释放掉。采用通常的电压放大器同压电变换器配合时，其缺点是由变换器到放大器间的传输电缆电容对测量结果影响很大，传输距离较短，并且测量频率响应的下限不易做得很低。因而往往采用电荷放大器与压电变换器相配合。电荷放大器的优点是，对传输电缆电容不敏感，传输距离可达数百米，并且低频响应好，可做到0.003Hz或更低，因而适于低频或超低频测量。电荷放大器的缺点是内部噪声较大，而且成本较高。

图6-11所示为压电变换器、电缆、电荷放大器等效电路图。现忽略电阻 $R_t$ 和 $R_f$，$q_t$ 为在压电变换器内部电容 $C_t$ 和在电缆分布电容 $C_c$ 上存蓄的电荷，$q_f$ 为在反馈电容 $C_f$ 上存蓄的电荷。压电变换器所产生的电荷，全部被存蓄在电容 $C_t$、$C_c$ 及 $C_f$ 上，则存在如下关系式：

$$\begin{cases} e_0 = -Ke_i \\ e_i - e_0 = \dfrac{q_f}{C_f} \\ e_i = \dfrac{q_t}{C_t + C_c} \end{cases} \tag{6-9}$$

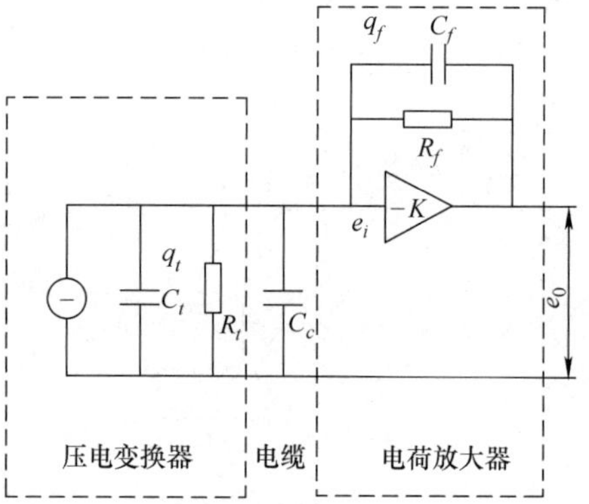


图6-11 压电变换器、电缆、电荷放大器等效电路图

由此得到

$$\begin{cases} q_t = q_f \dfrac{C_t + C_c}{C_f} \dfrac{1}{1+K} \\ e_i = \dfrac{q_f}{C_f} \dfrac{1}{1+K} \\ e_0 = -\dfrac{q_f}{C_f} \dfrac{K}{1+K} \end{cases} \tag{6-10}$$

当运算放大器的放大倍数很大时，即 $K \gg 1$，则式（6-10）得

$$\begin{cases} e_i \approx 0 \\ q_t \approx 0 \\ e_0 \approx -\dfrac{q_f}{C_f} \end{cases} \tag{6-11}$$

由此可知，当 $K$ 充分大时，输入电压 $e_i$ 接近零；压电变换器产生的电荷（$q_f + q_t$），可以认为就等于存蓄在反馈电容 $C_f$ 上的电荷 $q_f$，这样一来，输出电压 $e_0$ 便同压电变换器产生的电荷 $q_f$ 成比例，实现了对电荷的直接测量，并且输出电压 $e_0$ 的灵敏度只取决于反馈电容

$C_f$，而与变换器内部电容及电缆的分布电容无关。因此电荷放大器对电缆电容不敏感，传输距离可达数百米。

由于输出电压的灵敏度取决于 $C_f$，所以，电荷放大器的灵敏度调节都是采用切换运算放大器反馈电容 $C_f$ 的方法。$C_f$ 一般为 10pF ~ 0.1μF。$C_f$ 越小，电荷放大器的灵敏度越高，但 $C_f$ 不能过小，否则 $q_t \approx 0$ 和 $e_i \approx 0$ 的关系将不成立。其次，电荷放大器的传输特性取决于反馈电容 $C_f$ 和反馈电阻 $R_f$。电荷放大器的下限截止频率 $f_c$ 为

$$f_c = \frac{1}{2\pi R_f C_f}$$

$R_f$ 可以取 $10^{10}\Omega$，这样，电荷放大器的下限频率可做得很低。低频响应好，不但可以测量超低频信号，而且电荷放大器可以进行静态校准。通常电荷放大器都设置内标定装置。由于下限截止频率 $f_c$ 取决于 $R_f$，因而电荷放大器的下限频率调节都采用切换反馈电阻 $R_f$ 的方法。电荷放大器对电荷很敏感，因而噪声电荷将引起干扰，所以电荷放大器的输入端要采取妥善的屏蔽、接地措施。

通常，电荷放大器在输出端都设置有低通和高通滤波器，以便选择所需频率，抑制其他频率成分。

## 6.3　汽车车身结构模态试验方法

### 6.3.1　测量结构固有振动特性的基本原理

**1. 结构的固有振动特性**

从力学观点看，车身结构是一个弹性体，具有无限多自由度。但在研究车身各种动力现象时，常把它简化成一个具有几个自由度的线弹性系统。认为结构阻尼是黏性阻尼时，车身结构的动力方程可写成

$$\boldsymbol{MX}'' + \boldsymbol{CX}' + \boldsymbol{KX} = \boldsymbol{F} \tag{6-12}$$

式中，$\boldsymbol{M}$ 为结构的广义质量矩阵，为 $n \times n$ 阶；$\boldsymbol{C}$ 为结构的广义阻尼矩阵，为 $n \times n$ 阶；$\boldsymbol{K}$ 为结构的广义刚度矩阵，为 $n \times n$ 阶；$\boldsymbol{X}$、$\boldsymbol{X}'$、$\boldsymbol{X}''$ 分别为结构广义坐标的位移、速度和加速度列阵；$\boldsymbol{F}$ 为结构承受的广义外力列阵。

设对应系统 $n$ 个固有频率的振型矢量为

$$\boldsymbol{Z}_1 = \begin{pmatrix} Z_{11} \\ Z_{21} \\ \vdots \\ Z_{n1} \end{pmatrix}, \boldsymbol{Z}_2 = \begin{pmatrix} Z_{12} \\ Z_{22} \\ \vdots \\ Z_{n2} \end{pmatrix}, \cdots, \boldsymbol{Z}_n = \begin{pmatrix} Z_{1n} \\ Z_{2n} \\ \vdots \\ Z_{nn} \end{pmatrix}$$

由振型矢量所构成的主振型矩阵为

$$\boldsymbol{Z} = \boldsymbol{Z}_1, \boldsymbol{Z}_2, \cdots, \boldsymbol{Z}_n = \begin{pmatrix} Z_{11} & Z_{12} & \cdots & Z_{1n} \\ Z_{21} & Z_{22} & \cdots & Z_{2n} \\ \vdots & \vdots & & \vdots \\ Z_{n1} & Z_{n2} & \cdots & Z_{nn} \end{pmatrix} \tag{6-13}$$

利用主振型的正交性，有

$$\boldsymbol{Z}^{\mathrm{T}}\boldsymbol{MZ}=\begin{pmatrix}M_1 & & 0\\ & M_2 & \\ 0 & & M_3\end{pmatrix}=\mathrm{diag}\boldsymbol{M}_i$$

$$\boldsymbol{Z}^{\mathrm{T}}\boldsymbol{KZ}=\begin{pmatrix}K_1 & & 0\\ & K_2 & \\ 0 & & K_3\end{pmatrix}=\mathrm{diag}\boldsymbol{K}_i$$

这里 $\mathrm{diag}\boldsymbol{M}_i$、$\mathrm{diag}\boldsymbol{K}_i$都是对角矩阵，结构的第 $i$ 阶固有频率为

$$\omega_i^* = \sqrt{K_i/M_i}$$

结构内部的阻尼，其规律很复杂，通常在结构各固有振型之间存在阻尼耦合，但对阻尼较小的结构，常可略去其耦合作用。假设阻尼矩阵 $\boldsymbol{C}$ 满足条件：

$$\boldsymbol{Z}^{\mathrm{T}}\boldsymbol{CZ}=\begin{pmatrix}C_1 & & & \\ & C_2 & & \\ & & \ddots & \\ & & & C_n\end{pmatrix}=\mathrm{diag}\boldsymbol{C}_i$$

则利用下述坐标变换：

$$\boldsymbol{X}=\boldsymbol{Zq} \tag{6-14}$$

可使式（6-12）解耦，即将式（6-14）代入式（6-12），再左乘 $\boldsymbol{Z}^{\mathrm{T}}$，有

$$\boldsymbol{Z}^{\mathrm{T}}\boldsymbol{MZq}''+\boldsymbol{Z}^{\mathrm{T}}\boldsymbol{CZq}'+\boldsymbol{Z}^{\mathrm{T}}\boldsymbol{KZq}=\boldsymbol{Z}^{\mathrm{T}}\boldsymbol{F}$$

$$\mathrm{diag}\boldsymbol{M}_i\boldsymbol{q}''+\mathrm{diag}\boldsymbol{C}_i\boldsymbol{q}'+\mathrm{diag}\boldsymbol{Kq}=\boldsymbol{p} \tag{6-15}$$

式中，$\boldsymbol{p}=\boldsymbol{Z}^{\mathrm{T}}\boldsymbol{F}$。

式（6-15）已取得解耦形式，因此，称 $\boldsymbol{q}$ 为系统的主坐标，而变换式（6-14）称为主坐标变换。

结构的广义质量、广义刚度和广义阻尼是进行各种动力响应计算时所需的动力参数；结构的固有振型，相应于固有振型的固有频率仅和结构本身的特性有关，称为结构的固有振动特性。它们可通过计算确定，也可通过试验确定。对重要结构一般以试验结果为设计依据。

**2. 固有振型的分离**

$n$ 个自由度系统的振动是由 $n$ 个独立的位移坐标确定的，若这 $n$ 个坐标的振动规律相同，即这 $n$ 个坐标的位移保持一定的比例关系，则系统呈现一定的振动模态。

对阻尼较小的结构，可以近似地认为实际结构在自由振动时，能保持它的固有振型及固有频率不变（严格地说，在阻尼的作用下，结构的振动频率略有减小，振幅不断衰减）。为了保持稳定的振幅以便测量，必须加上一定的激振力，使结构做强迫振动。下面研究强迫振动呈现一定的固有振型的问题。

设 $\boldsymbol{X}$ 为结构振动的位移，系统各阶固有振型为 $\boldsymbol{Z}_i$，以 $q_i$ 表示第 $i$ 阶主坐标（$i=1$，2，…，$n$），则系统发生第 $i$ 阶主振动时的运动方程即为式（6-15）。

在一般情况下，系统的振动可表示为各阶主坐标的叠加。若以 $t$ 表示时间，则

$$\boldsymbol{X}(t)=\sum_{i=1}^{n}a_i\boldsymbol{Z}_iq_i(t)$$

式中，$a_i$为由初始条件决定的常数。

我们的目的是使它能只出现单一的第 $i$ 阶固有振型，即

$$\begin{cases} \boldsymbol{X}(t)=\boldsymbol{Z}_i q_i(t) \\ q_i(t)\neq 0 \\ q_k(t)=0(k\neq i) \end{cases}$$

为了只出现第 $i$ 阶固有振型，只要使激振力仅包含第 $i$ 阶固有振型的广义力，而对其他所有振型的广义力均为零，即在式（6-15）中使

$$\begin{cases} p_i=(K_i+jc_i\omega-M_i\omega^2)q_i \\ p_k=0(k\neq i) \end{cases} \tag{6-16}$$

式中，$j=\sqrt{-1}$。

也就是说，使激振力和所有其他固有振型正交即可。

现在研究它对阻尼耦合的影响。对阻尼较小的结构，矩阵（$C$）的元素与矩阵 diag（$M_i$）或 diag（$K_i$）的元素相比是较小的量。假定振动频率等于第 $i$ 阶固有频率，并远离其他固有频率，当激振力满足式（6-16）时，所得到的强迫振动，主要是 $q_i(t)$一项，矩阵（$C$）非对角元素的耦合作用所引起的其他振型的振动很小，可以略去不计。

如果激振频率正好等于第 $i$ 阶固有频率，并远离其他固有频率，则式（6-15）中第 $i$ 阶固有振型下系统的弹性力将与惯性力互相平衡。为使强迫振动只含 $q_i(t)$一项，激振力的分布应和该振型下阻尼力的分布一致，即

$$p_i \propto C_{ji} \tag{6-17}$$

否则，将引起其他振型的振动。但即使 $p_i$和 $p_j$属同一数量级，且 $F_j$不满足式（6-17），其所引起的第 $j$ 阶振型的振动比第 $i$ 阶的仍要小得多。因此，只要激振力频率等于第 $i$ 阶固有频率，其分布不和第 $i$ 阶固有振型正交（$p_i\neq 0$），结构就发生这一固有振型的共振，而其他固有振型的振动较小。

总之，当激振力为任意分布时，一个多自由度系统的强迫振动，一般包括各固有振型的振动，但当激振频率达到第 $i$ 阶固有频率而和其他固有频率相差较多时，则发生第 $i$ 阶共振，可近似地把结构各点合成振动的振幅作为第 $i$ 阶固有振型的振幅。当激振力的分布只包含第 $i$ 阶固有振型的广义力而和其他振型正交时，只有在阻尼矩阵为对角矩阵时，结构的振动才呈现单纯的第 $i$ 阶固有振型。否则，由于阻尼耦合也会引起其他固有振型的振动，但阻尼耦合所引起的振动很小，因而可以略去。当结构的两个固有频率相当接近时，应使激振力的分布和其中的一个正交，从而分离出这两个固有振型。为了得到共振时纯粹的第 $i$ 阶固有振型，激振力的分布应满足式（6-17），而不是符合该振型下的惯性力分布。

当然，在预先不知道结构固有振动特性的情况下，不易找到合适的激振力分布，在试验中往往要经过反复的调整。

### 6.3.2　车身结构固有振动特性的测定

车身结构固有振动特性的测定，大都是在台架上进行共振试验。此外，还可采用其他方法，例如，结构在平衡位置受到突然冲击或从变形状态突然释放。前者会引起高阶固有振型的自由衰减振动，后者会引起低阶固有振型的自由衰减振动。利用这两种试验，可测定结构

的固有频率和阻尼，由于这种衰减振动是由若干固有振型叠加而成的，故不宜用来测定固有振型。又如，使结构先达共振状态，突然截断激振力，可引起结构单一固有振型的自由衰减振动。随着瞬态振动与随机振动测试方法的不断发展，已出现瞬态激振与随机激振的方法。下面简要介绍利用台架共振试验来测定车身结构固有振动特性的方法。

**1. 试件支承**

测定车身结构的固有振动特性时，希望车身结构的振动是完全自由而不受任何约束作用的。这就要求支承对试件的作用力是一个平衡车身结构重力的常数，而其在振动时额外引起的弹性力、惯性力、阻尼力等都很小，均可略去不计。支承件本身的质量、阻尼可以做得很小，但既要其产生较大的静载荷又同时具有很小的刚度（致使产生的弹性力可以忽略），则比较困难。理论分析和实践均已表明，当车身结构在支承件上的固有频率与车身结构所关注的固有频率之比小于1/3时，测量得到的车身结构固有频率的误差小于1%，支承件的弹性力对车身结构固有频率和固有振型的影响即可忽略。

为满足上述要求，常用的方法有橡皮绳悬挂、线性弹簧支持或悬挂。用这样的支持方法，可使支承的固有频率很低，如图6-12所示。

图6-12　用橡皮绳将试验车身吊起

**2. 激振系统**

（1）激振信号　激振是通过激振器实现的，激振器由功率放大器控制，由于研究车身结构振动，最重要的是较低阶共振频率固有模态。

功率放大器是按照输入信号控制激振器的，输入信号有多种，其激振效果也不一样，常用的有以下几种：

1）正弦波扫描。这是最典型的输入信号，并能取得较好的结果。该方法是用正弦波信号在试验频率范围内（对车身结构一般为0～200Hz）对试件进行频率扫描，然后，再对可能是试件固有频率附近的频率进行逐点细致的扫描，以便得到更加精确的结果。

正弦波扫描可以是缓慢而连续的，有利于提高分析精度。但是大多数正弦扫描信号发生器是离散步进式的，即激振信号频率不是连续变化的，而是以步进式改变的，这时一般要求步进频率增量要小于傅里叶变换时的分析频带带宽，否则试验分析处理会失败。

2）脉冲法。一般采用锤击法可以得到传递函数，但锤击法重复性较差。用计算机输出脉冲信号控制激振器，脉冲信号的峰值、脉宽等参数可以严格控制，比较稳定。但是脉冲信号法与锤击法相同，由于能量较小，可能丢失模态，而且精度较差。

3）白噪声激振。利用白噪声发生器发出的信号控制激振器，其特点是信号的功率谱是平直的，能量均匀分布在很宽的频率范围内。例如，用频率为0.2～200Hz的白噪声信号来控制激振，这对于车身结构激振试验是比较合适的。

4）伪随机信号激振。采用计算机或一些数字仪器发生的随机信号，大多是伪随机信号，是周期性的。信号的周期与采样时间取得一致时，可以减少泄漏现象。虽然功率谱不像白噪声那样平直，但是没有过大的起伏。该方法基本上具备了白噪声激振的特点。

（2）激振方法　由于单点激振能量有限，对于较大的测试对象，一些远离激振点的测量信号的结果往往误差较大，所得到的传递函数的相干函数值也较低，从而影响模态参数识别的精度。近年来提出了多点激振的原理和方法。多点激振可以避免激振点布置在某阶模态振型的节点上，而测不出这阶模态的缺点。因为一般不可能将几个激振器安装在同一模态的节点上，而多点激振能量较大，不易漏掉可能有的模态。

当激振点刚好处在某固有振型的节点上或非常接近时，该振型的振动就不会产生。因此，单点激振的激振点通常放在车身的前端或后端等处，这些地方不可能是节点的位置。对多点激振，测量车身结构固有振动特性多采用两点激振或四点激振。两点激振或四点激振的激振点一般对称地布置在车身的左右两侧。

**3. 测量**

测量车身结构的固有频率，实际上就是测定试验共振频率。对于单点或多点激振，利用结构某一点的振幅共振即可确定共振频率，这种点称为测量点。为提高可靠性，可多选几个测量点。测量时，通过激振器激振，首先在整个频率范围内（对大多数车身结构为0～200Hz）粗测一遍振幅，频率间隔可大些，能观察出各共振高峰区域即可。然后在共振区域附近，进行精确测量，频率间隔取小些，如0.1Hz或更小，使之能够正确测出共振频率，使结构保持在某一共振频率下，测出各测量点的振幅及相位，即可求得其振型。

测量点的数目视车身的大小及振型阶次而定，考虑到蒙皮刚度较小，测量点选在车身结构的骨架上。

确定结构固有振动特性的具体测量方法与分析方法多种多样，其原理各不相同。但是，它们都是以结构受迫振动时的特征为基础的，其出发点都是结构振动的基本动力方程。结构的固有振动特性既然是结构固有的性质，当然不应随着测量及分析的方法不同而有所差异。但是，由于各种方法都采用了不同的假设，因而都含有一定的误差。实践证明，当线性假设基本成立时，对于小阻尼单自由度系统，各种方法所得结果基本相同；对于多自由度系统，在小阻尼情况下，只要实现单一模态，各方法的误差都不是很大。

## 6.4 数据处理

随着微电子技术和信号处理技术的发展，在工程测试中，数字信号处理方法得到广泛的应用，已成为测试系统中的重要部分。从传感器获取的测试信号大多数为模拟信号，进行数字信号处理前，一般要对信号做预处理和数字化处理。测试中的数字信号处理系统如图6-13所示。

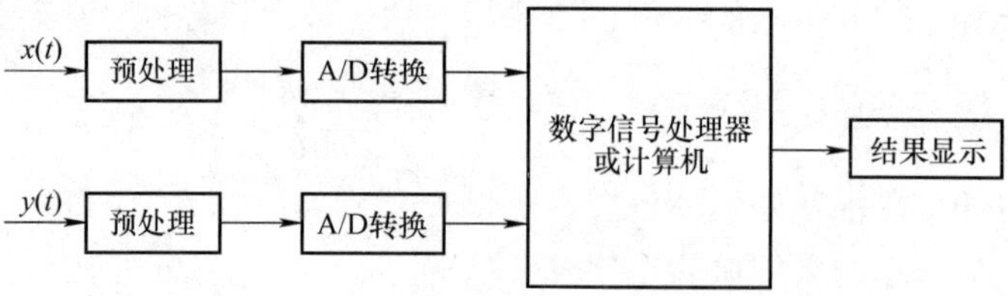


图 6-13　数字信号处理系统

（1）预处理　预处理是指在数字处理前，对信号用模拟方法进行的处理。把信号变成适于数字处理的形式，以减小数字处理的困难。如对输入信号的幅值进行处理，使信号幅值与 A/D 转换器（模拟数字转换器）的动态范围相适应；衰减信号中不感兴趣的高频成分，减小混频的影响；隔离被分析信号中的直流分量，消除趋势项及直流分量的干扰等。

（2）A/D 转换　A/D 转换是将预处理以后的模拟信号变为数字信号，存到指定的地方。其核心是 A/D 转换器。信号处理系统的性能指标与其有密切关系。

（3）分析计算　对采集到的数字信号进行分析和计算，可用数字运算器件组成信号处理器完成，也可用通用计算机。目前分析计算速度很快，已近乎达到“实时”。

（4）结果显示　一般采用数据和图形显示结果。

### 6.4.1　采样、量化和相干性分析

数字化包括两个不同的工作：采样和量化。采样是将连续信号转化为离散数据的过程，而量化是把采样点上的数据值转换成数字值。

**1. 采样**

分析数据时，采样通常是等间隔进行的。因此，问题是如何确定一个适当的采样区间。一方面，采样点相距太近会产生相关和大量多余的数据，从而不必要地增加计算的工作量和成本；另一方面，采样点相距太远，就会在原始数据中间引起低频、高频分量的混淆，这通常被称为混淆问题。它在具有模数转换的数字处理中，是一个潜在的误差源，但在直接对数据做模拟处理时不会出现。为了使采样的数据不发生混淆，采样频率应等于或大于信号最高频率的两倍，即 $f_s \geqslant 2f_m$，或者说，采样间隔不大于信号最小周期的 1/2，即 $T_s \leqslant \frac{1}{2}T_m$。

**2. 量化**

量化是用有限个允许值近似地代替精确值。通常，量化有截尾和舍入两种方法。所谓截尾，是将二进制数的多余位舍掉。所谓舍入，是将二进制数的多余位舍去或舍去后且在最低有效位上加 1，这与十进制中的四舍五入法相似。

若取信号 $x(t)$ 可能出现的最大值为 $A$，量化单位为 $\Delta$。当信号 $x(t)$ 落在某一小间隔内，经过舍入法而变为有限值时，将会产生量化误差 $\varepsilon(n)$。量化误差的最大值为 $\pm\Delta/2$，可以认为量化误差在（$-\Delta/2$，$\Delta/2$）区间各点出现的概率是相等的，其概率密度为 $1/\Delta$，均值为零。可以求得其标准差 $\delta_s$ 为 $0.29\Delta$。显然，量化单位 $\Delta$ 越大，量化误差越大。采集信号时，量化增量的大小与 A/D 转换器位数有关，如 8 位的 A/D 转换器，$\Delta$ 最大为 A/D 转换器

允许的工作电压幅值的 1/256。

**3. 相干性分析**

相干性用来评价系统的输入信号和输出信号之间的因果关系，即输出信号的功率谱中有多少是输入量引起的响应，在许多场合中是十分重要的。通常用相干函数来描述这种因果关系。

如果相干函数为零，表示输出信号与输入信号不相干。如相干函数为 1，表示输出信号与输入信号完全相干，系统不受干扰而且系统是线性的。如果相干函数在 0 ~ 1 之间，则表明有如下三种可能：

1）测试中有外界噪声干扰。

2）输出是输入和其他输入的综合输出。

3）联系输入和输出的系统是非线性的。

### 6.4.2　均值、概率密度函数、相关函数数值处理

**1. 均值**

设数值序列 $\{u_n\}$ 是由平稳且各态历经过程的样本 $u(t)$ 经采样得到的（图 6-14）。$\{u(t)\}$ 的均值由下式估计：

$$\hat{m}_u = \bar{u} = \frac{1}{N}\sum_{n=0}^{N-1} u_n \tag{6-18}$$

式中，$N=\dfrac{T_r}{\Delta t}$ 为数据总数；$T_r$ 为样本记录长度（s）；$\Delta t$ 为采样间隔。

由统计学知识可知，$\hat{m}_u$ 是 $m_u$ 的无偏估计。

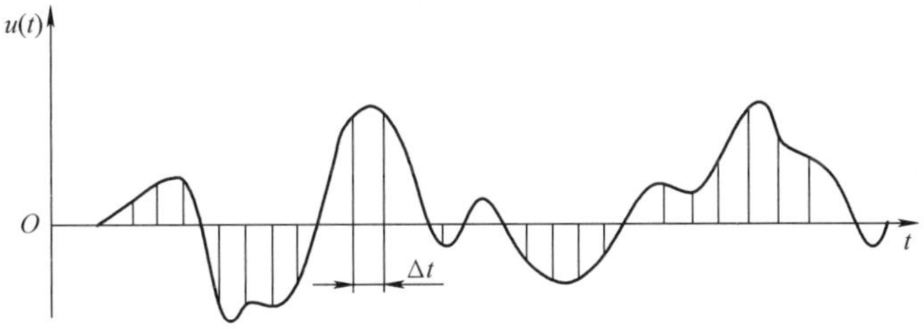


图 6-14　$u(t)$ 采样曲线

在数学计算机上，计算 $\bar{u}$ 的常用算法有：

（1）直接算法　利用算术平均值 $\bar{u}$ 的定义式（6-18）直接计算。

（2）递推算法　令 $\bar{u}_0 = u_{0n}$，对 $n=1, 2, \cdots, N-1$ 计算中间均值：

$$\bar{u}_n = \frac{1}{n+1}\bar{u}_{n-1} + \frac{1}{n+1}u_n = \bar{u}_{n-1} + \frac{1}{n+1}(u_n - \bar{u}_{n-1}) \tag{6-19}$$

最后得

$$\bar{u} = \bar{u}_{N-1}$$

（3）二次均值算法　计算方法如下：

$$\bar{u}^* = \bar{u} + \frac{1}{N}\sum_{n=0}^{N-1}(u_n - \bar{u}) \tag{6-20}$$

比较上述三种算法可知，直接算法的计算量最少，递推算法可随时获得一系列中间均值

$\bar{u}_n$，便于实时处理，二次均值算法中式（6-20）中的第二项，是为了消除数学计算机处理时大量数据舍入误差的影响，从而提高均值计算的精度，但需对原始数据进行二次处理。因此，只有当计算精度要求高，数据极多时，才宜采用二次均值算法。

实用中，为了简化其他统计量的计算，经常把原始序列 $\{u_n\}$ 转化为零均值序列，令

$$x(t)=u(t)-\bar{u}$$

则 $x(t)$ 就是从原始样本得到的零均值样本，它的数值序列 $\{x_n\}$（$\hat{m}_x=\bar{x}=0$）为

$$x_n=x(t_0+n\Delta t)=u_n-\bar{u}(n=0,1,2,\cdots,N-1) \tag{6-21}$$

本节以后诸式，除另行注明外，均是式（6-21）给出的零均值数值序列。

**2. 概率密度函数**

$\{x(t)\}$ 的概率密度函数由下式估计：

$$\hat{f}(x)=\frac{N_x}{NW} \tag{6-22}$$

式中，$W$ 为以 $x$ 为中心的窄区间；$N_x$ 为数据落入 $x\pm W/2$ 的个数；$N$ 为数据总数。

如果要计算数据范围［$a$，$b$］内的概率密度，可按下列步骤进行：

1）分［$a$，$b$］为 $K$ 个分区间，每个分区间的宽度为

$$W=\frac{b-a}{K}$$

第 $i$ 个区间的上端点为

$$d_i=a+iw\ (i=0,\ 1,\ 2,\ \cdots,\ K)$$

其中 $d_0=a$、$d_K=b$。

2）对数值序列 $\{x_n\}$ 进行分组，设

$$N_0=[\text{满足 } x\leqslant d_0 \text{ 的数据个数}]$$

$$N_1=[\text{满足 } d_0<x\leqslant d_1 \text{ 的数据个数}]$$

$$\vdots$$

$$N_i=[\text{满足 } d_{i-1}<x\leqslant d_i \text{ 的数据个数}]$$

$$\vdots$$

$$N_K=[\text{满足 } d_{K-1}<x\leqslant d_K \text{ 的数据个数}]$$

$$N_{K+1}=[\text{满足 } x>d_K \text{ 的数据个数}]$$

于是数据序列被分成 $K+2$ 组，且

$$N=\sum_{i=0}^{K+1}N_i$$

数字计算机上实现上述分组的方法之一是依下列步骤检查每个 $x_n$ 的值：

① 如果 $x_n\leqslant a$，对 $N_0$ 加上整数 1。

② 如果 $a<x_n\leqslant b$，计算 $I=(x_n-a)/W$，然后选择 $i$ 为大于或等于 $I$ 的最小整数，对 $N_i$ 加上整数 1。

③ 如果 $x_n>b$，对 $N_{K+1}$ 加上整数 1。

3）分组完毕后，即可按式（6-22）计算概率密度：

$$\hat{f}(x_i)=\frac{N_i}{NW}=\frac{N_i}{N}\frac{K}{b-a}(i=1,2,\cdots,K) \tag{6-23}$$

式中，$x_i$定义在每个分区间的中点上，即 $x_i = a + (i - \frac{1}{2})W$。

如果需要得到某范围（$d_{i-1} < x \leqslant d_i$）的概率，可按下式计算：

$$\hat{p}(d_{i-1} < x \leqslant d_i) = \frac{N_i}{N}(i = 0,1,2,\cdots,K+1) \tag{6-24}$$

如果需要得到概率分布函数，则按下式计算：

$$\hat{F}(d_i) = \hat{p}(x \leqslant d_i) = \sum_{j=0}^{i} \hat{p}_j = \frac{1}{N}\sum_{j=0}^{i} N_j(i = 0,1,2,\cdots,k) \tag{6-25}$$

**3. 自相关函数**

数字法计算相关函数，有两种方法：第一种是直接由 $\{x_n\}$ 计算；第二种是先计算功率谱密度，再以功率谱密度进行傅里叶逆变换。这里仅介绍第一种方法。

设数值序列 $\{x_n\}$（$n=0$，1，2，…，$N-1$）得自零均值样本 $x(t)$，则$\{x(t)\}$在时移 $\tau = r\Delta t$ 处的自相关函数由下式估计：

$$\hat{R}_r = \hat{R}_x(r\Delta t) = \frac{1}{N-r}\sum_{n=0}^{N-r-1} x_n x_{n+r}(r = 0,1,\cdots,m) \tag{6-26}$$

式中，$r$ 为时移数；$m$ 为最大时移数，$m = \frac{\tau_{\max}}{\Delta t}$，$\tau_{\max}$为最大时移量。

由统计原理可知，式（6-26）确定的 $\hat{R}_r$ 是 $R_r$的无偏估计。

**4. 互相关函数**

互相关函数的计算也有两种方法，这里仅介绍直接计算法。

设$\{x_n\}$和$\{y_n\}$是来自两个平稳样本 $x(t)$和 $y(t)$的数值序列，它们的互相关函数（在 $\tau = r\Delta t$ 时）用下式计算：

$$\begin{cases} \hat{R}_{xy}(r\Delta t) = \dfrac{1}{N-r}\displaystyle\sum_{n=0}^{N-r-1} x_n y_{n+r} \\ \hat{R}_{yx}(r\Delta t) = \dfrac{1}{N-r}\displaystyle\sum_{n=0}^{N-r-1} y_n x_{n+r} \end{cases} \tag{6-27}$$

式中，$r$、$m$ 的含义同式（6-26）。

## 6.4.3 谱密度函数

**1. 窗函数的概念**

从有限长度样本得到的谱密度原始估计值$\widetilde{S}_x(f)$［区别于后面介绍的经平滑处理的估计值 $S_x(f)$］用下式计算：

$$\widetilde{S}_x(f) = \int_{-\tau_m}^{\tau_m} R_x(\tau)\mathrm{e}^{-j2\pi f\tau}\mathrm{d}\tau \tag{6-28}$$

式中，$\tau_m$ 为相关函数 $R_x(\tau)$的最大时移。

式（6-28）是用有限区间的积分来估计真实谱密度 $S_x(f)$的。可以把 $\widetilde{S}_x(f)$看成是$\hat{S}_x(f)$在区间［$-\tau_m$，$\tau_m$］截断的结果，这种截断必然导致误差，是谱处理时必须考虑的一个问题。

式（6-28）可以改写为

$$\widetilde{S}_x(f) = \int_{-\infty}^{+\infty} u(\tau) R_x(\tau) e^{-j2\pi f\tau} d\tau \tag{6-29}$$

式中，矩形函数

$$u(\tau) = \begin{cases} 1 & |\tau| \leqslant \tau_m \\ 0 & |\tau| > \tau_m \end{cases} \tag{6-30}$$

$u(\tau)$的傅里叶变换为

$$U(f) = \begin{cases} 2\tau_m \dfrac{\sin 2\pi f\tau_m}{2\pi f\tau_m} & (f \neq 0) \\ 2\tau_m & (f = 0) \end{cases} \tag{6-31}$$

它们的图形如图6-15所示，根据傅里叶变换的卷积定理，式（6-29）可写为

$$\begin{aligned} \widetilde{S}_x(f) &= \int_{-\infty}^{+\infty} S_x(f') U(f-f') df' \\ &= 2\tau_m \int_{-\infty}^{+\infty} S_x(f') \frac{\sin 2\pi(f-f')\tau_m}{2\pi(f-f')\tau_m} df' \quad (f' \neq f) \end{aligned} \tag{6-32}$$

式中，$\widetilde{S}_x(f)$为$R_x(\tau)$的傅里叶交换。

式（6-32）表明，$\widetilde{S}_x(f)$是$S_x(f)$在整个频率域上与$U(f)$卷积的结果［$f'=f$时，$\widetilde{S}_x(f)=2\tau_m\int_{-\infty}^{+\infty}S_x(f)df$］。通常，把矩形函数称为窗函数，它在时域上的$u(\tau)$称为矩形时移窗，在频域上$U(f)$称为矩形谱窗。时移窗和谱窗互为傅里叶变换。

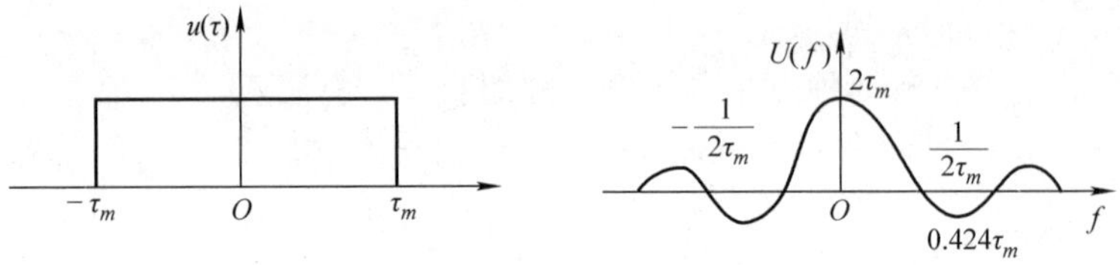


图6-15　$u(\tau)$和$U(f)$采样曲线

**2. 泄漏的概念**

处理谱密度时，矩形窗函数的存在，使$\widetilde{S}_x(f)$相对于$S_x(f)$产生畸变。例如，设正弦函数$x(t)=A_0\sin(2\pi f_0\tau)$，有

$$S_x(f) = \frac{A_0^2}{2}\int_{-\infty}^{+\infty} \cos(2\pi f_0\tau) e^{-j2\pi f\tau} d\tau = \frac{A_0^2}{2}[\delta(f-f_0)+\delta(f+f_0)] \tag{6-33}$$

即频率为$f_0$的正弦波的双边功率谱是在频率$\pm f_0$处的两个脉冲函数。如果以单边功率谱表示，有

$$G_x(f) = \frac{A_0^2}{2}\delta(f-f_0) \quad (f \geqslant 0) \tag{6-34}$$

将式（6-33）代入式（6-32），得

$$\widetilde{S}_x(f) = \frac{A_0^2}{2}\tau_m\left[\frac{\sin 2\pi(f-f_0)\tau_m}{2\pi(f-f_0)\tau_m} + \frac{\sin 2\pi(f+f_0)\tau_m}{2\pi(f+f_0)\tau_m}\right] \tag{6-35}$$

对于$f>0$的情况，令$f_0$和$\tau_m$满足$0 \ll \dfrac{1}{\tau_m} \ll f_0$，则有

$$\widetilde{S}_x(f) \approx \frac{A_0^2\tau_m}{2}\frac{\sin 2\pi(f-f_0)\tau_m}{2\pi(f-f_0)\tau_m} \tag{6-36}$$

相应的单边功率谱为

$$\widetilde{G}_x(f) \approx A_0^2\tau_m\frac{\sin 2\pi(f-f_0)\tau_m}{2\pi(f-f_0)\tau_m} \tag{6-37}$$

它们在$f=f_0$处达最大值，即

$$\widetilde{G}_x(f)\big|_{\max} = \widetilde{G}_x(f_0) = \lim_{f\to f_0}\frac{A_0^2\tau_m\sin 2\pi(f-f_0)\tau_m}{2\pi(f-f_0)\tau_m} = A_0^2\tau_m$$

$G_x(f)$及$\widetilde{G}_x(f)$的图形，如图6-16所示。由图6-16可知，由于积分区间的有限性，$G_x(f)$在$f_0$处的脉冲，变成以$f_0$为中心的$\frac{\sin\theta}{\theta}$型连续函数。这个连续函数在原来的脉冲位置$f_0$处达到最大值$A_0^2\tau_m$，从而形成谱曲线的主峰称为主瓣。在主瓣两侧还出现一系列小峰，称为副瓣。这意味着，原来集中于一个频率的功率，由于副瓣的存在，被分散到一个较宽的频率范围上，这种功率分散的效应称为泄漏。泄漏效应的产生，降低了谱估计的精度。

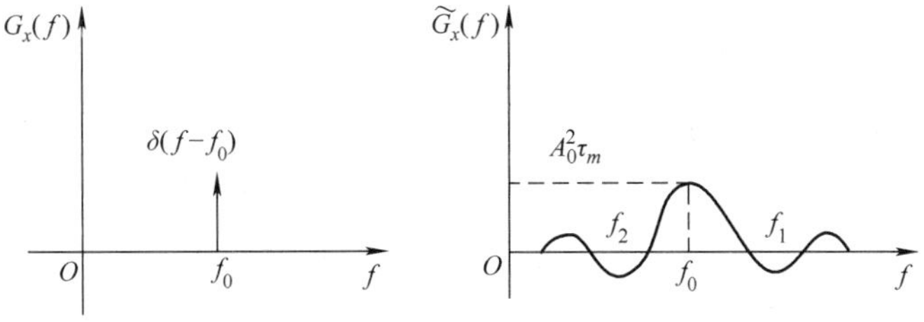


图6-16　正弦函数的理论谱$G_x(f)$及$\widetilde{G}_x(f)$原始估计谱

上述特例可以推广至任意类型的函数。图6-17所示为某一任意函数谱估计时泄漏效应对谱估计的影响，图6-17a所示为某随机过程的真实单边功率谱，图6-17b所示为谱窗$U(f')$。按卷积的图解方法得到原始估计值$\widetilde{G}_x(f)$（图6-17e中的粗实线）。由图可知，原来比较光滑的$G_x(f)$曲线（图6-17e中的细实线），经用谱窗$U(f)$卷积之后，得到的是一条具有“皱波”的非光滑曲线。皱波的形成，完全是因为谱窗函数在主瓣两侧出现正负相间的副瓣，使$\widetilde{G}_x(f)$偏离$G_x(f)$，这种偏离就是统计误差中的方差项，因此，为了减小统计误差，必须抑制泄漏。

**3. 抑制泄漏的措施**

从图6-17还可以看到，泄漏的过程取决于谱窗副瓣的大小。较小的副瓣，使乘积$G_x(f')U(f_0-f')$曲线下的负面积较小，于是$\widetilde{G}_x(f)$曲线具有较小的皱波。因此，为了抑制泄漏，应选择副瓣较小的谱窗函数。

工程上提出了多种形式的谱窗，常用的有汉宁（Hanning）谱窗和海明（Hamming）谱窗。

（1）汉宁谱窗　汉宁时移窗的函数式为

$$d(\tau) = \begin{cases}\frac{1}{2}\left(1+\cos\frac{\pi\tau}{\tau_m}\right) & |\tau|\leqslant\tau_m\\ 0 & |\tau|>\tau_m\end{cases} \tag{6-38}$$

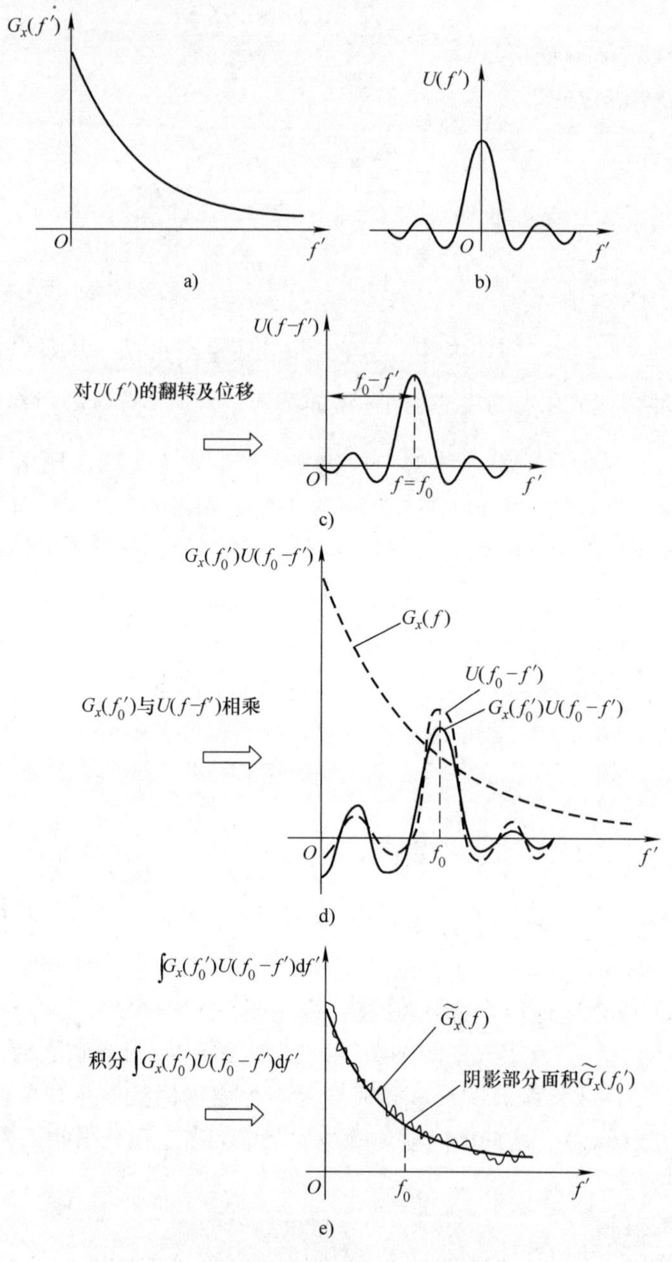


图 6-17　泄漏效应对谱估计的影响

a）随机过程真实单边功率谱　b）谱窗　c）翻转及位移后的谱窗

d）相乘后的图形（实线）　e）卷积后的图形

相应的谱窗为

$$D(f) = \frac{1}{2}U(f) + \frac{1}{4}U\left(f - \frac{1}{2\tau_m}\right) + \frac{1}{4}U\left(f + \frac{1}{2\tau_m}\right) \tag{6-39}$$

由式（6-39）可知，汉宁谱窗是由一个压低了 1/2 的矩形谱窗 $U(f)$ 和两个左右各位移$\dfrac{1}{2\tau_m}$，峰高为$\frac{1}{4}U(f)$的谱窗叠加而成的。图6-18所示为$D(f)$的图形，图中虚线是三个变异矩形谱窗。

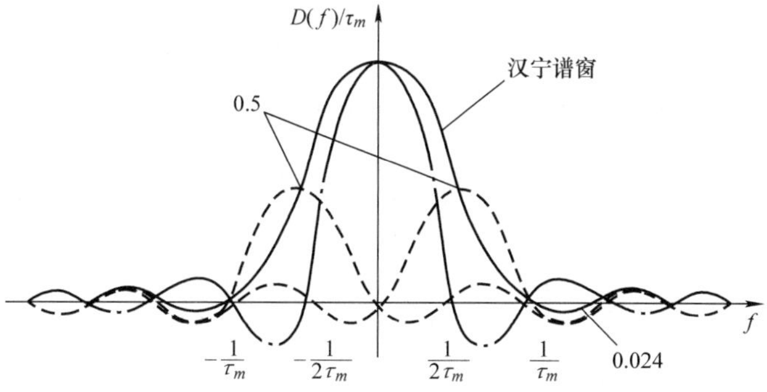


图6-18 汉宁谱窗的构成

比较图6-15与图6-18可知，矩形谱窗$U(f)$的主瓣高为$2\tau_m$，宽为$\frac{1}{\tau_m}$，第一副瓣的高约为主瓣高的20%；而$D(f)$谱窗的主瓣高为$\tau_m$，宽为$\frac{2}{\tau_m}$，第一副瓣高约为主瓣高的2.4%。可见，汉宁谱窗的副瓣有明显的降低，达到了抑制泄漏的目的。但是它的主瓣宽却加大了一倍，这就是说，减少泄漏是以展宽主瓣为代价的。主瓣的展宽意味着分析带宽扩展，从而使功率谱图形的分辨能力降低。所以，为了减小统计误差中的方差项误差，必须抑制泄漏，降低副瓣高度，但这将导致主瓣展宽，分辨力降低，增大偏度误差。反之，为了提高谱分析的分辨力，减小偏度误差，需要收缩主瓣宽度，但这将导致副瓣加大，泄漏增加。因此，处理功率谱时，往往需要在提高分辨力与减少泄漏两者之间做折中考虑。

（2）海明谱窗 海明时移窗的函数式为

$$w(\tau)=\begin{cases}0.54+0.46\cos\frac{\pi\tau}{\tau_m} & |\tau|\leqslant\tau_m\\ 0 & |\tau|>\tau_m\end{cases} \tag{6-40}$$

相应的海明谱窗为

$$W(f)=0.54U(f)+0.23U\left(f-\frac{1}{2\tau_m}\right)+0.23U\left(f+\frac{1}{2\tau_m}\right) \tag{6-41}$$

式（6-41）与式（6-39）相比，两者结构一样，只是前者的系数做了调整，以进一步抑制泄漏，压低副瓣高。海明谱窗的主瓣宽与汉宁谱窗一样，但主瓣高约为$1.08\tau_m$，第一副瓣高接近于零。因此，减少泄漏的效果更好一些。

处理功率谱时，究竟选用哪种窗函数为宜，应根据相关函数的类型及对谱处理的精度要求，结合处理的实践经验决定。

必须指出，泄漏效应并没有使随机过程的总功率有所损失。例如，由式（6-33）得正弦函数均方值的真值为

$$\varphi_x^2=\int_{-\infty}^{+\infty}S_x(f)\,\mathrm{d}f=\frac{A_0^2}{2}$$

由式（6-35）得

$$\varphi_x^2 = \int_{-\infty}^{+\infty} \widetilde{S}x(f)\mathrm{d}f = \frac{A_0^2}{2}\int_{-\infty}^{+\infty}\left[\frac{\sin 2\pi(f-f_0)\tau_m}{2\pi(f-f_0)} + \frac{\sin 2\pi(f+f_0)\tau_m}{2\pi(f+f_0)}\right]\mathrm{d}f = \frac{A_0^2}{2}$$

可见，随机过程的功率并无损失。

**4. 数字序列的窗函数**

采用数字技术进行功率谱分析时，需把上述连续函数的窗、泄漏的概念推广到离散数字序列的范畴。

设离散自相关函数为 $R_{xr}=B_x(r\Delta t)=E(X_nX_{n+r})$ [$X_n$、$X_{n+r}$是连续信号 $x(t)$ 第 $n$ 点和第 $n+r$ 点的采样值，时移数 $r=\dfrac{\tau}{\Delta\tau}$ 可取 $-\infty<r<\infty$ 的整数]，则单边功率谱的离散形式可写为

$$G_x(f) = 2\Delta t\sum_{r=-\infty}^{+\infty} R_{xr}\cos(2\pi fr\Delta t) \tag{6-42}$$

对于有限长度记录，时移 $t$ 只能取 $-\tau_m$ 到 $\tau_m$，故单边功率谱的原始估计值为

$$\widetilde{G}_x(f) = 2\Delta t\sum_{r=-m}^{m} R_{xr}\cos(2\pi fr\Delta t) \tag{6-43}$$

式中，$m=\dfrac{\tau_m}{\Delta t}$为最大时移数。

与连续情形相同，式（6-43）可改写为

$$\widetilde{G}_x(f) = 2\Delta t\sum_{r=-\infty}^{+\infty} u_r R_{xr}\cos(2\pi fr\Delta t) \tag{6-44}$$

把频率区间（0，$\dfrac{1}{2\Delta t}$）$m$ 等分，得离散频率 0，$\dfrac{1}{2\Delta tm}$，$\dfrac{2}{2\Delta tm}$，…，$\dfrac{k}{2\Delta tm}$，…，$\dfrac{m}{2\Delta tm}$（其中 $K=0$，1，…，$m$），故 $2\pi fr\Delta t=\dfrac{\pi kr}{m}$，代入式（6-44）并简写 $\widetilde{G}_x(f)=\widetilde{G}_x\left(\dfrac{k}{2\Delta tm}\right)=\widetilde{G}_k$，则有

$$\widetilde{G}_k = 2\Delta t\sum_{r=-\infty}^{+\infty} u_r R_{xr}\cos\frac{\pi kr}{m} \tag{6-45}$$

式中，$u_r$为矩形数字时移窗，由下式定义：

$$u_r = \begin{cases} 1 & |r|\leqslant m \\ 0 & |r|>m \end{cases} \tag{6-46}$$

相应的离散傅里叶变换为

$$U_K = 2m\Delta t\frac{\sin\pi k}{\pi k} \tag{6-47}$$

称为矩形数字谱窗。

数字序列的谱窗，泄漏的概念类似于连续情形，并有相应的汉宁数字窗和海明数字窗。

(1) 汉宁数字窗　汉宁数字移窗的函数式为

$$d_r = \begin{cases} \dfrac{1}{2}\left(1+\cos\dfrac{\pi r}{m}\right) & |r|\leqslant m \\ 0 & |r|>m \end{cases} \tag{6-48}$$

汉宁数字谱窗为

$$D_K = \frac{1}{2}U_K + \frac{1}{4}U_{K-1} + \frac{1}{4}U_{K+1} \tag{6-49}$$

（2）海明数字窗　海明数字时移窗的函数式为

$$w_r = \begin{cases} 0.54 + 0.46\cos\dfrac{\pi r}{m} & |r| \leqslant m \\ 0 & |r| > m \end{cases} \tag{6-50}$$

海明数字谱窗为

$$W_K = 0.54U_K + 0.23U_{K-1} + 0.23U_{K+1} \tag{6-51}$$

**5. 平滑处理**

前述抑制泄漏的措施，是通过对原始数据选用适当的窗函数达到的。反映在频域上的效果是 $\widetilde{G}_x(f)$ 的皱波减小。实际上这一效果也可以从另一角度达到，用矩形时移窗得到 $\widetilde{G}_x(f)$ 或 $\widetilde{G}_K$，然后使 $\widetilde{G}_x(f)$ 或 $\widetilde{G}_K$ 变得光滑。数据处理中，常把原始估计值在频域上进行光滑化的措施称为平滑处理。平滑的结果是得到一条较为光滑的曲线，从而减小谱处理的统计误差。

图6-19所示为 $\widetilde{G}_x(k)$ 平滑处理示意图，图中实线是 $\widetilde{G}_x(k)$，虚线是 $G_x(k)$。平滑处理时，对于 $f_k = \dfrac{k}{2m\Delta t}$ 处的 $\widetilde{G}_k$ 值，参考前后两点 $f_{k-1} = \dfrac{k-1}{2m\Delta t}$ 和 $f_{k+1} = \dfrac{k+1}{2m\Delta t}$ 处的 $\widetilde{G}_{k-1}$ 和 $\widetilde{G}_{k+1}$ 值，以圆滑过渡为准进行修正，称修正后的估计值为平滑估计值，记为 $\hat{G}_k$，以区别于未经平滑的原始估计值 $G_k$。

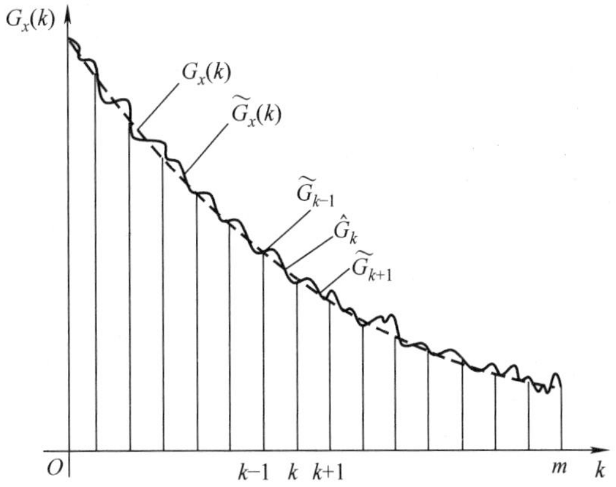


图6-19　平滑处理示意图

平滑处理时，$\widetilde{G}_k$ 用下式计算：

$$\begin{aligned} \widetilde{G}_k &= \frac{1}{2}\left[\frac{1}{2}(\widetilde{G}_{k-1} + \widetilde{G}_k) + \frac{1}{2}(\widetilde{G}_k + \widetilde{G}_{k+1})\right] \\ &= \frac{1}{4}\widetilde{G}_{k-1} + \frac{1}{2}\widetilde{G}_k + \frac{1}{4}\widetilde{G}_{k+1} \quad (k = 1, 2, \cdots, m-1) \end{aligned} \tag{6-52}$$

在 $k=0$ 及 $k=m$ 处，取

$$\begin{cases} \hat{G}_0 = \dfrac{1}{2}(\widetilde{G}_0 + \widetilde{G}_1) \\ \hat{G}_m = \dfrac{1}{2}(\widetilde{G}_{m-1} + \widetilde{G}_m) \end{cases} \tag{6-53}$$

式（6-52）和式（6-53）是平滑处理中的常用公式，但不是唯一的。

**6. 抑制泄漏与平滑处理的关系**

为了建立两种方法的内在联系，先分析选用汉宁数字窗得到的 $\hat{G}_k^*$，参考式（6-45）得

$$\begin{aligned} \hat{G}_k^* &= 2\Delta t \sum_{r=-\infty}^{+\infty} d_r R_{xr} \cos\frac{\pi k r}{m} \\ &= 2\Delta t\left[d_0 R_{x0} + 2\sum_{r=1}^{m-1} d_r R_{xr}\cos\frac{\pi k r}{m} + (-1)^k d_m R_{xm}\right] \end{aligned} \tag{6-54}$$

由式（6-48）得 $r=0$ 时 $d_0=0$；$r=m$ 时，$d_m=0$，于是

$$\hat{G}_k^* = 2\Delta t\left(R_{x0} + 2\sum_{r=1}^{m-1} d_r R_{xr}\cos\frac{\pi kr}{m}\right) \tag{6-55}$$

在 $k=0$ 处，有

$$\hat{G}_0^* = 2\Delta t\left[R_{x0} + \sum_{r=1}^{m-1}\left(1+\cos\frac{\pi r}{m}\right)R_{xr}\right] \tag{6-56}$$

另一方面，如果采用矩形数字窗，由式（6-45）得到 $k=0$ 处的原始估计值为

$$\tilde{G}_0 = 2\Delta t\left(R_{x0} + 2\sum_{r=1}^{m-1} R_{xr} + R_{xm}\right) \tag{6-57}$$

在 $k=1$ 处有

$$\tilde{G}_1 = 2\Delta t\left(R_{x0} + 2\sum_{r=1}^{m-1} R_{xr}\cos\frac{\pi\tau}{m} - R_{xm}\right) \tag{6-58}$$

若按式（6-53）进行平滑处理，得

$$\hat{G}_0 = \frac{1}{2}(\tilde{G}_0 + \tilde{G}_1) = 2\Delta t\left[R_{x0} + \sum_{r=1}^{m-1} R_{xr}\left(1+\cos\frac{\pi r}{m}\right)\right] \tag{6-59}$$

比较式（6-59）与式（6-56），得

$$\hat{G}_0 = \hat{G}_0^*$$

同理，可证明

$$\hat{G}_m = \hat{G}_m^*$$

$$\hat{G}_k = G_k^*$$

可见，用汉宁谱窗做抑制泄漏处理，与 $\tilde{G}_x(f)$ 在频域上做平滑处理等价。数据处理时，是对原始数据进行抑制泄漏处理，还是在频域上做平滑处理，可视数据处理的方便决定。

## 6.5 运动型多用途汽车（SUV）车身结构试验模态分析

本节介绍某SUV的模态试验过程，该试验模态分析得到该车白车身100Hz以下模态的模态参数，评估了其动态振动特性。

### 6.5.1 试验测量和分析系统

试验测量和分析系统由三大部分组成：试验激振系统、响应采集系统、模态分析和处理系统。其中试验激振系统包括：

1）LMS SCADASⅢ SC316W的QDAC信号发生模块、功率放大器和激振器。

2）响应采集系统包括加速度传感器、力传感器和LMS SCADASⅢ SC316W信号放大和智能采集系统。

3）模态分析和处理系统主要是LMS模态分析软件Test. lab。

具体的组成方式如图6-20和图6-21所示。

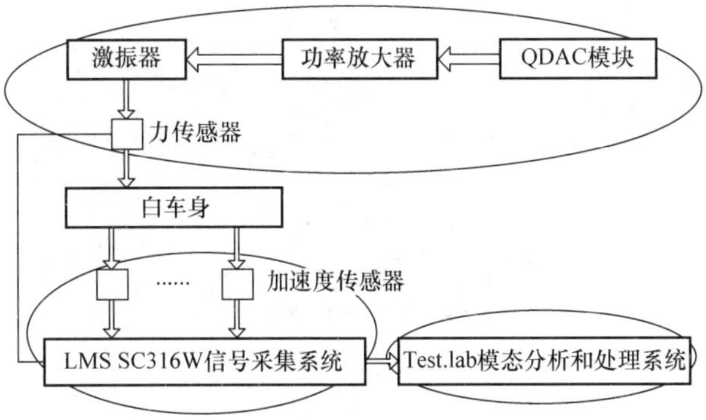


图 6-20 模态试验测量分析系统模型

图 6-21 SUV 白车身模态试验测量分析系统

## 6.5.2 试验步骤

### 1. 激振器和激振信号

激振通过激振器实现，激振器（图 6-22）由功率放大器按照输入信号控制。采用何种激振信号，关键在于是否能够提供足够的能量，把需要频段中的模态全部激发出来。该模态试验采用猝发随机信号，它具有周期随机信号的所有优点，并且测试速度更快。

图 6-22 激振器

### 2. 激振点

车辆坐标系的定义：车辆坐标系取前进方向为 $X$ 轴负方向，前进方向右侧为 $Y$ 轴正方向，垂直向上为 $Z$ 轴正方向，$X$ 、$Y$ 、$Z$ 坐标轴符合右手定则。

激振点的位置选取原则是：能够激起所关注的全部低阶模态，且要避开关注模态的振型节点，安装在车身刚度比较大的位置。根据经验，激振点通常放在车身前部或后部，这些地方不可能是振型节点。$X$ 方向布置在左前纵梁下部，$Y$ 方向布置在右侧门槛梁中部，$Z$ 方向布置在左侧后纵梁下部，三个方向的位置均具有较大的刚度，具体位置如图6-23所示。

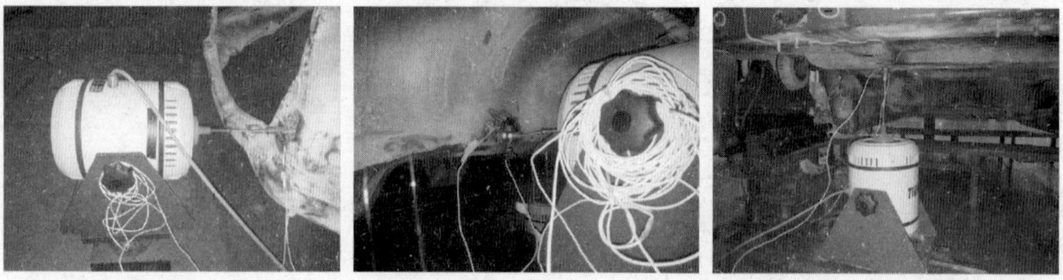

a)　　b)　　c)

图6-23　激振器安装位置
a）*X*方向激励　b）*Y*方向激励　c）*Z*方向激励

**3. 激振方式**

为防止模态丢失及提高模态识别可靠性，采用多点激振多点拾振的方法。同时在车身纵向（*X*）、侧向（*Y*）、垂向（*Z*）三个方向进行激振和拾振。在三个激振点处分别用一个力传感器和一个加速度传感器测定，其他拾振点处分批测定加速度值。试验通过移动传感器分批进行测量，每批又分为*X*、*Y*、*Z*三个方向三组。通过移动传感器分批进行测量，虽然大大增加了试验工作量，但可以减小传感器附加质量的影响，提高测试精度。而且使用的是ICP加速度传感器，该传感器的质量和体积非常小，不需要用磁座安装，大大减小了附加质量的影响，从而提高了测试精度。

**4. 测点布置**

为了使测量分析模态能够全面地反映白车身的振型变化特点，除3个激振点外共安排布置了168个测点，对这些测点分别进行*X*、*Y*、*Z*三个方向的振动加速度信号的采集。分别完成测点模型的建立，以及实物结构的测点布置，如图6-24和图6-25所示。

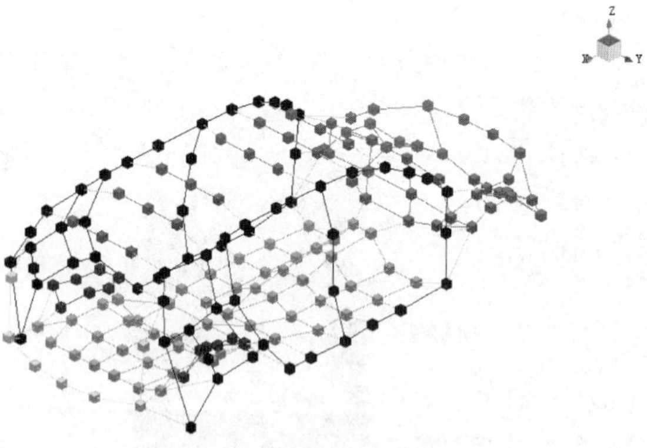


图6-24　白车身测点布置示意图

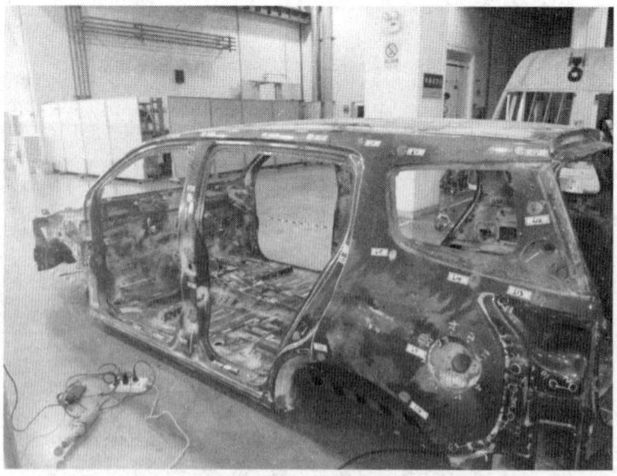

图6-25　白车身实际测点分布

**5. 车身支承方式**

白车身结构采用橡皮绳悬挂的方式，使其处于自由状态。橡皮绳要求足够软，以保证由悬挂系统引起的刚体模态的最低阶频率低于结构自身1阶弹性模态频率的10%～20%，经试验测得刚体模态为1.24Hz，约为白车身结构1阶模态（29.590Hz）的4.19%，故可以认为符合试验要求。悬挂点应尽量靠近结构低阶振型的节点位置，使悬挂系统对结构固有频率测试的影响最小。同时，结构处于自由状态时具有最多的自由度，在此状态下得到的模态参数便于与其他部件一起进行整体结构的综合模态分析。

根据上述要求及便于悬挂实施，选择白车身前避振器处为前悬挂点，选择后风窗立柱为后悬挂点，如图6-26所示。

a)　　b)

图6-26　白车身的悬挂方式

a）前悬挂点　b）后悬挂点

**6. 数据采集**

由于试验对象所关注的频段范围是0～100Hz，故激振信号的频率范围（带宽）选择为256Hz，信号采集时的采样频率为512Hz。为了降低测试中噪声的影响，采用平均技术降低随机误差，信号平均段有20个，频率分辨率为0.125Hz，谱线数为2048个，窗类型为汉宁窗。激励信号在采样长度内完全包容，并且采样信号为周期性采样，因此没有泄漏。

## 6.5.3　数据处理及试验模态分析

**1. 相干性分析**

各测点的传递函数试验数据处理与试验数据的采集同步进行，采集好一批信号后，立即观察其信号的相干性，只有峰值频率的相干系数在0.8以上的信号才有效。图6-27所示为模态试验测响应信号的相干系数，信号相干系数基本大于0.85，符合要求。对符合要求的信号立即进行传递函数的处理，这样可以提高试验数据的准确率，避免数据不合要求后的重复试验。当所有测点的各个方向响应信号完全测试完成后，最后完成白车身的模态定阶和拟合工作，获得其模态质量、模态刚度和模态阻尼等模态参数。

**2. 固有频率和振型识别**

通过在三个激振点同时施加的$X$、$Y$、$Z$三个方向激振，对各个测点在$X$、$Y$和$Z$方向的加速度进行测试。然后完成各个测点到激振点的传递函数的计算，采用传递函数的集总平均进行模态定阶，分析所得的模态参数见表6-1，其中模态参数经过了模态质量归一化处理。1阶扭转模态和1阶弯曲模态如图6-28和图6-29所示。

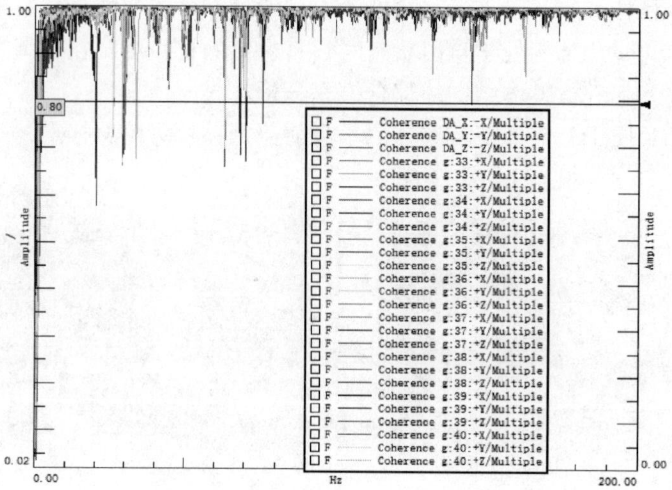


图 6-27　信号的相干系数（见彩插）

**表 6-1　*X*、*Y*、*Z* 三个方向综合前 10 阶模态振型描述**

| 阶数 | 模态频率 | 模态振型描述 |
|---|---|---|
| 1 | 26.177Hz | 车身上部 *Y* 向摆动 |
| 2 | 28.939Hz | 车身 1 阶绕 *X* 轴扭转 |
| 3 | 29.283Hz | 车身发动机舱 *Z* 向摆动 |
| 4 | 32.669Hz | 车身发动机舱绕 *X* 轴扭动 |
| 5 | 37.836Hz | 中底板 *Z* 向摆动 |
| 6 | 49.164Hz | 车身 1 阶弯曲模态 |
| 7 | 51.109Hz | 顶棚局部模态 |
| 8 | 54.140Hz | 车身 2 阶扭转、B 柱局部模态 |
| 9 | 59.789Hz | 车身弯扭组合、左后侧围局部模态 |
| 10 | 61.939Hz | 车身 2 阶弯曲、右后侧围板和地板后部局部模态 |

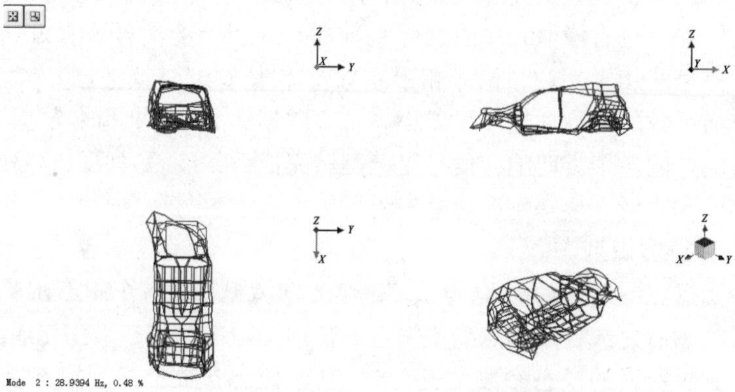


图 6-28　白车身 1 阶扭转模态（28.939Hz）（见彩插）

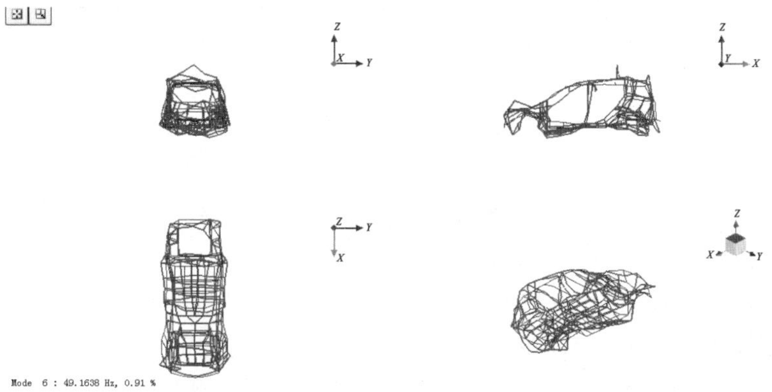

图 6-29 白车身 1 阶弯曲模态（49.164Hz）（见彩插）

模态判定准则（MAC）是用来比较不同模态振型的相关性和评估同一模态振型正确性的工具。描述同一个物理模态的两个向量，其 MAC 值应接近 1（或 100%），描述不同物理模态的两个向量，其 MAC 值一般应比较小（如小于 25%）。

该白车身结构的模态判定准则 MAC 统计直方图如图 6-30 所示。通过 MAC 计算可以看出，各阶模态的相关性都在 25% 以内，说明各阶模态具有良好的正交性。

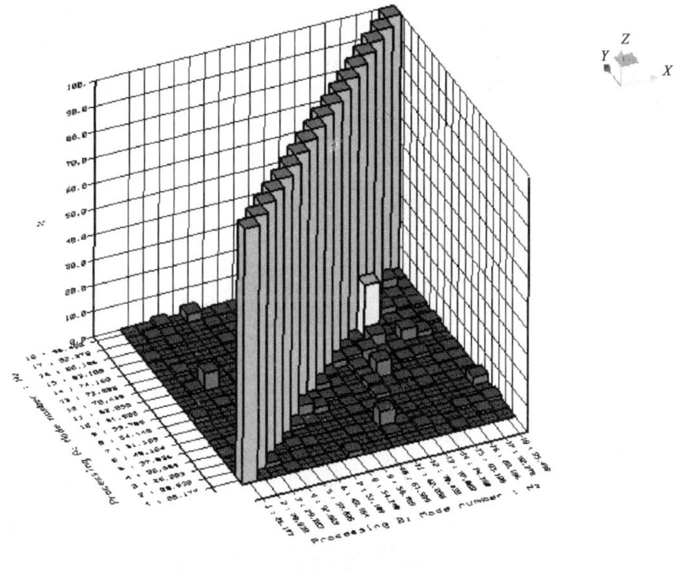

图 6-30 前 15 阶模态之间的 MAC 值直方图（见彩插）

**3. 误差分析**

（1）悬挂误差 为了模拟车身的自由状态，在模态试验中用柔软的橡皮绳悬挂车身，在数据处理中得到此次试验的 1 阶模态值为 1.592Hz，这就是由橡皮绳悬挂所带来的悬挂误差。由于该频率值远小于 1 阶扭转频率（35.982Hz）的 1/5，所以此次试验中由于橡皮绳悬挂所带来的误差可以忽略。

（2）传感器附加质量误差 在此次试验中，每批数据的采集都只用了 8～10 个传感器，而且每批数据的测点都较分散，将由传感器附加质量带来的误差减到了最小。

（3）外部干扰　由于在每批试验数据采集后都实时进行了数据的相干性分析，只有峰值频率的相干系数在0.8以上，才认为试验数据可靠，因此认为试验中由于外部干扰带来的误差影响较小。

### 6.5.4　试验模态分析结果评价

在0~100Hz的频段范围内，该白车身结构具有18阶模态，说明车身模态比较分散，车身设计比较合理。

车身主要受来自路面的激励、车轮不平衡的激励及发动机的激励。路面的激励在良好路面上多为1~3Hz之间；车轮不平衡的激励通常在1~30Hz之间，一般低于11Hz；发动机怠速工况下的转速一般为800r/min，故发动机怠速工况下的爆发频率约为27Hz。该白车身结构的1阶弹性模态频率为29.590Hz，避开了共振频率2Hz以上，故不会发生共振现象。

该白车身结构在70Hz以下时的模态为主振型和少数局部振型，该范围内的模态振型对整车的振动特性有较大的影响，局部振型多为发动机舱、地板和备胎托盘的局部模态，说明这些位置结构偏弱。

70Hz以上的模态为多数的局部振型和少数的主振型，尤其以车顶结构、前围、行李舱的局部模态为主，该频率范围内的激振会引起结构和空腔的共振，产生声固耦合现象，如发动机舱的局部振动引起发动机舱盖的共振，顶盖的振动引起乘员空腔的共振等。

同几款相似车型的白车身结构进行模态参数的对比，可以看出该车型的1阶扭转模态频率和1阶弯曲模态频率较高，1阶扭转模态频率较上汽A级车偏低，而1阶弯曲模态频率较其略高，说明该白车身结构的总体刚度性能较好。

## 参 考 文 献

[1] 高云凯. 汽车车身结构分析 [M]. 北京：北京理工大学出版社，2006.
[2] 李杰敏. 汽车拖拉机试验学 [M]. 北京：机械工业出版社，1995.

## 思　考　题

1. 汽车车身结构模态试验的主要仪器、设备和传感元件有哪些？
2. 电磁激振器的主要参数有哪些？
3. 压电式加速度传感器为什么必须匹配电荷放大器工作？
4. 什么是车身结构固有振动特性？
5. 测量车身结构固有振动特性时，如何进行固有振型分离？
6. 测量车身结构固有振动特性时，如何进行支承？
7. 测量车身结构固有振动特性时，常用哪些激振信号？测点如何选择？
8. 随机信号处理的采样原则是什么？随机信号处理的常见处理参数有哪些？
9. 处理功率谱密度时，为什么要选用窗函数？如何选择？

# 第7章 汽车车身结构疲劳耐久性分析

汽车在行驶过程中，车身结构承受交变载荷作用，车身结构的断裂破坏大部分是疲劳断裂。本章介绍疲劳强度理论的一般知识，阐述车身结构疲劳试验方法，并结合工程实例，对车身结构的疲劳仿真和室内快速疲劳模拟试验进行了介绍。

## 7.1 疲劳强度理论的一般知识

### 7.1.1 疲劳破坏及疲劳曲线

为了在车身结构动态强度分析的基础上估计车身结构的疲劳寿命，必须应用疲劳强度的基础知识，并对车身结构动态强度分析所得的随机应力进行统计处理。

**1. 疲劳损伤机理**

机械零部件在循环交变应力作用下的疲劳破坏，与在静应力作用下的失效有本质的区别。静强度失效，是由于在零部件的危险截面中，产生过大的残余变形或最终断裂。在静强度计算中，所用的材料强度指标是屈服极限 $\sigma_s$ 和强度极限 $\sigma_b$，计算的出发点是截面上的平均应力。而疲劳破坏是由于在零部件局部高应力区，较弱的晶粒在变应力作用下形成微裂纹，然后发展成宏观裂纹，裂纹继续扩展导致最终的疲劳破坏。在疲劳强度计算中，所用的材料强度指标是疲劳极限$\sigma_r$，计算的出发点是局部最高应力（或称峰值应力），材料的疲劳极限$\sigma_r$小于其屈服极限$\sigma_s$和强度极限$\sigma_b$。

疲劳破坏的过程分为三个阶段：①疲劳裂纹的形成；②疲劳裂纹的扩展；③瞬时断裂。材料在多次重复的变应力作用下，虽然工作应力的最小值小于材料的强度极限，但由于在材料的局部造成某些永久性的变形，从而产生裂纹并且最终断裂。疲劳断裂是由循环变应力、拉应力和塑性应变同时作用而造成的。循环变应力使裂纹形成，拉应力使裂纹扩展，塑性应变影响着整个疲劳过程。

**2. 疲劳累积损伤理论**

为研究构件在交变载荷作用下的强度问题，有必要对材料或构件进行疲劳试验。由于影响疲劳强度的因素是复杂的，随机载荷的一切统计特性对材料强度都有影响，所以要完全模拟实际载荷的试验是非常困难的。在实验室中进行疲劳试验，一般只能模拟实际载荷的主要特性。典型的疲劳试验是在等幅交变载荷作用下的试验。以这样的载荷对一批试件进行疲劳加载，使试件上产生幅值为 $\sigma_i$ 的交变应力，记录各试件直至破坏时的应力循环次数 $N_i$，作为材料在 $\sigma_i$ 水平下的疲劳寿命。以不同的 $\sigma_i$ 的交变应力进行一系列的试验，可绘出疲劳寿命 $N_i$ 与交变应力 $\sigma_i$ 的关系图，如图 7-1 所示，即材料的疲劳强度与寿命曲线（$S-N$ 曲线）。

这里 $S(\sigma)$ 表示广义应力，疲劳寿命 $N_i$ 与交变应力 $\sigma_i$ 有下列关系：

$$\sigma_i^K N_i = C \tag{7-1}$$

式中，$C$ 为常数；$K$ 由直线的斜率决定。

图 7-1 中折线的水平段表示当交变应力 $\sigma_i$ 小于某值时，载荷循环次数再增加，试件也不发生破坏。此时的交变应力幅值记为 $\sigma_{-1}$，称为持久疲劳强度极限。相应于 $\sigma_{-1}$ 的最小循环次数为 $N_{-1}$。对于钢材，$N_{-1}$ 为 $10^6 \sim 10^7$。

平均应力 $\sigma_m$ 对 $S-N$ 曲线的影响，可用图 7-2 所示的铝合金 2014－T6 的疲劳曲线来说明。图中的曲线是在不同的平均应力 $\sigma_m$ 下绘制的。最大应力 $\sigma_{max}$ 相等的条件下，减小平均应力 $\sigma_m$（即增大应力幅 $\sigma_i$），试件的寿命减小。

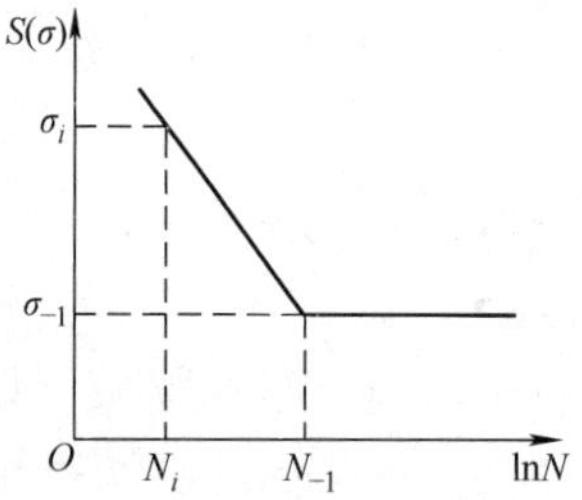


图 7-1　$S-N$ 曲线

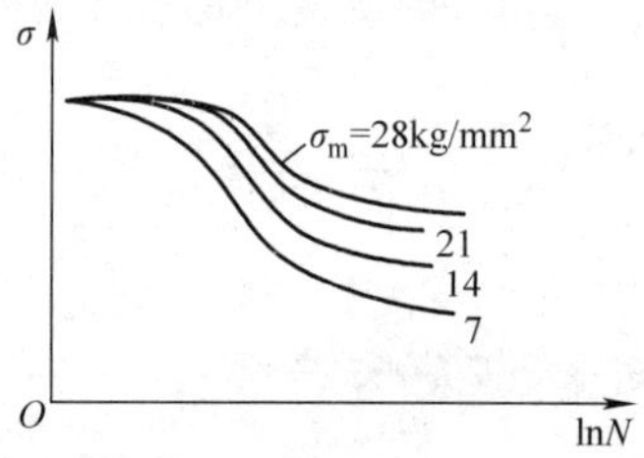


图 7-2　铝合金 2014－T6 的 $S-N$ 曲线

**3. 疲劳损伤积累**

疲劳损伤是指当材料承受高于疲劳极限应力 $\sigma_{-1}$ 的循环应力 $\sigma_i$ 时，每一循环都使材料产生一定量的损伤，这种损伤是能积累的，该积累可考虑为 $\frac{n_i}{N_i}$ 的形式。当损伤积累达到临界值时，就发生疲劳失效。有多种关于疲劳损伤积累的理论，最著名的是线性损伤积累理论：裂纹是均匀地随载荷循环次数而扩展的，即损伤程度和寿命周比 $\frac{n_i}{N_i}$ 成正比，且各个应力幅值下产生的损伤程度可以线性叠加，当寿命周比之和等于 1 时，试件产生失效，即试件的疲劳破坏条件为

$$\sum \frac{n_i}{N_i} = 1 \tag{7-2}$$

疲劳损伤积累是线性的这一假是 Palmgren 于 1924 年首先提出的，其后在 1945 年 Miner 又重新提出，因此，式（7-2）又称为 Palmgren－Miner 定理，简称 Miner 定理。

### 7.1.2　随机载荷的统计处理

介绍实测载荷的统计处理方法，目的是要获得峰值或幅值的概率密度分布，为估算构件寿命提供依据。随机载荷的统计处理主要采用计数法和功率谱法。对于疲劳强度而言，主要是幅值的变化，所以常用计数法。

**1. 峰值计数法**

峰值计数法对载荷时间历程的各极大值（峰值）和极小值（谷值）分别进行统计。对于一个典型的窄带随机过程，由于每个载荷循环的峰值与谷值在其平均值的两侧（图7-3a），所以这种方法提供了载荷时间历程的主要信息。但是对于宽带随机过程，这种计数法得到的峰值分布，与影响疲劳寿命的主要因素幅值的分布相差很大。图7-3b所示的波形，用峰值计数法记录了3个十分接近的极大值，而以疲劳损伤的观点，应该将它看成由一个大的循环载荷与两个小的循环载荷叠加而成。

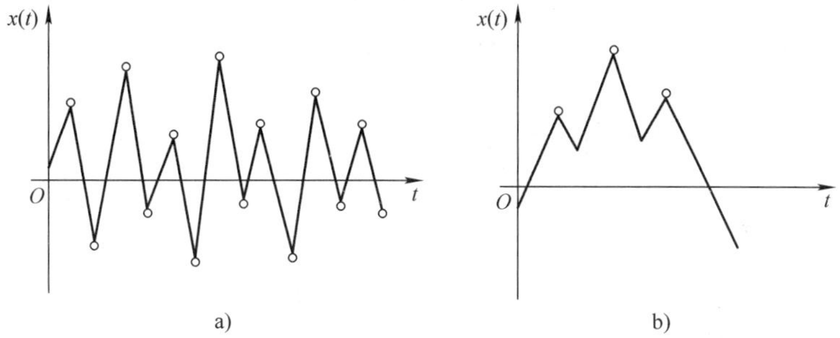


图7-3　峰值计数法

**2. 幅度计数法**

幅度是随机载荷两极值（极大值与极小值）之间的差值。并定义从极小值上升到极大值时，幅度为正值；从极大值下降到极小值时，幅度为负值。如图7-4中$r_1$、$r_3$、$r_5$等是正幅度，而$r_2$、$r_4$、$r_6$等是负幅度。幅度计数法虽然统计了载荷幅值（载荷幅值$a_i = r_i/2$），但完全忽略了载荷平均值。疲劳载荷虽然是应力幅起主要作用，但是平均应力对疲劳损伤也是有影响的，这是幅度计数法的缺点。

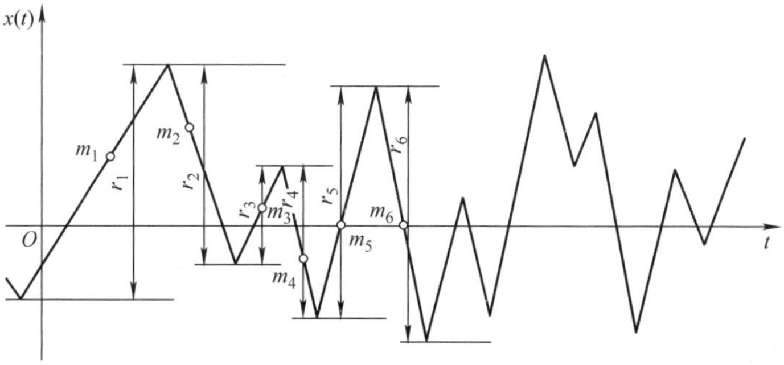


图7-4　幅度计数法

为了弥补幅度计数法未能考虑载荷平均值对疲劳的影响，而发展了幅度均值计数法和幅度对均值计数法。幅度均值计数法中，除了与上面方法相同将幅值$r_i$统计记录下来外，还把每个幅度值相应的均值$m_i$统计记录下来，这样就弥补了幅度计数法将平均值略去不计的不足。在幅度对均值计数法中，将数值相等而符号相反的幅度成对地统计下来，并记下相应的均值。这种计数法不仅记下了幅度对，同时也记录下了均值，较全面地描述了对疲劳损伤有影响的载荷变化特征。

**3. 雨流法**

雨流法与幅度对均值计数法虽然方法不同，但对于同一个实测的载荷，所得到的统计结果是非常接近的。如图 7-5 所示，雨流法的统计规则如下：

1）雨流依次从每个峰（谷）的内侧开始，顺着斜坡往下流，在下一个峰（谷）落下，直到对面有一个比它开始点更大的峰（谷）时为止（峰与谷值以绝对值计）。

2）当雨流遇到来自上层斜面落下的雨流时就截止，记录一个全循环。

3）按照上述规定取出所有的全循环进行统计计数，直到剩下的载荷时间历程成为发散收敛型为止。

4）将剩下的发散收敛型载荷时间历程，改成等效的收敛发散型，再进行第二阶段计数，总数等于两个阶段计数之和。

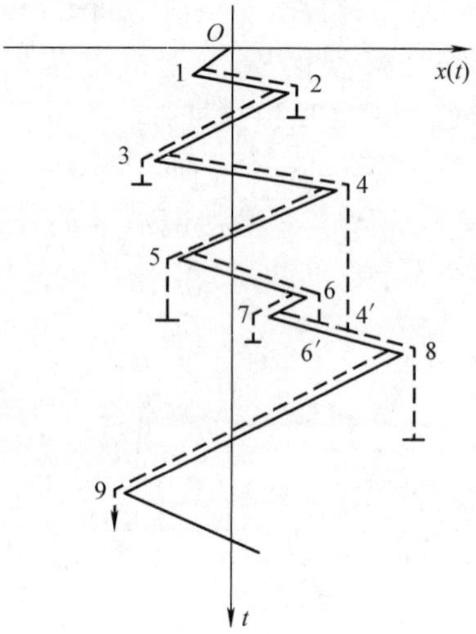


图 7-5　雨流法

现在详细说明雨流法在图 7-5 所示的一小段载荷时间历程上的应用。

1）雨流从谷 1 的内侧开始，在峰 2 落下，由于对面有一个比谷 1 更大的谷 3，于是雨流就停止，取出半循环 1 – 2。

2）雨流从峰 2 的内侧开始，在谷 3 落下，由于峰 4 比峰 2 更大，雨流停止，取出半循环 2 – 3。

3）雨流从谷 3 的内侧开始，在峰 4 落下，由于对面的谷 5 和谷 7 都比谷 3 小，故一直沿着 4 – 4′ – 8 的路径在峰 8 落下，因为对面的谷 9 比谷 3 大，故雨流停止，取出半循环 3 – 4 – 4′ – 8。

4）雨流又从峰 4 内侧开始，在谷 5 落下，由于峰 8 比峰 4 大，雨流停止，记下半循环 4 – 5。

5）雨流又从谷 5 的内侧开始，在峰 6 落下，由于遇到来自上层斜面峰 4 的雨流 4 – 4′ – 8，于是雨流在 4′处停止，记下半循环 5 – 6 – 6′ – 4′。这样半循环 4 – 5 和 5 – 6 – 6′ – 4′就形成全循环 4 – 5 – 6 – 6′ – 4′。

6）雨流又从峰 6 的内侧开始，在谷 7 落下，由于峰 8 比峰 6 大，雨流停止，取出半循环 6 – 7。

7）雨流又从谷 7 的内侧开始，由于遇到来自上层斜面峰 6 落下的雨流 5 – 6 – 6′ – 4′，故而雨流在 6′处停止，记下半循环 7 – 6′。这样半循环 6 – 7 和 7 – 6′形成全循环 6 – 7 – 6′。

8）雨流又从峰 8 的内侧开始，在谷 9 落下，由于只截取了一小段载荷时间历程，假设雨流在谷 9 落下时就停止，于是取出半循环 8 – 9。对于截取长的载荷时间历程，雨流还将继续下去。

这样，取出了两个全循环 4 – 5 – 6 – 6′ – 4′和 6 – 7 – 6′，剩下 4 个半循环 1 – 2、2 – 3、3 – 4 – 4′ – 8及 8 – 9。剩下的半循环有两种处理方法：一种方法是以正或负斜率各记下它们的幅度和均值，用幅度均值法进行统计处理；另一种方法是采用雨流法第二阶段的计数办法。

现在考查图 7-6，当峰 1 和峰 9 的值相等时，称它为收敛发散标准型。对于这种类型的载荷时间历程，可用雨流法分解为若干个全循环而没有剩余。图 7-6 中可取出 1－2－2′－8 与 8－9 组成一个全循环，2－3－3′－7 与 7－2′组成第二个全循环，3－4－4′－6 与 6－3′组成第三个全循环，4－5 与 5－4′组成第四个全循环，没有剩余。

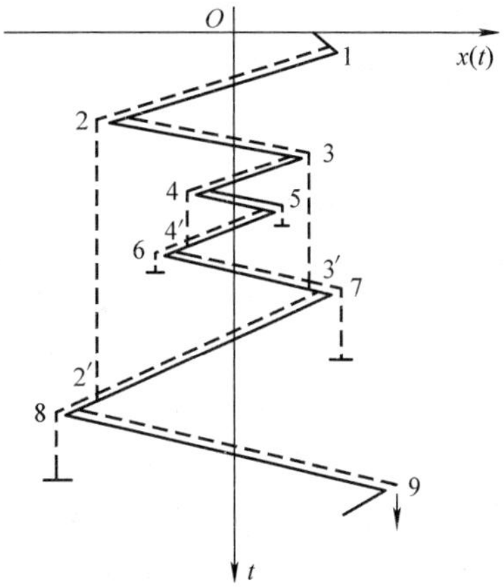

图 7-6　雨流法对收敛发散标准型的计数

图 7-7a 所示的时间历程称为发散收敛型，对于这种载荷时间历程，用雨流法不能取出全循环。假设疲劳损伤与加载次序无关，这样图 7-7a 所示的发散收敛型载荷时间历程可以变换成图 7-7b 所示的收敛发散型。经过这样的变换后，就可以用雨流法按照图 7-6 所示分解成若干个全循环而没有剩余。

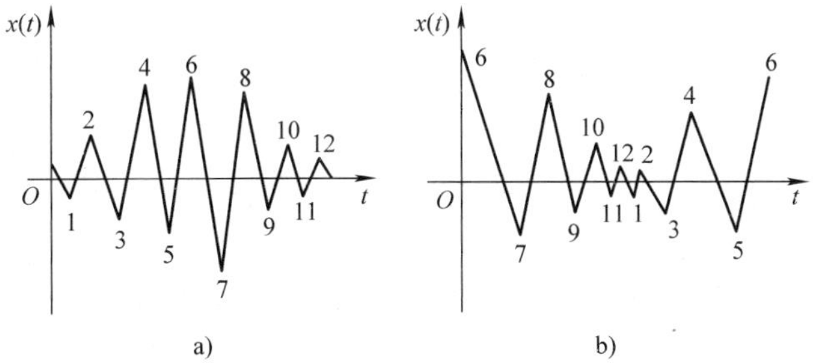

图 7-7　载荷时间历程的变换

综上所述，雨流法可以分成两个阶段计数：第一个阶段，按照图 7-6 所示的步骤取出若干个全循环，剩下一个发散收敛型的载荷时间历程；第二阶段，将这个剩下的发散收敛型载荷时间历程变换成与之疲劳损伤等效的收敛发散型，再用雨流法取出全循环。雨流法的全部统计计数等于这两部分之和。

上面介绍了多种统计计数法，从疲劳损伤的观点来看，雨流法和幅度对均值计数法最合理，因为这两种方法记下了循环变应力的全部主要信息。

## 7.2　疲劳强度强化试验

车身结构耐久性问题一直是制造厂家、用户和有关部门十分关心的问题。若能快速高效地考查车身结构的疲劳寿命，将会大大地缩短新车型研制投产周期。以往通过实际行驶进行疲劳强度试验需要相当长的时间，短则 1～2 年，长则 3～5 年，且耗资巨大，因此，高效化非常必要。车身结构疲劳强度强化试验分为道路强化行驶试验和室内快速疲劳模拟试验，其目的是加速暴露可能的损坏。

### 7.2.1　道路强化行驶试验

车身结构疲劳强度道路强化行驶试验在汽车试验场内特种道路上进行。对于快速考核车身结构的强度来说，最常用的是筑在混凝土路基上的大鹅卵石路、波浪形路、扭曲路、棋盘路、比利时块石路等。利用特种道路进行强度与寿命试验可以取得显著效果，缩短里程90%以上，一般行驶数千公里就可以暴露出车辆在整个使用寿命期间可能发生的问题。例如，英国汽车工业研究协会采用的行驶里程是1600km，福特公司采用的是3200km。

对于成批生产车型的试验和新样车的试验，在制定强化行驶里程定额时，在做法上有很大差别，这是因为对被研究的车身结构在使用中的情况，前者已有足够的资料，后者则尚无任何资料。

成批生产和改进设计的车型在进行强化试验时发生断裂的行驶里程可根据使用行程和当量关系（由成批生产的车型达到所讨论的断裂时的使用行程与强化行驶里程进行对比而得）来制定定额。确定在特种道路上强化行驶试验的车速上限，是根据驾驶人的感觉进行的以不超过可忍受的振动强度和保持汽车的可操作性为前提。

对成批生产车型和其改进型进行强化试验的工作顺序大致如下：

1）在颠簸和振动可忍受的范围内及能保持汽车驾驶性能的条件下，确定特种试验道路上的最大允许车速。

2）在最大允许车速范围内，测定车身结构的实际载荷，选出应力最高及其出现频率最高的速度工况（称为有效车速）。

3）在选定的有效车速下，进行行驶试验直到所研究的车身结构损坏为止。

4）对进行强化试验时和使用中（或在使用条件下试验时）发生同样断裂的行驶里程进行比较，计算出当量关系，大致规定在选定的特种道路上与使用行驶里程相当的强化行驶里程定额。

5）对改进车型和成批生产车型发生同样断裂时的强化行驶里程进行对比，找出其承载能力的变化定额（以行驶里程计）。

能否制订出在特种道路上进行强化试验的行驶里程定额，以及说明该定额标准与在一般道路上做使用试验的结果可能达到的吻合程度的资料，需要有若干车辆的试验来验证。制订新车型车身结构强化试验定额是复杂的，这不仅是因为缺乏它们在使用条件下损坏时的行驶里程数所表示的可靠性数据，而且也由于对可能产生损坏的部位和损坏的性质了解得有效。解决这个问题的途径，一是根据疲劳损伤理论，测定车身结构关键部位的应变时间历程，然后用随机载荷的统计计数法对其进行处理，估算疲劳寿命，二是参照以往成批生产的与之相近车身结构的汽车所做的规定来确定。

### 7.2.2 室内快速疲劳模拟试验

**1. 载荷谱**

（1）载荷谱的概念　汽车行驶中车身结构上作用着随机载荷，这种载荷的时间历程具有统计的规律。当为平稳随机过程时，可用如下统计特征来描述：均值、方差、概率密度函数、概率分布函数、联合概率密度函数及其分布函数、自相关函数、互相关函数、功率谱密度函数、互谱密度函数等。把表示随机函数这些统计特征量的数据、曲线、图表等统称为载荷谱。常见的载荷谱形式如图7-8所示。

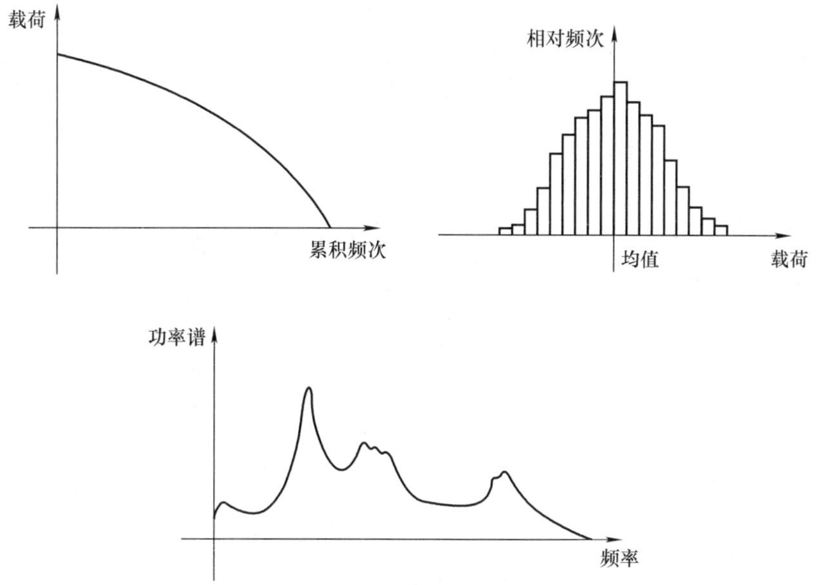


图 7-8　载荷谱的三种常见形式

（2）载荷谱的应用　首先，在室内快速疲劳模拟试验中，载荷谱是加载依据，此外，在用电子计算机解析分析疲劳寿命时，它可作为外在数据输入，还可以通过结构响应从载荷谱获得应力谱，以便进行寿命估算。载荷谱的测定与研究是基于概率论与统计理论基础上的，由于实现了用电子计算机快速分析处理随机数据，载荷谱的研究得到迅速发展。

**2. 载荷时间历程的采集**

为获得载荷谱，必须实现采集载荷的时间历程，换句话说，要用一定的测量系统对载荷进行测量记录。若时间历程的采集不恰当，可导致疲劳试验估计寿命的增加或者减少。为了使获得的载荷谱具有典型性、概括性和集中性，采集的时间历程必须具有足够的代表性，应尽可能使统计上会发生的重要事件能充分地呈现。为此，在载荷时间里程的采集中，应考虑如下几点：

1）必须选择具有代表性的工况，它还应该包括一些使用中遇到的或可能遇到的特殊情况。在环境工况选择中，对于车辆来说，应该选同一车型的大多数车辆会发生破坏的环境工况，可以是典型的综合路面，也可以是选定的各种单一状况路面，路面应包括较好的路段，也应包括恶劣的路段。在作业工况选择中，对车辆来说，在综合路面上应选实际使用时的正常车速，在各单一状况路面上应选最大的稳定车速。

2）确定各典型工况在使用期间内所占的比值，对于车辆单一路面试验，应确定各单一状况路面如沥青路、砂石路、土路和田野各占多大比例。

3）在相同的测试条件（如同种单一路面）下应重复测量 3 次以上，以提高统计精度。

**3. 室内疲劳模拟试验的种类**

（1）等幅载荷试验　等幅载荷试验是最早提出的一种疲劳模拟试验方法。在这种试验中，实际的载荷时间历程被仅用一个造成损伤最大的代表性载荷所代替。这种载荷是一种假定的平均载荷，在试验过程中载荷的幅值不变。此外，为了缩短试验时间，常采用强化试验，即把载荷的数量级加大。这种方法的优点是简便迅速，但存在如下缺点：由于采用的平均载荷不能代替实际的随机载荷，因而试验的结果与实际结果的误差较大；载荷强化后，由于结构内部某些不可能避免的缺陷对高载荷特别敏感，因而会引起早期破坏，而这在实际载荷作用下是不会发生的；因此采用平均载荷和载荷强化，试验结果常不能准确地再现危险部位与破坏形式。

（2）程序载荷试验　程序载荷试验方法被广泛应用于结构的疲劳试验中，是一种研究比较深入的方法。实践证明，它是有效而又经济的方法。

程序载荷试验的依据为，由全部峰值按真实次序排列的载荷时间历程代替实际的时间历程，两者造成的疲劳损伤度相同，而与相邻峰值间经过的时间无关。这样一来所关心的只是载荷幅值，而真实的时间尺度则是无关紧要的。

程序载荷试验是用若干个幅值不同的等幅载荷，按一定的顺序加载，以模拟实际载荷的试验，按规定的程序加载一次后，随后再重复进行若干次，直至达到一定载荷循环次数或者破坏为止。这一试验中，由于是按照一定程序加载的，因而称为程序载荷试验。

在进行程序载荷试验前，为了获得若干个幅值不同的等幅载荷，以模拟实际载荷，必须对采集的载荷时间历程进行分级统计计数，以便得到载荷分布的概率密度函数，进一步经统计推断得出累积频次曲线图。该曲线图经合成、扩展便得到工作载荷谱。工作载荷谱经分段近似等处理，便得出程序载荷谱。由此可知，程序载荷试验需采用对载荷幅值进行分级统计计数的处理方法（通常称为计数法）来获得载荷谱。

由于所施加的程序载荷在一定程度上代表了实际载荷，所以程序载荷试验法是一种有效的方法和试验技术。然而这种试验技术也存在如下缺点：在研究程序载荷试验技术中发现，加载的次序、载荷的分级数等因素对疲劳寿命是有影响的；此外，由于实际载荷是连续和随机变化的，而代替它的程序载荷则是分散的并按一定的载荷级分段进行的。因此，程序载荷试验技术只是一种近似的试验方法，程序加载的四种形式如图 7-9 所示。

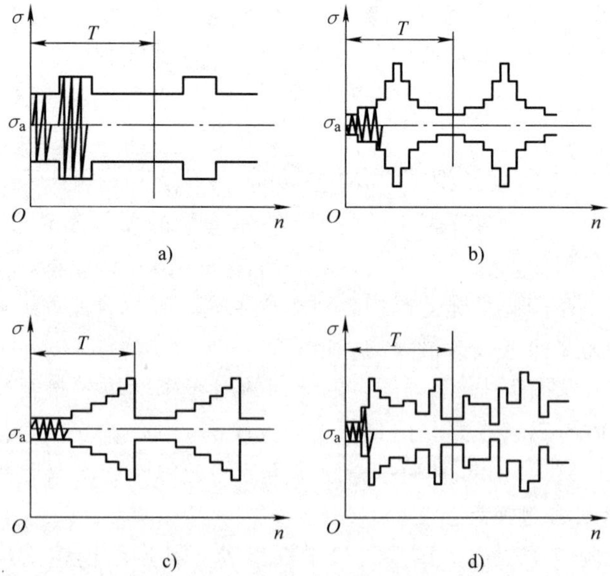


图 7-9　程序加载的四种形式

a）二段等幅加载　b）渐增渐减加载　c）渐增急减加载　d）随机分段加载

$T$—程序周期　$\sigma_a$—平均应力　$n$—加循环次数

（3）随机载荷试验　近年来，由于随机过程理论的发展，随机数据的处理可在电子计算机上快速地实现，另外，由于电液伺服技术的发展，在理论上和试验设备上都为一种更接近于实际的疲劳模拟试验技术——随机载荷试验技术的出现提供了条件。

随机载荷试验是从采集的载荷时间历程获得功率谱密度函数——工作载荷谱，经必要的简化后，得到试验用的功率谱密度函数——试验载荷谱，根据功率谱的频率范围，在室内用有限带宽、均方值可调的白噪声发生器，经过具有一定频率响应函数的滤波器滤波，从而得到试验载荷谱的模拟功率谱，用这种信号控制电液伺服激振器来加载。还可以用这种模拟功率谱通过电子计算机变换成载荷时间历程，控制激振器加载。

由随机载荷试验的上述原理可知，这种方法是以功率谱密度函数为加载依据的，所以在进行随机载荷试验之前，采用由时间历程获得功率谱的方法，即采用功率谱法对采集的时间历程进行处理。功率谱密度函数表示出载荷幅值的均方值在各频率中的分布，它描述了载荷的频率结构，若经傅里叶变换便得到时域中的自相关函数，若是高斯过程还可由此得到幅域的概率密度函数。可见，功率谱法获得的结果，保留了载荷的全部信息，与计数法比较，功率谱法要精确、严密得多。

随机载荷试验能更精确地模拟实际随机载荷，尤其是模拟实际使用中经常出现的高频瞬变载荷，因此这种加载方法更接近实际状况，因而近年来这种试验技术得到很大发展。然而这种方法在技术上难度较大，所使用的仪器设备较复杂，试验成本较高。

（4）实际载荷试验　实际载荷试验方法与随机载荷试验方法近似，这种方法是把各典型工况的载荷时间历程记录下来，然后在室内重放信号去直接控制激振器加载。这种方法能够在室内完全再现实际载荷，因而精度高，且不受气候等条件限制，可在室内连续进行试验。也可以对记录的信息做适当处理去掉一部分低幅值载荷，以便达到加快试验的目的。

**4. 疲劳模拟试验设备**

（1）载荷谱测定分析系统　载荷谱测定分析系统可归纳如图7-10所示。通常被采集的载荷时间历程都用相应的传感器直接测量，并经放大、传输和记录，用计算机获得载荷谱。

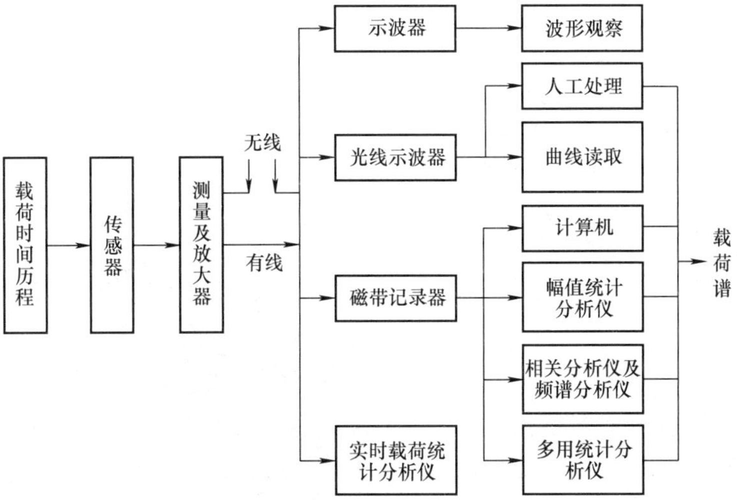


图7-10　载荷谱测定分析系统

用计数法时，采用幅值统计分析仪；用功率谱法时，采用相关分析仪及频谱分析仪获得载荷谱。或者采用多用统计分析仪获得载荷谱，也可以用实时载荷统计分析仪以计数法直接实时获得载荷谱。这些方法采集处理的时间历程可较长、精度较高，是载荷谱自动化处理方法，近年来正在被广泛应用。

载荷谱的测定分析方式有如下几种：

1）记录在现场采集的载荷时间历程，然后在室内分析处理。这种方式的好处是能在室内条件下进行，且能采用性能良好的通用设备等，因而处理结果能达到预计的最高精度要求。

2）现场快速分析处理。这种方式是把计算机或专项统计分析仪等装备在专门的仪表车上，在现场即时分析处理。这种方式的优点是可以通过及时获得的处理结果立即鉴别采集的数据是否理想及是否有问题等。这种方式随电子设备的小型化低功耗而有广泛的前景。

3）在被试机械上分析处理。这种方式是采用便携式实时统计分析仪，把它直接放置在被试机械上。它能很方便地进行实时处理，使用维护简单，然而它只能做单通道实时处理，环境条件恶劣，较前两种方式精度低。

（2）室内疲劳模拟试验设备

疲劳试验设备中的加载装置是重要的组成部分。对室内疲劳模拟试验设备可以提出以下总的要求：在加载循环频率一定的条件下，能达到高的工作效率；模拟的载荷工况给定稳定性好，精度高且调节方便；能够实现多种加载方式——等幅加载、程序加载、随机加载；对激励载荷，检测方便且精度高；试验台有高的可靠性和耐久性；对于不同的受试对象，试验台的主要部件可以组合配套；能量消耗应尽可能小；符合安全技术要求；可以创造不同的试验周围环境——高温、低温、湿度及有腐蚀性等。

加载装置种类及工作频率范围见表 7-1。其中机械式加载装置无法实现随机加载，所以不能进行随机载荷试验。此处分别介绍同济大学新能源汽车试验中心的 4 通道道路模拟试验台和 12 通道轴耦合道路模拟试验台。

**表 7-1　加载装置种类及工作频率范围**

| 加载装置种类 | 工作频率范围/Hz | 加载装置种类 | 工作频率范围/Hz |
| --- | --- | --- | --- |
| 机械曲柄式 | 5～150 | 电磁式 | 0～400 |
| 机械惯性式 | 15～300 | 电动力式 | 0～5000 |
| 机械脉动式 | 0～150 | 电液式 | 0～400 |
| 带有万向节传动的装置 | 0～50 | | |

1）4 通道道路模拟试验台。4 通道道路模拟试验台如图 7-11 所示，该试验台的控制系统为 Labtronic 8800 系统，控制软件为 RS Console，迭代软件为 RS TWR。以下分别对 4 通道试验台的硬件系统和软件系统进行简单介绍。

图 7-11　4 通道道路模拟试验台

① 硬件系统。室内道路模拟试验台的硬件系统主要包括信号产生系统、电控系统、伺服控制系统、机械执行系统、动力供给系统五部分，图 7-12 所示为本试验台的硬件组成系统。

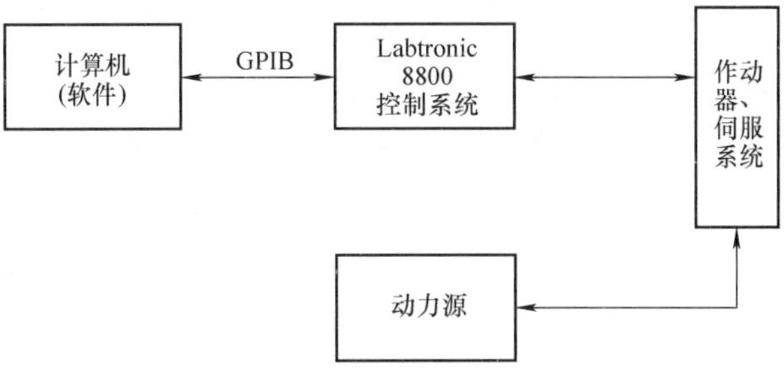


图 7-12　道路模拟试验台硬件组成系统

信号产生系统即桌面计算机，用于产生输入的激励信号，白噪声信号、确定幅值且符合一定规律的信号、随机信号、迭代试验获得的激振液压缸驱动信号均可作为系统的输入激励。电控系统为 Labtronic 8800 数值控制器，与计算机通过 GPIB（General - Purpose Interface Bus）接口进行通信。伺服控制系统为工业伺服阀。机械执行系统为四个可轴向伸缩的活塞式激振液压缸。动力供给系统为可提供 28 ~ 29MPa 之间的稳定油压的泵站。表 7-2 列出了 4 通道道路模拟试验台参数。

**表 7-2　4 通道道路模拟试验台参数**

| 参数类型 | 技术参数 | 参数类型 | 技术参数 |
|---|---|---|---|
| 作动器额定行程/mm | ±125 | 频率/Hz | 0.1 ~ 50 |
| 作动器额定力/kN | 25 | 液压系统压力/MPa | 28 |

② 软件系统。软件系统为桌面计算机中安装的 IST 提供的相关软件，包括 RS Console V7.0、RS LabSite 及 RS TWR3.5E 迭代软件等。RS Console 为系统其他控制软件提供运行环境，是用户与试验控制系统之间的一个交互界面，是该软件的基本组成单元。RS Console 可以实现多任务工作，既可分别控制不同的激振液压缸，也可对 4 个液压缸进行协同控制。

RS LabSite 用于提供数字试验运行环境，将物理试验与虚拟原型试验相结合，可准确实现对物理台架试验的控制。其主要包括目标数据的准备与可视化检查、激励信号的产生、试验进程监控等功能。

RS TWR 软件是台架物理迭代的核心软件，用于目标信号在道路模拟试验台架上的复现。TWR（Time Waveform Replication）即为时域波形复现，结合该软件，利用电液伺服激振系统迭代复现出满足一定试验要求的实际激励载荷时域信号。

2）12 通道轴耦合道路模拟试验台。12 通道轴耦合道路模拟试验台如图 7-13 所示，详细技术参数见表 7-3。

图 7-13　12 通道轴耦合道路模拟试验台

表 7-3　12 通道轴耦合道路模拟试验台技术参数

| 项目 | | 参数 | 项目 | | 参数 |
|---|---|---|---|---|---|
| 频率范围 | | 50Hz | 车轴位移 | 垂向 | -180～180mm |
| 最大加速度 | | 40$g$ | | 纵向 | -150～150mm |
| 轮距调节范围 | | 1300～1750mm | | 侧向 | -150～150mm |
| 名义力（矩） | 垂向 | -58～58kN | | 外倾 | -15°～15° |
| | 纵向 | -32～32kN | | 制动 | -18°～18° |
| | 侧向 | -25～25kN | | 转向 | -25°～25° |
| | 外倾 | -7000～7000N·m | | | |
| | 制动 | -6000～6000N·m | | | |
| | 转向 | -6000～6000N·m | | | |

## 7.2.3　载荷谱迭代计算

载荷谱迭代的目的是再现试车场路面的目标信号，同时获得试验对象的外部激励载荷，其迭代结果的好坏不仅影响试验对象的疲劳损伤情况，还对试验对象耐久寿命的换算有较大的影响。

载荷谱迭代是根据系统的响应信号反求系统的外部激励信号，由于试验对象通常是由若干部件组成的，其本质上是求解非线性系统的逆问题。载荷谱迭代根据分析对象及分析方法的不同可分为虚拟迭代和物理迭代两种。迭代的基本流程图如图 7-14 所示。

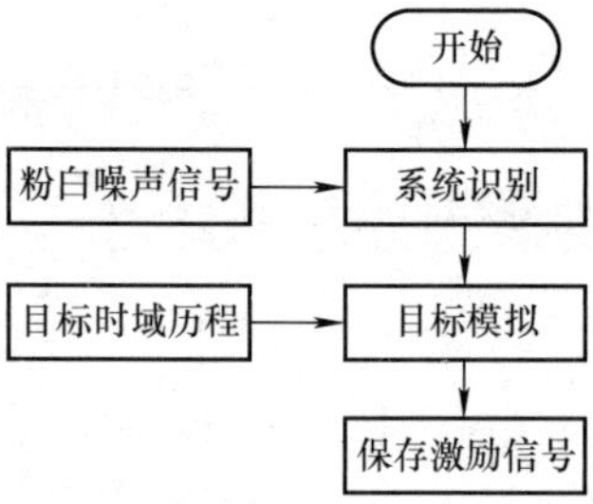


图 7-14　载荷谱迭代的基本流程图

**1. 虚拟迭代**

虚拟迭代是相对于室内台架物理迭代而言的，是通过建立多体动力学模型，运用仿真计算的方式再现目标信号，核心是时域波形复现技术（TWR），它本质上是一个非线性系统迭代求逆问题，即已知目标信号而反求多体模型的输入驱动位移信号，即“路面不平度激励信息”以复现试验目标信号。其中目标信号可以是加速度、速度、位移、力或部件的应力和应变等。该方法不仅解决了整车无约束模型的翻滚问题，还能够在新车型开发早期将测定数据从已有车型转换到新车型上，有效解决新车型开发过程中的数据测量及评价问题，提高产品开发效率。

与物理迭代相比，虚拟迭代不受载荷幅值的限制，可识别出更能反映系统实际工作特性的频响函数，并减少响应的迭代次数，加快迭代收敛过程。虚拟迭代主要包括系统识别和目标迭代两部分，其分析流程图如图 7-15 所示。常用的虚拟迭代软件有 LMS Motion TWR 等。

（1）系统识别　系统识别得到一个以激振液压缸位移 $u(t)$ 为输入，以目标点的响应信号 $y(t)$ 为输出的多输入多输出 MIMO 系统的数学模型，通常是以系统的频率响应函数（FRF）矩阵形式来表示，如图 7-16 所示。

1）激励信号。激励信号的选择对于 FRF 的质量有着重要的影响。激励信号必须在整个关注频段内包含足够的能量，使得被激励对象在关注频段内的所有频率成分都被充分激励出来。LMS Motion TWR 中可采用两种方式来定义激励信号：一种是直接导入以往试验中所保存的较好的随机信号作为激励信号；另一种是通过编制白粉红噪声 WPN（White Pink Noise）

作为随机激励信号。

白粉红噪声信号是低频的白噪声与高频的粉红噪声信号的组合，其相位具有随机性。其中白噪声在等带宽的频带内具有相同的能量，粉红噪声则是在等比带宽内具有相同的能量。根据式（7-3）在频域内产生，如图7-17所示。

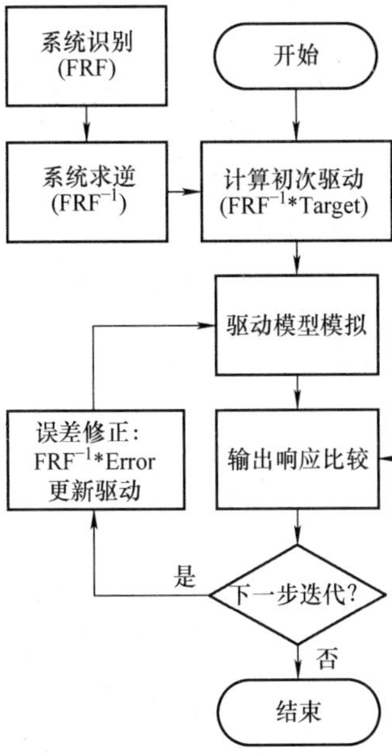


图7-15 虚拟迭代分析流程图

图7-16 系统识别示意图

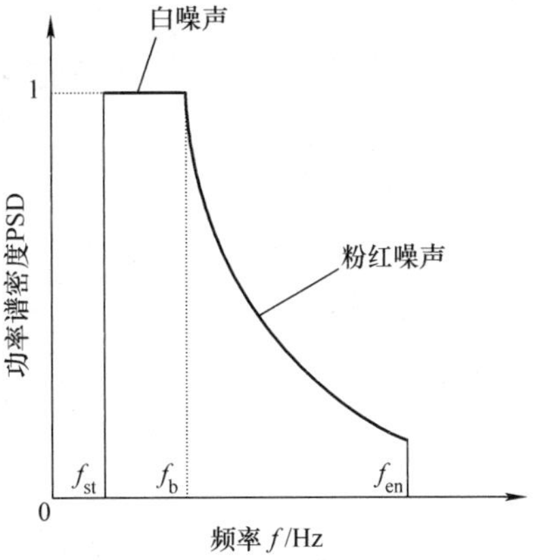


图7-17 白粉红噪声频域特性

$$\mathrm{WPN}(f)=\begin{cases}\left(\dfrac{1}{f_b}\right)^{2p}, f_{st}\leqslant f\leqslant f_b\\[2ex]\left(\dfrac{1}{f}\right)^{2p}, f_b\leqslant f\leqslant f_{en}\end{cases}\tag{7-3}$$

式中，$f$为频率；$f_{st}$、$f_{en}$分别为起始频率和截止频率；$f_b$为拐角频率。

在辨识时采用多通道同时激励，并测得参考位置处对应的响应信号，采用MIMO能够使辨识工况比采用SIMO更接近实际情况，因为考虑了不同输入通道和输出通道之间的相互耦合的非线性。

2）FRF矩阵的获取。将时域激励信号$u(t)$和响应信号$y(t)$进行傅里叶变换，采用相关函数计算FRF矩阵，如式（7-4）。若系统输入不等于输出，则LMS Motion TWR通过奇异值分解计算系统频率响应函数矩阵的逆。

$$H(f)=\frac{G_{xy}(f)}{G_{xx}(f)}=\frac{U(f)Y^*(f)}{U(f)U^*(f)}\tag{7-4}$$

式中，$U(f)$为随机信号$u(t)$的傅里叶变换；$U^*(f)$、$Y^*(f)$分别为$U(f)$、$Y(f)$的共轭，$Y(f)$为随机信号$y(t)$的傅里叶变换；$G_{xx}(f)$、$G_{xy}(f)$分别为$u(t)$、$y(t)$的自谱密度函数和互谱密度函数。

3）FRF模型验证。在LMS Motion TWR中通过白粉红噪声激励识别得到的FRF采用的是线性模型近似替代系统的非线性，有必要对识别的频率响应函数进行评价和验证，通常采用多重相干函数、正向模型和逆向模型验证。

多重相干函数采用量化的参数来评价 FRF 的质量，其计算公式见式（7-5）。相干函数的取值范围为 0～1，其值越接近于 1，表示系统识别质量越高。在实际工程应用中，一般认为 $\gamma^2 \geqslant 0.8$ 对应的频率响应比较可靠。

$$\gamma^2 = \frac{|H(f)|^2 G_{xx}(f)}{G_{yy}(f)} = \left(\frac{G_{yx}(f)}{G_{xx}(f)}\right)^2 \frac{G_{xx}(f)}{G_{yy}(f)} = \frac{|G_{xy}(f)|^2}{G_{yy}(f)G_{xx}(f)} \tag{7-5}$$

正向模型验证采用激励信号分别驱动多体模型和 FRF 矩阵，比较两者的输出信号，如图 7-18 所示。如果系统是线性的，则两者的响应信号在理论上应具有一致性；对于多体模型，由于系统具有较强的非线性，两者在波形上存在一定的差异，这也是后续目标信号需要迭代的原因。

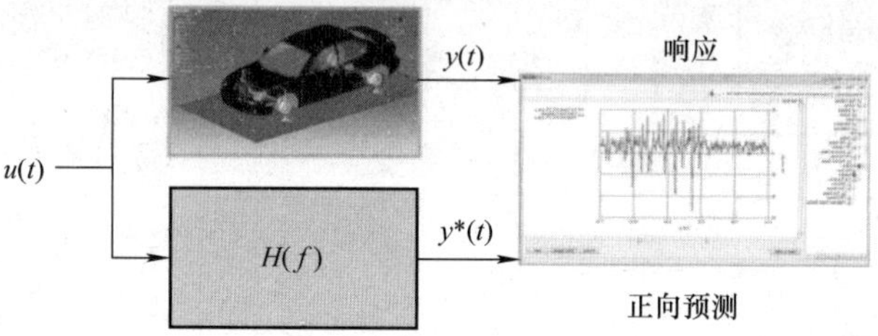


图 7-18　正向模型验证

与正向模型验证类似，逆向模型验证采用的是迭代过程中用到的逆向模型 $H^{-1}(f)$，采用多体模型对 $u(t)$ 的响应信号 $y(t)$ 作为逆向模型 $H^{-1}(f)$ 的输入，比较两者的输入 $u(t)$ 和 $u^*(t)$ 的波形来判定系统识别的质量，如图 7-19 所示。

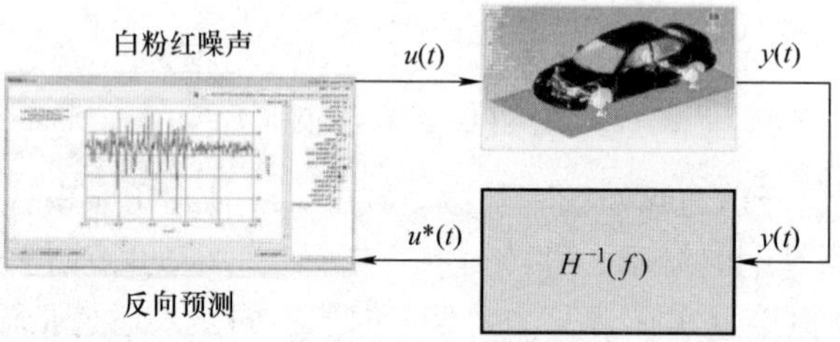


图 7-19　逆向模型验证

（2）目标迭代　目标迭代是以系统识别获取的 FRF 为基础，进行目标信号的线性复现，由于所建立的刚柔耦合多体动力学模型具有较强的非线性，需对其进行迭代计算以消除误差，获得满足一定误差范围的驱动激励信号。驱动信号迭代计算是疲劳仿真及疲劳试验的核心。

迭代是指对响应误差不断修正并最终得到满足精度要求的结果的过程，图 7-20 所示为一般迭代原理示意图，其中斜率 $K$ 的虚线表示系统识别中由白粉红噪声激励获得的 FRF 矩阵线性模型，曲线表示系统的非线性，即

$$H(\mathrm{FRF}) = K = \frac{Y_{\mathrm{SI}}}{X_{\mathrm{SI}}} \tag{7-6}$$

根据目标信号 $Y_{\mathrm{T}}$ 和 FRF 矩阵 $K$ 计算第一次驱动信号：

$$X_{\mathrm{TS1}} = \frac{Y_{\mathrm{T}}}{K} \tag{7-7}$$

根据第一次驱动得到响应信号 $Y_{\mathrm{TS1}}$ 与目标信号做差得误差信号，并更新激励信号：

$$\begin{cases} e_1 = Y_{\mathrm{T}} - Y_{\mathrm{TS1}} \\ X_{\mathrm{TS2}} = X_{\mathrm{TS1}} + \dfrac{e_1}{K} \end{cases} \tag{7-8}$$

将更新后的驱动信号用于模型驱动并得到对应的响应 $Y_{\mathrm{TS2}}$，依次计算并获得第 $n$ 次驱动信号和对应的响应信号，即迭代，直到获得满足实际需求的响应信号，停止迭代。

在实际中由于系统的复杂性，会出现初始激励信号超过对应响应实际需要的激励，如图 7-21所示。

按照上述的计算方式，可知

$$X_{\mathrm{TS1}}^{*} = \frac{Y_{\mathrm{T}}}{K} \tag{7-9}$$

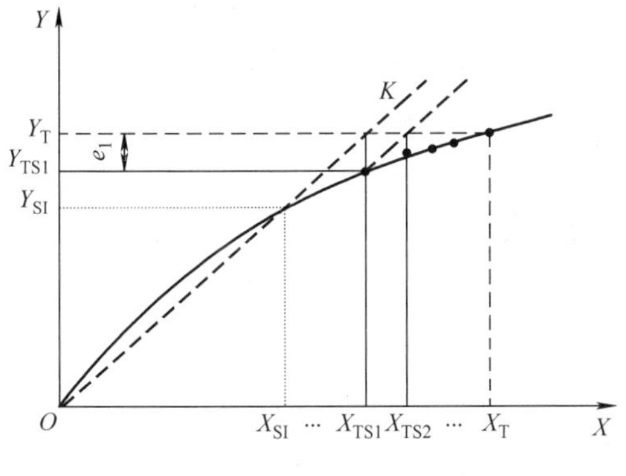


图 7-20 一般迭代原理示意图

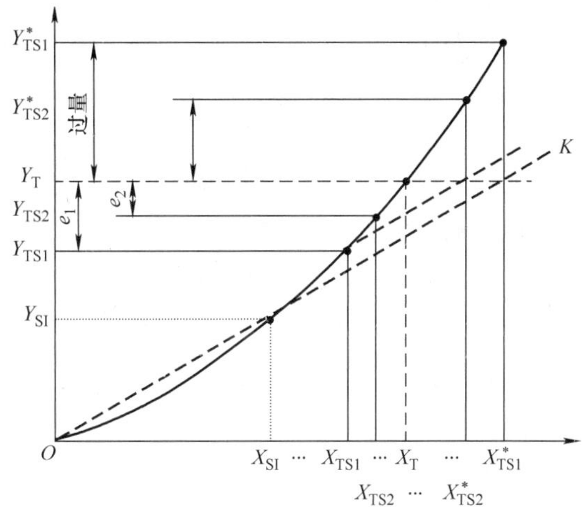


图 7-21 迭代原理图

以此为激振信号将得到大大超出目标信号 $Y_{\mathrm{T}}$ 的实际响应 $Y_{\mathrm{TS1}}^{*}$，这不仅是危险的，还不满足迭代结果收敛于目标信号 $Y_{\mathrm{T}}$ 的要求，即在这种情况下按照上面的计算方式将使误差越来越大，结果发散。因此，为了避免这种情况，必须给首次激振信号乘以一个衰减系数 $\alpha$，见下式：

$$X_{\mathrm{TS1}} = \alpha X_{\mathrm{TS1}}^{*} = \alpha \frac{Y_{\mathrm{T}}}{K} \tag{7-10}$$

同样的情况发生在对误差的修正上，按式（7-8）计算所得激振信号 $X_{\mathrm{TS2}}^{*}$ 的实际激励下也使实际响应 $Y_{\mathrm{TS2}}^{*}$ 超出目标信号 $Y_{\mathrm{T}}$，并产生发散。因此，对误差的修正同样需要一个衰减系数 $\beta$，见下式：

$$\begin{cases} e_1 = Y_{\mathrm{T}} - Y_{\mathrm{TS1}} \\ X_{\mathrm{TS2}} = X_{\mathrm{TS1}} + \beta \dfrac{e_1}{K} \end{cases} \tag{7-11}$$

然后按照上面的思想继续激振，计算误差，修正激振信号直至满足精度要求。因此真正有效的迭代计算表达式为

$$\begin{cases} X_{\mathrm{TS1}} = \alpha \dfrac{Y_{\mathrm{T}}}{K} \\ e_i = Y_{\mathrm{T}} - Y_{\mathrm{TS}i} \qquad (i = 1,2\cdots) \\ X_{\mathrm{TS}(i+1)} = X_{\mathrm{TS}i} + \beta \dfrac{e_i}{K} \end{cases} \tag{7-12}$$

在迭代过程中通常通过逐步增加其衰减系数来加速迭代过程，对于不同的模型、不同的试验对象，没有固定的系统控制策略。对于实际物理迭代过程，一般迭代系数从30%开始，以避免初始驱动过大对试验设备及试验对象产生损害。对于基于多体模型的虚拟迭代，通常无须考虑此问题，但是在迭代过程中，仍需通过修改相应的参数来控制迭代收敛及迭代质量。

（3）目标评价　在对目标信号进行迭代的过程中，需对迭代质量进行评价，并确定停止迭代的评价标准，以保证在一定的迭代标准下停止迭代。常用的迭代收敛评价方法有波形对比（时域波形对比和频域波形对比）、相对均方根误差图、损伤比、*XY*云图四种。

1）波形对比。波形对比通常包括时域波形对比和频域波形对比，所谓时域波形对比是将目标信号与迭代后的响应信号叠加到一起，比较两波形在时域上的重合度，以及峰值、均值等的差别。频域波形对比是通过对目标信号和响应信号进行傅里叶变换，然后进行功率谱密度函数对比。通常时域信号较长，需在对其进行局部放大后进行对比，可直观比较迭代效果。频域上关注的频带较窄，各路段关注的频带范围均≤35Hz，可从迭代频率上比较迭代效果，两者通常结合使用，以较准确地评价迭代试验的迭代效果。

2）相对均方根误差。相对均方根误差通常是迭代过程中直观判断迭代质量的评价指标，通过观察迭代过程的均方根误差变化趋势及误差范围，确定迭代是否收敛和迭代结束的判断标准，见式（7-13）：

$$\varepsilon = \frac{\mathrm{RMS}[e(t)]}{\mathrm{RMS}[T(t)]} \tag{7-13}$$

式中，$T(t)$为目标信号；$e(t)=T(t)-y(t)$为误差信号；$y(t)$为时域响应信号；$\mathrm{RMS}[e(t)]$、$\mathrm{RMS}[T(t)]$分别为误差信号和目标信号的均方根值。

相对均方根误差主要用于目标信号为加速度信号的情况，在虚拟迭代过程中一般当均方根误差$\varepsilon \leqslant 10\%$时即可停止迭代。

3）损伤比。对迭代后的目标点响应信号和目标信号进行数理统计和雨流计数，结合材料的名义$S-N$曲线进行伪损伤分析，以两者的比值作为迭代质量的评价指标，见式（7-14）：

$$\mu = \frac{D_{\mathrm{iteration}}}{D_{\mathrm{target}}} \tag{7-14}$$

式中，$D_{\mathrm{iteration}}$、$D_{\mathrm{target}}$分别为迭代响应信号和目标信号的伪损伤。

损伤比通常用于评价力、应力、应变信号的迭代质量。时域信号中幅值较大的峰值和谷值对试验对象的损伤贡献大，且易使系统表现出大的非线性，大幅值峰值对迭代结果的好坏对迭代质量影响最大，一般认为 $0.5\leqslant\mu\leqslant2$ 时迭代结果较好，其值越接近于1，表示迭代结果越好。

4）*XY* 云图。*XY* 云图主要用于对比目标信号与响应信号之间的关系。*XY* 云图是将目标信号与响应信号的每一个对应峰值在坐标纸上进行描点作图形成一条以对角线为中线的散点云图，当此散点云图与 *X* 轴和 *Y* 轴的对角线重合度越高，表示响应信号与目标信号重复性越好，即迭代质量越高。

**2. 物理迭代**

室内台架物理迭代与虚拟迭代的原理相似，核心也是时域波形复现技术，也需要进行系统识别和目标迭代等步骤。不同的是，虚拟迭代的边界条件在软件中比较容易实现，而物理迭代则需要根据试验对象和加载设备的结构特点进行专门的夹具设计。夹具对道路模拟试验有很大的影响，试验成功与否、试验结果的可信程度，与试验夹具的设计、制作及安装使用水平直接相关。

（1）夹具设计要求　设计时，首先对振动试验夹具的材料进行分析对比。在一般的夹具设计过程中需要考虑材料的受力特性。从夹具所要达到的功能的角度来说，需要具有较高的刚度和强度，以保证在试验过程中不会出现疲劳破坏，并且具有较高的一阶固有频率。

夹具的基本要求如下：

1）夹具设计合理，安装操作方便，不允许产生干涉现象。

2）夹具的定位应准确、可靠，并保证有足够的强度及刚性，在试验过程中稳定性好，不允许有变形及开裂的情况发生。

3）试验在不同强度的振动下进行，螺钉需要安装可靠，保证足够的强度。

4）夹具外观要求干净美观，所有表面须进行防锈处理。

5）夹具上焊接件技术要求：焊脚高不小于5mm，不允许虚焊、脱焊，须采用连续焊缝；焊后清理焊渣，焊缝打磨平滑；焊后先退火消除应力，再进行机械加工。

6）根据夹具强度及韧性的整体要求选择零件的材料和热处理方式。

7）为了保证安装的便捷性，设计夹具时需考虑搬运及起吊机构。

8）加工夹具时要保证各连接点的位置精度及安装面的倾角精度。

9）设计夹具时需要考虑安装点的刚度。

10）设计夹具时需要考虑整个设备系统的模态分析结果，避免在试验过程中发生共振现象。

在夹具设计完成之后，一般要先建立夹具的有限元模型，并对其进行有限元分析，对夹具的强度、刚度及模态进行检验。若各项参数都满足要求，再对夹具进行制造加工。

（2）台架搭建与传感器布置　台架试验要复现试验对象实际工况下的边界条件，因此台架的搭建和试验对象的安装都要严格按照规范进行。试验设备及试验对象之间通过适配器连接，尽量减小连接点的连接误差。螺栓的预紧力和预载荷按实际工况加载。在容易产生损坏的部位喷涂显影剂，易于观察裂纹的产生及扩展。搭建完成后，依据实车安装状态分别对夹具等各连接件进行力矩检查校准，根据试车场的试验状态，添加配重并用安全带固定，然后对试验状态进行确认。为后续的室内台架物理迭代和台架疲劳耐久试验做好准备。

室内台架试验的传感器与道路载荷谱采集试验的传感器类型和布置位置要保持一致，以保证在台架物理迭代过程中所测响应信号具有一致性。

物理迭代过程也主要包括系统识别和目标迭代两个过程。系统识别过程中同样采用白粉红噪声 WPN 激励试验对象，并用相关函数计算系统的频率响应函数 FRF。迭代的原理与虚拟迭代相似，此处不再赘述。迭代完成后也要对迭代结果进行评价，评价指标与虚拟迭代相同。物理迭代反求得到的驱动信号可以作为后续室内台架疲劳耐久试验的激励信号。

## 7.3 车身结构疲劳分析实例

### 7.3.1 某商用车车身疲劳仿真分析

下面以某商用车车身为研究对象（图 7-22），根据试车场实测路谱，通过虚拟迭代技术获得车身与悬架连接点的载荷谱，并以此作为车身的边界条件，对车身进行疲劳仿真分析。

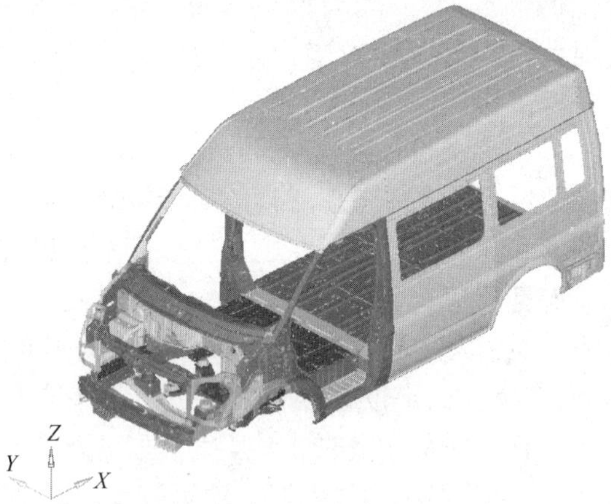


图 7-22　车身有限元模型

**1. 应力应变场的获取**

惯性释放原理：行驶在路面上的汽车、飞行在航线上的飞机及按照预定轨道飞行的卫星等，这些现实中的模型都存在刚性位移，而在静力学计算中，必须在有限元模型上添加适当的约束，不允许其有刚性位移。如果模型中有刚性位移，则有限元模型的刚度矩阵是奇异的，求解器不能计算。通过惯性释放的方法，对这类结构进行静力分析。在有刚性位移的结构上添加惯性力，用其抵抗主动力，研究对象仍处于静平衡中。一个自由运动的物体可以承受静不平衡的外力作用，并产生加速度。如果施加外力的频率远小于结构的一阶固有频率，则可以认为外力与惯性力平衡。对于汽车、飞机、轮船等复杂结构，通过惯性释放得到的应力将比较符合实际的情况。

本例中，通过 LMS 软件对处于自由状态的无约束车身进行车身载荷谱提取，从而进行车身静强度分析。实际上，车身的自重和连接点的作用力及力矩应该形成一个平衡力系。为了避免载荷数据传递中的误差，通过 Nastran 软件用惯性释放的方法来确保平衡力系的形成和计算结果的有效性，避免了因添加约束造成的约束反力对变形和应力状态的干扰，使得对车身结构强度的分析更加合理。

在每个车身连接点处施加 6 个方向的单位载荷，将各个连接点载荷分别作为一个工况，分别计算其单位载荷激励下的应力结果，表 7-4 列出了车身与底盘连接点。由于整个车身结构单元数量较多，为提高计算效率，可以只输出危险区域的计算结果。图 7-23 和图 7-24 所示分别为左前减振器连接点受到 $Z$ 向单位激励载荷作用下左前轮罩和左 A 柱的应力分布。

**表 7-4 车身与底盘连接点**

| 编号 | 连接点（左右对称） | 编号 | 连接点（左右对称） |
|---|---|---|---|
| 1 | 前减振器连接点 | 6 | 板簧前连接点 |
| 2 | 摆臂前连接点 | 7 | 板簧后吊耳连接点 |
| 3 | 摆臂后连接点 | 8 | 后减振器连接点 |
| 4 | 转向杆连接点 | 9 | 后桥限位块连接点 |
| 5 | 横向稳定杆连接点 | | |

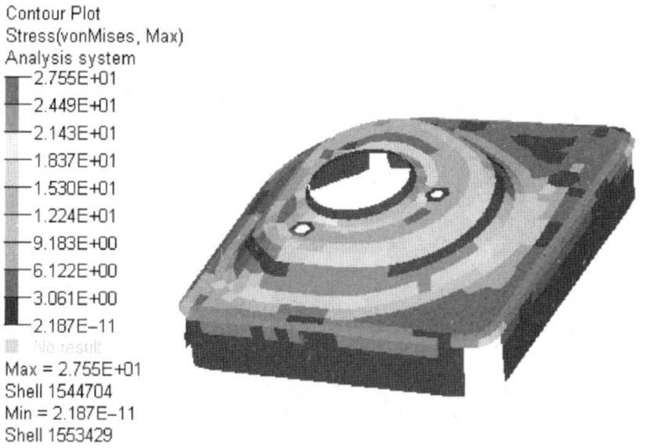


图 7-23 左前轮罩应力分布（见彩插）

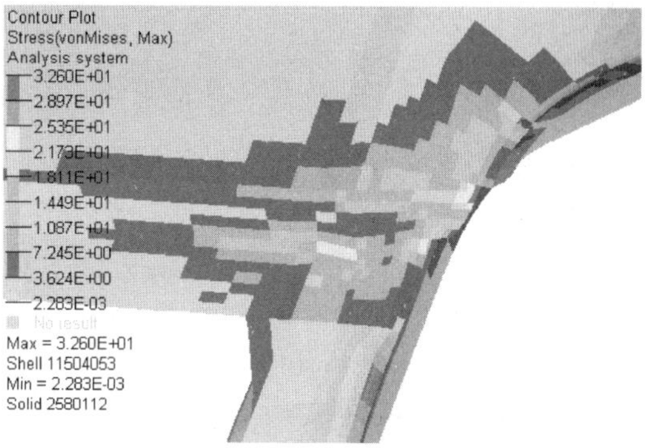


图 7-24 左 A 柱应力分布（见彩插）

**2. 定义疲劳分析相关参数**

将有限元静力分析结果文件和车身连接点载荷谱文件导入 nCode 中，选择 ENAnalysis 求解器，即采用局部应力应变法对车身进行疲劳分析。

进行疲劳分析的模型中包含多种不同材料牌号和不同厚度的板材，根据实际情况定义材料属性，平均应力修正方法选择 Morrow 法。图 7-25 所示为其中某材料的应变 - 寿命曲线（$\varepsilon - N$ 曲线），其中疲劳延性系数 $\varepsilon_f'$ 取 0.59，疲劳强度指数 $b$ 取 -0.087，疲劳延性指数 $c$ 取 -0.58。

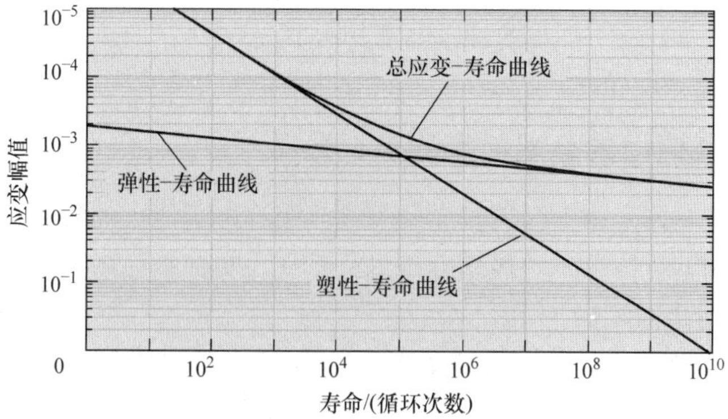


图 7-25 材料的应变 - 寿命曲线

**3. 疲劳仿真结果**

定义疲劳分析的相关参数后提交运算，计算完成后可在 FEDisplay 中查看寿命云图。危险区域疲劳寿命结果如图7-26、图7-27所示，危险部位最低寿命见表7-5。

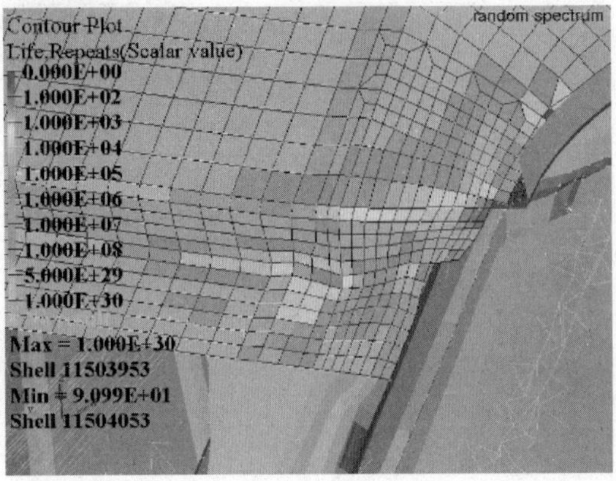


图7-26　A柱上端疲劳寿命云图对比（见彩插）

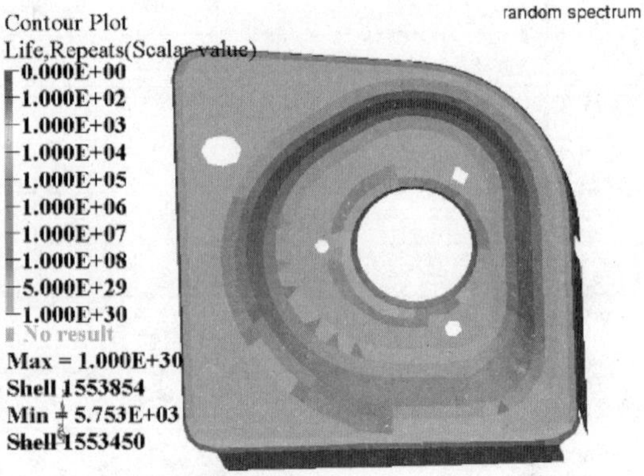


图7-27　前减振器轮罩疲劳寿命云图对比（见彩插）

**表7-5　危险部位最低寿命**

| 危险部位 | A柱上端 | 前轮罩 |
|---|---|---|
| 寿命（循环次数） | 9.099E+01 | 5.753E+03 |

由表7-5中危险部位的最低寿命按式（7-15）、式（7-16）推算达到疲劳行驶的里程和所用的时间，见表7-6。

$$L = Cycle \times l \tag{7-15}$$

式中，$L$为达到疲劳行驶的里程；$Cycle$为最低寿命循环次数；$l$为一个循环等效里程。

$$H = Cycle \times h \tag{7-16}$$

式中，$H$为达到疲劳所用的时间；$h$为一个循环历时，$h=920.7\text{s}$。

**表7-6　危险部位疲劳行驶里程和所用时间**

| 危险部位 | A柱上端 | 前轮罩 |
|---|---|---|
| 疲劳行驶里程 $L$/km | 6.37E+02 | 4.03E+04 |
| 疲劳所用时间 $H$/h | 2.33E+01 | 1.47E+03 |

### 7.3.2　程序载荷谱的编制与疲劳仿真分析

下面以7.3.1节中的商用车为例，介绍一种八级程序载荷谱的编制方法，并以此进行疲劳仿真分析，与7.3.1节结果中的损伤分布进行对比，验证程序载荷谱的有效性。

**1. 八级程序载荷谱的编制**

（1）车身扭矩载荷谱　行驶在典型路面上的汽车，产生跳动、倾斜、扭转等多种运动，由以上复杂运动所导致的惯性力，对于车身整体的疲劳强度有决定性的影响，可以简化为车身的扭转运动。因此，在车身坐标系下，将以上获得的车身连接点载荷按式(7-17)~式(7-19)简化为扭转载荷$M$，如图7-28所示，车身扭矩载荷时间历程如图7-29所示。

$$M = M_1 - M_2 = (F_{ZB} - F_{ZA})d_1 - (F_{ZC} - F_{ZD})d_2 \tag{7-17}$$

$$F_{ZC} = F_{ZE} + F_{ZF} \tag{7-18}$$

$$F_{ZD} = F_{ZM} + F_{ZN} \tag{7-19}$$

式中，$F_{ZA}$、$F_{ZB}$分别为前减振器安装点 $A$、$B$ 处车身所受垂向载荷；$F_{ZM}$、$F_{ZE}$、$F_{ZN}$、$F_{ZF}$ 分别为板簧前、后安装点 $M$、$E$、$N$、$F$ 处车身所受垂向载荷；$d_1$ 为安装点 $A$、$B$ 到车身 $X$ 轴的力臂；$d_2$ 为板簧前、后安装点的中点 $C$、$D$ 到车身 $X$ 轴的力臂。

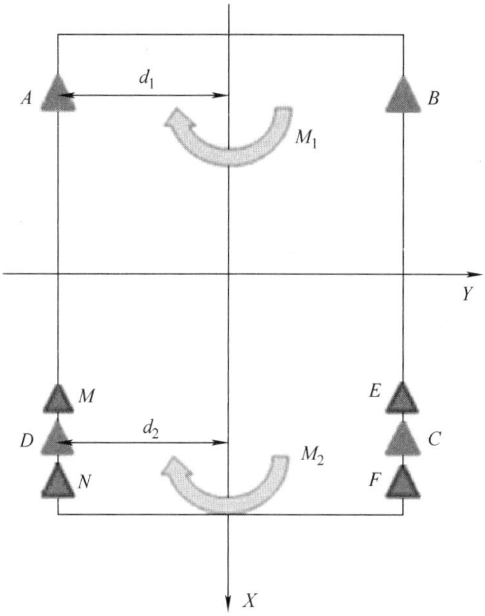


图 7-28　扭矩计算示意图

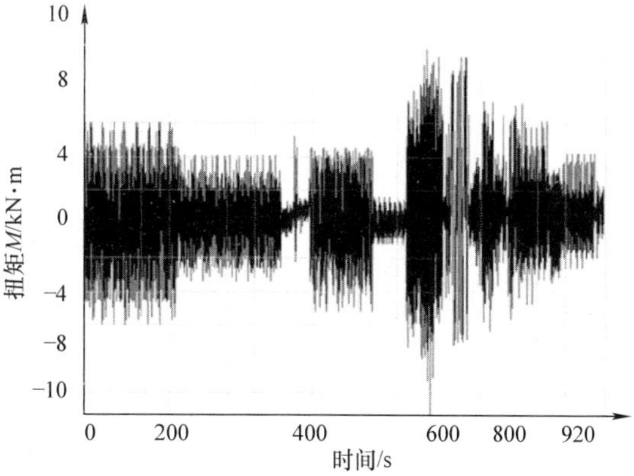


图 7-29　车身扭矩载荷时间历程

（2）车身载荷分布规律　获取载荷分布规律是编制程序载荷谱进行疲劳设计的前提。通过雨流计数获得均值、幅值与频次的关系，由此估计均值、幅值概率分布，建立均值、幅值概率密度函数并通过概率图验证，对均值、幅值进行独立性检验，从而建立其联合概率密度函数，并对均值、幅值进行参数拟合。

根据工程经验，用雨流法得到的汽车疲劳载荷谱二维变量，幅值一般服从威布尔分布，均值一般服从正态分布。图 7-30、图 7-31 所示分别为雨流计数获得的幅值和均值的直方图，可以直观地得到幅值服从威布尔分布，均值服从正态分布。检查一组数据是否服从某个分布可以用概率图检验，因此分别用威布尔概率图和正态概率图对上述数据进行检验，结果如图 7-32、图 7-33 所示。发现数据与最佳拟合线较为接近，故幅值服从威布尔分布，均值服从正态分布。

对幅值和均值分别作二参数威布尔分布和正态分布，分别用随机变量 $X$、$Y$ 表示幅值及均值。幅值 $X$ 的概率密度函数为

$$f(x) = \frac{\alpha}{\beta}\left(\frac{x}{\beta}\right)^{\alpha-1} \mathrm{e}^{\left[-\left(\frac{x}{\beta}\right)^{\alpha}\right]} \tag{7-20}$$

式中，$\alpha$ 为威布尔分布形状参数；$\beta$ 为尺度参数。

均值 $Y$ 的概率密度函数为

$$f(y) = \frac{1}{\sqrt{2\pi}\delta} \mathrm{e}^{\left[-\frac{(y-\mu)^2}{2\delta^2}\right]} \tag{7-21}$$

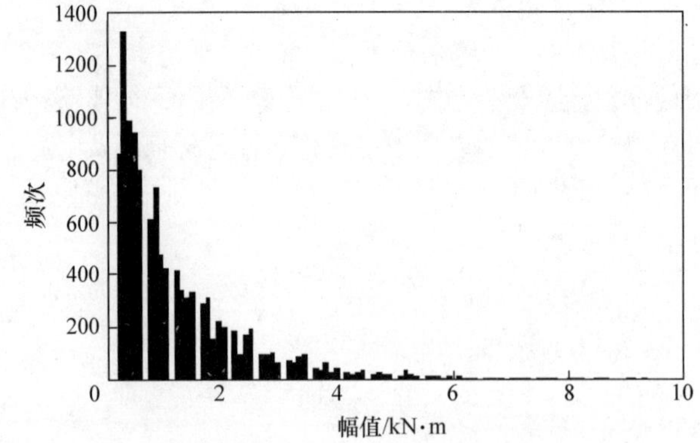


图 7-30　幅值直方图

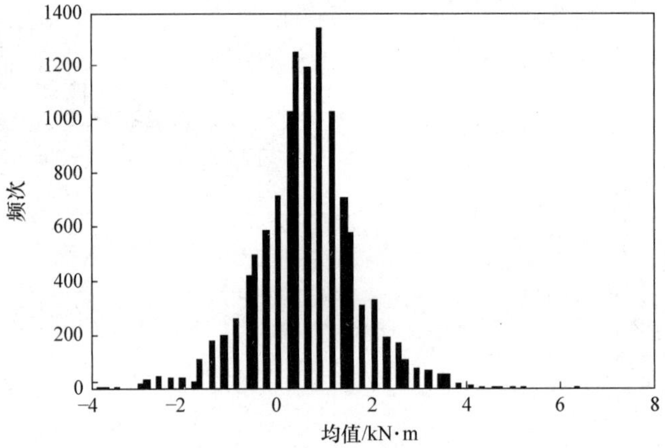


图 7-31　均值直方图

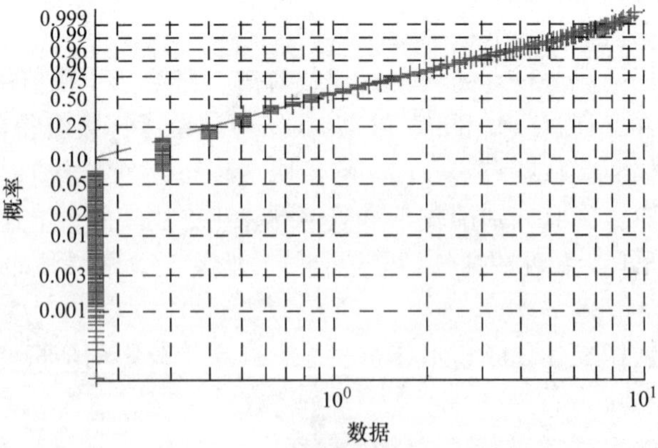


图 7-32　威布尔概率图

式中，$\mu$ 为正态分布均值；$\delta$ 为标准差。

（3）联合概率密度函数建立与独立性检验　若幅值 $X$ 与均值 $Y$ 相互独立，其联合概率密度函数为

$$f(x,y)=\frac{\alpha}{\beta}\left(\frac{x}{\beta}\right)^{\alpha-1}e^{\left[-\left(\frac{x}{\beta}\right)^{\alpha}\right]}\frac{1}{\sqrt{2\pi}\delta}e^{\left[-\frac{(y-\mu)^2}{2\delta^2}\right]} \tag{7-22}$$

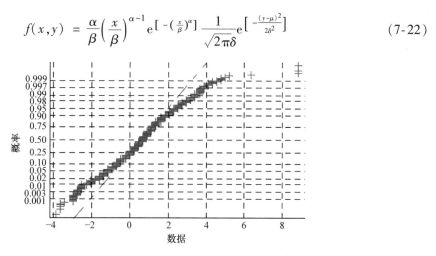

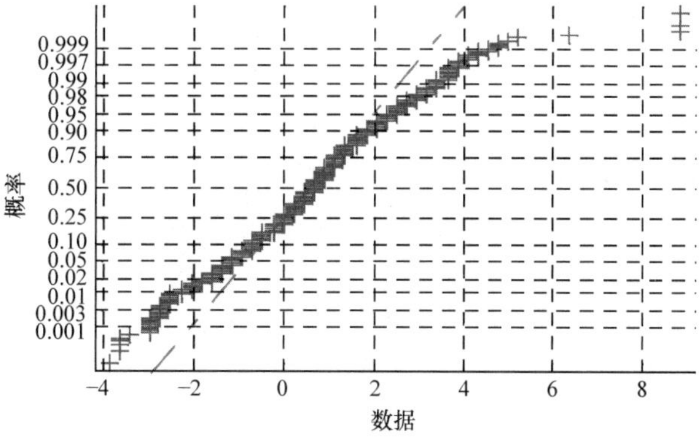


图 7-33　正态概率图

若 $X$ 和 $Y$ 不相互独立，则需通过线性或非线性回归分析，最终确定均值和幅值的联合概率密度函数。

用假设检验判断 $X$、$Y$ 的独立性，即设原假设 $H_0$：均值和幅值是相互独立的。

若均值和幅值相互独立，根据 Fisher 定理，样本的检验统计量近似服从自由度为$(r-1)(s-1)$的$\chi^2$分布：

$$\chi^2=n\sum_{i=1}^{r}\sum_{j=1}^{s}\frac{\left(n_{ij}-\frac{n_in_j}{n}\right)^2}{n_in_j} \tag{7-23}$$

式中，$n$ 为子样容量；$r$、$s$ 分别为幅值、均值的分级数，均为 100；$n_i$ 为幅值落在第 $i$ 级的频次；$n_j$ 为均值落在第 $j$ 级的频次；$n_{ij}$为幅值落在第 $i$ 级，均值落在第 $j$ 级的频次。

通常情况下，当自由度$(r-1)(s-1)$较大时，$\chi^2$ 分布近似服从正态分布 $N(m, 2m)$。因此，可用式（7-24）近似地求出$\chi^2$ 分布的上 $\alpha$ 分位点：

$$\chi_{\alpha}^2(m)\approx\sqrt{2m}U_{\alpha}+m \tag{7-24}$$

式中，$U_{\alpha}$ 可从标准正态分布得到；$m$ 为$\chi^2$ 分布的均值，$m=(r-1)(s-1)=9801$。

对于原假设 $H_0$，若由式（7-23）求得的$\chi^2$ 值大于由式（7-24）求得的$\chi_{\alpha}^2(m)$值，则拒绝原假设；否则，接受原假设，即均值和幅值是相互独立的。通过计算，式（7-23）$\chi^2=6498$，小于式（7-24）的 $\chi_{0.05}^2(9801)\approx10075$，因此认为均值和幅值在显著性水平 0.05 的条件下是相互独立的两个随机变量。

利用 Matlab 软件，分别按照二参数威布尔分布和正态分布对幅值和均值进行参数拟合，得到幅值分布的形状参数、尺度参数分别为 2.627 和 1.168；均值分布的均值、标准差分别为 0.622 和 1.049。因此均值和幅值的联合概率密度函数为

$$f(x,y)=\frac{2.627}{1.168}\left(\frac{x}{1.168}\right)^{2.627-1}e^{\left[-\left(\frac{x}{1.168}\right)^{2.627}\right]}\frac{1}{\sqrt{2\pi}\times1.049}e^{\left[-\frac{(y-0.622)^2}{2\times1.049^2}\right]} \tag{7-25}$$

（4）二维载荷谱的编制　由于试验条件的限制，现场实测的工作载荷样本有限，很可能漏测极少出现的极值载荷。为使编制出的载荷谱能够全面反映载荷分布的特征，需要运用统计学理论推出极值载荷。工程上一般取概率为 $1\times10^{-6}$的载荷为极限载荷。由于扭矩载荷

谱幅值和均值相互独立，并且分别服从威布尔分布和正态分布，因此求载荷的最大值就可以转化为求均幅值和均值的最大值，由式（7-26）、式（7-27）可得幅值最大值为12.445kN·m，均值最大值为5.609kN·m。

$$X_{max} = \beta \sqrt[\alpha]{-\ln P} \tag{7-26}$$

$$Y_{max} = U_P\delta + \mu \tag{7-27}$$

式中，$P$ 为极限载荷对应的概率，$P = 1 \times 10^{-6}$，$P$ 已知时 $U_P$ 可由标准正态分布得到。

Conover 发现将载荷谱分成八级可以很精确地反映其疲劳效应。故将幅值按 Conover 比值系数 1、0.95、0.85、0.725、0.575、0.425、0.275、0.125 分级，均值按等间距分级。由式（7-28）得到对应均值和幅值的各级循环次数，形成二维程序载荷谱，见表 7-7。

$$n_{ij} = n\int_{R_i}^{R_{i+1}}\int_{M_j}^{M_{j+1}} f(x,y)\,dy\,dx \tag{7-28}$$

式中，$R_i$、$R_{i+1}$分别为第 $i$ 组幅值的下限、上限；$M_j$、$M_{j+1}$分别为第 $j$ 组均值的下限、上限。

**表 7-7　二维程序载荷谱**

| 幅值 | 均值/kN·m | | | | | | | |
|---|---|---|---|---|---|---|---|---|
| | -4.908 | -3.506 | -2.103 | -0.701 | 0.701 | 2.103 | 3.506 | 5.609 |
| 1.556 | 10 | 29 | 3284 | 69753 | 300410 | 275277 | 53485 | 2097 |
| 3.442 | 0 | 10 | 1159 | 24635 | 106097 | 97221 | 18890 | 744 |
| 5.289 | 0 | 2 | 190 | 4033 | 17368 | 15915 | 3092 | 122 |
| 7.156 | 0 | 0 | 25 | 541 | 2329 | 2134 | 415 | 16 |
| 9.023 | 0 | 0 | 3 | 64 | 274 | 251 | 49 | 2 |
| 10.578 | 0 | 0 | 0 | 6 | 28 | 25 | 5 | 0 |
| 11.823 | 0 | 0 | 0 | 1 | 4 | 3 | 1 | 0 |
| 12.445 | 0 | 0 | 0 | 0 | 1 | 0 | 0 | 0 |

（5）一维载荷谱的编制　在实际应用中，采用变均值法按式（7-29）将表 7-7 中的二维程序载荷谱简化为一维程序载荷谱，见表 7-8，并采用“低—高—低”的加载顺序进行编制，如图 7-9b 所示。

$$M_i = \frac{\sum_{j}^{8} M_j n_{ij}}{\sum_{j}^{8} n_{ij}} \tag{7-29}$$

式中，$M_i$ 为第 $i$ 级幅值所对应的平均值；$M_j$ 为第 $j$ 级幅值所对应的平均值，$n_{ij}$为第 $i$ 级幅值、第 $j$ 级均值的频次。

**表 7-8　一维程序载荷谱**

| 载荷等级 | 均值/kN·m | 幅值/kN·m | 频次 |
|---|---|---|---|
| 1 | 1.325 | 1.556 | 704345 |
| 2 | 1.325 | 3.422 | 248756 |
| 3 | 1.325 | 5.289 | 40722 |

（续）

| 载荷等级 | 均值/kN · m | 幅值/kN · m | 频次 |
|---|---|---|---|
| 4 | 1.325 | 7.156 | 5460 |
| 5 | 1.325 | 9.023 | 643 |
| 6 | 1.337 | 10.578 | 64 |
| 7 | 1.324 | 11.823 | 9 |
| 8 | 0.701 | 12.445 | 1 |

**2. 疲劳仿真分析及有效性验证**

利用nCode软件中的Time Series Generator模块生成上述一维程序载荷谱，对7.3.1节中的商用车车身进行疲劳仿真分析，得到图7-34和图7-35所示的结果。

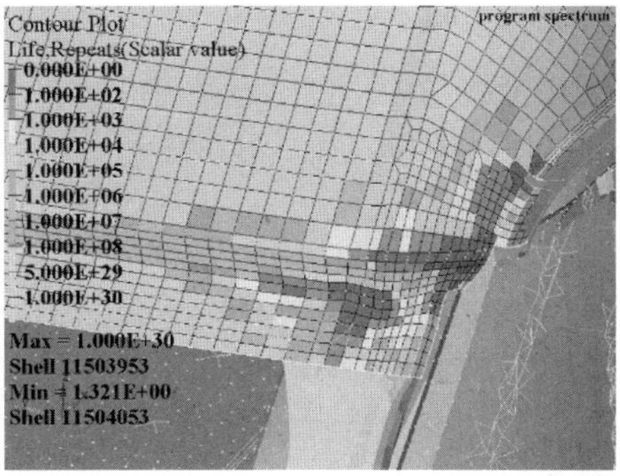


图7-34 A柱上端疲劳寿命云图（见彩插）

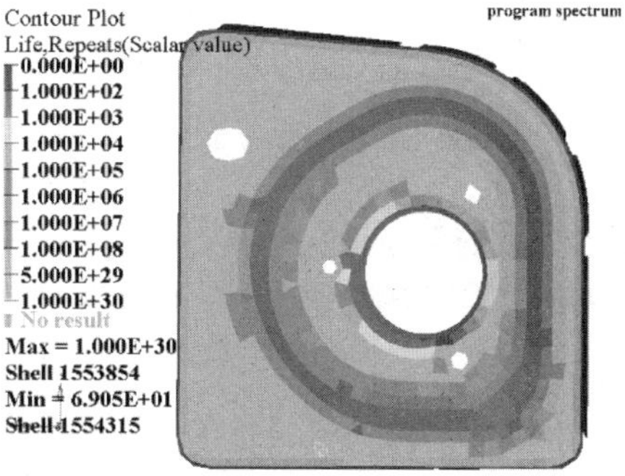


图7-35 前减振器轮罩疲劳寿命云图（见彩插）

分析疲劳结果可得，两个模型的疲劳危险区域均集中在A柱上端和前减振器轮罩处。经计算可得到危险部位疲劳行驶里程和时间，见表7-9。

**表7-9 危险部位疲劳行驶里程和时间**

| 危险部位 | | A柱上端 | 前轮罩 |
|---|---|---|---|
| 随机载荷谱 | 疲劳行驶里程 $L$/km | 6.37E+02 | 4.03E+04 |
| | 疲劳所用时间 $H$/h | 2.33E+01 | 1.47E+03 |
| 程序载荷谱 | 疲劳行驶里程 $L$/km | 7.92E+02 | 4.15E+04 |
| | 疲劳所用时间 $H$/h | 9.06E−02 | 4.74E+00 |

从表7-9可以看出，在两种载荷谱的作用下，车身危险部位疲劳行驶的里程基本一致，表明了程序载荷谱的有效性。从疲劳所用时间来看，程序载荷谱所用的时间大大减少，故程序载荷谱具有显著的加速作用，能明显缩短车身疲劳台架试验的时间。

## 7.3.3 某SUV后桥总成疲劳仿真分析

不同于车身，后桥总成几何模型上有许多尺寸较小的结构，如小孔、倒角、圆角、加强筋和小凸台等。在对模型进行前处理时，利用有限元前处理软件Hypermesh对模型进行几何清理，将这些小尺寸结构删除，能够减少后期网格划分的工作量，提高有限元模型的建模质量。后桥中包含弹簧，弹簧使用spring单元模拟，刚度为60N/mm。其余构件按规范建模，建好的后桥总成有限元模型如图 7-36 所示。后桥总成的疲劳载荷谱由物理迭代获得。

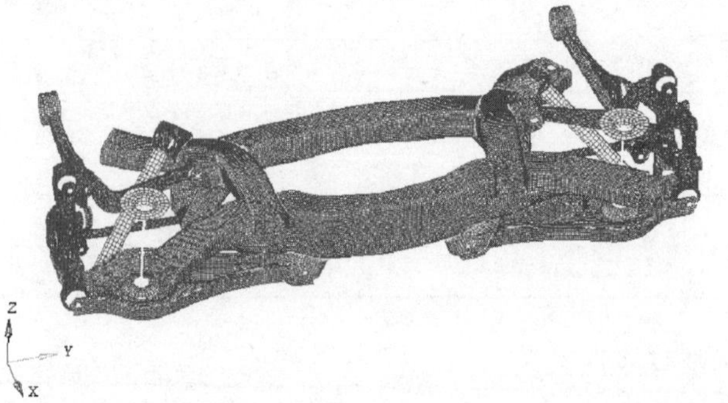


图 7-36　后桥总成有限元模型

**1. 应力应变场的获取**

在静力分析中，按照实车连接的方式来约束后桥总成与车身连接的位置，在轴头位置分别加载单位力和力矩，将 12 个通道的载荷分别作为一个工况，计算其单位载荷激励下的应力结果。

后桥总成的部分静力分析结果如图 7-37 ~ 图 7-39 所示，其中，图 7-37 所示为左侧轴头在 *X* 方向单位力作用下的应力分布，图 7-38 所示为左侧轴头在 *Y* 方向单位力作用下的应力分布，图 7-39 所示为左侧轴头在 *Z* 方向单位力作用下的应力分布，左右加载时应力呈左右对称分布。由应力分布图可以看出，不同方向的单位力作用对结构的应力分布影响大不相同。

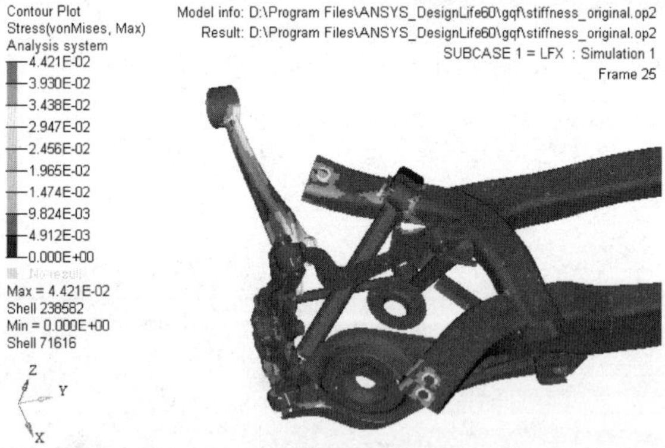


图 7-37　左侧轴头在 *X* 方向单位力作用下的应力分布（见彩插）

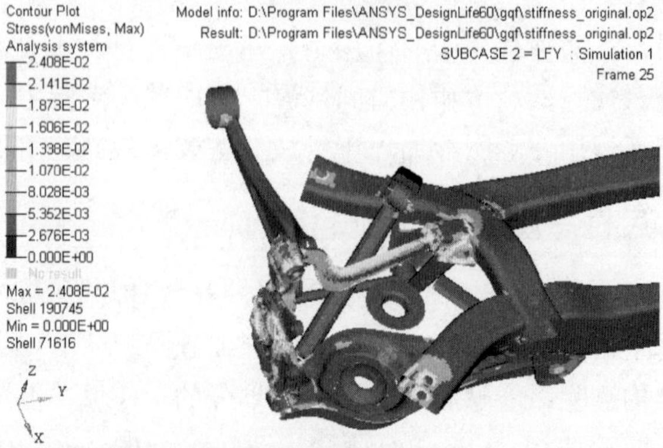


图 7-38　左侧轴头在 *Y* 方向单位力作用下的应力分布（见彩插）

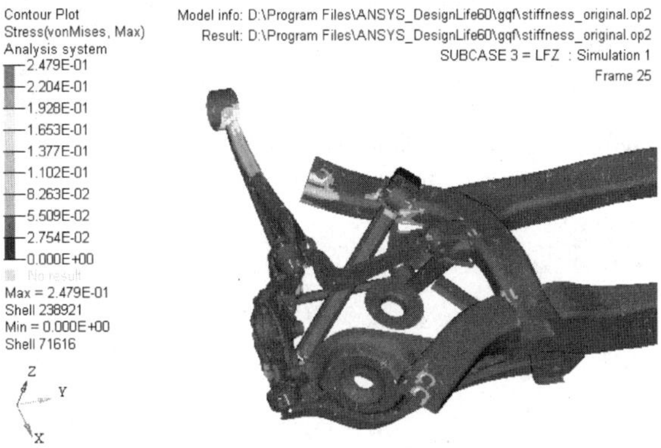


图 7-39　左侧轴头在 $Z$ 方向单位力作用下的应力分布（见彩插）

**2. 定义疲劳分析相关参数**

在疲劳分析软件 nCode Designlife 中的 ENAnalysis 求解器对后桥总成进行疲劳寿命仿真。分别导入有限元模型的静力分析结果和编辑处理后的实际道路载荷谱，设置部件结构的材料，并对载荷和通道进行匹配，平均应力用 Morrow 法修正。

**3. 疲劳分析结果**

如图 7-40 所示，后桥总成的薄弱环节主要出现在副车架与车身连接点及纵臂前端焊缝处（左右对称），在时域信号循环 220 次之后结构会产生疲劳破坏。寿命水平最低的两个节点分别为 142767 和 31467，位于左右纵臂前端焊缝处。

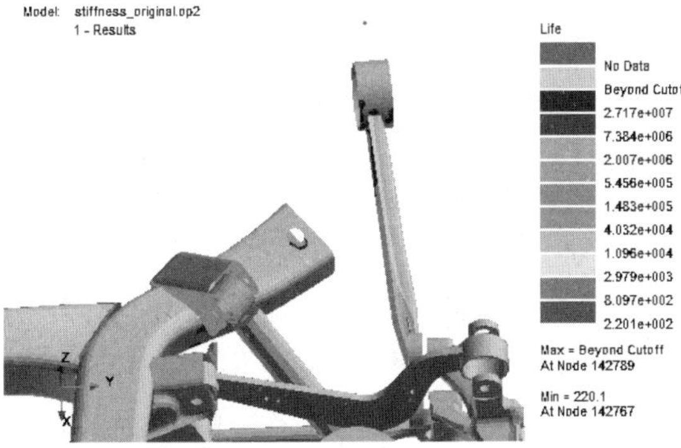


图 7-40　多通道时域载荷工况下的疲劳寿命结果（见彩插）

## 7.3.4　某货车驾驶室总成疲劳耐久试验

**1. 载荷谱的采集与处理**

在定远试车场进行载荷谱采集，在路面不平度的激励下，车架及驾驶室总成相对于地面运动，为获得驾驶室悬置主动端与被动端的加速度信号，在驾驶室的悬置支架（车身端）上分别布置 1 个三向加速度传感器，驾驶室悬置下端（与车架相连处）分别布置 2 个三向加速度传感器，共 12 个加速度传感器，测试车架、车身的加速度响应信号。在驾驶室安装位置处与悬置下点之间分别布置 1 个位移传感器，共 4 个位移传感器，测试驾驶室与车架之间的相对位移信号，为后续室内台架物理迭代试验提供位移输入信号。

由于一次采集的载荷信号包含多个路段，且采集的时间较长，需根据采集的车速、时间、过渡路段的载荷信号特征对采集的信号进行截取处理。将截取得到的载荷谱进行消除趋势项、剔除奇异点等处理，并进行平稳性检验，得到可用于台架物理迭代的载荷谱。

**2. 台架搭建与物理迭代**

本例的研究对象为重型货车驾驶室总成，该驾驶室总成通过悬置与车架相连，在实际道路行驶中，驾驶室总成不仅做垂向运动，还有一定的绕 $X$ 轴和 $Y$ 轴的转动。区别于整车室内台架疲劳耐久试验，驾驶室总成无法直接与激振液压缸托盘相连。为准确、高效地在 4 通道道路模拟试验台上复现目标点的载荷信号，需对车架、原有 4 通道道路模拟试验台进行改进设计。

（1）车架设计　驾驶室与车架通过悬置连接，车架通过钢板弹簧与车轮连接，路面激励通过车轮经钢板弹簧、车架、驾驶室悬置作用到驾驶室上。驾驶室悬置为橡胶阻尼元件和液压减振器，其具有较强的非线性特性，因此为获得较好的车架和车身响应信号，试验对象选取为带车架和悬置的驾驶室总成。考虑对驾驶室悬置系统动力学响应特性影响较大的是车架的前侧，采用整体车架会存在刚度过低的现象，影响台架迭代过程中传递函数精度，使迭代难以收敛，因此对车架采用截断处理的方式。

进行车架修改时，应在原有车架的基础上做尽量少的更改，并考虑车架作为大的试验工装，其应具有较高的强度和刚度，试验过程不会出现疲劳破坏，其一阶固有频率具有较小的误差。

（2）台架设计　为使现有试验台架能够准确模拟驾驶室总成在实际试车场的振动形式，在进行室内试验台架的设计时需要考虑以下影响因素：

1）基于所设计的车架，考虑车架与激振液压缸的连接方式，实现车架相对于地面的 $Z$ 向平动以及绕 $X$、$Y$、$Z$ 三个方向一定的转动自由度。

2）在本试验中，车架作为激振液压缸与驾驶室间的一个过渡连接元件，其作用相对于驾驶室总成相当于工装夹具，应具有刚度大、变形小的特点，且激振液压缸应尽可能多地承受垂向力，降低所承受的侧向力。

3）现有激振液压缸仅能实现试验对象的垂向加载且相对地面具有确定的空间位置，需采取一定措施使得驾驶室总成实现绕 $X$ 轴和 $Y$ 轴的一定转动，且使液压缸受到尽可能小的侧向力。

基于以上设计因素，在车架与液压缸之间采用球形铰链连接实现车架相对地面的 $Z$ 向平动以及绕 $X$、$Y$、$Z$ 轴的转动，连接方式如图 7-41 所示。在激振液压缸与车架连接球铰间安装导向架和直线导轨，使试验过程中因驾驶室总成侧向运动产生的侧向力由车架与液压缸间的过渡工装承受，起到保护激振液压缸的作用。过渡工装方案如图 7-41 所示，导向架及直线导轨方案如图 7-42 所示。为较好复现驾驶室总成在实际道路上的运动状态，应在保证试验台架稳定的基础上释放部分激振液压缸的转动自由度，采用在前侧液压缸底部安装球铰，后侧安装导向架的方案，如图 7-43 所示。

（3）台架搭建　依据实车安装状态分别对夹具、车架总成、悬置总成等各连接件进行力矩检查校准，根据试车场驾驶室的试验状态，添加配重并用安全带固定，然后对驾驶室总成的试验状态进行确认。

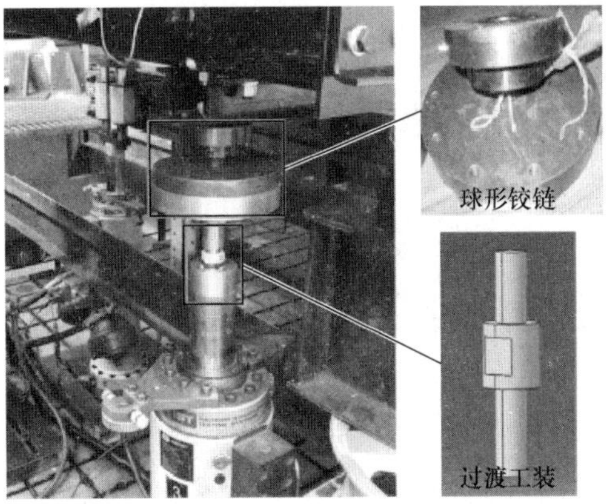


图7-41　车架上球形铰链及其连接方案

图7-42　导向架及直线导轨方案

（4）传感器布置　采用与道路载荷谱采集同类型的加速度传感器，并且传感器布置位置与道路载荷谱采集试验的布置位置要保持一致，以保证在台架物理迭代过程中所测响应信号具有一致性。根据载荷分析选择数据较好的车架中部 $Z$ 向加速度信号作为台架物理迭代的目标信号，并获取相应的激振液压缸驱动信号。

图7-43　激振液压缸底部安装球铰方案

（5）物理迭代　以采集的车架中部 $Z$ 向加速度信号作为目标信号，迭代反求出激振液压缸的位移驱动信号，并将此驱动作为后期驾驶室总成室内台架疲劳耐久试验的激励信号。比利时路的均方根误差、时域波形对比和频域波形对比分别如图7-44～图7-46所示，损伤比见表7-10。

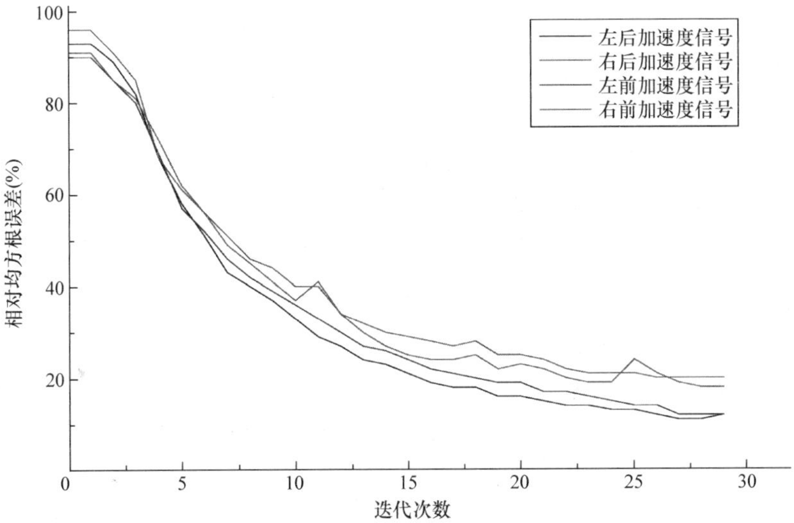


图7-44　比利时路物理迭代均方根误差（见彩插）

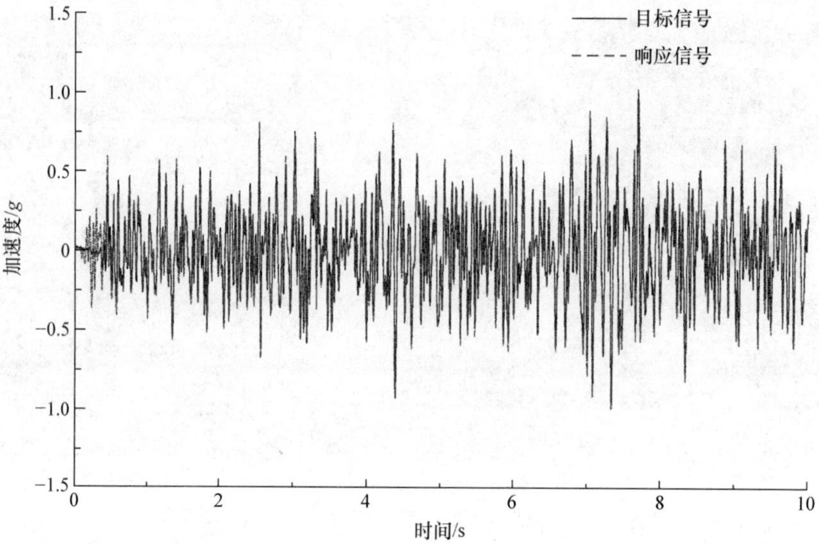


图 7-45　时域波形对比（见彩插）

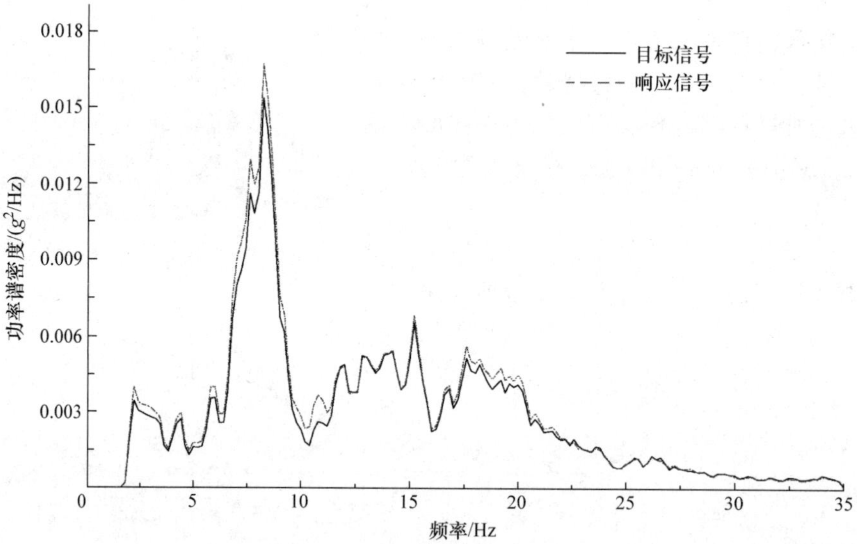


图 7-46　频域波形对比（见彩插）

**表 7-10　损伤比**

| 路段 | 左前 | 右前 | 左后 | 右后 |
|---|---|---|---|---|
| 比利时路 | 115.36% | 104.11% | 110.04% | 103.32% |

**3. 台架疲劳试验规程及步骤**

在进行驾驶室总成的室内台架疲劳耐久试验之前，先根据试车场道路试验规范和室内台架物理迭代试验结果制定室内台架试验规范，然后确定台架试验细则及注意事项，最后在确定试验对象状态良好的前提下进行室内台架疲劳耐久试验。

（1）道路模拟试验规范　根据台架物理迭代试验结果及实车道路试验测试顺序组合编辑各路段的液缸驱动信号，并将其作为驾驶室总成的室内台架疲劳试验的驱动信号，各路段编排见表 7-11 和表 7-12。

表 7-11 综合路路段编排

| 路段名称 | 时长/s | 路段名称 | 时长/s | 路段名称 | 时长/s |
|---|---|---|---|---|---|
| 跳动路 | 33.5 | 卵石路 | 38.2 | 小搓板路 | 11.1 |
| 颠簸路 | 27.5 | 扭曲路 | 42 | 比利时路 | 160 |
| 短波路 | 7 | 鱼鳞坑路 | 5.5 | 砂石路 | 254 |

表 7-12 越野路路段编排

| 路段名称 | 时长/s |
|---|---|
| 越野路 | 913 |
| 蛇形路 | 547.5 |

台架试验执行的理论当量里程为综合路 12000km，越野路 6000km（含越野路和蛇形路）。依据定远试车场各路段的实际里程确定综合路每一循环当量里程为 6.3km，越野路每一循环当量里程为 8km。室内台架循环周期见表 7-13。

表 7-13 室内台架循环周期

| 路段名称 | 运行里程/km | 循环次数/次 | 单次循环时长/s | 累计循环时长/h |
|---|---|---|---|---|
| 综合路 | 12000 | 1904.76 | 578.8 | 306.24 |
| 越野路 | 6000 | 750 | 1460.5 | 304.27 |

（2）试验过程 在试验台上按照试验规范分别播放规定里程的综合路、越野路。试验过程中采用轴流风扇对前悬置阻尼衬套和后悬置减振器进行冷却降温处理并记录，每隔 30min 检查是否出现裂纹，支承是否松动、损坏等，并测量裂纹长度，拍照、记录。综合路每 5 个循环结束（越野路每 2 个循环）停机检查夹具、车架及其锁紧螺母是否松动并标定锁紧力矩，检查试验对象的损坏情况并做好记录。台架试验先进行综合路试验，再进行越野路试验，具体执行情况视台架试验结果决定。

**4. 试验结果**

试验结果见表 7-14。

表 7-14 试验结果

| 路段 | 裂纹出现时累计循环次数/次 | 累计试验里程/km | 损坏情况 |
|---|---|---|---|
| 综合路 | 132 | 831.6 | 1. 前围外板与发动机舱盖右下角焊缝裂纹 |
| | 187 | 1178.1 | 2. 右侧前围内侧圆弧过渡处裂纹 |
| | 282 | 1776.6 | 3. 发动机舱盖左侧与前围焊缝处开裂 |
| | 1218 | 7673.4 | 4. 汽笛喇叭安装板断裂，喇叭脱落 |
| | 1432 | 9021.6 | 5. 右侧纵梁与前围加强板连接处裂纹 |
| | | | 6. 右侧纵梁与前围加强板连接处裂纹 |
| | 1437 | 9053.1 | 7. 右侧纵梁前部焊缝处裂纹 |
| | | | 8. 左侧纵梁前部与地板连接处裂纹 |

（续）

| 路段 | 裂纹出现时累计循环次数/次 | 累计试验里程/km | 损坏情况 |
|---|---|---|---|
| 越野路 | 42 | 336 | 9. 右侧前围外侧圆弧过渡处裂纹 |
| | 264 | 2112 | 10. 右侧纵梁与前围加强板连接处裂纹 |
| | 323 | 2584 | 11. 发动机舱盖外板右下侧焊点失效 |
| | | | 12. 发动机舱盖外板右下侧焊点失效 |
| | | | 13. 发动机舱盖外板右下侧焊点失效 |
| | 361 | 2888 | 14. 发动机舱盖外板左下侧焊点失效 |
| | | | 15. 发动机舱盖外板左下侧焊点失效 |
| | 453 | 3624 | 16. 右侧纵梁前部拐角处焊缝裂纹 |
| | 545 | 4360 | 17. 发动机舱盖外板右下侧焊点失效 |
| | 615 | 4920 | 18. 右侧纵梁前部与地板连接处裂纹 |
| | 645 | 5160 | 19. 右侧前围内板裂纹 |
| | 657 | 5256 | 20. 发动机舱盖外板右下侧焊点失效 |
| | 685 | 5480 | 21. 右侧前围与侧围间板件裂纹 |
| | 687 | 5496 | 22. 右侧前围加强板与前围间焊缝裂纹 |

### 7.3.5 某SUV后桥疲劳耐久试验

**1. 载荷谱的采集与处理**

试车场采集的信号包括应变信号、后轴悬架上下端相对位移信号、轴头及悬架与车身连接点加速度信号、四个车轮轴头六分力信号。信号采集传感器见表7-15。对采集到的数据进行消除趋势项、剔除奇异点等处理，并进行平稳性检验，获得可用于台架物理迭代的载荷谱。

**表7-15 信号采集传感器**

| 传感器 | 测量信号 | 布置位置 |
|---|---|---|
| 测量轮 | 轴头六分力 | 前后车轮 |
| 加速度传感器 | $Z$向加速度 | 减振器支座 |
| 应变片 | 应变信号及标定信号 | 螺旋弹簧、摆臂、副车架等 |
| 位移传感器 | 后桥与车身垂向间隙 | 后悬架 |

**2. 台架搭建与物理迭代**

（1）夹具设计　后桥连接点如图7-47所示，图中①②③为纵臂支架与车身的连接点，左右对称；④⑥为副车架与车身的连接点，左右对称；⑤为缓冲块安装座与车身的连接点，左右对称。试验中心有通用的夹具，因此需要根据试验对象的边界条件设计专用夹具，并配合通用夹具对试验对象进行装夹来模拟车身与后桥总成的约束情况。通用夹具包括下支座和上支座两部分，下支座按照连接需要的尺寸关系直接固定在振动台基座平面的对应位置，上支座与下支座通过螺栓连接，上支座伸出的部分在各个表面均开有螺纹孔，可以用于固定专用夹具，专用夹具设计的边界条件就需要参考上支座的螺纹孔位置、车桥的六个连接点及试验时后桥轴头处于的初始位置。图 7-48 和图 7-49 所示分别为通用夹具和专用夹具的示意图。

试验台架与试验对象之间需要设计连接用的适配器，设计适配器需要考虑轮胎的偏距值。试验对象轮胎的偏距值为 45mm，试验台架设备的偏距值为 70mm，因此适配器的连接厚度应为 25mm。其他位置的结构及精度按照连接对象的端面进行设计。

设计出的夹具在功能上要满足试验要求，因此需要对夹具及试验对象进行装配分析，并且夹具不能与运动的试验对象发生干涉。后桥总成与夹具装配校核示意图如图 7-50 所示。在多体动力学软件 Adams 中做出后桥总成运动极限的包络面，并导入 CATIA 中与夹具进行运动干涉校核，校核结果是不会发生干涉。除此之外，还需利用 CAE 软件对夹具进行刚度分析和模态分析，以保证设计满足要求。

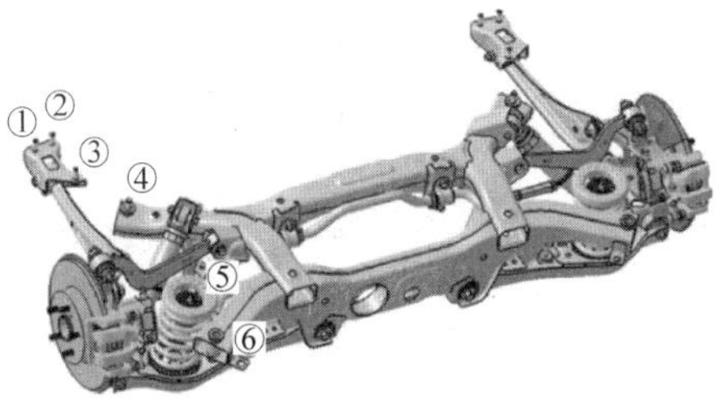


图 7-47 后桥总成与车身连接点示意图

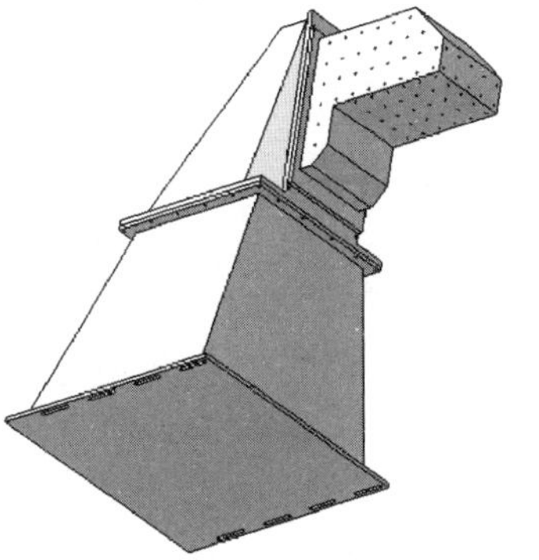

图 7-48 通用夹具示意图

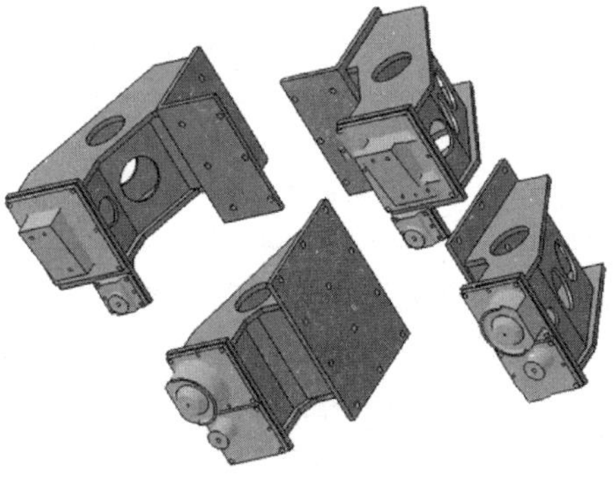

图 7-49 专用夹具示意图

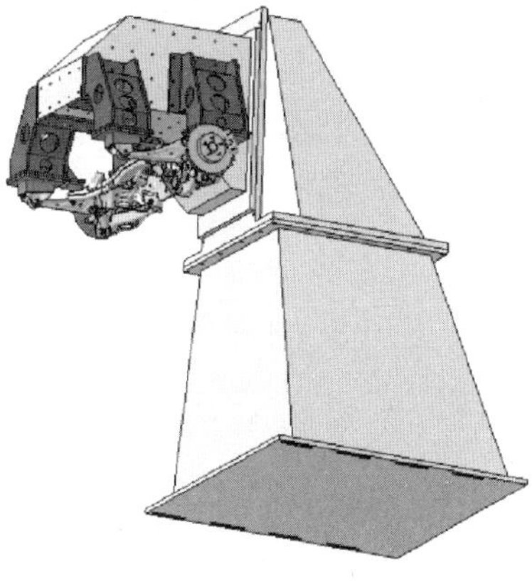

图 7-50 后桥总成与夹具装配校核示意图

（2）物理迭代 本例中的系统输入为液压缸的激振输入，系统输出为轴头的六分力信号，即十二输入十二输出系统。将布置好传感器的车桥总成按实车实际安装约束条件安装于试验台架上，调整轴头的初始位置，检查各部件之间的连接关系，准备迭代。基于安装调试完成的试验系统进行系统识别，使用频率为 0.8Hz 的方波作为激励，调试出响应状况比较好的 PID 参数。调试完成 PID 之后使用白噪声信号激励试验系统进行系统识别，迭代得到系统的频率响应函数。

物理迭代的目标信号使用实际道路采集的轴头六分力信号，激励信号在 $Z$ 方向使用位移控制，在其他方向使用力或者力矩控制。所有工况的迭代次数及收敛情况见表 7-16。

**表 7-16　各工况迭代的收敛情况**

| 工况 | 迭代次数 | 均方根误差收敛情况 |
|---|---|---|
| 城市工况 | 19 | 垂向通道均方根误差控制在 5% 之内，其余通道时域波形逼近情况良好，均方根误差收敛情况良好 |
| 高速循环路（最高车速） | 18 | 垂向均方根误差在 5% 之内，其余通道的信号收敛情况良好，时域波形拟合情况基本一致 |
| 倒车制动 | 26 | 垂向均方根误差在 3% 左右，其余主要通道在 10% 左右 |
| 扭曲路 | 24 | 垂向均方根误差在 5% 左右，其余通道在 20% 以内 |
| 石块路甲 | 37 | 垂向均方根误差达到 10% 以内，其余通道在 20% 以内 |
| 石块路乙 | 32 | 垂向均方根误差在 5% 以下，其余通道在 20% 左右 |
| 卵石路乙 | 24 | 垂向均方根误差在 5% 以下，其余通道在 15% 左右 |
| 砂石路 | 22 | 垂向均方根误差在 3% 以下，其余通道在 20% 以内 |
| 搓板路丙（同向） | 23 | 垂向均方根误差在 5% 以下，其余通道在 15% 左右 |
| 搓板路丙（反向） | 23 | 垂向均方根误差在 5% 以下，其余通道在 15% 左右 |
| 石块路丙 | 32 | 垂向均方根误差在 10% 以下，其余通道在 20% 以内 |
| 长波路甲 | 31 | 垂向均方根误差在 5% 以下，其余通道在 15% 左右 |
| 长波路乙 | 24 | 垂向均方根误差在 5% 以下，其余通道在 15% 左右 |
| 方坑 | 28 | 垂向均方根误差在 10% 以下，其余通道在 20% 以内 |
| 斜坡坑 | 21 | 垂向均方根误差在 5% 以下，其余通道在 15% 左右 |

分别统计目标信号和响应信号的伪损伤值，然后计算 15 种工况的迭代结果的损伤比，典型工况各通道损伤比见表 7-17。通过统计结果，我们可以发现各个通道的损伤比值基本都在 0.5 ~ 2 的范围内，因此，可以将迭代最后一步的液压缸激励信号存档，为耐久试验做准备。

**表 7-17　典型工况各通道损伤比**

| 工况名称 | 各通道损伤比 | | | | | | | | | |
|---|---|---|---|---|---|---|---|---|---|---|
| | *L_Fx* | *R_Fx* | *L_Fy* | *R_Fy* | *L_Fz* | *R_Fz* | *L_Mx* | *R_Mx* | *L_Mz* | *R_Mz* |
| 扭曲路 | 1.22 | 1.27 | 0.61 | 0.69 | 1.33 | 1.57 | 0.75 | 0.82 | 0.89 | 1.06 |
| 石块路乙 | 0.57 | 0.55 | 0.71 | 0.84 | 0.86 | 1.10 | 0.84 | 0.79 | 1.12 | 1.01 |
| 砂石路 | 1.00 | 1.12 | 1.22 | 1.20 | 1.07 | 1.13 | 1.15 | 1.10 | 1.35 | 1.25 |
| 方坑 | 0.62 | 0.64 | 0.59 | 0.60 | 0.66 | 1.02 | 1.37 | 1.93 | 0.68 | 0.64 |
| 斜坡坑 | 0.57 | 0.57 | 1.02 | 1.87 | 1.24 | 1.22 | 0.81 | 0.67 | 0.74 | 0.61 |

表中，*L_Fx*、*L_Fy*、*L_Fz* 分别为前端 $x$ 向、$y$ 向、$z$ 向力，*R_Fx*、*R_Fy*、*R_Fz* 分别为后端 $x$ 向、$y$ 向、$z$ 向力，*L_Mx*、*L_Mz* 分别为前端 $x$ 向、$z$ 向力矩，*R_Mx*、*R_Mz* 分别为后端 $x$ 向、$z$ 向力矩。

**3. 台架疲劳试验规程及步骤**

（1）道路模拟试验规范　由于城市路段和反向制动路段对于悬架的损伤相对而言非常

小，所以在编辑载荷谱播放循环时只使用了 13 个路段。单个试验循环规范要求见表 7-18，其中标准搓板路和反向搓板路间隔进行。

表 7-18 单个试验循环规范要求

| 序号 | 路面文件名称 | 描述 | 循环次数 |
|---|---|---|---|
| 1 | Body Twist A | 扭曲路 | 3 |
| 2 | Pave A | 石块路甲 | 3 |
| 3 | Pave B | 石块路乙 | 3 |
| 4 | cobblestone | 鹅卵石路 | 3 |
| 5 | Washboard_ st | 标准搓板路 | 3 |
| 6 | Washboard_ dist | 反向搓板路 | 3 |
| 7 | Pave C | 石块路丙 | 3 |
| 8 | Long Wave 50 | 长波路甲 | 3 |
| 9 | Long Wave 90 | 长波路乙 | 3 |
| 10 | sandstone | 砂石路 | 1 |
| 11 | High speed | 高速循环路 | 2 |
| 12 | Slope Pothhole | 斜坑路 | 1 |
| 13 | Square Pothole | 方坑路 | 1 |

注：循环 290 次（未损坏加强 0.5 倍）。

（2）试验过程　按照编制好的试验循环播放激励信号进行试验。试验开始之前在连接螺栓的位置用记号笔做好标记，便于检查螺栓松动情况，并在关键位置喷涂显影剂，便于在试验过程中观察裂纹的情况。

进行台架模拟试验时，车桥模拟正常行驶状态，试验过程中要使用风扇对减振器进行冷却处理，每隔一段时间对试验对象关键位置进行检查，观测试验状态下的可见裂纹，考察疲劳耐久性，对相关情况（如累计循环次数、损坏情况等）进行记录，并对减振器的温度进行时刻监控。当裂纹达到一定程度或者焊缝开裂则终止试验。

**4. 试验结果**

后桥总成的薄弱环节为纵臂衬套、纵臂前端焊缝、上摆臂支座焊缝及副车架与车身连接点处的焊缝，具体结果见表 7-19。

表 7-19 试验过程记录及结果

| 试验循环 | 问题对象 | 问题类别 | 解决方案 |
|---|---|---|---|
| 136 | 左右纵臂与车身连接处衬套 | 橡胶撕裂（裂纹 1） | 撕裂程度不影响试验，未做处理 |
| 175 | 左右纵臂与车身连接处衬套 | 裂纹 1 扩展 | 扩展程度不影响试验，未做处理 |
| 209 | 左右纵臂与车身连接处衬套 | 裂纹 1 继续扩展 | 扩展程度不影响试验，未做处理 |
| 245 | 左右纵臂与车身连接处衬套 | 外侧橡胶撕裂（裂纹 2） | 撕裂程度不影响试验，未做处理 |
| 270 | 左右纵臂与车身连接处衬套 | 裂纹 1 继续扩展 | 扩展程度不影响试验，未做处理 |
| 322 | 左侧纵臂 | 纵臂前端焊缝处产生裂纹（裂纹 3） | 裂纹微小不影响试验，未做处理 |

（续）

| 试验循环 | 问题对象 | 问题类别 | 解决方案 |
|---|---|---|---|
| 356 | 右侧纵臂 | 纵臂前端焊缝处产生裂纹（裂纹4） | 裂纹微小不影响试验，未做处理 |
| 387 | 左侧纵臂 | 裂纹3扩展严重 | 更换左侧纵臂，继续试验 |
| 407 | 左侧纵臂 | 纵臂前端焊缝处产生裂纹（裂纹5） | 裂纹微小不影响试验，未做处理 |
| 411 | 左侧上摆臂与副车架连接支座 | 支座根部产生裂纹（裂纹6） | 裂纹微小不影响试验，未做处理 |
| 423 | 右侧纵臂 | 裂纹4扩展 | 扩展程度不影响试验，未做处理 |
| 435 | 右侧纵臂及左副车架与车身连接处 | 裂纹4扩展严重，副车架与车身连接处产生裂纹（裂纹7） | 循环播放完毕，试验结束 |

# 参考文献


[1] 黄金陵．汽车车身设计［M］．北京：机械工业出版社，2007.

[2] LEE Y L，PAN J，HATHAWAY R B，et al. Fatigue Testing and Analysis：Theory and Practice［M］. Oxford：Butterworth - Heinemann，2004.

[3] 尚德广．疲劳强度理论［M］. 北京：科学出版社，2017.

[4] RICHARD C R. Fatigue Design Handbook［M］. 3rd ed. Warrendale，PA：SAE International，1997.

[5] 姚卫星．结构疲劳寿命分析［M］. 北京：国防工业出版社，2003.

[6] BATHIAS C，PINEAU A. 材料与结构的疲劳［M］. 吴圣川，李源，王清远，译．北京：国防工业出版社，2016.

[7] 张学成，于立娟．疲劳试验加载方法［M］. 北京：科学出版社，2017.

[8] Siemens PLM Software. LMS Virtual. Lab Motion - TWR 13.6 User Guide［EB/OL］.（2016 - 04 - 07）［2020 - 01 - 02］. file：///E：/Program% 20Files/LMS/LMS% 20Virtual. Lab% 20OLH% 2013. 6/OnLine-Help/English/online/default_ all. htm.

[9] SEUNG HUN R. A study on obtaining excitation load of virtual test lab using virtual iteration method［C］. SAE Technical Paper 2010 - 01 - 0011，2010.

[10] GAO Y K，HAN J P，FANG J G，et al. Programmed Load Spectrum for Fatigue Bench Test of a Vehicle Body［C］. SAE Technical Paper 2016 - 01 - 0387，2016.

[11] 王望良，刘汉光，孟东阁，等．车辆道路模拟试验道路谱获取方法研究［J］. 工程机械，2013，44（8）：18 - 24.

[12] 邵建，董益亮，肖攀，等．基于多体模型仿真的载荷谱虚拟迭代技术分析［C］// 2010 重庆汽车工程学会年会论文专辑，2010：84 - 87.

[13] 周金林，付晨晖，刘旭琳．振动试验夹具设计方法研究［J］. 装备环境工程，2012（6）：135 - 139.

[14] MAJID A，BABAK B. Automotive body fatigue analusis：inertia relief or transient dynamics［C］. SAE Technical Paper 1999 - 01 - 3149，1999.

[15] KOBAYASHI K，YAMAGUCHI K，IKEJIRI T. On fatigue testing of passenger car body construction［C］. SAE Technical Paper 710261，1971.

[16] FLAVIO A，COTTA V. Fatigue damage on vehicle's body shell：A correlation between durability and torsion

tests [C]. SAE Technical Paper 2011-01-1100, 2011.
[17] 高镇同，熊峻江．疲劳可靠性 [M]．北京：北京航空航天大学出版社，2000.
[18] 张英爽，王国强，王继新，等．工程车辆传动系载荷谱编制方法 [J]．农业工程学报，2011，27(4)：179-183.
[19] 贾海波．轮式装载机传动系载荷谱测试与编制方法研究 [D]．长春：吉林大学，2009.
[20] 徐灏．疲劳强度 [M]．北京：高等教育出版社，1988.
[21] 徐成民．车身疲劳载荷谱的研究 [D]．上海：同济大学，2014.
[22] 郭其飞．SUV后桥的疲劳耐久性能研究 [D]．上海：同济大学，2015.
[23] 韩敬鹏．某重卡驾驶室总成的疲劳耐久性研究 [D]．上海：同济大学，2017.

## 思　考　题

1. 如何估计车身结构的疲劳寿命?
2. 试述载荷统计的雨流法。
3. 简述载荷谱概念。
4. 简述室内疲劳模拟试验的种类。
5. 简述载荷谱虚拟迭代流程。

# 第8章 汽车车身结构拓扑优化分析方法

汽车轻量化的途径主要有三种：使用新型轻量化材料、设计质量小而性能好的结构、使用先进的加工制造工艺。其中，如何采用结构优化算法对汽车车身及其零部件进行轻量化设计具有十分重要的现实意义。

结构优化的常用方法主要有尺寸优化及拓扑优化两种。其中尺寸优化有明确的数学表达式，是发展最早且目前最为成熟的结构优化方法。尺寸优化通过改变构件上的一些尺寸特征，在性能最大化的同时尽可能减小结构质量，一般用于详细设计阶段的局部细节优化中，其轻量化空间不是很大。拓扑优化则是一种在给定约束及性能指标的前提下，寻求材料在设计区域内最佳分布的一种数学方法，其用于概念设计阶段，优化效果显著，带来的经济效益也较大。

结构拓扑优化最早起源于对桁架类离散结构的优化研究。目前主要的拓扑优化方法有变密度法、均匀化法、水平集法、独立连续映射法及渐进结构优化法等。1992 年，谢亿民等人提出了渐进结构优化法（Evolutionary Structural Optimization，ESO），其基本思想是通过逐步迭代，将无效或者低效的单元从结构中剔除，保留高效的单元，最终收敛后得到满足一定工程要求的结构。随后，其在原有方法的基础上提出了双向渐进结构优化，使得单元不仅能被删除，还可以添加到结构内。到目前为止，ESO 方法已经被用于解决静态、动态、非线性和吸能结构的拓扑优化中。

## 8.1 ESO 方法基本原理

ESO 方法是谢亿民和 Steven 在 1992 年最先提出来的，并在此后不断发展，逐渐成为一种广泛适用的拓扑优化方法。其最初的理念非常简单，即不断移除结构中的低效单元，使得剩余结构的每一个微元都尽可能发挥最大的力学效用。

为移除结构有限元模型中的低效单元，必须将单元的某一种属性或指标作为操作的依据，其中一种就是单元的应力水平。在结构设计中，最理想的情况是结构中每一处应力都相等，以最大限度利用材料。基于这种理念，可认为结构中低应力部位的材料属于低效材料，将其删除后对结构的力学性能影响不大。在具体实施过程中，给定当前的结构体积分数$R_k$，如果单元的 Mises 应力 $\overline{\sigma}_e$ 满足式（8-1），则将该单元删除。

$$\frac{\overline{\sigma}_e}{\overline{\sigma}_{max}} < R_k \tag{8-1}$$

式中，$\overline{\sigma}_{max}$ 为结构的最大 Mises 应力。

然而在实际工程中，所面临的优化问题种类繁多，所重视的结构性能也各不相同。因此，采用上述方法对结构进行优化不能满足具体的需求，同时也不能清晰地表达所优化的结构性能。针对这种情况，采用所要优化性能的灵敏度数值作为单元删除与否的判定依据则更有理论依据及数学意义。

结构的刚度特性是考查结构的一个重要因素，在结构优化过程中常常将其作为一个重要的优化目标。根据有限元的基本原理可知，结构的总应变能（柔度）和外力所做的功相等，因此结构的柔度可表述为

$$C = \frac{1}{2}\boldsymbol{f}^{\mathrm{T}}\boldsymbol{u} \tag{8-2}$$

式中，$\boldsymbol{f}$ 为载荷向量；$\boldsymbol{u}$ 为位移向量。

当结构处于静平衡时，有下式成立：

$$\boldsymbol{f} = \boldsymbol{K}\boldsymbol{u} \tag{8-3}$$

式中，$\boldsymbol{K}$ 为结构的全局刚度矩阵。

当把第 $i$ 个单元从整体结构中移除后，全局刚度矩阵的变化量 $\Delta\boldsymbol{K}$ 为

$$\Delta\boldsymbol{K} = \boldsymbol{K}^{*} - \boldsymbol{K} = -\boldsymbol{K}_i \tag{8-4}$$

式中，$\boldsymbol{K}^{*}$ 为结构移除第 $i$ 个单元后的全局刚度矩阵；$\boldsymbol{K}_i$ 为第 $i$ 个单元的刚度矩阵。

此处，$\boldsymbol{K}$ 的维度与 $\boldsymbol{K}^{*}$、$\boldsymbol{K}_i$ 的一致。

同理可得到结构位移向量的变换量 $\Delta\boldsymbol{u}$ 为，

$$\Delta\boldsymbol{u} = \boldsymbol{u}^{*} - \boldsymbol{u} \tag{8-5}$$

式中，$\boldsymbol{u}^{*}$ 为结构移除第 $i$ 个单元后的位移向量。

当结构有限元模型的单元被移除时，结构所受载荷 $\boldsymbol{f}$ 不发生变化，因此，$\boldsymbol{K}\boldsymbol{u} = \boldsymbol{K}^{*}\boldsymbol{u}^{*}$，结合式（8-4）和式（8-5）可得

$$\boldsymbol{K}\boldsymbol{u} = (\boldsymbol{K} + \Delta\boldsymbol{K})(\boldsymbol{u} + \Delta\boldsymbol{u}) \tag{8-6}$$

展开式（8-6）并消去高阶项，整理可得

$$\Delta\boldsymbol{u} = -\boldsymbol{K}^{-1}\Delta\boldsymbol{K}\boldsymbol{u} \tag{8-7}$$

由式（8-3）和式（8-7）可推出结构应变能增量为

$$\Delta C = \frac{1}{2}\boldsymbol{f}^{\mathrm{T}}\Delta\boldsymbol{u} = -\frac{1}{2}\boldsymbol{f}^{\mathrm{T}}\boldsymbol{K}^{-1}\Delta\boldsymbol{K}\boldsymbol{u} = \frac{1}{2}\boldsymbol{u}_i^{\mathrm{T}}\boldsymbol{K}_i\boldsymbol{u}_i \tag{8-8}$$

式中，$\boldsymbol{u}_i$ 为第 $i$ 个单元在被移除前的位移向量。

由于刚度矩阵 $\boldsymbol{K}_i$ 中与单元 $i$ 无关的量均为 0，因此可将式（8-8）中的位移向量和刚度矩阵均简化为单元的位移向量 $\boldsymbol{u}_i$ 和单元的刚度矩阵 $\boldsymbol{K}_i$。

则结构柔度的灵敏度数值可写为

$$\alpha_i^e = \frac{1}{2}\boldsymbol{u}_i^{\mathrm{T}}\boldsymbol{K}_i\boldsymbol{u}_i \tag{8-9}$$

式（8-9）表明，在移除结构的第 $i$ 个单元后，结构的应变能增量等于所移除单元的单元应变能。因此，要通过移除单元的方法减小结构质量，同时使得结构刚度最大化（即结构应变能最小），最有效的方法是移除柔度灵敏度 $\alpha_i$ 最小的单元，使得结构的应变能增量最小。

使用 ESO 方法进行刚度优化的步骤如下：

1）离散结构，将其处理为有限元网格。

2）进行有限元分析。

3）依据式（8-9）计算每个单元的柔度灵敏度数值。

4）依据预定的删除率，删除一系列灵敏度数值低的网格。

5）重复步骤 2）~4），直至结构应变能（或最大位移）到达预定值。

## 8.2 双向渐进结构优化法（BESO）基本流程

ESO 方法虽然在解决一些优化问题上取得了比较好的效果，然而研究者们逐渐发现其存在棋盘格、网格依赖性及局部最优解等问题。针对这些问题，黄晓东等人在 2007 年提出一种改进后的结构优化算法，即 BESO 方法。

相较于 ESO 方法，BESO 方法最大的改进为单元被删除后，可以重新恢复并在结构中生效。为了使得被删除的单元能够恢复，通常采用一定的材料插值模型，为空单元材料的弹性模量赋予一个极小的值，当其再次被添加时，则恢复其原有的弹性模量。

除了单元的增删准则不一样外，BESO 方法还采用了灵敏度过滤技术，以消除棋盘格现象，同时将前后两次迭代的灵敏度数值进行平均，使得优化过程更容易收敛。本节将以柔度优化为例，详述 BESO 方法的各个环节。

对于给定体积分数下优化柔度的问题，其数学模型可写为

$$
\begin{cases}
\text{最小化}: C = \dfrac{1}{2}\boldsymbol{f}^{\mathrm{T}}\boldsymbol{u} \\
\text{约束}: V^* - \sum\limits_{i}^{N} V_i x_i = 0 \\
x_i = (\text{硬杀}:0, \text{软杀}: x_{\min}) \text{ 或 } 1
\end{cases}
\tag{8-10}
$$

式中，$V^*$ 为结构优化后的体积约束值；$V_i$ 为每一个单元的体积值；$N$ 为优化区域内的单元数量。

对于 BESO 方法，优化过程是通过增删单元实现的，因此，设计变量 $x_i$ 表示单元自身的有无，而非单元的材料参数。在 BESO 方法中，有“硬杀”和“软杀”两种方式，其对应的空单元的设计变量不同，两种方式的具体区别将在后文详述。$x_{\min}$ 为采用“软杀”方法时空单元的设计变量，对于最简单的幂指数材料插值模型，$x_{\min}$ 通常取 0.001。

### 8.2.1 “软杀”和“硬杀”策略

由于传统的 ESO 方法删除单元后，被删除的单元不能恢复，因此可能导致整个优化过程朝着错误的方向进行。因此，在优化过程中让每一个单元可增可减，才更有可能获得最优的结构。而对于增加结构中的单元，谢亚军总结有以下几种方案：在高应力区域添加单元、添加人工材料单元、基于单元更改技术和单元替换准则等方法。新的 BESO 方法则通过使用材料插值模型和灵敏度过滤的方法，使得被删除的单元有机会再次在结构中发挥作用。

BESO 方法的设计变量为单元的“有”和“无”两种状态，属于离散拓扑优化问题。然而 BESO 方法在优化结构的柔度、模态、位移及应力等目标时，需要将各目标对每个单元的

灵敏度进行排序。显然，采用离散的设计变量很难获得对应目标的灵敏度数值，因此要采用一定的材料插值模型，将离散问题转化为连续问题。

目前，BESO 方法最常用的插值模型和固体各向同性惩罚（SIMP）方法相同，即幂指数材料插值模型，对应的单元材料弹性模量表达式如下：

$$E_i = x_i^p E^0 \tag{8-11}$$

式中，$p$ 为罚因子；$x_i$ 为设计变量，$0 < x_{\min} < x_i \leqslant 1$；$E_i$ 为插值后单元材料的弹性模量；$E^0$ 为实单元的材料弹性模量。

由式（8-11）可以看出，当设计变量取 0 时，对应的材料弹性模量为 0，此时会使得有限元模型的刚度矩阵奇异，解决方法是用一个极小的设计变量 $x_{\min}$ 替代 0。

图 8-1 所示为不同 $p$ 值下材料的相对弹性模量。可以看出，当罚因子趋近于无穷大时，空单元材料的弹性模量为 0。黄晓东和谢亿民通过分析指出，当罚因子趋于无穷时，“软杀”方法就和“硬杀”方法相同，即“硬杀”方法是“软杀”方法的一种特殊情况。

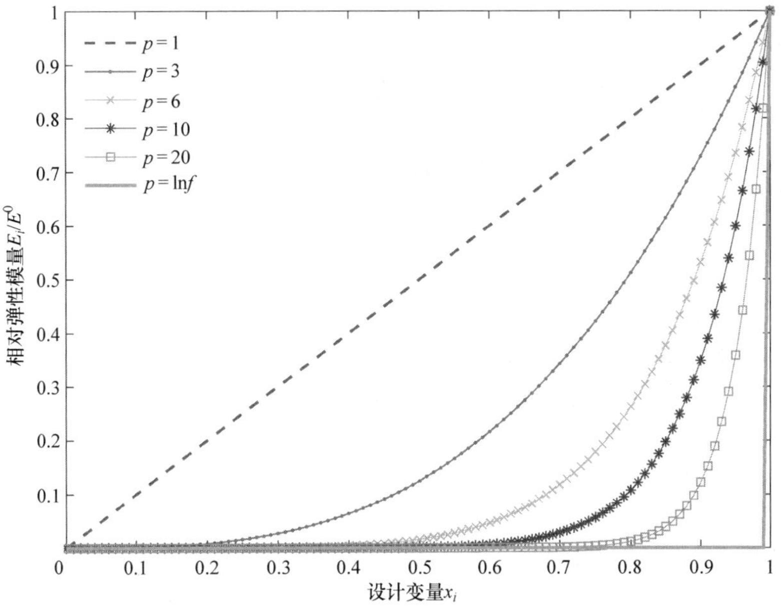


图 8-1　不同 $p$ 值下材料的相对弹性模量

在 BESO 方法中，通过“硬杀”方法去除的单元，在下一次迭代进行有限元分析时，将不会纳入全局刚度矩阵中。但这并不意味着该单元将永久被删除。如果该单元邻近单元的灵敏度数值非常高，通过灵敏度过滤策略，该单元也将获得较大的灵敏度数值。根据单元的增删机制，该单元很有可能重新作为实单元进入下一次迭代。

相较于“软杀”方法，“硬杀”方法的单元恢复能力较差。然而，由于在每一次有限元计算时，空单元不再纳入有限元模型，因此刚度矩阵的维度将会减小，使得计算时间变短，并且这种现象会随着结构体积分数的降低越来越明显。

### 8.2.2 棋盘格现象及灵敏度过滤

和传统的SIMP方法相同，使用BESO方法进行结构优化时也会出现棋盘格现象，如图8-2所示。实际上，棋盘格形式的结构在理论上是一种更优异的结构，具有较好的局部特性，但由于其结构形式难以制造加工，所以对设计者而言并非最优解。此外，棋盘格现象同时也与优化过程中的网格依赖性息息相关，网格依赖性是指网格粗密不同，优化得到的结果也截然不同。理论上，网格划分越精细，得到的优化结果越复杂，且越趋向于微观结构。通常认为，网格依赖性和棋盘格现象相伴而生，解决其中任意一个往往可以将两者同时解决。

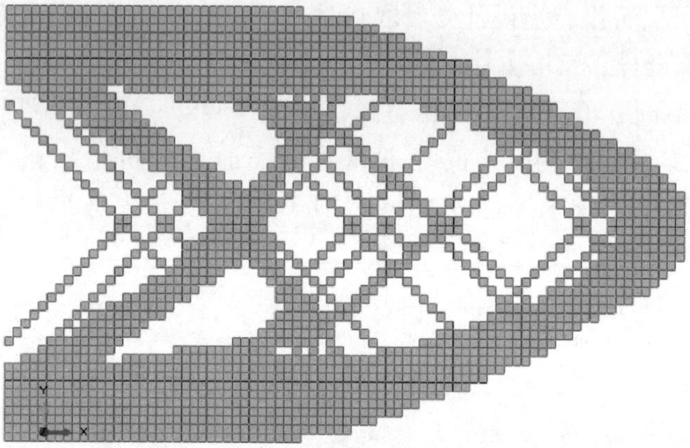


图8-2 拓扑优化结果出现的棋盘格现象

消除棋盘格现象的方法有很多种，最常见的为周长控制法和灵敏度过滤法。其中周长控制法需要选择一个合适的孔洞周长作为约束值，而灵敏度过滤法只需提供一个过滤半径，相较之下更为直观。因此，BESO方法采用灵敏度过滤法消除棋盘格现象。

为了更加均匀地将单元灵敏度分布在邻近单元上，先将所有单元的灵敏度均匀分配到节点上。此处引入节点灵敏度的概念，其无实际物理意义，第$j$个节点的灵敏度表达式见式（8-12），其灵敏度的计算范围如图8-3a所示。

$$\alpha_j^n = \sum_{i=1}^{M} w_i \alpha_i^e \tag{8-12}$$

式中，$\alpha_j^n$为节点灵敏度；$\alpha_i^e$为单元$i$的灵敏度；$M$为包含节点$j$的单元总数；$w_i$为第$i$个单元的权重因子，其满足$\sum_{i=1}^{M} w_i = 1$，$w_i$的定义如下：

$$w_i = \frac{1}{M-1}\left(1 - \frac{r_{ij}}{\sum_{i=1}^{M} r_{ij}}\right) \tag{8-13}$$

式中，$r_{ij}$为第$i$个单元的中心点到第$j$个节点的距离。

式（8-13）表明，单元距离一个节点越近，其灵敏度对节点灵敏度的影响越大。

得到所有节点的灵敏度后，现采用过滤半径$r_{\min}$来控制灵敏度的平滑范围，其不随单元大小的变化而变化，具体如图8-3b所示。$\Omega_i$为影响单元$i$灵敏度的区域，为保证单元$i$可以计算得到平滑灵敏度，$\Omega_i$至少包含单元本身的范围。位于该区域内节点的灵敏度与单元$i$的平滑灵敏度的关系如下：

$$\alpha_i = \frac{\sum_{j=1}^{K} w(r_{ij})\alpha_j^n}{\sum_{j=1}^{K} w(r_{ij})} \tag{8-14}$$

式中，$\alpha_i$ 为过滤后的单元 $i$ 的灵敏度；$K$ 为区域 $\Omega_i$ 中的节点数量；$w(r_{ij})$ 为区域内各节点灵敏度的权重因子，其定义如下：

$$w(r_{ij}) = r_{\min} - r_{ij} \quad j=1,2,\cdots,K \tag{8-15}$$

上述过程会将优化区域内所有单元的灵敏度进行光滑处理，这就有可能将空单元的灵敏度提高，将实单元的灵敏度降低。如果一个空单元周围均是灵敏度较高的单元，说明该位置对优化目标敏感，需要进一步增强，且需要将该单元转化为实单元；相反，如果一个实单元周围均是灵敏度较低的单元，说明该单元很有可能处于孤立或者即将断裂的状态，需要将其转化为空单元。以上过程可以有效地解决棋盘格现象和网格依赖性问题，且操作简单，效率较高。

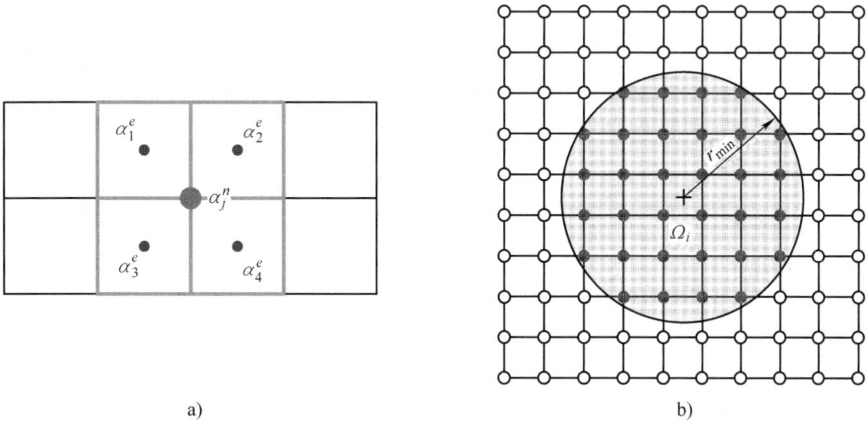


图 8-3　灵敏度过滤示意图

a）节点灵敏度范围　b）单元灵敏度范围

### 8.2.3　迭代过程的稳定策略及收敛准则

由于实单元和空单元的设计变量为离散值，即实单元为 1，空单元为 0 或 $x_{\min}$，因此在实际迭代过程中，目标函数的变化曲线很容易发生剧烈振荡。对此，谢亿民提出将当前灵敏度数值与历史灵敏度数值进行平均，将当前迭代步的灵敏度信息与上一迭代步关联，可有效解决该问题。使用该方法处理当前迭代步灵敏度的公式如下：

$$\alpha_i = \frac{\alpha_i^k + \alpha_i^{k-1}}{2} \tag{8-16}$$

式中，$\alpha_i^k$ 和 $\alpha_i^{k-1}$ 分别为第 $i$ 个单元在第 $k$ 和第 $k-1$ 个迭代步的灵敏度数值。

完成这个平均过程后，该迭代步的灵敏度信息将存储到历史迭代步中，供下次迭代使用。

优化过程收敛的准则有两个，一是结构体积达到约束值，二是优化目标（应变能）满足式（8-17）给出的约束条件时，迭代终止。

$$误差 = \frac{\left| \sum_{i=1}^{N} C_{k-i+1} - \sum_{i=1}^{N} C_{k-N-i+1} \right|}{\sum_{i=1}^{N} C_{k-i+1}} \leqslant \tau \tag{8-17}$$

式中，$C_{k-i+1}$和$C_{k-N-i+1}$分别为第$k-i+1$和第$k-N-i+1$次迭代的柔度值；$k$为当前的迭代步数；$\tau$为收敛误差；$N$为整数，通常取5。

式（8-17）表明，当最近$2N$个迭代步的目标函数值的变化小于$\tau$时，优化过程终止。

### 8.2.4 单元增添与删除机制

在增添或者删除单元之前，需要首先确定当前迭代步的目标体积。目标体积值在每一个迭代步中会增加或者减少，直至达到结构体积的约束值$V^*$。前后两个迭代步体积值的变化为

$$V_{k+1} = \max[V_k(1 \pm ER), V^*] \tag{8-18}$$

式中，$V_{k+1}$和$V_k$分别为第$k+1$次和第$k$次迭代的结构体积分数；$ER$为体积进化率。

式（8-18）表明，一旦迭代到体积约束值$V^*$，结构的体积将保持不变。

确定了当前迭代步的目标体积后，按照以下步骤确定当前迭代步的设计变量，具体如图8-4所示。

1）将计算得到的所有单元灵敏度（包含所有实单元和空单元）按照从大到小的顺序排列。

2）确定移除单元的灵敏度阈值$\alpha_{del}^{th}$和增添单元的灵敏度阈值$\alpha_{add}^{th}$。

3）对于结构中的实单元，将满足$\alpha_i \leqslant \alpha_{del}^{th}$的单元移除，对应单元的设计变量置为$x_{min}$；对于空单元，将满足$\alpha_i > \alpha_{add}^{th}$的单元转换为实单元，对应单元的设计变量置为1。

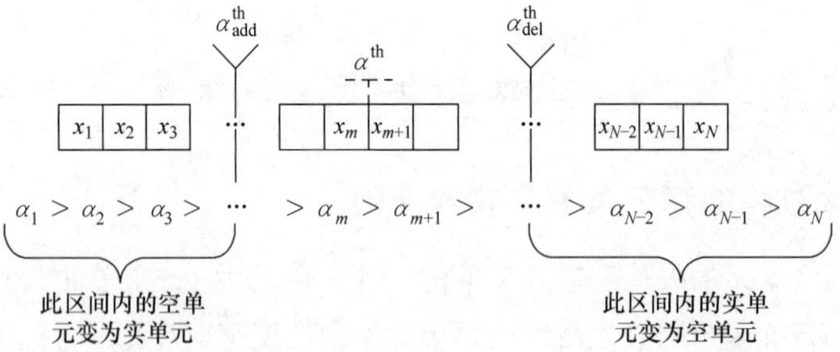


图8-4 单元增删机制示意图

$\alpha_{del}^{th}$和$\alpha_{add}^{th}$可按照下述步骤得到：

1）对于排序过的灵敏度数值$\alpha_1 > \alpha_2 > \cdots > \alpha_m > \cdots > \alpha_N$，如果前$m$个单元所占体积为$V_{k+1}$，那么取$\alpha_{del}^{th} = \alpha_{add}^{th} = \alpha_m$。

2）计算单元增添比$AR$。$AR$为添加的单元数量与拓扑区域单元总数的比值。预先设定最大的单元增添比$AR_{max}$，如果$AR \leqslant AR_{max}$，跳过步骤3，并按照步骤1确定的$\alpha_{del}^{th}$和$\alpha_{add}^{th}$增删单元。否则按照步骤3重新计算$\alpha_{del}^{th}$和$\alpha_{add}^{th}$。

3）按照排序好的灵敏度数值重新选定 $\alpha_{add}^{th}$ 值，使得单元增添比 $AR$ 和 $AR_{max}$ 相等。根据单元的增添比可以求出增添单元的体积，则需要移除的单元体积为（$V_k - V_{k+1}$ + 添加单元的体积）。按照排序好的灵敏度重新选定 $\alpha_{del}^{th}$，使低于该值的实单元体积等于需要移除的单元体积。

引入 $AR_{max}$ 是为了控制单次迭代增添的单元数量，如果单次迭代添加的单元数量过多，则会使得整体结构失去连续性。因此，$AR_{max}$ 的值不宜过大，为保证结构有增添单元的能力，通常取 $AR_{max} \geq 1\%$。

### 8.2.5 算法流程

总结以上内容，可以得到“软杀”策略下的 BESO 流程如下：

1）将需要优化的结构用有限元网格离散，设置边界条件并施加载荷，指定拓扑区域后，将该区域内单元的设计变量初始化。

2）分析各单元中心和节点的距离数据，计算用于单元灵敏度过滤的各个权因子。

3）进行有限元分析，获取各单元的灵敏度数据和目标函数值。

4）进行灵敏度过滤，得到平滑的灵敏度数值。

5）平均前后两个迭代步的灵敏度数值，并存储当前迭代步的灵敏度数据，供下次迭代使用。

6）根据式（8-18）计算下一次迭代的目标体积。

7）根据步骤 4）得到的灵敏度数值和步骤 6 得到的目标体积进行单元增删，更新设计变量，形成用于下次迭代的新结构。

8）如果达到 8.2.3 节所述收敛准则，迭代停止。

如果未达到 8.2.3 节所述收敛准则，按照新的变量生成新结构，并进行有限元分析，重复步骤 2）~8）。

上述 BESO 方法优化流程如图 8-5 所示。

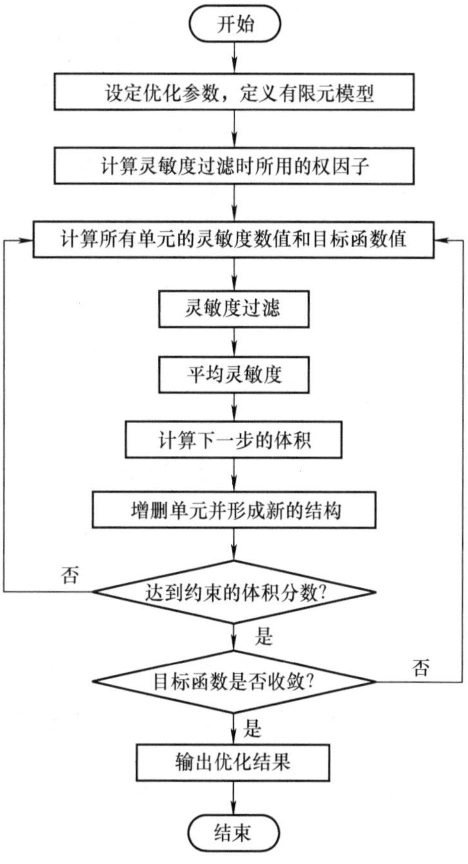


图 8-5 BESO 方法优化流程

## 8.3 灵敏度分析及单目标优化

在实际工程实例中，遇到的优化问题千差万别，常见的有将结构的质量、体积、模态、位移及应力作为优化目标或者对其进行约束。对于 BESO 方法而言，对结构某一性能进行优化或约束，首先需要得到该性能的灵敏度数值。

### 8.3.1 柔度优化

**1. 柔度灵敏度**

为了计算柔度的灵敏度，可以采用共轭法求解。通过引入一个拉格朗日乘子向量 $\boldsymbol{\lambda}$，并根据式（8-2）和式（8-3）可将结构的柔度表达式写为

$$C=\frac{1}{2}\boldsymbol{f}^{\mathrm{T}}\boldsymbol{u}+\boldsymbol{\lambda}^{\mathrm{T}}(\boldsymbol{f}-\boldsymbol{K}\boldsymbol{u}) \tag{8-19}$$

将式（8-19）等号的两侧对设计变量 $x_i$ 求导，可以得到

$$\frac{\mathrm{d}C}{\mathrm{d}x_i}=\frac{1}{2}\frac{\partial \boldsymbol{f}^{\mathrm{T}}}{\partial x_i}\boldsymbol{u}+\frac{1}{2}\boldsymbol{f}^{\mathrm{T}}\frac{\partial \boldsymbol{u}}{\partial x_i}+\frac{\partial \boldsymbol{\lambda}^{\mathrm{T}}}{\partial x_i}(\boldsymbol{f}-\boldsymbol{K}\boldsymbol{u})+\boldsymbol{\lambda}^{\mathrm{T}}\left(\frac{\partial \boldsymbol{f}}{\partial x_i}-\frac{\partial \boldsymbol{K}}{\partial x_i}\boldsymbol{u}-\boldsymbol{K}\frac{\partial \boldsymbol{u}}{\partial x_i}\right) \tag{8-20}$$

根据结构静态平衡时力和位移的关系式（8-3）可知，式（8-20）第三项括号内等于0。同时注意到结构在无重力场作用时，载荷向量与设计变量无关，因此有

$$\frac{\partial \boldsymbol{f}}{\partial x_i}=0 \tag{8-21}$$

于是柔度的微分方程可化简为

$$\frac{\mathrm{d}C}{\mathrm{d}x_i}=\left(\frac{1}{2}\boldsymbol{f}^{\mathrm{T}}-\boldsymbol{\lambda}^{\mathrm{T}}\boldsymbol{K}\right)\frac{\partial \boldsymbol{u}}{\partial x_i}-\boldsymbol{\lambda}^{\mathrm{T}}\frac{\partial \boldsymbol{K}}{\partial x_i}\boldsymbol{u} \tag{8-22}$$

由式（8-19）可知，由于 $\boldsymbol{f}-\boldsymbol{K}\boldsymbol{u}=\boldsymbol{0}$，因此拉格朗日乘子向量 $\boldsymbol{\lambda}$ 可取任意值。为了消去式（8-22）右侧第一项，选取的 $\boldsymbol{\lambda}$ 应该使下式成立：

$$\frac{1}{2}\boldsymbol{f}^{\mathrm{T}}-\boldsymbol{\lambda}^{\mathrm{T}}\boldsymbol{K}=\boldsymbol{0} \tag{8-23}$$

结合式（8-3）和式（8-23），可以求得拉格朗日乘子 $\boldsymbol{\lambda}$ 为

$$\boldsymbol{\lambda}=\frac{1}{2}\boldsymbol{u} \tag{8-24}$$

将 $\boldsymbol{\lambda}$ 的值代入式（8-22），可以求得目标函数的微分方程为

$$\frac{\mathrm{d}C}{\mathrm{d}x_i}=-\frac{1}{2}\boldsymbol{u}^{\mathrm{T}}\frac{\partial \boldsymbol{K}}{\partial x_i}\boldsymbol{u} \tag{8-25}$$

对于各向同性的均质材料，其本构矩阵可写为

$$\boldsymbol{D}^0=\frac{E}{1-\upsilon^2}\begin{pmatrix}1 & \upsilon & 0\\ \upsilon & 1 & 0\\ 0 & 0 & \dfrac{1-\upsilon}{2}\end{pmatrix} \tag{8-26}$$

式中，$\boldsymbol{D}^0$ 为实单元的本构矩阵；$E$ 为材料的弹性模量；$\upsilon$ 为泊松比。

结合式（8-11）和式（8-26），可以得到任一单元的本构矩阵为

$$\boldsymbol{D}_i=x_i^p\boldsymbol{D}^0 \tag{8-27}$$

结合式（8-27），并根据有限元理论可知，任一单元的刚度矩阵 $\boldsymbol{K}_i$ 为

$$\boldsymbol{K}_i=\boldsymbol{B}_i^{\mathrm{T}}\boldsymbol{D}_i\boldsymbol{B}_i=x_i^p\boldsymbol{B}_i^{\mathrm{T}}\boldsymbol{D}^0\boldsymbol{B}_i=x_i^p\boldsymbol{K}_i^0 \tag{8-28}$$

式中，$\boldsymbol{B}_i$ 为单元 $i$ 的应变矩阵，其只与单元的形状和位置有关；$\boldsymbol{K}_i^0$ 为实单元 $i$ 的刚度矩阵。

式（8-28）表明，设计变量 $x_i$ 只与自身单元的刚度矩阵有关，因此当全局刚度矩阵 $\boldsymbol{K}$

对设计变量 $x_i$ 求导时，与 $\boldsymbol{K}_i$ 无关的量均为 0，最终可以得到柔度对设计变量 $x_i$ 的微分式为

$$\frac{\mathrm{d}C}{\mathrm{d}x_i}=-\frac{1}{2}px_i^{p-1}\boldsymbol{u}_i^{\mathrm{T}}\boldsymbol{K}_i^0\boldsymbol{u}_i \tag{8-29}$$

在 BESO 方法中，单元的增删只与灵敏度数值的相对排序有关，与灵敏度的具体数值无关。考虑到该方法会删除灵敏度低的单元，故将柔度的灵敏度写为

$$\alpha_i^c=-\frac{\mathrm{d}C}{\mathrm{d}x_i}=-\frac{1}{2}px_i^{p-1}\boldsymbol{u}_i^{\mathrm{T}}\boldsymbol{K}_i^0\boldsymbol{u}_i \tag{8-30}$$

注意到上述灵敏度表达式和单元应变能表达式接近，单元应变能 $E_i^e$ 为

$$E_i^e=\frac{1}{2}\boldsymbol{u}_i^{\mathrm{T}}\boldsymbol{K}_i\boldsymbol{u}_i \tag{8-31}$$

查阅 Abaqus 帮助手册可知，通过添加输出项 ELSE，Abaqus 即可输出单元的应变能，故将式（8-30）重写为下式可简化计算步骤：

$$\alpha_i^c=\frac{1}{x_i}\left(\frac{1}{2}px_i^p\boldsymbol{u}_i^{\mathrm{T}}\boldsymbol{K}_i^0\boldsymbol{u}_i\right)=\frac{1}{x_i}\left(\frac{1}{2}\boldsymbol{u}_i^{\mathrm{T}}\boldsymbol{K}_i\boldsymbol{u}_i\right)=\frac{pE_i^e}{x_i} \tag{8-32}$$

**2. 考虑重力场的柔度灵敏度**

上面在推导柔度灵敏度时，假设了结构不受重力场的作用，然而实际工程案例中，结构的重力往往是其所受载荷的重要组成部分。因此，式（8-20）只可消去等号右边第三项，化为下式：

$$\frac{\mathrm{d}C}{\mathrm{d}x_i}=\frac{1}{2}\frac{\partial\boldsymbol{f}^{\mathrm{T}}}{\partial x_i}\boldsymbol{u}+\frac{1}{2}\boldsymbol{f}^{\mathrm{T}}\frac{\partial\boldsymbol{u}}{\partial x_i}+\lambda^{\mathrm{T}}\left(\frac{\partial\boldsymbol{f}}{\partial x_i}-\frac{\partial\boldsymbol{K}}{\partial x_i}\boldsymbol{u}-\boldsymbol{K}\frac{\partial\boldsymbol{u}}{\partial x_i}\right) \tag{8-33}$$

将式（8-24）求得的 $\boldsymbol{\lambda}$ 值代入式（8-33），化简并整理后得到

$$\frac{\mathrm{d}C}{\mathrm{d}x_i}=\frac{\partial\boldsymbol{f}^{\mathrm{T}}}{\partial x_i}\boldsymbol{u}-\frac{1}{2}\boldsymbol{u}^{\mathrm{T}}\frac{\partial\boldsymbol{K}}{\partial x_i}\boldsymbol{u} \tag{8-34}$$

由式（8-34）可知，在考虑自重影响时，柔度的灵敏度数值可正可负。因此，当单元的设计变量改变时，其柔度灵敏度可能改变符号，柔度值是设计变量的非单调函数。黄晓东等人指出，如果在此处使用幂指数材料插值模型，在低密度区域，式（8-34）第一项和第二项的比值无穷大，因此原来的材料插值模型不再适用。

根据黄晓东等人的推荐，可采用的材料插值模型如下：

$$\begin{cases}\rho_i=x_i\rho^0\\[2mm] E_i=\dfrac{x_i}{1+p(1-x_i)}E^0\end{cases} \tag{8-35}$$

式中，$\rho^0$ 和 $E^0$ 分别为实单元材料的密度和弹性模量；$p$ 为罚因子，通常取为大于 1 的常数。

对于式（8-34）等号右侧的第一项，其载荷向量 $\boldsymbol{f}$ 中包含两部分，即由重力场引起的节点力 $\boldsymbol{f}_{\mathrm{g}}$ 和由其他载荷引起的节点力 $\boldsymbol{f}_{\mathrm{o}}$，其中由其他载荷引起的节点力与设计变量 $x_i$ 无关，因此式（8-34）等号右侧第一项为

$$\frac{\partial\boldsymbol{f}^{\mathrm{T}}}{\partial x_i}\boldsymbol{u}=\frac{\partial\boldsymbol{f}_{\mathrm{g}}^{\mathrm{T}}}{\partial x_i}\boldsymbol{u}=\frac{\partial\boldsymbol{f}_{gi}^{\mathrm{T}}}{\partial x_i}\boldsymbol{u}_i=\frac{\partial x_i\bar{\boldsymbol{f}}_{gi}^{\mathrm{T}}}{\partial x_i}\boldsymbol{u}_i=\bar{\boldsymbol{f}}_{gi}^{\mathrm{T}}\boldsymbol{u}_i \tag{8-36}$$

式中，$\boldsymbol{f}_{gi}$是由单元 $i$ 自身重力引起的节点力向量；$\bar{\boldsymbol{f}}_{gi}$为实单元自身重力引起的节点力向量，也为优化前单元重力的节点力向量，在 Abaqus 中可以直接输出。

对于式（8-34）等号右侧的第二项，结合式（8-26）、式（8-28）和式（8-35）的推

导过程，可以得到和式（8-29）类似的形式，唯一不同的是系数，此处不再展开。最终可以将式（8-34）转化为

$$\frac{\mathrm{d}C}{\mathrm{d}x_i}=\bar{\boldsymbol{f}}_{gi}^{\mathrm{T}}\boldsymbol{u}_i-\frac{1+p}{2[1+p(1-x_i)]^2}\boldsymbol{u}_i^{\mathrm{T}}\boldsymbol{K}_i^0\boldsymbol{u}_i \tag{8-37}$$

将式（8-37）等号右侧第 2 项重新整理，结合式（8-35）的弹性模量表达式，将单元应变能替换入式（8-37），可以得到

$$\frac{\mathrm{d}C}{\mathrm{d}x_i}=\bar{\boldsymbol{f}}_{gi}^{\mathrm{T}}\boldsymbol{u}_i-\frac{1+p}{x_i[1+p(1-x_i)]}E_i^e \tag{8-38}$$

式中，$E_i^e$ 为第 $i$ 个单元的弹性模量。

可将单元柔度灵敏度进一步简化为

$$\alpha_i^e=-\frac{1}{1+p}\frac{\mathrm{d}C}{\mathrm{d}x_i}=\frac{E_i^e}{x_i[1+p(1-x_i)]}-\frac{\bar{\boldsymbol{f}}_{gi}^{\mathrm{T}}\boldsymbol{u}_i}{1+p} \tag{8-39}$$

对于 BESO 方法，单元的设计变量只有 1 和 $x_{\min}$ 两种，因此其对应的柔度灵敏度分别为

$$\alpha_i^e=\begin{cases}E_i^e-\dfrac{\bar{\boldsymbol{f}}_{gi}^{\mathrm{T}}\boldsymbol{u}_i}{1+p} & x_i=1\\[2ex] \dfrac{E_i^e}{x_{\min}[1+p(1-x_{\min})]}-\dfrac{\bar{\boldsymbol{f}}_{gi}^{\mathrm{T}}\boldsymbol{u}_i}{1+p} & x_i=x_{\min}\end{cases} \tag{8-40}$$

### 8.3.2 模态频率灵敏度

对于广泛使用的 SIMP 方法，其在进行模态优化时会在低密度区域产生局部模态，因此需要采用一种间断函数来解决此问题。而 BESO 方法的设计变量只有 1 和 $x_{\min}$ 两种，很少会出现上述问题，因此更有优势。黄晓东等人在 2010 年提出了基于 BESO 方法的自然频率优化方法，并验证了其有效性。本节将基于黄晓东等人的研究成果，将其改写为包含 Abaqus 输出量的形式，并对其使用算例进行验证。

根据有限元动力分析理论，结构的无阻尼振动方程可以改写为

$$(\boldsymbol{K}-\omega_j^2\boldsymbol{M})\boldsymbol{u}_j=\boldsymbol{0} \tag{8-41}$$

式中，$\boldsymbol{M}$ 为结构的全局质量矩阵；$\omega_j$ 为结构的第 $j$ 阶自然频率值；$\boldsymbol{u}_j$ 为对应频率值 $\omega_j$ 的特征向量。

对式（8-41）两端关于设计变量 $x_i$ 进行求导，可以得到

$$(\boldsymbol{K}-\omega_j^2\boldsymbol{M})\frac{\partial\boldsymbol{u}_j}{\partial x_i}-2\omega_j\frac{\partial\omega_j}{\partial x_i}\boldsymbol{M}\boldsymbol{u}_j=\left(\omega_j^2\frac{\partial\boldsymbol{M}}{\partial x_i}-\frac{\partial\boldsymbol{K}}{\partial x_i}\right)\boldsymbol{u}_j \tag{8-42}$$

一般情况下，在计算中会对 $\boldsymbol{M}$ 进行质量化处理，即

$$\boldsymbol{u}_j^{\mathrm{T}}\boldsymbol{M}\boldsymbol{u}_j=1 \tag{8-43}$$

式（8-42）每一项左乘 $\boldsymbol{u}_j^{\mathrm{T}}$，可得

$$\boldsymbol{u}_j^{\mathrm{T}}(\boldsymbol{K}-\omega_j^2\boldsymbol{M})\frac{\partial\boldsymbol{u}_j}{\partial x_i}-2\omega_j\frac{\partial\omega_j}{\partial x_i}\boldsymbol{u}_j^{\mathrm{T}}\boldsymbol{M}\boldsymbol{u}_j=\boldsymbol{u}_j^{\mathrm{T}}\left(\omega_j^2\frac{\partial\boldsymbol{M}}{\partial x_i}-\frac{\partial\boldsymbol{K}}{\partial x_i}\right)\boldsymbol{u}_j \tag{8-44}$$

结合式（8-41）、式（8-43）和式（8-44），并进行整理，最终可以得到

$$\frac{\mathrm{d}\omega_j}{\mathrm{d}x_i}=\frac{1}{2\omega_j}\boldsymbol{u}_j^{\mathrm{T}}\left(\frac{\partial\boldsymbol{K}}{\partial x_i}-\omega_j^2\frac{\partial\boldsymbol{M}}{\partial x_i}\right)\boldsymbol{u}_j \tag{8-45}$$

由式（8-45）可知，只需求得刚度矩阵和质量矩阵关于设计变量的导数，即可求解单元的灵敏度。然而，在求解柔度灵敏度时，所用的幂指数材料插值模型会导致数值奇异，因为当单元设计变量较小时，会使质量和刚度的比值极高，进而在低密度区域造成局部振动。对此，采用一种新的材料插值模型：

$$\begin{cases}\rho_i = x_i\rho^0 \\ E_i = \left[\dfrac{x_{\min} - x_{\min}^p}{1 - x_{\min}^p}\ (1 - x_i^p)\ + x_i^p\right]E^0 \quad (0 \leqslant x_{\min} \leqslant x_i \leqslant 1)\end{cases} \tag{8-46}$$

根据式（8-46），可以得到质量矩阵 $\boldsymbol{M}$ 和刚度矩阵 $\boldsymbol{K}$ 关于设计变量 $x_i$ 的导数为

$$\begin{cases}\dfrac{\partial \boldsymbol{M}}{\partial x_i} = \boldsymbol{M}_i^0 \\ \dfrac{\partial \boldsymbol{K}}{\partial x_i} = \dfrac{1 - x_{\min}}{1 - x_{\min}^p} p x_i^{p-1} \boldsymbol{K}_i^0\end{cases} \tag{8-47}$$

式中，$\boldsymbol{M}_i^0$ 为实单元 $i$ 的质量矩阵。

将式（8-47）代入式（8-45）中，可以得到

$$\frac{\mathrm{d}\omega_j}{\mathrm{d}x_i} = \frac{1}{2\omega_j}\boldsymbol{u}_j^{\mathrm{T}}\left(\frac{1 - x_{\min}}{1 - x_{\min}^p} p x_i^{p-1}\boldsymbol{K}_i^0 - \omega_j^2\boldsymbol{M}_i^0\right)\boldsymbol{u}_j \tag{8-48}$$

因此空单元和实单元的灵敏度可写为

$$\alpha_i^m = \frac{\mathrm{d}\omega_j}{\mathrm{d}x_i} = \begin{cases}\dfrac{p}{2\omega_j}\dfrac{1 - x_{\min}}{1 - x_{\min}^p}\boldsymbol{u}_i^{\mathrm{T}}\boldsymbol{K}_i^0\boldsymbol{u}_i - \dfrac{\omega_j}{2}\boldsymbol{u}_i^{\mathrm{T}}\boldsymbol{M}_i^0\boldsymbol{u}_i & x_i = 1 \\ \dfrac{p}{2\omega_j}\dfrac{x_{\min}^{p-1} - x_{\min}^p}{1 - x_{\min}^p}\boldsymbol{u}_i^{\mathrm{T}}\boldsymbol{K}_i^0\boldsymbol{u}_i - \dfrac{\omega_j}{2}\boldsymbol{u}_i^{\mathrm{T}}\boldsymbol{M}_i^0\boldsymbol{u}_i & x_i = x_{\min}\end{cases} \tag{8-49}$$

空单元和实单元的应变能表达式可写为

$$E_i^e = \frac{1}{2}\boldsymbol{u}_i^{\mathrm{T}}\boldsymbol{K}_i\boldsymbol{u}_i = \begin{cases}\dfrac{1}{2}\boldsymbol{u}_i^{\mathrm{T}}\boldsymbol{K}_i^0\boldsymbol{u}_i & x_i = 1 \\ \dfrac{1}{2}x_{\min}\boldsymbol{u}_i^{\mathrm{T}}\boldsymbol{K}_i^0\boldsymbol{u}_i & x_i = x_{\min}\end{cases} \tag{8-50}$$

将式（8-50）代入式（8-49）中，化简得到最终的灵敏度表达式为

$$\alpha_i^m = \frac{\mathrm{d}\omega_j}{\mathrm{d}x_i} = \begin{cases}\dfrac{p}{\omega_j}\dfrac{1 - x_{\min}}{1 - x_{\min}^p}E_i^e - \dfrac{\omega_j}{2}\boldsymbol{u}_i^{\mathrm{T}}\boldsymbol{M}_i^0\boldsymbol{u}_i & x_i = 1 \\ \dfrac{p}{\omega_j}\dfrac{x_{\min}^{p-2} - x_{\min}^{p-1}}{1 - x_{\min}^p}E_i^e - \dfrac{\omega_j}{2}\boldsymbol{u}_i^{\mathrm{T}}\boldsymbol{M}_i^0\boldsymbol{u}_i & x_i = x_{\min}\end{cases} \tag{8-51}$$

### 8.3.3　位移灵敏度

相较于结构柔度优化，结构某一点的位移值不能全面反映结构的性能，因此通常作为约束而非优化目标。但无论是作为目标还是约束值，都需计算相应的灵敏度数值。现有的关于将位移作为优化目标或约束的研究中，谢亿民和黄晓东等人以 BESO 算法为基础，在约束结构体积分数和一点位移的情况下，优化得到刚度最佳的结构。随后，左志豪等人在此基础上，对点在任意方向上的位移约束做了进一步研究，并通过控制结构内多点位移的方法实现

对全局位移的控制。下面将借鉴黄晓东和左志豪关于位移灵敏度的推导，实现对结构一点位移的优化。

**1. 单方向位移灵敏度**

对于结构中任一节点 $j$，如果其在某一方向上的位移为 $u_j$，则该位移关于任意设计变量 $x_i$ 的导数可表示为 $\mathrm{d}u_j/\mathrm{d}x_i$。此处引入一个虚拟的单位载荷 $\boldsymbol{f}_j$，该载荷向量中，只有第 $j$ 个节点对应位移方向上的分量为 1，其余分量均为 0。因此可以得到

$$u_j=\boldsymbol{f}_j^{\mathrm{T}}\boldsymbol{u} \tag{8-52}$$

单位载荷 $\boldsymbol{f}_j$ 可由下式得到

$$\boldsymbol{f}_j-\boldsymbol{K}\boldsymbol{u}_{ij}=\boldsymbol{0} \tag{8-53}$$

式中，$\boldsymbol{u}_{ij}$是根据虚拟单位载荷 $\boldsymbol{f}_j$ 确定的，表示第 $i$ 个单元上由 $\boldsymbol{f}_j$ 产生的位移向量。

对式 $\boldsymbol{f}=\boldsymbol{K}\boldsymbol{u}$ 两边进行微分可得到

$$\frac{\partial \boldsymbol{K}}{\partial x_i}\boldsymbol{u}+\boldsymbol{K}\frac{\partial \boldsymbol{u}}{\partial x_i}-\frac{\partial \boldsymbol{f}}{\partial x_i}=\boldsymbol{0} \tag{8-54}$$

假设结构不受重力场作用，则外力不随设计变量 $x_i$ 的变化而变化，因此式（8-54）可简化为

$$\frac{\partial \boldsymbol{u}}{\partial x_i}=-\boldsymbol{K}^{-1}\frac{\partial \boldsymbol{K}}{\partial x_i}\boldsymbol{u} \tag{8-55}$$

对式（8-52）两边进行微分，考虑到虚拟载荷 $\boldsymbol{f}_j$ 对设计变量 $x_i$ 的导数为 0，可以得到

$$\frac{\mathrm{d}u_j}{\mathrm{d}x_i}=\boldsymbol{f}_j^{\mathrm{T}}\frac{\partial \boldsymbol{u}}{\partial x_i}=\boldsymbol{u}_{ij}^{\mathrm{T}}\boldsymbol{K}^{\mathrm{T}}\frac{\partial \boldsymbol{u}}{\partial x_i} \tag{8-56}$$

将式（8-55）代入式（8-56），最终可得到

$$\frac{\mathrm{d}u_j}{\mathrm{d}x_i}=-\boldsymbol{u}_{ij}^{\mathrm{T}}\boldsymbol{K}^{\mathrm{T}}\boldsymbol{K}^{-1}\frac{\partial \boldsymbol{K}}{\partial x_i}\boldsymbol{u}=-\boldsymbol{u}_{ij}^{\mathrm{T}}\frac{\partial \boldsymbol{K}}{\partial x_i}\boldsymbol{u} \tag{8-57}$$

刚度矩阵 $\boldsymbol{K}$ 为含材料插值模型的矩阵，其对设计变量 $x_i$ 的导数只与单元 $i$ 的刚度矩阵有关，具体见式（8-28），因此式（8-57）可进一步化简得到

$$\frac{\mathrm{d}u_j}{\mathrm{d}x_i}=-px_i^{p-1}\boldsymbol{u}_{ij}^{\mathrm{T}}\boldsymbol{K}_i^0\boldsymbol{u}_i \tag{8-58}$$

BESO 方法中，单元的灵敏度只用于排序，且增删单元时会将低灵敏度的单元删除，因此位移灵敏度可写为

$$\alpha_i^d=-\frac{\mathrm{d}u_j}{\mathrm{d}x_i}=px_i^{p-1}\boldsymbol{u}_{ij}^{\mathrm{T}}\boldsymbol{K}_i^0\boldsymbol{u}_i \tag{8-59}$$

按照式（8-59）计算所得的灵敏度进行单元增删时，目标点的位移是朝着最小化的方向变化的，因此，如果节点位移值为负，要减小该点位移的绝对值，则应该为计算得到的灵敏度值添加负号。

**2. 任意方向位移灵敏度**

如果要求取点在非坐标轴方向的位移灵敏度，就需要对上述公式做进一步推导。第 $j$ 个节点的真实位移值可表述为向量 $\boldsymbol{u}_j=(u_1,u_2,u_3)$，其中 $u_1$，$u_2$，$u_3$分别为节点 $j$ 在 $X$、$Y$ 和 $Z$ 轴上的位移分量。现有一个方向向量 $\boldsymbol{e}=(e_1,e_2,e_3)$，则位移 $\boldsymbol{u}_j$ 在该方向向量 $\boldsymbol{e}$ 上的投影为

$$\tilde{u}=\boldsymbol{u}_j\cdot\boldsymbol{e}=u_1e_1+u_2e_2+u_3e_3 \tag{8-60}$$

因此，投影位移量 $\widetilde{u}$ 对设计变量 $x_i$ 的导数为

$$\frac{\mathrm{d}\widetilde{u}}{\mathrm{d}x_i}=\nabla\widetilde{u}\cdot\frac{\partial \boldsymbol{u}}{\partial x_i}=\begin{pmatrix}\dfrac{\partial\widetilde{u}}{\partial u_1}\\ \dfrac{\partial\widetilde{u}}{\partial u_2}\\ \dfrac{\partial\widetilde{u}}{\partial u_3}\end{pmatrix}\begin{pmatrix}\dfrac{\partial u_1}{\partial x_i}\\ \dfrac{\partial u_2}{\partial x_i}\\ \dfrac{\partial u_3}{\partial x_i}\end{pmatrix}=\begin{pmatrix}e_1\\ e_2\\ e_3\end{pmatrix}\begin{pmatrix}\dfrac{\partial u_1}{\partial x_i}\\ \dfrac{\partial u_2}{\partial x_i}\\ \dfrac{\partial u_3}{\partial x_i}\end{pmatrix} \tag{8-61}$$

式中，$\nabla\widetilde{u}$ 为投影位移量 $\widetilde{u}$ 的变化梯度。

将式（8-58）代入式（8-61），可以得到

$$\begin{aligned}\frac{\mathrm{d}\widetilde{u}}{\mathrm{d}x_i}&=-px_i^{p-1}\begin{pmatrix}e_1\\ e_2\\ e_3\end{pmatrix}\begin{pmatrix}\boldsymbol{u}_{i1}^{\mathrm{T}}\boldsymbol{K}_i^0\boldsymbol{u}_i\\ \boldsymbol{u}_{i2}^{\mathrm{T}}\boldsymbol{K}_i^0\boldsymbol{u}_i\\ \boldsymbol{u}_{i3}^{\mathrm{T}}\boldsymbol{K}_i^0\boldsymbol{u}_i\end{pmatrix}\\&=-px_i^{p-1}(e_1\boldsymbol{u}_{i1}^{\mathrm{T}}+e_2\boldsymbol{u}_{i2}^{\mathrm{T}}+e_3\boldsymbol{u}_{i3}^{\mathrm{T}})\boldsymbol{K}_i^0\boldsymbol{u}_i\\&=-px_i^{p-1}\boldsymbol{u}_{ij}^{\mathrm{T}}\boldsymbol{K}_i^0\boldsymbol{u}_i\end{aligned} \tag{8-62}$$

根据线性位移叠加原理，$\boldsymbol{u}_{ij}$ 为在第 $j$ 个节点上施加载荷 $\boldsymbol{f}_j=(e_1,e_2,e_3)$ 时，在单元 $i$ 上产生的位移变化量，其中单位载荷 $\boldsymbol{f}_j$ 满足 $e_1^2+e_2^2+e_3^2=1$。

如果要优化某一点的位移幅值，即 $|\boldsymbol{u}_j|$，仅需要将单位载荷 $\boldsymbol{f}_j$ 的方向和 $\boldsymbol{u}_j$ 的方向保持一致，也就是说，需要节点 $j$ 上添加如下载荷：

$$\boldsymbol{f}_j=\boldsymbol{e}=\left(\frac{u_1}{\sqrt{u_1^2+u_2^2+u_3^2}},\frac{u_2}{\sqrt{u_1^2+u_2^2+u_3^2}},\frac{u_3}{\sqrt{u_1^2+u_2^2+u_3^2}}\right) \tag{8-63}$$

将式（8-63）代入式（8-62），可以得到位移幅值关于设计变量 $x_i$ 的表达式为

$$\begin{aligned}\frac{\mathrm{d}\widetilde{u}}{\mathrm{d}x_i}&=-\frac{px_i^{p-1}}{\sqrt{u_1^2+u_2^2+u_3^2}}(u_1\boldsymbol{u}_{i1}^{\mathrm{T}}+u_2\boldsymbol{u}_{i2}^{\mathrm{T}}+u_3\boldsymbol{u}_{i3}^{\mathrm{T}})\boldsymbol{K}_i^0\boldsymbol{u}_i\\&=-\frac{px_i^{p-1}}{\sqrt{u_1^2+u_2^2+u_3^2}}\boldsymbol{u}_{ij}^{\mathrm{T}}\boldsymbol{K}_i^0\boldsymbol{u}_i\end{aligned} \tag{8-64}$$

如上文所述，位移绝对值的灵敏度可写为

$$\alpha_i^d=-\frac{\mathrm{d}\widetilde{u}}{\mathrm{d}x_i}=\frac{px_i^{p-1}}{\sqrt{u_1^2+u_2^2+u_3^2}}\boldsymbol{u}_{ij}^{\mathrm{T}}\boldsymbol{K}_i^0\boldsymbol{u}_i \tag{8-65}$$

因为式（8-65）为位移绝对值的灵敏度，依照此式计算得到的灵敏度进行单元增删时，位移绝对值将向最小化的方向进行，因此无须额外注意灵敏度的正负号变换。

### 8.3.4　全局应力灵敏度

通过调研目前关于应力约束的研究工作，可知应力约束有3个挑战：

1）“奇异解”问题，主要由应力约束的非连续性导致。对于基于密度的拓扑优化方法，低密度材料区域往往会出现极大的应力。

2）应力的局部特性。应力为一个局部物理量，如果要对全局应力进行控制，需要构建大量的局部应力约束。

3）应力的高度非线性行为。对结构几何特征变化剧烈的位置，如凹陷和拐角处，空间应力梯度变化巨大，因此，应力对优化变量的变化非常敏感。

目前有效的解决方案是采用凝聚函数方法，将全局最大应力用单元应力表述，其中典型的凝聚函数有 K－S 函数和 P 范数，王选等人采用 K－S 函数法实现了应力约束，Liang Xia、Zhao Fan、Liu Baoshou、Liu Hongliang 等人均采用 P 范数方法控制全局应力，只是所用优化方法各有不同。下面将采用 P 范数的方法推导全局最大应力的灵敏度，并尝试将王选所用的插值模型用于其中，以实现对平面结构 Mises 应力的优化。在求解应力灵敏度时，会出现优化区域内任一自由度对任一设计变量求导这一难点，这里将参考彭细荣等人所用的伴随法，最终得到全局应力灵敏度的完整表达式。然而所得公式涉及应变矩阵的推导，且需要增加额外的分析步骤来计算虚位移，因此在实际工程问题中不再适合，这里将进一步引入畸变能方法，来实现对全局应力的约束。

为了避免应力优化过程中出现的“奇异解”问题，采用插值方案：

$$\begin{cases} \boldsymbol{D}_i = x_i^p \boldsymbol{D}^0 \\ V_i = x_i V_0 \\ \boldsymbol{\sigma}_i = x_i^q \boldsymbol{D}^0 \boldsymbol{B}_i \boldsymbol{u}_i \end{cases} \tag{8-66}$$

式中，$\boldsymbol{B}_i$ 为单元 $i$ 的积分点处的应变矩阵；$V_i$ 为单元实际体积；$V_0$ 为实单元体积；$\boldsymbol{\sigma}_i$ 为单元 $i$ 中心处的应力矢量；$p$、$q$ 分别为材料插值罚因子和应力插值罚因子，一种简单有效的取值为 $p=3$、$q=0.5$。

为评估全局最大应力，此处采用 P 范数来描述结构的应力，从而规避对每个单元的应力进行约束。全局最大 Mises 应力可写为

$$\overline{\sigma}_{\mathrm{PN}} = \left( \sum_{i=1}^{n} \overline{\sigma}_i^{p_n} \right)^{1/p_n} \tag{8-67}$$

式中，$\overline{\sigma}_i$ 为第 $i$ 个单元的 Mises 应力；$p_n$为范数的指数。

当$p_n=2$ 时，式（8-67）得到各个单元 Mises 应力的平方根；当$p_n$趋于正无穷大时，式（8-67）即可得到全局 Mises 应力的最大值。

根据 Mises 屈服准则，可知等效应力 $\overline{\sigma}$（又称为 von Mises 应力），其计算公式如下：

$$\overline{\sigma} = \frac{1}{\sqrt{2}} \sqrt{(\sigma_x - \sigma_y)^2 + (\sigma_y - \sigma_z)^2 + (\sigma_z - \sigma_x)^2 + 6(\tau_{xy}^2 + \tau_{yz}^2 + \tau_{zx}^2)} \tag{8-68}$$

式中，$\sigma_x$、$\sigma_y$、$\sigma_z$ 为微元在三个方向的正应力；$\tau_{xy}$、$\tau_{yz}$、$\tau_{zx}$为微元在三个面上的切应力。

对于 Abaqus 中建立的钣金件有限元模型而言，其采用的单元类型通常为 S4R 薄壳单元，其 $ZX$ 平面和 $ZY$ 平面的剪切应力相较其他应力分量基本可以忽略，而板厚方向应力为 0，因此有 $\sigma_z=\tau_{yz}=\tau_{zx}=0$。则第 $i$ 个单元的 Mises 应力可以化简为

$$\overline{\sigma}_i = \sqrt{\sigma_x^2 - \sigma_x\sigma_y + \sigma_y^2 + 3\tau_{xy}^2} = (\boldsymbol{\sigma}_i^{\mathrm{T}} \boldsymbol{T} \boldsymbol{\sigma}_i)^{0.5} \tag{8-69}$$

式中，$\boldsymbol{\sigma}_i = (\sigma_x, \sigma_y, \tau_{xy})^{\mathrm{T}}$ 为单元的应力向量，系数矩阵 $\boldsymbol{T}$ 如下：

$$\boldsymbol{T} = \begin{pmatrix} 1 & -0.5 & 0 \\ -0.5 & 1 & 0 \\ 0 & 0 & 3 \end{pmatrix} \tag{8-70}$$

根据式（8-67），全局最大应力 $\overline{\sigma}_{\mathrm{PN}}$对第 $j$ 个设计变量的导数为

$$\frac{\mathrm{d}\bar{\sigma}_{\mathrm{PN}}}{\mathrm{d}x_j} = \bar{\sigma}_{\mathrm{PN}}^{1-p_n}\left(\sum_{i=1}^{n}\bar{\sigma}_i^{p_n-1}\frac{\partial\bar{\sigma}_i}{\partial x_j}\right) \quad j = 1,\cdots,n \tag{8-71}$$

根据壳单元的 Mises 应力定义，第 $i$ 个单元的 Mises 应力对第 $j$ 个设计变量的导数可由链式求导法则得到：

$$\frac{\partial\bar{\sigma}_i}{\partial x_j} = \frac{\partial\bar{\sigma}_i}{\partial\boldsymbol{\sigma}_i}\frac{\partial\boldsymbol{\sigma}_i}{\partial x_j} \tag{8-72}$$

式（8-72）中，Mises 应力对应力向量的导数可以变换为

$$\frac{\partial\bar{\sigma}_i}{\partial\boldsymbol{\sigma}_i} = \frac{1}{2}(\boldsymbol{\sigma}_i^{\mathrm{T}}\boldsymbol{T}\boldsymbol{\sigma}_i)^{-1/2}2\boldsymbol{\sigma}_i^{\mathrm{T}}\boldsymbol{T} = \bar{\sigma}_i^{-1}\boldsymbol{\sigma}_i^{\mathrm{T}}\boldsymbol{T} \tag{8-73}$$

对于式（8-72）中单元应力向量对设计变量的偏导数，将式（8-66）带入并进行求导。其中，实单元的本构矩阵 $\boldsymbol{D}^0$ 和应变矩阵 $\boldsymbol{B}_i$ 均与设计变量 $x_j$ 无关，因此可得到

$$\frac{\partial\boldsymbol{\sigma}_i}{\partial x_j} = qx_i^{q-1}\boldsymbol{D}^0\boldsymbol{B}_i\boldsymbol{u}_i\frac{\partial x_i}{\partial x_j} + x_i^q\boldsymbol{D}^0\boldsymbol{B}_i\frac{\partial\boldsymbol{u}_i}{\partial x_j} \tag{8-74}$$

对于式（8-74）右侧第一项，当 $i\neq j$ 时，该项为 0；对于右侧第二项，将单元位移转换为全局位移的表达式，即

$$\boldsymbol{u}_i = \boldsymbol{L}_i\boldsymbol{u} \tag{8-75}$$

式（8-75）中 $\boldsymbol{L}_i$ 将第 $i$ 个单元的节点位移整合到全局位移 $\boldsymbol{u}$ 中，其为一个常量。

将式（8-55）和式（8-75）带入式（8-74），整合后可以得到

$$\frac{\partial\boldsymbol{\sigma}_i}{\partial x_j} = qx_i^{q-1}\boldsymbol{D}^0\boldsymbol{B}_i\boldsymbol{u}_i\frac{\partial x_i}{\partial x_j} - x_i^q\boldsymbol{D}^0\boldsymbol{B}_i\boldsymbol{L}_i\boldsymbol{K}^{-1}\frac{\partial\boldsymbol{K}}{\partial x_j}\boldsymbol{u} \tag{8-76}$$

将式（8-73）、式（8-76）和式（8-72）代入式（8-71）中，整理得到

$$\begin{aligned}\frac{\partial\bar{\sigma}_{\mathrm{PN}}}{\partial x_j} &= \bar{\sigma}_{\mathrm{PN}}^{1-p_n}\left(\sum_{i=1}^{n}\bar{\sigma}_i^{p_n-2}qx_i^{q-1}\boldsymbol{\sigma}_i^{\mathrm{T}}\boldsymbol{T}\boldsymbol{D}^0\boldsymbol{B}_i\boldsymbol{u}_i\frac{\partial x_i}{\partial x_j}\right) - \\ &\quad \bar{\sigma}_{\mathrm{PN}}^{1-p_n}\left(\sum_{i=1}^{n}\bar{\sigma}_i^{p_n-2}x_i^q\boldsymbol{\sigma}_i^{\mathrm{T}}\boldsymbol{T}\boldsymbol{D}^0\boldsymbol{B}_i\boldsymbol{L}_i\boldsymbol{K}^{-1}\frac{\partial\boldsymbol{K}}{\partial x_j}\boldsymbol{u}\right)\end{aligned} \tag{8-77}$$

令式（8-77）右侧两项分别为 $sen_1$ 和 $sen_2$，进一步化简可得

$$\begin{cases} sen_1 = qx_j^{q-1}\bar{\sigma}_{\mathrm{PN}}^{1-p_n}\bar{\sigma}_j^{p_n-2}\boldsymbol{\sigma}_j^{\mathrm{T}}\boldsymbol{T}\boldsymbol{D}^0\boldsymbol{B}_j\boldsymbol{u}_j \\ sen_2 = \bar{\sigma}_{\mathrm{PN}}^{1-p_n}\left(\sum_{i=1}^{n}\bar{\sigma}_i^{p_n-2}x_i^q\boldsymbol{\sigma}_i^{\mathrm{T}}\boldsymbol{T}\boldsymbol{D}^0\boldsymbol{B}_i\boldsymbol{L}_i\right)\boldsymbol{K}^{-1}\frac{\partial\boldsymbol{K}}{\partial x_j}\boldsymbol{u} \\ \frac{\partial\bar{\sigma}_{\mathrm{PN}}}{\partial x_j} = sen_1 - sen_2 \end{cases} \tag{8-78}$$

使用伴随法求解 $sen_2$，即引入虚拟位移向量 $\boldsymbol{u}^*$，使得下式成立：

$$\boldsymbol{K}\boldsymbol{u}^* = \sum_{i=1}^{n}\bar{\sigma}_i^{p_n-2}x_i^q(\boldsymbol{D}^0\boldsymbol{B}_i\boldsymbol{L}_i)^{\mathrm{T}}\boldsymbol{T}\boldsymbol{\sigma}_i \tag{8-79}$$

将式（8-79）代入式（8-78）中，可得到 $sen_2$ 的简化形式为

$$sen_2 = \bar{\sigma}_{\mathrm{PN}}^{1-p_n}\boldsymbol{u}^{*\mathrm{T}}\frac{\partial\boldsymbol{K}}{\partial x_j}\boldsymbol{u} \tag{8-80}$$

式（8-80）中全局刚度对设计变量 $x_j$ 的导数可转化为单元刚度矩阵的形式，即

$$sen_2 = \overline{\sigma}_{PN}^{1-p_n} \boldsymbol{u}^{*T} \frac{\partial \boldsymbol{K}_j}{\partial x_j} \boldsymbol{u} = p x_j^{p-1} \overline{\sigma}_{PN}^{1-p_n} \boldsymbol{u}_j^{*T} \boldsymbol{K}_j^0 \boldsymbol{u}_j \tag{8-81}$$

式中，$\boldsymbol{u}_j^*$ 为虚位移向量中与第 $j$ 个单元所有自由度有关的量。

将式（8-66）中的应力计算项代入式（8-78）中 $sen_1$ 的表达式，可以得到

$$sen_1 = \frac{q x_j^{q-1} \overline{\sigma}_{PN}^{1-p_n} \overline{\sigma}_j^{p_n-2} \boldsymbol{\sigma}_j^T \boldsymbol{T} \boldsymbol{\sigma}_j}{x_i^q} = \frac{q}{x_i} \overline{\sigma}_{PN}^{1-p_n} \overline{\sigma}_j^{p_n} \tag{8-82}$$

最后将式（8-81）和式（8-82）代入式（8-78）中，得到

$$\frac{\partial \overline{\sigma}_{PN}}{\partial x_j} = \frac{q}{x_i} \overline{\sigma}_{PN}^{1-p_n} \overline{\sigma}_j^{p_n} - p x_j^{p-1} \overline{\sigma}_{PN}^{1-p_n} \boldsymbol{u}_j^{*T} \boldsymbol{K}_j^0 \boldsymbol{u}_j \tag{8-83}$$

遵从 BESO 方法删除低灵敏度单元的机制，将式（8-83）添加负号后，可得到最终的 Mises 应力灵敏度公式为

$$\alpha_j^s = \frac{\partial \overline{\sigma}_{PN}}{\partial x_j} = p x_j^{p-1} \overline{\sigma}_{PN}^{1-p_n} \boldsymbol{u}_j^{*T} \boldsymbol{K}_j^0 \boldsymbol{u}_j - \frac{q}{x_i} \overline{\sigma}_{PN}^{1-p_n} \overline{\sigma}_j^{p_n} \tag{8-84}$$

根据第四强度理论，单元的 Mises 应力应满足下式：

$$\overline{\sigma}_i \leqslant [\overline{\sigma}_i] \tag{8-85}$$

式中，$[\overline{\sigma}_i]$为单元 $i$ 的许用应力，即所用材料的屈服极限（不考虑系数）。

式（8-85）两侧平方后再同时乘以非负项可得

$$E_i^f = \frac{(1+\upsilon) V_i \overline{\sigma}_i^2}{3E} \leqslant \frac{(1+\upsilon) V_i [\overline{\sigma}_i]^2}{3E} \tag{8-86}$$

式中，$E_i^f$ 为单元的畸变能，其和单元的应变能存在如下关系：

$$E_i^f \leqslant E_i^e \tag{8-87}$$

因此，使用单元的应变能代替畸变能，得到的结果虽然保守，但肯定符合要求，于是有

$$E_i^e \leqslant \frac{(1+\upsilon) V_i [\overline{\sigma}_i]^2}{3E} \tag{8-88}$$

式（8-88）两侧对所有单元求和，可以得到

$$E^a = \sum_{i=1}^{n} E_i^e \leqslant \sum_{i=1}^{n} \frac{(1+\upsilon) V_i [\overline{\sigma}_i]^2}{3E} \tag{8-89}$$

式中，$n$ 为单元总数；$E^a$ 为结构总的应变能。

当每个单元都满足式（8-88）给出的关系时，整个结构满足式（8-89）给出的关系，反之则不成立，因此，式（8-88）是式（8-89）的充分不必要条件。为减少结构中出现应力集中单元的数量，在式（8-89）中引入许用畸变能修正系数 $\xi$：

$$E^a \leqslant \xi \sum_{i=1}^{n} \frac{(1+\upsilon) V_i [\overline{\sigma}_i]^2}{3E} = \xi E^f \tag{8-90}$$

式中，$E^f$ 为结构的许用应变能。

修正系数 $\xi$ 可由下式确定：

$$\xi = k\left(\frac{E^0}{E^f}\right)^m \tag{8-91}$$

式中，$E^0$ 为结构的初始应变能，即优化之前的应变能；$k$、$m$ 为两个经验参数，参考相关文献中的参数取法，$k=1.1$、$m=0.9$ 时就能达到较好的约束效果。

最终，对一个结构 Mises 应力的约束可简化为对结构总应变能的约束，具体见式（8-90）。

### 8.3.5 对称性约束下的单元灵敏度

对于一个对称的优化区域，由于载荷不对称及数值误差等原因，得到的拓扑结果往往不对称。然而在实际结构设计中，考虑到加工成本及美观性等因素，常对结构有对称性要求。因此，在拓扑优化过程中加入对称性约束就显得十分有必要。参考黄晓东等人对含有周期性重复结构的优化研究内容，下面推导含有对称约束的单元灵敏度。

如图 8-6 所示结构，其 $A$、$B$ 两个区域关于中心线对称，对于其划分的网格，设计变量 $x_{i,A}$ 对应的单元中心如果和设计变量 $x_{i,B}$ 对应的单元中心关于中心线对称，或者设计变量 $x_{i,A}$ 对应的单元中心关于中心线的对称点和设计变量 $x_{i,B}$ 对应的单元中心距离在一定范围内，则认为设计变量 $x_{i,A}$ 和 $x_{i,B}$ 对应的单元关于中心线对称。

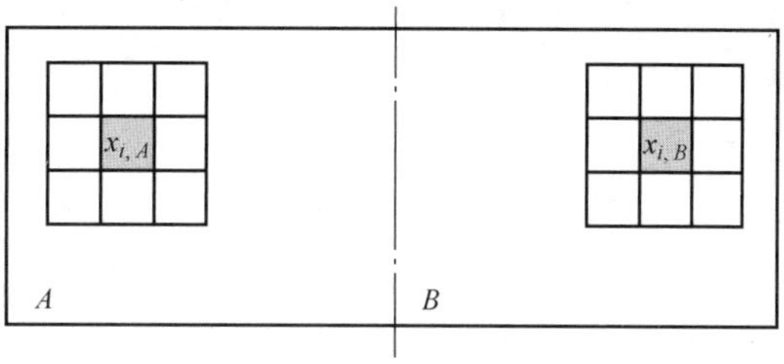


图 8-6 含对称区域的结构示意图

对于一个约束结构体积，且优化目标函数为 $f(x)$ 的问题，如果对其施加对称性约束，则其数学模型可写为

$$\begin{cases} \text{最小化}: f(x) \\ \text{约束}: V^* - \sum_i^n V_{i,A}, x_{i,A} - \sum_i^n V_{i,B}, x_{i,B} = 0 \\ x_{i,A} = x_{i,B} \\ x_{i,j} = x_{\min} \text{ 或 } 1 (i = 1,2,\cdots,n)(j = A \text{ 或 } B) \end{cases} \tag{8-92}$$

由于设计变量 $x_{i,A}$ 和 $x_{i,B}$ 完全相同，因此求取单元灵敏度时需要将两个变量作为一个组合变量 $x_i$，则目标函数对设计变量 $x_i$ 的导数可写为

$$\frac{\mathrm{d}f}{\mathrm{d}x_i} = \frac{\mathrm{d}f}{\mathrm{d}x_{i,A}} \frac{\mathrm{d}x_{i,A}}{\mathrm{d}x_i} + \frac{\mathrm{d}f}{\mathrm{d}x_{i,B}} \frac{\mathrm{d}x_{i,B}}{\mathrm{d}x_i} = \frac{\mathrm{d}f}{\mathrm{d}x_{i,A}} + \frac{\mathrm{d}f}{\mathrm{d}x_{i,B}} = \alpha_{i,A} + \alpha_{i,B} \tag{8-93}$$

由式（8-93）可知，设计变量组合 $x_i$ 的灵敏度为组合内所有单元灵敏度的和。因此在处理含有对称性的问题时，可首先根据单元的几何中心查找其对于对称轴或对称面的对称单元，然后求取灵敏度，对灵敏度进行过滤后将前后两次迭代的灵敏度进行平均。最后将每一个单元的灵敏度修改为其自身灵敏度值与对称单元灵敏度值的和，在增删单元时将对称单元组同时添加或者删除，即可实现对称性约束。

## 8.4 基于 BESO 方法的多约束和多工况优化

在实际工程问题中，对结构性能的要求远不止单个模态、某一点的位移或者应力这么简单，往往是在多种载荷的组合下，要求每种组合都能满足一定的力学性能。因此，如何将对结构模态、位移、应力的优化联合起来，以满足结构的具体性能要求，一直都是工程师们关注的问题。

### 8.4.1 多工况优化

结构的多工况是指结构在实际受载过程中，针对不同的使用环境，可能会承受不同的载荷或者载荷的组合。对含有多种工况的结构进行分析优化时，需要考虑各个工况的实际作用效果，因此其在本质上是一种多目标优化问题。

通过文献调研可知，目前解决多工况优化问题的方法主要有 ICM 法、包络法、分层法和权值法等。朱剑锋和黄鹏辉等人通过采用加权系数法，获取了单元的综合灵敏度，解决了多工况优化问题。下面将采用权值法，先获取各个工况的灵敏度数值，对其进行归一化后，根据各工况对应的权值求得单元的综合灵敏度，最后使用 BESO 方法完成多工况优化问题的解决。

**1. 多工况优化的灵敏度计算**

对于一个仅含体积约束，且优化目标函数为 $f(x)$ 的问题，其数学模型为

$$\begin{cases}\text{最小化}: f(x) = \sum_{j=1}^{m} \omega_j f_j(x) \\ \text{约束}: V^* - \sum_{i}^{n} V_i x_i = 0 \\ x_i = x_{\min} \text{ 或 } 1\end{cases} \tag{8-94}$$

式中，$m$ 为结构需要分析的工况总数；$\omega_j$ 和 $f_j(x)$ 分别为第 $j$ 种工况下的预设权重值和目标函数值，其中$\omega_j$ 满足下式：

$$\sum_{j}^{m} \omega_j = 1 \tag{8-95}$$

由于各个载荷工况之间是相互独立的，因此对式（8-94）中的目标函数求导可得到

$$\alpha_i^e = \sum_{j=1}^{m} \omega_j \alpha_{i,j}^e \tag{8-96}$$

式中，$\alpha_{i,j}^e$为第 $i$ 个单元在第 $j$ 种工况下的灵敏度数值。

**2. 灵敏度值归一化处理**

在采用权值法解决多工况优化问题时，需要将各个工况的灵敏度数值在加权后进行叠加，将多目标问题转换为单目标问题处理。然而，很多时候各个工况所得的灵敏度数值在量纲和量级上有很大差异，如果直接进行加权处理，得到的结果很可能只能反映部分工况的优化情况。在这种情况下，需要对各工况的灵敏度数值进行归一化处理。

数据的归一化处理是指通过数学变换，将原始数据缩放后限制在一定范围内，取消其量纲及量级的影响，使之成为纯量。常用的数据规范化方法有直线型、折线型和曲线型等，而直线型规范化又包含标准化法、阈值法和比重法等。此处将采用阈值法中的极值法（Min - Max 标准化）对灵敏度数据进行处理，将数据限制在区间［0，1］内，其具体表达式为

$$T_i(x) = \left| \frac{f_i(x) - f^*}{f_{\max} - f_{\min}} \right| \tag{8-97}$$

式中，$T_i(x)$为归一化后的数据；$f_{\max}$和$f_{\min}$分别为需要进行归一化数据的最大值和最小值，$f^*$ 为最大值和最小值中的一个。根据$f^*$ 的不同，可将评价指标分为“效益型”和“成本

型”，两种类型分别为：

效益型：

$$T_i(x)=\frac{f_{max}-f_i(x)}{f_{max}-f_{min}} \tag{8-98}$$

成本型：

$$T_i(x)=\frac{f_i(x)-f_{min}}{f_{max}-f_{min}} \tag{8-99}$$

两种方法中，“效益性”方法指目标函数越大越好，而“成本型”则指目标函数越小越好。由式（8-94）可知，此处采用最小化目标函数来实现结构优化，因此采用“成本型”方法进行归一化。

**3. 层次分析法**

根据式（8-96）可知，要求得多个工况下单元的灵敏度数值，首先需要确定各个工况的权重系数。权重的选取方法有两类，即主观赋权法和客观赋权法。主观赋权法是依据决策者的经验和偏好，通过比较各目标的重要程度确定权重，具体有专家调研法（Delphi 法）、环比评价法、层次分析法（The Analytic Hierarchy Process，AHP）和二项系数法等。客观赋权法是基于各目标的具体数据信息，结合一定的数理分析而确定各自的权重，具体包括熵技术法、目标规划法和主成分分析法等。此处由于分析对象为载荷工况，对决策者的意向有较强的依赖性，因此选取主观赋值法中的层次分析法。

层次分析法是指将与待研究问题相关的因素分解成目标、准则、方案等多个层级，并在此基础之上进行定性和定量分析的决策方法。

用层次分析法进行系统分析，首先要将问题层次化。根据问题的性质和目标，将问题拆解为不同的组成元素，并将它们按照相互间的影响关系和联系进行聚合，形成一个具有多个层级的分析模型。最后，将系统分析归结为确定最低层级（具体的方案、措施等）相对于最高层级（总目标）的相对重要性权值的问题。以下将分步对各环节进行详述。

（1）建立层次结构模型　深入分析问题，将研究问题的目标、考虑的因素（决策准则）和决策对象按它们之间的相互关系分为多个层次，并用框图说明层次的递阶结构和因素的从属关系，如图 8-7 所示。若某层包含的因素较多，则可对该层次进行再细分，得到相关的子层次。

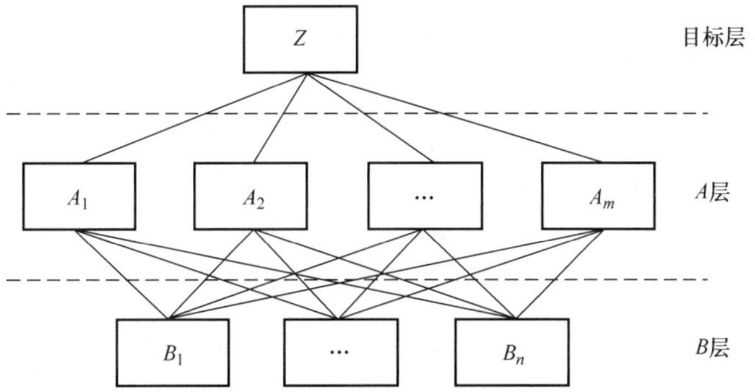


图 8-7　层次结构模型示意图

（2）构造成对比较矩阵　通常，很难同时确定同一层级中各个元素的权重。为此，

Satty等人提出一致矩阵法，即不是把所有元素放在一起比较，而是元素之间两两相互比较，形成比较矩阵，具体见式（8-100）。比较矩阵采用相对判断尺度，减少了不同性质元素之间的比较难度。比较矩阵元素的大小反映了人们对各因素相对重要性的认识，常采用1~9及其倒数的比例标度方法，具体标度值及其含义见表8-1。

$$\boldsymbol{A}=\begin{pmatrix} a_{11} & a_{12} & \cdots & a_{1n} \\ a_{21} & a_{22} & \cdots & a_{2n} \\ \vdots & \vdots & & \vdots \\ a_{n1} & a_{n2} & \cdots & a_{nn} \end{pmatrix} \tag{8-100}$$

式中，$a_{ij}=1/a_{ji}$。

**表8-1　判断标度值及其含义**

| 标度值 | 含义 |
|---|---|
| 1 | $a$ 和 $b$ 一样重要 |
| 3 | $a$ 比 $b$ 稍微重要 |
| 5 | $a$ 比 $b$ 明显重要 |
| 7 | $a$ 比 $b$ 强烈重要 |
| 9 | $a$ 比 $b$ 极端重要 |
| 2、4、6、8 | 上述标度的中间值 |
| 倒数 | $b$ 相对于 $a$ 的重要性为 $a$ 相对于 $b$ 重要性标度的倒数 |

（3）层次的单排序及一致性检验　层次分析法的关键在于以判断矩阵最大特征根所对应的特征向量作为各个因素的权重。当矩阵满足式（8-101）时，称之为一致矩阵。

$$a_{ij}a_{jk}=a_{ik} \quad \forall i,\ j,\ k=1,\ 2,\ \cdots,\ n \tag{8-101}$$

对于构造出来的比较矩阵，需要判断其是否有严重的非一致性，以便确定是否接受该矩阵。当比较矩阵为一致矩阵时，其最大特征值满足$\lambda_{\max}=n$，否则，$\lambda_{\max}>n$，且当比较矩阵的非一致性越大，$\lambda_{\max}$比$n$大的越多。因此比较矩阵可以被视为对理想一致性矩阵附加扰动后的矩阵，而其一致性可通过引入一致性比例$CR$进行检验：

$$CR=\frac{CI}{RI} \tag{8-102}$$

式中，$CI$为一致性指标，其定义见式（8-103）；$RI$为随机一致性指标，可通过查表8-2得到。

$$CI=\frac{\lambda_{\max}-n}{n-1} \tag{8-103}$$

式中，$\lambda_{\max}$为比较矩阵的最大特征值；$n$为比较矩阵的维度。

**表8-2　随机一致性指标 *RI* 参考值**

| 阶数 | 1 | 2 | 3 | 4 | 5 | 6 | 7 | 8 | 9 |
|---|---|---|---|---|---|---|---|---|---|
| $RI$ | 0.00 | 0.00 | 0.58 | 0.9 | 1.12 | 1.24 | 1.32 | 1.41 | 1.45 |

得到$CR$后，只有当$CR<0.1$时，比较矩阵的一致性才可以接受。

（4）层次的总排序及一致性检验　首先从最高层到最底层进行排序，如果上一层和当

前层分别为 $A$ 层和 $B$ 层，则将 $A$ 层的总排序权重记为$a_1$，$a_2$，$a_3$，…，$a_m$，$B$ 层对 $A$ 层元素 $A_j$ 的单排序权重记为$b_{1j}$，$b_{2j}$，$b_{3j}$，…，$b_{nj}$，然后按照表 8-3 计算 $B$ 层各元素的总排序权重 $b_1$，$b_2$，…，$b_n$。

**表 8-3　层次总排序合成表**

| | $A_1$ | $A_2$ | … | $A_m$ | $B$ 层总排序权值 |
|---|---|---|---|---|---|
| | $a_1$ | $a_2$ | … | $a_m$ | |
| $b_1$ | $b_{11}$ | $b_{12}$ | … | $b_{1m}$ | $\sum_{j=1}^{m} b_{1j}a_j$ |
| $b_2$ | $b_{21}$ | $b_{22}$ | … | $b_{2m}$ | $\sum_{j=1}^{m} b_{2j}a_j$ |
| ⋮ | ⋮ | ⋮ | … | ⋮ | ⋮ |
| $b_n$ | $b_{n1}$ | $b_{n2}$ | … | $b_{nm}$ | $\sum_{j=1}^{m} b_{nj}a_j$ |

得到各层的总排序后，也需要对层次的总排序进行一致性检验。$B$ 层总排序随机一致性比例可表述为

$$CR = \frac{\sum_{j=1}^{m} CI(j)a_j}{\sum_{j=1}^{m} RI(j)a_j} \tag{8-104}$$

式中，$CI(j)$ 和 $RI(j)$ 分别为 $A$ 层第 $j$ 个元素的单排序一致性指标和随机一致性指标。

求得一致性比例后，与单排序相同，当 $CR<0.1$ 时，认为层次总排序得到的结果可以接受。

## 8.4.2　含多个约束的优化方法

在使用 BESO 方法进行拓扑优化时，由于其每一步进化的驱动力是由体积约束提供的，因此对结构体积分数的约束是最容易满足的。而对于其他约束，如结构的模态、位移、柔度、应力等，在优化过程中需要将其转化为无约束问题进行处理。一种广泛使用的方法是给约束项一个罚因子，将约束项动态加入目标函数中，其中拉格朗日乘子法就是实现该过程最有效的方法之一。

**1. 拉格朗日乘子法**

拉格朗日乘子法是将原来约束条件的泛函驻值问题转化为无条件泛函驻值问题的一种有效方法，是求解条件极值或驻值问题的一种重要方法。以平面二元函数为例，含一个等式约束的最优问题可以表述为

$$\begin{cases} \text{最小化}:f(x,y) \\ \text{约束}:g(x,y)=0 \end{cases} \tag{8-105}$$

式中，$f(x,y)$ 为目标函数，在二维平面上为一个曲面，如图 8-8 中虚线所示等高线；$g(x,y)=0$为二维平面内的一条曲线，具体如图 8-8 中实线所示。

要解决上述最优问题，最直观的做法是在图 8-8 中的实线上找一个点，使得该点尽可能靠近值最大的等高线，而满足这种要求的点在约束函数和目标函数等高线的切点处。假设该

最优解在其他位置，如图 8-9 所示的交点 $A$，由于 $g(x,y)=0$ 可以延伸到 $f(x,y)$ 更大的一侧，因此 $g(x,y)=0$ 在 $AC$ 段上的任意一点（不包含 $A$ 点和 $C$ 点）都优于 $A$ 点，因此不满足最优解的要求。最终只有图 8-9 中的切点 $B$ 满足式（8-105）的所有条件。

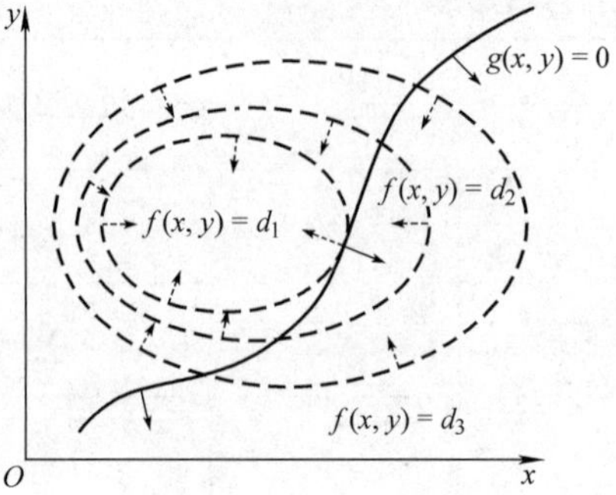


图 8-8　目标函数和约束函数示意图

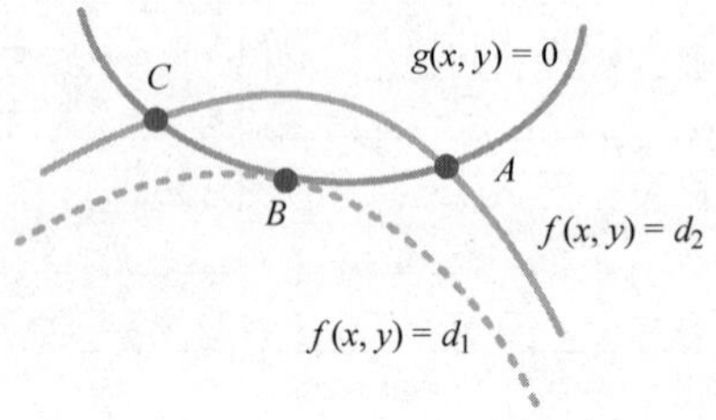


图 8-9　最优解位置示意图

因此，求式（8-105）最优解的过程可等效为寻找 $g(x,y)=0$ 和 $f(x,y)$ 切点的过程，于是式（8-105）可以转化为

$$\begin{cases} L(x,y,\lambda)=f(x,y)-\lambda g(x,y) \\ \nabla L(x,y,\lambda)=0 \end{cases} \tag{8-106}$$

式中，$\lambda$ 为拉格朗日乘子；函数 $L$ 为拉格朗日函数。

虽然这里以单个等式约束为例简述了拉格朗日乘子法的原理，但实际上该方法对不等式约束及多个约束依旧适用，此处不再赘述。

**2. 单个拉格朗日乘子求解**

以柔度优化为例，在已有的体积约束的基础上，如果限制结构上某一点在某个方向的位移，则优化问题的数学模型为

$$\begin{cases} 最小化:C = \dfrac{1}{2}\boldsymbol{f}^{\mathrm{T}}\boldsymbol{u} \\ 约束:u_j \leqslant u_j^* \\ V^* - \sum\limits_{i}^{n} V_i x_i = 0 \\ x_i = x_{\min} \text{ 或 } 1 \end{cases} \tag{8-107}$$

根据前文所述构造式（8-107）的拉格朗日函数：

$$L(x_1,x_2,\cdots x_n,\lambda)=C+\lambda(u_j-u_j^*) \tag{8-108}$$

可以看出，当约束点位移满足约束条件，即 $u_j \leqslant u_j^*$ 时，取拉格朗日乘子为 $\lambda=0$，此时拉格朗日函数和原目标函数相同，约束项不起作用；当 $u_j > u_j^*$ 时，$\lambda$ 的值应趋于无穷大，表明在后续迭代过程中需提供位移优化来降低 $u_j$ 的值，以使其满足约束要求。

对式（8-108）两侧求偏微分，可得到

$$\begin{aligned} \frac{\partial L}{\partial x_i} &= px_i^{p-1}\left(-\frac{1}{2}\boldsymbol{u}_i^{\mathrm{T}}\boldsymbol{K}_i^0\boldsymbol{u}_i - \lambda\boldsymbol{u}_{ij}^{\mathrm{T}}\boldsymbol{K}_i^0\boldsymbol{u}_i\right) \\ &= -\alpha_i^c - \lambda\alpha_i^d \end{aligned} \tag{8-109}$$

式中，$\alpha_i^c$ 和 $\alpha_i^d$ 分别为单元 $i$ 的柔度灵敏度和位移灵敏度。

相应的，含位移约束的综合灵敏度为

$$\alpha_i = -\frac{\partial L}{\partial x_i} = \alpha_i^c + \lambda \alpha_i^d \tag{8-110}$$

因此，只要求得 $\lambda$ 的值，便可确定每个单元的灵敏度数值，进而可使用 BESO 方法解决式（8-107）给出的优化问题。为了用有限的值表示可能为无穷大的 $\lambda$，可用下式重新定义拉格朗日乘子：

$$\lambda = \frac{1}{\omega} - 1 \tag{8-111}$$

式中，$\omega$ 的范围为 $[10^{-10}, 1]$。

要确定 $\omega$ 的具体值，可采用二分法来求解。首先初始化 $\omega$ 的最大值和最小值分别为 $\omega_{min} = 10^{-10}$ 和 $\omega_{max} = 1$，并求取中间值为

$$\hat{\omega} = \frac{\omega_{max} + \omega_{min}}{2} \tag{8-112}$$

要确定 $\omega$ 的真实值偏向于 $\hat{\omega}$ 的左侧还是右侧，需要对下一步约束自由度的位移进行预测，可由下式进行评估：

$$u_j^{k+1} \approx u_j^k + \sum_{i=1}^{N} \frac{\mathrm{d}u_j^k}{\mathrm{d}x_i} \Delta x_i \tag{8-113}$$

式中，$u_j^k$ 和 $u_j^{k+1}$ 分别为约束自由度在第 $k$ 次和第 $k+1$ 次的实际位移值。

如果 $u_j^{k+1} > u_j^*$，则更新 $\omega_{max} = \hat{\omega}$；如果 $u_j^{k+1} < u_j^*$，则更新 $\omega_{min} = \hat{\omega}$。通过不断迭代，直至 $\omega_{max} - \omega_{min}$ 的值小于 $10^{-5}$ 时，可认为此时计算得到的 $\lambda$ 为精确值。$\lambda$ 值的确定过程如图 8-10 所示。

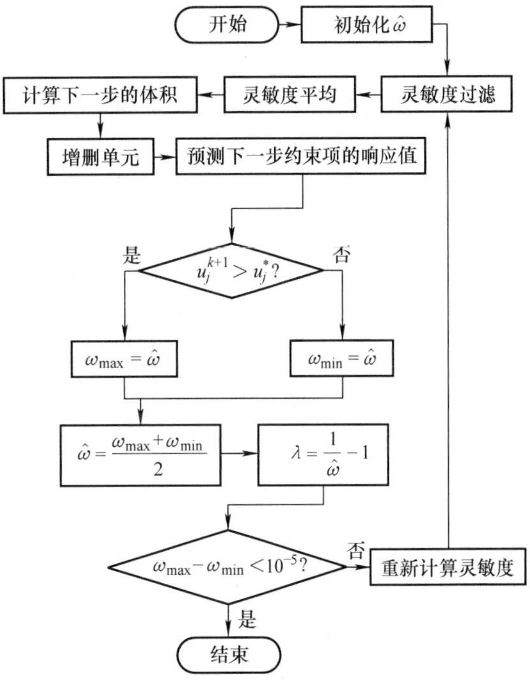

图 8-10　$\lambda$ 值的确定过程

由上述内容可知，为了确定当前优化迭代步的 $\lambda$ 值，通常需要经过 17 次迭代计算，且每次都需对灵敏度值进行过滤及平均。因此，上述方法仅适用于含有单个约束的优化过程，对于含有多个约束的问题，其计算量将呈指数型上升，该方法将不再适用。

**3. 多个拉格朗日乘子计算方法**

在处理含有多个约束的优化问题时，最常用的方法依旧是拉格朗日乘子法，然而难点在于多个拉格朗日乘子的确定。谢亚军和荣见华等人通过引入变位移约束限，解决了含有多个位移约束的优化问题。I. Manafi 和 Zhi Hao Zuo 等人则采用逐步搜索的策略来确定拉格朗日乘子的值，两人分别使用了水平集法和 BESO 方法来进行拓扑优化，最终都得到了较好的优化结果。下面将在 Zhi Hao Zuo 等人所用方法的基础上，对其进行改进，并通过算例来验证

其有效性。

以结构的柔度优化为例，考虑其模态，位移及应力等因素，不失一般性，其优化的数学模型可写为

$$\begin{cases} 最小化:C = \sum_{j=1}^{m} \omega_j C_j \\ 约束:V^* - \sum_{i}^{n} V_i x_i = 0 \\ \omega_k \geqslant \omega_k^*, k = 1,2,\cdots,n_w \\ d_l \leqslant d_l^*, l = 1,2,\cdots,n_d \\ \overline{\sigma}_{\max} = \overline{\sigma}^* \\ x_i = x_{\min} 或 1 \end{cases} \tag{8-114}$$

式中，$\omega_k$和$\omega_k^*$分别为结构需要约束的第 $k$ 阶模态的实际值和约束值；$d_l$和$d_l^*$分别为需要约束的第 $l$ 个自由度的实际值和约束值；$n_w$ 和$n_d$分别为需要约束的模态和自由度的数量；$\overline{\sigma}_{\max}$和 $\overline{\sigma}^*$ 分别为全局最大 Mises 应力及其约束值。

通过引入松弛变量，可将不等式约束化为等式约束，具体为

$$\begin{cases} \omega_k^* - \omega_k + S_k^2 = 0 \\ d_l - d_l^* + S_l^2 = 0 \\ S_k^2 > 0,\ S_l^2 > 0 \end{cases} \tag{8-115}$$

考虑到体积分数约束在 BESO 方法中非常容易实现，而采用畸变能法对结构全局 Mises 应力进行约束时，只需关注应变能的变化，当应变能达到许用畸变能后，限制体积分数不再变化。因此，式（8-114）可以写为如下的拉格朗日函数：

$$L(\boldsymbol{x},\boldsymbol{\lambda},\boldsymbol{S}^2) = \sum_{j=1}^{m} \omega_j C_j + \sum_{j=1}^{m}\sum_{l=1}^{n_d} \lambda_{j,l}(d_{j,l} - d_{j,l}^* + S_{j,l}^2) + \sum_{k=1}^{n_w} \lambda_k(\omega_k^* - \omega_k + S_k^2) \tag{8-116}$$

式中，$\lambda_{j,l}$为第$j$个工况下要约束的第 $l$ 个约束的拉格朗日乘子：$d_{j,l}$和 $d_{j,l}^*$分别为第$j$个工况要约束的自由度的实际值和约束值；$S_{j,l}$为第$j$个工况第 $l$ 个约束的松弛因子；$\lambda_k$ 为第 $k$ 个模态约束的拉格朗日乘子。

因此，原优化问题可转化为求式（8-116）的最小值。对式（8-116）两端求设计变量的偏导数，可得到

$$\frac{\partial L}{\partial x_i} = -\sum_{j=1}^{m} \omega_j \alpha_{j,i}^c - \sum_{j=1}^{m}\sum_{l=1}^{n_d} \lambda_{j,l}\alpha_{j,l,i}^d - \sum_{k=1}^{n_w} \lambda_k \alpha_{k,i}^m \tag{8-117}$$

式中，$\alpha_{j,i}^c$为第 $i$ 个单元在第 $j$ 种工况下的柔度灵敏度；$\alpha_{j,l,i}^d$为第 $j$ 种工况下第 $i$ 个单元关于第 $l$ 个自由度的位移灵敏度；$\alpha_{k,i}^m$为第 $i$ 个单元对第 $k$ 阶频率的模态灵敏度。

为了适应 BESO 方法的增删策略，单元的综合灵敏度可写为

$$\alpha_i^e = -\frac{\partial L}{\partial x_i} = \sum_{j=1}^{m} \omega_j \alpha_{j,i}^c + \sum_{j=1}^{m}\sum_{l=1}^{n_d} \lambda_{j,l}\alpha_{j,l,i}^d + \sum_{k=1}^{n_w} \lambda_k \alpha_{k,i}^m \tag{8-118}$$

由式（8-118）可知，只要求得各工况的权重 $\omega$ 和各约束的拉格朗日乘子 $\lambda$，即可通过计算得到单元的综合灵敏度，其中权重可使用层次分析法求解。考虑到各灵敏度的数量级及量纲的不同，需要对所有灵敏度进行归一化处理。对于各约束的乘子 $\lambda$，由于其取值范围为 $[0, \infty)$，这在编程实现时会带来诸多不便，因此，此处引入拉格朗日乘子替换量 $\varphi$，两者关系如下：

$$\lambda = \frac{\varphi}{1-\varphi} \quad \varphi \in [0,1) \tag{8-119}$$

通过拉格朗日乘子替换量 $\varphi$，可使用区间 $[0, 1)$ 上的数值控制 $\lambda$ 的变化。当 $\varphi = 0$ 时，$\lambda$ 为0，此时表明结构满足对应的约束要求，约束项在拉格朗日函数中不发挥作用。$\lambda$ 随着 $\varphi$ 的增大而增大，当 $\varphi$ 趋近于1时，$\lambda$ 趋近于无穷大，此时说明对应的约束项已经严重违反约束，需要通过后续的迭代使该项重新满足约束。

在确定 $\varphi$ 值时，可按照如下规则进行调整：

1）当约束项对应的响应值满足约束值时，减小 $\varphi$ 的值，直至其为0。当约束项对应的响应值超过约束值时，增大 $\varphi$ 的值，最大为0.999。

2）将约束值前后10%的区域定义为临界区域，如图8-11所示。如果约束项对应的响应值不在临界区域，且其值满足约束要求，具体如图8-11中 $A$ 区域，则 $\varphi$ 在每个迭代步减小固定值 $\tau_m$；否则，当响应值位于 $C$ 区域时，$\varphi$ 在每个迭代步增加固定值 $\tau_m$。根据经验，$\tau_m$ 的取值范围为 $[0.01, 0.02]$。

3）如果约束项位于临界区域，即在图8-11中的 $B$ 区，$\varphi$ 在每个迭代步的变化量与对应的响应值有关，具体见式（8-120），因此下一迭代步 $\varphi$ 的值为 $\varphi + \Delta\varphi$。

$$\Delta\varphi = \mathrm{sign}(R - R^*)100\tau_m \left|\frac{R - R^*}{R^*}\right|^2 \tag{8-120}$$

4）在优化过程中，部分约束项一开始满足约束，随着体积分数的下降，其可能慢慢接近约束值并违反约束。为了使对应的灵敏度数值快速发挥作用，在响应值第一次进入约束值 $R^*$ 左侧5%的范围时，为 $\varphi$ 赋予0.1作为初始值。

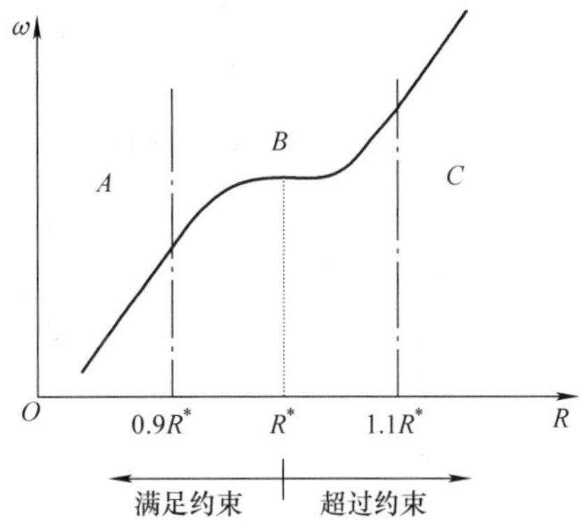


图8-11　$\varphi$ 值变化示意图

按照上述方法得到对应拉格朗日乘子的替换量 $\varphi$ 后，便可计算每个约束项的拉格朗日乘子 $\lambda$，进而根据式（8-118）求得单元的综合灵敏度，并按照BESO方法进行单元的增删，经过多次迭代后便可得到优化结果。

## 8.5　汽车后排座椅靠背骨架拓扑优化

在汽车碰撞事故中，座椅作为降低驾驶人及乘客伤害程度的部件有着非常重要的保护作用。本节将以汽车后排座椅靠背为研究对象，按照法规要求分析其常见的几种工况。然后使用前文所研究的BESO方法，完成汽车座椅靠背在模态、位移、应力约束下，以多个工况的柔度为优化目标的拓扑优化。得到拓扑结果后，提取其骨架线，将座椅靠背重新设计为板架类结构，使得新设计的结构在性能满足标准要求的基础上，实现质量降低且刚度提升的目的。

## 8.5.1 靠背骨架结构及分析工况

### 1. 靠背骨架结构及其有限元模型

汽车后排座椅一般由泡沫、护面及金属骨架构成，其调节机构较前排座椅简单，因此靠背角度不能像前排座椅那样进行连续调节。后排座椅靠背结构主要分为两种：一种由冲压钢板及其支承框架焊接而成，这种结构的座椅通常可折叠；另一种由骨架焊接而成，镶嵌于坐垫泡沫中。

以某汽车后排座椅靠背骨架为研究对象，其几何模型如图 8-12 所示，可知其为“一体式”后排座椅。该靠背主要构成部件有主冲压板、头枕支架板、中间翻转轴加强板、侧边翻转轴加强板等，均由冲压钢板制成的零件焊接而成，总质量为 9.728kg。为降低座椅靠背总成的质量，实现轻量化设计目标，使用铝合金型材代替原钢质冲压件制作座椅靠背总成。

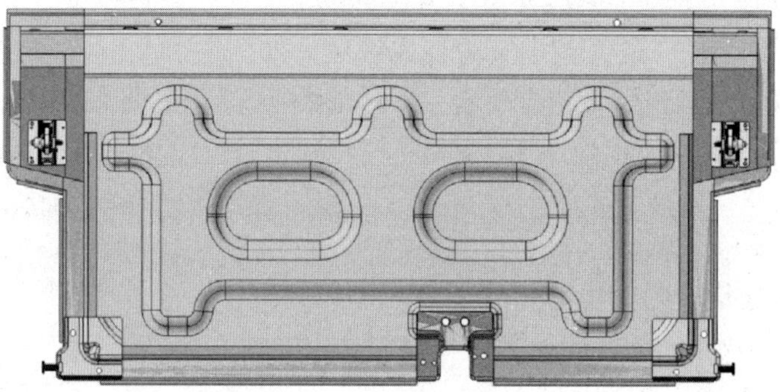

图 8-12　原座椅靠背几何模型

靠背的侧边轴及锁扣如图 8-13 所示。其中为了避免侧边轴位置的应力集中，在该位置安装了加强板。锁扣松开时，整个座椅可绕侧边轴进行旋转。锁扣位于侧边框架上，当其与车身两侧卡口连接时，整个座椅的位置将被固定。靠近底部中央位置的翻转轴处也进行了加强处理。

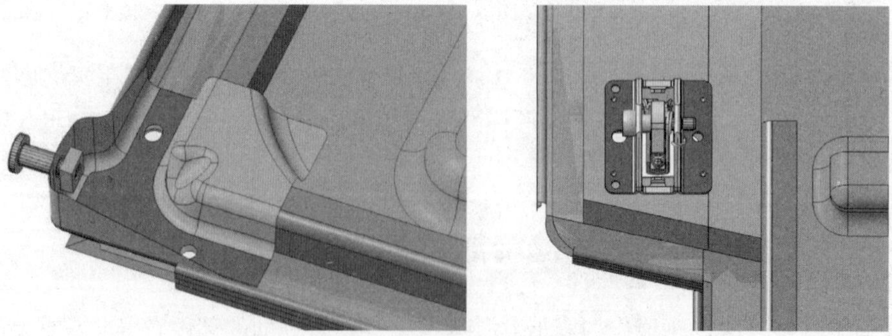

a)　　b)

图 8-13　侧边轴和锁扣

a）侧边轴　b）锁扣

为了得到新的板架式结构，原有的靠背结构已经不能直接用于拓扑优化，因此需要对其进行简化。简化的准则之一为外轮廓保持一致，其有限元模型如图 8-14 所示。该模型主要分为两部分，即上侧的头枕骨架及下侧的靠背板结构。头枕骨架主要用于承受头部向后的载荷，靠背板结构主要承受人体后倾载荷、紧急制动时的行李碰撞载荷及自身惯性力载荷，具体数值将在后文详述。

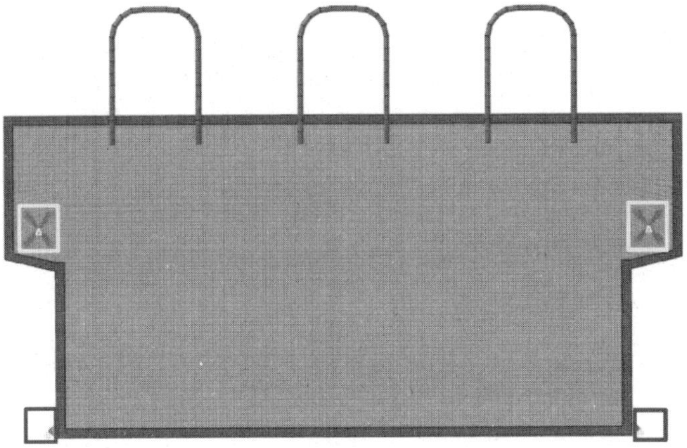

图 8-14 座椅靠背有限元模型

为了使简化后座椅靠背模型的性能尽可能与原设计接近，在选取板厚时，使其单位长度上的抗弯惯性矩与原模型侧边框截面单位宽度上的抗弯惯性矩保持一致。侧边框截面如图 8-15所示，通过测量得到其厚度方向的抗弯惯性矩为 $I = 18215\text{mm}^4$，因此简化后的板厚为

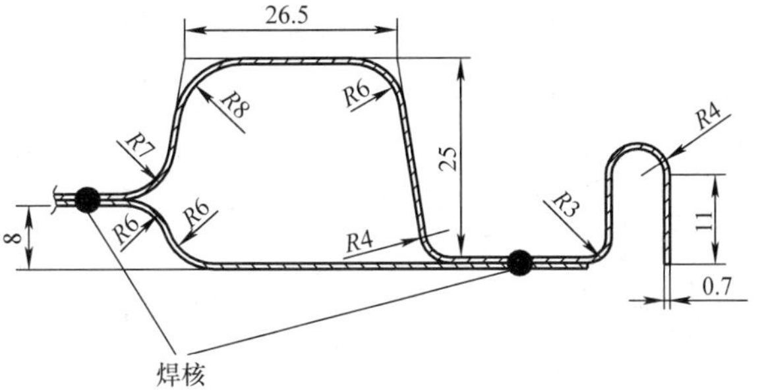


图 8-15 原靠背骨架侧边框截面

$$t = \sqrt[3]{\frac{12I}{b}} = \sqrt[3]{\frac{12 \times 18215}{60.2}}\text{mm} = 15.37\text{mm} \approx 15\text{mm} \tag{8-121}$$

式中，$b$ 为侧边框横截面的宽度，具体可由图 8-15 中的尺寸计算得到。

由于头枕骨架不在本书的考虑范围内，该部件仅起到传递头枕载荷的作用。因此，采用直径为 10mm，材料为 Q235 的梁结构进行模拟。

最终得到的有限元模型共有壳单元 37154 个，为保证计算精度，单元类型选为 S4。头枕位置的梁单元共有 84 个，梁单元的截面形状为直径 10mm 的实心圆。单元数量总计为 37238，节点总数为 37673，壳单元的尺寸约为 4mm。

头枕骨架及靠背结构所用材料的具体数据见表 8-4。

在设置边界条件时，考虑到靠背可绕下侧转轴旋转，因此靠背底部两侧使用刚性单元连接局部节点，如图 8-14 下部方框所示，并依照汽车坐标系分别约束底部刚性单元 $X$、$Y$、$Z$ 方向的平动自由度和 $X$、$Z$ 方向的转动自由度。在锁扣位置，仿照靠背原始设计方案，使用刚性单元连接锁扣紧固螺钉的四个位置，如图 8-14 中上部方框所示，然后约束左右两侧刚性单元 X、Y、Z 方向的平动自由度和 X 方向的转动自由度。

**表 8-4 材料参数**

| 材料 | 弹性模量 $E$/GPa | 泊松比 $\mu$ | 密度 $\rho$/(g/m$^3$) | 屈服强度 $\sigma_s$ /MPa | 抗拉强度 $R_m$ /MPa |
|---|---|---|---|---|---|
| 铝合金6061 | 70 | 0.33 | 2700 | 275 | 310 |
| Q235 | 210 | 0.3 | 7900 | 235 | 390 |

### 2. 工况及载荷

在汽车后排座椅骨架设计过程中，不仅要满足相应的尺寸要求，还需要满足一定的刚度和强度要求。参考我国汽车座椅相关标准 GB 15083—2019 和 GB 11550—2009，本章分析座椅靠背的三种工况，即座椅静强度分析、行李碰撞分析及头枕刚度分析。

（1）座椅静强度分析　汽车座椅的静强度是指座椅承受静态荷载的能力，是座椅总成的基本性能要求。座椅总成按设计要求安装在车身上或模拟车身试验台上。若座椅上无适当的着力点，允许在试验项目不涉及的部位局部加强。座椅的坐垫和靠背为分开式并分别安装在车身上时，应分别通过各自的质心沿水平向前、向后施加相当于各自重力 20 倍的载荷，具体如图 8-16 所示。对于此处研究的后排座椅靠背，因靠背后有车身结构件，对其施加水平向后的载荷不是最恶劣工况，因此只对靠背施加水平向前的载荷。

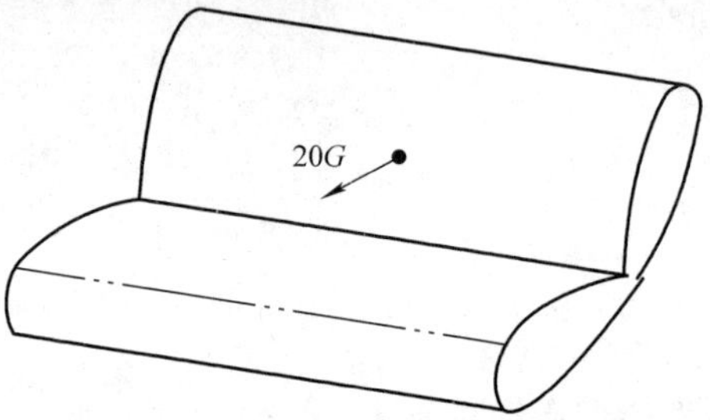


图 8-16　座椅静强度试验加载示意图

考虑到结构质量及质心在拓扑优化过程中是不断变化的，因此该工况下的载荷采用优化前结构质量 $m = 24.11\text{kg}$ 来计算，这样会使优化结果更保守。若将载荷均布加载到过质心的水平线上，会造成加载点位置的材料过于集中，因此将载荷平均分配到过质心水平线上的五个位置，具体位置如图 8-17a 所示。载荷大小为 $F_g = 20mg/5 = 945.112\text{N}$，指向车辆前进方向，如图 8-17b 所示。

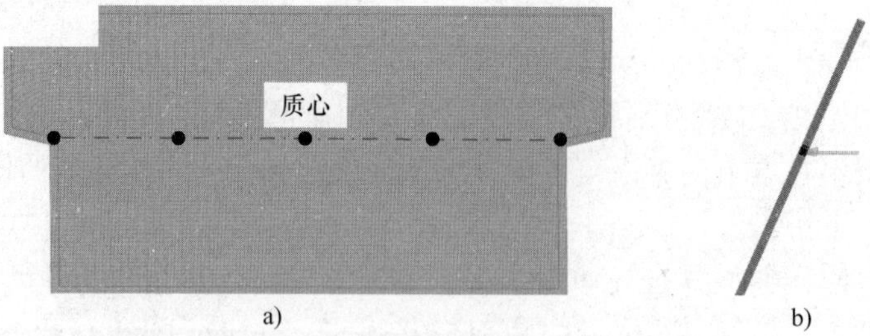


图 8-17　座椅静态工况载荷位置示意图

（2）行李碰撞分析　试验时将两个用来代表行李的试验样块（300mm × 300mm × 300mm）放置在行李舱的地板上。两个试验样块关于汽车纵向铅垂面对称，且横向距离为 50mm，试验样块的最前端距座椅靠背的水平距离为 200mm，具体位置如图 8-18 所示。

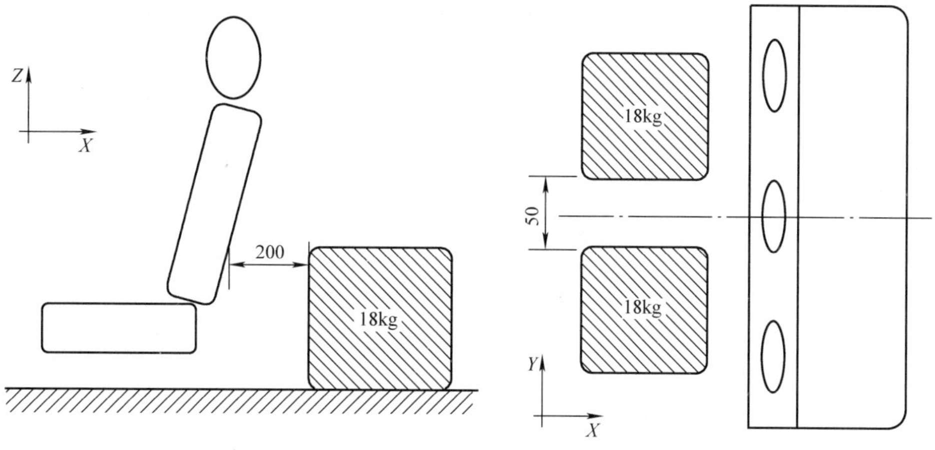


图 8-18　试验样块与座椅靠背位置示意图
a）侧视图　b）俯视图

行李碰撞座椅靠背的过程可表述为：首先，模拟整车的后地板、座椅靠背和两个刚性试验样块以 50km/h 的速度匀速行驶，然后整车和座椅靠背以图 8-19 所示的加速度进行减速，刚性试验样块在惯性的作用下冲击座椅靠背。

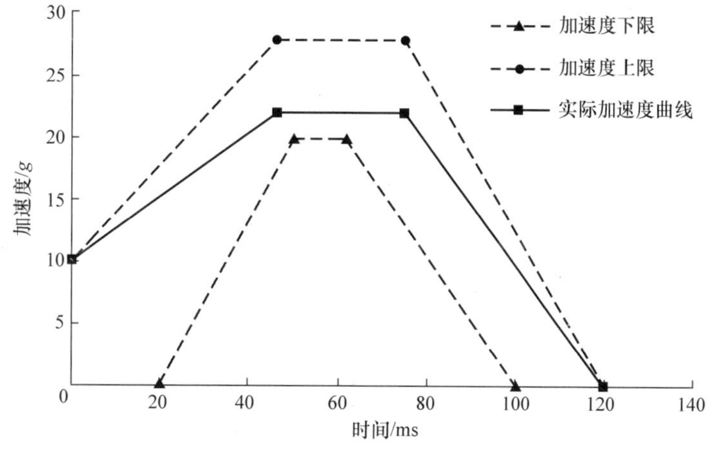


图 8-19　仿真用加速度曲线

本文使用 LS - DYNA 对有限元模型进行仿真分析，以获得移动行李冲击靠背时的时间 - 冲击力曲线，并将之转化为静态载荷。整个碰撞过程的分析时长为 110ms。

沙漏能占结构总能量的比例可以作为评判有限元分析有效性的依据。分析结束后，输出碰撞过程中的动能、应变能及沙漏能等，具体如图 8-20 所示。整个历程中沙漏能与总能量的比值最大为 3.2%，不超过总能量的 10%，因此沙漏控制符合要求。分析过程中，随着整车速度的下降，结构的总能量逐渐减小，但结构的内能、动能及沙漏能总和不变，与结构的总能量一致，符合能量守恒定律，该碰撞有限元模型较为可靠。

碰撞过程中 $X$ 方向的变形量如图 8-21 所示，可知靠背骨架沿 $X$ 方向的最大变形量为

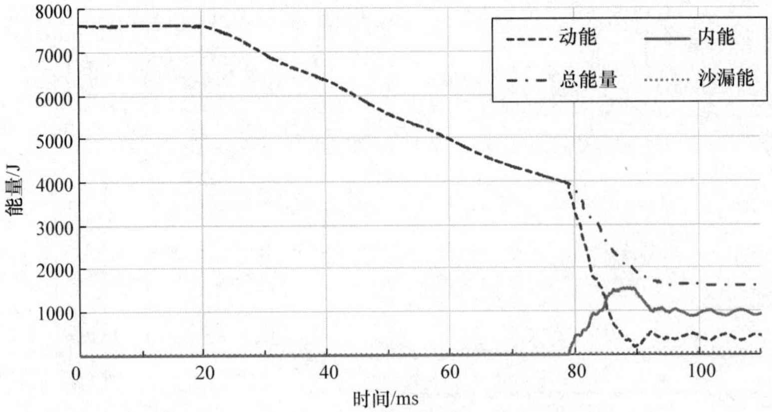


图 8-20 行李碰撞能量曲线图（见彩插）

25.2mm，未超出 *R* 点（乘坐基准点）前 100mm 的横向铅垂面，因此初始优化设计区域的刚度符合标准要求。

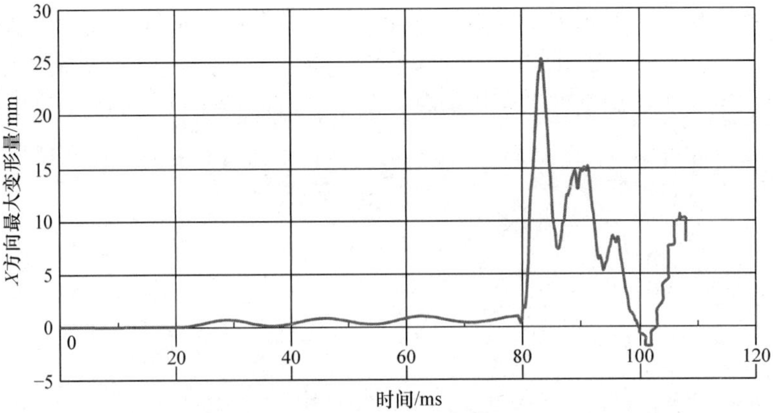


图 8-21 碰撞过程中 *X* 方向最大变形量

仿真分析过程中结构的最大主应力曲线如图 8-22 所示，可知碰撞过程中结构会发生塑

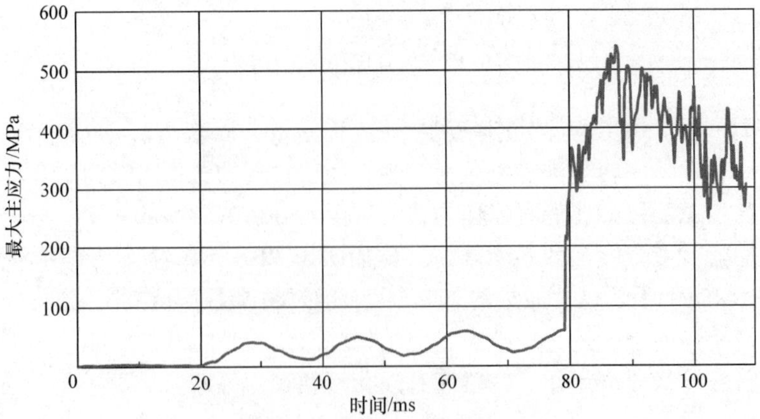


图 8-22 最大主应力曲线

性变形及局部撕裂，这主要是由锁扣等部位的应力集中引起的。由于其 $X$ 方向最大位移满足要求，因此该模型符合分析要求。

提取行李试验样块与后排座椅靠背碰撞阶段的接触力，即原分析时长 80 ~ 90ms 间的接触力，可得到图 8-23 所示曲线。可见接触力的主要分量在 $X$ 方向和 $Z$ 方向，$Y$ 方向的载荷在转化为静态载荷时可忽略。

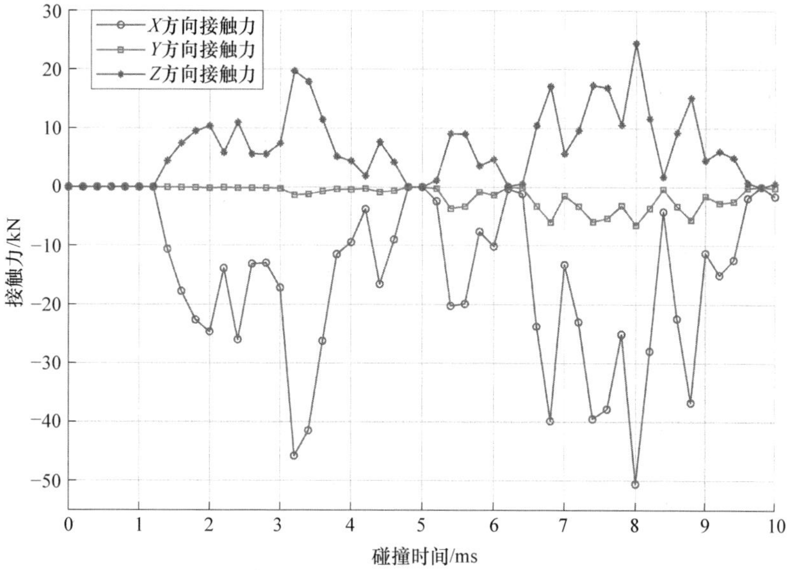


图 8-23　碰撞阶段接触力曲线

因为移动行李碰撞座椅靠背是一个包含非线性行为的瞬态过程，靠背所受的冲击力是时间的函数，在这种状态下，系统没有稳态振动，只有瞬态振动。为了求得碰撞过程中的等效静态载荷，将行李碰撞座椅靠背的过程分解为一系列脉冲的连续作用，每个脉冲的作用时间为 $\Delta t$，则座椅靠背的响应是每个脉冲单独作用下响应的叠加，如图 8-24 所示。每个脉冲力可表示为

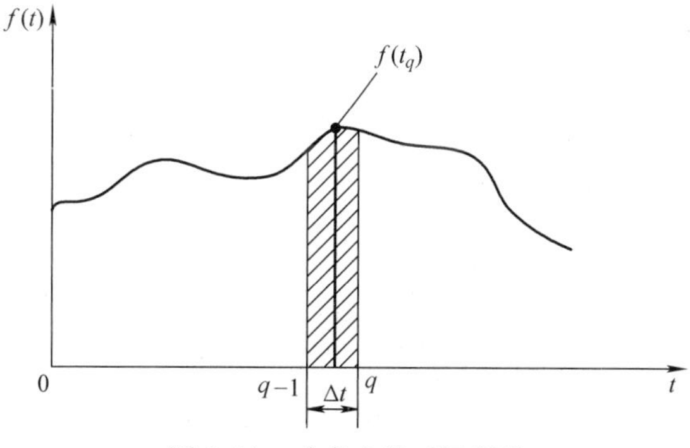


图 8-24　动态力的时间序列

$$\boldsymbol{m}\{\ddot{x}(\boldsymbol{t}_q)\} + \boldsymbol{K}\{\boldsymbol{x}(\boldsymbol{t}_q)\} = f(t_q) \tag{8-122}$$

式中，$f(t_q)$ 为 $q$ 时间段的脉冲力；$\boldsymbol{K}$ 为结构的刚度矩阵；$\{\ddot{\boldsymbol{x}}(\boldsymbol{t}_q)\}$、$\{\boldsymbol{x}(\boldsymbol{t}_q)\}$ 分别为结构在时刻 $t_q$ 的加速度响应和位移响应。

结构承受动态载荷时，在任意时刻都会形成一个位移场，如果一个静态载荷能在某一时刻产生相同的位移场，则可认为该静态载荷与动态载荷等效。

根据能量守恒定律，等效静态载荷集产生的功应与某静力常量作用在结构上产生的功一致，则有

$$W_{eq} = W_{const} \tag{8-123}$$

式中，$W_{eq}$和$W_{const}$分别为等效静态载荷和静力常量做的功。

将等效静态载荷集视为 $n$ 个独立的静态工况，则有

$$\sum_{i=1}^{n} f_{eqi} x(t_i) = n f_{const} x_{const} \tag{8-124}$$

式中，$f_{eqi}$为第 $i$ 个工况中的等效静态载荷；$f_{const}$为静力常量；$x(t_i)$和 $x_{const}$分别为对应于某一动态力的位移和静力常量的位移。

为简化计算过程，假设碰撞过程中材料处于弹性范围内，则有

$$\begin{cases} W_{eq} = \sum_{i=1}^{n} f_{eqi} x_{eqi} = \sum_{i=1}^{n} f_{eqi} \boldsymbol{K}^{-1} f_{eqi} = \sum_{i=1}^{n} \boldsymbol{K}^{-1} f_{eq}^{2} \\ W_{const} = n f_{const} x_{const} = n f_{const} \boldsymbol{K}^{-1} f_{const} = n f_{const}^{2} \boldsymbol{K}^{-1} \end{cases} \tag{8-125}$$

式中，$x_{eqi}$为对应于$f_{eqi}$的位移响应。

由式（8-123）和式（8-125）可得

$$\sum_{i=1}^{n} f_{eqi}^{2} = n f_{const}^{2} \tag{8-126}$$

将式（8-126）写为时间域内的连续形式，可得

$$\int_0^t f(t_q)^2 \mathrm{d}t = f_{const}^{2} t \tag{8-127}$$

将图 8-23 所示接触力的 $X$ 分量和 $Z$ 分量按照上述方法进行准静态载荷变换，最终可得准静态载荷为$F_X = -15.397\mathrm{kN}$、$F_Z = 6.683\mathrm{kN}$，均布加载到靠背与行李接触的两个矩形区域内，如图 8-25 所示。

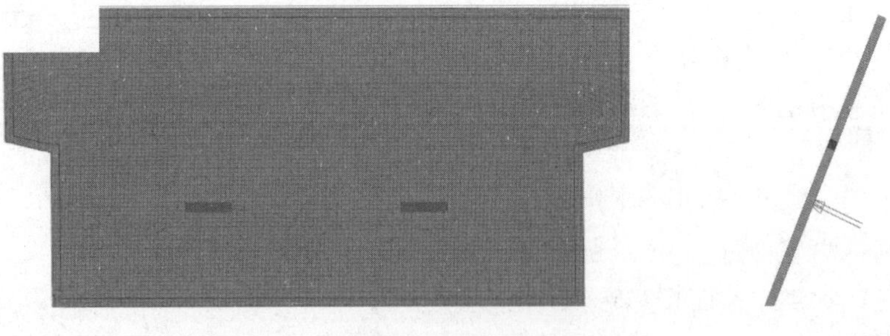

图 8-25　行李碰撞工况载荷位置示意图

（3）头枕刚度分析　座椅头枕可限制成年乘员头部相对于其躯干后移，以减轻在发生碰撞事故时颈椎可能受到的损伤。对于高度可调的头枕，在可调范围内将其调至最高位置，通过模拟人体模型靠背的部件对座椅靠背施加相对于 $H$ 点向后 373N · m 的力矩，确定调整后的人体基准线 $r_1$。然后在头枕顶部向下 65mm 处，通过直径 165mm 的头型，施加一个垂直于基准线 $r_1$ 的初始负荷，其相对于 $H$ 点的力矩为 373N · m。若座椅或座椅靠背未损坏，应将载荷增加到 890N。具体加载位置如图 8-26 所示。

此处根据总布置设计硬点确定人体模型与座椅的接触位置，并由此推算$F_1=(373/0.3)$ N $=1243$N、$F=890$N，分别垂直于各自的作用平面，头枕处的载荷通过一个柔性连接单元均匀分布到头枕骨架上。由于后排座椅可容纳3名乘客，因此两种力均要作用到3个靠背及头枕处，具体如图8-27所示。

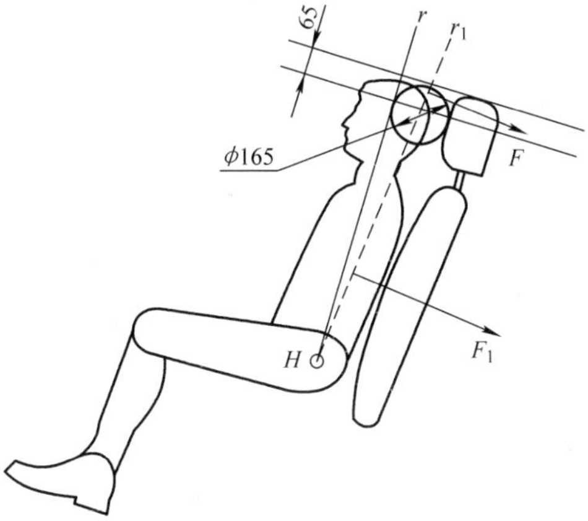


图8-26　靠背及头枕加载力示意图

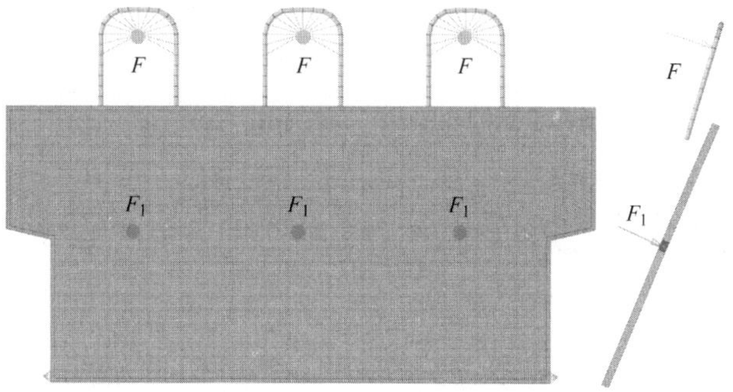


图8-27　头枕刚度工况载荷位置示意图（见彩插）

## 8.5.2　靠背结构的多工况及多约束拓扑优化

下面将以汽车后排座椅靠背骨架为对象，使用BESO方法对其进行拓扑优化，在其性能满足标准要求的前提下，降低结构的质量，同时使结构刚度最大化。

### 1. 设计变量

座椅靠背的外围除了用于支撑泡沫填充物外，还起到固定头枕骨架的作用，因此只对靠背有限元模型的内部区域进行拓扑优化，具体如图8-14所示。

选取两个单元的宽度范围作为外框架，则内部区域定义为设计区域。该区域共有单元35446个，即设计变量的数量为35446个。

### 2. 优化参数

优化过程中所需参数见表8-5。

**表8-5　优化参数**

| 参数 | 值 | 参数 | 值 |
|---|---|---|---|
| 进化率 $ER$ | 2% | 罚因子 $p$ | 3 |
| 过滤半径 $R$/mm | 15 | 体积分数$V^*/V_0$ | 0.35 |
| 最大增添比 $AR$ | 2% | 收敛因子 $\tau$ | 0.1% |
| 空单元$x_{\min}$ | 0.001 | 乘子增加量$\tau_m$ | 0.015 |

### 3. 优化目标

本次优化是在约束优化区域体积分数的前提下，使所得结构的刚度最大化。因此，优化目标为最小化结构的柔度。

由于本次优化需要考虑座椅静强度、行李碰撞及头枕刚度分析三种工况，属于多工况优化问题，因此需要选用合适的工况权重系数，此处将采用层次分析法来计算权重。

三种工况中，行李碰撞工况最为恶劣，因此其重要性较高。考虑到行李碰撞载荷作用于靠背下方，而头枕载荷作用于靠背上侧，如果行李碰撞的重要性过高，则拓扑得到的结构上方会变得薄弱，因此认为头枕刚度工况的重要性和行李碰撞工况一致。行李碰撞工况较座椅静强度分析工况的重要性稍强，于是可得到比较矩阵为

$$A=\begin{pmatrix}1 & 0.5 & 0.5\\ 2 & 1 & 1\\ 2 & 1 & 1\end{pmatrix} \tag{8-128}$$

计算得到矩阵 $A$ 的最大特征值为 $\lambda_{max}=3$，代入式（8-102）计算可得到 $CR=0$，表明矩阵 $A$ 的一致性可接受。计算该特征值对应的归一化特征向量，可得到三种工况的权重系数为 $\omega_c=(0.2,\ 0.4,\ 0.4)$。使用 Abaqus 求解时为了方便，将工况名字进行简写，具体见表 8-6。

**表 8-6　工况参数**

| 工况 | 工况名 | 权重系数 |
|---|---|---|
| 座椅静强度 | Step－1 | 0.2 |
| 行李碰撞 | Step－2 | 0.4 |
| 头枕刚度 | Step－3 | 0.4 |

**4. 约束**

对于座椅静强度分析工况，要求其在受载情况下不发生永久变形，因此约束靠背骨架的最大 Mises 应力不超过材料的屈服极限。将应力约束简化为对应变能的约束，根据式（8-90）可得优化区域的许用应变能为

$$E^a\leqslant 1.1\times 1106.67^{0.9}\times\left(\frac{1.33\times 8521000\times 275^2}{3\times 70000}\right)^{0.1}\text{mJ}=2767.5\text{mJ} \tag{8-129}$$

对于行李碰撞分析工况，由于加载的载荷为真实载荷的等效值，且发生碰撞时最大主应力已经接近拉伸极限，因此对该工况的应力进行约束没有实际意义。根据 GB 15083—2019 的要求，碰撞过程中靠背的前轮廓不能向前移动超过 $R$ 点前方 100mm 的垂面。因此选取载荷作用水平线的中间点 31154 及底部中间点 5685 进行位移约束，约束点的位置如图 8-28 所示。

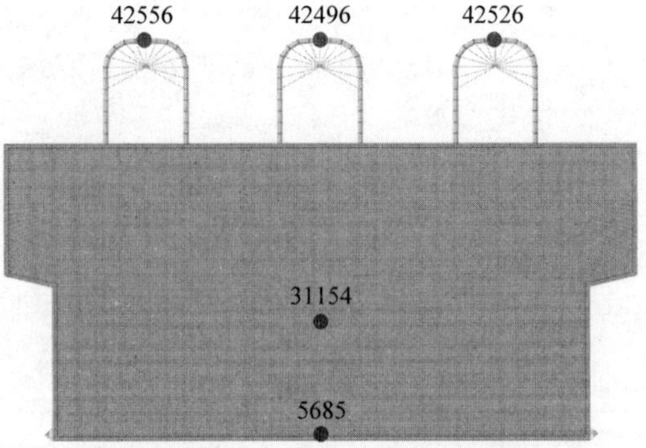

图 8-28　约束点位置示意图

对于头枕刚度分析工况，根据 GB 11550—2009 的要求，头型的最大后移量应小于 102mm，因此约束 3 个头枕骨架的最高点位移量，约束点的位置如图 8-28 所示。考虑到该工况较为严苛，因此允许结构发生永久变形，但不能发生破坏，故约束优化区域内的应力不超过拉伸极限。同理将该应力约束简化为应变能的约束，可得到优化区域的许用应变能为

$$E^{a} \leqslant 1.1 \times (7220.78)^{0.9} \times \left(\frac{1.33 \times 8521000 \times 310^{2}}{3 \times 70000}\right)^{0.1} \mathrm{mJ} = 15332.15\mathrm{mJ} \quad (8\text{-}130)$$

除上述工况外，还应约束优化后的1阶模态值不低于原设计的1阶模态值。考虑到加工制造方面的因素，靠背骨架的左右两侧应保持对称。总结所有的约束项，具体见表8-7。

**表8-7 拓扑优化约束项**

| 工况 | 约束项 | 约束值 |
|---|---|---|
| Step-1 | Mises应力 | ≤275MPa |
| Step-2 | 5685节点的 $X$ 向位移 | ≤100mm |
| | 31154节点的 $X$ 向位移 | ≤100mm |
| Step-3 | 42556节点的 $X$ 向位移 | ≤102mm |
| | 42496节点的 $X$ 向位移 | ≤102mm |
| | 42526节点的 $X$ 向位移 | ≤102mm |
| | Mises应力 | ≤310MPa |
| 其他 | 1阶模态 | ≥52Hz |
| | 对称约束 | $ZX$ 平面 |

**5. 收敛准则**

当以下条件均满足时，迭代停止：

1）所有约束项在最近10步内的平均值满足约束。

2）优化目标（加权柔度值）满足式（8-10）。

3）若柔度未达到许用应变能，将体积分数约束值设为预定值，否则，体积分数约束值为柔度超过许用应变能那一步的真实体积分数值。

**6. 优化结果**

整个优化过程经过61次迭代后达到收敛，收敛时靠背骨架的质量为9.16kg，迭代过程中部分中间结构如图8-29所示。可以看出，靠背锁扣位置和行李碰撞载荷作用位置的材料富余程度较大，这是由于局部应力集中造成单元的应变能较大，因而在迭代过程中很难去除。

图8-30～图8-34所示为历史变量的迭代曲线，包括目标函数值及约束项的响应值。由于将应力约束简化为柔度约束，因此未输出各迭代步的Mises应力响应。

由图8-30可知，体积分数在第52步达到约束值，此时加权应变能开始缓缓下降，并在第61步收敛。图8-31所示为结构1阶模态值的变化曲线，可知1阶模态值在优化过程中缓慢上升，最终得到的结构1阶模态值较初始结构提升了4.7Hz。结构在第34步时由于增删机制出现了孤立单元，造成该步的1阶模态为局部模态，因此频率曲线出现突变。图8-32所示为座椅静强度工况的柔度曲线，其最终收敛值为2694.5N·mm，已非常接近该工况的许用应变能。图8-33所示为行李碰撞工况下的应变能及位移响应曲线，可知约束点的位移并未超过约束值，优化结束时该分析步的柔度为359479.9N·mm；图8-34所示为头枕刚度工况的响应值，其约束点的位移量依旧满足要求，收敛时结构的柔度为14566.1N·mm。部分迭代步的柔度值变化较大，这是由于加载点附近的单元被删除后引起局部应变能突增，在随后的迭代步中由于单元增删机制，这些单元又重新被增添到结构中。

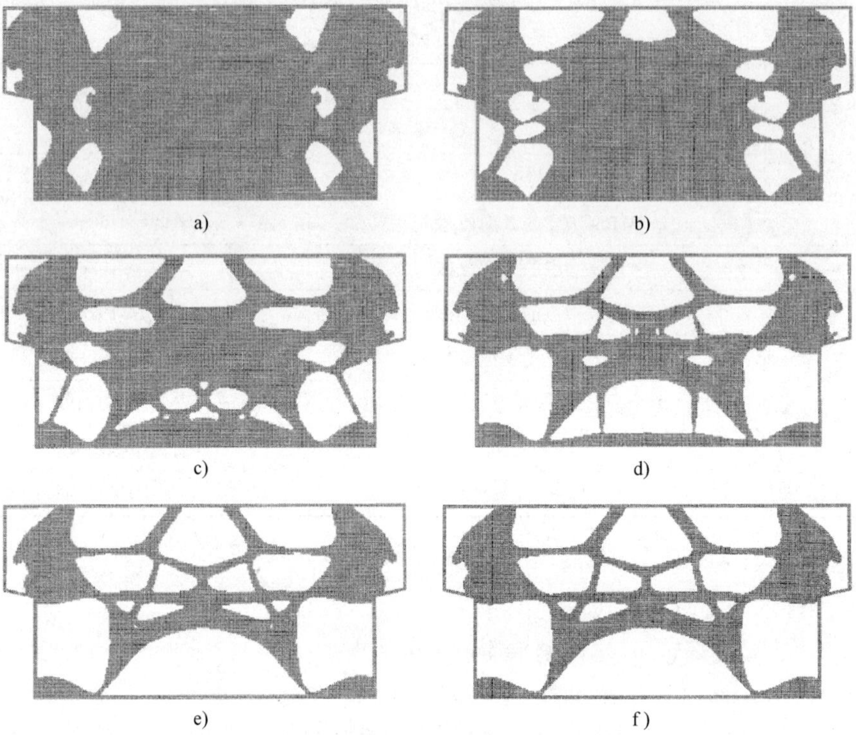


图 8-29　靠背骨架拓扑迭代过程

a）第 5 次迭代结果　b）第 15 次迭代结果　c）第 25 次迭代结果

d）第 40 次迭代结果　e）第 50 次迭代结果　f）第 61 次迭代结果

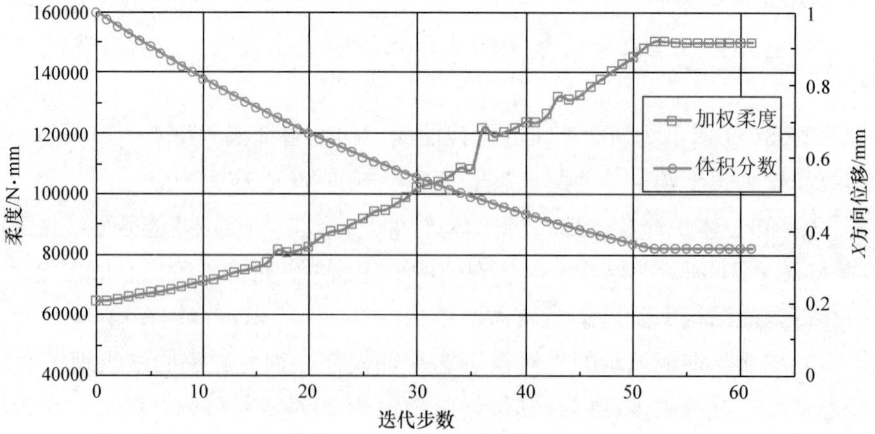


图 8-30　目标函数值及体积分数曲线

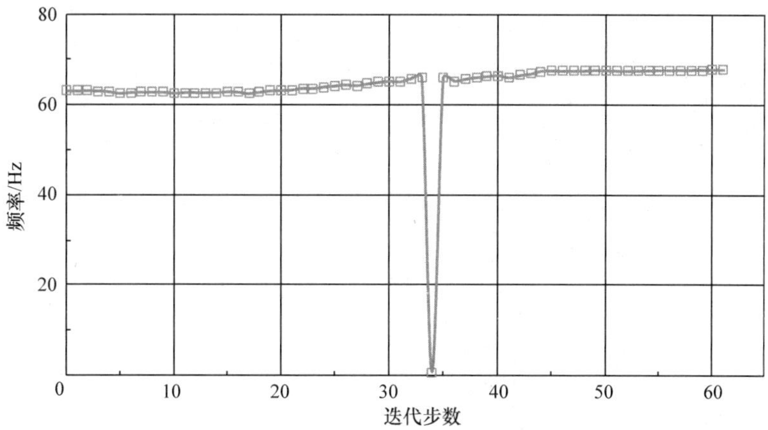


图 8-31　1 阶模态值变化曲线

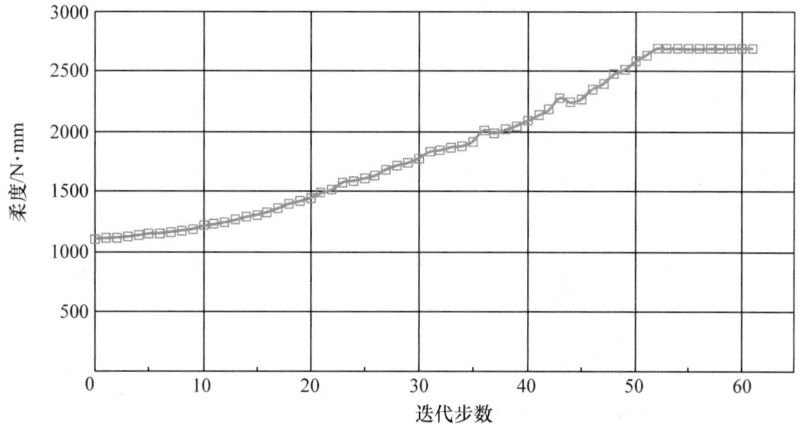


图 8-32　Step - 1 响应曲线

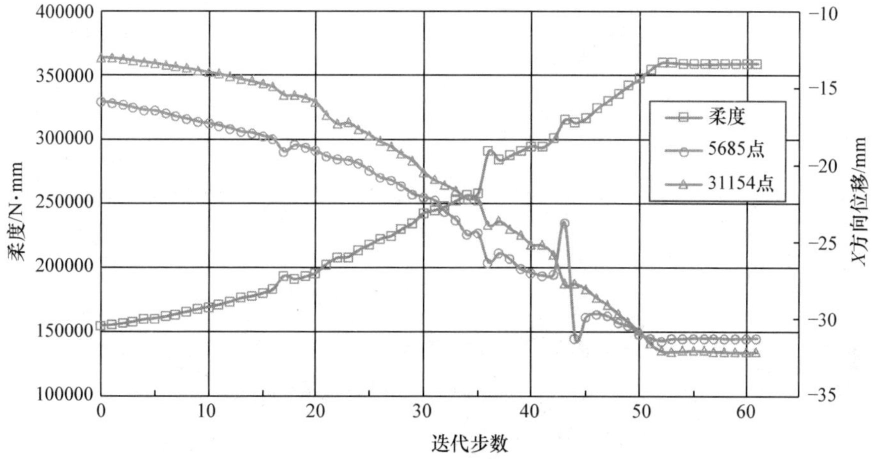


图 8-33　Step - 2 响应曲线

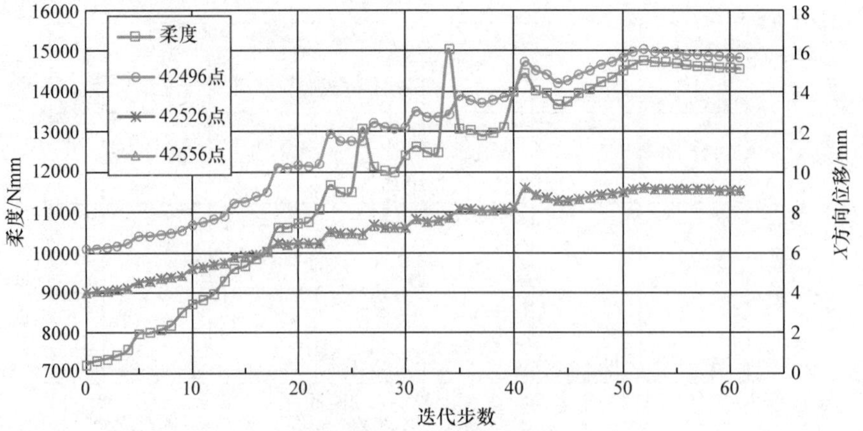


图 8-34　Step－3 响应曲线

图 8-35 所示为结构座椅靠背静强度工况下的 Mises 应力云图，可知优化后得到的结构在该工况下强度符合要求。在靠背底部转轴和中上部锁扣位置，存在局部应力集中现象。图 8-36所示为头枕刚度分析工况下的 Mises 应力云图，其应力集中现象主要出现在锁扣及头枕与靠背连接处，这是由载荷主要集中在靠背中上部造成的。该工况下锁扣处的部分材料发生屈服，但仍在拉伸极限内，故满足约束要求。图 8-37 所示为靠背结构的 1 阶模态阵型图，可知优化后的结构顶部刚度相对较小，这是由靠背顶部缺乏足够的约束造成的，因此与实际情况相符。

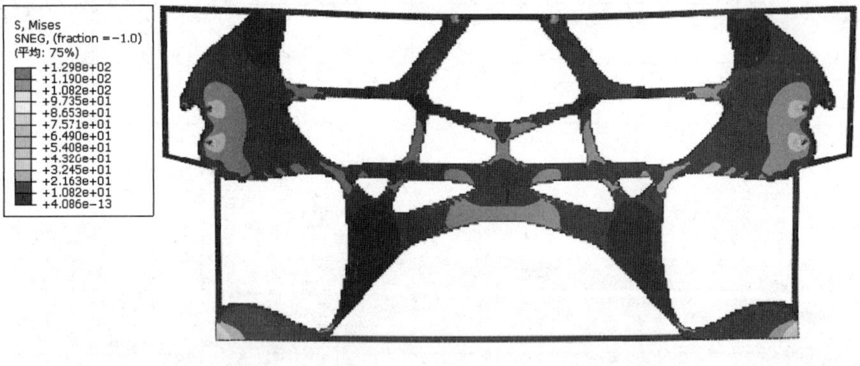


图 8-35　Step－1 单元下表面 Mises 应力云图（见彩插）

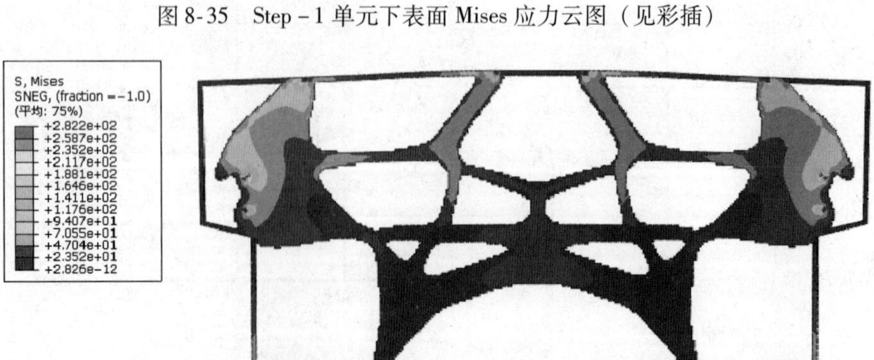


图 8-36　Step－3 单元下表面 Mises 应力云图（见彩插）

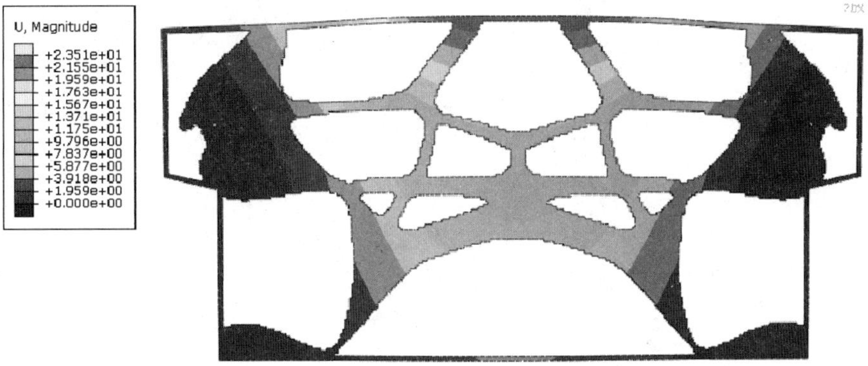


图 8-37 靠背结构 1 阶模态阵型图（见彩插）

### 8.5.3 座椅靠背骨架的提取与重设计

通过拓扑优化得到的结构往往比较复杂，这会给加工制造带来较大的挑战性。因此，结构设计师往往在概念设计阶段进行拓扑优化，然后提取所得结果中的关键几何特征，并对其进行重设计，以适应加工制造要求。Heguo Ou 等人通过提取白车身拓扑优化后的骨架线，得到了车身的框架式结构。下面采用该方法完成座椅靠背骨架的重设计。

**1. 拓扑结果提取**

根据优化后材料的分布情况，提取座椅靠背的骨架线，使得其尽可能穿过大部分中心线，具体如图 8-38 所示。部分区域由于应力集中等原因，会有较多的材料堆积，可在后期添加相应的板结构，以使应力分布更加均匀。

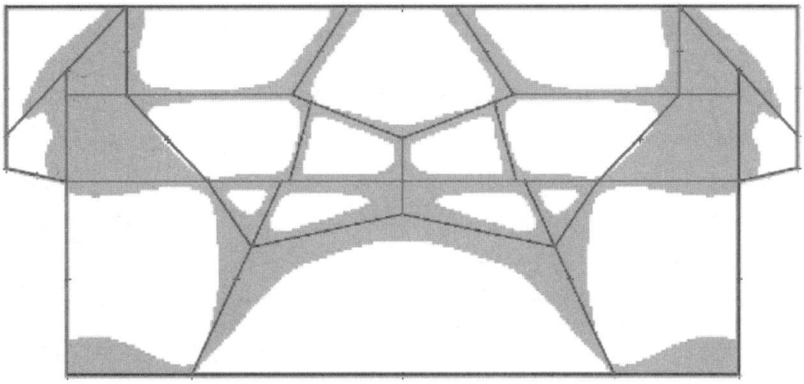

图 8-38 拓扑优化结果骨架线示意图

**2. 靠背梁结构的尺寸优化**

利用提取的中心线，可得到梁结构的靠背模型及杆件编号，如图 8-39 所示，该模型为左右对称结构。为了对其进行尺寸优化，将梁结构的初始截面统一设置为 30mm × 30mm × 2mm 的矩形管，材料为 6061 铝合金。梁单元之间相互连接时，使用 RBE2 单元来简单模拟其焊接接口。

考虑到加工成本等因素，使用型材公司提供的通用矩形铝管尺寸来设计，因此采用离散尺寸优化的方法对梁截面的宽度和高度进行优化。离散尺寸的取值为15mm、20mm、25mm、30mm、35mm、40mm、45mm、50mm。考虑到结构对称性和接头尺寸一致性等因素，需要将部分设计变量进行一致性关联。尺寸优化是采用Altair公司的OptiStruct软件完成的。

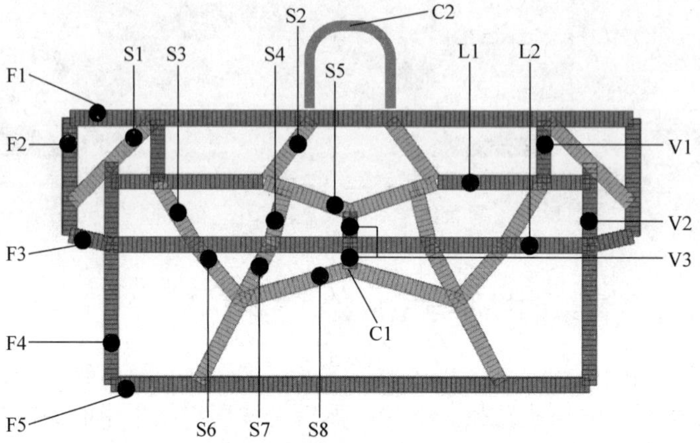


图8-39 靠背梁结构编号示意图

考虑到座椅靠背的工作条件与法规要求，选择等效碰撞工况下的位移、应力和头枕刚度工况下的位移及1阶模态频率作为约束条件，使新结构的性能不低于原设计，同时以靠背的质量最小作为目标函数进行优化，具体约束项及其约束值见表8-8，约束点的具体位置如图8-40所示。

**表8-8 尺寸优化约束项及约束值**

| 工况 | 约束项 | 约束值 |
|---|---|---|
| Step-1 | Mises应力 | ≤275MPa |
| Step-2 | C1节点的$X$向位移 | ≤100mm |
| | Mises应力 | ≤275MPa |
| Step-3 | C2节点的$X$向位移 | ≤37.6mm |
| | Mises应力 | ≤275MPa |
| 其他 | 1阶模态 | ≥52Hz |

尺寸优化后，结构的总质量为6.52kg，较尺寸优化前的初始质量（5.31kg）上升了22.8%，但仍低于原钢质靠背的总质量9.73kg。梁结构在等效碰撞工况中的最大应力由初始结构的476MPa下降至265.8MPa，C1点在$X$向的最大位移由19.01mm下降为10.22mm；头枕刚度工况下，C2点在$X$向的最大位移由25.66mm下降至23.12mm；1阶模态频率由73.99Hz上升为86.71Hz。各项性能均有所提升，基本满足性能要求。

经过尺寸优化后，部分杆件的尺寸仍然比较特殊，在铝型材制造厂商的型材库中找不到对应的型号。因此对这些杆件的截面尺寸进行调整，使用现有型材库中最接近的型号进行替换。优化后的截面尺寸及其调整值见表8-9。

表 8-9 尺寸优化结果及其调整值

| 编号 | 尺寸优化结果/ mm × mm × mm | 调整后截面尺寸/ mm × mm × mm | 编号 | 尺寸优化结果/ mm × mm × mm | 调整后截面尺寸/ mm × mm × mm |
|---|---|---|---|---|---|
| F1 | 40 × 30 × 2 | 40 × 25 × 2 | S5 | 40 × 40 × 2 | 40 × 40 × 2 |
| F2 | 40 × 30 × 2 | | S6 | 40 × 40 × 2 | |
| F3 | 40 × 30 × 2 | | S7 | 40 × 40 × 2 | |
| F4 | 40 × 30 × 2 | | S8 | 40 × 40 × 2 | |
| F5 | 40 × 30 × 2 | | V1 | 40 × 40 × 2 | |
| S1 | 40 × 40 × 2 | 40 × 40 × 2 | V2 | 35 × 20 × 2 | 35 × 20 × 1.2 |
| S2 | 25 × 20 × 2 | 24 × 20 × 2 | V3 | 35 × 30 × 2 | 35 × 35 × 1.5 |
| S3 | 40 × 35 × 2 | 40 × 25 × 2 | L1 | 40 × 40 × 2 | 40 × 40 × 2 |
| S4 | 30 × 15 × 2 | 30 × 15 × 1.1 | L2 | 40 × 40 × 2 | |

### 3. 最终设计及其性能校核

为了得到新设计骨架结构更精确的分析结果，对表 8-9 中的数据采用壳模型进行建模（头枕骨架除外），最终可得到图 8-40 所示的结构。梁与梁连接处尽可能采用共节点的方式，并使用 RBE2 单元连接剩余部分和约束位置，为了使载荷均匀加载到结构上，使用 RBE3 单元连接载荷加载点和加载位置附近的单元节点。

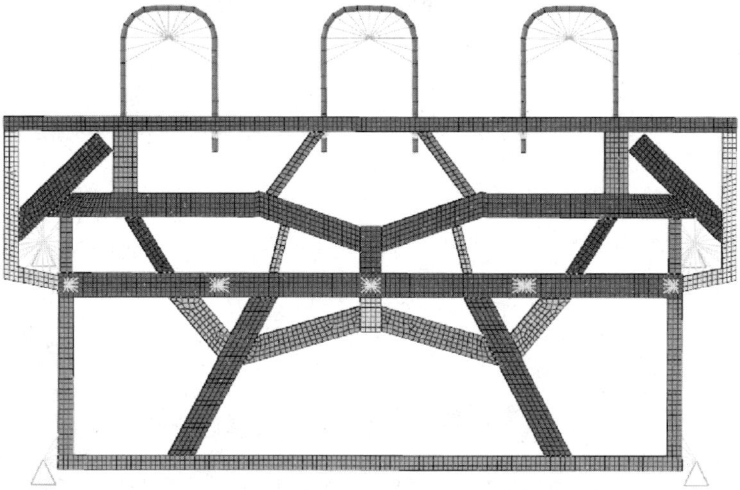

图 8-40 靠背骨架新设计有限元模型

使用 OptiStruct 对新骨架结构进行静态工况（即座椅靠背静强度工况和头枕刚度工况）分析，所得应力和位移云图如图 8-41 所示。

使用 LS-DYNA 分析新旧设计的行李碰撞工况，载荷、边界条件及基本参数参照 8.1.2 节进行设置，最终得到的碰撞模型如图 8-42 所示。整个分析时长为 200ms，考虑材料失效状况，采用单位为 mm、ms、kg、GPa。

分析结束后，可通过检查结构的沙漏能来验证仿真模型的有效性。新旧设计的沙漏能占总能量的最大比例分别为 7.39% 和 6.72%，低于 10% 的控制要求，因此可认为所用仿真模型可靠。

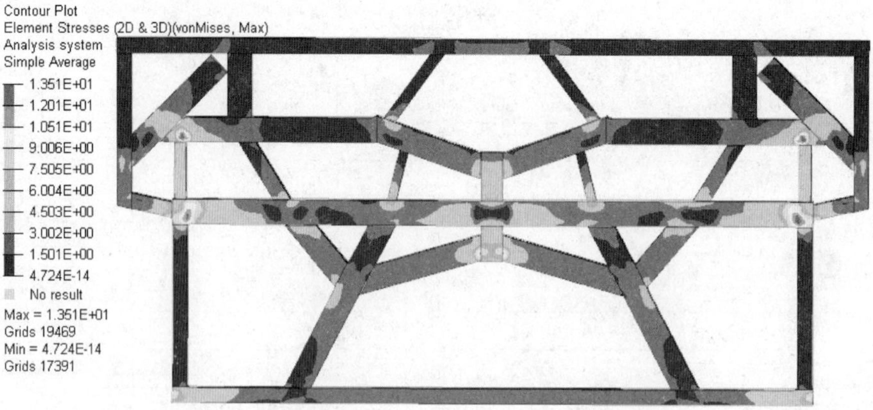


a)

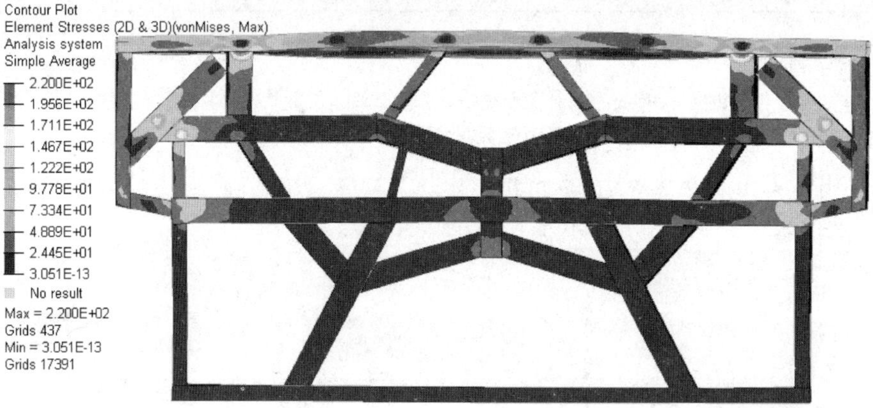


b)

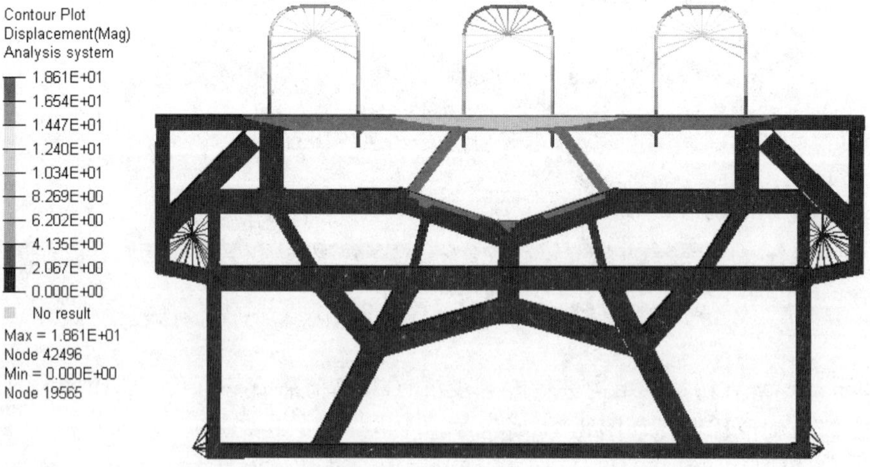


c)

图 8-41　静态工况分析结果（见彩插）

a）靠背静强度工况应力云图　b）头枕刚度工况应力云图　c）头枕刚度工况位移云图

输出模型在碰撞过程中变形最大位移的 $X$ 方向位移，可得到图 8-43 所示曲线，由图可知，原模型在碰撞过程中 $X$ 方向的最大位移为 136mm，行李试验样块分离时最大位移基本

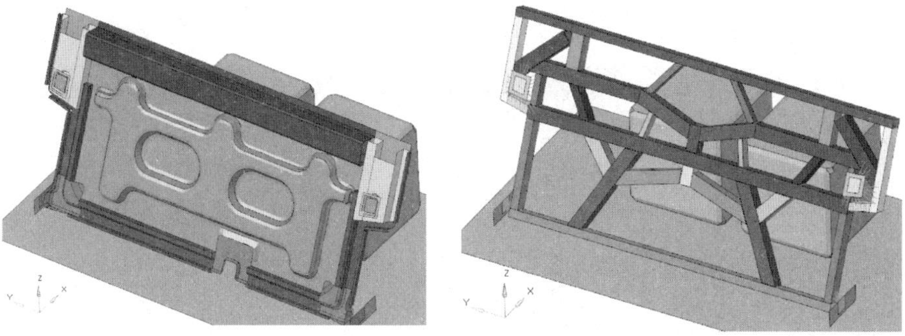

a) b)

图 8-42 行李碰撞模型

a）原设计 b）新设计

不变，说明碰撞发生后发生严重的塑性变形。而对于新的梁结构座椅靠背，其在 *X* 方向的最大位移为 64mm，且在行李试验样块分离后有一定程度的恢复，这表明碰撞结构的刚度较好，在碰撞过程中弹性变形的比例较大。新旧设计的 *X* 方向最大位移均未超过 *R* 点前 100mm 的平面，因此均满足法规要求。

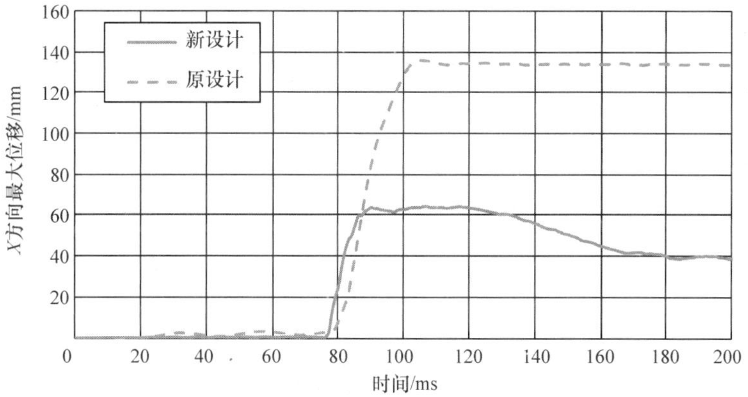


图 8-43 优化前后 *X* 方向最大位移曲线

原设计和新设计在碰撞过程中的最大应力云图分别如图 8-44 和图 8-45 所示。原设计的最大当量 Mises 应力为 445. 8MPa，在靠背转轴位置，由于应力集中造成结构发生局部断裂。新设计的最大当量 Mises 应力为 296. 5MPa，出现在靠背骨架与行李接触位置，在靠背转轴位置和部分接头位置也有局部断裂情况。

整个优化流程中各步骤的结构性能见表 8-10。可知优化后的新结构较原结构各方面性能均有较大提升。由于尺寸优化时的模型由梁单元构成，因此其分析误差较大。考虑到该过程仅用于性能优化，故其仍然有效。铝座椅试制件如图 8-46 所示，25kN 液压缸条件下的准静态吸能试验曲线如图 8-47 所示。

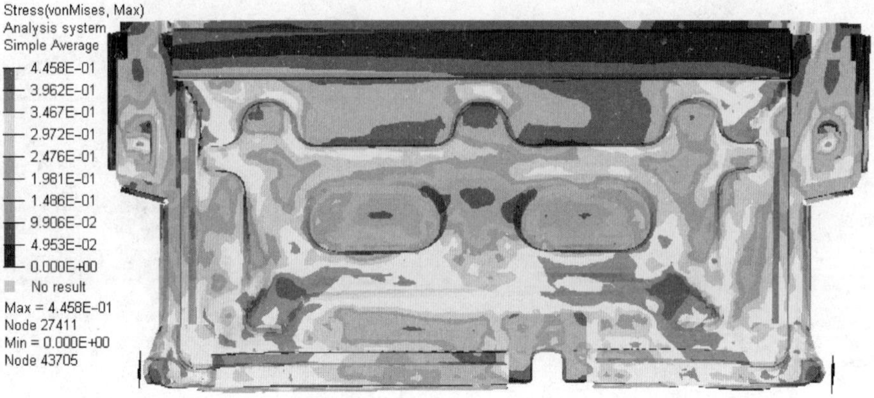


图 8-44　原设计行李碰撞最大应力云图（见彩插）

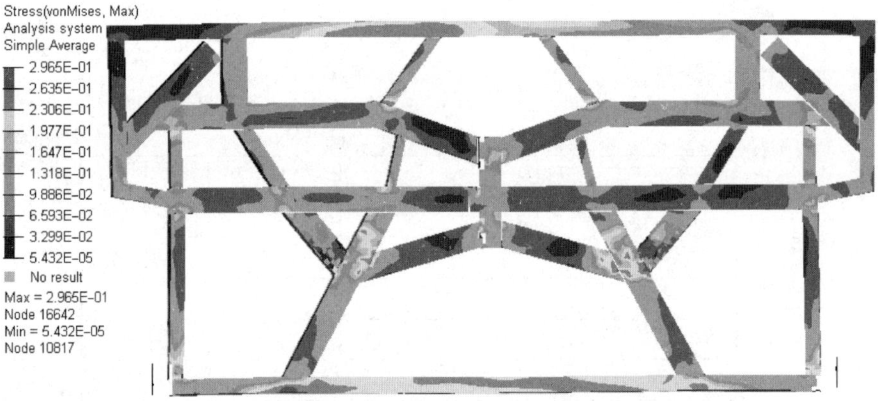


图 8-45　新设计行李碰撞最大应力云图（见彩插）

**表 8-10　优化流程中各步骤的性能数据**

| 项　　目 | | 原设计（壳） | 拓扑优化结果（壳） | 尺寸优化结果（梁） | 新设计（壳） | 新设计较原设计变化率 |
|---|---|---|---|---|---|---|
| 质量/kg | | 9.73 | 9.16 | 6.52 | 5.68 | -41.6% |
| 静强度 | 当量应力/MPa | 103.1 | 129.8 | 8.85 | 13.51 | -86.9% |
| 行李碰撞 | 当量应力/MPa | 445.8 | 1334.5 | 265.8 | 296.5 | -33.5% |
| | 最大位移/mm | 136.02 | 32.53 | 10.22 | 63.96 | -53.0% |
| 头枕刚度 | 当量应力/MPa | 640.6 | 282.2 | 85.72 | 220.0 | -65.7% |
| | 最大位移/mm | 25.66 | 15.67 | 23.12 | 18.04 | -29.7% |
| 1 阶模态/Hz | | 51.56 | 67.79 | 86.71 | 79.38 | 54.0% |

图 8-46 铝座椅试制件

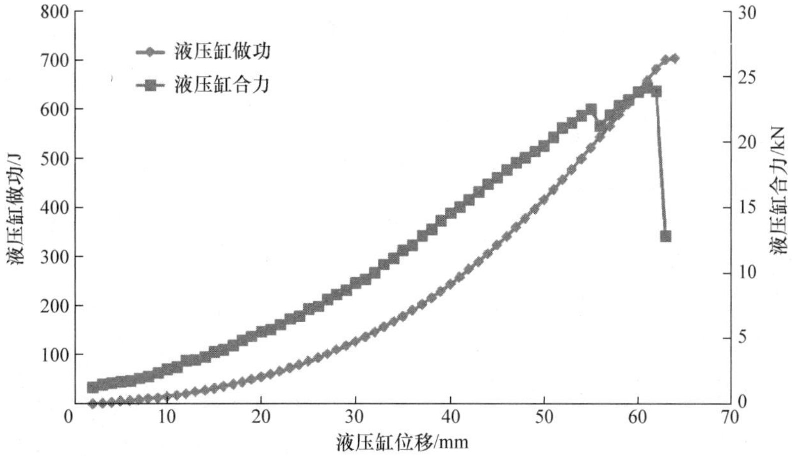


图 8-47 铝座椅试制件在 25kN 液压缸条件下的准静态吸能试验曲线

## 8.6 客车车身结构优化设计

### 8.6.1 客车车身骨架尺寸优化分析

2010 年 10 月，国务院发布《国务院关于加快培育和发展战略性新兴产业的决定》（以下简称《决定》），新能源汽车被选为战略新兴产业，迎来了新的发展契机。基于《决定》，国家陆续出台了大量政策措施，为新能源汽车在我国的发展提供了必要条件。随着新能源汽车市场化运营进入全面开展阶段，国家出台了一系列法规和补贴政策以消除新能源汽车的成本价差，提高新能源汽车的市场竞争力。2018 年，《关于调整完善新能源汽车推广应用财政补贴政策的通知》（以下简称《通知》），对新能源汽车补贴政策提出了新的要求，续驶里程在 150km 以下的新能源汽车将不再给予补贴，续驶里程越长，补贴标准越高。除了提高补贴标准门槛外，《通知》还提出了额外的鼓励措施，即电池技术和车辆技术的创新、优秀的电池和整车设计可以获得额外的补贴。

因此，车身轻量化变得更为重要，除了使用新材料和新的加工工艺外，在现有结构的基础上进行结构优化也是一种合理的轻量化方法。某客车整备质量为15.515t，为了进一步提高整车的续驶里程，降低整车质量，针对骨架式车身的结构特点，采用尺寸优化设计方法对车身骨架进行减重。

**1. 车身结构分析**

该客车采用钢铝混合车身结构，车身骨架铆焊结合，底架采用钢质型材焊接而成，上部车身采用铝制型材。搭载的电池质量达到3t，一部分布置在后驱动桥后部地板下方，另一部分布置在车顶。前后悬架采用空气悬架，既方便整车的布置，又提高了乘坐舒适性。

车身型材规格见表8-11。

**表8-11 车身型材规格**

| 铝质矩形管 /mm×mm×mm | 钢质矩形管 /mm×mm×mm | 铝质矩形管 /mm×mm×mm | 钢质矩形管 /mm×mm×mm |
|---|---|---|---|
| 40×30×3 | 160×60×4.5 | 80×50×3 | 70×50×3 |
| 50×30×3 | 120×60×6 | 30×30×3 | 50×50×4 |
| 40×25×3 | 120×60×4 | 40×25×3 | 50×50×2 |
| 165×62×4 | 120×50×4 | 40×40×3 | 30×30×1.5 |
| 60×50×3 | 120×50×2.5 | 50×50×3 | |
| 135×50×4 | 100×50×2.5 | 60×50×3 | |
| 80×50×4 | 100×50×3 | 60×40×3 | |

**2. 车身结构有限元分析**

采用有限元前处理软件Hypermesh建立车身模型，采用梁单元对车身骨架薄壁管件（包括矩形材、槽钢和角钢）进行离散，部分加强板、预埋件采用壳单元模拟。该模型共有392775个节点和713810个单元，模型如图8-48所示。

对该模型进行考虑弯曲、扭转、左前轮悬空和右后轮悬空工况下的静力分析，其中弯曲工况的动载系数取为2.5，扭转和车轮悬空工况的动载系数取为1.5。约束条件见表8-12。车身结构在四种工况下的静态应力结果如图8-49所示。

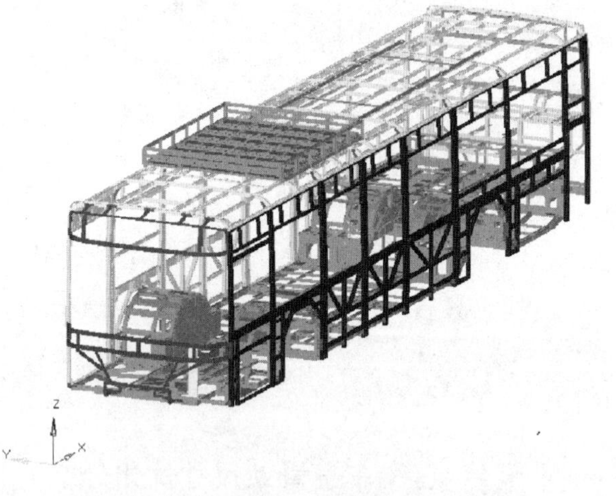


图8-48 某客车车身骨架有限元模型

**表8-12 客车弯曲、扭转、左前轮悬空和右后轮悬空的约束条件**

| 工况 | | 左前 | 右前 | 左后 | 右后 |
|---|---|---|---|---|---|
| 弯曲工况 | 空气悬架支架 | $U_z$ | $U_z$ | $U_z$ | $U_z$ |
| | 纵向推力杆支架 | $U_x$ | $U_x$ | | |
| | 横向推力杆支架 | $U_x$、$U_y$ | $U_x$ | $U_y$ | |
| 扭转工况 | 空气悬架支架 | | | $U_x$、$U_y$、$U_z$ | $U_x$、$U_z$ |
| | 纵向推力杆支架 | | | $U_x$ | $U_x$ |
| | 横向推力杆支架 | | | $U_y$ | $U_y$ |

（续）

| 工况 | | 左前 | 右前 | 左后 | 右后 |
|---|---|---|---|---|---|
| 左前轮悬空工况 | 空气悬架支架 | | $U_z$ | $U_z$ | $U_z$ |
| | 纵向推力杆支架 | | | $U_x$ | $U_x$ |
| | 横向推力杆支架 | $U_y$ | $U_y$ | $U_x$、$U_y$ | $U_x$ |
| 右后轮悬空工况 | 空气悬架支架 | $U_z$ | $U_z$ | $U_z$ | |
| | 纵向推力杆支架 | $U_x$ | $U_x$ | | |
| | 横向推力杆支架 | $U_x$、$U_y$ | $U_x$ | $U_y$ | $U_y$ |

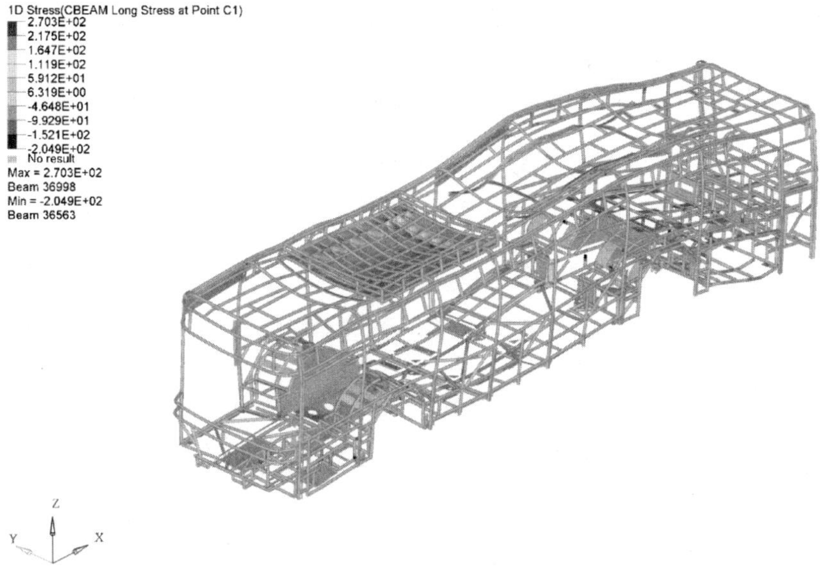


a)

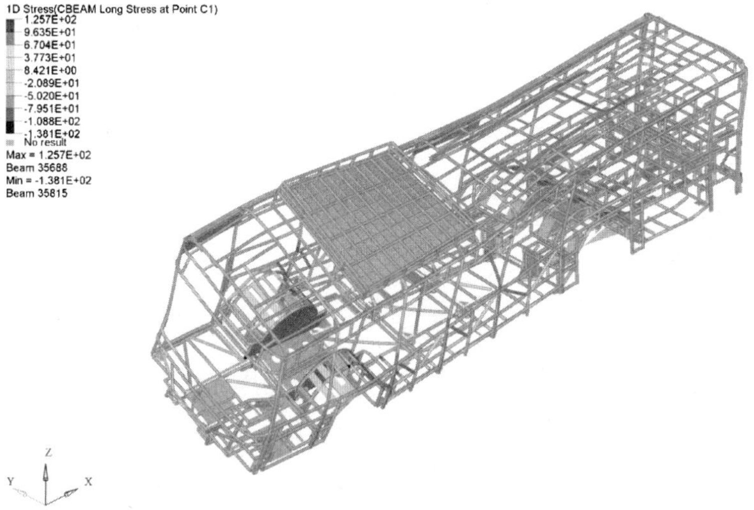


b)

图 8-49 客车车身弯曲、扭转、左前轮悬空和右后轮悬空静态应力结果

a）弯曲工况 b）扭转工况

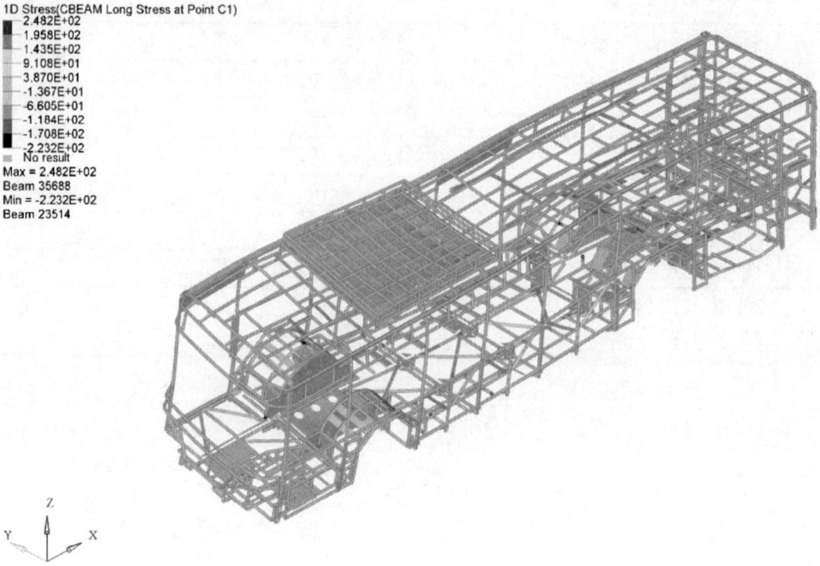


c)

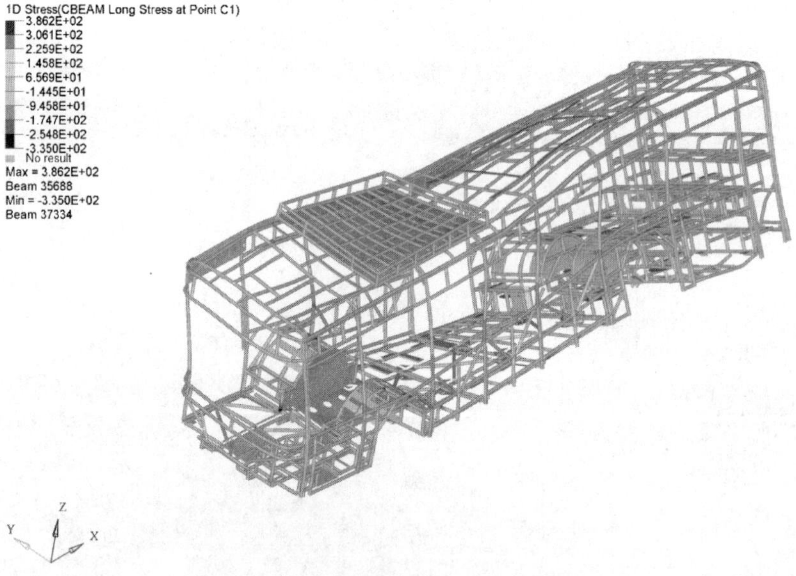


d)

图 8-49　客车车身弯曲、扭转、左前轮悬空和右后轮悬空静态应力结果（续）

c）左前轮悬空工况　d）右后轮悬空工况

由图 8-49 可知，弯曲工况大应力大多发生在车架中后部，该区域布置有电池、空调及电控装置，载荷较为集中。扭转工况下，最大拉应力为 125.7MPa，位于右前轮罩骨架处；最大压应力为 138.1MPa，位于左前轮罩骨架处。左前轮悬空工况下，大应力区域位于底架左侧纵梁与车身后部的连接区域，最大拉应力约为 248MPa。右后轮悬空工况下，大应力区域位于右侧前轮轮罩处，最大拉应力约为 386MPa。由此可知，底架是车身结构中受载最为严苛的部分，该车底架材料的屈服应力均大于500MPa，因此车身结构的设计方案满足强度设计要求。但该车身结构总质量超过4t，为达到轻量化要求，必须进行考虑车身强度和刚度性能的车身结构优化设计。

**3. 车身结构优化设计**

该客车车身结构优化设计采用Nastran软件进行求解。Nastran是一款功能强大的软件，结构的优化设计是它的主要功能之一。一个结构的响应，如力、位移、应力、特征值和质量等是系统参数的函数，如何通过参数的优化组合使得结构某项或某几项性能最优，即为结构优化问题。Nastran优化设计的基础是灵敏度分析，灵敏度分析是指通过计算结构的每个属性对结构性能的影响程度，来判别优化的方向和变量步长等。

Nastran优化的求解序列是SOL 200，优化设计流程如图8-50所示。

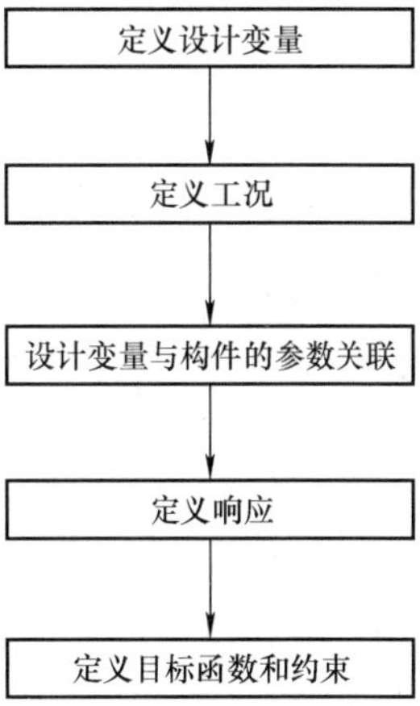

图8-50　Nastran优化设计流程

（1）设计变量　优化设计的第一步就是建立设计变量，将系统构件的密度、单元面积、厚度、截面尺寸、坐标等参数用设计变量的形式参数化。这样，目标函数和约束就可转化为设计变量的函数，进而可以借助灵敏度分析进行寻优。设计变量取为所选车身结构异型钢管的截面宽度和高度。为避免产生二义性，不把截面厚度作为设计变量。为了保证优化结果的可制造性，对称布置的杆件及共用零件编号的杆件使用变量关联，以保证优化过程中相互关联的杆件尺寸一致，尺寸关联还可提高优化计算的效率。该优化模型共有1232个变量。

（2）目标函数　该客车的优化目标函数取为使车身结构总质量最低。

（3）约束函数　为了尽可能提高优化设计的可靠性，优化设计的约束函数包括应力约束、扭转刚度约束、弯曲刚度约束、模态频率和门窗开口变形率，型材规格需要符合厂家要求等。部分约束条件如图8-51所示。

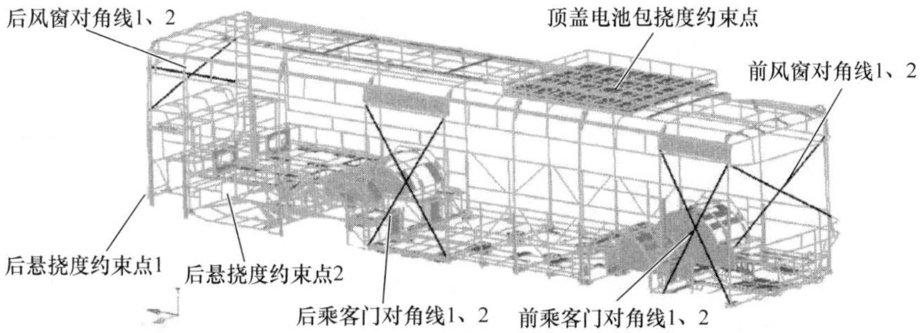

图8-51　客车车身结构优化的部分约束条件

**4. 优化结果分析**

优化过程中的目标函数迭代曲线如图8-52所示，整备质量由优化前的15.515t降为15.246t，降低0.269t，优化后的刚度性能、一阶扭转模态频率及门窗开口变形均不低于优化前，其中扭转刚度上升了1.34%。各类杆件的应力均未超出材料的屈服极限。

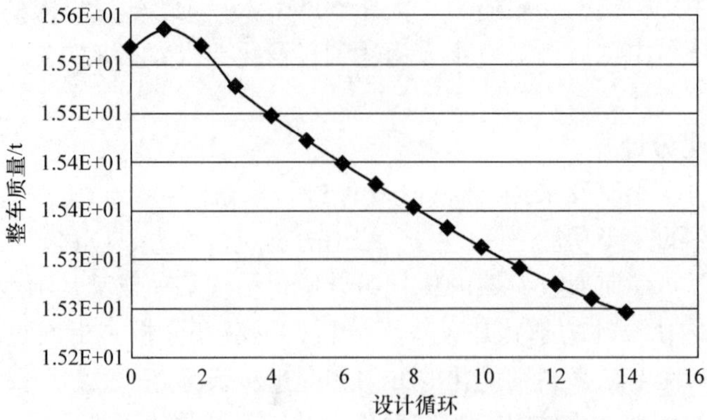


图 8-52 优化过程中目标函数迭代曲线

### 8.6.2 客车顶盖拓扑优化

某新能源客车是在现有燃油车型的基础上开发的，根据总布置设计要求，在车顶放置了燃料瓶、空调及散热器等部件，为了造型美观及结构稳固，将原来的单层式顶盖改为双层式顶盖，为了最大限度降低增加的部件给结构整体质量带来的影响，采用拓扑优化和尺寸优化的方法对双层顶盖进行结构优化。

顶盖的结构拓扑模型如图 8-53 所示，该顶盖包括上层覆盖骨架和底部支撑骨架两部分，使用壳单元建立初始分析模型，并根据结构特点选定优化区域和非优化区域，非优化区域因为要承载燃料瓶、空调及散热器等部件，所以在优化过程中不可改变。

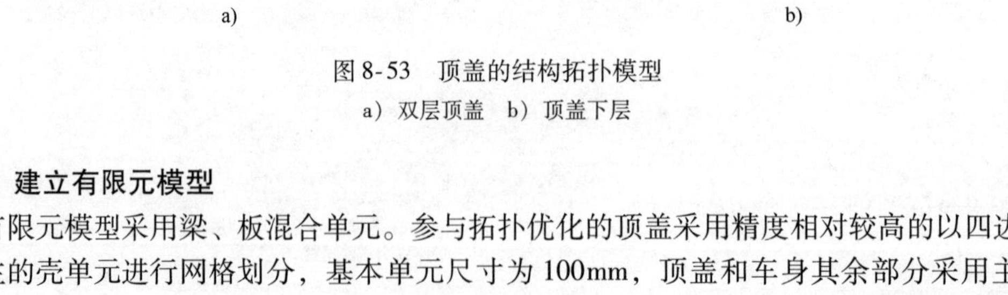

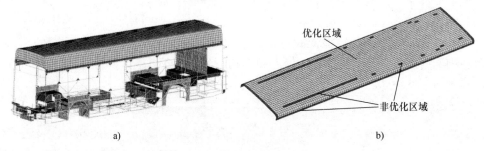

图 8-53 顶盖的结构拓扑模型

a）双层顶盖 b）顶盖下层

#### 1. 建立有限元模型

有限元模型采用梁、板混合单元。参与拓扑优化的顶盖采用精度相对较高的以四边形单元为主的壳单元进行网格划分，基本单元尺寸为 100mm，顶盖和车身其余部分采用主从节点形式刚性连接。有限元模型共包含 27761 个节点和 31424 个单元，其中顶盖有限元模型有 6585 个节点和 6588 个单元，优化单元有 6013 个。

为了保证设计安全，除了设置弯曲、扭转等工况，还增加了左转弯、右转弯及紧急制动等工况。客车车身骨架承载的所有载荷及约束分别施加在相应的连接节点上。弯曲工况的动载系数为 2.5，扭转工况的动载系数为 1.5，转弯工况的加速度为 0.6$g$，制动工况的加速度为 0.8$g$。

**2. 建立拓扑优化模型**

选择顶盖优化区域的单元密度为优化设计变量，以优化区域的体积为目标函数，以上述各个工况下静态分析得到的弯曲刚度、扭转刚度、特定位置的挠度和材料的屈服强度为约束进行拓扑优化。拓扑优化后的结果如图 8-54 所示，拓扑优化结果显示了较明显的材料布置方案。结合工艺和可制造性因素，将壳单元反映的顶盖载荷传递路径用空心矩形梁单元替换，得到的顶盖骨架梁单元结构如图 8-55 所示。

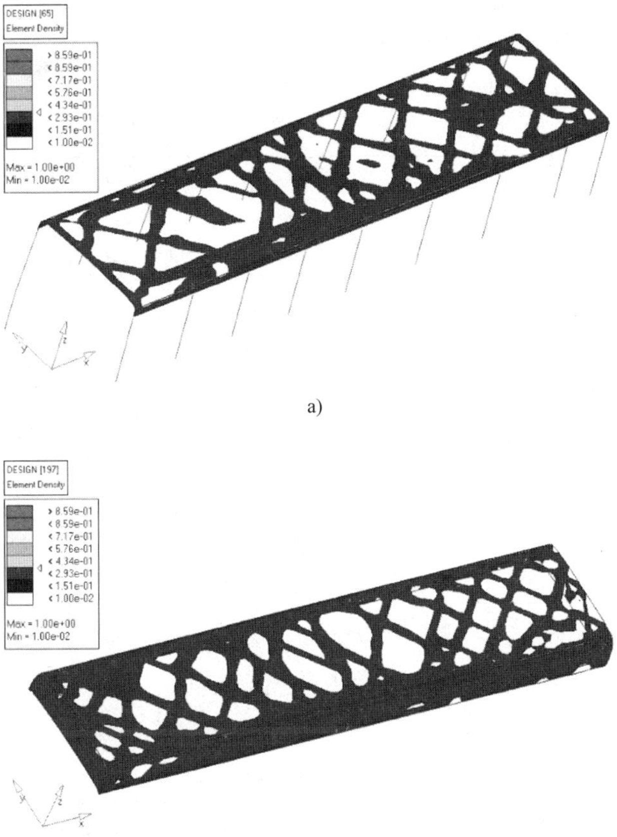


图 8-54　顶盖拓扑优化结果（见彩插）

a）顶盖下层拓扑优化结果　b）顶盖上层拓扑优化结果

**3. 顶盖骨架尺寸优化**

显然，上述骨架的布置仅是初步的布置方案，并不能作为最终的结构，因此需要对拓扑优化得到的结构进行尺寸优化，以验证拓扑优化的合理性，并借助尺寸优化找出最优的杆件截面尺寸。

首先建立尺寸优化的模型，以各个杆件的截面的宽和高为设计变量，杆件截面的初始值为 50mm × 50mm，壁厚为 1.5mm。根据结构对称性和其他工艺因素进行杆件分组，将需要保持尺寸一致的杆件分为一组，组内的各个杆件进行尺寸关联，保证优化过程中尺寸一致。另外，制造厂商有尺寸要求，以保证优化得到的尺寸是厂商现有的规格，为此，选用离散尺寸优化方法进行优化，将厂商所有的型材规格纳入变量集合，优化过程中，杆件截面尺寸将

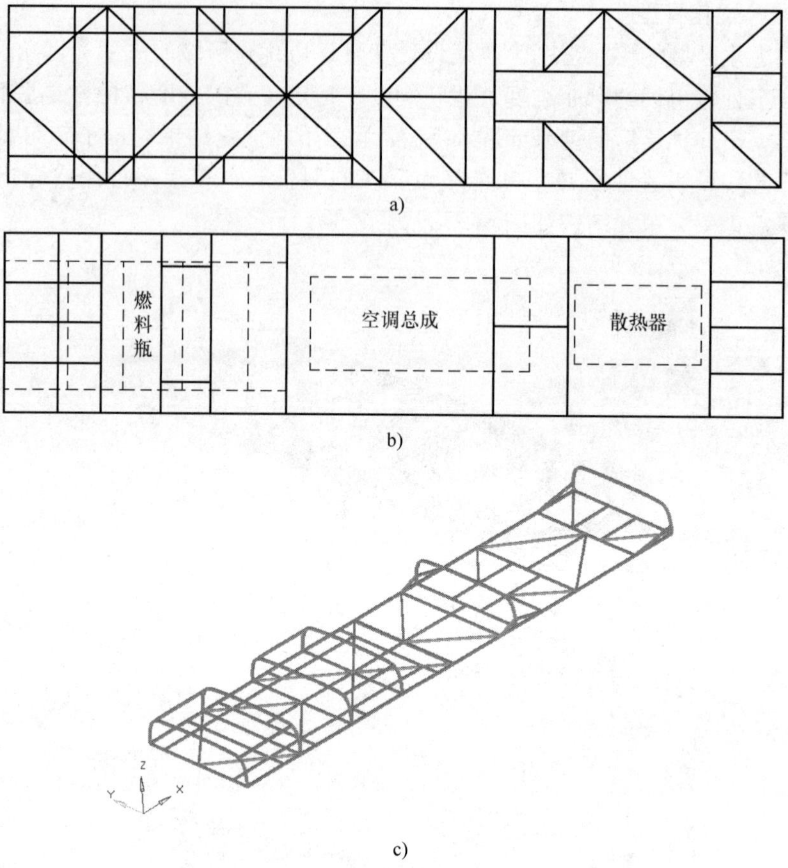


图 8-55　顶盖骨架梁单元结构

a）顶盖下层结构骨架图　b）顶盖上层结构骨架图　c）顶盖结构图

从变量集合中挑选。

目标函数为使结构质量最小，由于右前轮悬空和右后轮悬空时车身和顶盖的变形量最大，所以以这两种工况下车身的扭转刚度和特定点的挠度为约束进行优化。

经过离散尺寸优化，得到的杆件截面尺寸见表 8-13。

**表 8-13　优化后杆件截面尺寸**

| 截面宽度/mm | 截面高度/mm | 截面壁厚/mm | 杆件组 |
|---|---|---|---|
| 40 | 40 | 1.5 | 1－26 |
| 40 | 25 | 1.5 | 27－29 |
| 50 | 30 | 1.5 | 30－39 |

**4. 优化结果验算**

对优化后的车身进行考虑弯曲工况、扭转工况、制动工况和转弯工况下的静态分析及自由模态分析。其中模态分析结果如图 8-56 所示，其一阶扭转模态频率为 9.67Hz，一阶弯曲模态频率为 15.77Hz；原型车的 1 阶扭转模态频率为 8.79Hz，1 阶弯曲模态频率为 15.79Hz。1 阶扭转模态频率上升 10%，1 阶弯曲模态频率变化不大。刚度和强度分析结果也优于原型车。

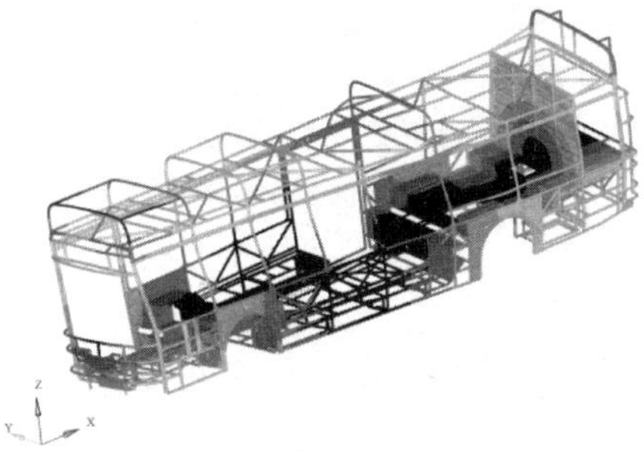

a)

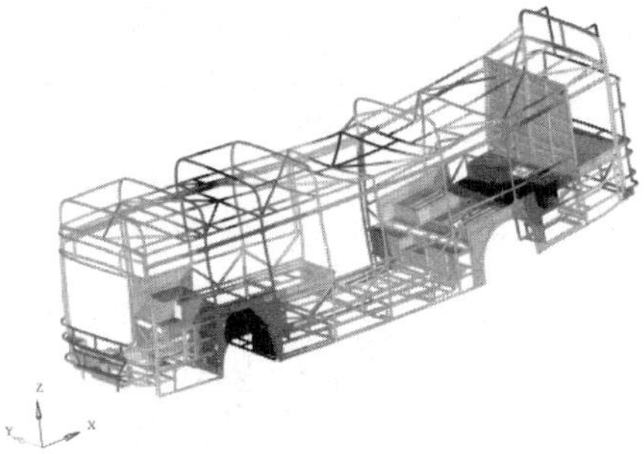

b)

图 8-56 车身结构优化后的模态分析结果

a) 1 阶绕 $X$ 轴的扭转模态 b) 1 阶绕 $Y$ 轴的弯曲模态

# 参考文献


[1] 左孔天. 连续体结构拓扑优化理论与应用研究 [D]. 武汉: 华中科技大学, 2004.

[2] YANG X Y, XIE Y M, STEVEN G P, et al. Bidirectional Evolutionary Method for Stiffness Optimization [J]. AIAA Journal, 1999, 37 (11): 1483 – 1488.

[3] QUERIN O M, STEVEN G P, XIE Y M. Evolutionary structural optimisation (ESO) using a bidirectional algorithm [J]. Engineering Computations: Int J for Computer – Aided Engineering, 1998, 15 (8): 1031 – 1048.

[4] HUANG X, XIE Y M. Evolutionary topology optimization of continuum structures with an additional displacement constraint [J]. Structural and Multidisciplinary Optimization, 2010, 40 (1 – 6): 409 – 416.

[5] HUANG X, XIE Y M. Optimal design of periodic structures using evolutionary topology optimization [J]. Structural and Multidisciplinary Optimization, 2008, 36 (6): 597 – 606.

[6] 高云凯. 汽车车身结构分析 [M]. 北京: 北京理工大学出版社, 2006.

[7] HUANG X, XIE Y M. Convergent and mesh – independent solutions for the bi – directional evolutionary structural optimization method [J]. Finite Elements in Analysis and Design, 2007, 43 (14): 1039 – 1049.

[8] 谢亚军. 基于 BESO 的连续体结构拓扑优化方法研究 [D]. 长沙: 长沙理工大学, 2016.

[9] HUANG X, XIE Y M. Bi – directional evolutionary topology optimization of continuum structures with one or multiple materials [J]. Computational Mechanics, 2009, 43 (3): 393 – 401.

[10] 任高晖. 基于 BESO 法的结构拓扑优化研究及应用 [D]. 哈尔滨: 哈尔滨工程大学, 2016.

[11] Dassault. Abaqus Scripting Reference Guide [EB/OL]. (2015 – 04 – 20) [2020 – 01 – 02]. http: //ivt – abaqusdoc. ivt. ntnu. no: 2080/v6. 14/books/cmd/default. htm.

[12] HUANG X, XIE Y M. Evolutionary topology optimization of continuum structures including design – dependent self – weight loads [J]. Finite Elements in Analysis and Design, 2011, 47 (8): 942 – 948.

[13] HUANG X, ZUO Z H, XIE Y M. Evolutionary topological optimization of vibrating continuum structures for natural frequencies [J]. Computers & Structures, 2010, 88 (5 – 6): 357 – 364.

[14] ZUO Z H, XIE Y M. Evolutionary topology optimization of continuum structures with a global displacement control [J]. Computer – Aided Design, 2014, 56: 58 – 67.

[15] 王选, 刘宏亮, 龙凯, 等. 基于改进的双向渐进结构优化法的应力约束拓扑优化 [J]. 力学学报, 2018, 50 (02): 385 – 394.

[16] LE C, NORATO J, BRUNS T, et al. Stress – based topology optimization for continua [J]. Structural and Multidisciplinary Optimization, 2010, 41 (4): 605 – 620.

[17] LIU B, DI G, CHAO J, et al. Stress optimization of smooth continuum structures based on the distortion strain energy density [J]. Computer Methods in Applied Mechanics and Engineering, 2018, 343: 276 - 296.

[18] XIA L, ZHANG L, XIA Q, et al. Stress - based topology optimization using bi - directional evolutionary structural optimization method [J]. Computer Methods in Applied Mechanics and Engineering, 2018, 333: 356 - 370.

[19] LIU H L, YANG D X, HAO P, et al. Isogeometric analysis based topology optimization design with global stress constraint [J]. Computer Methods in Applied Mechanics and Engineering, 2018, 342: 625 - 652.

[20] FAN Z, XIA L, LAI W X, et al. Evolutionary topology optimization of continuum structures with stress constraints [J]. Structural and Multidisciplinary Optimization, 2018, 57 (6): 2143 - 2159.

[21] 王敏捷. 渐进结构优化法的实现及其在泵车轻量化中的应用 [D]. 湘潭: 湘潭大学, 2011.

[22] 朱剑峰, 龙凯, 陈潇凯, 等. 多工况及动态连续体结构拓扑优化中的工程约束技术 [J]. 北京理工大学学报, 2015, 35 (03): 251 - 255.

[23] 黄鹏辉, 王三民, 王贝. 连续体结构的多工况多约束拓扑优化方法研究 [J]. 机械科学与技术, 2009, 28 (06): 773 - 778.

[24] 兰凤崇, 赖番结, 陈吉清, 等. 考虑动态特性的多工况车身结构拓扑优化研究 [J]. 机械工程学报, 2014, 50 (20): 122 - 128.

[25] 于国飞, 王海兵, 黄飞, 等. 结合应力全局化与层次分析的拓扑优化设计 [J]. 机械设计与制造, 2018 (6): 200 - 202, 206.

[26] 胡海昌. 关于拉格朗日乘子法及其它 [J]. 力学学报, 1985 (5): 426 - 434.

[27] RONG J H, LIU X H, YI J J, et al. An efficient structural topological optimization method for continuum structures with multiple displacement constraints [J]. Finite Elements in Analysis & Design, 2011, 47 (8): 913 - 921.

[28] 谢亚军, 荣见华, 俞燎宏, 等. 多位移约束下渐进结构拓扑优化设计 [J]. 现代制造工程, 2017 (8): 19 - 28, 82.

[29] MANAFI I, SHOJAEE S. Solving Multi Constraints Structural Topology optimization problem with Reformulation of Level Set Method [J]. International Journal of Optimization in Civil Engineering, 2018, 2 (8): 255 - 274.

[30] ZUO Z H, XIE Y M, HUANG X D. Evolutionary Topology Optimization of Structures with Multiple Displacement and Frequency Constraints [J]. Advances in Structural Engineering, 2012, 15 (2): 359 - 372.

[31] 中华人民共和国工业和信息化部. 汽车座椅、座椅固定装置及头枕强度要求和试验方法: GB 15083—2019 [S]. 北京: 中国标准出版社, 2019.

[32] 全国汽车标准化技术委员会. 汽车座椅头枕强度要求和试验方法: GB 11550—2009 [S]. 北京: 中国标准出版社, 2009.

[33] OU H G, TANG X D, XIAO J P, et al. Lightweight Body - In - White Design Driven by Optimization Technology [C] //第 19 届亚太汽车工程年会暨 2017 中国汽车工程学会年会论文集. 2017.

[34] 段少东. 渐进结构优化方法及其工程应用研究 [D]. 上海: 同济大学, 2019.

## 思考题

1. 以应力性能目标说明 ESO 拓扑优化方法的基本思想。
2. 推导结构柔度灵敏度公式，并说明其 ESO 基本流程。
3. 说明拓扑优化分析中的棋盘格现象及其解决方法。
4. 试推导模态频率、位移和全局应力灵敏度公式。

# 第9章 纤维增强复合材料(FRP)车身结构件的设计分析方法

## 9.1 概述

FRP 复合材料具有比模量高、比强度高、耐腐蚀、抗疲劳性好、减振性好、密度小等诸多优点。此外，纤维复合材料成型性好，可设计性好，可以通过改变纤维种类、基体种类、纤维体积分数、铺层角度、铺层厚度，以及铺层顺序、结构拓扑等参数，达到结构件在实际使用过程中的工程性能（如刚度、强度、模态等性能指标）要求。

宝马公司发布了全碳纤维车身的纯电动汽车宝马 I3（图 9-1），车架由铝合金制造，整个车身部分由碳纤维增强复合材料（CFRP）制造，整个 CFRP 复合材料车身分为 34 块，其中 13 块采用高压真空灌注工艺，2 块采用湿法树脂传递模塑（RTM）工艺，19 块采用快速成型 RTM 工艺，整车质量为 251.2kg，轻量化效果显著。2015 年，宝马公司推出全碳车身的宝马 7 系，车身 B 柱和 C 柱、车顶纵梁、门槛梁和中央通道等部件由碳纤维增强复合材料制造，在提高驾驶室扭转刚度的同时，大幅度降低了车身的质量。

图 9-1　宝马 I3 纯电动汽车结构

本章介绍长纤维复合材料层合板的力学基础及其有限元理论，包括单层长纤维 FRP 复合材料板的弹性力学理论、多层长纤维 FRP 复合材料的经典层合板理论，介绍了多层长纤维 FRP 复合材料板的离散材料拓扑优化方法 DMTO，包括多层长纤维 CFRP 复合材料板发动机舱盖的结构与工艺一体化优化设计、试制及试验。

## 9.2 FRP 复合材料力学基础和有限元理论

### 9.2.1 经典层合板理论

复合材料广义上是指通过物理或化学的方法、借由人工复合成的由两种或两种以上某单一材料组成的多相固体材料。它不但可以保留一些组分的优点，也可以通过复合的方式消除或者减少一些组分存在的缺陷，创造性地形成一些优良的性能。工程上运用比较多的是由两种组分组成的复合材料。将一种结构形式特殊的复合材料作为研究对象，其单层内部纤维方向均保持一致。复合材料按照叠层的结构形式又可以分为单层复合材料和叠层复合材料。

**1. 单层复合材料**

单层单向复合材料的结构形式如图 9-2 所示，沿纤维方向称为纵向（1 轴），与纤维方向垂直的面内方向称为横向（2 轴），与 1－2 平面垂直，运用右手定则，确定 3 轴方向。单层复合材料的厚度方向尺寸远小于平面内方向。

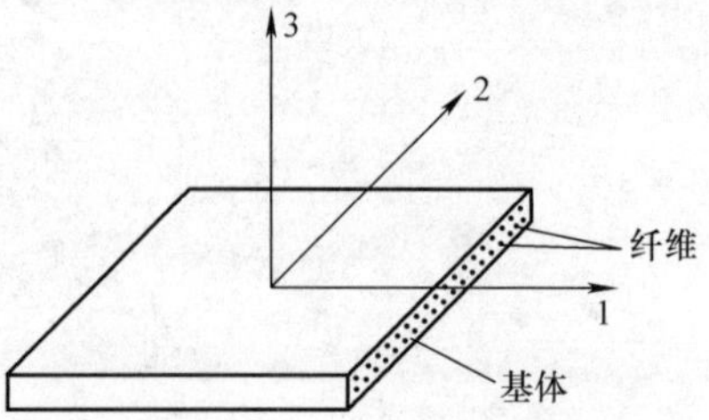


图 9-2　单层单向复合材料结构形式

**2. 叠层复合材料**

叠层复合材料是由许多单层即单向复合材料叠合而成的，这些单层复合材料沿着 3 轴方向进行叠加，并且各个单层复合材料可以有独立的纤维方向，在实际应用中更为实用的通常是这种叠层复合材料。

如图 9-3 所示，叠层复合材料的整体坐标系为 $Oxyz$，其中 $z$ 轴与上述单层材料的 3 轴一致。叠层材料共有的单层材料总层数为 $n$，各单层材料的纤维主 1 轴、2 轴方向与 $x$ 轴、$y$ 轴方向有一个偏置角 $\theta_i(i=1,2,\cdots,n)$，图 9-3 中所示的 $\theta_i$ 为正方向。

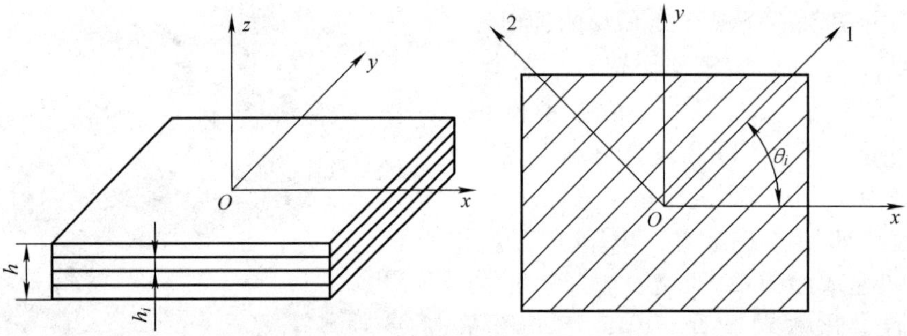


图 9-3　叠层复合材料结构形式

**3. 单层复合材料的弹性特性**

（1）材料主轴方向的弹性特性　单层复合材料是单向复合材料中厚度很小的一种具体表现形式，即单层材料是单向复合材料的一种特殊情况。由于沿厚度方向 3 的尺寸极小，一般可以假设沿材料主轴 3 方向上的正应力近似为 0（$\sigma_3=0$），即只考虑平面应力问题。应力应变关系可以表示为

$$\boldsymbol{\varepsilon}=\boldsymbol{S}\boldsymbol{\sigma} \tag{9-1}$$

式中

$$\boldsymbol{S}=\begin{pmatrix} S_{11} & S_{12} & 0 \\ S_{21} & S_{22} & 0 \\ 0 & 0 & S_{66} \end{pmatrix},\ \boldsymbol{\varepsilon}=\begin{pmatrix} \varepsilon_1 \\ \varepsilon_2 \\ \gamma_{12} \end{pmatrix},\ \boldsymbol{\sigma}=\begin{pmatrix} \sigma_1 \\ \sigma_2 \\ \tau_{12} \end{pmatrix} \tag{9-2}$$

$$\begin{cases} S_{11} = \dfrac{1}{E_1} \\ S_{12} = -\dfrac{\nu_{12}}{E_1} \\ S_{22} = \dfrac{1}{E_2} \\ S_{66} = \dfrac{1}{G_{12}} \\ S_{21} = -\dfrac{\nu_{21}}{E_2} \end{cases} \tag{9-3}$$

其中，

$$\frac{\nu_{21}}{E_2} = \frac{\nu_{12}}{E_1} \tag{9-4}$$

由式（9-1）～式（9-4）可以得到

$$\varepsilon_1 = S_{11}\sigma_1 + S_{12}\sigma_2 = \frac{\sigma_1}{E_1} - \nu_{21}\frac{\sigma_2}{E_2} \tag{9-5}$$

$$\varepsilon_2 = S_{21}\sigma_1 + S_{22}\sigma_2 = -\nu_{12}\frac{\sigma_1}{E_1} + \frac{\sigma_2}{E_2} \tag{9-6}$$

式中，$\nu_{12}$表示在沿 1 方向单向拉伸时，引起的 2 方向收缩应变与 1 方向拉伸应变之比；$\nu_{21}$表示在进行单向拉伸时，引起的 1 方向收缩应变与 2 方向拉伸应变之比。可以将式（9-1）写成逆转形式：

$$\boldsymbol{\sigma} = \boldsymbol{Q\varepsilon} \tag{9-7}$$

式中，$\boldsymbol{Q}$ 为单层复合材料的本构矩阵：

$$\boldsymbol{Q} = \begin{pmatrix} Q_{11} & Q_{12} & 0 \\ Q_{21} & Q_{22} & 0 \\ 0 & 0 & Q_{66} \end{pmatrix} \tag{9-8}$$

其中，

$$\begin{cases} Q_{11} = \dfrac{E_1}{1 - \nu_{12}\nu_{21}} \\ Q_{12} = \dfrac{\nu_{12}E_1}{1 - \nu_{12}\nu_{21}} \\ Q_{22} = \dfrac{E_2}{1 - \nu_{12}\nu_{21}} \\ Q_{66} = G_{12} \\ Q_{21} = Q_{12} \end{cases} \tag{9-9}$$

（2）材料偏轴方向的弹性特性　根据弹性力学中应力分量坐标转换关系（图 9-4），可以得出偏轴方向（沿 $x-y$ 坐标方向）应力分量和主轴方向（沿 $1-2$ 坐标方向）应力分量的关系式如下：

$$\begin{cases} \sigma_x = \sigma_1\cos^2\theta + \sigma_2\sin^2\theta - 2\tau_{12}\sin\theta\cos\theta \\ \sigma_y = \sigma_1\sin^2\theta + \sigma_2\cos^2\theta + 2\tau_{12}\sin\theta\cos\theta \\ \tau_{xy} = \sigma_1\sin\theta\cos\theta - \sigma_2\sin\theta\cos\theta + \tau_{12}(\cos^2\theta - \sin^2\theta) \end{cases} \tag{9-10}$$

为了形式简洁且运算方便，以下采用矩阵运算方式。引入如下坐标转换矩阵：

$$\boldsymbol{T}=\begin{pmatrix} l^2 & m^2 & 2lm \\ m^2 & l^2 & -2lm \\ -lm & lm & l^2-m^2 \end{pmatrix} \tag{9-11}$$

式中，$l=\cos\theta$；$m=\sin\theta$。

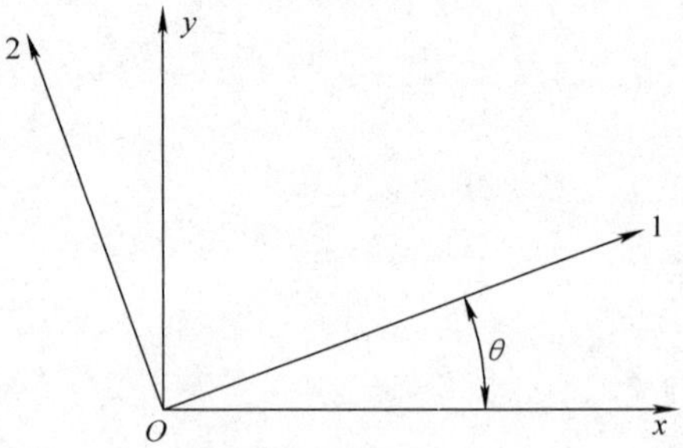


图 9-4　坐标转换关系

现把沿偏轴方向的应力和应变表示为向量形式：

$$\overline{\boldsymbol{\varepsilon}}=\begin{pmatrix} \varepsilon_x \\ \varepsilon_y \\ \gamma_{xy} \end{pmatrix} \tag{9-12}$$

$$\overline{\boldsymbol{\sigma}}=\begin{pmatrix} \sigma_x \\ \sigma_y \\ \tau_{xy} \end{pmatrix} \tag{9-13}$$

则有

$$\overline{\boldsymbol{\sigma}}=\boldsymbol{T}^{-1}\boldsymbol{\sigma} \tag{9-14}$$

$$\overline{\boldsymbol{\varepsilon}}=(\boldsymbol{T}^{-1})^{\mathrm{T}}\boldsymbol{\varepsilon} \tag{9-15}$$

由式（9-14）和式（9-15）推导出

$$\overline{\boldsymbol{\sigma}}=\overline{\boldsymbol{Q}}\overline{\boldsymbol{\varepsilon}} \tag{9-16}$$

式中

$$\overline{\boldsymbol{Q}}=\boldsymbol{T}^{-1}\boldsymbol{Q}(\boldsymbol{T}^{-1})^{\mathrm{T}} \tag{9-17}$$

偏轴方向上弹性系数与主轴方向上弹性系数之间的关系式为

$$\begin{cases} \overline{Q}_{11}=Q_{11}l^4+2(Q_{12}+2Q_{66})l^2m^2+Q_{22}m^4 \\ \overline{Q}_{12}=(Q_{11}+Q_{22}-4Q_{66})l^2m^2+Q_{12}(l^4+m^4) \\ \overline{Q}_{22}=Q_{11}m^4+2(Q_{12}+2Q_{66})l^2m^2+Q_{22}l^4 \\ \overline{Q}_{16}=(Q_{11}-Q_{12}-2Q_{66})l^3m+(Q_{12}-Q_{22}+2Q_{66})lm^3 \\ \overline{Q}_{26}=(Q_{11}-Q_{12}-2Q_{66})lm^3+(Q_{12}-Q_{22}+2Q_{66})l^3m \\ \overline{Q}_{66}=(Q_{11}+Q_{22}-2Q_{12}-2Q_{66})l^2m^2+Q_{66}(l^4+m^4) \end{cases} \tag{9-18}$$

**4. 叠层复合材料的弹性特性**

在工程实际中主要应用由叠层材料组成的复合材料结构，如图 9-5 所示，叠层复合材料由两层及两层以上的单层复合材料组成，沿坐标轴 $z$ 轴方向，按一定的顺序和方向进行铺层。

根据叠层板理论的变形假设，应变向量可以表示为

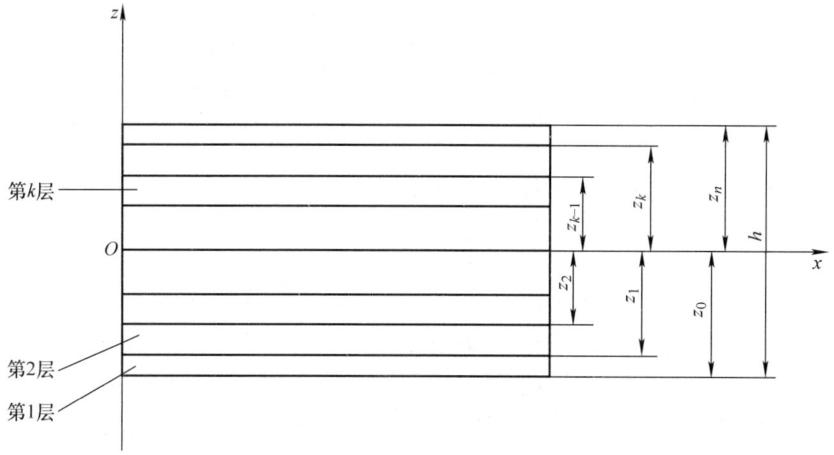


图 9-5 叠层复合材料的剖面图

$$\overline{\boldsymbol{\varepsilon}} = \boldsymbol{\varepsilon}^0 + z\boldsymbol{\kappa} \tag{9-19}$$

其中，$\boldsymbol{\varepsilon}^0$为中面应变向量；$\boldsymbol{\kappa}$为中面曲率（扭率）变化向量。

则单位宽度的叠层复合材料截面上内力和内力矩定义如下：

$$\boldsymbol{N} = \boldsymbol{A}\boldsymbol{\varepsilon}^0 + \boldsymbol{B}\boldsymbol{\kappa} \tag{9-20}$$

$$\boldsymbol{M} = \boldsymbol{B}\boldsymbol{\varepsilon}^0 + \boldsymbol{D}\boldsymbol{\kappa} \tag{9-21}$$

将式（9-20）、式（9-21）合并写为

$$\begin{pmatrix} \boldsymbol{N} \\ \boldsymbol{M} \end{pmatrix} = \begin{pmatrix} \boldsymbol{A} & \boldsymbol{B} \\ \boldsymbol{B} & \boldsymbol{D} \end{pmatrix} \begin{pmatrix} \boldsymbol{\varepsilon}^0 \\ \boldsymbol{\kappa} \end{pmatrix} \tag{9-22}$$

式（9-22）中，$\boldsymbol{A}$、$\boldsymbol{B}$、$\boldsymbol{D}$ 的具体形式如下：

$$\boldsymbol{A} = \begin{pmatrix} A_{11} & A_{12} & A_{16} \\ A_{21} & A_{22} & A_{16} \\ A_{16} & A_{26} & A_{66} \end{pmatrix} \tag{9-23}$$

$$\boldsymbol{B} = \begin{pmatrix} B_{11} & B_{12} & B_{16} \\ B_{21} & B_{22} & B_{16} \\ B_{16} & B_{26} & B_{66} \end{pmatrix} \tag{9-24}$$

$$\boldsymbol{D} = \begin{pmatrix} D_{11} & D_{12} & D_{16} \\ D_{21} & D_{22} & D_{16} \\ D_{16} & D_{26} & D_{66} \end{pmatrix} \tag{9-25}$$

式（9-23）~式（9-24）中，各矩阵元素的计算公式为

$$A_{ij} = \int_{-h/2}^{h/2} \overline{Q}_{ij} \mathrm{d}z = \sum_{k=1}^{n} \overline{\boldsymbol{Q}}_{ijk}(z_k - z_{k-1}) \tag{9-26}$$

$$B_{ij} = \int_{-h/2}^{h/2} \overline{Q}_{ij} z \mathrm{d}z = \frac{1}{2}\sum_{k=1}^{n} \overline{\boldsymbol{Q}}_{ijk}(z_k^2 - z_{k-1}^2) \tag{9-27}$$

$$D_{ij} = \int_{-h/2}^{h/2} \overline{Q}_{ij} z^2 \mathrm{d}z = \frac{1}{3}\sum_{k=1}^{n} \overline{\boldsymbol{Q}}_{ijk}(z_k^3 - z_{k-1}^3) \tag{9-28}$$

由式（9-26）~式（9-28）可知，$A_{ij}$的大小和铺层顺序没有关系，但是对于$B_{ij}$及$D_{ij}$，铺层顺序变化会导致其值发生变化。由复合材料经典层合板理论可知，影响其材料性能的参数主要有铺层厚度、角度及铺层顺序等。材料基础参数有主轴弹性模量$E_1$、偏轴弹性模量$E_2$、泊松比$\nu_{12}$等。

### 9.2.2 基于一阶剪切变形的层合板理论

**1. 基本假设**

经典层合板的一个重要的假设即直线法假设，其不考虑层合板横向剪切变形的影响，因此经典层合板理论的适用性较差，如果不满足特征值条件，则计算的误差较大。为了解决上述问题，基于一阶剪切变形的层合板理论应运而生。运用一阶剪切变形理论（或称 Mindlin 理论），求解精度有很大的提高，能够适用于大部分工程，但在某些特殊条件下，其求解精度不能满足要求，此时需采用更高阶的剪切理论，但其计算往往极其复杂，因此此处着重讨论一阶剪切变形理论。

基于一阶剪切变形理论的位移基本假设如下：

$$\begin{cases} u(x,y,z) = u^0(x,y) + z\psi_x(x,y) \\ v(x,y,z) = v^0(x,y) + z\psi_y(x,y) \\ w(x,y,z) = w(x,y) \end{cases} \tag{9-29}$$

式中，$u(x,y,z)$、$v(x,y,z)$、$w(x,y,z)$分别为层合板沿 $x$、$y$、$z$ 方向的位移；$u^0(x,y)$，$v^0(x,y)$分别为层合板的中面沿 $x$、$y$ 方向的位移；$\psi_x(x,y)$、$\psi_y(x,y)$为截面转角的广义位移；$w(x,y)$为层合板上任意点沿 $z$ 方向的位移，与 $z$ 坐标无关。

由式（9-19）可得

$$\boldsymbol{\varepsilon}^0 = \begin{pmatrix} \varepsilon_x^0 \\ \varepsilon_y^0 \\ \gamma_{xy}^0 \end{pmatrix} = \begin{pmatrix} \dfrac{\partial u^0}{\partial x} \\ \dfrac{\partial v^0}{\partial y} \\ \dfrac{\partial u^0}{\partial y} + \dfrac{\partial v^0}{\partial x} \end{pmatrix} \tag{9-30}$$

$$\boldsymbol{\kappa} = \begin{pmatrix} \kappa_x \\ \kappa_y \\ \kappa_{xy} \end{pmatrix} = \begin{pmatrix} \dfrac{\partial \psi_x}{\partial x} \\ \dfrac{\partial \psi_y}{\partial y} \\ \dfrac{\partial \psi_x}{\partial y} + \dfrac{\partial \psi_y}{\partial x} \end{pmatrix} \tag{9-31}$$

**2. 横向剪应力与横向剪应变的关系**

由单层复合材料的弹性特性可知，各层材料主轴方向的横向剪应力与剪应变的关系为

$$\begin{cases} \tau_{23} = G_{23}\gamma_{23} \\ \tau_{31} = G_{13}\gamma_{31} \end{cases} \tag{9-32}$$

式中，$G_{23}$、$G_{13}$为复合材料的另外两个独立的工程弹性系数，通常令 $G_{23} = G_{13}$。

此外，由位移基本假设式（9-29），横向剪应变可表示为

$$\begin{cases}\gamma_{zx} = \dfrac{\partial \omega}{\partial x} + \psi_x \\ \gamma_{yx} = \dfrac{\partial \omega}{\partial y} + \psi_y\end{cases} \tag{9-33}$$

式中

$$\begin{pmatrix}\gamma_{yz} \\ \gamma_{zx}\end{pmatrix} = \begin{pmatrix} l & m \\ -m & l\end{pmatrix}\begin{pmatrix}\gamma_{23} \\ \gamma_{31}\end{pmatrix} \tag{9-34}$$

由式（9-34）可知，横向剪应变与 $z$ 方向的坐标无关，即在板厚方向（$z$ 方向），剪应变为常数，从式（9-32）也可以看出，其在板厚方向为常数，但该结论与实际情况相差甚远。对于单层复合材料，其横向剪应力的分布大致呈抛物线形状，为了弥补上述缺陷，特引入横向剪切修正系数 $k_1$、$k_2$。则横向剪应力与剪应变的关系为

$$\boldsymbol{\tau} = \begin{pmatrix}\tau_{xz} \\ \tau_{yz}\end{pmatrix} = \begin{pmatrix} k_1 G_{13} & 0 \\ 0 & k_2 G_{23}\end{pmatrix}\begin{pmatrix}\gamma_{xz} \\ \gamma_{yz}\end{pmatrix} = \boldsymbol{D}_c \boldsymbol{\gamma} \tag{9-35}$$

**3. 剪切修正系数的确定**

关于横向剪切修正系数 $k_1$、$k_2$，若对于均匀材料板，无论各向同性还是各向异性，均取 $k^2 = 5/6$。对于具有多层的层合板结构，其确定方法与单层板不同。

对于各铺层的分层面，由一阶剪切变形理论可知，其横向剪应力在层与层之间必须连续，因此，各层之间的平衡方程为

$$\frac{\partial \sigma_x}{\partial x} + \frac{\partial \tau_{xy}}{\partial y} + \frac{\partial \tau_{xz}}{\partial z} = 0 \tag{9-36}$$

假设一圆柱形弯曲，则有

$$\tau_{xz} = -\int_{-\frac{h}{2}}^{z} \frac{\partial \sigma_x}{\partial x}\mathrm{d}z = -\int_{-\frac{h}{2}}^{z} \frac{\partial M_x}{\partial x}\frac{\overline{Q}(z)}{R_1} z\mathrm{d}z = -\frac{Q_x}{R_1} g(z) \tag{9-37}$$

式中，$Q_x$ 为剪应力；$R_1$ 为 $x$ 方向的板弯曲刚度：

$$R_1 = \int_{-\frac{h}{2}}^{\frac{h}{2}} \overline{Q}(z)\, z^2 \mathrm{d}z \tag{9-38}$$

且

$$g(z) = -\int_{-h/2}^{z} \overline{Q}(z) z\mathrm{d}z \tag{9-39}$$

因此，横向剪应变能表示为

$$\Theta_s = \int_{-h/2}^{h/2} \frac{\tau_{xz}^2}{G_{13}(z)}\mathrm{d}z = \frac{Q_x^2}{R_1^2}\int_{-h/2}^{h/2} \frac{g^2(z)}{G_{13}(z)}\mathrm{d}z \tag{9-40}$$

对于横向剪切变形是常数的应变能，有如下表达式：

$$\overline{\Theta}_s = \int_{-h/2}^{h/2} \overline{\tau}_{xz}\, G_{13}(z)\, \overline{\tau}_{xz}\mathrm{d}z = \frac{Q_x^2}{h\overline{G}_1} \tag{9-41}$$

$$h\overline{G}_1 = \int_{-h/2}^{h/2} G_{13}(z)\mathrm{d}z \tag{9-42}$$

则

$$k_1 = \frac{\overline{\Theta}_s}{\Theta_s} = \frac{R_1^2}{h\,\overline{G}_1 \int_{-h/2}^{h/2} g^2(z)/G_{13}(z)\mathrm{d}z} \tag{9-43}$$

同理可求得剪切修正系数 $k_2$。

## 9.3 离散材料拓扑优化

### 9.3.1 离散材料拓扑优化方法

**1. 参数化方法**

离散材料角度拓扑优化方法（DMO）是多材料优化的延伸，在该方法中，具有不同纤维主轴方向的 CFRP 复合材料被视为不同种材料，因此拓扑优化的变量是具有不同方向的纤维角度。采用该方法的一个优势是其借助于拓扑优化的表达形式，实现了离散角度拓扑优化，避免了直接采用层合板参数进行优化。在 DMO 方法中，设计域可以是很多个设计子域，这些子设计域可以是包含了一个单元，或者是一定数量单元的“块”，借助于二进制的设计变量 $x_{jlc}$ 来对每一层的备选材料进行参数化，其物理含义如下：

如果备选角度 $c$ 存在于设计子域 $j$ 铺层 $l$ 当中，则有 $x_{jlc}=1$，否则 $x_{jlc}=0$。$j$ 代表不同的设计子域，$j=1,2,3,\cdots,n^j$，$l=1,2,3,\cdots,n^l$ 代表铺层层数，$c=1,2,3,\cdots,n^c$ 代表备选角度。例如，在设计域中，选取四种备选角度作为优化对象，这四种角度分别为 $-45°$、$45°$、$90°$、$0°$，在这种情况下，$n^c=4$。有了基于离散角度的设计变量，纤维复合材料的本构模型可以表示为

$$\boldsymbol{E}_{el}(x_{jlc}) = \boldsymbol{E}_0 + \sum_{c=1}^{n^c} x_{jlc}\Delta\boldsymbol{E}_c \tag{9-44}$$

式中，$\boldsymbol{E}_{el}$ 代表属于设计子域 $j$ 的单元 $e$ 在 $l$ 层的本构矩阵；$\boldsymbol{E}_0$ 为一种假想的人工材料，其弹性模量很低，目的是避免在优化过程中材料本构矩阵发生奇异；$\Delta\boldsymbol{E}_c=\boldsymbol{E}_c-\boldsymbol{E}_0$，$\boldsymbol{E}_c$ 为备选角度 $c$ 的材料本构矩阵。

考虑到材料本构模型的物理属性，在每个单元的同一层，只允许有一个备选角度 $c$ 存在，因此，需在式（9-44）的条件下施加等式约束，使得 $\boldsymbol{E}_{el}(x_{jlc})$ 具有物理意义：

$$\sum_{c=1}^{n^c} x_{jlc} = 1 \tag{9-45}$$

因此，对于具有多层的层合板纤维复合材料，其刚度矩阵的表达式为

$$\boldsymbol{K}(x_{jlc}) = \sum_{j=1}^{n^j}\sum_{e\in P_j}\sum_{l=1}^{n^l}\int \boldsymbol{B}_{el}^{\mathrm{T}}\boldsymbol{E}_{el}(x_{jlc})\boldsymbol{B}_{el}\mathrm{d}V_{el} \tag{9-46}$$

式中，$\boldsymbol{B}_{el}$ 为单元 $e$ 在 $l$ 层的形状函数矩阵；$P_j$ 为设计子域 $j$ 的集合；$\boldsymbol{K}(x_{jlc})$ 代表整体刚度矩阵。

**2. 材料插值模型**

由前述内容可知，参数化的材料模型是由二进制的优化变量组成的，那么优化问题变为整数优化的 0 - 1 问题。但该类整数优化问题往往不易求解，而且不能够运用数学规划的方法去求解最优值。因此，需借助材料插值模型将整数问题变为连续变量的问题。然而，将变量连续化之后，不可避免地会出现具有中间值的变量，这在拓扑优化上称为灰度单元，而这些灰度单元没有任何实际的物理意义，所以必须对这些灰度单元进行惩罚。因此，此处借助 Stolpe 和 Svanberg 提出的合理的近似材料惩罚方案（RAMP）插值方法，对式（9-44）进行

松弛，其形式如下：

$$\boldsymbol{E}_{el}(x_{jlc}) = \boldsymbol{E}_0 + \sum_{c=1}^{n^c} \frac{x_{jlc}}{1 + q(1 - x_{jlc})} \Delta \boldsymbol{E}_c \tag{9-47}$$

式中，$q$ 为罚因子，其作用是惩罚具有中间变量值的单元。

运用 RAMP 方法相较于其他插值方法的优势是其在变量值为 0 时，基于式（9-47）的灵敏度仍可以进行计算。

### 9.3.2 优化流程

对于 DMO 算法，如式（9-45），其需要许多等式约束确保仅有一个备选角度存在于铺层当中。因此，必须选择合适的数学规划算法，使得该算法能够在满足较多等式约束的前提下具有较高的优化效率。可采用序列二次规划（SQP）方法对 DMO 优化问题进行求解。下面将详细介绍应用 Matlab 和 Abaqus 如何运用 DMO 方法进行优化。

首先，在 Matlab 中给各个优化变量进行初值定义。例如，备选角度为 −45°、45°、90°、0°，则令 $x_{jl1}=x_{jl2}=x_{jl3}=x_{jl4}=0.25$，进行初始值定义。通过 RAMP 插值方法，在 Matlab 中生成材料本构模型；其次，在 Matlab 中生成各铺层的材料文件，并在 Abaqus 中进行有限元分析；再次，根据有限元分析结果，计算目标函数及约束函数值，并通过截面信息计算目标函数和约束函数的灵敏度；最后，将计算出的灵敏度提供给 SQP 算法进行优化，如果迭代满足收敛条件，就停止迭代，否则进行下一次迭代并在 Matlab 当中更新每次迭代的材料模型。整个优化流程如图 9-6 所示。

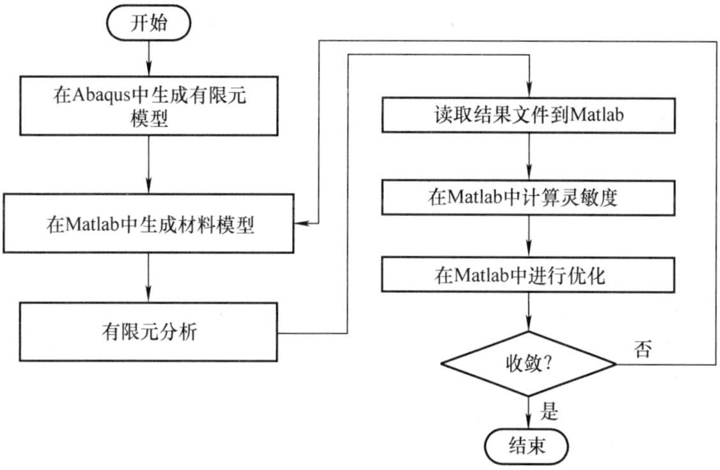


图 9-6 在 Abaqus 和 Matlab 环境下的 DMO 优化流程

### 9.3.3 制造约束处理

在优化问题中，为了使得优化结果适用于实际制造，施加了两种制造约束：第一种制造约束是限制具有相同角度的相邻铺层的数量，否则产生基体开裂失效；第二种是对称性约束，即使得碳纤维复合材料后背门关于 $xz$ 平面对称，保证优化后的后背门具有对称的性能。

对于第一种制造约束，其可以通过在优化问题中施加不等式约束实现。例如，对于块 1，允许具有相同角度的相邻铺层的最大数目是 2，则有

$$\begin{cases} x_{1ic}+x_{1jc}+x_{1kc}\leqslant 2 \\ i=1,2,\cdots,6 \\ j=i+1 \\ k=j+1 \end{cases} \tag{9-48}$$

对于第二种制造约束，即对称性约束，需保持在对称位置的块所拥有的铺层角度是对称的，其可由式（9-49）和式（9-50）实现：

$$\boldsymbol{E}_{jl}=\boldsymbol{E}_0+\frac{x_{jl1}}{1+q(1-x_{jl1})}(\boldsymbol{E}_1-\boldsymbol{E}_0)+\frac{x_{jl2}}{1+q(1-x_{jl2})}(\boldsymbol{E}_2-\boldsymbol{E}_0)+\frac{x_{jl3}}{1+q(1-x_{jl3})}(\boldsymbol{E}_3-\boldsymbol{E}_0)+\frac{x_{jl4}}{1+q(1-x_{jl4})}(\boldsymbol{E}_4-\boldsymbol{E}_0) \tag{9-49}$$

$$\boldsymbol{E}_{hl}=\boldsymbol{E}_0+\frac{x_{jl1}}{1+q(1-x_{jl1})}(\boldsymbol{E}_4-\boldsymbol{E}_0)+\frac{x_{jl2}}{1+q(1-x_{jl2})}(\boldsymbol{E}_2-\boldsymbol{E}_0)+\frac{x_{jl3}}{1+q(1-x_{jl3})}(\boldsymbol{E}_3-\boldsymbol{E}_0)+\frac{x_{jl4}}{1+q(1-x_{jl4})}(\boldsymbol{E}_1-\boldsymbol{E}_0) \tag{9-50}$$

式中，$\boldsymbol{E}_{jl}$为在 $j$ 子域 $l$ 层的单层复合材料本构矩阵；$\boldsymbol{E}_{hl}$为在 $h$ 子域 $l$ 层的单层复合材料本构矩阵；$j$ 子域与 $h$ 子域关于 $xz$ 平面对称；$x_{jl1}$、$x_{jl2}$、$x_{jl3}$、$x_{jl4}$为设计变量，$\boldsymbol{E}_1$、$\boldsymbol{E}_2$、$\boldsymbol{E}_3$、$\boldsymbol{E}_4$为 $-45°$、$45°$、$90°$、$0°$角度的单层复合材料的本构矩阵，角度定义参考整体坐标系。

由于对称性约束，最终的相互独立优化变量的数目为 1184 个。

## 9.4 CFRP 发动机舱盖结构与工艺一体化优化

### 9.4.1 结构与工艺一体化优化方法

本节将 DMO 方法拓展到考虑铺层角度、铺层厚度和结构拓扑的 DMTO 方法上。以某 CFRP 发动机舱盖为优化对象，采用 DMTO 方法，开展了结构与工艺一体化优化工作。

**1. 参数化方法**

DMTO 方法是 DMO 方法的延伸，前面已对 DMO 方法做了阐述，因此本节将不再对 DMO 的参数化方法进行阐述。

对于 DMTO 方法，要实现除离散角度拓扑优化之外的铺层厚度和结构拓扑优化，还需引入另一拓扑变量进行设计变量的参数化。在这里引入厚度拓扑变量$\rho_{el}$进行变量参数化。将此变量引入式（9-44）中，有

$$\boldsymbol{E}_{el}(x_{jlc},\rho_{el})=\boldsymbol{E}_0+\rho_{el}\sum_{c=1}^{n^c}x_{jlc}(\boldsymbol{E}_c-\boldsymbol{E}_0) \tag{9-51}$$

其中厚度拓扑变量$\rho_{el}$的含义如下：

$$\rho_{el}=\begin{cases}1, & \text{如果单元 } e \text{ 的 } l \text{ 层有材料} \\ 0, & \text{其他}\end{cases} \tag{9-52}$$

由式（9-51）可知，离散角度拓扑变量和厚度拓扑变量均包含在其内。此外，通过厚度拓扑变量能够实现铺层厚度的控制，也能够实现结构的拓扑优化。至此，离散角度拓扑变量和厚度拓扑变量同时引入到式（9-51）中，为结构与工艺一体化优化算法打下了理论

基础。

图 9-7 所示为离散角度拓扑变量$x_{jlc}$和厚度拓扑变量$\rho_{el}$的物理含义示意图。在图 9-7 中，设计区域共有 5 个单元，每个单元包含 5 个铺层。离散角度拓扑变量$x_{1lc}$代表了在 $l$ 层的备选角度 $c$，厚度拓扑变量$\rho_{el}$代表了在单元 $e$ 的 $l$ 层是否存在材料，若有材料，则其值取 1，若无材料，则其值取 0。与 DMO 方法类似，注意到式（9-51）所包含的设计变量均为二进制的设计变量，其难以通过数值优化方法进行有效的求解。因此，同样采用 RAMP 方法对式（9-51）进行松弛处理，其表达式如下：

$$\boldsymbol{E}_{el}(x_{jlc},\rho_{el}) = \boldsymbol{E}_0 + \frac{\rho_{el}}{1+q(1-\rho_{el})}\sum_{c=1}^{n^c}\frac{x_{jlc}}{1+p(1-x_{jlc})}(\boldsymbol{E}_c-\boldsymbol{E}_0) \tag{9-53}$$

式中，$q$ 和 $p$ 为罚因子，其作用是使松弛过后的取值连续的变量$x_{jlc}$和$\rho_{el}$在优化后尽量趋向于得到 0 或 1 的解，即得到清晰的铺层角度，以及结构拓扑形式。

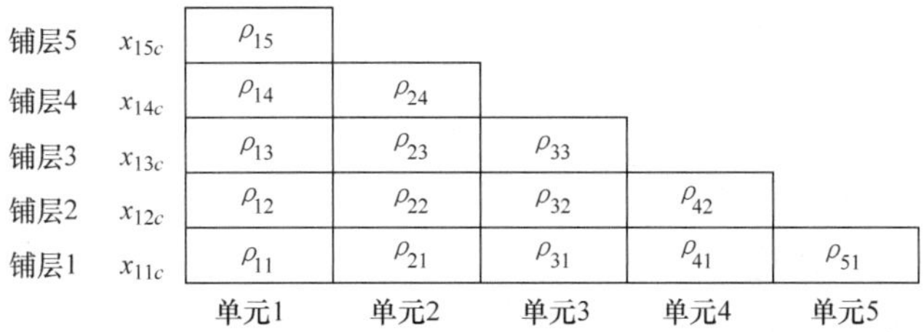


图 9-7　5 单元 5 铺层的设计变量示意图

**2. 制造约束参数化方法**

由式（9-53）可知，虽然其可以实现结构与工艺一体化优化，但由于各单元的每一厚度变量是相互独立的厚度拓扑变量，若不施加约束，则在优化后会产生中间空层的现象。例如，单元 1 的第 1 层和第 5 层存在材料，而第 2～第 4 层为空层。中间空层的出现，不仅会导致在空层区容易发生材料失效，而且在实际制造过程中，由于中间层没有材料，在纤维铺设时会引起材料塌陷，制造结果与优化结果的结构相差很大，从而达不到结构与工艺一体化优化设计的目的。

因此，提出了约束中间空层情况的制造约束的显示方法。类似的约束最早起源于拓扑优化中的铸造约束，即约束材料在铸造方向的分布形式，使得结果易于铸造成形。受该约束启发，在 DMTO 算法中选用了类海维赛德函数进行厚度方向上的拓扑变量参数化，以阻止空层现象的发生。

图 9-8 所示为一个多层复合材料结构示意图，其包含 5 个单元，并有 5 层铺层。引入一个新的沿厚度方向的变量$\rho_e \in [0,1]$，其类似于铸造约束中的变量。沿厚度方向的变量$\rho_e$可以起到控制厚度拓扑变量$\rho_{el}$取值的效果。例如，对于单元 $e$，由于沿厚度方向的变量$\rho_e$的存在，厚度拓扑变量在厚度方向上有如下关系：

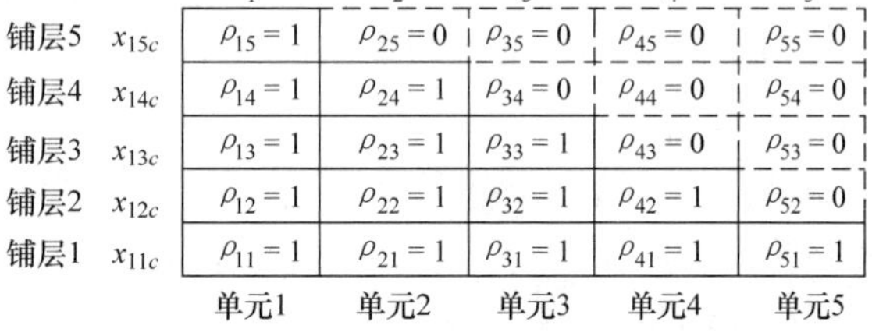


图 9-8　5 单元 5 铺层沿厚度方向拓扑变量$\rho_e$和厚度拓扑变量$\rho_{el}$的示意图

$$\rho_{el} \geqslant \rho_{e(l+1)} \tag{9-54}$$

以图9-8中的单元1为例，如果$\rho_1=1$，那么意味着在单元1中，所有的铺层均有材料。同样以单元3为例，当$\rho_3=0.6$时，那么有$\rho_{34}=\rho_{35}=0$，$\rho_{33}=\rho_{32}=\rho_{31}=1$，意味着第4层和第5层为空层，而第1～第3层有材料。为了实现沿厚度方向变量$\rho_e$和厚度拓扑变量$\rho_{el}$的关系，此处引入了一个类海维赛德函数，其最早由Wang等人提出，表达式如下：

$$\rho_{el}=1-\frac{\tanh(\beta\rho_e)+\tanh\{\beta[s(l)-\rho_e]\}}{\tanh(\beta\rho_e)+\tanh[\beta(1-\rho_e)]} \tag{9-55}$$

式中，$\beta$为罚因子，其值可参考有关文献选取；$s(l)$为正交后的铺层坐标系，其定义式为

$$s(l)=\frac{l-1}{n^l}+\frac{1}{2n^l} \tag{9-56}$$

式中，$n^l$为铺层总的数量；$l$为铺层。

### 9.4.2 过滤方法及灵敏度分析

**1. 密度过滤**

在结构拓扑优化中，基于密度法进行拓扑优化的经典问题是棋盘格现象，因此需采取适当的数值方法对原始问题的拓扑变量或灵敏度进行过滤。

此处采用基于密度过滤的方法来消除棋盘格现象。对于沿厚度方向的变量$\rho_e$，进行密度过滤后的新变量$\overline{\rho}_e$可以通过下式计算：

$$\overline{\rho}_e=\frac{\sum_{g\in N_{e,d}}\omega(X_g)v_g\rho_g}{\sum_{g\in N_{e,d}}\omega(X_g)v_g} \tag{9-57}$$

式中，$N_{e,d}$为属于单元$e$的过滤半径范围内的单元集合；$\rho_g$为过滤半径范围内的单元厚度方向上的变量；$v_g$为对应单元的体积；$\omega(X_g)$为权重因子项，其可由下式进行计算：

$$\omega(X_g)=r-|X_g-X_e| \tag{9-58}$$

式中，$r$为过滤半径；$X_g$和$X_e$分别为单元$g$和单元$e$的中心坐标。

因此，厚度拓扑变量$\rho_{el}[\overline{\rho}_e(\rho_e)]$可通过两步计算获得：第一步，通过式（9-57）进行密度过滤得到过滤后的沿厚度方向的变量$\overline{\rho}_e$；第二步，通过式（9-55），计算该厚度方向上每一层的厚度变量$\rho_{el}$。

**2. 灵敏度分析**

对于DMTO方法，由于变量数目极多，近年来广泛使用的智能启发式算法如遗传算法、粒子群算法等在处理该类问题时的优化效率极低。因此必须采用数学规划的方法对DMTO问题进行求解。

因此，对于基于梯度算法进行求解的DMTO方法，需要对其进行灵敏度分析，将所求得的灵敏度提供给基于梯度求解的数学规划算法。此处主要推导优化过程中的目标函数和约束函数的灵敏度。

首先，推导目标函数及约束函数对于沿厚度方向变量$\rho_e$的灵敏度的求解过程。为了方便进行数学表达式的推导，用$f$同时指代目标函数及约束函数。利用求导法则中的链式规则，目标函数及约束函数$f$对于沿厚度方向变量$\rho_e$的灵敏度可由下式求解：

$$\frac{\partial f}{\partial \rho_e} = \sum_{i \in N_{e,d}} \sum_{l=1}^{n^l} \frac{\partial f}{\partial \rho_{il}} \frac{\partial \rho_{il}}{\partial \bar{\rho}_i} \frac{\partial \bar{\rho}_i}{\partial \rho_e} \tag{9-59}$$

由式（9-59）可知，第一项是目标函数和约束函数对于变量的倒数，而第二项代表厚度拓扑变量$\rho_{il}$对过滤后的沿厚度方向变量$\bar{\rho}_i$的倒数，其数学表达式为

$$\frac{\partial \rho_{il}}{\partial \bar{\rho}_i} = -\frac{H_1 - H_2}{H_3 + H_4} + (H_3 + H_5)\frac{H_1 - H_6}{(H_3 + H_4)^2} \tag{9-60}$$

$$\begin{cases} H_1 = [1 - \tanh(\beta \bar{\rho}_i)^2]\beta \\ H_2 = \{1 - \tanh\{\beta[s(l) - \bar{\rho}_i]\}^2\}\beta \\ H_3 = \tanh(\beta \bar{\rho}_i) \\ H_4 = \tanh[\beta(1 - \bar{\rho}_i)] \\ H_5 = \tanh\{\beta[s(l) - \bar{\rho}_i]\} \\ H_6 = \{1 - \tanh[\beta(1 - \bar{\rho}_i)]^2\}\beta \end{cases} \tag{9-61}$$

式（9-59）中的第三项，是过滤后的沿厚度方向的变量$\bar{\rho}_i$对于未过滤的沿厚度方向的变量$\rho_e$的倒数。其可通过密度过滤式（9-57）进行求导，数学表达式为

$$\frac{\partial \bar{\rho}_i}{\partial \rho_e} = \frac{\omega(X_e)v_e}{\sum_{i \in N_{e,d}} \omega(X_i)v_i} \tag{9-62}$$

式中，$v_e$ 为中心单元的体积；$X_i$ 为单元集合中单元 $i$ 的中心坐标；$v_i$ 为对应单元的体积。

对于式（9-59）中的第一项，即目标函数和约束函数$f$对于厚度拓扑变量$\rho_{el}$的灵敏度，其推导过程与目标函数和约束函数$f$对于厚度拓扑变量$x_{jlc}$的类似，因此，用符号 $z$ 来同时代表$\rho_{el}$和 $x_{jlc}$进行灵敏度推导。对于层合复合材料，其刚度矩阵表达式为

$$\boldsymbol{K}_e(z) = \sum_{l}^{n^l} \int \boldsymbol{B}_{el}^{\mathrm{T}} \boldsymbol{E}_{el}(z) \boldsymbol{B}_{el} \mathrm{d}V \tag{9-63}$$

其中，材料本构矩阵$\boldsymbol{E}_{el}(z)$由式（9-53）计算而得。因此，刚度矩阵包含了离散角度拓扑变量$x_{jlc}$和厚度拓扑变量$\rho_{el}$。

对于柔度灵敏度、局部位移灵敏度、模态灵敏度，可参照前述内容进行推导，在此不再赘述。

### 9.4.3　CFRP 发动机舱盖结构与工艺一体化优化过程

#### 1. 优化模型

汽车发动机舱盖作为一个独立的功能部件，在安装到汽车车身上时需满足一定的性能要求。此处针对 CFRP 发动机舱盖结构与工艺一体化优化建立了 4 个刚度工况模型。CFRP 在满足刚度性能且实现轻量化的同时，一阶自由模态有较大的提升。因此，在优化过程中，为提升计算效率未考虑一阶模态约束。4 个刚度工况的边界条件示意图如图 9-9 所示，在 Abaqus 中建立了有限元模型。内外板及加强板用 S4R 和 S3R 类型壳单元进行构建，锁扣用实体单元类型 C3D8R 进行构建。在 CFRP 发动机舱盖中，内外板均采用 CFRP 复合材料，其

余的加强板等仍采用原始钢制材料。采用 Abaqus 中的 KINCOUP 单元模拟各部分之间的连接。整个 CFRP 发动机舱盖有限元模型共有 39051 个单元及 229410 个自由度。

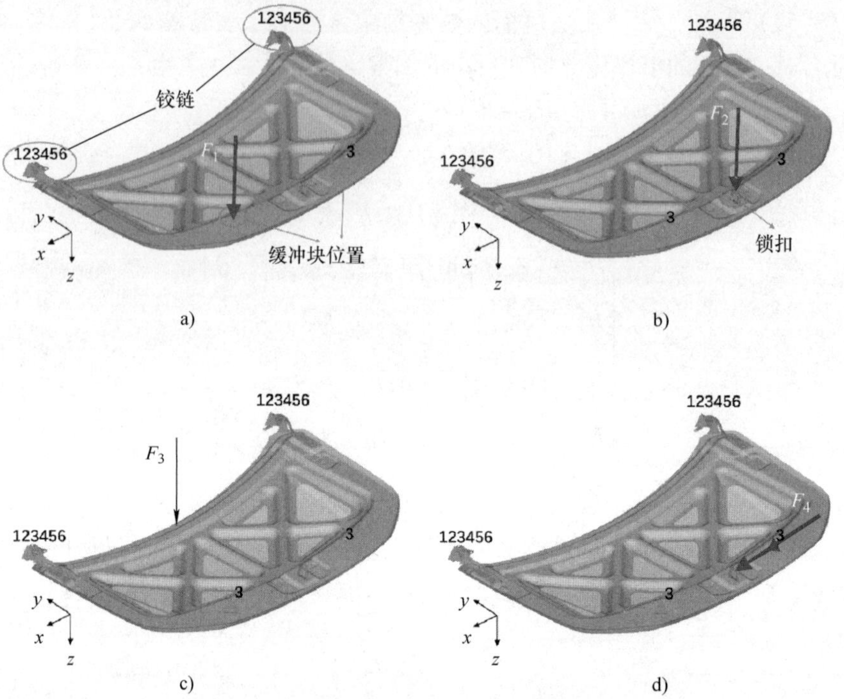


1、2、3、4、5、6 分别代表沿 $x$、$y$、$z$ 方向的平动和转动自由度

图 9-9　CFRP 发动机舱盖边界和加载条件

a）扭转刚度工况　b）前点弯曲工况　c）后点弯曲工况　d）侧向刚度工况

对于扭转刚度工况，如图 9-9a 所示，在两个铰链处进行 6 自由度约束，此外，在缓冲块处约束 $z$ 方向的自由度，并在另一缓冲块处，施加沿 $z$ 方向竖直向下的载荷 $F_1=80\text{N}$。对于前点弯曲工况，两端铰链处同样进行 6 自由度约束，此外，在两个缓冲块处，约束它们的 $z$ 方向自由度并在锁扣中心处施加大小为 200N、方向沿 $z$ 轴竖直向下的力 $F_2$。对于后点弯曲工况，其边界条件与前点弯曲工况一致，不同的是其在发动机舱盖后端、CFRP 发动机舱盖轴对称位置处，施加大小为 200N、方向沿 $z$ 轴竖直向下的力 $F_3$。对于侧向刚度工况，其边界条件也与弯曲工况相同，不同的是在锁扣中心处施加沿 $x$ 轴方向的侧向力 $F_4=250\text{N}$。

前点弯曲刚度、后点弯曲刚度和侧向刚度的计算公式如下：

$$\begin{cases} K_{b1}=\dfrac{F_2}{d_{b1}} \\ K_{b2}=\dfrac{F_3}{d_{b2}} \\ K_l=\dfrac{F_4}{d_l} \end{cases} \tag{9-64}$$

式中，$K_{b1}$、$K_{b2}$、$K_l$ 分别为前点弯曲刚度、后点弯曲刚度和侧向刚度；$d_{b1}$、$d_{b2}$、$d_l$ 分别为前点弯曲刚度、后点弯曲刚度、侧向刚度加载点处的局部位移。

扭转刚度可采用下式进行计算：

$$K_{tr}=\frac{M_T}{\theta}\approx\frac{F_1L^2}{d_{tr}} \tag{9-65}$$

式中，$K_{tr}$为扭转刚度；$L$为两个缓冲块位置之间的$x$方向距离；$d_{tr}$为缓冲块处的加载点施加的载荷$F_1$产生的位移；$M_T$为由$F_1$产生的施加在CFRP发动机舱盖上的力矩，其值等于$F_1L$；$\theta$为在扭转力矩作用下产生的扭转角。由于扭转角很小，所以可用$d_{tr}/L$近似替代。

**2. 优化问题定义**

优化目标定义为各工况下加权柔度值的总和最小，与此同时，约束扭转刚度、前点弯曲刚度、后点弯曲刚度及侧向刚度值，并施加体积约束分数。施加约束的目的是保证优化后的CFRP发动机舱盖的性能不低于原始发动机舱盖的性能，因此此处对原始发动机舱盖进行了物理试验，以测量原始钢制发动机舱盖的各项刚度值。图9-10所示为原始钢制发动机舱盖物理试验，试验结果见表9-1。

**表9-1　原始钢制发动机舱盖试验值**

| 性能 | 试验值 |
|---|---|
| 扭转刚度/(N·m/rad) | 18277.98 |
| 前点弯曲刚度/(N/mm) | 539.08 |
| 后点弯曲刚度/(N/mm) | 88.57 |
| 侧向刚度/(N/mm) | 207.46 |
| 质量/kg | 17.69 |

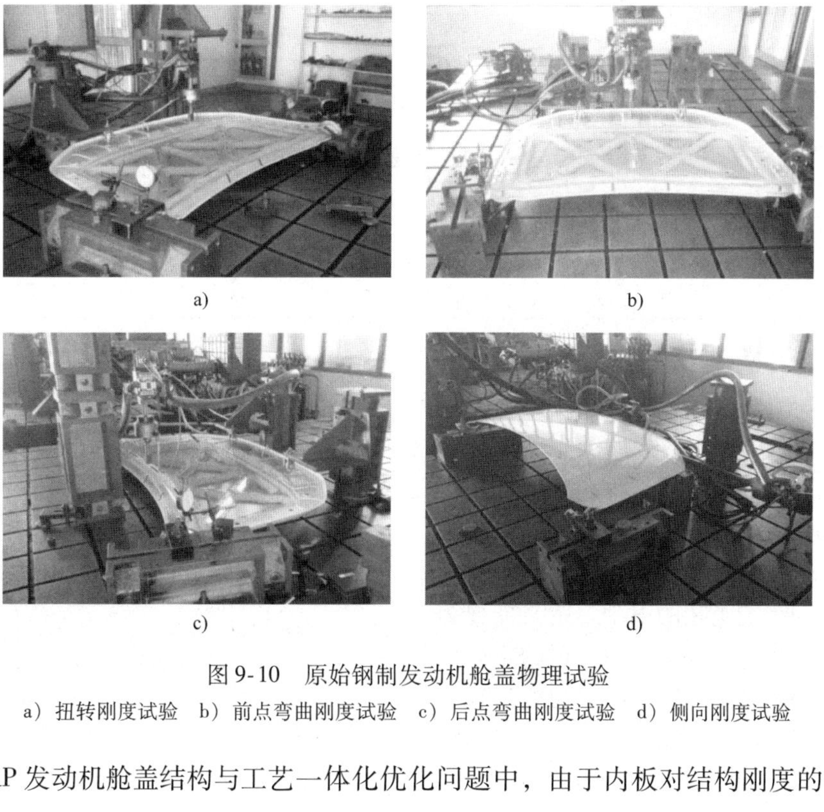

图9-10　原始钢制发动机舱盖物理试验

a）扭转刚度试验　b）前点弯曲刚度试验　c）后点弯曲刚度试验　d）侧向刚度试验

在CFRP发动机舱盖结构与工艺一体化优化问题中，由于内板对结构刚度的影响最大，所以将 CFRP 发动机舱盖内板选定为设计域进行优化设计。CFRP 发动机舱盖的内板初始设计采用 16 层 CFRP 单向带铺层，CFRP 单向带材料性能参数见表 9-2。

CFRP 发动机舱盖的外板由 5 层 CFRP 组成。其中，为使外板的最外层美观，选用正交编织布进行铺层，其材料性能参数见表 9-3。其余 4 层使用与内板所使用的 CFRP 单向带相同的材料进行铺层，按照 0°、90°、-45°、45°的铺层顺序进行铺设。其中 0°方向代表整体坐标系下 $x$ 轴的正方向，如图 9-9 所示。为保证 CFRP 发动机舱盖铰链处、锁扣板处、缓冲块处不发生局部失效，CFRP 发动机舱盖中保留了原始钢制形式的加强板，如图 9-11 所示，其材料性能参数见表 9-4。

**表 9-2　CFRP 单向带材料性能参数**

| 符号 | 物理量 | 数值 |
|---|---|---|
| $t$ | 铺层厚度/mm | 0.28 |
| $E_l$ | 主轴纵向弹性模量/GPa | 90 |
| $E_t$ | 主轴横向弹性模量/GPa | 6.5 |
| $G_{lt}$ | 剪切模量/GPa | 4.5 |
| $\nu_{lt}$ | 泊松比 | 0.33 |
| $\rho$ | 密度/(kg/m$^3$) | 1500 |

**表 9-3　CFRP 正交编织布材料性能参数**

| 符号 | 物理量 | 数值 |
|---|---|---|
| $t$ | 铺层厚度/mm | 0.35 |
| $E_l$ | 主轴纵向弹性模量/GPa | 55 |
| $E_t$ | 主轴横向弹性模量/GPa | 55 |
| $G_{lt}$ | 剪切模量/GPa | 3.34 |
| $\nu_{lt}$ | 泊松比 | 0.042 |
| $\rho$ | 密度/(kg/m$^3$) | 1400 |

**表 9-4　钢制加强板材料性能参数**

| 符号 | 物理量 | 数值 |
|---|---|---|
| $E_s$ | 弹性模量/GPa | 207 |
| $\nu_{lt}$ | 泊松比 | 0.3 |
| $\rho$ | 密度/(kg/m$^3$) | 7900 |

考虑到此处选用真空导流工艺（VARTM）进行 CFRP 发动机舱盖的样件试制，因此需限制 CFRP 发动机舱盖内外板的最小厚度。若内外板厚度太小，则在脱模过程中，内外板厚度较小的区域容易发生材料开裂。此处限制最小厚度为 1.4mm，即至少有 5 层铺层。对于铺层角度，考虑到制造工艺的限制，定义内板为离散角度拓扑优化的设计域，即内板的每一层只有一种纤维角度方向，因此离散角度拓扑优化变量 $x_{jlc}$ 的下标 $j=1$，CFRP 发动机舱盖结构与工艺一体化优化的数学问题可表达为

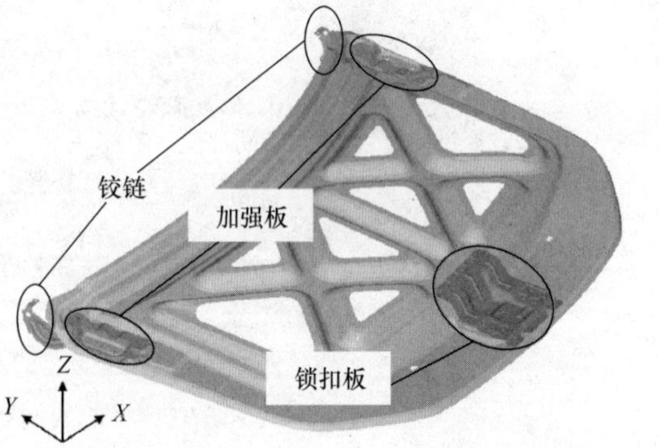


图 9-11　CFRP 发动机舱盖铰链、加强板、锁扣板位置示意图

$$
\begin{cases}
\text{最小化}\ P(x_{lc},\rho_e) = \sum_{k=1}^{4} \omega_k \left[\boldsymbol{u}^{\mathrm{T}}\boldsymbol{K}(x_{1lc},\rho_e)\boldsymbol{u}\right]_k \\
\text{约束}K_{tr} \geqslant \overline{K}_{tr} \\
K_{b1} \geqslant \overline{K}_{b1} \\
K_{b2} \geqslant \overline{K}_{b2} \\
K_l \geqslant \overline{K}_l \\
V_f = \dfrac{v^*(\rho_e)}{\overline{v}} \leqslant 5 \\
\sum_{c=1}^{4} x_{lc} = 1 \\
\sum_{k=1}^{4} \omega_k = 1 \\
x_{lc} \in [0,1] \\
\rho_e \in [0.3125,1]
\end{cases}
\tag{9-66}
$$

式中，$P$ 为各工况的加权柔度值；$\omega_k$为 $k$ 工况的加权柔度系数，因为各个刚度对于 CFRP 发动机舱盖而言是同等重要的，所以各个工况的加权柔度系数$\omega_k$均取为 0.25；$\overline{K}_{tr}$、$\overline{K}_{b1}$、$\overline{K}_{b2}$和$\overline{K}_l$分别为 CFRP 发动机舱盖所要求的最小扭转刚度、前点弯曲刚度、后点弯曲刚度及侧向刚度，所要求的最小刚度值通过对原始钢制发动机舱盖进行试验获得，具体可见表 9-1；$K_{tr}$、$K_{b1}$、$K_{b2}$和 $K_l$分别为优化过程中 CFRP 发动机舱盖的扭转刚度、前点弯曲刚度、后点弯曲刚度及侧向刚度；$V_f$为体积分数约束；$v^*$和 $\overline{v}$分别为优化过程中 CFRP 发动机舱盖的体积及初始体积。最终，共有 64 个离散角度拓扑变量$x_{1lc}$，备选的离散角度值为 −45°、0°、45°、90°。为了保证结构的对称性，对厚度拓扑变量和沿厚度方向的变量施加了对称性约束，结构中共有 7143 个沿厚度方向变量。

**3. 优化结果分析**

对于式（9-66）所示的优化问题，采用序列线性规划（SLP）进行求解，罚因子的取值方法与 9.3.1 节讨论的结果一致，以尽可能得到离散的更为优化的解。

如图 9-12 所示，目标函数在经历了 94 次迭代之后收敛，在优化迭代停止之后，最终的罚因子 $p$、$q$ 和 $\beta$ 的大小分别为 20、20、160。由图 9-12 可知，目标函数［即式（9-66）中所定义的加权柔度 $P$］的初始值为 98.03N · mm，在第 51 次迭代时，降低到了 63.21N · mm。可以看到，在第 52 次迭代时，目标函数有所增大，这是因为在该次迭代过程中，罚因子的取值增加了。在第 52 次迭代之后，目标函数的值保持在 66.50N · mm 左右，最终在第 94 次迭代之后收敛到 66.47N · mm。优化后，绝大多数的设计变量均收敛到 0 或 1，如果继续增加罚因子的取值，对优化结果的离散程度几乎没有影响。

在优化过程中，用来表征设计变量离散程度的指标$M_{cnd}$和 $M_{dnd}$的变化趋势如图 9-13 所示，由图 9-13 也可以解释目标函数在优化过程中发生振荡的原因。从图 9-13 可以看出，表

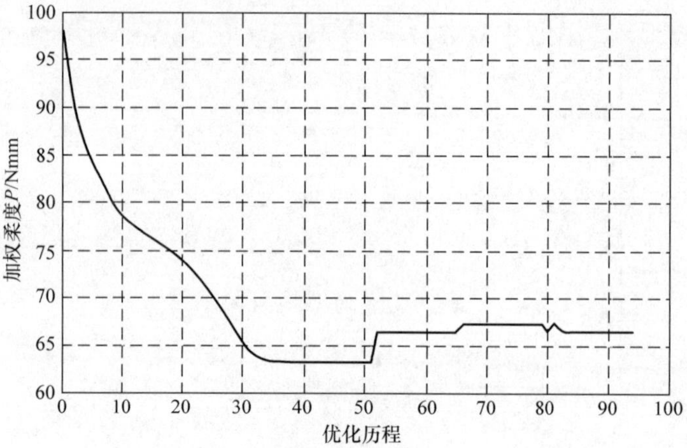


图 9-12　目标函数迭代历程曲线

征厚度拓扑变量的离散程度指标$M_{dnd}$在第 52 次迭代时，降低较为显著。这是因为在第 52 次迭代时，罚因子 $q$ 由 0 上升到了 4，导致一些尚未离散的厚度拓扑变量被惩罚到了 0 或 1 的整数解上，因此会导致目标函数上升。与第 52 次迭代时的情况相类似，在第 67 次及第 81 次迭代，由于罚因子的增加导致了$M_{dnd}$值的降低，从而使得目标函数发生振荡。最终优化迭代停止后，设计变量离散程度指标$M_{cnd}$和$M_{dnd}$的值分别为 1. 980% 和 0. 194%，意味着最终优化结束后所有的铺层角度、铺层厚度和结构拓扑形式都较为清晰。

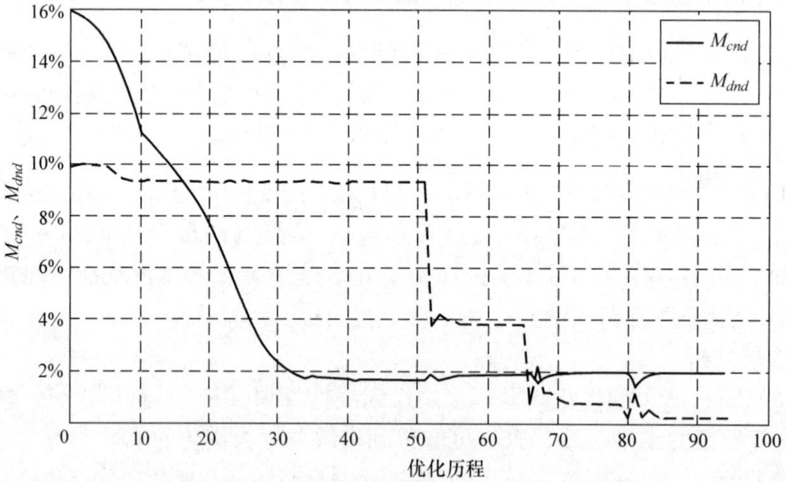


图 9-13　优化过程中设计变量离散程度指标变化曲线

通过式（9-64）和式（9-65）计算的刚度约束的优化历程曲线如图 9-14 所示。对于图 9-14a所示的扭转刚度，在优化开始时，扭转刚度值为 24260. 16N · m/rad，高于原始钢制发动机舱盖的扭转刚度（18277. 98N · m/rad）。在经历了 94 次优化迭代之后，扭转刚度上升到了 33001. 23N · m/rad，远高于原始钢制发动机舱盖的水平。

前点弯曲刚度的优化迭代历程曲线如图 9-14b 所示，从图中可以看出，在优化迭代开始之前，CFRP 发动机舱盖的前点弯曲刚度（369. 55N/mm）低于原始发动机舱盖的弯曲刚度

（539.08N/mm）；随着优化迭代过程的进行，CFRP 发动机舱盖的前点弯曲刚度逐渐上升，最后收敛到 594.25 N/mm。图 9-14c 所示为 CFRP 发动机舱盖的后点弯曲刚度迭代历程曲线，其初始值为 112.19N/mm，最终上升到 144.31N/mm。优化迭代结束后，CFRP 发动机舱盖的后点弯曲刚度高于原始钢制发动机舱盖的弯曲刚度。图 9-14d 所示的 CFRP 发动机舱盖侧向刚度优化迭代历程曲线，其初始刚度值（205.95N/mm）与原始钢制发动机舱盖的侧向刚度值（207.46N/mm）基本相同；优化后的 CFRP 发动机舱盖的侧向刚度提高到 218.76N/mm。

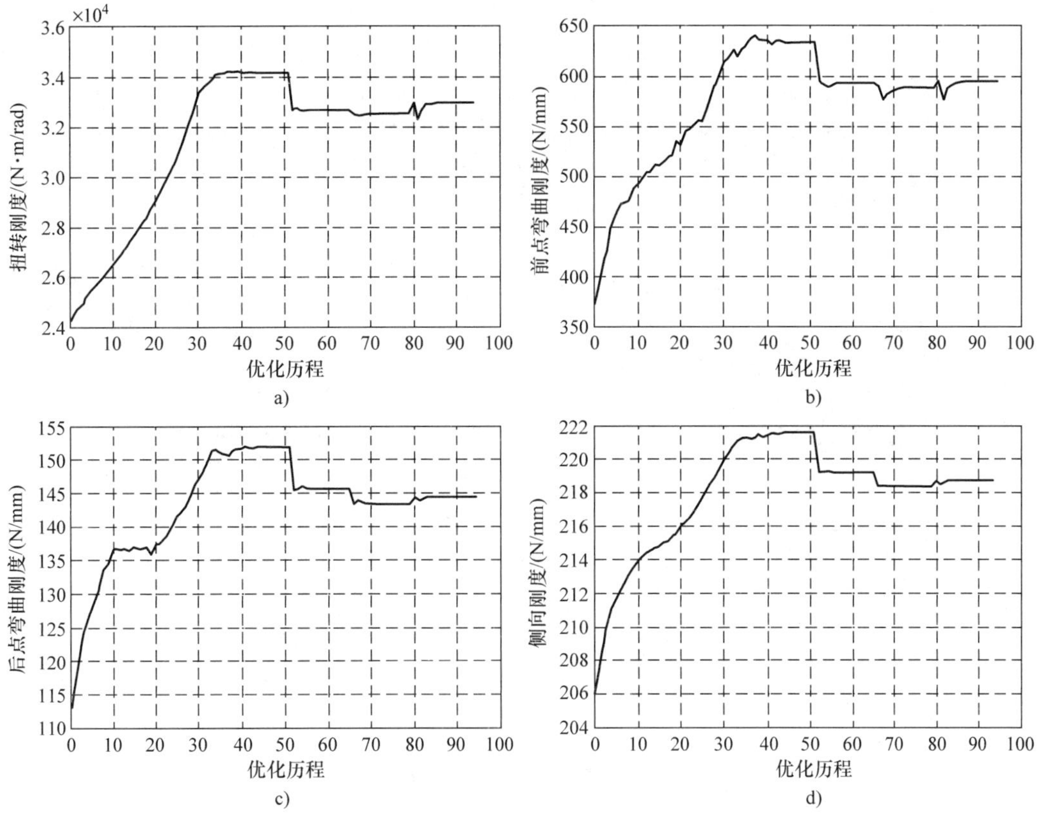


图 9-14　优化历程中刚度变化曲线

a）扭转刚度　b）前点弯曲刚度　c）后点弯曲刚度　d）侧向刚度

图 9-15 所示为优化后的 CFRP 发动机舱盖内板各铺层的形状。从图中可以看出，与初始设计所定义的 16 层铺层相比，优化后在内板中仅有 12 层铺层。优化后的 CFRP 发动机舱盖内板的体积分数满足约束要求，即优化后的 CFRP 发动机舱盖内板的体积为初始设计的 50%。同时可以注意到，铺层 1 到铺层 6 均为满铺层设计，在整个设计域均有材料分布。这是由于在优化问题中定义了最小厚度约束。从铺层 7 到铺层 20，设计域的材料分布逐渐缩小，满足了制造约束中避免中间空层产生的约束。在图 9-15 中，标记为蓝色、黄色、红色及绿色的铺层分别代表铺层角度为整体坐标系下的 0°、−45°、90°、45°方向。

为了更清楚地表示铺层角度信息，图 9-16 给出了优化后的 CFRP 发动机舱盖的各铺层角度。从图中可以看出，具有相同铺层角度的相邻层的最大数目为 2，即铺层 4 和铺层 5 的铺层方向为45°，铺层10和铺层11的铺层方向为90°。通过优化结果可以看出，优化后的CFRP发动机舱盖的各项刚度满足约束条件，同时优化结果也很好地满足两种制造约束条件，使优化结果更具实际工程意义。

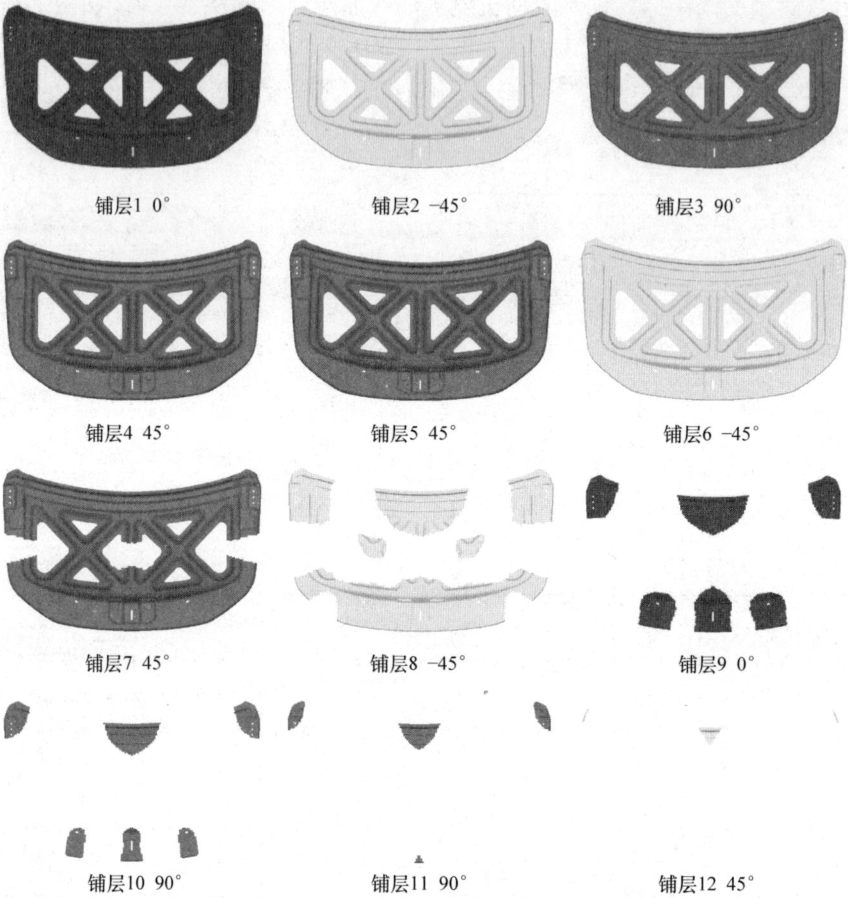


图9-15 优化后的CFRP发动机舱盖内板各铺层形状

尽管如此，由图9-15可知，铺层7到铺层12的边界形状较为不规则。这样的铺层形状在实际工程制造过程中难以实现。因此，需对不规则的边界进行后处理，以尽可能得到规则的铺层形状。整理后的铺层7到铺层12的形状如图9-17所示，最终的CFRP发动机舱盖内板厚度分布云图如图9-18所示。从CFRP发动机舱盖内板厚度分布云图可以看出，在CFRP发动机舱盖后部加载点处的厚度最大，为3.36mm，此外，在铰链、锁扣、缓冲块处的CFRP铺层较厚，在这些区域进行了局部加强，也与实际工程经验相符合。

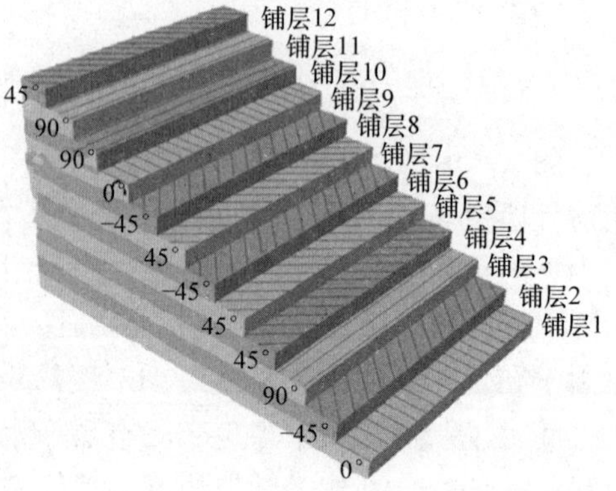


图9-16 优化后的CFRP发动机舱盖各铺层角度

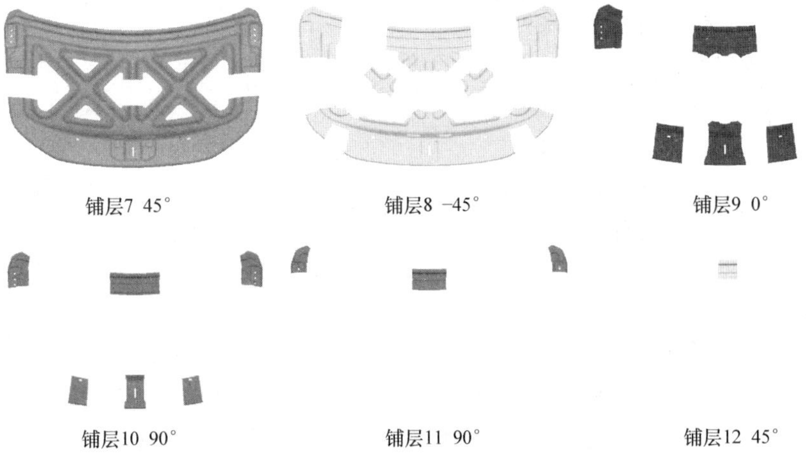


图 9-17 整理后的铺层 7 到铺层 12 的形状

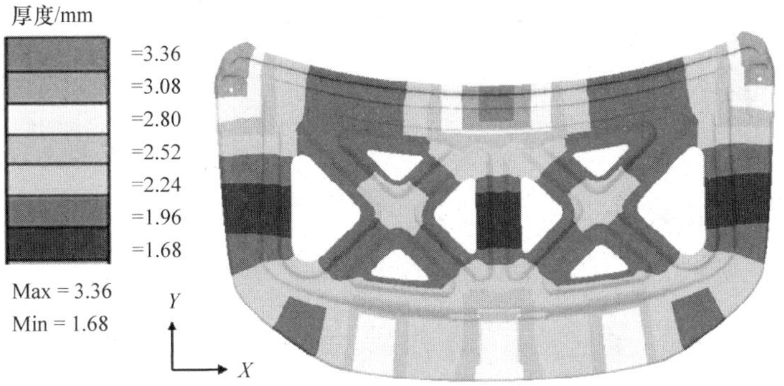


图 9-18 优化后的 CFRP 发动机舱盖内板厚度分布云图（见彩插）

表 9-5 对比了优化后与后处理后的 CFRP 发动机舱盖的性能。由表可知，后处理后 CFRP 发动机舱盖的质量和侧向刚度几乎没有变化，而扭转刚度以及前点弯曲刚度有所下降，但仍满足约束条件。后处理后的加权柔度与优化后的结果相比，略微上升。表 9-5 表明，适当地将优化后的铺层规整化不会剧烈影响优化后的结果，其性能仍然能够满足使用要求。

**表 9-5 优化后与后处理后 CFRP 发动机舱盖的性能**

| 性能 | 优化后结果 | 后处理后结果 |
|---|---|---|
| 扭转刚度 /(N · m/rad) | 33001. 23 | 31694. 78 |
| 前点弯曲刚度/(N/mm) | 594. 25 | 570. 45 |
| 后点弯曲刚度/(N/mm) | 114. 31 | 150. 35 |
| 侧向刚度/(N/mm) | 218. 76 | 219. 86 |
| 加权柔度/N · mm | 66. 47 | 71. 45 |
| 质量/kg | 9. 84 | 9. 81 |

为了验证优化结果的有效性，将后处理后的优化结果与原始钢制发动机舱盖的性能及由经验设计得到的 CFRP 发动机舱盖的性能进行了对比。通过经验设计的 CFRP 发动机舱盖，内板的体积与优化问题［式（9-66）］所约束的体积相同，共有 8 层铺层，各铺层形状均相同，材料分布于整个 CFRP 发动机舱盖内板，内板的铺层顺序保持与优化后的 CFRP 发动机

舱盖内板铺层顺序相同。对比的结果见表9-6。

**表9-6　后处理后发动机舱盖、经验设计 CFRP 发动机舱盖及钢制发动机舱盖性能对比**

| 性能 | 后处理后 | 经验设计 | 钢制 |
|---|---|---|---|
| 扭转刚度/(N·m/rad) | 31694.78 | 30835.61 | 18277.98 |
| 前点弯曲刚度/(N/mm) | 570.45 | 466.46 | 539.08 |
| 后点弯曲刚度/(N/mm) | 150.35 | 112.33 | 88.57 |
| 侧向刚度/(N/mm) | 219.86 | 212.06 | 207.46 |
| 加权柔度/N·mm | 71.45 | 94.6 | — |
| 质量/kg | 9.81 | 9.84 | 17.69 |

对于扭转刚度、后点弯曲刚度、侧向刚度，通过优化设计得到的以及通过经验设计得到的 CFRP 发动机舱盖的刚度值比钢制发动机舱盖高，但是通过经验设计的 CFRP 发动机舱盖的前点弯曲刚度小于钢制发动机舱盖的前点弯曲刚度。采用结构与工艺一体化优化后的 CFRP 发动机舱盖的前点弯曲刚度高于钢制发动机舱盖和经验设计的 CFRP 发动机舱盖的前点弯曲刚度。由表9-6可知，采用结构与工艺一体化优化后的 CFRP 发动机舱盖的刚度并未远远高于通过经验设计得到的 CFRP 发动机舱盖的刚度，这是因为受制造工艺的约束，采用真空导流法得到的 CFRP 模量较小。若采用更为先进的工艺，如模压方法，则能得到更为显著的优化效果。

**4. 行人保护头部碰撞仿真验证**

为验证采用结构与工艺一体化优化的 CFRP 发动机舱盖的行人保护头部碰撞性能，进行了有限元仿真验证。

根据 GB/T 24550—2009《汽车对行人的碰撞保护》中对于行人头部在与汽车发生碰撞时的碰撞区域建立方法，将头部碰撞区域分为两种试验区域，即儿童头型试验区域和成人头型试验区域。

儿童头型试验区域的定义为：车辆前部结构的外表面区域，区域的界限是前面至儿童头型前基准线，后面至1700mm 的包络线（WAD），两侧至侧面基准线。

成人头型试验区域：车辆前部结构的外表面区域，该区域的界限是前面至1700mm 的包络线（WAD），后面至成人头型的后基准线，两侧至侧面基准线。

包络线（WAD）的定义为，采用柔软的测量工具，以车辆纵向平面为基准，向车辆整车坐标系的负 $x$ 方向横向移动，测量工具的另一端在外表面上的轨迹。WAD 后的数字代表测量工具的长度（单位为 mm），如图9-19所示。在确定过程中，应保证拉紧测量工具，使其一端位于地面上的基准平面，竖直向下落在前保险杠的下方，另一端与车辆前端即发动机舱盖外表面相接触。

在儿童头型试验区域，前面的基准线是指 WAD1000 线在前部形成的几何轨迹，成人区域中后基准线是指 WAD2100 线在前部形成的几何轨迹。

对于侧面基准线的建立，使用长为700mm 的直尺，保证直尺与车辆的横向垂直面相互平行，并且向内倾斜45°，与车辆前端侧面相接触。此时，直尺和车辆接触的最高点的轨迹即为侧面基准线，如图9-20所示。

根据前述的头部碰撞区域划分方法，整个 CFRP 发动机舱盖的碰撞区域可分为儿童头碰区域和成人头碰区域。根据所划分的头碰区域，使用参考线将其划分为若干个子区域，并适

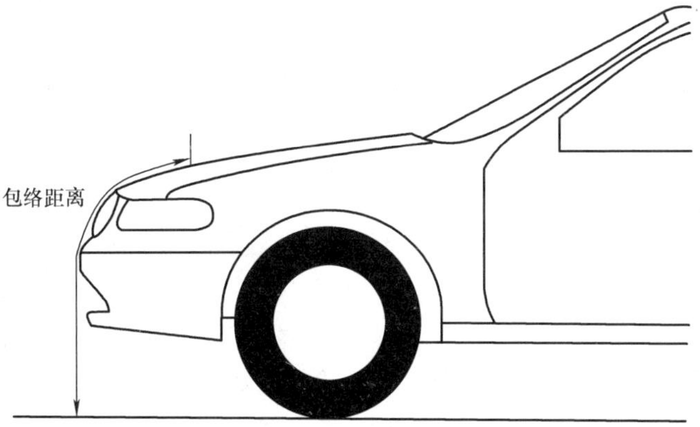


图 9-19 建立包络线的方法

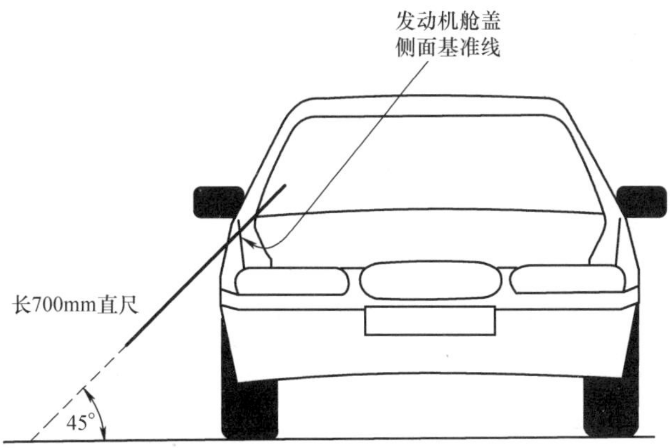


图 9-20 建立发动机舱盖侧面基准线示意图

当地选择碰撞点（即头部模型和发动机舱盖最先发生接触的区域）。综合考虑 CFRP 发动机舱盖的结构，包括加强板的位置、发动机舱的总布置因素，选择了共计 18 个儿童头部碰撞点（*P*1 ~ *P*18）和 12 个成人头部碰撞点（*P*19 ~ *P*30），选取的碰撞点的位置如图 9-21 所示。

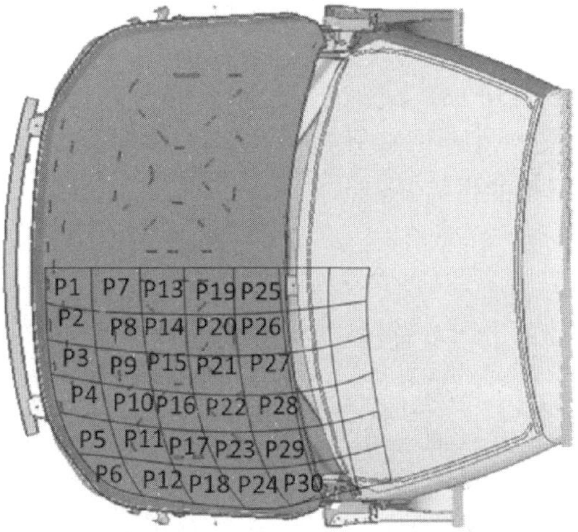


图 9-21 头部碰撞点在发动机舱盖上位置

当驾驶人驾驶车辆与行人发生正面碰撞时，行人的头部主要和发动机舱盖接触，也包括发动机舱盖周围的部分区域，如 A 柱、刮水器及其电机、前风窗玻璃。此外，由于发动机舱盖的内凹变形，在某些情况下可能会与发动机舱内具有较大刚度的部件相互接触，如制动液罐、散热器、蓄电池、发动机总成。当发动机舱盖与这些零部件接触时，因为它们自身具有较大的刚度，所以发生头部碰撞时会有较大的头部损伤指标（HIC）值，往往造成较为严重的事故。因此，这类部件对头部碰撞产生的 HIC 值都会有影响。然而，对于车身的后端，因其不与行人头部发生接触，且和碰撞点相距较远，所以对 HIC 值的影响几乎可以忽略不计。考虑到计算效率问题，在有限元仿真中，仅仅建立了车身前部部分重要的模型，如图 9-22 所示。

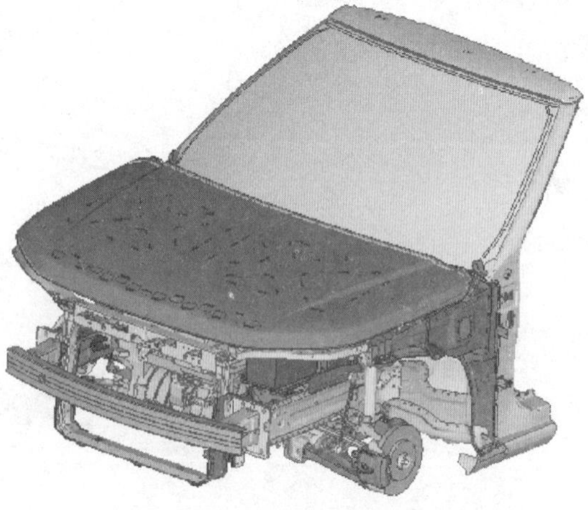

图 9-22　车身前部有限元模型

最终建立的行人头部碰撞有限元模型如图 9-23 所示。为了缩短有限元求解时间，设置了 LS－DYNA R971 单精度求解器，质量缩放系数设置为 0.9，时间步长为 $1\times10^{-6}$s。在头部模型与 CFRP 发动机舱盖发生碰撞的过程中，由于头部模型和 CFRP 发动机舱盖的变形，冲击器有一部分的动能转变成为其自身和 CFRP 发动机舱盖及其所连接的板件的内能。随着时间的推移，系统的动能不断衰弱，而系统所存储的内能一直变大；在变形量不断增大的过程中，根据动量交换定律，对冲击器的速度进行重新设定，不断循环往复，直至整个碰撞过程完毕。在碰撞过程中，不可避免地会有摩擦热和沙漏能，因此一部分能量会被损耗，在整个过程中，不同能量的相互转化历程如图 9-24 所示。

图 9-23　行人头部碰撞有限元模型

由图 9-24 可知，系统能量的组成成分基本在合理的范围之内。其中，总能量的浮动区间为 $1.65\times10^5$～$1.73\times10^5$J，可以看出，总能量几乎没有变化，仅仅上升了 4.8%。在初始时刻，动能的最大值为 $1.65\times10^5$J，20ms 后，由于头部模型的反弹，速度减小，系统动能有所降低。当系统变形量增加时，内能也从 0 最终增至 $1.32\times10^5$J，与此同时，沙漏能也在不断增加，结束时，沙漏能占总能量的 0.4%，满足仿真分析中小于 5% 的要求，因此模型的可信度较高。

表 9-7 给出了各碰撞点的 HIC 值，图 9-25所示为各碰撞点的加速度曲线图。可以看出 HIC＜1000 的点共有 27 个；1000＜HIC＜1700 的点共计有 3 个；HIC＞1000 的点，有 2 个位于儿童头碰区域，1 个位于成人头碰区域。整个碰撞区域没有 HIC＞1700 的点，在儿童头碰区域中，一半以上的区域 HIC＜1000；整个碰撞区域内超过 66% 的面积的碰撞点 HIC＜1000。由表 9-7 可知，在成人头碰区域，HIC＞1000 的点在 $P25$ 区域，因其靠近 CFRP 发动机舱盖后部，且该区域内板在优化设计时进行了局部加强，因此该区域的 HIC 较大。在儿童头碰区域，HIC＞1000 的点为 $P5$、$P6$。由图 9-21 可知，这两个点因靠近 CFRP 发动机舱盖边界区域，与车身发动机舱骨架相接触，因此具有较大的刚度，导致 HIC 值偏大，综合各点 HIC 值的大小，优化后的 CFRP 发动机舱盖满足行人保护要求。

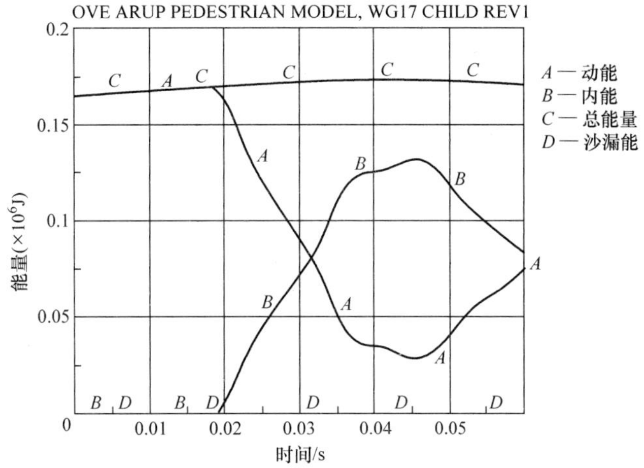


图 9-24 头部碰撞仿真过程中能量变化曲线图

**表 9-7 儿童及成人头部碰撞点 HIC 值**

| | | | | | | |
|---|---|---|---|---|---|---|
| 儿童头部碰撞点 | 碰撞点 | *P*1 | *P*2 | *P*3 | *P*4 | *P*5 | *P*6 |
| | HIC 值 | 174. 9 | 217. 1 | 325. 9 | 473. 8 | 1115 | 1330 |
| | 碰撞点 | *P*7 | *P*8 | *P*9 | *P*10 | *P*11 | *P*12 |
| | HIC 值 | 238. 4 | 218. 2 | 312 | 429 | 634. 1 | 918. 5 |
| | 碰撞点 | *P*13 | *P*14 | *P*15 | *P*16 | *P*17 | *P*18 |
| | HIC 值 | 152. 7 | 318. 6 | 270. 5 | 243. 7 | 344. 4 | 417. 5 |
| 成人头部碰撞点 | 碰撞点 | *P*19 | *P*20 | *P*21 | *P*22 | *P*23 | *P*24 |
| | HIC 值 | 259. 9 | 236. 6 | 257. 3 | 195. 9 | 182. 5 | 174 |
| | 碰撞点 | *P*25 | *P*26 | *P*27 | *P*28 | *P*29 | *P*30 |
| | HIC 值 | 1320 | 368. 1 | 162. 7 | 106 | 97. 24 | 102. 4 |

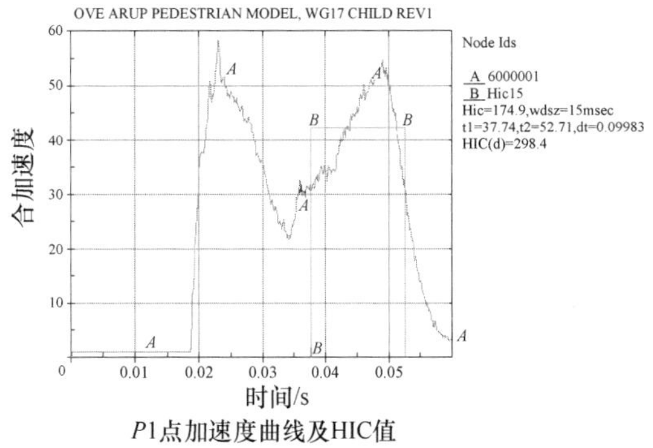


*P*1点加速度曲线及HIC值

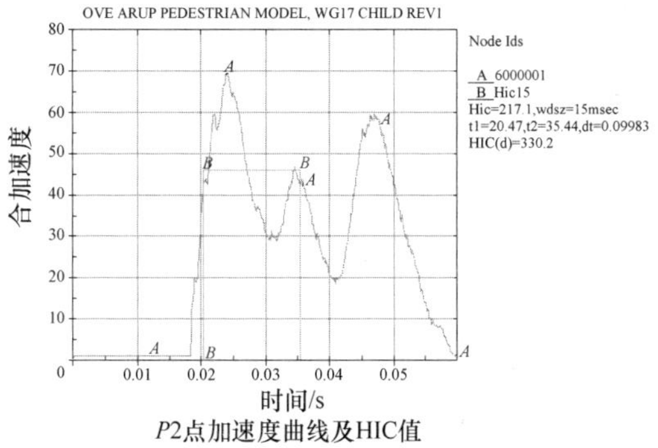


*P*2点加速度曲线及HIC值

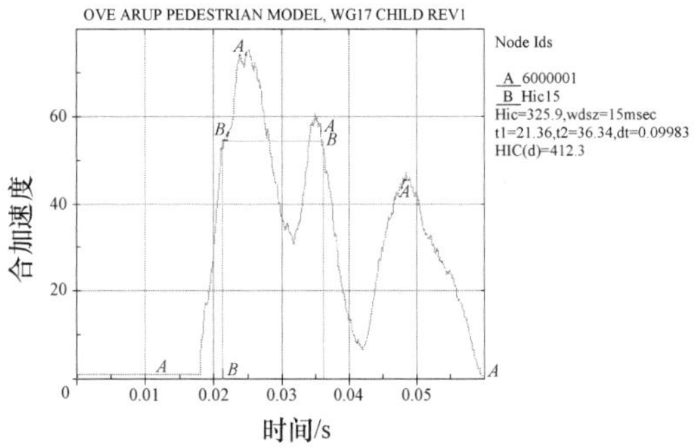


*P*3点加速度曲线及HIC值

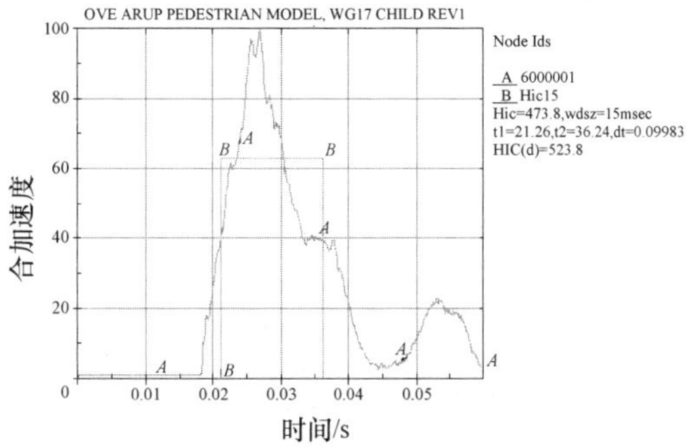


*P*4点加速度曲线及HIC值

图 9-25 各碰撞点加速度曲线图

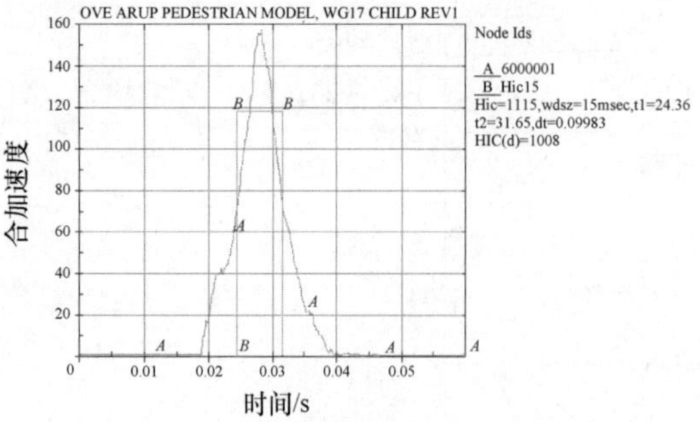


*P*5点加速度曲线及HIC值

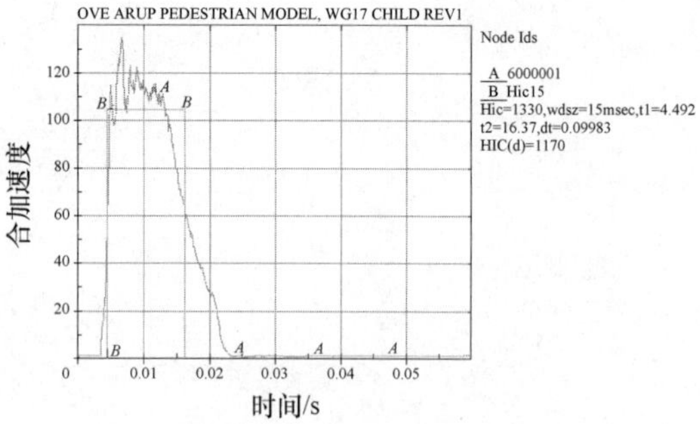


*P*6点加速度曲线及HIC值

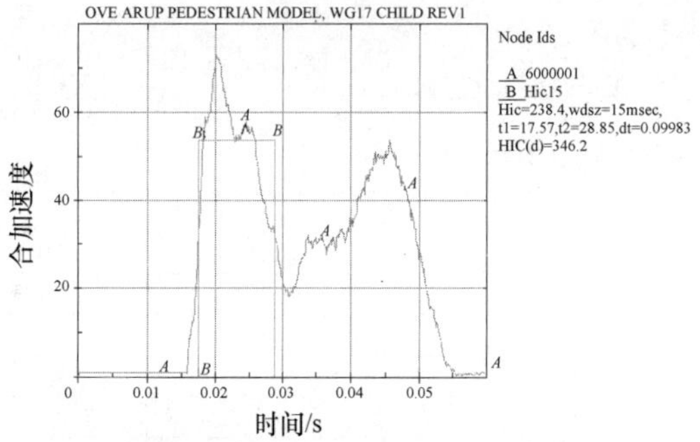


*P*7点加速度曲线及HIC值

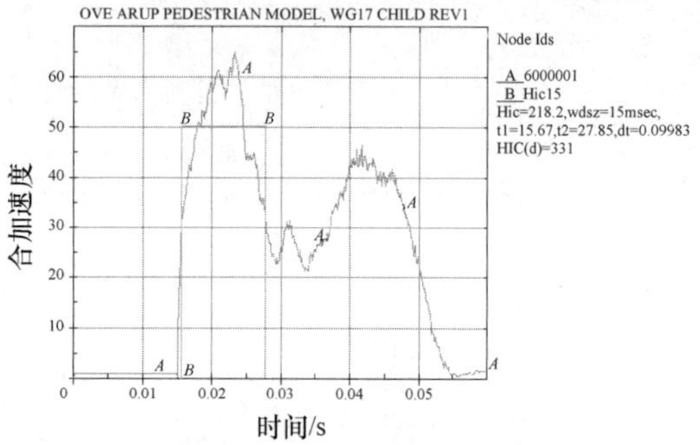


*P*8点加速度曲线及HIC值

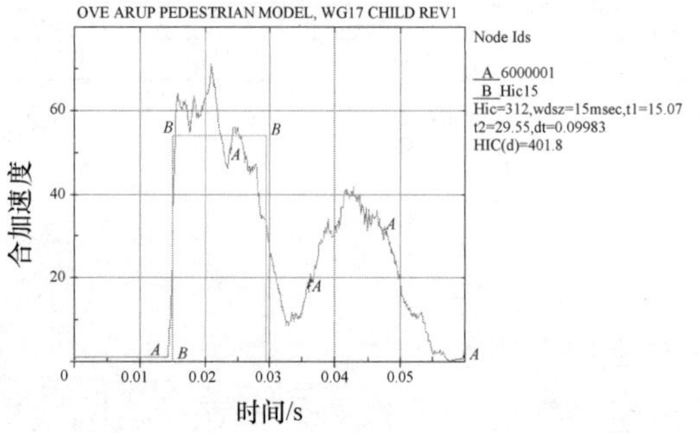


*P*9点加速度曲线及HIC值

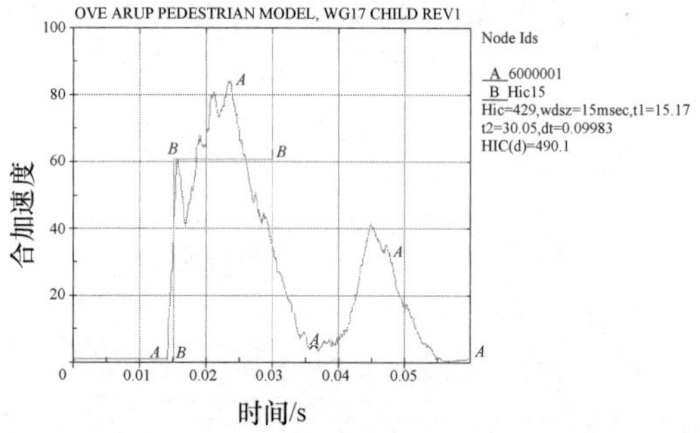


*P*10点加速度曲线及HIC值

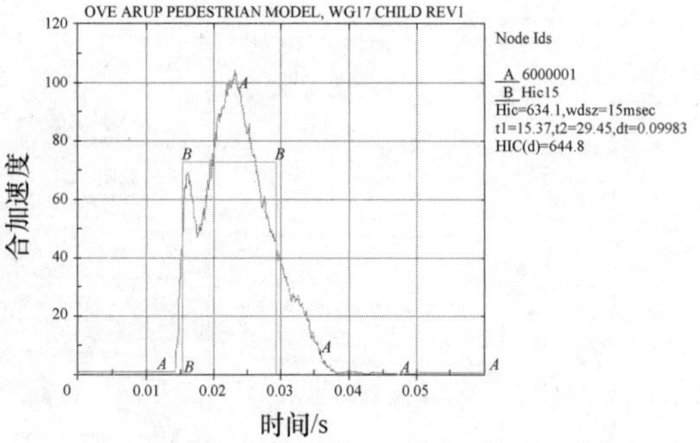


*P*11点加速度曲线及HIC值

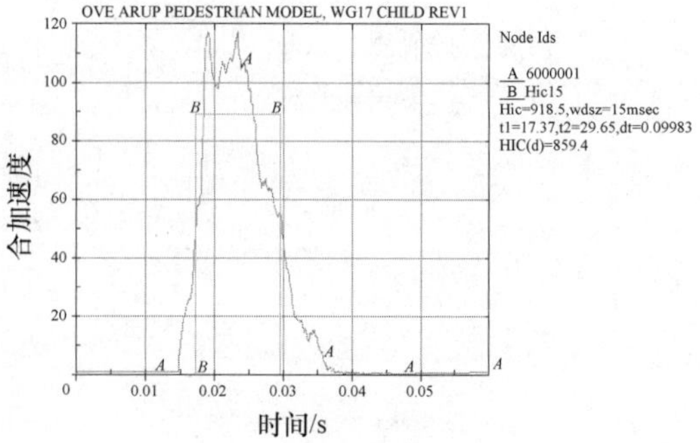


*P*12点加速度曲线及HIC值

图 9-25　各碰撞点加速度曲线图（续）

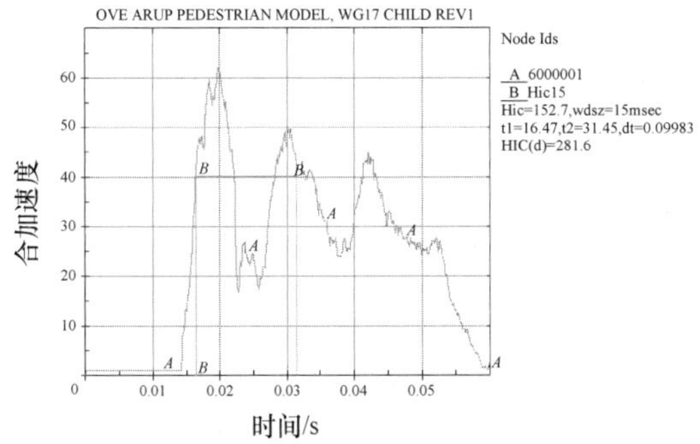

*P*13点加速度曲线及HIC值

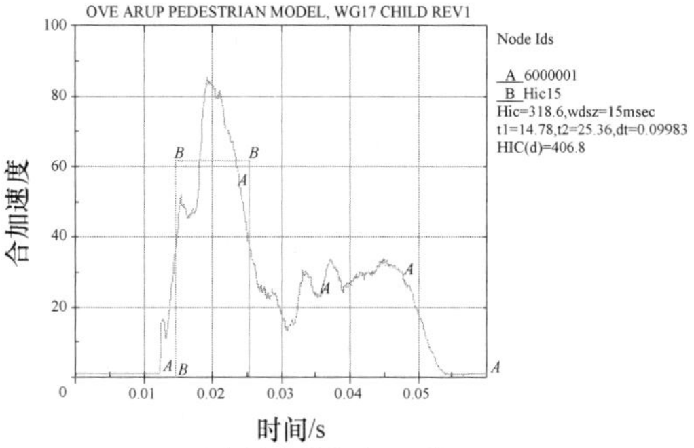

*P*14点加速度曲线及HIC值

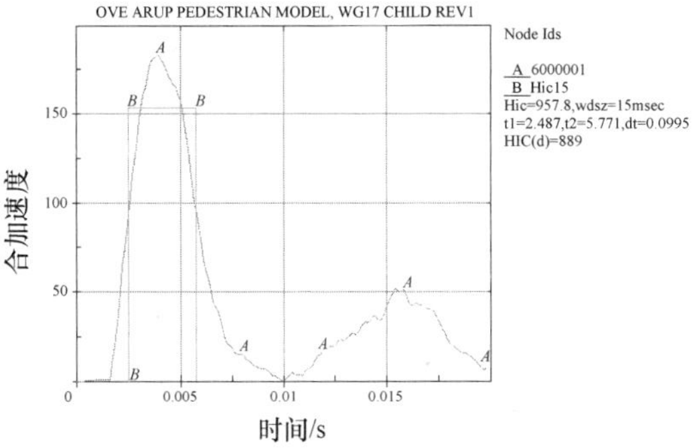

*P*15点加速度曲线及HIC值

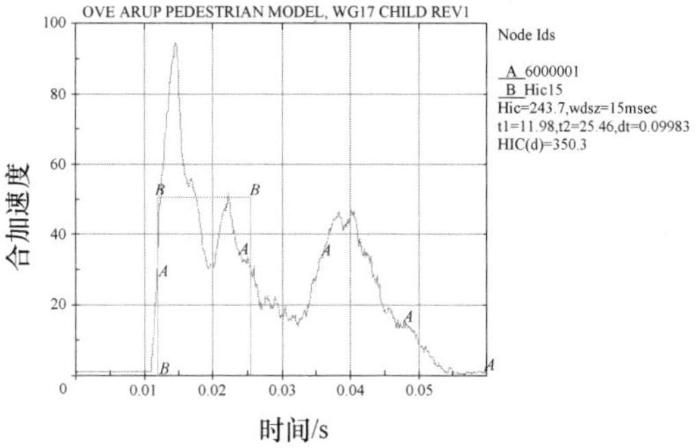

*P*16点加速度曲线及HIC值

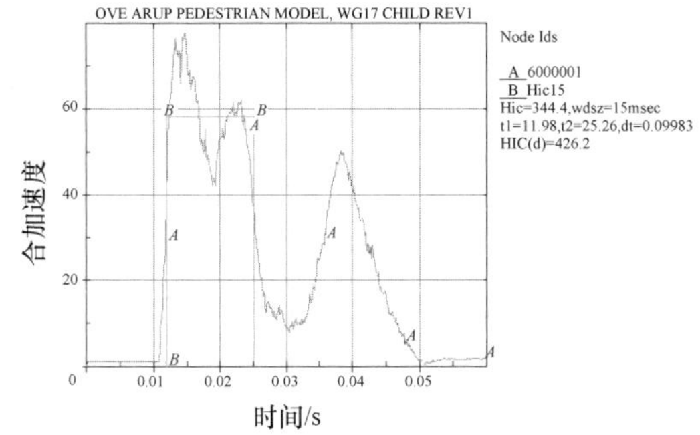

*P*17点加速度曲线及HIC值

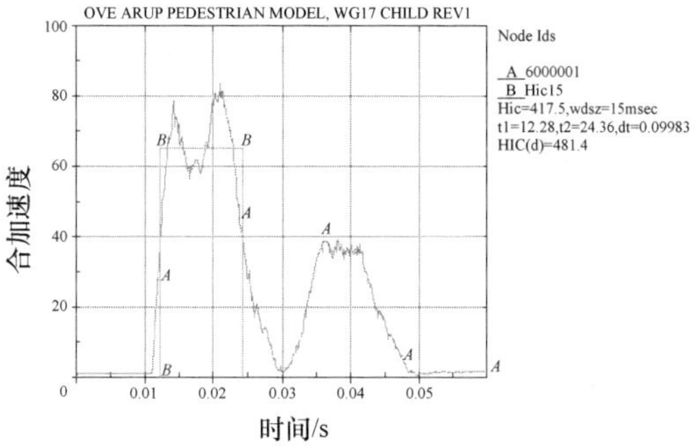

*P*18点加速度曲线及HIC值

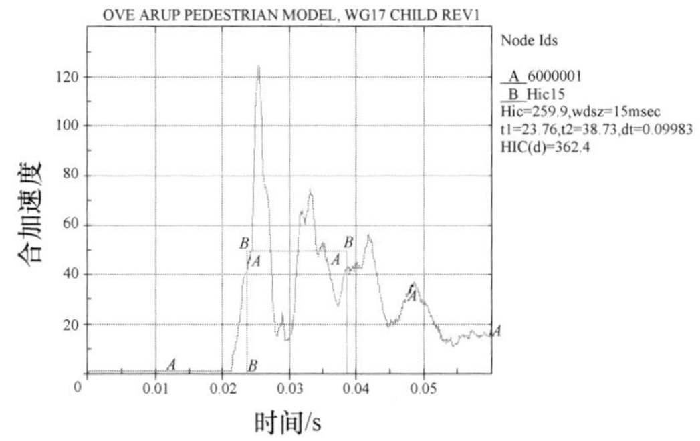

*P*19点加速度曲线及HIC值

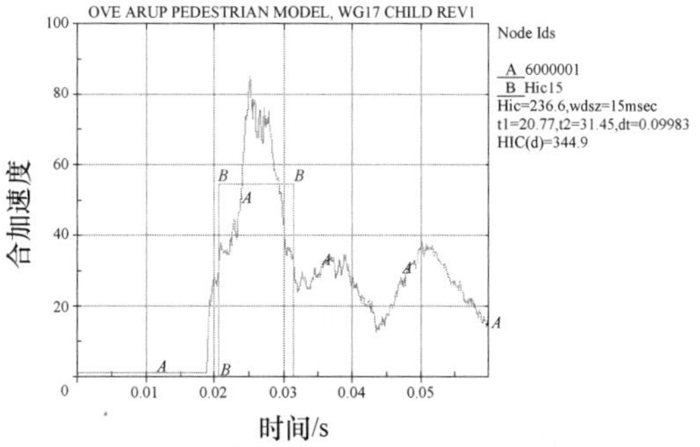

*P*20点加速度曲线及HIC值

图 9-25 各碰撞点加速度曲线图（续）

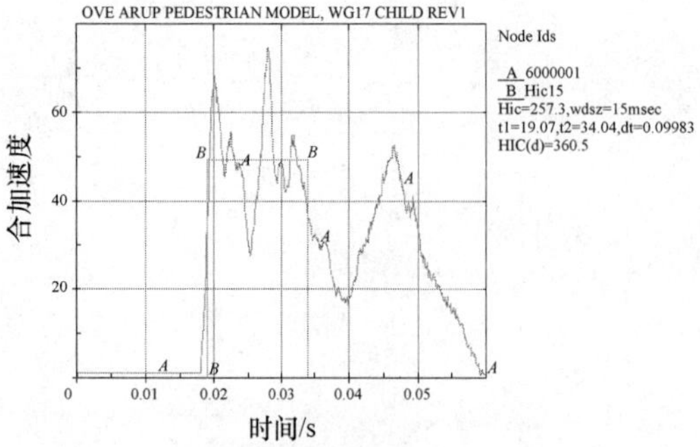


*P*21点加速度曲线及HIC值

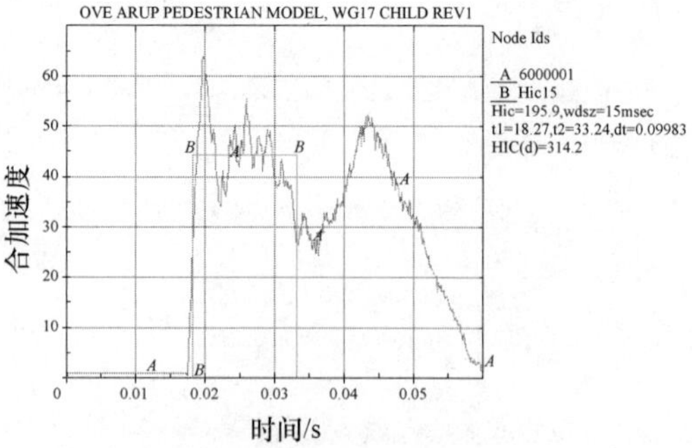


*P*22点加速度曲线及HIC值

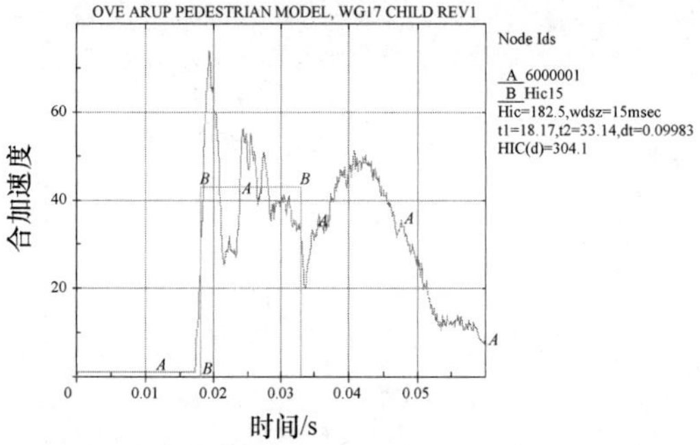


*P*23点加速度曲线及HIC值

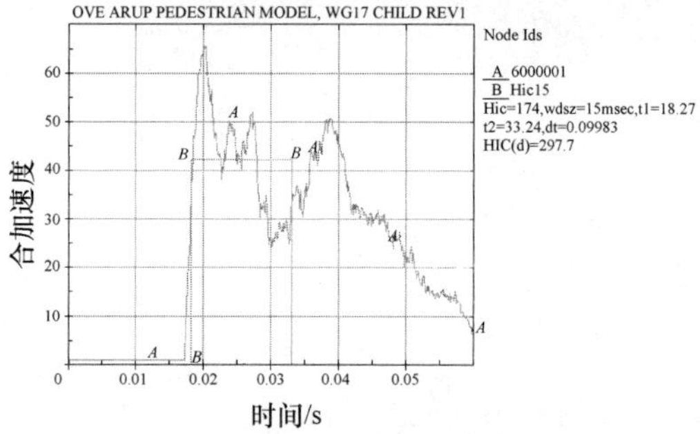


*P*24点加速度曲线及HIC值

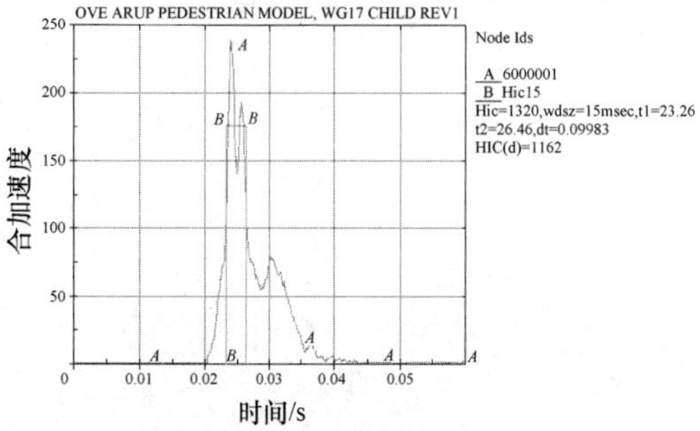


*P*25点加速度曲线及HIC值

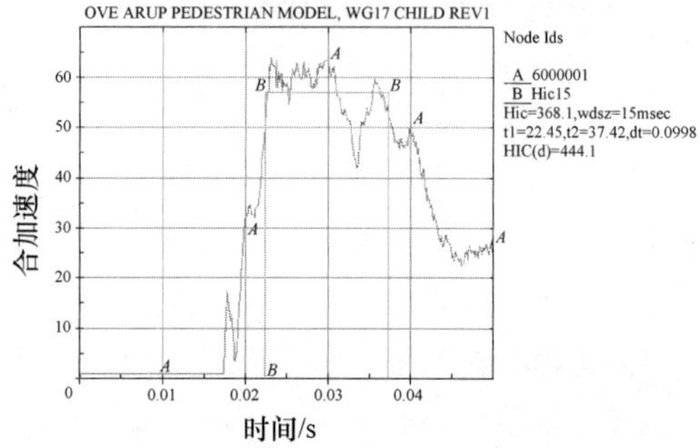


*P*26点加速度曲线及HIC值

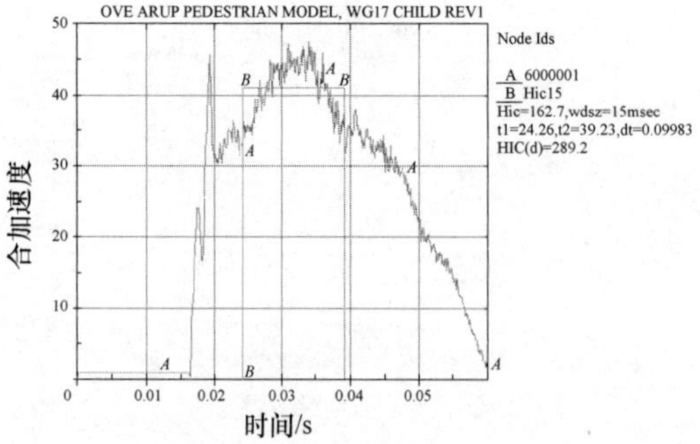


*P*27点加速度曲线及HIC值

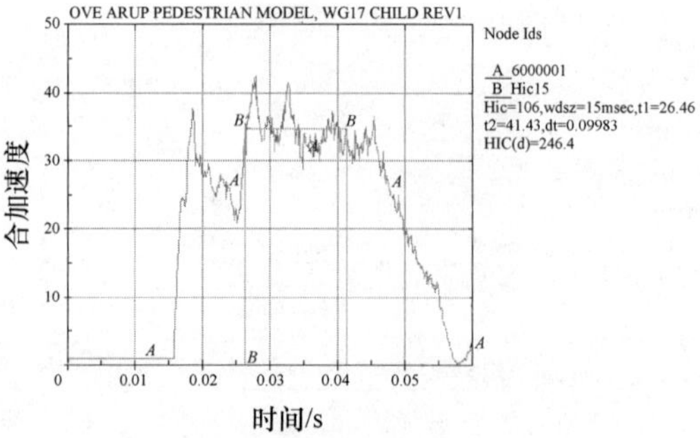


*P*28点加速度曲线及HIC值

图 9-25 各碰撞点加速度曲线图（续）

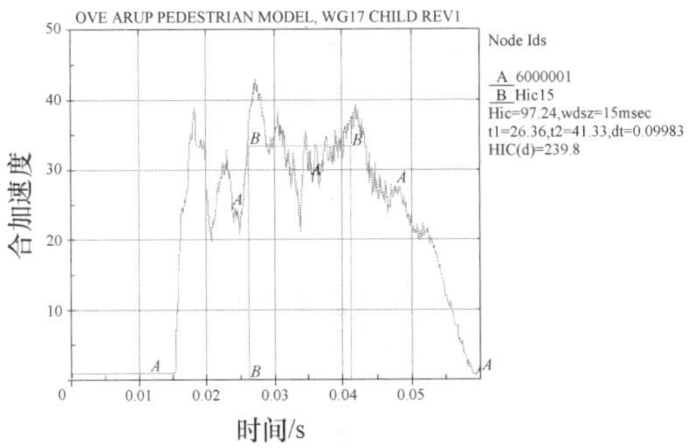


*P*29点加速度曲线及HIC值

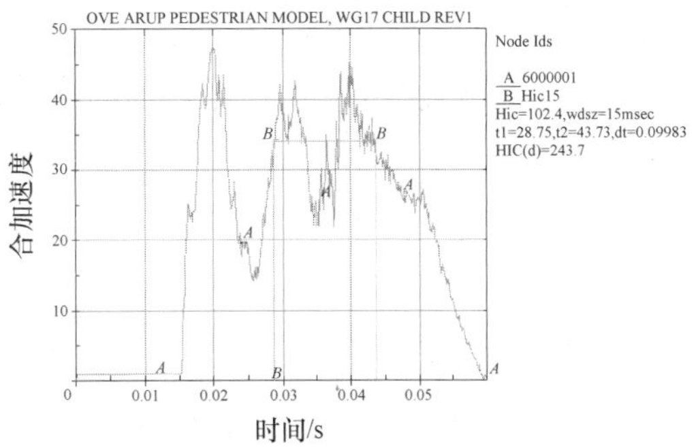


*P*30点加速度曲线及HIC值

图 9-25　各碰撞点加速度曲线图（续）

## 9.5　CFRP 发动机舱盖样件试制及物理试验

为进一步验证优化后的 CFRP 发动机舱盖的性能是否满足性能要求，以及验证优化结果的准确性，采用真空导流树脂工艺，根据前面得到的 CFRP 发动机舱盖优化结果进行样件试制，并以该样件为物理试验对象开展扭转刚度试验、前点弯曲刚度试验、后点弯曲刚度试验、侧向刚度试验，以验证优化结果的准确性。

### 9.5.1　CFRP 发动机舱盖样件试制

**1. 模具制作**

根据 CFRP 发动机舱盖三维（3D）数模及样件成型工艺特点设计，应合理地对分型面、切割线进行布置。在模具设计中，需要根据产品尺寸在模具上设计产品线，在 3D 图中用实体画出，在模具上加工出来，制作产品时产品线会在半成品上留下凹下去的线，沿线切割、钻孔得到产品。模具需要在产品主体以外留有 100mm 余量以粘接密封胶、放置注胶口、排布导流管、放置出胶口。模具外围部分，在不影响产品主体的情况下，应尽量设计成平面，以减小操作难度，方便后期脱模。对于加工模具中木质材料的选择，应选用强度高、抗形变能力强的木材。此外，在加工过程中务必保证木模干燥，避免因温度差或湿度差而产生形变。设计内外板模具时需要考虑产品厚度，保证最后组装产品正常完成。具体模具加工及最终模具实物分别如图 9-26 和图 9-27 所示。

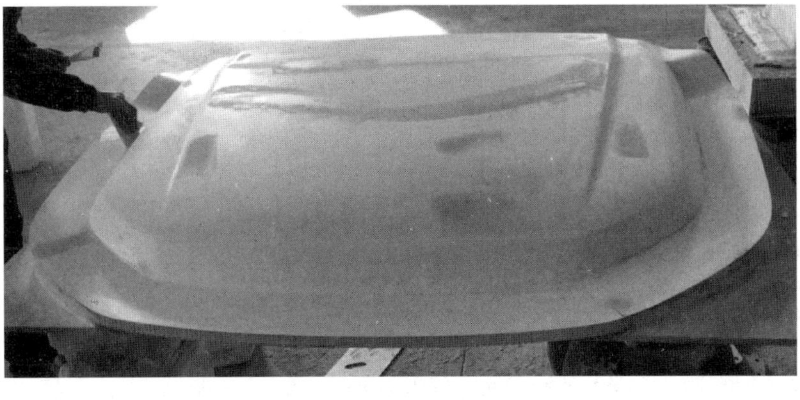

图 9-26　模具加工（见彩插）

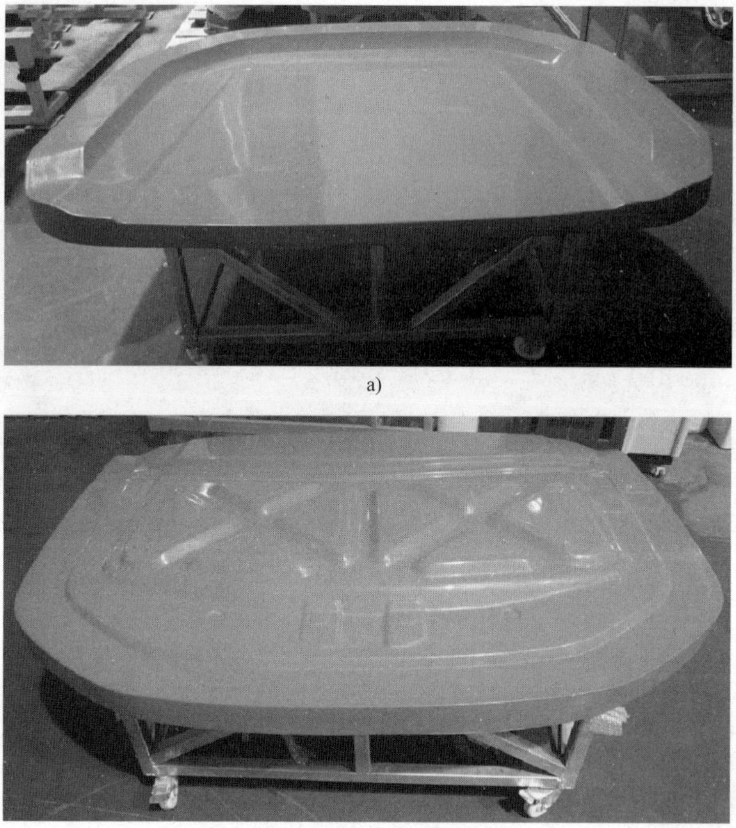

a)

b)

图 9-27　最终模具实物（见彩插）

a）外板玻璃钢模具　b）内板玻璃钢模具

**2. 样件试制**

考虑到处于样件试制阶段，该 CFRP 发动机舱盖试制工艺选择复合材料常用的一种成型工艺——VARTM 成型工艺。该工艺的主要流程如图 9-28 所示。

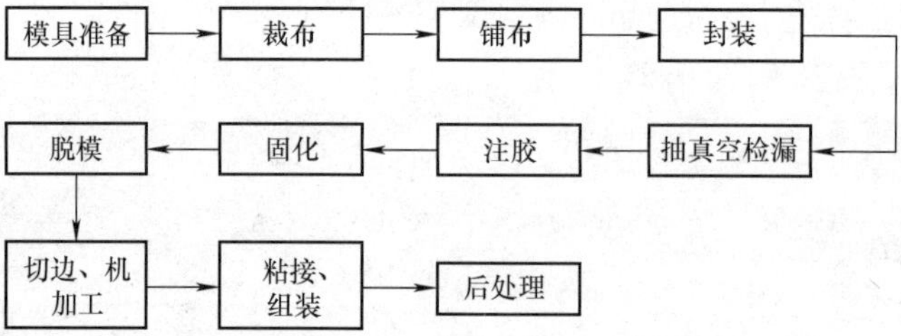


图 9-28　VARTM 工艺样件试制流程

首先进行模具清理：

1）使用平铲将磨具清理干净，清理时将抹布缠在平铲端部，防止划伤磨具表面。

2）使用丙酮擦拭磨具，清理模具表面剩余的污渍，尤其是粘接密封胶的区域。需要将残留的脱模剂清理干净，然后在模具的表面均匀地涂上一层脱模蜡浸渍 24h，最后使用干净的布擦掉表面的脱模蜡，并用酒精清洗干净。

3）根据产品的大小在模具四周粘接密封胶。

4）在产品铺放区域涂抹涂膜剂，初次使用时需要涂抹3次，应注意待上一层脱模剂晾干后再进行下一次涂抹，每次涂抹时需要沿着同一方向。

在模具清理完成后，按照9.4节的优化结果裁剪各铺层形状。用AutoCAD按一定铺层方向画出铺层的具体形状，使用裁床裁出每层铺层并单独放置，在具体铺层中按方案要求铺放铺层。图9-29所示为使用裁床裁切各铺层。

在裁切铺层时，需注意的是裁剪角度必须和铺层设计保持一致。测量时取最长边并留100mm余量，因为实际铺放时可能有误差。每层加强片裁剪后要放到一起，防止铺放时出现错误，裁剪脱模布的尺寸必须大于铺放的CFRP布的尺寸，真空袋裁剪尺寸是模具尺寸的1.5倍。

铺放CFRP布时要保证每层之间紧密贴合，CFRP和模具之间也必须紧密贴合，不能出现空隙，否则会影响产品性能。CFRP发动机舱盖铺层如图9-30所示。

图9-29　使用裁床裁切各铺层

预成型碳纤维增强体铺放完成后，需要依次铺放脱模布、导流网、螺旋管，然后安放注胶口和出胶口。铺放脱模布时，要求紧贴碳纤维层，使用喷胶把脱模布粘到碳纤维表面。然后在最上面铺放导流网，导流网要用喷胶粘到脱模布上。

图9-30　CFRP发动机舱盖铺层

材料铺放好后，在螺旋管上安放注胶底座，在吸胶毡上安放出胶底座，然后封装真空袋，真空袋大小为产品的2倍，封装过程中需要在产品周围均匀的打折，保证在抽真空时，真空袋能够紧贴产品。真空袋封装完成后，使用滚轮按压密封胶使密封胶能够完全粘结真空袋和模具。起动真空泵，抽真空至－0.95MPa以上，稳压5min后关闭真空泵。检查气密性时，用听筒沿着密封胶仔细听并确认没有漏气声后关闭真空泵，观察树脂收集器上面的压力表的数值是否改变，若无漏气声且可以保压10min无变化，则说明气密性良好，将真空泵打开继续抽真空保压待用。若有漏气现象，则仔细检查各封密处，直至找到漏气原因并解决。

在确定真空袋气密性之后，进行基体材料的配比。使用空调将室温控制在（23±2）℃，并将室内湿度（相对）控制为（50±5）%。测量待用的纯树脂的质量，将其放置在真空干燥箱中并将温度设置为40℃抽真空15min，然后取出冷却至室温备用。在冷却至室温后的树脂中按照比例（树脂：固化剂=5∶1）加入固化剂并搅拌均匀后再次抽真空8min，保证气泡全部抽出。注意每次调配的树脂不要超过1.5kg，若产品过大，则需要注入较多树脂，应分多次调配。

将调配好的树脂经注胶管导入产品中，灌注过程中要注意树脂温度的变化及树脂量，如果树脂温度增加则应及时替换掉，如果树脂量不足则要及时补充；当树脂注胶完毕时，开始加热模具（一般加热至80℃）。根据固化工艺进行固化与后固化，一般为80℃持续30min（模具达到80℃时计时30min）+120℃持续30min，后固化时间可以稍长。固化时使用棉被将产品盖住，注意应待冷却后再将棉被撤走，防止产品出现翘曲。CFRP发动机舱盖样件固化如图9-31所示。

产品固化完成后，需要从模具上取出。首先撕掉最上层的真空袋、导流网和脱模布，然后用200mm×25mm×5mm的复合材料条在产品周围均匀插入产品和模具中间，缓慢地把产品从模具上取下，并沿切割线进行切割。

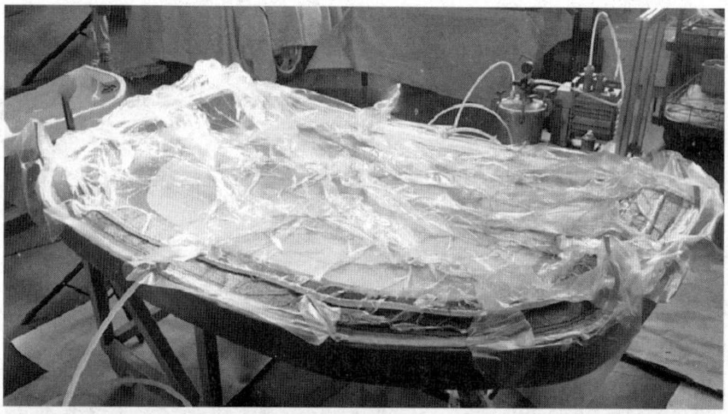

a)

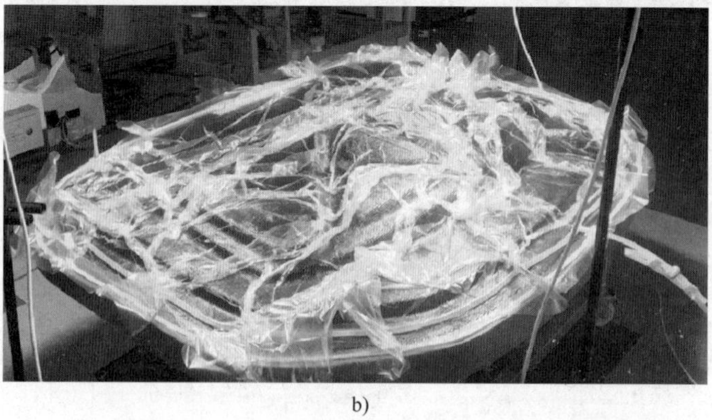

b)

图9-31　CFRP发动机舱盖样件固化

a）CFRP发动机舱盖外板　b）CFRP发动机舱盖内板

**3. 装配合模**

对脱模后的内外板进行切割、修正，并采用胶接加铆接的方式连接各加强板，如图 9-32所示。

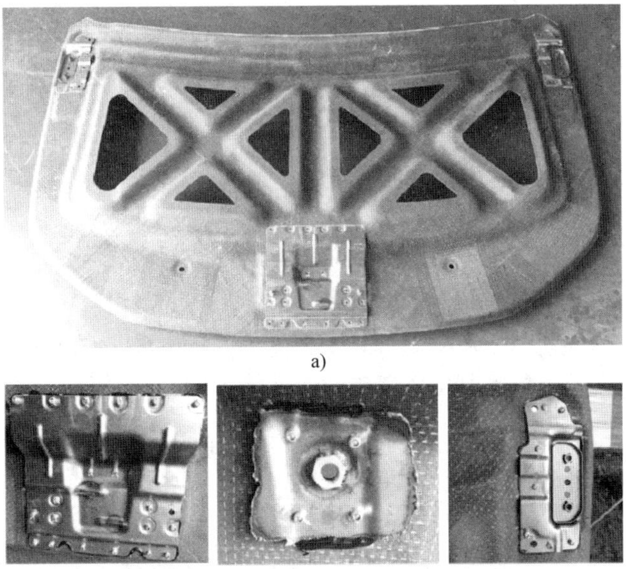

a)

b)　c)　d)

图 9-32　金属件与内板连接

a）连接关系　b）锁扣加强板　c）缓冲块加强板　d）铰链加强板

最终试制的 CFRP 发动机舱盖试制样件总成如图 9-33 所示。

## 9.5.2　CFRP 发动机舱盖物理试验

**1. 扭转刚度试验**

扭转刚度试验系统如图 9-34 所示。以 CFRP 发动机舱盖的整体坐标系为基准，约束发动机舱盖铰链处的六个自由度，约束一侧缓冲块处 $Z$ 方向的平动，同时在另一侧缓冲块处施加沿 $Z$ 轴正向载荷，最大为 80N。扭转刚度试验中的约束夹具和加载夹具分别如图 9-35 和图 9-36 所示。

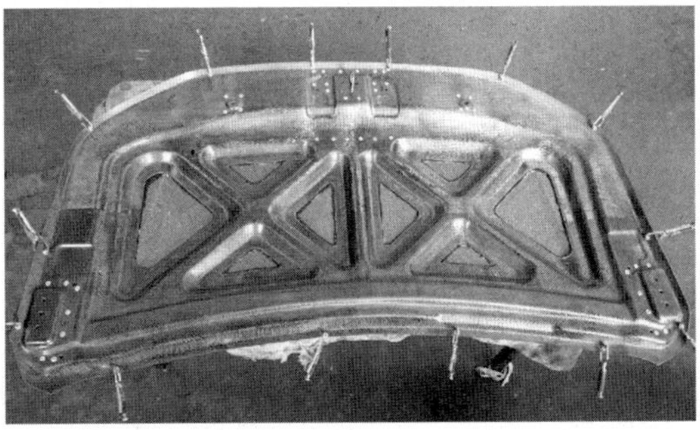

图 9-33　CFRP 发动机舱盖试制样件总成

扭转刚度试验步骤如下：

1）参照约束方式和加载方式，设计约束和加载工装夹具。

2）利用工装夹具，将 CFRP 发动机舱盖样件安装在试验台上。

3）进行预加载。预加载的最大载荷为实际加载载荷的 1/2，预加载的目的是尽可能消除 CFRP 发动机舱盖自重和工装间隙对测量结果的影响。

4）读取加载点位移$Z_1$。

5）分级加载、卸载并记录数据。

图 9-34　扭转刚度试验系统

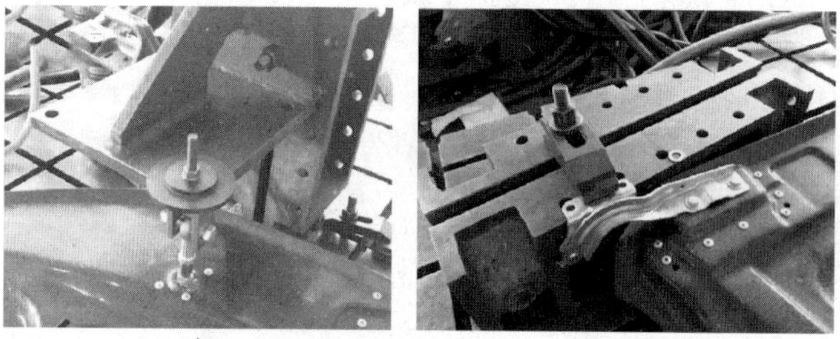

a)　　　　　　　　　　b)

图 9-35　扭转刚度试验中的约束夹具

a）缓冲块处约束夹具　b）铰链处约束夹具

图 9-36　扭转刚度试验中的加载夹具

对试验结果进行数据处理，记录加载处的位移$Z_1$，并与其初始值作差，得到在不同级别的载荷作用下的位移变化量$\Delta Z$，则发动机舱盖的扭转刚度为

$$K=\frac{M}{\alpha}=\frac{FB}{\arctan\left(\frac{\Delta Z}{B}\right)}\approx\frac{F}{\Delta Z}B^2 \tag{9-67}$$

式中，$K$为扭转刚度；$M$为加载扭矩；$\alpha$为扭转角；$F$为加载力；$B$为两侧缓冲块$Y$向间距，$\Delta Z$表示加载点的$Z$向位移变化量。

最终测得的试验数据见表9-8。根据上述数据处理方法，最终测得的CFRP发动机舱盖样件的扭转刚度为30522.13N·m/rad。

**表9-8　扭转刚度试验数据**

| 第一次试验数据 | | 第二次试验数据 | |
|---|---|---|---|
| 加载点载荷 $F$/N | 位移变化量 $\Delta Z$/mm | 加载点载荷 $F$/N | 位移变化量 $\Delta Z$/mm |
| 3 | 0.000 | 4 | 0.000 |
| 16 | -0.163 | 15 | -0.178 |
| 31 | -0.402 | 33 | -0.455 |
| 46 | -0.657 | 47 | -0.653 |
| 63 | -0.935 | 62 | -0.920 |
| 79 | -1.209 | 80 | -1.178 |
| 64 | -1.000 | 65 | -0.997 |
| 49 | -0.779 | 49 | -0.745 |
| 32 | -0.534 | 32 | -0.483 |
| 17 | -0.298 | 16 | -0.218 |
| 3 | -0.040 | 2 | 0.005 |

**2. 弯曲刚度试验**

进行CFRP发动机舱盖弯曲刚度试验的目的是为测量CFRP发动机舱盖样件整体的弯曲刚度。整个试验分为前点弯曲刚度试验和后点弯曲刚度试验。前点弯曲刚度试验主要是检验发动机舱盖锁扣处的抗变形能力，后点弯曲刚度试验主要检验翻边处的局部刚度。整个试验系统由液压伺服系统、刚度试验台、工装夹具组成。

前点弯曲刚度和后点弯曲刚度的试验系统分别如图9-37a、b所示。二者的约束形式均相同，约束铰链处的6自由度，并约束两个缓冲块处的沿$Z$方向的平动自由度。二者的区

a)

b)

图9-37　弯曲刚度试验系统

a）前点弯曲刚度试验系统　b）后点弯曲刚度试验系统

别是加载方式不同：对于前点弯曲刚度试验，其在锁扣中心处施加沿 $Z$ 轴的载荷，最大载荷为 200N；而对于后点弯曲刚度试验，在后部翻边中点处施加沿 $Z$ 轴的载荷，最大载荷为 200N。前点弯曲刚度试验和后点弯曲刚度试验的加载方式如图 9-38 所示。

a)　　　　b)

图 9-38　弯曲刚度试验加载方式

a）前点弯曲刚度试验加载方式　b）后点弯曲刚度试验加载方式

弯曲刚度试验的数据处理方法与扭转刚度试验的数据处理方法相同，记录加载点的位移，并根据加载点处的初始位移计算加载点处的变形量计算弯曲刚度：

$$K=\frac{F}{\Delta Z} \tag{9-68}$$

表 9-9 和表 9-10 分别给出了前点弯曲刚度和后点弯曲刚度的试验数据。根据前述弯曲刚度计算方法，最终测得的 CFRP 发动机舱盖前点弯曲刚度为 576.74N/mm，后点弯曲刚度为 142.78N/mm。

**表 9-9　前点弯曲刚度试验数据**

| 第一次试验数据 | | 第二次试验数据 | |
|---|---|---|---|
| 加载点载荷 $F$/N | 位移变化量 $\Delta Z$/mm | 加载点载荷 $F$/N | 位移变化量 $\Delta Z$/mm |
| 5 | 0.000 | 9 | 0.000 |
| 95 | −0.155 | 69 | −0.107 |
| 162 | −0.267 | 140 | −0.226 |
| 216 | −0.372 | 214 | −0.356 |
| 162 | −0.279 | 107 | −0.179 |
| 86 | −0.154 | 60 | −0.094 |
| 9 | −0.013 | 3 | 0.009 |

**表 9-10　后点弯曲刚度试验数据**

| 第一次试验数据 | | 第二次试验数据 | |
|---|---|---|---|
| 加载点载荷 $F$/N | 位移变化量 $\Delta Z$/mm | 加载点载荷 $F$/N | 位移变化量 $\Delta Z$/mm |
| 2 | 0 | 9 | 0.000 |
| 49 | −0.311 | 69 | −0.311 |
| 100 | −0.672 | 140 | −0.643 |
| 152 | −1.062 | 214 | −1.008 |
| 198 | −1.424 | 107 | −1.361 |
| 152 | −1.134 | 60 | −1.031 |
| 104 | −0.013 | 3 | 0.009 |

**3. 侧向刚度试验**

在发动机舱盖开闭过程中，由于装配误差（在制造公差范围之内）等因素，锁扣处可能承受侧向力。因此，须保证发动机舱盖具有一定的侧向刚度，以使得其在多次使用后，能够保证正常工作。

CFRP 发动机舱盖侧向刚度的试验系统如图 9-39 所示，约束方式与弯曲刚度试验的约束方式相同。借助伺服液压系统，在锁扣处施加沿 $X$ 轴方向的最大为 250N 的载荷。侧向刚度试验的加载装置如图 9-40 所示。

图 9-39　CFRP 发动机舱盖侧向刚度试验系统

图 9-40　侧向刚度试验加载装置

侧向刚度试验数据的处理方法与弯曲刚度试验相同，测量加载点的位移，由式（9-68）计算 CFRP 发动机舱盖的侧向刚度。侧向刚度试验数据见表 9-11，最终计算得到的 CFRP 发动机舱盖侧向刚度为 213.07N/mm。

**表 9-11　侧向刚度试验数据**

| 第一次试验数据 | | 第二次试验数据 | |
|---|---|---|---|
| 加载点载荷 $F$/N | 位移变化量 $\Delta Z$/mm | 加载点载荷 $F$/N | 位移变化量 $\Delta Z$/mm |
| 3 | 0.000 | 5 | 0.000 |
| 58 | -0.211 | 48 | -0.165 |
| 100 | -0.392 | 107 | -0.410 |

（续）

| 第一次试验数据 | | 第二次试验数据 | |
|---|---|---|---|
| 加载点载荷 $F$/N | 位移变化量 $\Delta Z$/mm | 加载点载荷 $F$/N | 位移变化量 $\Delta Z$/mm |
| 150 | -0.647 | 148 | -0.625 |
| 200 | -0.884 | 200 | -0.867 |
| 255 | -1.148 | 249 | -1.098 |
| 200 | -0.960 | 202 | -0.924 |
| 149 | -0.732 | 152 | -0.711 |
| 99 | -0.503 | 101 | -0.489 |
| 55 | -0.295 | 47 | -0.223 |
| -2 | -0.028 | 6 | -0.030 |

## 参考文献

[1] 吴驰．CFRP 车身结构件的结构与工艺一体化优化算法研究［D］．上海：同济大学，2018.

## 思考题

1. 简述纤维增强塑料的各向异性特性。
2. 简述离散材料角度拓扑优化方法 DMO。

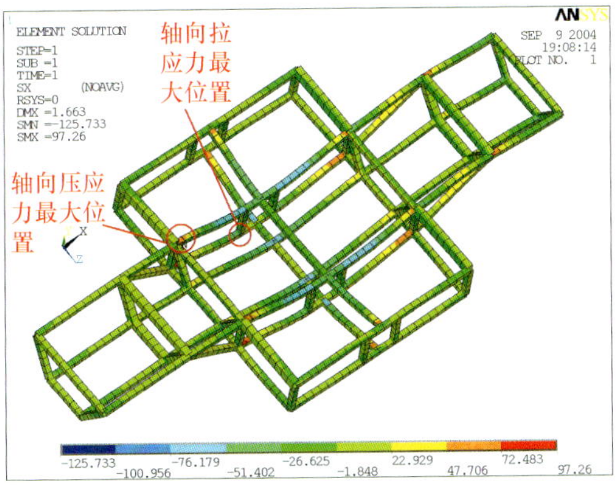


图 2-30　弯曲工况应力分布图

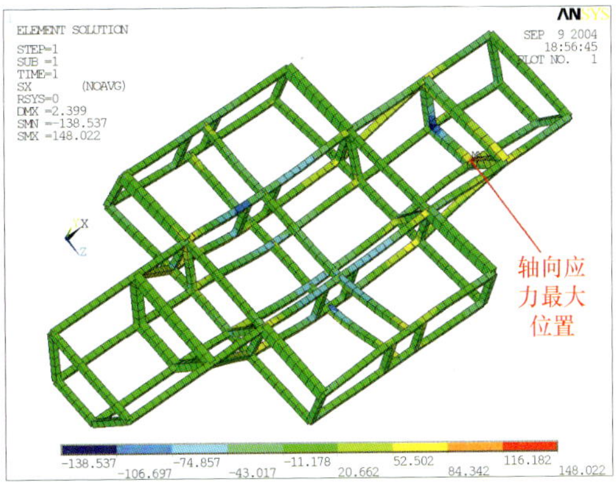


图 2-31　弯扭组合工况应力分布图

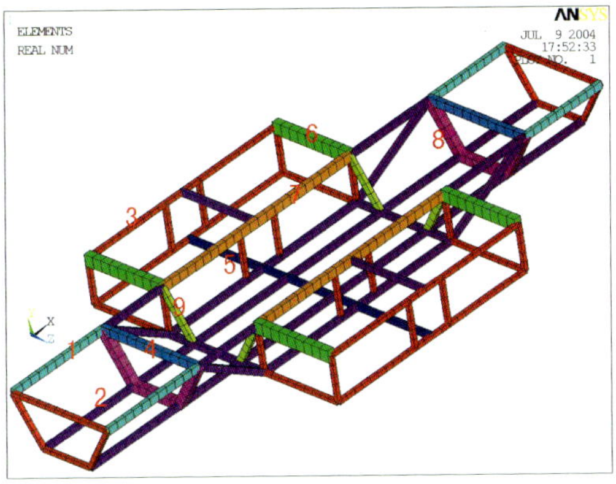


图 2-32　优化后车架有限元模型

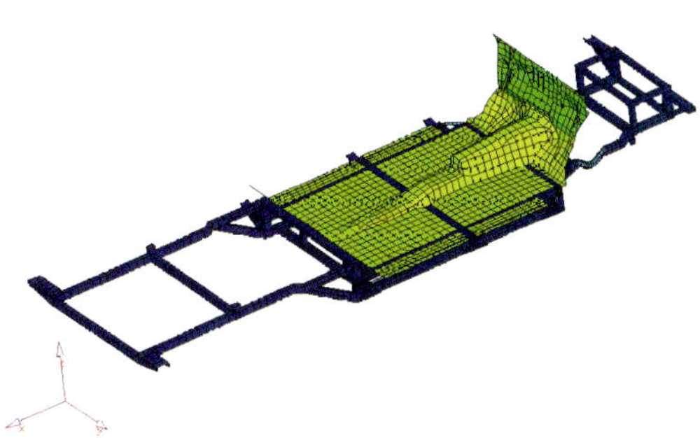

图 3-54　改制车架示意图

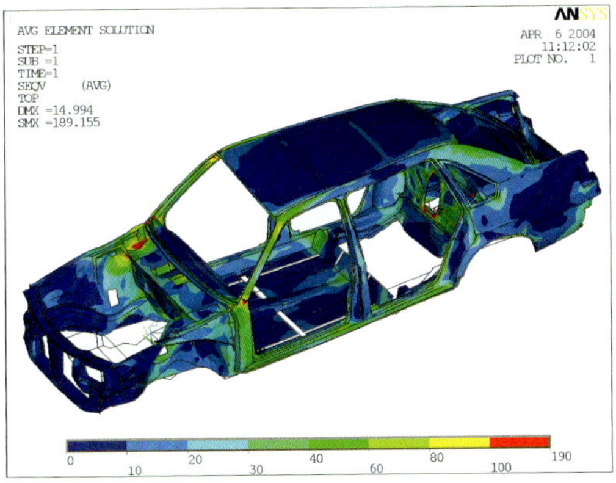


图 3-59　弯扭组合工况上车身等效应力分布

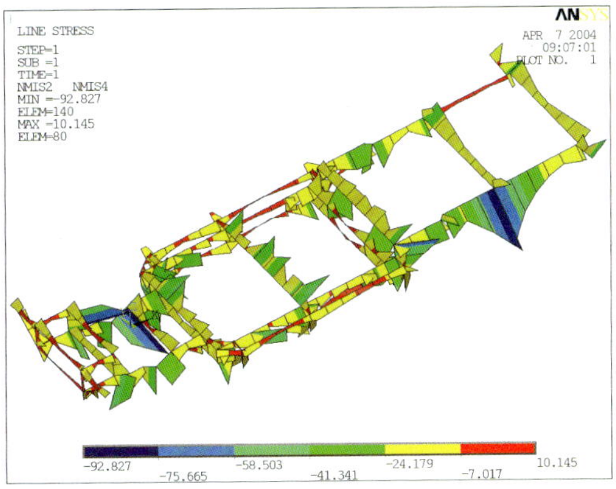


图 3-60　弯扭工况车架应力图

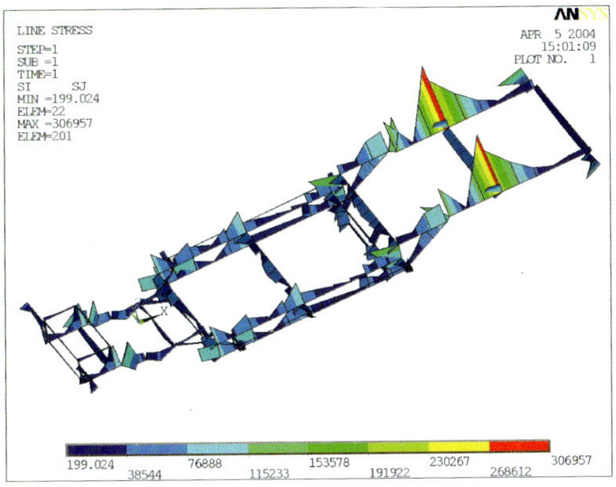


图 3-61　弯曲工况车架弯矩分布图

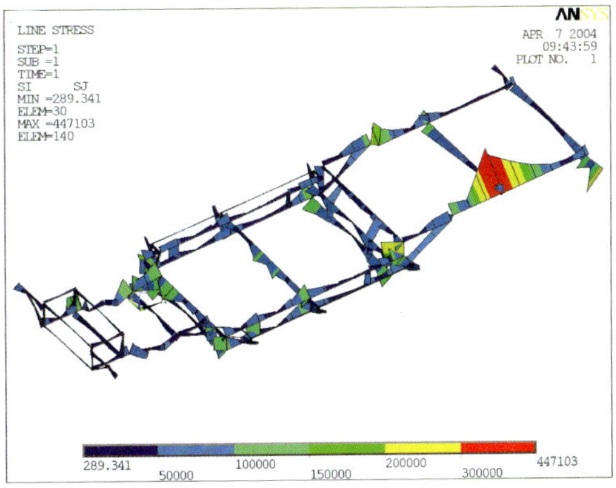


图 3-62　弯扭组合工况车架弯矩分布图

表 4-3　车架梁模型模态分析

| 振形描述 | 频率 | 振形图 |
|---|---|---|
| 绕 $x$ 轴一阶扭转模态 | 27.04Hz | 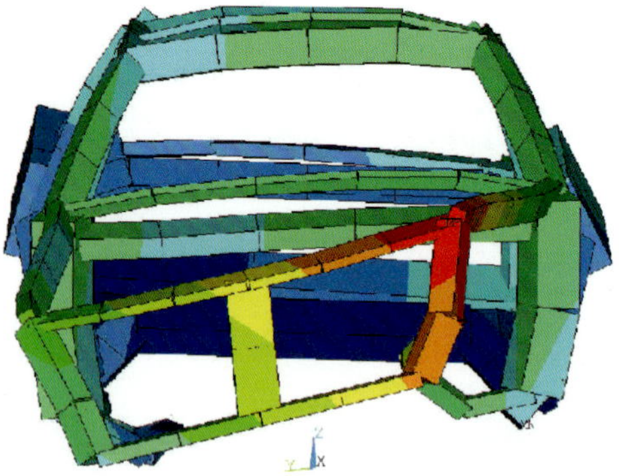 |
| 绕 $y$ 轴一阶弯曲模态 | 43.18Hz | 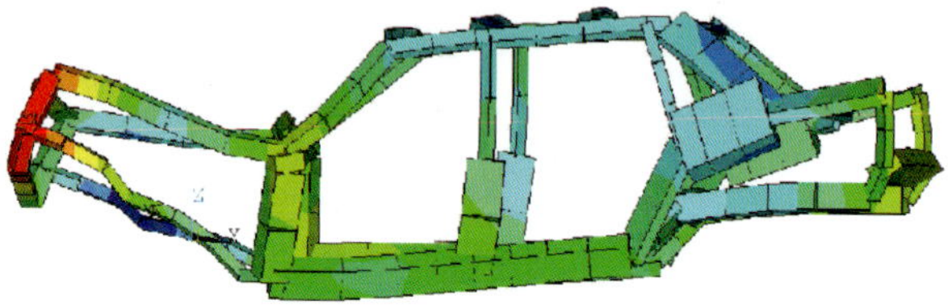 |

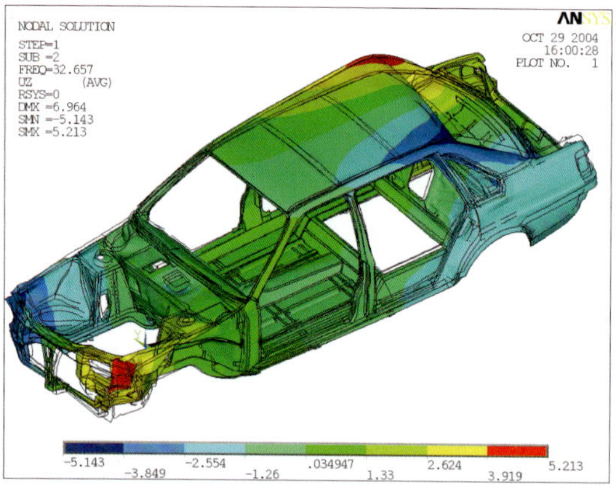


图 4-7　某电动汽车车身壳体一阶扭转振型图

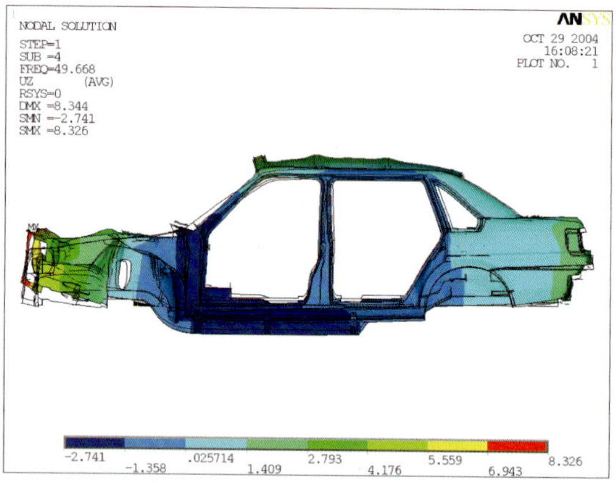


图 4-8　某电动汽车车身壳体一阶弯曲振型图

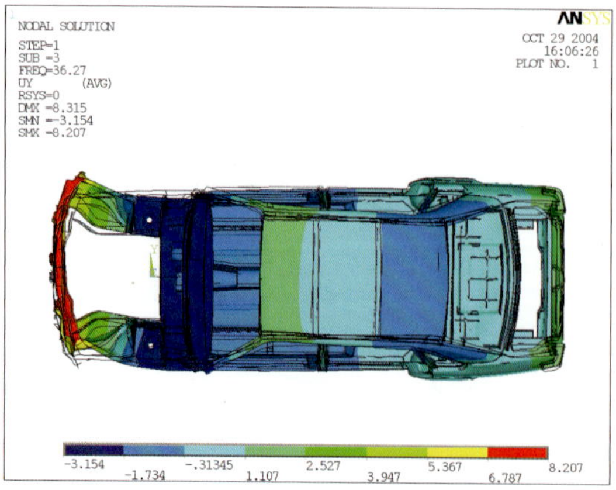


图 4-9　某电动汽车车身壳体前舱局部振型图

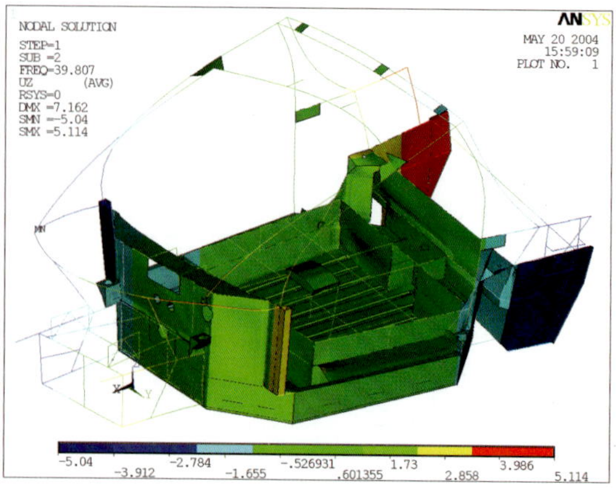


图 4-12　车身骨架整体一阶扭转模态

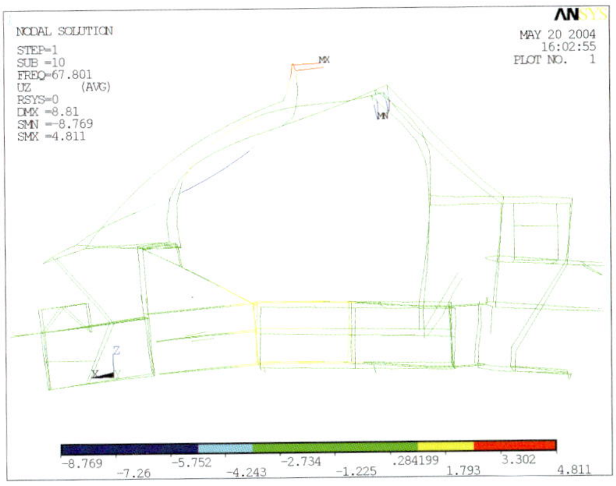


图 4-13　车身骨架整体一阶竖弯模态

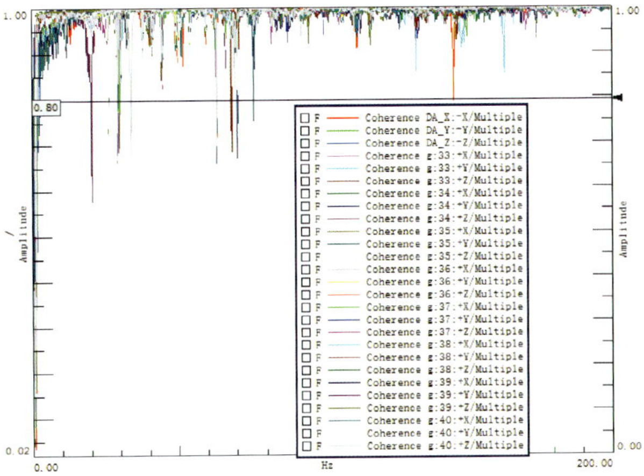


图 6-27　信号的相干系数

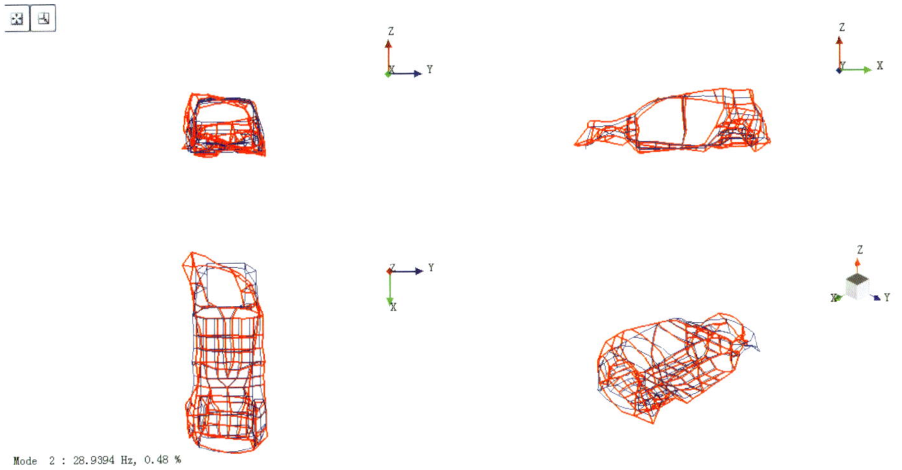


图 6-28　白车身 1 阶扭转模态（28.939Hz）

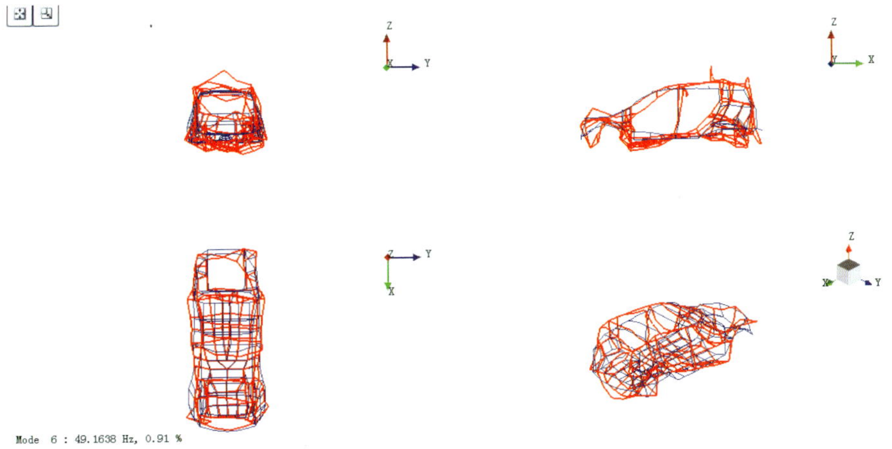


图 6-29　白车身 1 阶弯曲模态（49.164Hz）

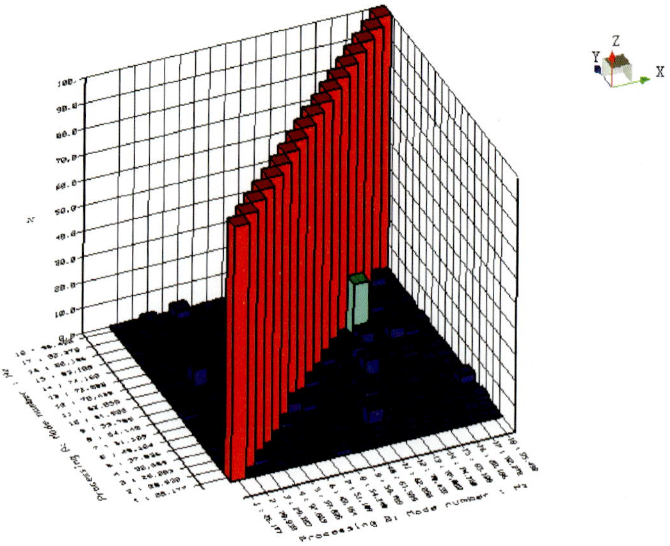

图 6-30　前 15 阶模态之间的 MAC 值直方图

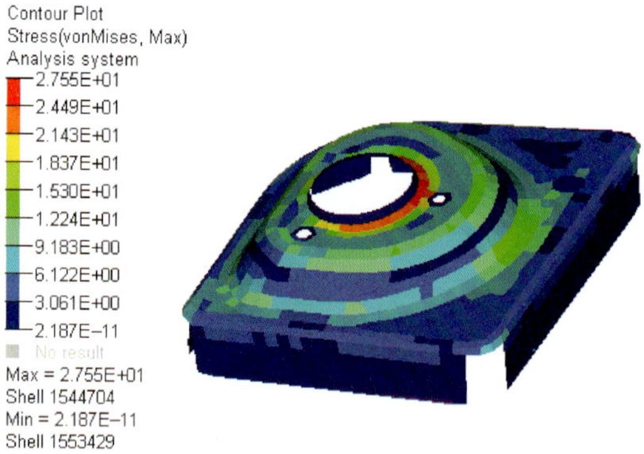


图 7-23　左前轮罩应力分布

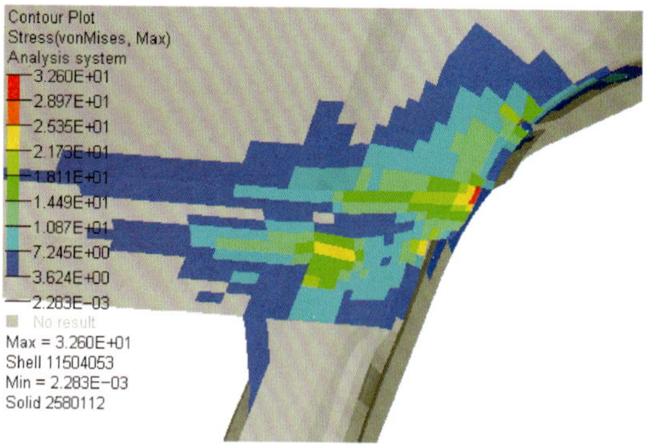


图 7-24　左 A 柱应力分布

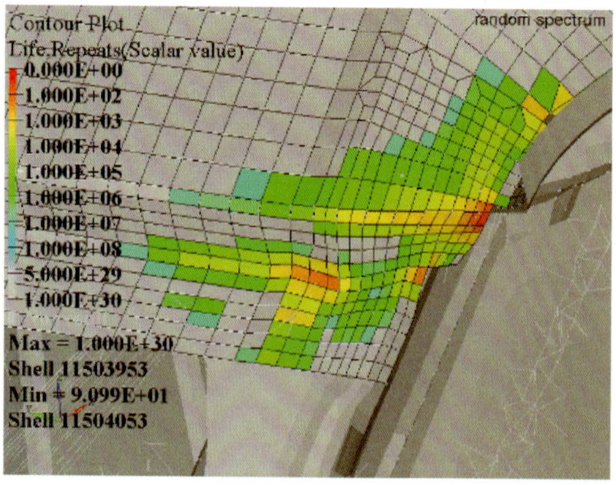


图 7-26　A 柱上端疲劳寿命云图对比

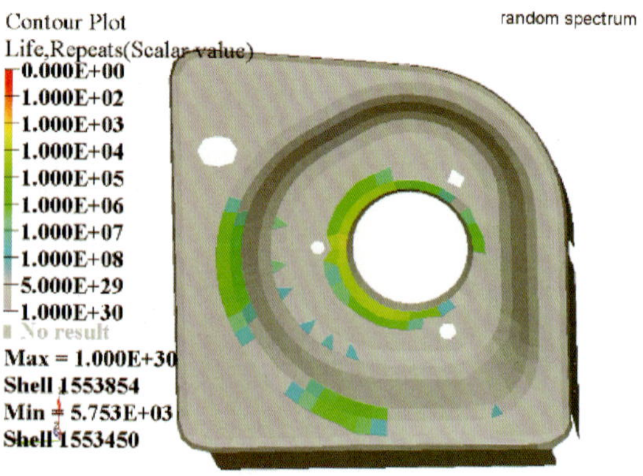


图 7-27　前减振器轮罩疲劳寿命云图对比

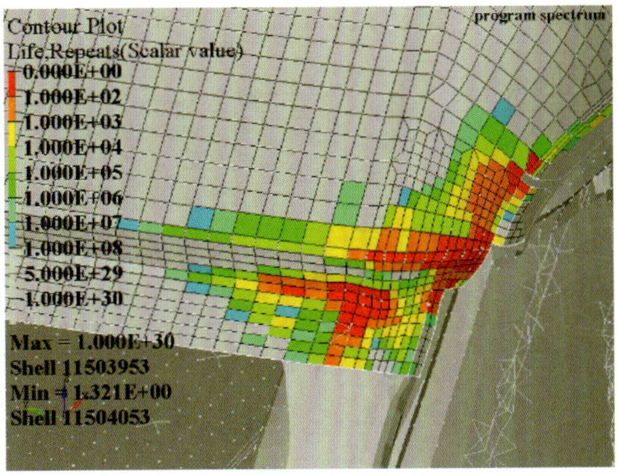


图 7-34　A 柱上端疲劳寿命云图

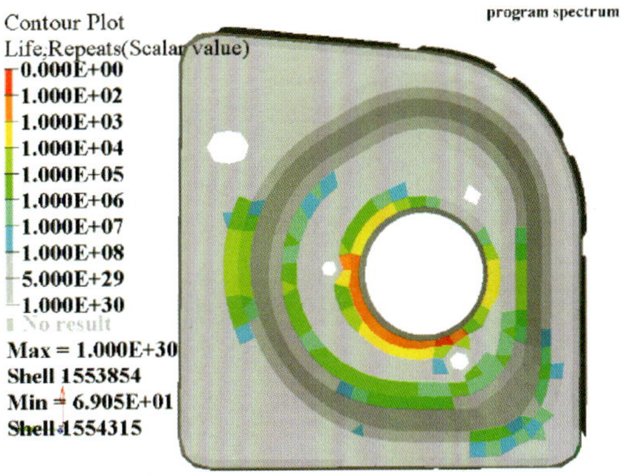


图 7-35　前减振器轮罩疲劳寿命云图

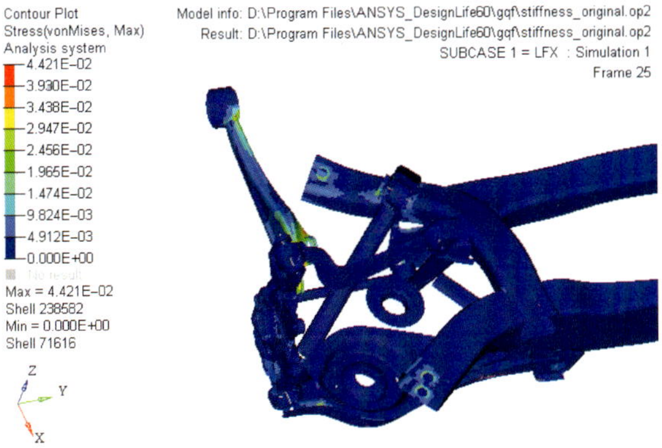


图 7-37　左侧轴头在 $X$ 方向单位力作用下的应力分布

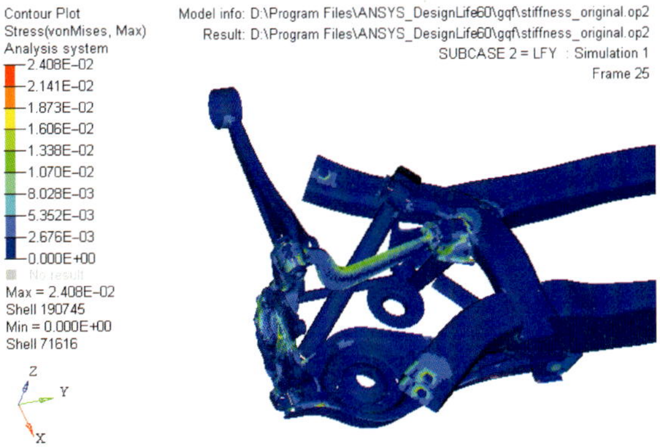


图 7-38　左侧轴头在 $Y$ 方向单位力作用下的应力分布

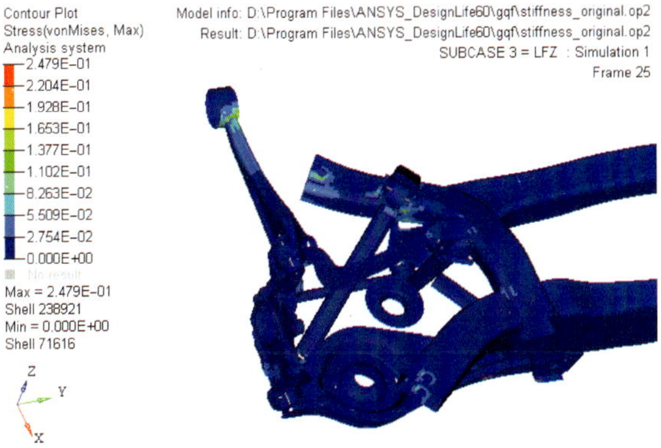


图 7-39　左侧轴头在 $Z$ 方向单位力作用下的应力分布

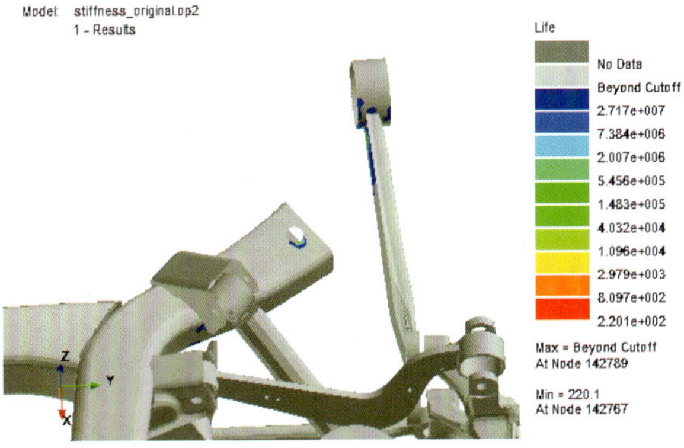


图 7-40　多通道时域载荷工况下的疲劳寿命结果

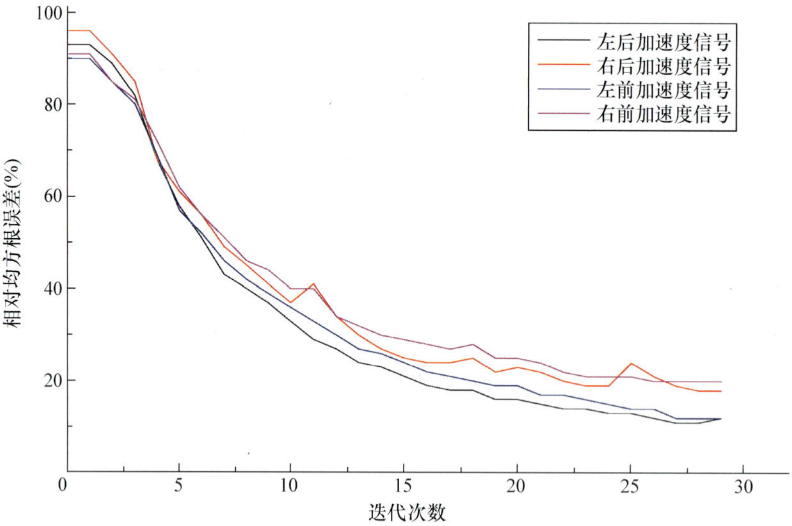


图 7-44　比利时路物理迭代均方根误差

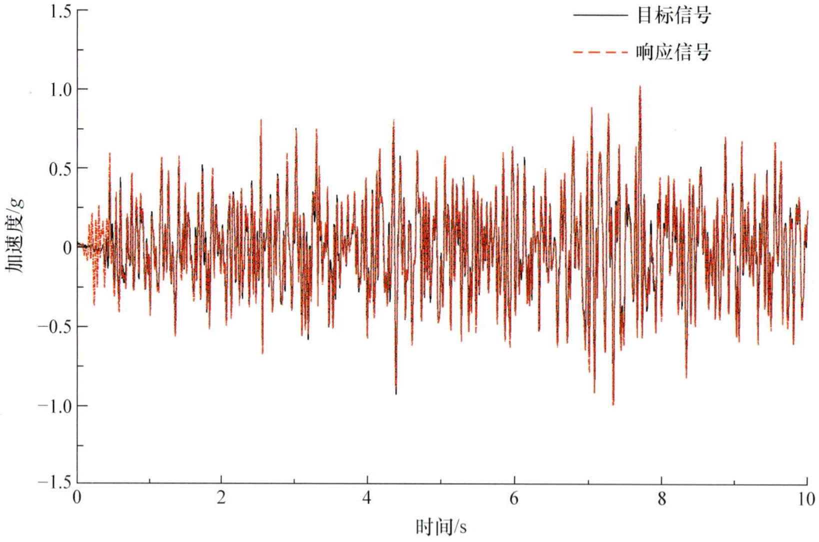


图 7-45　时域波形对比

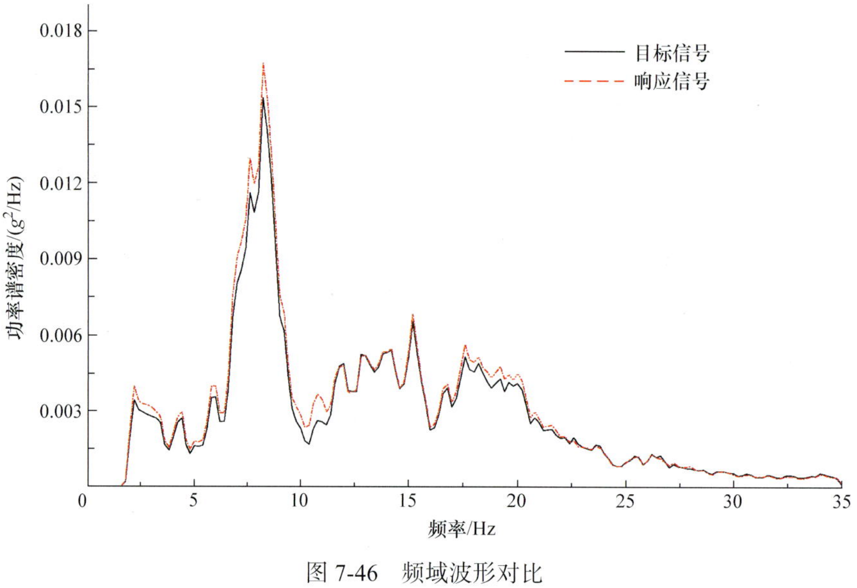


图 7-46　频域波形对比

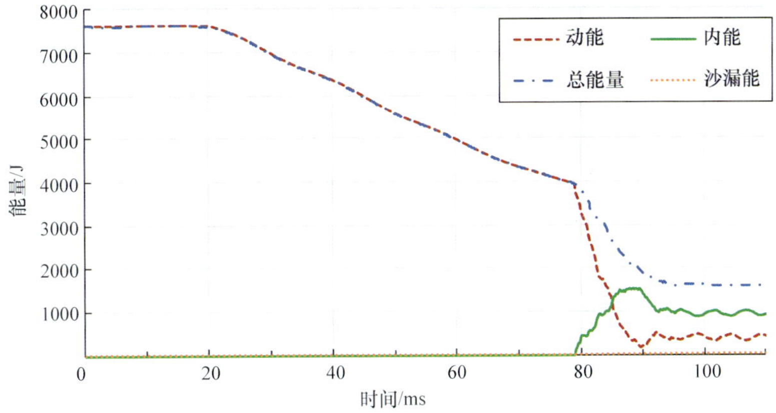


图 8-20　行李碰撞能量曲线图

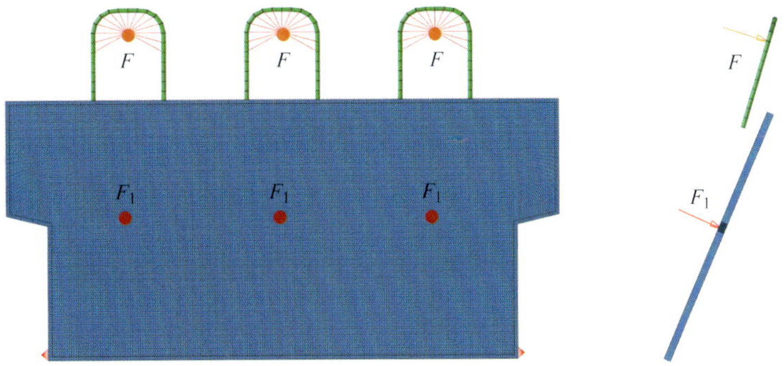


图 8-27　头枕刚度工况载荷位置示意图

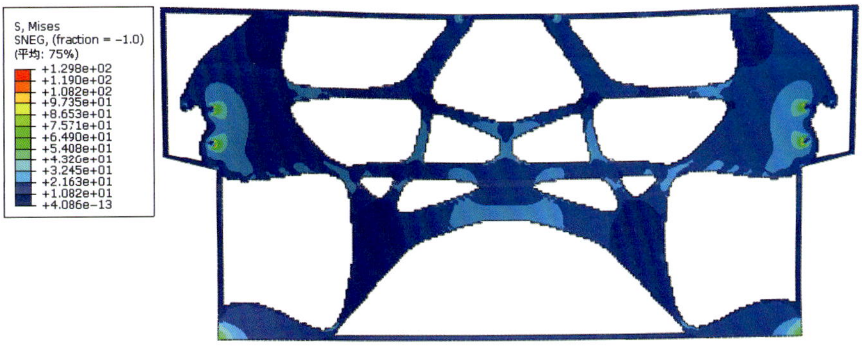


图 8-35　Step-1 单元下表面 Mises 应力云图

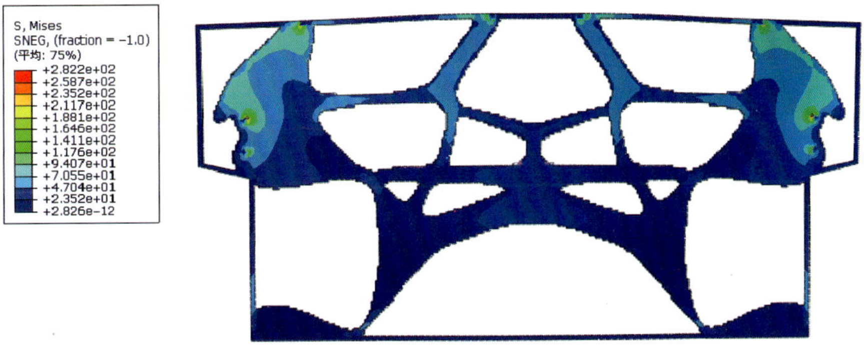


图 8-36　Step-3 单元下表面 Mises 应力云图

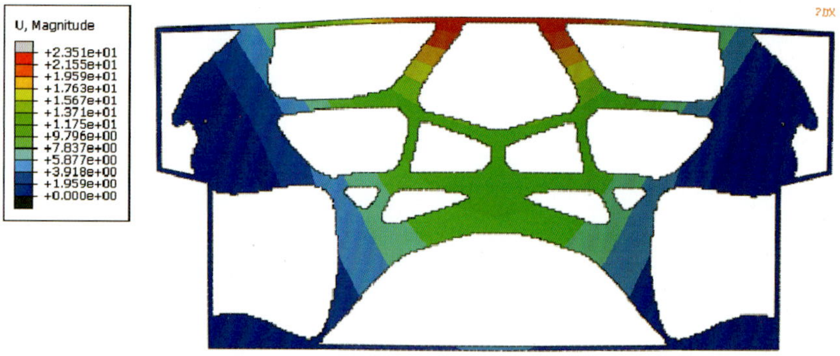


图 8-37　靠背结构 1 阶模态阵型图

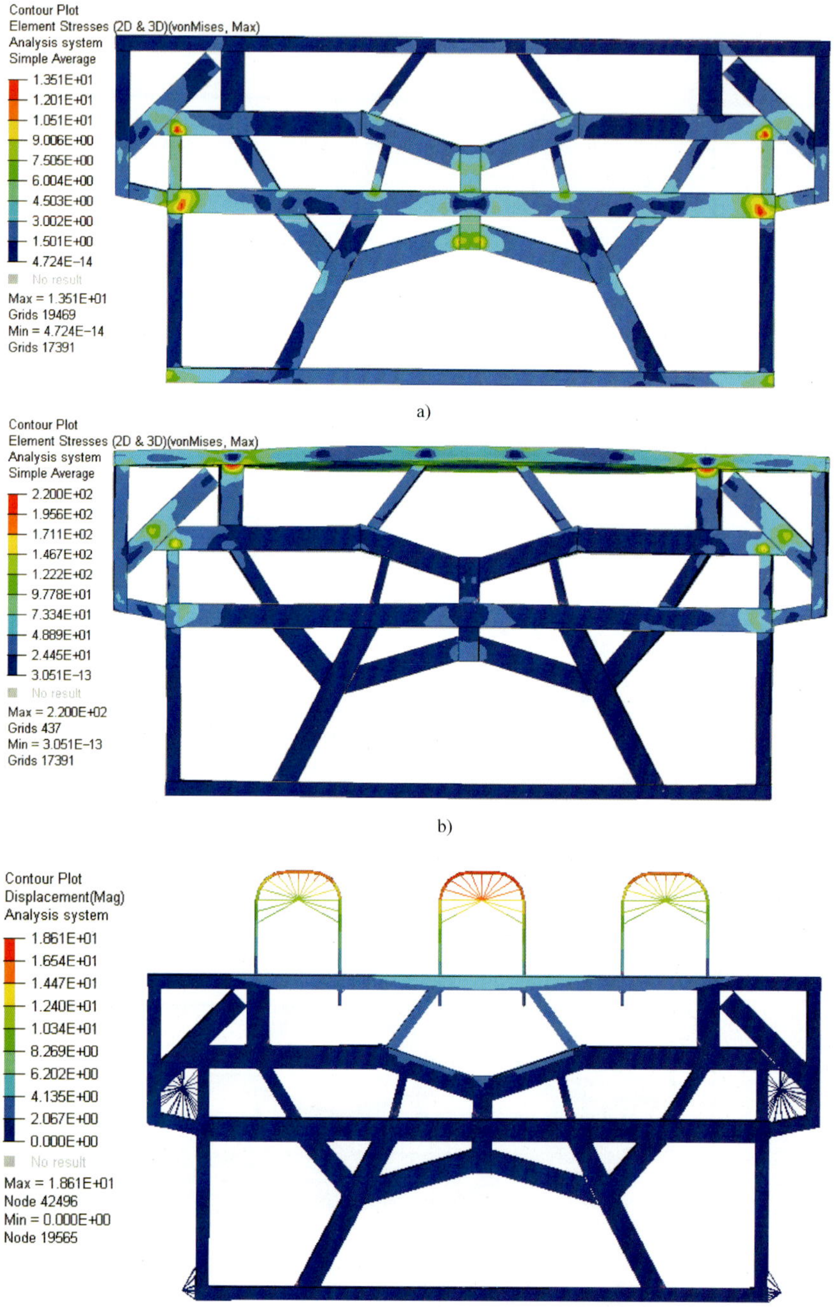


图 8-41　静态工况分析结果

a）靠背静强度工况应力云图　b）头枕刚度工况应力云图　c）头枕刚度工况位移云图

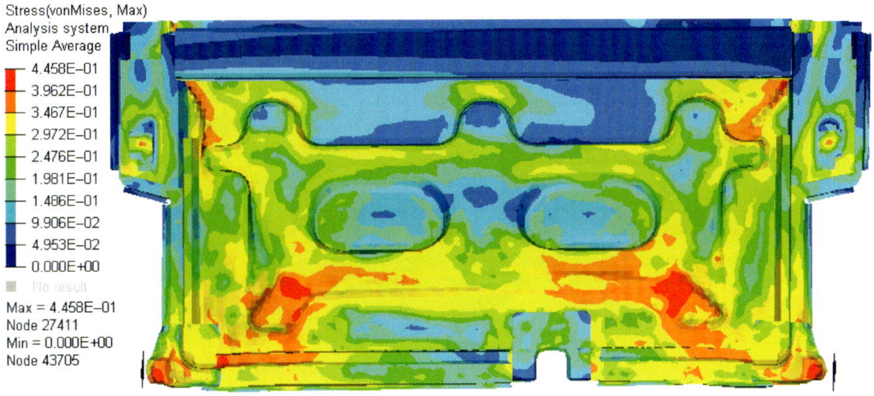


图 8-44　原设计行李碰撞最大应力云图

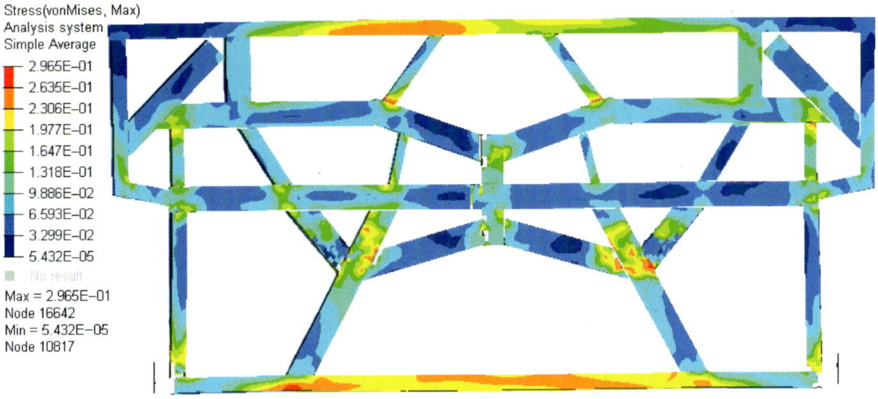


图 8-45　新设计行李碰撞最大应力云图

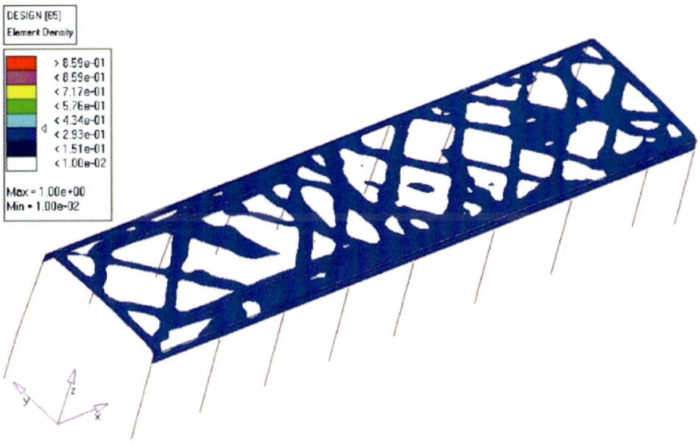


a)

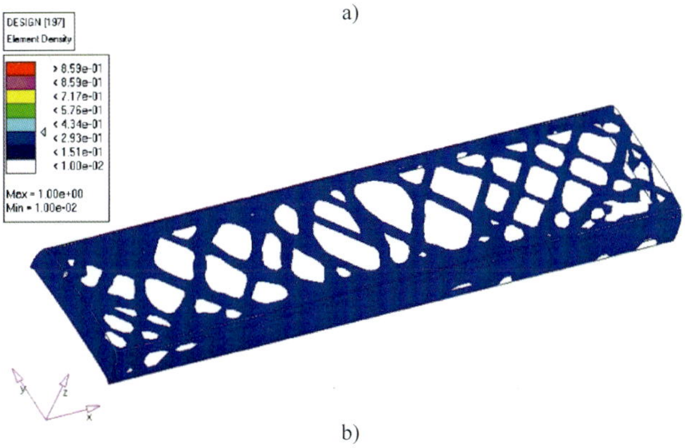


b)

图 8-54　顶盖拓扑优化结果

a）顶盖下层拓扑优化结果　b）顶盖上层拓扑优化结果

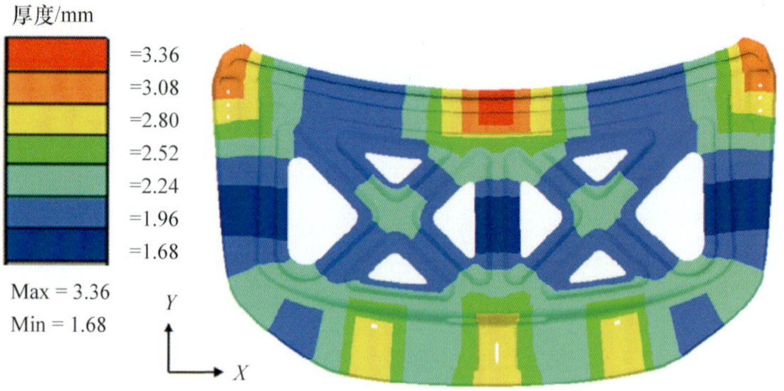


图 9-18　优化后的 CFRP 发动机舱盖内板厚度分布云图

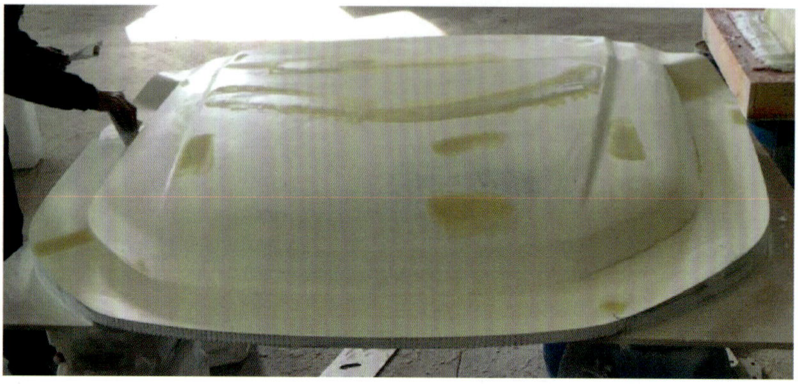

图 9-26　模具加工

a)

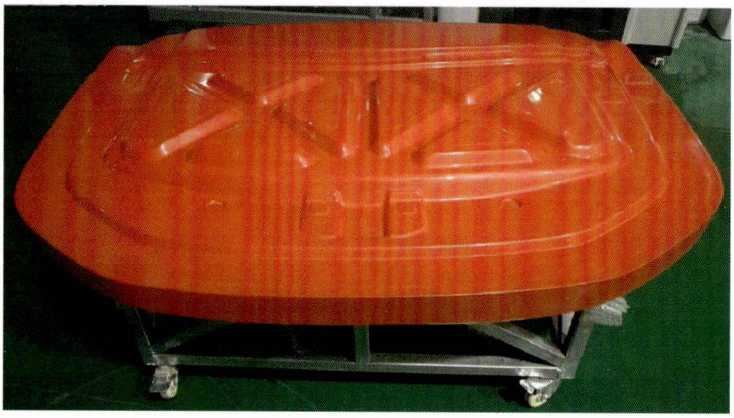

b)

图 9-27　最终模具实物

a）外板玻璃钢模具　b）内板玻璃钢模具